EUROPA LEHRMITTEL

EUROPA-FACHBUCHREIHE
für wirtschaftliche Bildung

PRÜFUNGSVORBEREITUNG AKTUELL

W0241850

FÜR

Industriekauffrau/ Industriekaufmann

ZWISCHEN- UND ABSCHLUSSPRÜFUNG

GESAMTPAKET

19. Auflage

VERLAG EUROPA-LEHRMITTEL • Nourney, Vollmer GmbH & Co. KG
Düsselberger Straße 23 • 42781 Haan-Gruiten

EUROPA-Nr.: 74801

Verfasser:
Dipl.-Hdl. Gerhard Colbus, Studiendirektor, Unterneuhausen
Dipl.-Hdl. Bernhard Kudlich, Oberstudienrat, Weihmichl

19. Auflage 2020

Druck 5 4 3 2 1

ISBN 978-3-8085-3983-5

Satz: Gerhard Colbus, 84107 Weihmichl
Druck: mediaprint solutions GmbH, 33100 Paderborn

Vorbemerkungen

Die vorliegende 19. Auflage des Buches „Prüfungsvorbereitung aktuell – Industriekauffrau/Industriekaufmann“ wurde erneut überarbeitet und der aktuellen Gesetzeslage, z. B. in dem Bereich „Sozialversicherung – Lohn- und Gehalt“, angepasst. Zudem wurden in einzelnen Themengebieten Ergänzungen vorgenommen. Die Situationsaufgaben wurden erweitert.
Das Buch ist abgestimmt auf den Rahmenlehrplan von **2002** für den Ausbildungsberuf **„INDUSTRIEKAUFFRAU/INDUSTRIEKAUFMANN“** und ist so konzipiert, dass es den Anforderungen der bundesweit einheitlichen Zwischen- und Abschlussprüfung, die gemeinsam von AkA Nürnberg, ZPA Nord-West und Nordverbund durchgeführt werden, entspricht.
Der inhaltliche Aufbau richtet sich nach den aktuellen **Lernfeldern** und enthält sowohl **gebundene** als auch **ungebundene** Übungen. Zusammenhängende **Situationsaufgaben** ermöglichen eine optimale Vorbereitung für den Prüfungsteil **„Betriebswirtschaftliche Geschäftsprozesse“.** Die Situationsaufgaben wurden wiederum erweitert, sodass sie zur Vorbereitung auf die Prüfungsanforderungen des ersten Prüfungstages optimal geeignet sind.
Damit das Erkennen und Verbuchen von Belegen geübt werden kann, wird nach wie vor auf nahezu 60 Seiten ein Block **prüfungsrelevanter Belege** angeboten. Im Prüfungsteil „BGP“ sind zusätzlich weitere themenbezogene Übungen zur Festigung der Kenntnisse zu finden.

Das Buch eignet sich zur Vorbereitung auf die **Zwischen- und Abschlussprüfung**.
Zwischenprüfungsaufgaben sind gut sichtbar gekennzeichnet, entweder mit einem **„Z“** vor den Aufgaben oder durch einen Hinweis in der jeweiligen Überschrift.

HINWEISE:
Inhaltlich eignen sich **alle** angebotenen Aufgaben zur Vorbereitung auf die Abschlussprüfung.
Die Aufgaben zu **Investition und Finanzierung** sind lehrplanmäßig zwar dem Lernfeld 6 zugeordnet (BGP 6), werden aber im **Prüfungsfach KSK** als gebundene Aufgaben abgefragt.

Bei der Erstellung des vorliegenden Übungsbuches wurde mit großer Sorgfalt gearbeitet. Dennoch können bei dieser Vielzahl von Aufgaben Fehler nicht völlig ausgeschlossen werden. Verlag und Autoren können deshalb keine juristische Verantwortung und auch keinerlei Haftung übernehmen. Sollten Ihnen dennoch Unstimmigkeiten auffallen, wenden Sie sich bitte unter bernhard.kudlich@t-online.de oder info@bvc-colbus.de direkt an die Autoren.

Vielen Dank.

Im Frühjahr 2020

Autoren und Verlag

INHALTSÜBERSICHT

PRÜFUNGSVORBEREITUNG AKTUELL

FÜR

Industriekauffrau Industriekaufmann

PRÜFUNGSTEIL

KAUFMÄNNISCHE STEUERUNG UND KONTROLLE

TEIL 1

KAUFMÄNNISCHE STEUERUNG UND KONTROLLE

ÜBUNGSAUFGABEN ZUR VORBEREITUNG AUF DIE ABSCHLUSSPRÜFUNG

BEI DEN NACHSTEHENDEN AUFGABEN SIND DIE RICHTIGEN ERGEBNISSE ANZUKREUZEN BZW. ZUZUORDNEN.

1. **Wie lange muss ein Materialentnahmeschein nach den Ordnungsvorschriften für die Aufbewahrung von Unterlagen als Buchungsbeleg aufbewahrt werden, wenn er nicht mikroverfilmt wurde?**
   a) 10 Jahre
   b) 6 Jahre
   c) 4 Jahre
   d) 2 Jahre
   e) 1 Jahr

2. **Ordnen Sie zu.**

Kontenbezeichnungen des Industriekontenrahmens	**Kontenklassen**
a) Abschreibungen auf Finanzanlagen	
b) Lager- und Transporteinrichtungen	[ ] Kontenklasse 0
c) Bestandsveränderungen an fertigen Erzeugnissen	
d) Geleistete Anzahlungen auf Vorräte	[ ] Kontenklasse 3
e) Erhaltene Anzahlungen auf Bestellungen	
f) Aufwendungen für Hilfsstoffe	[ ] Kontenklasse 6
g) Gesetzliche Rücklagen	
h) Zinserträge	

3. **Ordnen Sie zu.**

Kontenbezeichnungen des Industriekontenrahmens	**Kontenklassen**
a) Büromöbel und sonstige Geschäftsausstattung	
b) Sonstige Finanzanlagen	[ ] Kontenklasse 1
c) Forderungen an Mitarbeiter	
d) Verbindlichkeiten aus vermögenswirksamen Leistungen	[ ] Kontenklasse 2
e) Verluste aus Schadensfällen	
f) Sonstige Umsatzerlöse	[ ] Kontenklasse 4
g) Kosten des Geldverkehrs	
h) Abschreibungen auf Finanzanlagen	[ ] Kontenklasse 7

4. **Ordnen Sie zu.**

Konten	**Bezeichnungen der jeweiligen Kontenklassen**
a) Beteiligungen	
b) Forderungen aus Lieferungen und Leistungen	[ ] Umlaufvermögen und aktive Rechnungsabgrenzung
c) Gesetzliche Rücklagen	
d) Erhaltene Anzahlungen auf Bestellungen	[ ] Verbindlichkeiten und passive Rechnungsabgrenzung
e) Bestandsveränderungen an unfertigen Erzeugnissen	
f) Fremdinstandhaltung	[ ] Betriebliche Aufwendungen
g) Zinsaufwendungen	
h) Sonstige Betriebsausstattung	

5. **Ordnen Sie zu.**

Kontenbezeichnungen des Industriekontenrahmens	**Kontenklassen**
a) Fuhrpark	
b) Forderungen aus Lieferungen und Leistungen	[ ] Kontenklasse 2
c) Verbindlichkeiten aus Lieferungen und Leistungen	
d) Zinserträge	[ ] Kontenklasse 4
e) Zinsaufwendungen	
f) Unbebaute Grundstücke	[ ] Kontenklasse 6
g) Rückstellungen für Pensionen und ähnliche Verpflichtungen	
h) Aufwendungen für Rohstoffe/Fertigungsmaterial	

6. Ordnen Sie zu.

Konten

a) Beteiligungen
b) Bezugskosten
c) Pensionsrückstellungen
d) Umsatzsteuer
e) Aktivierte Eigenleistungen
f) Gehälter
g) Rechts- und Beratungskosten
h) Geringwertige Wirtschaftsgüter der Betriebs- u. Geschäftsausstattung

Bezeichnungen der jeweiligen Kontenklassen

[ ] Verbindlichkeiten und Passive Rechnungsabgrenzungsposten

[ ] Erträge

[ ] Sonstige betriebliche Aufwendungen

7. Ordnen Sie zu.

Kontenklassen

a) Klasse 1
b) Klasse 2
c) Klasse 3
d) Klasse 4
e) Klasse 5
f) Klasse 6
g) Klasse 7
h) Klasse 8
i) Klasse 0

Konten

[ ] Steuerrückstellungen

[ ] Erhaltene Anzahlungen auf Bestellungen

[ ] Betriebsstoffe

[ ] Steuern von Einkommen, Ertrag und Vermögen

8. Welche Tätigkeit des Rechnungswesens gehört zum Arbeitsbereich der Geschäftsbuchführung?

a) Betriebliche Kennziffern werden ermittelt und in Tabellen/Graphiken anschaulich dargestellt.
b) Geschäftsvorgänge werden auf Grund von Belegen zeitlich und sachlich geordnet aufgezeichnet.
c) Das Betriebsergebnis wird als Differenz zwischen Kosten und Leistungen ermittelt.
d) Erfolgsvorgänge werden für betriebsbezogene Tätigkeiten tabellarisch bereinigt und aufgeschlüsselt.
e) Das Ergebnis aus unternehmensbezogenen Abgrenzungen wird als Differenz zwischen betriebsfremden Aufwendungen und Erträgen ermittelt.

9. Welche Feststellung muss <u>nicht</u> dem Grundsatz ordnungsgemäßer Buchführung entsprechen?

a) Keine Buchung ohne Beleg
b) Tägliche Aufzeichnung der Kasseneinnahmen und -ausgaben
c) Übersichtliche Durchführung der Abgrenzungsrechnung
d) Keine Verrechnung zwischen Aufwendungen und Erträgen
e) Nummerierte und geordnete Aufbewahrung der Buchungsbelege

10. Welche Aussage über die doppelte Buchführung ist <u>falsch</u>?

a) Durch die Verwendung eines Kontenplans ist es möglich, neben dem Beleghinweis nur die Nummern der betroffenen Konten zu vermerken.
b) Der Kontenrahmen kann nach betriebsspezifischen Bedürfnissen aufgestellt und beliebig gegliedert werden.
c) Die Industrieunternehmung ist unabhängig von ihrer Betriebsgröße zur doppelten Buchführung verpflichtet.
d) Zur doppelten Buchführung gehören Grundbuch und Hauptbuch.
e) Die doppelte Buchführung ermöglicht eine doppelte Erfolgsermittlung durch die Bilanz und durch die Gewinn- und Verlustrechnung.

11. Ein Unternehmen muss Buchungsbelege und andere Unterlagen aufbewahren. Welche zwei Aussagen werden im HGB darüber gemacht?

a) Jeder Kaufmann ist verpflichtet, empfangene Handelsbriefe 10 Jahre aufzubewahren.

b) Die Handelsbücher und Inventare sind 6 Jahre aufzubewahren.

c) Mit Ausnahme von Eröffnungsbilanzen, Jahresabschlüssen und der Konzernabschlüsse können unter Beachtung bestimmter Grundsätze alle Unterlagen auch als Wiedergabe auf einem Datenträger aufbewahrt werden.

d) Per E-Mail (digital) gesendete Handelsbriefe sind 6 Jahre zu archivieren.

e) Aufbewahrungsfristen gehören zur formellen Ordnungsmäßigkeit der Buchführung, also nicht zu den Grundsätzen ordnungsgemäßer Buchführung.

f) Die Aufbewahrungsfristen gelten stets nur bis zur nächsten Betriebsprüfung des zuständigen Finanzamtes.

12. Einige Werte der Inventurbilanz sind das Ergebnis einer permanenten Inventur. Welche Aussage zur permanenten Inventur ist richtig?

a) Bei der permanenten Inventur wird der jeweilige Bestand an Forderungen und Verbindlichkeiten ermittelt und der Kontostand regelmäßig (permanent) mit den Schuldnern und Gläubigern abgestimmt.

b) Bei der permanenten Inventur müssen nach gesetzlichen Vorschriften mehrere Male im Jahr die Bestände körperlich aufgenommen und mit den Soll-Beständen der Lagerkartei abgestimmt werden.

c) Bei der permanenten Inventur werden die Zu- und Abgänge von Vorräten durch laufende Mengenfortschreibung in der Lagerkartei erfasst. Alle Bestände müssen mindestens einmal im Jahr körperlich aufgenommen und mit den Soll- Beständen der Lagerkartei verglichen werden.

d) Bei der permanenten Inventur wird auf eine körperliche Bestandsaufnahme verzichtet, da die Bestände dauernd (permanent) aus der Lagerkartei abgelesen werden können.

e) Bei der permanenten Inventur müssen die Bestände innerhalb von 10 Tagen vor oder nach dem Abschlussstichtag körperlich aufgenommen werden.

13. Welche Behauptung ist richtig?

a) Der Industriekontenrahmen (IKR) ist im Einkreissystem aufgebaut und umfasst neun Kontenklassen.

b) Die Anordnung der Kontenklassen richtet sich nach dem Abschlussgliederungsprinzip.

c) Die Anordnung der Kontenklassen richtet sich nach dem Prozessgliederungsprinzip.

d) Kontenklassen, Kontengruppen und betriebliche Kontenpläne werden durch den Industriekontenrahmen (IKR) verbindlich vorgegeben.

e) Jedes Industrieunternehmen ist verpflichtet, einen vom Bundesverband der Deutschen Industrie (BDI) entwickelten Kontenrahmen, z. B. den Industriekontenrahmen (IKR) zu verwenden.

14. Welches Konto ist ein Erfolgskonto?

a) Rückstellungen für Pensionen und ähnliche Verpflichtungen

b) Bestandsveränderungen

c) Erhaltene Anzahlungen auf Bestellungen

d) Zweifelhafte Forderungen

e) Aktive Jahresabgrenzung

15. In welchem Fall liegt ein Verstoß gegen die Grundsätze ordnungsmäßiger Buchführung vor?

a) Ein Außendienstmitarbeiter hat eine Spesenquittung verloren. Nach seinen glaubhaften Angaben wird ein Ersatzbeleg mit den entsprechenden Daten angefertigt und gebucht.

b) Zur Vereinfachung der Buchführung werden Mietaufwendungen und -erträge miteinander verrechnet.

c) Im Mai 2018 werden aus Platzgründen Buchungsbelege aus dem Jahr 2006 einem Entsorgungsunternehmen zur Vernichtung übergeben.

d) In der Buchführung werden Abkürzungen, Ziffern, Buchstaben und Symbole nach einem unternehmensintern aufgestellten Schema verwendet.

e) Buchungsunterlagen werden auf Magnetplatten gespeichert. Ein Ausdruck auf Papier ist jederzeit möglich.

16. Was gehört zur ordnungsmäßigen Buchführung?

a) Zuschlagskalkulationen erstellen.

b) Das Umsatzergebnis ermitteln.

c) Sämtliche Geschäftsvorfälle aufgrund von Belegen chronologisch und sachlich gegliedert erfassen.

d) Das Ergebnis unternehmensbezogener Abgrenzungen ermitteln.

e) Unternehmensbezogene Daten tabellarisch und grafisch darstellen.

17. In welchem Fall wurde gegen den Grundsatz ordnungsmäßiger Buchführung (GoB) verstoßen?

a) Kasseneinnahmen und Kassenausgaben wurden nur einmal im Monat gebucht.

b) Im Rahmen der Inventur wurde der Saldo des Bankkontos dem aktuellen Kontoauszug entnommen.

c) Eine falsche Buchung wurde derart berichtigt, dass zunächst eine Stornobuchung und dann eine richtige Buchung vorgenommen wurde.

d) Einander entsprechende Aufwendungen und Erträge wurden nicht miteinander verrechnet.

e) Die Ausgangsrechnungen der letzten Woche (Zielverkäufe) wurden noch nicht gebucht, sondern nur nach Kalenderdaten sortiert abgelegt.

18. Ordnen Sie zu.

Aufgaben des Rechnungswesens

a) Ausarbeiten von Vorschlägen für die zukünftige betriebliche Entwicklung anhand der Daten der Geschäftsbuchführung

b) Ermitteln der Kosten und Leistungen sowie der Aufwendungen und Erträge

c) Ermitteln der Aufwendungen und Erträge sowie des Betriebsergebnisses

d) Aufbereiten von Daten der Buchführung zum Durchführen von Betriebsvergleichen

e) Ermitteln der Kosten und Leistungen sowie Kontrolle der Wirtschaftlichkeit

f) Erfassen der Aufwendungen und Erträge sowie Ermitteln des Unternehmungserfolges

Zweige des Rechnungswesens

[ ] Finanzbuchhaltung

[ ] Kosten- und Leistungsrechnung

19. Welche Position darf nicht im Anlagevermögen einer KG ausgewiesen werden?

a) Beteiligungen

b) Betriebs- und Geschäftsausstattung

c) Geleistete Anzahlungen und Anlagen im Bau

d) Finanzanlagen

e) Aktive Jahresabgrenzung

20. Ihnen liegt eine Eingangsrechnung über den Kauf von Büromaterial vor. Der Händler hat lediglich die Bruttopreise angegeben sowie vermerkt, dass im Bruttogesamtrechnungsbetrag von 186,75 € 19 % Umsatzsteuer enthalten sind. Genügt dieser Umsatzsteuerausweis den gesetzlichen Vorschriften?

a) Nein, die Umsatzsteuer muss zusätzlich in € angegeben werden.

b) Nein, denn die Umsatzsteuer muss zwar nicht in Prozent, aber stets in € angegeben werden.

c) Nein, denn der Umsatzsteuerbetrag muss unter Kaufleuten immer auch in € ausgewiesen werden.

d) Ja, denn die Rechnung bezieht sich auf geringwertige Wirtschaftsgüter.

e) Ja, denn der Rechnungsbetrag liegt unter 250,00 € brutto.

21. Welche Angabe in einer Ausgangsrechnung über 2.000,00 € brutto ist steuerrechtlich entbehrlich?

a) Rechnungsnummer

b) Kundennummer

c) Umsatzsteueridentnummer

d) Umsatzsteuersatz

e) Umsatzsteuerbetrag

22. Nach dem HGB muss die Bavaria Fahrradwerke GmbH Aufbewahrungsfristen für Geschäftsunterlagen beachten. In welchem Fall wurde diese Vorschrift nicht eingehalten?

a) Die Fahrradwerke GmbH entsorgt Ende November 2018 Buchungsbelege vom November 2008.

b) Die Fahrradwerke GmbH lassen im Oktober 2018 Eingangsrechnungen aus dem Jahr 2017 verfilmen. Nach Feststellung der ordnungsgemäßen Verfilmung werden die Originale im November 2018 vernichtet.

c) Die Fahrradwerke GmbH ließen ihre 2006 erstellte Bilanz für das Geschäftsjahr 2005 im April 2018 verfilmen. Nach Feststellung der ordnungsgemäßen Verfilmung wird das Original der Bilanz im November 2018 vernichtet.

d) Die Fahrradwerke GmbH entsorgt im November 2018 nicht angenommene Angebote von Lieferern aus dem Jahr 2015.

e) Die Fahrradwerke GmbH lassen nicht beantwortete Anfragen an neue Lieferer nach 6 Monaten vernichten.

23. Welche Aussage im Zusammenhang mit Bestandsveränderungen an unfertigen und fertigen Erzeugnissen ist richtig?

a) Eine Bestandsmehrung liegt vor, wenn die verkaufte Menge an unfertigen und fertigen Erzeugnissen größer ist als die in diesem Zeitraum erzeugte Menge.

b) Eine Bestandsminderung an unfertigen und fertigen Erzeugnissen ist auf der Habenseite des GuV-Kontos auszuweisen, weil dadurch der Gewinn des Unternehmens vergrößert wird.

c) Das Sammelkonto „Bestandsveränderungen“ erfasst auf der Sollseite die Mehrbestände und im Haben die Minderbestände an unfertigen und fertigen Erzeugnissen.

d) Eine Bestandsmehrung an unfertigen und fertigen Erzeugnissen muss bei der Erfolgsermittlung auf der Habenseite des GuV-Kontos als Ertrag ausgewiesen werden.

e) Bestandsveränderungen an unfertigen und fertigen Erzeugnissen müssen in der Schlussbilanz der jeweiligen Rechnungsperiode ausgewiesen werden.

24. Welcher Geschäftsfall liegt folgender Buchung zugrunde:

Bestandsveränderungen an fertigen Erzeugnissen an Fertige Erzeugnisse

a) Im Abrechungszeitraum entsprach die Produktion dem Absatz.

b) Im Abrechungszeitraum wurden mehr Erzeugnisse hergestellt als verkauft.

c) Der Schlussbestand an fertigen Erzeugnissen ist höher als der Anfangsbestand.

d) Der Schlussbestand an fertigen Erzeugnissen entspricht dem Anfangsbestand.

e) Der Bestand an fertigen Erzeugnissen hat sich verringert.

25. Welcher Vorgang liegt dem Buchungssatz „Fertige Erzeugnisse an Bestandsveränderungen“ zugrunde?

a) Ein Kunde hat fertige Erzeugnisse zurückgeschickt.

b) Bestandsminderungen von fertigen Erzeugnissen werden gebucht.

c) Fertige Erzeugnisse werden für private Zwecke entnommen.

d) Der Anfangsbestand der fertigen Erzeugnisse wird gebucht.

e) Bestandsmehrungen von fertigen Erzeugnissen werden gebucht.

26. Wo ist eine Eingangsrechnung über Fremdbauteile zu erfassen?

a) Es genügt die Erfassung im Grundbuch, wenn der Beleg nach sachlicher Zugehörigkeit abgelegt wird.

b) Es genügt die Erfassung im Hauptbuch, wenn der Beleg nach dem Kalenderdatum abgelegt wird.

c) Der Vorgang muss wertmäßig im Grundbuch und im Hauptbuch gebucht werden.

d) Der Vorgang muss wertmäßig auch in der Lagerdatei erfasst werden.

e) Der Vorgang muss wertmäßig auch in der Anlagenbuchhaltung erfasst werden.

27. Welche Tätigkeit im Rechnungswesen gehört zum Arbeitsbereich der Finanzbuchhaltung?

a) Geschäftsvorfälle werden aufgrund von Belegen zeitlich und sachlich geordnet aufgezeichnet.

b) Es wird die Wirtschaftlichkeit des Geschäftsjahres ermittelt und mit der des Vorjahres verglichen.

c) Es wird das Betriebsergebnis als Differenz zwischen Kosten und Leistungen verglichen.

d) Geschäftsvorfälle werden in der Kontenklasse 9 gebucht.

e) Das Ergebnis aus unternehmensbezogenen Abgrenzungen wird als Differenz zwischen betriebsfremden Aufwendungen und Erträgen ermittelt.

28. Wo ist die Zusammenarbeit des Rechnungswesens mit anderen betrieblichen Bereichen richtig beschrieben?

a) Das Rechnungswesen gibt der Produktionswirtschaft die Menge der herzustellenden Produkte vor.

b) Das Rechnungswesen zeichnet die Erlöse auf, die durch die Absatzwirtschaft am Markt erzielt werden.

c) Das Rechnungswesen gibt der Personalwirtschaft Zahlen vor, wie viele Mitarbeiter im nächsten Geschäftsjahr einzuplanen sind.

d) Das Rechnungswesen ermittelt für die Materialwirtschaft durch Angebotsvergleiche, wie viel bei einzelnen Lieferern zu bestellen ist.

e) Das Rechnungswesen gibt der Anlagenwirtschaft vor, wie hoch die Investitionssumme für den Fuhrpark im Geschäftsjahr anzusetzen ist.

29. Sie sind in der Finanzbuchhaltung eingesetzt. Welche Tätigkeit gehört zu Ihrem Aufgabenbereich?

a) Ermittlung des Betriebsergebnisses

b) Buchung einer Eingangsrechnung

c) Berechnung der Eigenkapitalquote

d) Erfassung der kalkulatorischen Abschreibung

e) Berechnung des Liquiditätsgrades

30. Welche Position ist <u>nicht</u> Bestandteil des Anlagevermögens?

a) Geleistete Anzahlung auf Sachanlagen

b) Werkzeuge, Werksgeräte und Modelle, Prüf- und Messmittel

c) Passive Jahresabgrenzung

d) Anlagen im Bau

e) Maschinen und maschinelle Anlagen

31. Die Fahrradwerke GmbH muss bei der Ausstellung einer Rechnung über 150,00 € rechtliche Vorschriften beachten. Prüfen Sie, welche der folgenden Angaben in einer Rechnung enthalten sein müssen!

a) Das Rechnungsdatum

b) Die Rechnungsnummer

c) Die Kundennummer

d) Der anzuwendende Steuersatz

e) Die Steuernummer der Fahrradwerke GmbH

f) Der Name des Ansprechpartners

32. Prüfen Sie, in welchem Fall Sie im Rahmen der Anschaffung und Buchung eines LKWs gegen die Grundsätze ordnungsgemäßer Buchführung verstoßen würden!

a) Sie erfassen die Rechnung korrekt auf Mikrofilm und vernichten das Original.

b) Wegen einer Falschbuchung nehmen Sie eine Stornobuchung vor. Danach geben Sie die richtige Buchung in das System ein.

c) Sie legen die Rechnung nach dem Rechnungsdatum und nicht nach dem Überweisungsdatum ab.

d) Sie legen den Kassenbeleg für die Zulassung des LKWs ins Kassenbuch, damit er bis Ende August des laufenden Jahres eingetragen werden kann.

e) Sie verrechnen die Anschaffung des LKWs nicht mit dem Ertrag aus einem wegen der Neuanschaffung verkauften und bereits abgeschriebenen LKWs.

33. Unsere Ausgangsrechnung vom 05.03.14 unterliegt laut HGB einer bestimmten Aufbewahrungsfrist. Geben Sie den Tag an, mit dessen Ablauf die gesetzliche Aufbewahrungsfrist für die Rechnung endet! Tragen Sie die Lösung in das Kästchen ein!

34. Erklären Sie den Zusammenhang zwischen Investition und Finanzierung in der Bilanz!

a) Die Passivseite der Bilanz zeigt, wie das Fremdkapital verwendet wurde.

b) Die Aktivseite der Bilanz zeigt, wie Anlagevermögen und Umlaufvermögen finanziert wurden.

c) Die Übereinstimmung zwischen Finanzierung und Investition bezeichnet man als Bilanzidentität.

d) Die Aktivseite der Bilanz gibt Auskunft über die Mittelverwendung, die Passivseite über die Mittelherkunft.

e) Die Aktivseite der Bilanz ist hinsichtlich Investition und Finanzierung unabhängig von der Passivseite.

ÜBUNGSAUFGABEN ZUR VORBEREITUNG AUF DIE ZWISCHEN- UND ABSCHLUSSPRÜFUNG

BEI DEN NACHSTEHENDEN AUFGABEN SIND DIE RICHTIGEN ERGEBNISSE ANZUKREUZEN BZW. ZUZUORDNEN.

1. Ordnen Sie zu.

Vorgänge der Geschäftsbuchführung

a) Wertmäßiger Verbrauch von Gütern und Dienstleistungen zur Herstellung von Leistungen
b) In der Abrechnungsperiode hergestellte Mehrbestände an fertigen Erzeugnissen werden auf Lager gelegt.
c) Selbsterstellte Anlagen werden im eigenen Betrieb aktiviert.
d) Es wird ein betriebsbedingter Ertrag gebucht, der wegen seiner besonderen Art und Höhe nicht dem geplanten Betriebsgeschehen entspricht.
e) Es wird ein betriebsbedingter Aufwand gebucht, der wirtschaftlich zu einem anderen Abrechnungszeitraum gehört.
f) Es wird ein Aufwand gebucht, der nicht durch die Erstellung von Gütern oder einer Dienstleistung in Erfüllung des Betriebzwecks entstanden ist.

Begriffe der Abgrenzung im Rechnungskreis II

[ ] Außerordentlicher, betriebsbezogener Ertrag
[ ] Betriebsfremder Aufwand
[ ] Kosten

2. Welche Aussage zu den Teilbereichen des Rechnungswesens ist richtig?

a) Die veröffentlichte Bilanz ist unmittelbar das Ergebnis der Buchführung.
b) Die Zahlen im Rechnungskreis I der Tabelle für die Abgrenzungsrechnung werden aus den Erfolgskonten der Finanzbuchführung übernommen.
c) Die Zahlen der Spalte „92 Kosten- und Leistungsarten“ des Rechnungskreises II der Tabelle für die Abgrenzungsrechnung werden als Kostenart unverändert in die Kostenträgerzeitrechnung übernommen.
d) Der Betriebsabrechnungsbogen ist die Grundlage für die Übernahme der Erfolgsvorgänge der Kontenklassen 5, 6 und 7 in den Abgrenzungs- und Kosten- und Leistungsbereich der Tabelle für die Abgrenzungsrechnung.
e) Im Hauptbuch werden Geschäftsvorgänge zeitlich und im Grundbuch sachlich geordnet erfasst.

3. Ordnen Sie zu.

Geschäftsfälle

a) Banküberweisung der Einkommensteuer des Komplementärs
b) Banküberweisung der Gewerbesteuer
c) Erstattung von Reisekosten an den Komplementär
d) Erfassung der Zinsen für das betriebsnotwendige Eigenkapital
e) Banküberweisung des 13. Monatsgehalts
f) Abschreibung auf ein Betriebsgebäude

Begriffspaare aus der Kostenrechnung

[ ] Ausgaben - kein Aufwand
[ ] Aufwand - keine Ausgaben
[ ] Zusatzkosten - kein Aufwand

4. Welcher Vorgang stellt gleichzeitig Ausgabe, Aufwand und Kosten dar?

a) Die Buchung der kalkulatorischen Zinsen
b) Die Abschreibung auf einen Webstuhl
c) Die Zahlung von Fertigungslöhnen
d) Der Kauf eines Webautomaten
e) Die Entnahme von Knotengarn

5. Welches Wagnis ist kein Kostenbestandteil?

a) Das Anlagenwagnis
b) Das Vertriebswagnis
c) Das Beständewagnis
d) Das Entwicklungswagnis
e) Das Gewährleistungswagnis
f) Das allgemeine Unternehmerwagnis

6. **In der GuV-Rechnung eines Industriebetriebes finden sich Aufwendungen und Erträge. In welchem Fall handelt es sich nicht um Zweckaufwand (Kosten)?**
   a) Zinsaufwendungen für vermietetes und bilanziertes Gebäude
   b) Mietaufwendungen für Lkw-Garage
   c) Aufwendungen für Büromaterial
   d) Aufwendungen für Geschäftsreisen
   e) Weihnachtsgratifikation für Mitarbeiter

7. **In welchem Fall liegt eine Ausgabe vor?**
   a) Bei der Einkommensteuerrückerstattung
   b) Bei den bilanzmäßigen Abschreibungen
   c) Bei der Aufnahme eines Darlehens
   d) Bei der Auszahlung eines Lohnvorschusses
   e) Bei der Entnahme von Hilfsstoffen für die Fertigung

8. **Es wird beobachtet, dass die fixen Kosten zunehmen. Welcher Vorgang führt zur weiteren Erhöhung der fixen Kosten?**
   a) Eine Maschine wird verschrottet.
   b) Die Rohstoffpreise steigen.
   c) Die Fertigungslöhne steigen.
   d) Die neu erstellte Fertigungshalle wird abgeschrieben.
   e) Die Vertreterprovision wird erhöht.

9. **Welcher Vorgang wird in der industriellen Kostenrechnung als Kosten behandelt?**
   a) Auszahlung eines Lohnvorschusses
   b) Aufnahme eines Darlehens
   c) Ausgaben für Anlagenkäufe
   d) Bilanzmäßige Abschreibung
   e) Verbrauch von Hilfsstoffen

10. **Welcher Posten wird in der Kostenrechnung eines Industriebetriebes als Kosten behandelt?**
   a) Vorauszahlung auf die Einkommensteuer
   b) Kalkulatorische Zinsen
   c) Aufwendungen für Großreparaturen
   d) Verluste aus Anlageverkäufen
   e) Ausgabe für Rohstoffeinkäufe

11. **Welche Aussage über kalkulatorische Abschreibungen ist richtig?**
   a) Kalkulatorische Abschreibungen dürfen bei der Ermittlung der Selbstkosten nicht berücksichtigt werden.
   b) Kalkulatorische Abschreibungen wirken sich nicht in der Kostenrechnung aus.
   c) Die kalkulatorischen Abschreibungen sind im Rechnungskreis II im Hinblick auf das Gesamtergebnis erfolgsneutral.
   d) Kalkulatorische Abschreibungen werden zusätzlich zu den bilanziellen Abschreibungen bei der Ermittlung des zu versteuernden Gewinns geltend gemacht.
   e) Kalkulatorische Abschreibungen werden grundsätzlich vom Anschaffungswert berechnet.

12. **Welche Aussage über den prozentualen Anteil der Fixkosten an den Gesamtkosten bei wechselndem Beschäftigungsgrad ist richtig?**
   a) Die Änderung des Beschäftigungsgrades wirkt sich nicht auf den Fixkostenanteil aus.
   b) Mit steigendem Beschäftigungsgrad bleibt der Fixkostenanteil konstant.
   c) Mit steigendem Beschäftigungsgrad steigt der Fixkostenanteil.
   d) Mit fallendem Beschäftigungsgrad nimmt der Fixkostenanteil zu.
   e) Mit fallendem Beschäftigungsgrad vermindert sich der Fixkostenanteil.

13. Die Ergebnistabelle enthält im Rechnungskreis I Aufwendungen, die im Rechnungskreis II weder als Grundkosten noch als Anderskosten berücksichtigt werden. Stellen Sie fest, auf welche Aufwendungen dies zutrifft!

a) Auf die Aufwendungen für Fertigungslöhne
b) Auf die Aufwendungen für Betriebsstoffe
c) Auf die gezahlten Zinsen für aufgenommene Kredite
d) Auf die bereits im Vorjahr für das gemietete Lager gezahlte Miete
e) Auf den Verlust aus dem Verkauf von Wertpapieren

14. Welche Aussage über die Wirkung kalkulatorischer Kosten ist richtig?

a) Sie beeinflussen das Betriebsergebnis und indirekt das Gesamtergebnis.
b) Sie beeinflussen nur das Ergebnis aus kosten- und leistungsrechnerischen Korrekturen.
c) Sie beeinflussen das Betriebsergebnis und das Ergebnis der kostenrechnerischen Korrekturen.
d) Sie beeinflussen nur das Gesamtergebnis.
e) Sie beeinflussen das Ergebnis aus unternehmensbezogenen Abgrenzungen und das Gesamtergebnis.

15. Welcher Posten zählt ausschließlich zu den kalkulatorischen Zusatzkosten?

a) Die kalkulatorischen Zinsen für das gezeichnete Kapital (Grundkapital)
b) Der kalkulatorische Unternehmerlohn für den Vorstand
c) Der kalkulatorische Lohn für die leitenden Angestellten
d) Die kalkulatorischen Abschreibungen für das Anlagevermögen
e) Die kalkulatorischen Zinsen für das langfristige Fremdkapital

16. Die Ergebnistabelle enthält im Rechnungskreis I Erträge, die im Rechnungskreis II keine Leistungen sind. Welche Erträge zählen dazu?

a) Die Umsatzerlöse für Kunststoffbehälter
b) Die Umsatzerlöse für Ersatzteile
c) Die Abrechnung einer durch eigene Fertigung hergestellten Garage für Betriebsfahrzeuge
d) Die Erträge aus dem Verkauf einer nicht mehr benötigten Maschine
e) Die Mehrbestände der noch in der Produktion befindlichen Behälter
f) Die Abrechnung für auf Lager gefertigte Kleinbehälter

17. Welche Position ist in den Fertigungskosten enthalten?

a) Gehalt für Mitarbeiter im Einkauf
b) Löhne für Arbeiter in der Materialausgabe
c) Gehalt für Werkmeister in der Dreherei
d) Werbekosten für Fertigprodukte
e) Bezugskosten für Rohstoffe

18. Wie heißen die Kosten, die weder Ausgaben noch Aufwendungen sind?

a) Fixe Kosten
b) Einzelkosten
c) Gemeinkosten
d) Variable Kosten
e) Zusatzkosten
f) Sondereinzelkosten

19. Welcher Vorgang stellt eine Leistung im Sinne der Kosten- und Leistungsrechnung dar?

a) Ertrag aus dem Abgang eines Anlagegegenstandes
b) Ertrag aus der Auflösung einer Rückstellung
c) Mieterträge aus Wohnungen im Betriebsgebäude
d) Rückerstattung zuviel gezahlter Betriebssteuern
e) Zinsertrag aus einem betrieblich nicht notwendigen Darlehen
f) Bestandsmehrung an fertigen Erzeugnissen

20. Ordnen Sie zu.

Begriffe aus der Kosten- und Leistungsrechnung

a) Betriebsfremde Aufwendungen
b) Betriebsbedingte Aufwendungen
c) Kalkulatorische Kosten
d) Außerordentliche Aufwendungen
e) Betriebliche Erträge
f) Betriebsfremde Erträge

Beispiele

[ ] Löhne und Gehälter

[ ] Zinsen aus Wertpapieren

[ ] Unternehmerlohn

21. Welche Aufgabe erfüllt die Kosten- und Leistungsrechnung?

a) Sie erfasst alle Veränderungen der Vermögens- und Kapitalteile des Unternehmens.
b) Sie erfasst alle Geschäftsfälle aufgrund von Belegen.
c) Sie ermittelt den Teil des Erfolgs, der durch die Erfüllung der eigentlichen betrieblichen Tätigkeit erwirtschaftet wurde.
d) Sie ermittelt den Erfolg des Unternehmens im Geschäftsjahr.
e) Sie vergleicht die aufbereiteten Daten mit denen anderer Unternehmen dieser Branche.

22. Ordnen Sie zu.

Begriffe aus der Kostenrechnung

a) Fixe Kosten
b) Einzelkosten
c) Gemeinkosten
d) Variable Kosten
e) Sondereinzelkosten
f) Kalkulatorische Kosten

Erklärungen

[ ] Kosten, die vom Beschäftigungsgrad abhängen

[ ] Kosten, die weder Ausgaben noch Aufwendungen sind, bei der Gesamtkostenbetrachtung jedoch eine Rolle spielen

[ ] Kosten, die dem Kostenträger direkt zuzurechnen sind

23. Ordnen Sie zu.

Erklärungen aus der Kostenrechnung

a) Kosten, die auch anfallen, wenn der Betrieb stillsteht
b) Kosten, die sich mit Zu- oder Abnahme des Beschäftigungsgrades in gleicher Weise verändern
c) Kosten, die stärker steigen als der Beschäftigungsgrad
d) Kosten, die weder Ausgaben noch Aufwendungen sind
e) Kosten, die vom Beschäftigungsgrad unabhängig sind
f) Kosten, die langsamer steigen als der Beschäftigungsgrad

Kostenbegriffe

[ ] Degressive Kosten

[ ] Proportionale Kosten

[ ] Progressive Kosten

24. Ordnen Sie zu.

Begriffe aus der Kostenrechnung

a) Fixe Kosten
b) Gemeinkosten
c) Kostenträger
d) Einzelkosten
e) Variable Kosten
f) Kostenstellen

Erklärungen

[ ] Die vom Beschäftigungsgrad abhängigen Kosten

[ ] Die dem einzelnen Erzeugnis über Verteilungsschlüssel zuzuschlagenden Kosten

[ ] Die in einem Betrieb erstellten Erzeugnisse oder Leistungen

25. Ordnen Sie zu.

Kostenarten

a) Einzelkosten
b) Fixe Kosten
c) Proportionale Kosten
d) Gemeinkosten
e) Progressive Kosten
f) Degressive Kosten

Erklärungen

[ ] Einem Kostenträger nicht direkt zurechenbare Kosten

[ ] Bei zunehmender Ausbringung steigen die Kosten langsamer an als der Beschäftigungsgrad.

[ ] Die Höhe der Kosten ist von der Menge der hergestellten Erzeugnisse unabhängig.

26. Weshalb sind kalkulatorische Zinsen in der Regel höher als die tatsächlich angefallenen Zinsaufwendungen?

a) Weil das Eigenkapital höher als das Fremdkapital verzinst wird

b) Weil bei der Ermittlung des betriebsnotwendigen Vermögens die Anlagegüter zu Anschaffungs- bzw. Herstellungskosten bewertet werden müssen

c) Weil die kalkulatorischen Zinsen vom bilanzmäßig ausgewiesenen Gesamtvermögen (= Gesamtkapital) zu berechnen sind

d) Weil das zu verzinsende Fremdkapital größer als das betriebsnotwendige Vermögen ist

e) Weil das betriebsnotwendige Vermögen durch Fremd- und Eigenkapital finanziert wird

27. Ordnen Sie zu.

Graphische Darstellung

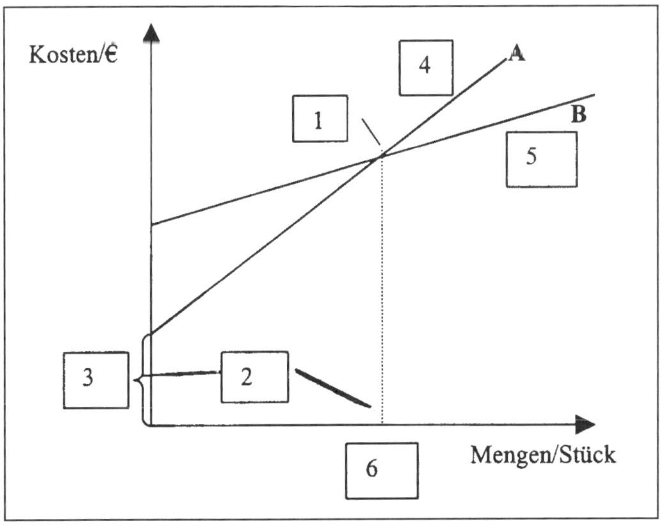

Bedeutungen

[ ] Fixkosten des Fertigungsverfahrens A

[ ] Bereich, in dem Fertigungsverfahren A kostengünstiger arbeitet als Verfahren B

[ ] Menge, ab der Fertigungsverfahren B kostengünstiger arbeitet als A

28. Siehe Abbildung. Welche Größe stellt die Strecke X dar?

a) Fixkosten

b) Gesamtgewinn

c) Deckungsbeitrag

d) Variable Gesamtkosten

e) Fixe und variable Gesamtkosten

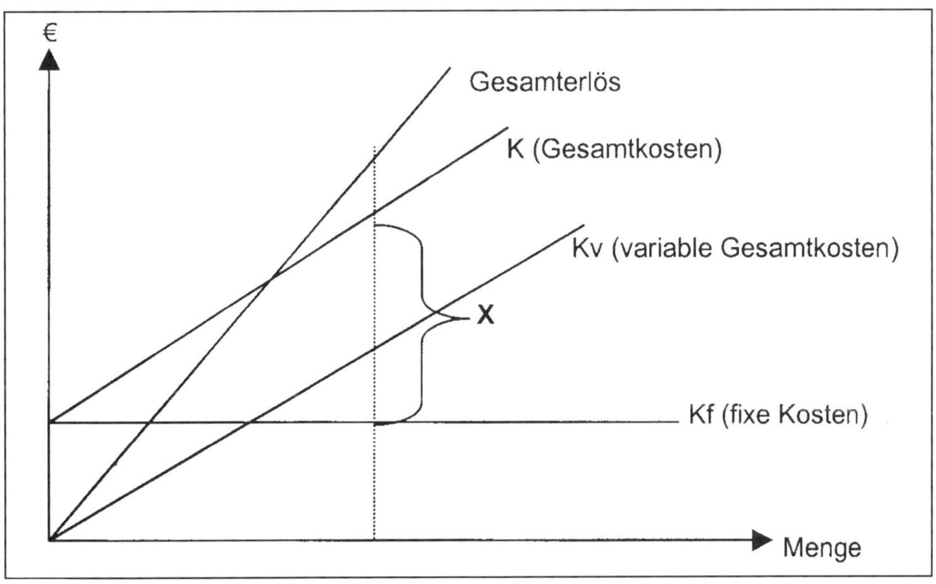

29. Warum berechnet man in der Kosten- und Leistungsrechnung die kalkulatorischen Abschreibungen vom Wiederbeschaffungswert?

a) Weil der Unternehmensgewinn dadurch vermindert wird
b) Weil die Steuergesetze es vorschreiben
c) Um das Kapital nominell zu erhalten
d) Weil das Niederstwertprinzip dadurch gewahrt wird
e) Um bei steigenden Preisen der Anlagegüter die Finanzierung der Ersatzinvestitionen zu sichern

30. Siehe Abbildung. Welche Ziffer kennzeichnet die nicht gedeckten fixen Gesamtkosten?

a) Ziffer 1
b) Ziffer 2
c) Ziffer 3
d) Ziffer 4
e) Ziffer 5

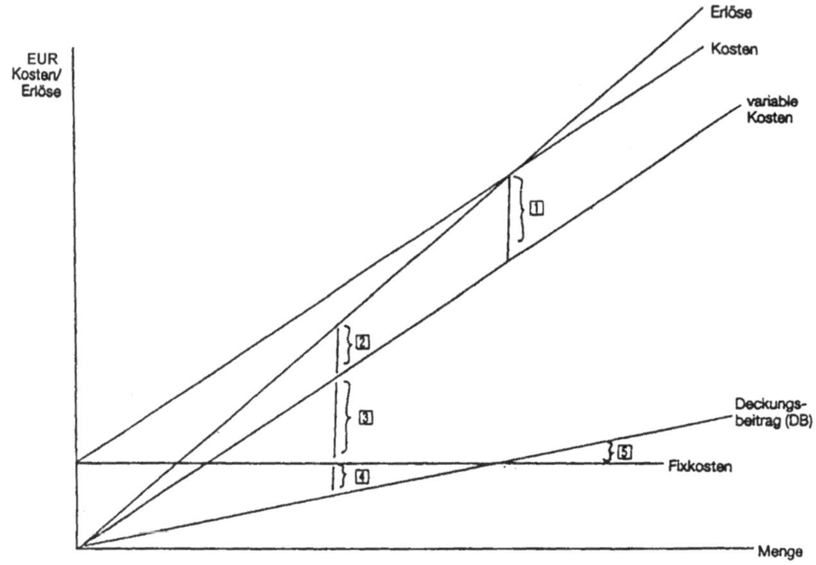

31. Wo werden die kalkulatorischen Zinsen in der nachstehenden Ergebnistabelle eingetragen?

a) In die Spalten c und g
b) In die Spalten d und e
c) In die Spalten a und c
d) In die Spalten a und g
e) In die Spalten f und g
f) In die Spalten a und c

Rechnungskreis I			Rechnungskreis II					
Erfolgsbereich			Abgrenzungsbereich				Kosten und Leistungsbereich	
Geschäftsbuchführung /Klasse 5, 6, 7			Unternehmensbezogene Abgrenzungen (betriebsfremd) Gruppe 90		Kosten- und Leistungsrechnerische Korrekturen (außerordentliche betriebsbezogene Verrechnungskorrekturen, sonstige Abgrenzungen) /Gruppe 91		Kosten- und Leistungsarten Gruppe 92	
Kontobezeichnung	Aufwendungen	Erträge	Aufwendungen	Erträge	Aufwendungen	Erträge	Kosten	Leistungen
Kalkulatorische Kosten	a	b	c	d	e	f	g	h

32. Welche Aussage über die unternehmensbezogene Abgrenzung (Gruppe 90) im Rechnungskreis II ist richtig?

a) Sie erfasst die kalkulatorischen Kosten.
b) Sie erfasst alle betriebsfremden Aufwendungen und Erträge.
c) Sie ermittelt das Ergebnis aus kosten- und leistungsrechnerischen Korrekturen.
d) Sie ermittelt das Betriebsergebnis.
e) Sie ermittelt das Gesamtergebnis.

33. Im Rahmen der Abschlussarbeiten werden die Kosten und Leistungen im Rechnungskreis II ermittelt. Welche Aufgabe erfüllt der Abgrenzungsbereich?

a) Er ermittelt das Betriebsergebnis durch eine Gegenüberstellung aller Aufwendungen und Erträge.
b) Er erfasst die Salden der Konten aus den Klassen 6 und 7.
c) Er ermittelt durch Gegenüberstellung aller Kosten und Leistungen das Gesamtergebnis.
d) Er ist notwendig, um die Kosten- und Leistungsarten zu ermitteln.
e) Er ermittelt das Umsatzergebnis durch eine Gegenüberstellung aller Aufwendungen und Erträge.

34. Ordnen Sie zu.

Betriebsbereiche

a) Lager für unsere Transportbehälter
b) Werkstattbüro
c) Gesundheitsdienst
d) Finanzbuchhaltung
e) Lager für Rund- und Stabstahl
f) Behältermontage

Kostenstellen

[ ] Allgemeine Kostenstelle
[ ] Materialkostenstelle
[ ] Fertigungshilfskostenstelle

35. Ordnen Sie zu.

Ziffern der Abbildung

a) Ziffer 1
b) Ziffer 2
c) Ziffer 3
d) Ziffer 4
e) Ziffer 5
f) Ziffer 6
g) Ziffer 7

Bezeichnungen

[ ] Variable Gesamtkosten bei 1.100 Stück
[ ] Verlust bei 300 Stück
[ ] Gesamtkostenkurve

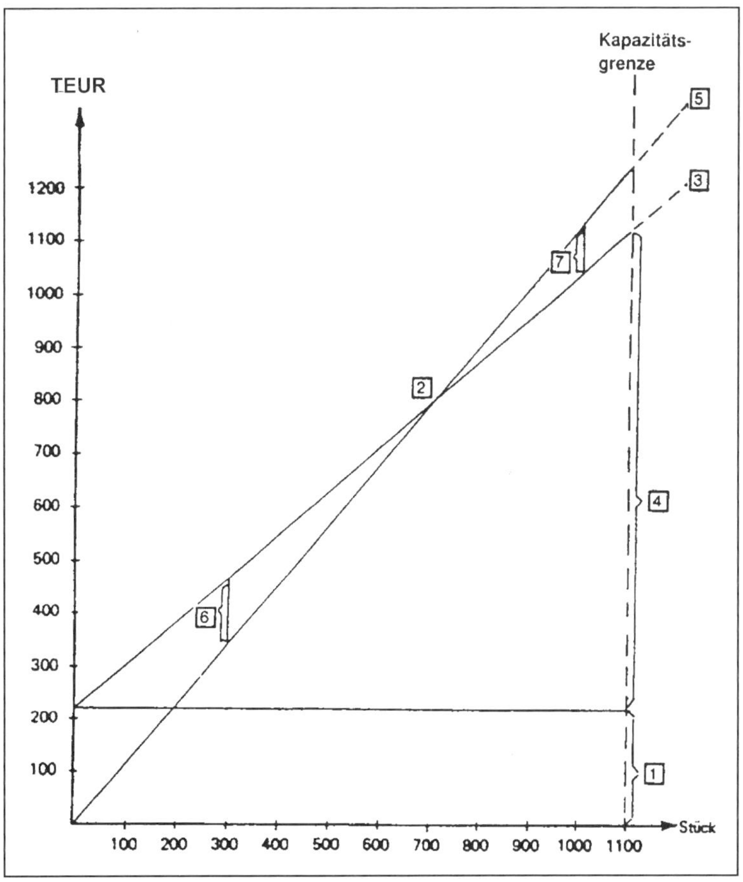

36. Siehe Abbildung. Welche Spalten der Abgrenzungstabelle enthalten betriebsfremde Aufwendungen?

a) Die Spalten b und e
b) Die Spalten e und g
c) Die Spalten c und g
d) Die Spalten b und c
e) Die Spalten a und c

Rechnungskreis I			Rechnungskreis II					
Erfolgsbereich			Abgrenzungsbereich				Kosten und Leistungsbereich	
Geschäftsbuchführung /Klasse 5, 6, 7			Unternehmensbezogene Abgrenzungen (betriebsfremd) Gruppe 90		Kosten- und Leistungsrechnerische Korrekturen (außerordentliche betriebsbezogene Verrechnungskorrekturen, sonstige Abgrenzungen) /Gruppe 91		Kosten- und Leistungsarten Gruppe 92	
Kontobezeichnung	Aufwendungen	Erträge	Aufwendungen	Erträge	Aufwendungen	Erträge	Kosten	Leistungen
	a	b	c	d	e	f	g	h

37. Ordnen Sie zu.

Aufwendungen

a) Materialverbrauch der Fertigungsstelle Maschinenreparatur
b) Fertigungslöhne für Mitarbeiter an den Spitzendrehmaschinen
c) Provisionen für Handelsvertreter
d) Gehälter für die Mitarbeiter im Vertrieb
e) Materialentnahme an Chromnickelstahlblech für die Fertigung
f) Löhne für die Mitarbeiter im Versandlager
g) Prüfkosten in der Werkstoffannahme

Kostenartengruppen

[ ] Materialeinzelkosten

[ ] Fertigungsgemeinkosten

[ ] Sondereinzelkosten des Vertriebs

[ ] Materialgemeinkosten

38. Welcher Grundsatz über die Kostenstellenbildung ist richtig?

a) In jeder Kostenstelle darf nur eine Person beschäftigt sein.
b) In einer Kostenstelle dürfen nicht zu hohe Gesamtkosten anfallen.
c) Jede Kostenstelle muss ein abgrenzbarer Bereich sein.
d) In einer Kostenstelle dürfen nur Einzelkosten anfallen.
e) Eine Kostenstelle darf nur mit fixen Kosten belastet werden, damit deren verursachungsgerechte Verteilung gewährleistet ist.

39. Welche Kostenstelle wird in der Kalkulation über den Materialgemeinkostenzuschlag abgedeckt?

Kostenstellen:

a) Warenannahme
b) Bohrerei
c) Dreherei
d) Fräserei
e) Fertigungsvorbereitung
f) Fertigerzeugnislager

40. Sie sollen die Abgrenzungsrechnung des Produktbereiches „Mountainbikes“ für den Monat Juni vornehmen. Dazu verwenden Sie eine Ergebnistabelle. Welches Ergebnis ermitteln Sie im Rechnungskreis II dieser Tabelle?

a) Das Gesamtergebnis
b) Das Ergebnis vor Steuern
c) Das Betriebsergebnis
d) Das Umsatzergebnis
e) Der Ergebnis aus betriebsbezogenen Abgrenzungen
f) Das Ergebnis aus unternehmensbezogenen Abgrenzungen

41. Welche Aussage über den Betriebsabrechnungsbogen ist richtig?

a) Der Betriebsabrechnungsbogen muss jährlich aufgestellt werden. Er ist senkrecht nach Kostenstellen und waagerecht nach Kostenarten (Einzelkosten) gegliedert.
b) Im Betriebsabrechnungsbogen werden die Gemeinkosten auf Kostenstellen verteilt.
c) Im Betriebsabrechnungsbogen werden die Kosten der Hauptkostenstellen auf die Hilfskostenstellen umgelegt.
d) Im Betriebsabrechnungsbogen werden die Einzelkosten auf die Kostenstellen Material, Fertigung, Verwaltung und Vertrieb umgelegt.
e) Im Betriebsabrechnungsbogen werden die Einzelkosten mit einem Schlüssel auf die Kostenstellen umgelegt.

42. Welche Zielsetzung kann mit einem Betriebsabrechnungsbogen realisiert werden?

a) Die Inventurdifferenzen sollen erkannt werden.
b) Die Abschlussbuchungen sollen vorbereitet werden.
c) Die gesetzlichen Vorschriften zur Klarheit und Übersichtlichkeit des Rechnungswesens sollen erfüllt werden.
d) Die Gründe für die Veränderungen der Einzelkosten sollen erkannt werden.
e) Die Zuschlagsätze für die Kalkulation sollen ermittelt werden.

43. Worin besteht u. a. die Aufgabe der Kostenstellenrechnung?

a) Sie ermittelt, welche Kostenarten angefallen sind.
b) Sie gibt die ermittelten Kosten an die Kostenartenrechnung weiter.
c) Sie stellt fest, für welche Leistung die Kosten angefallen sind.
d) Sie überwacht die Kostenentwicklung der einzelnen Betriebsbereiche.
e) Sie ermittelt das Betriebsergebnis einer Abrechnungsperiode.

44. Bringen Sie die folgenden Arbeitsschritte bei der Erstellung und Auswertung eines mehrstufigen Betriebsabrechnungsbogens in die richtige Reihenfolge.

[ ] Ermitteln der Kostenstellenüber- und -unterdeckung
[ ] Ermitteln der Summe der Gemeinkosten der Fertigungshilfskostenstellen und deren Umlage
[ ] Verteilung der Gemeinkostenarten auf die Kostenstellen
[ ] Ermitteln der Gemeinkostensumme je Hauptkostenstelle
[ ] Umlage der Gemeinkosten der allgemeinen Kostenstellen auf die Haupt- und anderen Hilfskostenstellen
[ ] Ermitteln der Summe je allgemeine Kostenstelle

45. Welche Funktion erfüllt die Kostenstellenrechnung?

a) Sie errechnet das Betriebsergebnis für jede Kostenstelle.
b) Sie errechnet das Umsatzergebnis für jede Kostenstelle.
c) Sie trennt die unternehmensbezogenen von den betriebsbezogenen Aufwendungen.
d) Sie ermittelt die Gemeinkosten in den einzelnen Betriebsabteilungen.
e) Die ermittelt die Verkaufspreise der verschiedenen Produkte.

46. Welche Kostenart wird im BAB über Schlüssel auf die Kostenstellen verteilt?

a) Aufwendungen für Fremdbauteile
b) Bezugskosten für Rohstoffe
c) Gewerbeertragssteuer
d) Aufwendungen für Rohstoffe
e) Fertigungslöhne

47. Welche Kosten werden indirekt auf die Kostenstellen verteilt?

a) Fertigungsmaterial
b) Fertigungslöhne
c) Kostenstelleneinzelkosten
d) Kostenstellengemeinkosten
e) Sondereinzelkosten der Fertigung

48. Welche Aussage zur Zurechenbarkeit von Kosten ist richtig?

a) Einzelkosten, wie z. B. Verbrauch von Fertigungsmaterial, lassen sich keiner Kostenstelle zurechnen.
b) Gemeinkosten lassen sich einer Kostenstelle sowohl direkt als auch mit Hilfe möglichst verursachungsgerechter Schlüssel indirekt zurechnen.
c) Sondereinzelkosten, wie z. B. Lizenzgebühren, Vertreterprovisionen, entstehen vorwiegend im Verwaltungsbereich und werden der jeweiligen Kostenstelle direkt zugerechnet.
d) Gemeinkosten, wie z. B. Verbrauch von Betriebsstoffen, lassen sich dem einzelnen Kostenträger auf Grund von Entnahmebelegen direkt zurechnen.
e) Kostenstelleneinzelkosten sind Gemeinkosten, die sich einem Kostenträger direkt auf Grund von Belegen zurechnen lassen.

49. Es sollen bestimmte Kostenarten direkt den Kostenstellen zugeordnet werden. Ordnen Sie zu.

Kostenarten

a) Kosten einer Reinigungsfirma für den ganzen Betrieb
b) Reisekosten von Einkäufern unserer Firma
c) Abschreibungen für einen LKW der Versandabteilung
d) Abschreibungen für eine Blechrundungsmaschine
e) Gehalt des Vertriebsleiters
f) Kosten der Spezialverpackung für Schiffsversand nach Übersee

Kostenstellen

[ ] Allgemeiner Kostenbereich
[ ] Beschaffungs-/Materialbereich
[ ] Fertigungshauptstellenbereich

50. Die Zahlen der Finanzbuchhaltung müssen in die Kosten- und Leistungsrechnung übernommen und für die Kalkulation der Vorrats- und Transportbehälter aufbereitet werden. Bringen Sie die folgenden Schritte in die richtige Reihenfolge.

[ ] Übernahme der Zahlen/Werte des GuV-Kontos in die Ergebnistabelle
[ ] Ermittlung der Ist-Zuschlagssätze für den vergangenen Abrechnungszeitraum
[ ] Unterscheidung der Kosten in Einzel- und Gemeinkosten und Übernahme der Gemeinkosten in den BAB
[ ] Überprüfung der verrechneten Normal-Zuschlagsätze anhand der ermittelten Ist-Sätze des 1. Halbjahres
[ ] Abgrenzung der unternehmensbezogenen Aufwendungen und Erträge im Rechnungskreis II und Übernahme der Kosten und Leistungen in den Kosten- und Leistungsbereich der Ergebnistabelle
[ ] Verteilung der Gemeinkosten auf die Kostenstellen und Feststellen der Gemeinkostensummen

51. Ordnen Sie zu.

Größen aus der Kosten- und Leistungsrechnung

a) Gesamtkosten
b) Stückerlös
c) Herstellkosten
d) Stückkosten
e) Gewinnschwelle
f) Zuschlagssatz für die Fertigungsgemeinkosten
g) Umsatzergebnis
h) Materialgemeinkosten

Ansätze zur Berechnung von Kostengrößen

[ ] $\frac{\text{Fixe Gesamtkosten}}{\text{Deckungsbeitrag/Stück}}$

[ ] $\frac{\text{Fertigungsgemeinkosten x 100}}{\text{Fertigungslöhne}}$

[ ] $\frac{\text{Fixe Gesamtkosten + (Variable Stückk. x Stückzahl)}}{\text{Stückzahl}}$

52. Welche Kosten werden im Materialgemeinkostenzuschlag abgedeckt?

a) Kosten für die Lagerung von Werbematerial
b) Kosten für die Lagerung der Fertigerzeugnisse
c) Kosten für die Versicherung des Rohstofflagers
d) Kosten der Materialbedarfsermittlung in der Arbeitsvorbereitung
e) Kosten für den Stromverbrauch bei der Fertigung

53. Wie heißt die Zuschlagsgrundlage für die Vertriebsgemeinkosten?

a) Fertigungskosten
b) Materialkosten
c) Verkaufserlöse der Erzeugnisse abzüglich Umsatzsteuer
d) Selbstkosten der Erzeugung
e) Selbstkosten des Umsatzes
f) Herstellkosten des Umsatzes

54. Welche Kostenart zählt zu den maschinenabhängigen Fertigungsgemeinkosten?

a) Bezugskosten für Rohstoffe
b) Instandhaltung
c) Fertigungslöhne
d) Sondereinzelkosten der Fertigung
e) Fertigungsmaterial

55. Welche Aufgabe hat die Kostenträgerzeit- und Kostenträgerergebnisrechnung?

a) Verteilung der nach Kostenarten aufgegliederten Gemeinkosten auf Kostenstellen
b) Feststellung des Umsatzergebnisses jedes Kostenträgers oder jeder Kostenträgergruppe
c) Ermittlung der Gemeinkosten je Kostenstelle
d) Ermittlung des Gesamtergebnisses
e) Sammlung der Kosten, gegliedert nach Kostenarten

56. Welche Folge hat es, wenn bei der Errechnung der Normalgemeinkostenzuschlagsätze die Fertigungslöhne aus Versehen zu niedrig angesetzt worden sind?

a) Der Fertigungsgemeinkostenzuschlagsatz wird zu niedrig ausgewiesen.
b) Die Höhe des Fertigungsgemeinkostenzuschlagsatzes wird davon nicht berührt.
c) Die Anwendung dieses errechneten Fertigungsgemeinkostenzuschlagsatzes hat auf die Kostendeckung keinen Einfluss.
d) Wenn alle sonstigen Annahmen zutreffen, die bei der Vorkalkulation gemacht wurden, wird eine Überdeckung der Gemeinkosten eintreten.
e) Wenn alle sonstigen Annahmen zutreffen, die bei der Vorkalkulation gemacht wurden, wird eine Unterdeckung der Gemeinkosten eintreten.

57. Mit welchem Ansatz lassen sich bei Einproduktunternehmen die Stückkosten bei unterschiedlicher Ausbringungsmenge errechnen?

a) (Fixe Gesamtkosten + Variable Kosten je Stück) x Stückzahl / Stückzahl
b) (Fixe Gesamtkosten + Variable Kosten je Stück x Stückzahl) / Stückzahl
c) Fixe Gesamtkosten + Variable Kosten je Stück / Stückzahl
d) Fixe Gesamtkosten + (Variable Gesamtkosten x Stückzahl) / Stückzahl
e) (Fixe Gesamtkosten x Stückzahl) + Variable Kosten je Stück / Stückzahl

58. Welchen Zweck erfüllt die Kostenträgerstückrechnung?

a) Sie schafft die Voraussetzung zur besseren Aufgliederung der Kostenarten.
b) Sie ermöglicht die direkte Zuordnung der Gemeinkosten auf die Kostenstellen.
c) Sie dient der Überprüfung der Lagerbestände auf vorhandene Mengendifferenzen.
d) Aus ihren Daten lässt sich erkennen, ob der Betrieb ein positives Ergebnis erwirtschaftet hat.
e) Sie ermittelt den Selbstkostenpreis für den einzelnen Kostenträger.

59. Welche Aussage über die Kostenträgerzeitrechnung mit Ist- und Normalkosten ist richtig?

a) Sie ermittelt die kurzfristige Preisuntergrenze für den einzelnen Kostenträger.
b) Sie ermöglicht die direkte Zuordnung der Gemeinkosten auf die Kostenstellen.
c) Sie schafft die Voraussetzungen zu einer besseren Aufgliederung der Kostenarten.
d) Sie dient zur Überprüfung der Einzelkosten in den Kostenstellen.
e) Sie ermittelt die Unter- bzw. Überdeckungen bei den Gemeinkosten für eine bestimmte Abrechnungsperiode.

60. Sie sollen die Kostenträgerzeitrechnung für ein Fertigprodukt durchführen. Geben Sie an, welche Hauptaufgabe Sie hierbei auszuführen haben.

a) Die Ermittlung der Gemeinkostensumme je Hauptkostenstelle
b) Die Ermittlung des Gesamt- und des Betriebsergebnisses
c) Die Ermittlung der Selbstkosten der hergestellten Erzeugnisse
d) Die Ermittlung der kalkulatorischen Kosten
e) Die Ermittlung der Aufwendungen und Kosten für eine Abrechnungsperiode

61. Welche Aussage zum Kostenträgerzeitblatt zu Normalkosten ist richtig?

a) Herstellkosten der Erzeugung + Mehrbestände bzw. - Minderbestände an fertigen und unfertigen Erzeugnissen = Herstellkosten des Umsatzes
b) Herstellkosten der Erzeugung + Minderbestände bzw. - Mehrbestände an fertigen und unfertigen Erzeugnissen = Herstellkosten des Umsatzes
c) Herstellkosten des Umsatzes + Minderbestände bzw. - Mehrbestände an fertigen und unfertigen Erzeugnissen = Umsatzergebnis
d) Umsatzergebnis - Bestandsveränderungen = Betriebsergebnis
e) Verkaufserlöse (Netto) - Selbstkosten des Umsatzes = Gesamtergebnis

62. In welchem Fall liegt eine Kostenunterdeckung vor?

a) Das Betriebsergebnis ist größer als das Umsatzergebnis.
b) Die Normalgemeinkosten sind niedriger als die Istgemeinkosten.
c) Die Normalgemeinkosten sind höher als die Umsatzerlöse.
d) Die Normalgemeinkosten sind höher als die Istgemeinkosten.
e) Die Normalgemeinkosten sind höher als die Selbstkosten.

63. In welchem Fall liegt eine Kostenüberdeckung vor?

a) Die Normalgemeinkosten sind höher als die Leistungen.
b) Die Normalgemeinkosten sind niedriger als die Leistungen.
c) Die Normalgemeinkosten sind höher als die Istgemeinkosten.
d) Die Normalgemeinkosten sind niedriger als die Istgemeinkosten.
e) Die Normalgemeinkosten sind höher als die Umsatzerlöse.
f) Die Normalgemeinkosten sind niedriger als die Umsatzerlöse.

64. Sie sollen die Abgrenzungsrechnung für den abgelaufenen Monat April vornehmen. Zu diesem Zweck verwenden Sie eine Ergebnistabelle. Welches Ergebnis ermitteln Sie im Kosten- und Leistungsbereich dieser Tabelle?

a) Das Ergebnis aus betriebsbezogenen Abgrenzungen
b) Das Ergebnis aus unternehmensbezogenen Abgrenzungen
c) Das Gesamtergebnis
d) Das Betriebsergebnis
e) Das neutrale Ergebnis

65. In einem Betrieb belaufen sich die fixen Kosten auf 100.000 €. Im gleichen Zeitraum wurden 120.000 Stück eines Erzeugnisses hergestellt, was einem Beschäftigungsgrad von 90 % entspricht. Wie verändern sich diese fixen Kosten, wenn sich der Beschäftigungsgrad im Geschäftsjahr verändert?

a) Sie verändern sich parallel zum Beschäftigungsgrad.
b) Sie sind vom Beschäftigungsgrad unabhängig.
c) Sie steigen schneller als der Beschäftigungsgrad.
d) Sie steigen langsamer als der Beschäftigungsgrad.
e) Sie verändern sich umgekehrt wie der Beschäftigungsgrad.

66. Ein Auftrag über farbige Wäschestoffe wird zu dem im Angebot angegebenen Verkaufspreis abgesetzt. Bei der Nachkalkulation wird festgestellt, dass der Gewinn gegenüber der Vorkalkulation niedriger ist. Worin kann die Ursache liegen?

a) Die Sondereinzelkosten der Fertigung haben sich erhöht.
b) Die bilanzmäßigen Abschreibungen im Maschinenstundensatz haben sich erhöht.
c) Die Kostenüberdeckung im Bereich der Materialkosten führte zu einer Verminderung des Gewinns.
d) Der Zuschlagsatz für Vertriebsgemeinkosten war in der Vorkalkulation höher.
e) Die verrechneten Normalgemeinkosten wurden unterschritten.

67. Welche Kalkulationsart findet Anwendung, wenn ein Industriebetrieb nur ein Erzeugnis in Massenfertigung herstellt?

a) Differenzkalkulation
b) Zuschlagskalkulation
c) Divisionskalkulation
d) Divisionskalkulation mit Äquivalenzziffern
e) Sortenkalkulation

68. Bei der Nachkalkulation eines Vorratsbehälters ergeben sich gegenüber der Vorkalkulation einige Abweichungen. Ordnen Sie die zutreffenden Begründungen den abweichenden Positionen zu.

Begründungen für die Abweichung aus der Vor- und Nachkalkulation

a) Erhöhung der Tariflöhne und der zu verrechnenden Lohnkosten
b) Rabatt für Großeinkauf bei Chromnickelstahlblech
c) Rabatt für Großeinkauf bei Schweißmaterial
d) Ein neues Werkstor wurde eingebaut.
e) Ein früher hergestelltes Spezialwerkzeug konnte noch einmal verwendet werden.
f) Mehrere dezentrale Verkaufslager wurden als Außenlager eingerichtet.

Abweichende Positionen

[ ] Materialeinzelkosten
[ ] Fertigungseinzelkosten
[ ] Vertriebsgemeinkosten

69. Welche Kalkulationsart findet Anwendung bei einem Industriebetrieb mit Sortenfertigung?

a) Divisionskalkulation
b) Zuschlagskalkulation
c) Differenzkalkulation
d) Divisionskalkulation mit Äquivalenzziffern
e) Sortenkalkulation

70. In welchem Fall wird die Äquivalenzziffernkalkulation angewandt?

a) Sie wird bei Massenfertigung eines einheitlichen Produktes angewandt.
b) Sie wird bei gleichartigen Erzeugnissen, die aus demselben Rohstoff gefertigt werden und das gleiche Produktionsverfahren durchlaufen, angewandt.
c) Sie wird bei Erzeugnissen, bei denen lediglich die Materialeinsatzmengen in einem bestimmten Verhältnis zueinander stehen, angewandt.
d) Sie wird bei gleichen Produktions- und unterschiedlichen Verkaufsmengen angewandt.
e) Sie wird bei der Herstellung verschiedenartiger Erzeugnisgruppen angewandt.

71. Welche Kostenstelle in einem Industriebetrieb wird in der Kalkulation über den Vertriebsgemeinkosten-Zuschlag abgedeckt?

a) Betriebsarzt
b) Kantine
c) Warenannahme
d) Dreherei
e) Fertigungsvorbereitung
f) Fertigerzeugnislager

72. Aufgrund unerwarteter zusätzlicher Aufträge steigt die tatsächliche jährliche Maschinenlaufzeit einer Fertigungsmaschine um 12 %. Mit welcher Auswirkung auf den Maschinenstundensatz ist zu rechnen?

a) Aufgrund der Fixkostendegression verringert sich der Maschinenstundensatz.
b) Die Erhöhung der Maschinenlaufzeit führt zur Erhöhung des Maschinenstundensatzes.
c) Der Maschinenstundensatz verringert sich um 12 %.
d) Die variablen Maschinenkosten verursachen eine Erhöhung des Maschinenstundensatzes.
e) Die variablen Maschinenkosten verursachen eine Verringerung des Maschinenstundensatzes.

73. In einem Industriebetrieb soll im nächsten Geschäftsjahr zusätzlich mit Maschinenstundensätzen gerechnet und kalkuliert werden. Welche Auswirkungen hat das auf die Kalkulation des Unternehmens?

a) Künftig wird nicht mehr mit Fertigungsgemeinkostenzuschlägen, sondern nur noch mit Maschinenstundensätzen kalkuliert.
b) Ein Betriebsabrechnungsbogen wird künftig überflüssig, weil alle Gemeinkosten je Maschine erfasst werden.
c) Die Fertigungskosten der Kostenträgerstückrechnung gliedern sich in Fertigungslöhne, Maschinenkosten, Restgemeinkosten und Sondereinzelkosten der Fertigung.
d) Für jede Maschine sind die Maschinenkosten zu ermitteln, z. B. Abschreibungen, kalkulatorische Zinsen, Wartungs- und Instandhaltungskosten, Raum und Energiekosten usw. Auf der Basis der Fertigungslöhne berechnet man dann Maschinenstundensätze.
e) Zwar wird die Kalkulation wesentlich vereinfacht, allerdings wird dadurch das Kostenverursachungsprinzip verletzt.

74. Welche Aussage über die Vollkosten- bzw. Deckungsbeitragsrechnung ist richtig?

a) In der Vollkostenrechnung kann das Verursacherprinzip durchgängig realisiert werden.
b) In der Vollkostenrechnung werden die proportionalen Kosten nicht erfasst.
c) Die Vollkostenrechnung ist ausschließlich ein Instrument der kurzfristigen Erfolgsrechnung.
d) Mit Hilfe der Deckungsbeitragsrechnung kann die kurzfristige Preisuntergrenze ermittelt werden.
e) Die Deckungsbeitragsrechnung ist für die Preispolitik nicht geeignet.

75. Welche Aussage über den Deckungsbeitrag ist richtig?

a) Er ist die Differenz zwischen Preis und Selbstkosten eines Produktes.
b) Er soll höchstens die fixen Kosten decken.
c) Er ist die Differenz zwischen Ist-Gemeinkosten und verrechneten Gemeinkosten.
d) Er ist die Differenz zwischen den variablen Kosten und Selbstkosten eines Produktes.
e) Er steigt, wenn bei gleichbleibenden Erlösen die variablen Kosten steigen.
f) Er sinkt, wenn bei gleichbleibenden Erlösen die variablen Kosten eines Produktes steigen.

76. Ein Industrieunternehmen will die Verkaufspreise ändern. Welche Auswirkungen ergeben sich dadurch in der Deckungsbeitragsrechnung auf die Gewinnschwelle?

a) Bei Preiserhöhungen muss die gleiche Menge abgesetzt werden, um die Gewinnschwelle zu erreichen.
b) Bei Preissenkungen muss eine kleinere Menge abgesetzt werden, um die Gewinnschwelle zu erreichen.
c) Bei Preisänderungen ändert sich die Gewinnschwellenmenge nicht, weil die variablen Kosten unverändert bleiben.
d) Bei Preissenkungen muss die gleiche Menge abgesetzt werden, weil die fixen Kosten unverändert bleiben.
e) Bei Preiserhöhungen muss eine kleinere Menge abgesetzt werden, um die Gewinnschwelle zu erreichen.

77. Siehe Abbildung. Welches Produkt hat den höchsten relativen Deckungsbeitrag?

a) Produkt 1
b) Produkt 2
c) Produkt 3
d) Produkt 4
e) Produkt 5

Produkt	Verkaufserlös in € je Einheit	Variable Kosten in € je Einheit	Produktionszeit in Minuten je Einheit
1	24	18	10
2	32	25	20
3	25	12	30
4	45	39	15
5	50	30	40

78. Der sinkende Beschäftigungsgrad bei Fertigprodukten ändert die Kostenstruktur. Welche Änderung müssen Sie bei Ihrer Planung berücksichtigen?

a) Die fixen Kosten pro Stück sinken.
b) Die fixen Kosten pro Stück steigen.
c) Die variablen Stückkosten steigen.
d) Die variablen Gesamtkosten steigen.
e) Die fixen Gesamtkosten steigen.

79. Entgegen den Erwartungen zeichnen sich für die im Juni unter Ausnutzung von freien Kapazitäten gesteigerte laufende Produktion Absatzschwierigkeiten ab. Der Vertriebsleiter möchte deshalb Sonderangebote bis zur kurzfristigen Preisuntergrenze herausgeben. Worauf würde er verzichten, wenn der Verkauf noch zur langfristigen Preisuntergrenze möglich wäre?

a) Auf den Deckungsbeitrag
b) Auf einen Gewinn
c) Auf die Deckung der Fixkosten
d) Auf die Deckung der variablen Kosten
e) Auf die Deckung der kalkulatorischen Kosten

80. Das abgebildete Diagramm zeigt vereinfacht die Kosten- und Erlösverhältnisse eines Industriebetriebes. Ordnen Sie zu.

Ziffern des Diagramms

a) Ziffer 1
b) Ziffer 2
c) Ziffer 3
d) Ziffer 4
e) Ziffer 5
f) Ziffer 6

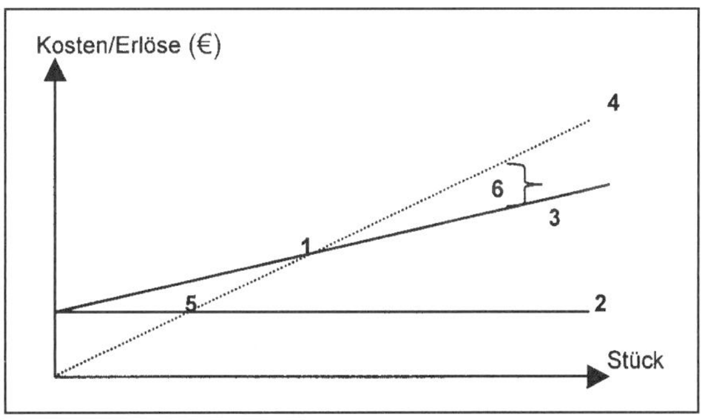

Benennungen

[ ] Gewinnzone
[ ] Gesamtkostenkurve
[ ] Break-even-point (Nutzenschwelle)

81. Welcher Größe entspricht die Strecke X im abgebildeten Diagramm?

a) Dem Gesamtgewinn
b) Dem Gesamterlös
c) Dem Deckungsbeitrag
d) Den Gesamtkosten
e) Dem Gewinn und den variablen Kosten
f) Den fixen Kosten

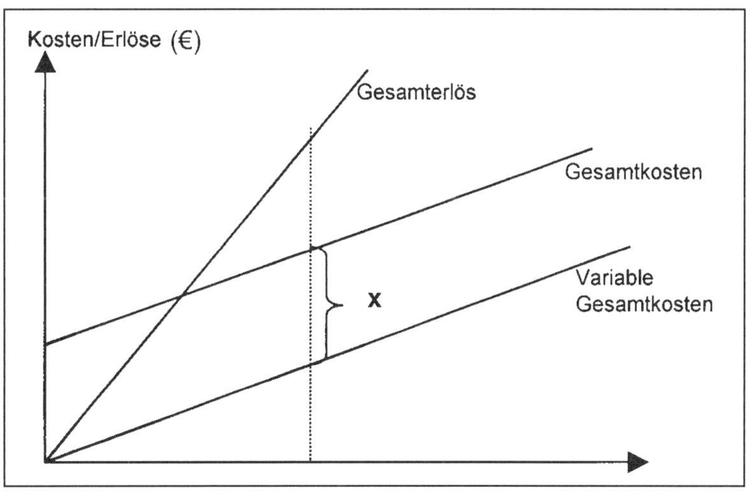

82. Die Industrie-AG erstellt monatlich eine Betriebsergebnisrechnung. Wie werden dabei im Laufe eines Jahres fallweise entstehende Aufwendungen, z. B. Urlaubslöhne, berücksichtigt?

a) Sie werden ganz aus der Betriebsergebnisrechnung herausgenommen.
b) Sie gehen ganz in die Betriebsergebnisrechnung des nächsten Jahres ein.
c) Sie gehen monatlich in die Betriebsergebnisrechnung mit einem Zwölftel des voraussichtlichen Jahresaufwandes ein.
d) Sie gehen in der Abgrenzungsabrechnung (Ergebnistabelle) in das Ergebnis aus unternehmensbezogenen Abgrenzungen ein.
e) Sie werden als betriebsfremde Aufwendungen verrechnet.

83. Wie wirkt sich in der Industrie-AG ein sinkender Beschäftigungsgrad aus? Die variablen Gesamtkosten verlaufen proportional.

a) Die fixen Stückkosten nehmen zu.
b) Die variablen Stückkosten nehmen zu
c) Die fixen Gesamtkosten nehmen ab.
d) Die variablen Gesamtkosten nehmen zu.
e) Die fixen Stückkosten nehmen ab.

84. Wie sind die Kosten der Allgemeinen Kostenstelle „Betriebsrat" auf alle nachgeordneten Kostenstellen zu verteilen?

a) Nach der Zahl der gewählten Betriebsratsmitglieder in den Kostenstellen
b) Nach der Zahl der Arbeitnehmer in den Kostenstellen
c) Nach der Zahl der Gewerkschaftsmitglieder in den Kostenstellen
d) Nach den für die Kostenstellen erstellten Leistungen
e) Nach den in den Kostenstellen ermittelten Kosten

85. Siehe die abgebildeten Aufstellungen! Welche Aufstellung zur Ermittlung des Deckungsbeitrages und des Betriebsergebnisses einer Abrechnungsperiode ist richtig?

a) Aufstellung 1
b) Aufstellung 2
c) Aufstellung 3
d) Aufstellung 4
e) Aufstellung 5

[1] Verkaufserlöse der Abrechnungsperiode
- fixe Kosten
= Deckungsbeitrag
- variable Kosten
= Betriebsergebnis

[2] Verkaufserlöse der Abrechnungsperiode
+ variable Kosten
= Deckungsbeitrag
- fixe Kosten
= Betriebsergebnis

[3] Verkaufserlöse der Abrechnungsperiode
- variable Kosten
= Deckungsbeitrag
- fixe Kosten
= Betriebsergebnis

[4] Verkaufserlöse der Abrechnungsperiode
- variable Kosten
= Deckungsbeitrag
+ fixe Kosten
= Betriebsergebnis

[5] Verkaufserlöse der Abrechnungsperiode
+ fixe Kosten
= Deckungsbeitrag
- variable Kosten
= Betriebsergebnis

Die nächsten drei Aufgaben beziehen sich auf die Textilwerke AG.

86. Welche Kosten gehen bei der Textilwerke AG in die Fertigungsgemeinkosten ein?

a) Der Verbrauch von Schmiermitteln in der Fertigung
b) Die Kosten für die Beschaffung von Spulen
c) Die seefeste Verpackung für den Export
d) Der Verbrauch von Garnen
e) Der Akkordlohn eines Arbeiters am Zuschneidetisch

87. Welche Kosten sind Einzelkosten in der Textilwerke AG?

a) Kosten für das Lager der fertigen Erzeugnisse
b) Gehalt der Vorstandssekretärin
c) Kosten der Qualitätskontrolle
d) Kosten für den Verbrauch von Schlingengarn
e) Kalkulatorische Abschreibungen auf die Spinnmaschinen

88. Welcher Vorgang stellt zugleich Ausgabe, Aufwand und Kosten dar?

a) Die Buchung der kalkulatorischen Zinsen
b) Die Abschreibung auf einen Webautomaten
c) Die Zahlung von Fertigungslöhnen
d) Der Kauf eines Webautomaten
e) Die Entnahme von Knotengarn

89. Um kurzfristige Produktions- und Absatzentscheidungen zu fällen, wird Ihnen ein Verfahren der Kosten- und Leistungsrechnung folgendermaßen beschrieben: „Alle Kosten werden in fixe und variable Kosten zerlegt. Dem einzelnen Erzeugnis werden nur die variablen Kosten direkt zugeschlagen. Vom Erlös des einzelnen Erzeugnisses werden diese variablen Kosten abgezogen, sodass eine Differenz verbleibt, die einen Beitrag zur Deckung der fixen Kosten des Unternehmens und des Betriebsgewinns leistet." Wie nennt man diese Verfahren?

a) Zuschlagskalkulation
b) Äquivalenzziffernkalkulation
c) Vollkostenrechnung
d) Teilkostenrechnung
e) Divisionskalkulation

90. Welches Kostenpaar ist den Restfertigungsgemeinkosten zuzuordnen?

a) Kosten für Fertigungslöhne und Hilfslöhne
b) Kosten für Hilfslöhne und Arbeitgeberanteil zur Sozialversicherung für Hilfslöhne
c) Kosten für Schweißdraht und Schmiermittel
d) Kosten für Fertigungslöhne und Reinigung
e) Planmäßige Instandhaltungskosten und Materialverbrauch

91. Worin besteht u. a. die Aufgabe der Kostenstellenrechnung?

a) Sie ermittelt, welche Kostenarten angefallen sind.
b) Sie gibt die ermittelten Kosten an die Kostenartenrechnung weiter.
c) Sie stellt fest, für welche Leistung die Kosten angefallen sind.
d) Sie ermittelt durch Verteilung der Gemeinkosten auf die Kostenstellen die Zuschlagssätze.
e) Sie ermittelt das Betriebsergebnis einer Abrechnungsperiode.

92. In welchem Fall können zur Ermittlung des Vertriebsgemeinkostenzuschlags statt der Herstellkosten des Umsatzes die Herstellkosten der Fertigung als Zuschlagsgrundlage gewählt werden?

a) Wenn die Herstellkosten der Fertigung keine Sondereinzelkosten der Fertigung enthalten
b) Wenn alle während des Abrechnungszeitraums gefertigten Erzeugnisse verkauft wurden und der Bestand an unfertigen Erzeugnissen sich gegenüber dem Beginn des Abrechnungszeitraums nicht geändert hat
c) Wenn sich die Vertriebsgemeinkosten gegenüber dem letzten Abrechnungszeitraum nicht geändert haben
d) Wenn sich durch die Inventur Mehr- oder Minderbestände an unfertigen und fertigen Erzeugnissen ergeben haben
e) Wenn Herstellkosten der produzierten und der verkauften Erzeugnisse voneinander abweichen

93. Welche Aussage über Zusatzkosten ist richtig?

a) Zusatzkosten werden als Aufwand gebucht, sind aber nicht mit Ausgaben verbunden.
b) Zusatzkosten werden als betriebsbedingte Aufwendungen gebucht und sind mit Ausgaben verbunden.
c) Zusatzkosten beeinflussen unmittelbar das Gesamtergebnis.
d) Zusatzkosten sind Kosten in der Kosten- und Leistungsrechnung, denen kein Aufwand in der Geschäftsbuchführung zugrunde liegt.
e) Zusatzkosten erscheinen in der Regel in der Geschäftsbuchführung mit einem anderen Wert als in der Kosten- und Leistungsrechnung.
f) Zusatzkosten beeinflussen unmittelbar das Ergebnis aus unternehmensbezogener Abgrenzung.

94. Was stellt eine Leistung im Sinne der Kosten- und Leistungsrechnung dar?

a) Ertrag aus dem Abgang eines Anlagegegenstandes
b) Ertrag aus der Auflösung einer Rückstellung
c) Mieterträge aus Wohnungen im Betriebsgebäude
d) Rückerstattung zuviel gezahlter Betriebssteuern
e) Zinsertrag aus einem betrieblich nicht notwendigen Darlehen
f) Umsatzerlöse für eigene Erzeugnisse

95. Ordnen Sie zu.

Aufwendungen

a) Materialverbrauch der Fertigungshilfsstelle Maschinenreparatur
b) Fertigungslöhne für Mitarbeiter an den Spitzendrehmaschinen
c) Transportversicherung für Scheibenbremsen
d) Gehälter für die Mitarbeiter im Vertrieb
e) Materialentnahme von Stahlstangen
f) Löhne für die Mitarbeiter im Rohstofflager
g) Modellkosten für eine neu entwickelte Bremse
h) Versicherungsbeiträge für Materiallager

Kostenartengruppen

[ ] Materialeinzelkosten
[ ] Fertigungsgemeinkosten
[ ] Sondereinzelkosten des Vertriebs

96. Wann fallen Sondereinzelkosten der Fertigung an?

a) Das Unternehmen weitet seine Fertigungskapazität aus.
b) Das Unternehmen zahlt Mehrarbeitslöhne.
c) Das Unternehmen lässt ein Gussmodell durch Fremdleistung anfertigen.
d) Das Unternehmen stellt einen Assistenten für die Produktionsleitung ein.
e) Das Unternehmen ersetzt manuelle Schweißarbeit durch Schweißautomaten.

97. Bringen Sie in die richtige Reihenfolge.
Erstellung und Auswertung eines mehrstufigen BAB.

[ ] Ermitteln der Kostenstellenüber- und -unterdeckung in den Hauptkostenstellen
[ ] Ermitteln der Summe der Gemeinkosten der Fertigungshilfskostenstellen und deren Umlage
[ ] Verteilung der Gemeinkostenarten auf die Kostenstellen
[ ] Ermitteln der Summe der Gemeinkosten je Hauptkostenstelle
[ ] Umlage der Gemeinkosten der allgemeinen Kostenstellen auf die Haupt- u. Hilfskostenstellen
[ ] Ermitteln der Summe je allgemeine Kostenstelle

98. Welche Kostenart wird im BAB über Schlüssel auf Kostenstellen verteilt?

a) Energiekosten
b) Bezugskosten für Rohstoffe
c) Aufwendungen für Fremdbauteile
d) Aufwendungen für Rohstoffe
e) Fertigungslöhne

99. Wie wirken sich Zusatzkosten in der Abgrenzungsrechnung aus?

a) Sie wirken sich unmittelbar auf das Gesamtergebnis und auf das Ergebnis aus unternehmensbezogenen Abgrenzungen aus.

b) Sie wirken sich unmittelbar auf das Gesamtergebnis und auf das Ergebnis aus kosten- und leistungsrechnerischen Korrekturen aus.

c) Sie wirken sich auf das Betriebsergebnis und auf das Ergebnis aus unternehmensbezogenen Abgrenzungen aus.

d) Sie wirken sich auf das Ergebnis aus kosten- und leistungsrechnerischen Korrekturen und auf das Ergebnis aus unternehmensbezogenen Abgrenzungen aus.

e) Sie wirken sich auf das Betriebsergebnis und auf das Ergebnis aus kosten- und leistungsrechnerischen Korrekturen aus.

100. In einer Betriebsvereinbarung wird festgelegt, dass die Arbeitszeit der Rahmenschweißer bis zum Jahresende des laufenden Jahres von 35 auf 40 Wochenstunden ohne Lohnausgleich heraufgesetzt wird. In welchem Kostenbereich wirkt sich dies für die Kostenkalkulation aus?

a) Materialkosten

b) Fertigungskosten

c) Materialgemeinkosten

d) Verwaltungsgemeinkosten

e) Vertriebsgemeinkosten

101. Welche Größe kennzeichnet der Buchstabe e?

a) Deckungsbeitrag

b) Fixkosten

c) Variable Kosten

d) Gewinn

e) Verlust

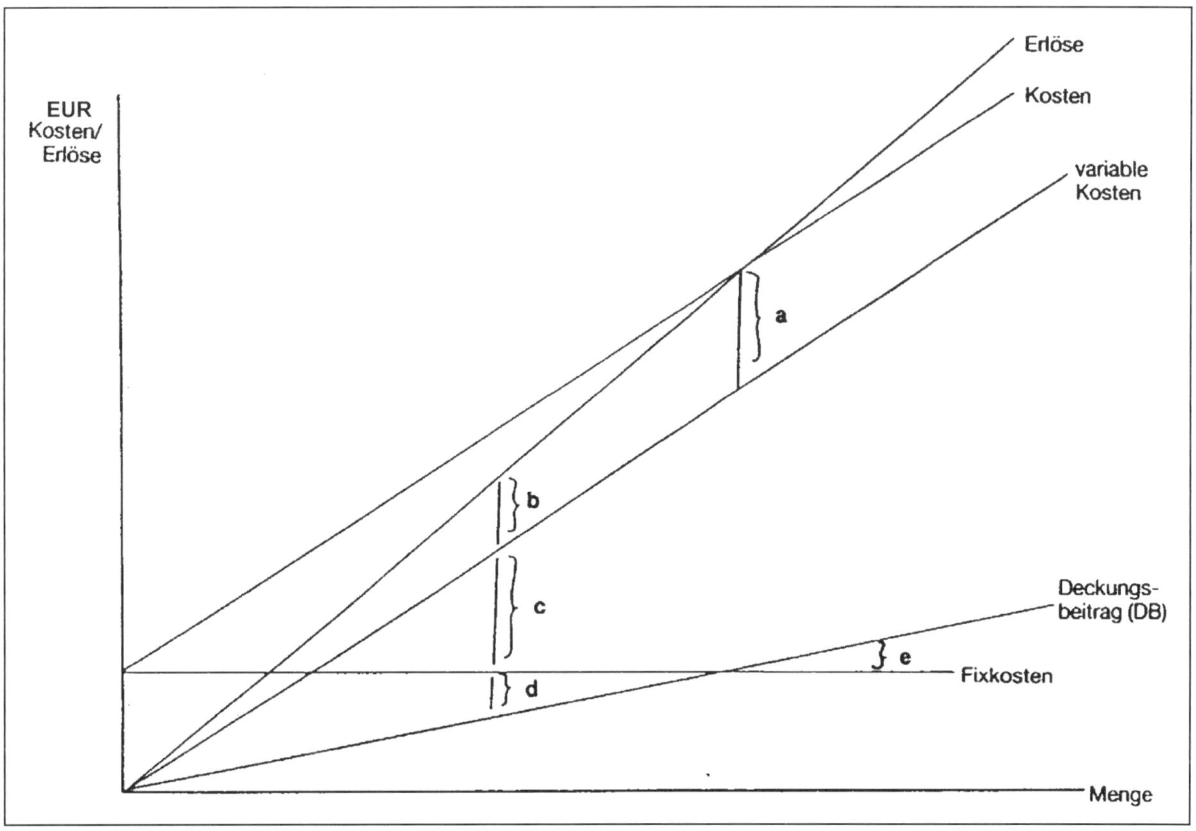

102. Beim Bau einer Garage für den Firmen-Pkw waren zwei eigene Mitarbeiter eingesetzt. Welches Ertragskonto ist bei Buchung dieses Geschäftsfalles anzusprechen?

a) Aktivierte Eigenleistung (530)
b) Bebaute Grundstücke (051)
c) Unbebaute Grundstücke (050)
d) Bestandsveränderungen (520)
e) Erträge aus Werterhöhungen von Gegenständen des Anlagevermögens (544)

103. Beim Kauf eines Grundstücks war Grunderwerbsteuer zu bezahlen. Als was müssen Sie diese Steuer im Rechnungswesen erfassen?

a) Als Vorsteuer
b) Als Umsatzsteuer
c) Als Anschaffungsnebenkosten
d) Als betriebliche Aufwandssteuer
e) Als Grundsteuer

BEI NACHSTEHENDEN AUFGABEN SIND DIE ERGEBNISSE ZU BERECHNEN.

104. Die Industrie-AG musste im vorletzten Monat durch Engpässe in der Zulieferung die Produktion von 40.000 Einheiten auf 32.000 Einheiten senken. Die monatlichen Fixkosten betrugen unverändert 800.000,00 €, die variablen Kosten pro Stück 40,55 € und die Stückerlöse 70,00 €. Um wie viel Prozent sind die Stückkosten gestiegen (1 Kommastelle)?

105. Siehe untenstehende Konten und Endbestände. Wie viel € beträgt das Gesamtergebnis?

Endbestand an Fertigen Erzeugnissen	235.000 €
Endbestand an Unfertigen Erzeugnissen	389.000 €

S	Rohstoffbestände	H
60.000		32.000

S	Bezugskosten Rohstoffe	H
200		

S	Unfertige Erzeugnisse	H
380.000		

S	Fertige Erzeugnisse	H
250.000		

S	Verbindl. aus L.u.L.	H
		9.760

S	Umsatzerlöse f. Fertigerzeugnisse	H
		85.000

S	Erlösberichtigungen	H
5.000		

S	Bestandsveränderungen	H

S	Aktivierte Eigenleistungen	H
		10.000

S	Aufw. f. Roh-, Hilfs- u. Betriebsstoffe	H
32.000		

S	Löhne	H
31.000		

S	Gewinn- u. Verlustkonto	H

S	Steuern	H
12.000		

106. Die Textilwerke AG bietet im Direktverkauf eine Tischdecke zu einem Verkaufspreis von 55,93 € inklusive 19 % Mehrwertsteuer an. Wie viel Prozent beträgt der Gewinn bei Selbstkosten von 40,00 €/Stück?

107. Aus der Ergebnistabelle des Produktbereichs „Mountainbikes“ entnehmen Sie die Bestandsveränderungen an fertigen Erzeugnissen. Was müssen Sie in diesem Zusammenhang beachten?

a) Eine Bestandsmehrung bei den Mountainbikes liegt vor, wenn die verkaufte Menge größer ist als die in diesem Zeitraum produzierte Menge.

b) Im Gegensatz zu den Bestandsveränderungen bei den Rohstoffen gibt es für die Erzeugnisse ein Sammelkonto „Bestandsveränderungen“, auf dem im Soll die Mehrbestände und im Haben die Minderbestände erfasst werden.

c) Eine Bestandsmehrung der Fertigerzeugnisse muss bei der Erfolgsermittlung auf der Habenseite des GuV-Kontos ausgewiesen und auch in die Abgrenzungstabelle übernommen werden.

d) Bestandsveränderungen an Fertigerzeugnissen müssen in der Schlussbilanz ausgewiesen werden.

e) Eine Bestandsminderung bei den Mountainbikes wird auf der Habenseite des GuV-Kontos ausgewiesen.

108. Siehe nachstehendes Kostenträgerblatt. Wie viel € beträgt das Umsatzergebnis für Produkt B?

KOSTENTRÄGERBLATT

	Kostenträger insgesamt	Kostenträger		
		Produkt A	**Produkt B**	**Produkt C**
⋮	⋮	⋮	⋮	⋮
Selbstkosten des Umsatzes			150.000,00	186.400,00
Netto-Verkaufserlöse	503.200,00	120.400,00		
Umsatzergebnis				54.400,00
Kostenüberdeckung	3.870,00 -			
Betriebsergebnis	100.270,00			

109. Die Industrie-AG hat die Wahl zwischen zwei Fertigungsverfahren:

Fertigungsverfahren I:

fixe Kosten monatlich	400.000,00 €
variable Kosten/Stück	80,00 €

Fertigungsverfahren II

fixe Kosten monatlich	300.000,00 €
variable Kosten/Stück	120,00 €

Bei welcher Menge sind die Kosten beider Verfahren gleich?

110. Vervollständigen Sie die Kalkulation. Welcher Betrag ergibt sich für das Fertigungsmaterial?

Fertigungsmaterial		
Materialgemeinkosten 16 2/3 %	____________€	
Materialkosten		____________€
Fertigungslöhne	**40.000,00 €**	
Fertigungsgemeinkosten 175 %	____________€	
Fertigungskosten		____________€
Herstellkosten		**180,000 €** ================

111. Wie viel T€ beträgt aus den Summen des Rechnungskreises II (siehe Abbildung) das Gesamtergebnis? Kennzeichnen Sie einen Gewinn mit einer 1 vor dem Ergebnis, einen Verlust mit der Ziffer 2.

RECHNUNGSKREIS II					
Abgrenzungsbereich				Kosten- und Leistungsbereich	
Unternehmensbezogene Abgrenzung (betriebsfremd) Gruppe 90		Kosten- und leistungsrechnerische Korrekturen (außerordentliche betriebsbezogene Verrechnungskorrekturen, sonstige Abgrenzungen) /Gruppe 91		Kosten- und Leistungsarten Gruppe 92	
Aufwendungen	Erträge	Aufwendungen	Erträge	Kosten	Leistungen
20.000,--	*6.000,--*	*400.000,--*	*420.000,--*	*920.000,--*	*860.000,--*

112. Folgende Werte aus der Kostenträgerzeitrechnung liegen vor:

Umsatzergebnis	2.0 Mio. €
Betriebsergebnis	2,5 Mio. €
Normal-Selbstkosten des Umsatzes	36,0 Mio. €

Wie viel Mio. € betragen die Ist-Selbstkosten des Umsatzes?

113. Wie viel € beträgt das Ergebnis aus kosten- und leistungsrechnerischen Korrekturen? Stellen Sie fest, ob die Aufwendungen (= Kennziffer 1) oder Erträge (= Kennziffer 2) überwiegen. Siehe dazu folgende Abbildung.

	RECHNUNGSKREIS I				RECHNUNGSKREIS II					
	Erfolgsbereich				Abgrenzungsbereich				Kosten- u. Leistungsrechnung	
	Geschäftsbuchführung / Klassen 5,6,7				Unternehmensbezogene Abgrenzung (betriebsfremd) Gruppe 90		Kosten- und leistungsrechnerische Korrekturen (Außerordentliche betriebsbezogene, Verrechnungskorrekturen, sonstige Abgrenzungen) Gruppe 91		Kosten- und Leistungsarten Gruppe 92	
Zeile Nr.	Konto-Nr.	Kontenbezeichnung	Aufwendungen	Erträge	Aufwendungen	Erträge	Aufwendungen	Erträge	Kosten	Leistungen
.	.	.	.	.	.	.	.	.	.	.
.	.	.	.	.	.	.	.	.	.	.
.	.	.	.	.	.	.	.	.	.	.
27		Summen	923.000	958.600	77.300	64.400			781.400	850.100
28		Salden					?	?		
29		Ergebnis	Gesamtergebnis		Ergebnis aus unternehmensbezogenen Abgrenzungen		Ergebnis aus kosten- und leistungsrechnerischen Korrekturen		Betriebsergebnis	

114. Wie viel € beträgt das Ergebnis aus unternehmensbezogenen Abgrenzungen? Stellen Sie fest, ob die Aufwendungen (= Kennziffer 1) oder Erträge (= Kennziffer 2) überwiegen. Siehe dazu folgende Abbildung.

	RECHNUNGSKREIS I				RECHNUNGSKREIS II					
	Erfolgsbereich				Abgrenzungsbereich				Kosten- u. Leistungsrechnung	
	Geschäftsbuchführung / Klassen 5,6,7				Unternehmensbezogene Abgrenzung (betriebsfremd) Gruppe 90		Kosten- und leistungs-rechnerische Korrekturen (Außerordentliche betriebs-bezogene, Verrechnungs-korrekturen, sonstige Abgrenzungen) Gruppe 91		Kosten- und Leistungsarten Gruppe 92	
Zeile Nr.	Konto-Nr.	Kontenbezeichnung	Aufwendungen	Erträge	Aufwendungen	Erträge	Aufwendungen	Erträge	Kosten	Leistungen
.	.	.	.	.	.	.	.	.	.	.
.	.	.	.	.	.	.	.	.	.	.
.	.	.	.	.	.	.	.	.	.	.
27		Summen	923.000	958.600			300.000	280.000	781.400	850.100
28		Salden								
29		Ergebnis	Gesamtergebnis		Ergebnis aus unternehmensbezogenen Abgrenzungen		Ergebnis aus kosten- und leistungsrechnerischen Korrekturen		Betriebsergebnis	

115. Auszug aus der Kosten- und Leistungsrechnung:

Herstellkosten der Erzeugung:	580.000,00 €
Unfertige Erzeugnisse:	
Anfangsbestand	30.000,00 €
Endbestand	55.000,00 €
Fertige Erzeugnisse:	
Anfangsbestand	65.000,00 €
Endbestand	60.000,00 €
Verwaltungsgemeinkosten:	81.200,00 €

Wie viel Prozent beträgt der Zuschlag für die Verwaltungsgemeinkosten?

116. Siehe nachstehende Bilanz der Industrie-AG. Der Bilanzgewinn soll in voller Höhe als Dividende ausgeschüttet werden. Wie viel Prozent beträgt der Anlagendeckungsgrad?

AKTIVA **BILANZ** **PASSIVA**

	T€		T€
Grundstücke	7.400	Gezeichnetes Kapital	12.100
Technische Anlagen	4.800	Gewinnrücklagen	3.200
Andere Anlagen	3.700	Bilanzgewinn	2.100
Vorräte	5.600	Rückstellungen	700
Forderungen	7.700	Langfr. Verbindlichkeiten	10.000
Flüssige Mittel	800	Kurzfr. Verbindlichkeiten	1.900
	30.000		**30.000**

117. Ein Webautomat der Textilwerke-AG hat Anschaffungskosten in Höhe von 240.000 €. Die Wiederbeschaffungskosten werden auf 288.000 € geschätzt. Berücksichtigen Sie folgende Kosten:
- 259.600 € maschinenabhängige Fertigungsgemeinkosten bei einer geplanten Beschäftigung von 3.600 Std./Jahr
- Kalkulatorische Abschreibungen: 20 % von den Wiederbeschaffungskosten
- Kalkulatorische Zinsen: 8 % von den halben Anschaffungskosten
- Instandhaltung: 8.000 €/Jahr
- Anteilige Raumkosten: 7.200 €/Jahr

Wie viel € beträgt der Maschinenstundensatz (auf volle € runden)?

118. Bei der Herstellung von elektronischen Ventilen für Gas und Öl im Monat Oktober wurde mit Herstellkosten der Fertigung (Normalkosten) in Höhe von 1.245.700 € gerechnet. Im gleichen Zeitraum wurden Nettoverkaufserlöse von 1.618.250 € erzielt.
Wie viel € betrug das Betriebsergebnis, wenn
- eine Bestandsmehrung an fertigen Erzeugnissen von 14.000 €
- eine Bestandsminderung an unfertigen Erzeugnissen von 35.000 €
- Verwaltungs- und Vertriebsgemeinkosten (Normalkosten) von insgesamt 121.800 €
- eine Kostenunterdeckung von 35.400 € zu berücksichtigen waren?

Zu den nächsten drei Aufgaben siehe nachstehende Abbildung.

119. Wie viel T€ beträgt die Gesamtleistung im Abrechnungszeitraum?

120. Wie viel T€ betragen die Selbstkosten des Umsatzes?

121. Wie viel T€ beträgt das Gesamtergebnis im Rechnungskreis I?

RECHNUNGSKREIS I der Abgrenzungsrechnung (Abgrenzungstabelle)			RECHNUNGSKREIS II (Beträge in T€)					
			Abgrenzungsbereich				Kosten- u. Leistungsbereich	
			Unternehmensbezogene Abgrenzungen (betriebsfremd) Gruppe 90		Kosten- u. leistungsrechnerische Korrekturen (außerordentliche betriebsbezogene, Verrechnungskorrekturen, sonstige Abgrenzungen (Gruppe 91)		Kosten- und Leistungsarten (Gruppe 92)	
Zeile Nr.	Kto. Nr.	Kontenbezeichnung	Aufwendungen	Erträge	Aufwendungen	Erträge	Kosten	Leistungen
1	500	Umsatzerlöse für eigene Erzeugnisse						40.000
2	510	Umsatzerlöse für Waren						3.000
3	520	Bestandsveränderungen					1.000	
4	530	Andere aktivierte Eigenleistungen						
5	548	Erträge aus der Herabsetzung von Rückstellungen				360		
6	560	Erträge aus anderen Finanzanlagen		240				
7	571	Zinserträge		110				
8	580	Außerordentliche Erträge				40		
9	600	Aufwend.. für Rohstoffe/Fertigungsmaterial					16.000	
10	620	Löhne für geleistete Arbeitszeit					8.600	
11	630	Gehälter					7.400	
12	640 641	Arbeitgeberanteil zur Sozialversicherung					2.000	
13	652	Abschreibungen auf Sachanlagen			3.800			
14	670	Mieten, Pachten					260	
15	675	Kosten des Geldverkehrs					140	
16	680	Büromaterial					400	
17	695	Abschreibungen auf Forderungen			500			
18	6979	Anlagenabgänge			780			
19	740	Abschreibungen auf Finanzanlagen	200					
20	751	Zinsaufwendungen	50					
21	660	Außerordentliche Aufwendungen			620			
22	770	Gewerbeertragsteuer					700	
		Kalkulatorische Kosten						
23		Abschreibungen				4.000	4.000	
24		Zinsen				300	300	
25		Unternehmerlohn						
26		Wagnisse				200	200	
27		Summen	250	350	5.700	4.900	41.000	43.000
28		Salden						
29		Ergebnisse	Ergebnis aus unternehmensbezogenen Abgrenzungen		Ergebnis aus kosten- und leistungsrechnerischen Korrekturen		Betriebsergebnis	

Zu den nächsten drei Aufgaben.

Die Industrie-AG führt eine Vor- und eine Nachkalkulation mit Hilfe eines Kostenträgerzeitblatts durch.

122. Wie viel Prozent beträgt der Materialgemeinkostenzuschlagssatz zu Normalkosten?

123. Wie viel T€ betragen die Fertigungsgemeinkosten zu Istkosten?

124. Wie viel T€ betragen die Fertigungsgemeinkosten zu Normalkosten für Kostenträger B?

KOSTENTRÄGERZEITBLATT

	Istkosten		Über/ Unter-deckung	Normalkosten		Kostenträger	
	T€	%		T€	%	A T€	B T€
Fertigungsmaterial				900		400	
Materialgemeinkosten	25					20	
Materialkosten							
Fertigungslöhne						600	400
Fertigungsgemeinkosten			+ 100		150		
Fertigungskosten							
. .	.	.	.	.	.	.	.
. .	.	.	.	.	.	.	.
. .	.	.	.	.	.	.	.
. .	.	.	.	.	.	.	.

125. Die Industrie- AG hat eine Maschine (Buchwert zum Zeitpunkt des Verkaufs 15.000,00 €) für brutto 21.420,00 € auf Ziel verkauft. Mit welchem Betrag hat dieser Geschäftsfall nach Durchführung aller notwendigen Buchungen das Ergebnis aus kosten- und leistungsrechnerischen Korrekturen beeinflusst? Tragen Sie das Ergebnis in das Kästchen ein.

126. In der Ergebnistabelle sind verschiedene Wagnisse berücksichtigt. Welches Wagnis können Sie nicht kalkulatorisch berücksichtigen, da es durch den Gewinn abgegolten wird?

a) Beständewagnis
b) Vertriebswagnis
c) Entwicklungswagnis
d) Konjunkturwagnis
e) Gewährleistungswagnis

127. Für den Monat Dezember ist die vorgegebene Ergebnistabelle eines Industriebetriebes zu vervollständigen.
In der Kosten- und Leistungsrechnung sind kalkulatorische Abschreibungen mit 50.000 €, kalkulatorische Zinsen mit 7.000 € und kalkulatorischer Unternehmerlohn mit 12.000 € zu verrechnen.
Wie viel € beträgt das Betriebsergebnis in T€?

	RECHNUNGSKREIS I			
	Erfolgsbereich			
	Geschäftsbuchführung / Klassen 5 , 6 , 7			
Zeile Nr.	Konto-Nr.	Kontobezeichnung	Aufwendungen T€	Erträge T€
1	500	Umsatzerlöse für eigene Erzeugnisse und andere Leistungen		980
2	5201	Bestandsveränderungen an fertigen Erzeugnissen	10	
3	530	Aktivierte Eigenleistungen		5
4	571	Zinserträge		2
5	5410	Sonstige Erträge		15
6	600	Aufwendungen für Rohstoffe	280	
7	620	Löhne für geleistete Arbeitszeit	220	
8	630	Gehälter	70	
9	640/641	Arbeitgeberanteil zur Sozialversicherung	35	
10	652	Abschreibungen auf Sachanlagen	70	
11	6979	Anlagenabgänge	5	
12	751	Zinsaufwendungen	3	
13	760	Außerordentliche Aufwendungen	190	
		Summe der Zeilen 1 - 13	**883**	**1.002**
		Kalkulatorische Kosten		
14		Abschreibungen		
15		Zinsen		
16		Unternehmerlohn		
17		Summen		
18		Salden		

128. In einem Industriebetrieb liegen aus dem Kostenträgerzeitblatt und der Abgrenzungstabelle folgende Daten vor:

Umsatzergebnis (Gewinn)		50.000 €
Kostenüberdeckung		5.000 €
Ergebnis aus unternehmensbezogener Abgrenzung	Haben	20.000 €
Ergebnis aus kostenrechnerischen Korrekturen	Soll	15.000 €

Wie viel € beträgt das Gesamtergebnis in T€?

129. In einem Unternehmen werden folgende Ergebnisse ermittelt:

Gesamtergebnis	70.000 € Gewinn
Ergebnis aus unternehmensbezogenen Abgrenzungen	85.000 € Gewinn
Ergebnis aus kosten- und leistungsrechnerischen Korrekturen	65.000 € Verlust

Wie viel € beträgt das Betriebsergebnis in T€?

130. Ein Unternehmen ermittelte für das 1. Quartal Kosten in Höhe von 1.800.000 €. Dagegen standen Umsatzerlöse von 2.100.000 €. Im 2. Quartal stiegen die Kosten durchschnittlich um 10 %, wobei 90 % dieser Kostensteigerung durch Erhöhung der Verkaufspreise aufgefangen werden konnte. Um wie viel Prozent verschlechterte sich das Betriebsergebnis im 2. Quartal gegenüber dem 1. Quartal?

Zu den nächsten sechs Aufgaben.

In der Abteilung Betriebsabrechnung einer Messgerätefabrik sind für das abgelaufene Kalenderjahr Kosten und Leistungen zu ermitteln und zu bewerten. Siehe dazu die unten abgebildete Tabelle!

131. Die Messgerätefabrik hat alle im 1. Quartal produzierten Stromzähler verkauft. Welchen Beitrag leistet dieses Erzeugnis zum Betriebsergebnis des 1. Quartals?

132. Wie viel € betragen die Kosten je Stück für den Monat Februar?

133. Wie viel € beträgt die kurzfristige Preisuntergrenze?

134. Wie viel € betragen die monatlichen fixen Gesamtkosten?

135. Bei welcher Menge (volle Stückzahl) wird die Gewinnschwelle überschritten?

136. Wie viel Prozent beträgt der Beschäftigungsgrad im Monat März?

Tabelle

Nach der Fertigung der Stromverbrauchszähler im ersten Quartal liegen folgende Zahlen vor:

Monat	Fertigung in Stück	Gesamtkosten in €
Januar	**650**	**41.020**
Februar	**720**	**44.576**
März	**680**	**42.544**

Weitere Angaben:

Der Gesamtkostenverlauf ist linear.

Die Monatskapazität beträgt 800 Stück.

Der Verkaufserlös beträgt 72,20 € netto/Stück.

137. Eine Maschine mit einem Anschaffungswert von 35.000 € wird bilanzmäßig linear mit 20 %, kalkulatorisch linear mit 15 % abgeschrieben. Mit wie viel € wird das Gesamtergebnis des Unternehmens beeinflusst?

Zu den nächsten vier Aufgaben siehe umseitige Abbildung!

138. Wie viel € betragen die Selbstkosten des Umsatzes (Istkosten) der vorliegenden Rechnungsperiode?

139. Das Umsatzergebnis für den vorliegenden Zeitraum beträgt 22.750 €. Wie viel € beträgt die Kostenüber- bzw. Kostenunterdeckung?

140. Sie analysieren die in der Abgrenzungstabelle enthaltenen Abschreibungen. Wie wirken sich die bilanziellen Abschreibungen auf Sachanlagen und die kalkulatorischen Abschreibungen in der Abgrenzungsrechnung aus?

a) Erhöhung der Aufwendungen im Abgrenzungsbereich um 28.600,00 €, Erhöhung der Erträge im Abgrenzungsbereich um 31.400,00 €.

b) Verminderung des Gesamtergebnisses um 60.000,00 €, Verminderung des Betriebsergebnisses um 28.600,00 €.

c) Erhöhung der Aufwendungen im Abgrenzungsbereich um 31.400,00 €, Erhöhung der Erträge im Abgrenzungsbereich um 28.600,00 €.

d) Verminderung der Aufwendungen im Abgrenzungsbereich um 28.600,00 €, Verminderung der Erträge im Abgrenzungsbereich um 31.400,00 €.

e) Verminderung der Aufwendungen im Abgrenzungsbereich um 31.400,00 €, Verminderung der Erträge im Abgrenzungsbereich um 28.600,00 €.

	RECHNUNGSKREIS I				RECHNUNGSKREIS II					
	Erfolgsbereich				Abgrenzungsbereich				Kosten- und Leistungsbereich	
	Geschäftsbuchführung / Klassen 5 , 6 , 7				Unternehmensbezogene Abgrenzungen (betriebsfremd) Gruppe 90		Kosten- und leistungsrechnerische Korrekturen (außerordentliche betriebsbezogene, Verrechnungskorrekturen, sonstige Abgrenzungen) (Gruppe 91)		Kosten- und Leistungsarten Gruppe 92	
Zeile Nr.	Konto Nr	Kontenbezeichnung	Aufwend.	Erträge	Aufwend.	Erträge	Aufwendungen	Erträge	Kosten	Leistungen
1	500	Umsatzerlöse für eigene Erzeugnisse und andere eigene Leistungen		241.800						241.800
2	571	Zinserträge		1.100		1.100				
3	540	Erlöse aus Vermietung und Verpachtung		2.400		2.400				
4	600	Aufwendungen für Rohstoffe	79.300						79.300	
5	620	Löhne für geleistete Arbeitszeit	50.700						50.700	
6	630	Gehälter	44.600						44.600	
7	640 641	Arbeitgeberanteil zur Sozialversicherung	14.300						14.300	
8	652	Abschreibungen auf Sachanlagen	31.400				31.400			
9	6979	Anlagenabgänge	3.700				3.700			
10	751	Zinsaufwendungen	2.500				2.500			
11	670	Mieten, Pachten	700						700	
12 13		**KALKULATORISCHE KOSTEN** Abschreibungen Zinsen						28.600 3.600	28.600 3.600	
14		Summen	227.200	245.300	3.700	3.500	33.900	32.200	221.800	241.800
15		Salden	18.100			200		1.700	20.000	
16		Ergebnis	Gesamtergebnis		Ergebnis aus unternehmensbezogenen Abgrenzungen		Ergebnis aus kosten- u. leitstungsrechnerischen Korrekturen		Betriebsergebnis	

141. Geben Sie an, welcher Geschäftsfall bei der Ermittlung der Höhe der „Umsatzerlöse für eigene Erzeugnisse“ (Zeile 1 der Abgrenzungstabelle) zu berücksichtigen war.

a) Das Unternehmen liefert Fertigerzeugnisse „frei Haus“ zu einem Kunden.

b) Mitarbeiter haben für das Ausgangslager ein Regal selbst erstellt.

c) Ein Lieferer hat eine Gutschrift für die Rücksendung fehlerhaft gelieferter Fertigerzeugnisse erteilt.

d) Ein Kunde hat eine Rechnung unter Abzug von Skonto bezahlt.

e) Ein Mehrbestand an Scheibenbremsen wurde gebucht.

142. Die Vorkalkulation eines Auftrages ergibt Fertigungskosten in Höhe von 90.000 €. Wie viel € betragen die Fertigungslöhne, wenn mit einem Fertigungsgemeinkosten-Zuschlagsatz von 125 % gerechnet wurde?

143. Die Heizkosten in einem Industriebetrieb in Höhe von 20.000 € sollen nach m³ umbautem Raum auf die einzelnen Kostenstellen verteilt werden. Wegen der höheren Temperatur in den Abteilungen Verwaltung und Vertrieb sollen diese beiden Kostenstellen mit dem Faktor 1,5 gewichtet werden.

<u>m³ der Räume:</u>

Lager	300 m³
Verwaltung	200 m³
Fertigung	1.250 m³
Vertrieb	100 m³

Wie viel € entfallen auf die Kostenstelle Lager?

144. Eine Kostenstelle hatte für das 1. Halbjahr eine Kostenvorgabe von 192.000 € bei 100 % Beschäftigungsgrad. Der proportionale Kostenanteil beträgt 40 %. Der Beschäftigungsgrad im 1. Halbjahr beträgt 90 %. Die tatsächlichen Kosten betragen 185.000 €. Wie viel € beträgt die Kostenabweichung in dieser Kostenstelle?

145. Die Kosten der allgemeinen Kostenstelle „Energieerzeugung“ werden im Abrechnungsjahr wie folgt auf die Kostenstellen verteilt:

mit 1/5	auf Material
mit 3/5	auf Fertigung
mit 5 %	auf Entwicklung
mit 7 %	auf Verwaltung
mit 8.200 €	auf Vertrieb.

Wie viel T€ entfallen auf die Kostenstelle „Material“?

Situation zu den nächsten drei Aufgaben!

Ihnen liegt der folgende Auszug aus dem Betriebsabrechnungsbogen (BAB) zur weiteren Bearbeitung vor:

Auszug aus dem BAB für Juni 20..							
Gemeinkostenarten	zu verteilende Gemeinkosten	Kostenstellen					
		Material	F 1 Fräsautomat		F 2	Verwaltung	Vertrieb
			Maschinen-abhängige Gemeinkosten	Rest-gemeinkosten			
	255.000	30.000	50.000	5.000	100.000	40.000	30.000
Zuschlags-grundlagen							
Fertigungsmaterial	300.000						
Maschinenstunden Fräsautomat	280 Stunden						
Fertigungslöhne Fräsautomat	4.000						
Fertigungslöhne F 2	80.000						

146. Berechnen Sie die Fertigungskosten F 2 in €!

147. Berechnen Sie den Zuschlagssatz für die Restgemeinkosten des Fräsautomaten!

148. Berechnen Sie den Maschinenstundensatz des Fräsautomaten!

Zu den nächsten zwei Aufgaben siehe folgende Kostenträger-Zeitrechnung.

149. Wie viel € betragen die Selbstkosten des Umsatzes in T€?

150. Wie viel € beträgt die Kostenüber- bzw. Kostenunterdeckung?

Kostenträger-Zeitrechnung	Normalkosten €
Fertigungsmaterial	30.000
Material-Gemeinkosten (5 %)	1.500
Fertigungslohn	50.000
Fertigungs-Gemeinkosten (120 %)	60.000
Herstellkosten der Erzeugung	141.500
+ - Bestandsveränderungen	
Herstellkosten des Umsatzes	
Verwaltungs-Gemeinkosten (8 %)	
Vertriebs-Gemeinkosten (12 %)	
Selbstkosten des Umsatzes	
Nettoverkaufserlöse	184.000
Umsatzergebnis	
+ - Über-/Unterdeckung	
Betriebsergebnis	17.600

Anfangsbestand Fertige und Unfertige Erzeugnisse Endbestand Fertige und Unfertige Erzeugnisse	37.800 44.300
Bestandsveränderungen bei Erzeugnissen	

151. Wie viel € beträgt das Betriebsergebnis, wenn die Kostenträger-Zeitrechnung ein negatives Umsatzergebnis zu Normalkosten in Höhe von 20.000 € und eine Gemeinkosten-Überdeckung in Höhe von 200.000 € aufweist?

152. Laut Kostenträgerzeitblatt beträgt das Umsatzergebnis (zu Normalkosten) 70.000 €. Wie viel € beträgt das Betriebsergebnis (zu Istkosten) bei einer Kostenüberdeckung von 4.000 €?

153. In einem Industriebetrieb liegen folgende Zahlen vor:

Umsatzergebnis	16.800,00 € Verlust
Betriebsergebnis:	4.200,00 € Gewinn

Wie viel € beträgt die Kostenüber- bzw. -unterdeckung in T€?

154. In zwei aufeinanderfolgenden Monaten weist die Kostenrechnung folgende Zahlen aus (proportionaler Gesamtkostenverlauf):

Monat	Gesamtkosten	Produktionsmenge
Mai	171.000 €	1.800 Stück
Juni	168.000 €	1.600 Stück

Wie viel € betragen die fixen Gesamtkosten im Monat Juni?

155. Wie viel Prozent beträgt der Vertriebsgemeinkostenzuschlag bei folgenden Daten (keine Bestandsveränderungen)?

Einzelkosten		**Gemeinkosten**	
Fertigungsmaterial	4,5 Mio.	Materialbereich	0,5 Mio.
Fertigungslöhne	2,5 Mio.	Fertigungsbereich	7,5 Mio.
Sondereinzelkosten des Vertriebes	0,8 Mio.	Verwaltungsbereich	1,4 Mio.
		Vertriebsbereich	1,8 Mio.

156. Für einen Spezialbehälter wurden Selbstkosten in Höhe von 2.275 € ermittelt. Der Betrieb rechnete bisher mit 12 % Materialgemeinkosten, 120 % Fertigungsgemeinkosten und 25 % Verwaltungs- und Vertriebsgemeinkosten. Für Fertigungslöhne wurden 420 € veranschlagt. Wie viel € wurden für Fertigungsmaterial eingesetzt?

157. Im Februar d. J. wurden für ein Produkt A ermittelt:

Selbstkosten des Umsatzes	232.200 €
Herstellkosten der Erzeugung	167.650 €
Mehrbestand an Produkt A in der Produktion	14 730 €
Minderbestand an Produkt A (Fertigprodukte)	27 080 €
Verwaltungsgemeinkosten	32 400 €
Vertriebsgemeinkosten	19 800 €

Wie viel Prozent beträgt der Zuschlagssatz für die Vertriebsgemeinkosten?

158. Im Kostenträgerzeitblatt sind für Produkt A und Produkt B an Bestandsveränderungen aufgeführt:

Produkt A		
Unfertige Erzeugnisse	Minderbestand	20 000 €
Fertige Erzeugnisse	Mehrbestand	50 000 €

Produkt B		
Unfertige Erzeugnisse	Minderbestand	40 000 €
Fertige Erzeugnisse	?	?

Die gesamten Herstellkosten des Umsatzes für Produkt A und Produkt B sind um 70.000 € größer als die gesamten Herstellkosten der Erzeugung (des Abrechnungszeitraumes). Wie viel € betragen die Bestandsveränderungen bei den fertigen Erzeugnissen für Produkt B?

159. Ein Betrieb erzeugt bei 80%iger Kapazitätsauslastung monatlich 15.000 Einheiten eines Produktes bei 75.000 € Gesamtkosten. Der Verkaufspreis ist 5,70 € je Einheit. Alle Einheiten werden verkauft. Wie viel € beträgt der Stückgewinn?

160. Eine Zementfabrik hat bei 250 Arbeitstagen im Jahr eine Kapazität von 3 Millionen Sack Zement. Im Juni wurden bei 22 Arbeitstagen 179.520 Sack Zement hergestellt. Wie viel Prozent betrug der Beschäftigungsgrad des Betriebes im Juni?

161. Bei einer Kapazitätsauslastung von 70 % hat ein Unternehmen Gesamtkosten in Höhe von 2.160.000 €. Steigt der Beschäftigungsgrad auf 80 %, so steigen die Gesamtkosten proportional um 240.000 €. Bei voller Auslastung der Kapazität können 3.000 Stück eines Erzeugnisses hergestellt werden. Wie viel € betragen die variablen Kosten je Stück?

162. Für die Kalkulation mit Äquivalenzziffern liegen folgende Daten vor:

Sorte	Produktionsmenge	Äquivalenzziffern	Selbstkosten je t
I	500 t	0,8	56 €
II	1.000 t	1,2	
III	700 t	1,0	

Wie viel € betragen die Selbstkosten je t der Sorte II?

163. In einer Unternehmung wird nach der Äquivalenzziffernkalkulation gerechnet:

Produkt	Menge	Äquivalenzziffern	Verrechnungseinheiten
A	----	0,9	-------
B	700 Stück	----	840
C	1.300 Stück	----	1.950
			4 590

Wie viel Stücke wurde von Produkt A tatsächlich gefertigt?

164. Der Preiskalkulation eines Produktes liegen folgende Daten zugrunde:

Gewinn:	5 %
Barverkaufspreis (ohne USt.)	57,75 €
(Verkaufsrabatt und Verkaufsskonto werden nicht gewährt.)	
Vertriebsgemeinkosten	2,00 €
Verwaltungsgemeinkosten	6 %

Wie viel € betragen die Verwaltungsgemeinkosten?

165. Ein Industriebetrieb bezieht in einer Sendung:
4.200 kg von Produkt A: Einkaufspreis 11.800 €
5.400 kg von Produkt B: Einkaufspreis 14.700 €
An Bezugskosten fallen für Fracht 720 € und für Versicherung 662,50 € an.
Die Fracht ist nach dem Gewicht, die Versicherung nach dem Wert zu verteilen. Wie viel € beträgt der Einstandspreis für Produkt A?

166. Ein Fertigungsauftrag über 5.000 Stück wird abgerechnet. Davon sind 50 Stück nicht verwertbar. Die Selbstkosten betragen 136.125 €. Wie viel € betragen die Herstellkosten pro verwertbarem Stück, wenn ein Verwaltungs- und Vertriebsgemeinkostenzuschlag von insgesamt 10 % verrechnet wurde?

167. Ein Industriebetrieb bietet einem Interessenten einen Vorratsbehälter zu einem Barverkaufspreis ohne Umsatzsteuer von 80.098,20 € an. Wie viel Prozent beträgt der Gewinn bei Selbstkosten in Höhe von 76.284,00 €?

168. Bei der Kalkulation eines Transportbehälters hat ein Industriebetrieb einen Barverkaufspreis ohne Umsatzsteuer von 90.000 € ermittelt. Wie viel € beträgt der Zielverkaufspreis ohne Umsatzsteuer, wenn noch 7 % Provision und 3 % Skonto zu berücksichtigen sind?

169. Die Selbstkosten des Umsatzes betragen in einem Industriebetrieb 552.000 €, die Vertriebsgemeinkosten 12.000 €. Die Verwaltungsgemeinkosten stehen zu den Vertriebsgemeinkosten im Verhältnis 5 : 1. Wie viel Prozent beträgt der Zuschlag für die Verwaltungsgemeinkosten?

170. Mit Hilfe der Nachkalkulation ist der tatsächlich erzielte Stückgewinn für einen Artikel zu überprüfen. Wie viel Prozent beträgt der tatsächlich erzielte Gewinn?

	Vorkalkulation	Nachkalkulation	
Selbstkostenpreis	50.000 €	52.000 €	
Gewinn	8.000 €		? %
Barverkaufspreis	58.000 €		
Rabatt	11.888 €		20 %
Listenpreis	69.888 €	69.888 €	

171. Der Listenpreis eines Artikels wurde wie folgt kalkuliert:

Selbstkostenpreis	147.000 €
Gewinn 5 %	7.350 €
Barverkaufspreis	154.350 €
Skonto 2 %	3 150 €
Zielverkaufspreis	157.500 €
Rabatt 20 %	39.375 €
Listenpreis	196.875 €

Um den Auftrag zu erhalten, müsste der Rabatt erhöht werden. Der Skonto wird weiterhin gewährt. Wie viel Prozent Rabatt kann höchstens gewährt werden, wenn über den Verkaufserlös die Selbstkosten gedeckt werden sollen?

172. Ein Lieferer will in Zukunft „frachtfrei" anbieten und liefern. Zu diesem Zweck will er die Frachtkosten in die Vertriebsgemeinkosten einbeziehen. Bisher betrugen der Zuschlagssatz für die Vertriebsgemeinkosten 12 %, die Vertriebsgemeinkosten 348.000 € und die Frachtkosten 14.500 €. Wie viel Prozent muss der neue Vertriebsgemeinkostenzuschlag betragen?

Die nächsten drei Aufgaben gehören zusammen.

173. In einer Kostenstelle fallen monatlich 30.000 € Fertigungslöhne an, der Gemeinkostenzuschlagsatz beträgt 200 %. Künftig soll mit Maschinenstunden gerechnet werden.

Maschinenzahl/ Maschinenstundensätze	Zeitlicher Einsatz je Maschine
3 Fräsmaschinen zu 45 €/Std.	150 Std. je Maschine
3 Fräsmaschinen zu 50 €/Std.	110 Std. je Maschine
2 Fräsmaschinen zu 60 €/Std.	50 Std. je Maschine
1 Fräsmaschine zu 75 €/Std.	170 Std. je Maschine

Mit wie viel Prozent müssen die Restgemeinkosten auf den Fertigungslohn verrechnet werden, damit eine Deckung der bisherigen Kosten erreicht wird?

174. Worin liegt der Vorteil des Maschinenstundensatzes?

a) Er bezieht auch die Fertigungslöhne ein.
b) Er schließt die Sondereinzelkosten der Fertigung ein.
c) Er rechnet die maschinenabhängigen Gemeinkosten den Kostenträgern genauer zu.
d) Er enthält alle fixen und variablen Kosten der Fertigung.
e) Er enthält keine beschäftigungsunabhängigen Kosten.

175. Ein Unternehmen rechnet für einen Fräsautomaten den Maschinenstundensatz aus. Es sind folgende Zahlen gegeben:

- Durchschnittlich gebundenes Kapital	75 000 €
- Nutzungsdauer	10 Jahre
- Arbeitstage im Jahr	250 Tage
- Arbeitsstunden pro Tag	8 Stunden
- Ausfallzeit pro Jahr wegen Urlaub und Krankheit	280 Stunden
- Ausfallzeit pro Jahr durch Reinigen, Maschinenschäden usw.	220 Stunden
- Zinssatz	6,5 %

Wie viel € betragen die kalkulatorischen Zinsen je Maschinenstunde?

176. Wie viel € beträgt der Listenverkaufspreis (ohne USt.) eines Erzeugnisses, wenn die Selbstkosten 1.410 € betragen, der Betrieb mit einem Gewinn von 20 % kalkuliert und seinem Kunden 4 % Skonto und 25 % Wiederverkäuferrabatt gewährt?

177. Die fixen Kosten eines Industriebetriebes betragen für den Planungsmonat 100.000 €. Es werden 400 Stück hergestellt und abgesetzt. Die variablen Kosten je Stück betragen 100 €. Welcher Verkaufspreis je Stück muss erzielt werden, damit die Kosten des Planungsmonats mindestens gedeckt werden können?

178. Bei einem Produkt ergeben sich Absatzschwierigkeiten. Folgende Daten liegen vor:

Produktion	800 Stück
Verkaufserlöse	89.400 €
Variable Kosten	43.200 €
Deckungsbeitrag	46.200 €
Anteilige Fixkosten	47.500 €
Erzeugnisverlust	1.300 €

Bei wie viel €/Stück liegt die absolute (kurzfristige) Preisuntergrenze?

179. Zur Herstellung von Druckmessgeräten wurde ein neues Verfahren entwickelt. Bei diesem Verfahren würde die Kapazität bei gleich bleibender Fixkostensumme um 20 % erhöht. Welche Änderung würde sich für die fixen Kosten je Stück bei Erreichen der neuen Kapazitätsgrenze ergeben? Tragen Sie das Ergebnis in das Kästchen ein.

Zu den nächsten zwei Aufgaben siehe nachstehende Abbildung.

Ein Industriebetrieb hat einen Webautomaten erworben und will ihn im nächsten Monat in Betrieb nehmen.

180. Wie viel € betragen die monatlichen Maschinengemeinkosten?

181. Wie viel € beträgt der Maschinenstundensatz?

W E B A U T O M A T
Gemeinkosten je Monat
Maschinenstunden

Angaben für Gemeinkosten		Gemeinkosten je Monat
1. Abschreibungen		
Anschaffungskosten	360.000 €	
Wiederbeschaffungskosten	432.000 €	
Betriebliche Nutzungsdauer	8 Jahre	4.500 €
2. Kalkulatorische Zinsen		
6 % vom halben Anschaffungswert		. €
3. Raumkosten		
Nutzfläche:	40 qm	
Kalkulatorische Gebäudemiete		
monatlich:	120 €/qm	4.800 €
4. Wartung und Reparaturen		
Jährlicher Kalkulationswert	18.000 €	1.500 €
5. Energiekosten		
Energieaufnahme 30 kwh		
anteilige monatliche Grundgebühr	45 €	
Kalkulierte Betriebsstunden		
monatlich	110 Std.	
	0,15 € je kwh	............€
Summe Gemeinkosten		==========

Maschinenstundensatz	.............€
	==========

182. Die Vertriebsabteilung senkt den Verkaufspreis für einen Bettbezug von 50 € um 6 € auf 44 €. Die variablen Kosten für den Bettbezug betragen 20 €. Um wie viel Prozent müsste die Absatzmenge steigen, damit der Ausfall an dem ursprünglichen Deckungsbeitrag ausgeglichen wird?

183. Ein Industriebetrieb rechnet mit folgenden Zahlen:

Absatzmenge Erzeugnis A	125.000 Stück
Gesamterlös Erzeugnis A	750.000 €
Variable Kosten Erzeugnis A	450.000 €

Wie viel Prozent vom Erlös beträgt der Deckungsbeitrag?

Zu den nächsten zwei Aufgaben.

Die Kosten der Betriebsbereitschaft betragen 48.750 €. Die mengenabhängigen Kosten betragen je Stück 360 €. Ein Erzeugnis wird für 490 € verkauft.

184. Wie viel Stück müssen hergestellt und verkauft werden, um die Gewinnschwelle (Break-even-Point) zu erreichen?

185. Bei welchem Beschäftigungsgrad liegt die Gewinnschwelle, wenn maximal 600 Stück produziert werden können?

186. Die Kosten- und Leistungsrechnung der Textilwerke AG weist folgende Zahlen für Servietten aus:

Monat September	24.000 Stück
Monat Oktober	22.000 Stück
Gesamtkosten im September	325.000 €
Gesamtkosten im Oktober	310.000 €

Der Verkaufspreis pro Stück beträgt 14,75 €. Bei wie viel Stück liegt die Gewinnschwelle?

187. Für eine Schleifmaschine mit Anschaffungskosten von 184.000 € wird steuerrechtlich eine Nutzung von 5 Jahren angesetzt, während die tatsächliche Nutzung 8 Jahre beträgt. Wie viel Prozent beträgt die jährliche kalkulatorische Abschreibung (linear)?

188. Der Deckungsbeitrag für einen Austauschmotor ist laut nachstehenden Daten zu ermitteln. Tragen Sie das Ergebnis in das Kästchen ein.

WARENGRUPPE 1 – (HANDELSWAREN)		
Warenuntergruppe 01		
		€
1327 AT-Rumpfmotor IT-VAG	Barverkaufspreis	2.400,00
	Bezugspreis	1.230,00
	Variable Handlungskosten	90,00

Zu den nächsten drei Aufgaben siehe nachstehende Situation.

Produkt	Absatz (Stück)	Kapazität (Stück)	Erlös je Stück (€)	Variable Kosten je Stück (€)	Fertigungszeit je Stück (Minuten)
1	600	800	45	25	5
2	500	600	52	26	13
3	800	900	48	24	8

Fixkosten: 30.000,00 €

189. Wie hoch ist das Betriebsergebnis für alle drei Produkte?

190. Wie hoch ist der relative Stückdeckungsbeitrag je Minute für Produkt 2?

191. Bei welcher Produktionsmenge wird der Break-Even-Point von Produkt 1 erreicht, wenn die erzeugnisfixen Kosten 10.000,00 € betragen und die restlichen Fixkosten von Produkt 2 und 3 getragen werden?

Zu den nächsten zwei Aufgaben.

Für eine Spitzendrehmaschine mit Kopiervorrichtung sind mit Hilfe der abgebildeten Maschinenstundensatzkarte die Energiekosten je Jahr und der Maschinenstundensatz zu errechnen!

192. Wie viel € betragen die Energiekosten je Jahr? Tragen Sie das Ergebnis in das Kästchen ein.

193. Wie viel € beträgt der Maschinenstundensatz? Tragen Sie das Ergebnis in das Kästchen ein.

KOSTENSTELLE: Dreherei		
Bezeichnung der Maschine: Spitzendrehmaschine mit Kopiervorrichtung		
Antriebsleistung in kW: 15 kW/Std.		
Gewicht: 800 kg	Raumanteil: 10 qm	Baujahr: 2002

Anschaffungspreis inkl. Transportkosten	60.000 €
Normalzubehör	4.000 €
Eigentlicher Grundpreis	64.000 €
Elektrische Ausrüstung	600 €
Aufstellungskosten	400 €
Sonderzubehör	----------
Anschaffungskosten	**65.000 €**
Wiederbeschaffungswert	80.000 €
Gesamtnutzungsdauer	10 Jahre
Soll-Laufstunden/Jahr	1.500 Stunden

Ermittlung des Maschinenstundensatzes

	Berechnungsgrundlage	Maschinenkosten im Jahr
Abschreibungskosten	Wiederbeschaffungswert	8.000 €
Zinskosten p.a.	7 % vom Wiederbeschaffungswert/2	2.800 €
Instandhaltungen	2,5 % vom Wiederbeschaffungswert p.a.	2.000 €
Raumkosten	49 € / qm p.a.	490 €
Energiekosten	0,12 € / kwh	€
Gesamtkosten je Jahr		€

Maschinenstundensatz	€

194. Die gesamten Plankosten bei Planbeschäftigung in der Kostenstelle „Spezialmaschinen" wurden mit 93.200,00 € angegeben; darin sind variable Plankosten in Höhe von 65.240,00 € enthalten. Wie viel € betragen die Sollkosten bei einer Istbeschäftigung von 90 %? Tragen Sie das Ergebnis in das Kästchen ein.

195. Die Fahrradwerke GmbH setzt die flexible Plankostenrechnung ein, um Abweichungsanalysen durchführen zu können. Berechnen Sie die verrechneten Plankosten bei Istbeschäftigung, wenn folgende Zahlen vorgegeben sind:

Fixe Plankosten	160.000,00 €
Variable Plankosten pro Stück	230,00 €
Planbeschäftigung	1.400 Stück
Istbeschäftigung	1.100 Stück

Tragen Sie das Ergebnis in das Kästchen ein.

<u>**Die nächsten zwei Aufgaben gehören zusammen.**</u>

196. Zur Kontrolle des Kostenverbrauchs der Kostenstelle Endmontage werden im Controlling der Bavaria Fahrradwerke GmbH die Beschäftigungs- und die Verbrauchsabweichung ermittelt. Wie sind solche Abweichungen zu erklären?

a) Um die Verbrauchsabweichung zu ermitteln, müssen die Sollkosten bei Istbeschäftigung von den verrechneten Plankosten bei Istbeschäftigung subtrahiert werden.

b) Ein Rückgang des Beschäftigungsgrades um 10 % führt auf Grund der Fixkostendegression zu einer Kosteneinsparung von mehr als 10 %.

c) Eine Verbrauchseinsparung besagt, dass die tatsächlich angefallenen Kosten unter den Sollkosten der Kostenstelle liegen.

d) Verbrauchsabweichungen beruhen auf falschen Planzahlen und sind daher grundsätzlich nicht vom Kostenstellenleiter Endmontage zu verantworten.

e) Beschäftigungsabweichung ist der Kostenbetrag, der angibt, um wie viel € die Istkosten die verrechneten Plankosten übersteigen oder unterschreiten.

197. Mit welchem kostenrechnerischen Instrument ermitteln Sie in der Kostenstelle „Fertigung“ die Beschäftigungs- und die Verbrauchsabweichung?

a) Mit der Kostenträgerzeitrechnung

b) Mit der Zuschlagskalkulation

c) Mit der Plankostenrechnung

d) Mit der Divisionskalkulation

e) Mit dem Betriebsabrechnungsbogen

198. Im Betriebsabrechnungsbogen wird der Schweißautomat für die Fertigung der Fahrradrahmen als Maschinenplatz ausgewiesen. Wie ändert sich der Restgemeinkostenzuschlagssatz bei einer 20 % sinkenden Maschinenlaufzeit?

a) Der Restgemeinkostenzuschlagssatz ändert sich nicht.

b) Der Restgemeinkostenzuschlagssatz steigt, da der Maschinenstundensatz steigt.

c) Der Restgemeinkostenzuschlagssatz sinkt, da der Maschinenstundensatz sinkt.

d) Der Restgemeinkostenzuschlagssatz berechnet sich auf Grundlage der Maschinenlaufzeit und sinkt deshalb um 20 %.

e) Der Restgemeinkostenzuschlagssatz steigt proportional mit dem Maschinenstundensatz.

Für die folgenden sechs Aufgaben beachten Sie bitte folgende Situation.
Sie sollen für drei ähnliche Schaltgetriebe die Kalkulation durchführen. Vervollständigen Sie dazu die folgende Tabelle. Die gesamten Herstellkosten betragen 333.000,00 €, die Verwaltungs- und Vertriebskosten von 15.750,00 € werden nach den gefertigten Stückzahlen verteilt.

Typ	Stück	Äquivalenz-ziffern	Rechen-einheiten	Herstell-kosten in €	Verwaltungs- und Vertriebsgemein-kosten in €	Selbstkosten gesamt in €	Selbstkosten pro Stück in €
SG – 7	2.500		2.000	18.000	1.250	19.250	7,70
SG - 14	17.000	1	17.000		8.500	161.500	9,50
SG - 21	12.000	1,5					

199. Welches Kostenrechnungsverfahren wurde hier angewandt?
a) Die Vollkostenrechnung
b) Die Teilkostenrechnung
c) Die Deckungsbeitragsrechnung
d) Die Plankostenrechnung
e) Die Prozesskostenrechnung

200. Ermitteln Sie die Äquivalenzziffer für das Schaltgetriebe SG – 7. Tragen Sie das Ergebnis in das Kästchen ein.

201. Was bedeuten die drei vorliegenden Äquivalenzziffern?
a) Sie bilden den Verteilungsschlüssel für die Aufteilung der gesamten Selbstkosten auf die einzelnen Typen.
b) Sie stellen das Verhältnis der Herstellkosten je Einheit der verschiedenen Typen zueinander dar.
c) Sie sind Prozentzahlen, die inhaltlich den Zuschlagssätzen für Gemeinkosten entsprechen.
d) Sie entsprechen der Bedeutung des Deckungsbeitrages.
e) Aus ihnen lassen sich die Gewinnzuschläge für die verschiedenen Schaltgetriebe ableiten.

202. Welche zwei Voraussetzungen müssen zur Anwendung der Äquivalenzziffernkalkulation vorliegen?
a) Die Fertigungszeiten der Produkte müssen ähnlich sein.
b) Die Produkte müssen artgleich sein.
c) Die Einzelkosten der Produkte müssen ähnlich sein.
d) Die Produkte müssen in einem festen Kostenverhältnis zueinander stehen.
e) Der Deckungsbeitrag pro Stück muss positiv sein.
f) Die variablen Stückkosten der Produkte müssen ähnlich sein.

203. Ermitteln Sie die Summe der Selbstkosten für das Schaltgetriebe SG – 21. Tragen Sie das Ergebnis in das Kästchen ein.

204. Für welche Art von Fertigungsverfahren wird dieses Kalkulationsverfahren angewandt?
a) Sortenfertigung
b) Serienfertigung
c) Einzelfertigung
d) Massenfertigung
e) Werkstättenfertigung

205. Welches Kostenrechnungsverfahren müssten Sie anwenden, wenn der Marktpreis als Ausgangspunkt vorgegeben ist und die kritische Größe die variablen Kosten sind?
a) Die Divisionskalkulation
b) Die Kostenträgerzeitrechnung
c) Die Maschinenstundensatzrechnung
d) Die Zuschlagskalkulation
e) Die Teilkostenrechnung

ÜBUNGSAUFGABEN ZUR VORBEREITUNG AUF DIE ABSCHLUSSPRÜFUNG

BEI DEN NACHSTEHENDEN AUFGABEN SIND DIE RICHTIGEN ERGEBNISSE ANZUKREUZEN BZW. ZUZUORDNEN.

1. **Welches Merkmal dient unter anderem laut HGB zur Bestimmung der Größenklasse bei Kapitalgesellschaften?**
   a) Die Gewerbesteuerzahlung
   b) Der Marktanteil
   c) Der Umsatz
   d) Das Eigenkapital
   e) Der Absatz

2. **Welche drei Bestandteile muss der Jahresabschluss nach dem HGB aufweisen?**
   a) Bilanz, Gewinn- und Verlustrechnung, Lagebericht
   b) Bilanz, Gewinn- und Verlustrechnung, Geschäftsbericht
   c) Bilanz, Lagebericht, Anlagenspiegel
   d) Bilanz, Gewinn- und Verlustrechnung, Anhang
   e) Bilanz, Anhang, Lagebericht

3. **In welchen Spalten ist bei der abgebildeten Betriebsübersicht die Buchung „Abschreibung auf Betriebs- und Geschäftsausstattung an Betriebs- und Geschäftsausstattung“ vorzunehmen?**
   a) Spalten 1 + 2
   b) Spalten 3 + 4
   c) Spalten 5 + 6
   d) Spalten 7 + 8
   e) Spalten 9 + 10
   f) Spalten 6 + 7
   g) Spalten 4 + 7

Kto.-Nr.	Konto	Summenbilanz		Saldenbilanz I		Umbuchungen		Saldenbilanz II		Gewinn- u. Verlust		Schlussbilanz	
		S	H	S	H	S	H	S	H	S	H	S	H
1	2	3	4	5	6	7	8	9	10	11	12	13	14

4. **Ordnen Sie zu.**

Geschäftsfälle bzw. Tatbestände

a) Die Industrie-AG erhöht ihr gezeichnetes Kapital.
b) Die Hauptversammlung einer AG fasst einen Beschluss über eine Kapitalerhöhung.
c) Gewerbesteuer wird erst im folgenden Geschäftsjahr veranlagt.
d) Ein Steuerbescheid wird erst im folgenden Geschäftsjahr bezahlt.
e) Bei der Kapitalerhöhung der Industrie-AG wird Agio vereinnahmt.
f) Ein Teil des Jahresüberschusses wird nicht ausgeschüttet.

Bilanzpositionen

[ ] Kapitalrücklage

[ ] Gewinnrücklagen

[ ] Rückstellungen

5. **Die Industrie-AG bereitet den Jahresabschluss durch eine Hauptabschlussübersicht vor. Welche vorbereitende Abschlussbuchung ist ohne Auswirkung auf das Gesamtergebnis?**
   a) Abschreib. auf Sachanlagen (652) an Anlagen und Maschinen der mechanischen Materialbearbeitung, -verarbeitung und Umwandlung (072)
   b) Unfertige Erzeugnisse (210) an Bestandsveränderungen an unfertigen Erzeugnissen (5201)
   c) Bestandsveränderungen an fertigen Erzeugnissen (5202) an Fertige Erzeugnisse (220)
   d) Abschreibungen auf immaterielle Vermögensgegenstände des AV (651) an Beteiligungen (130)
   e) Aktive Jahresabgrenzung (290) an Versicherungsbeiträge (690)
   f) Umsatzerlöse für eigene Erzeugnisse (500) an Erlösberichtigungen (5001)

6. Bringen Sie die folgenden Schritte bei der Aufstellung einer 6-spaltigen Hauptabschlussübersicht (siehe Abbildung) in die richtige Reihenfolge.

[ ] In der Saldenbilanz I werden die Salden aus den Summen der Soll- und Habenseiten jedes Hauptbuchkontos aufgelistet.

[ ] In die Spalte für Vorbereitende Abschlussbuchungen werden u. a. die durch Inventur aufgedeckten Wertdifferenzen eingetragen.

[ ] In der Saldenbilanz II werden die Saldenbilanz I und die vorbereitenden Abschlussbuchungen zusammengefasst.

[ ] Die Summen der Soll- und Habenseiten aller Konten des Hauptbuchs werden in der Summenbilanz erfasst.

[ ] Der Jahreserfolg wird auf zweifache Weise ermittelt:
- Übernahme der Aufwendungen und Erträge aus der Saldenbilanz II in die Spalte Gewinn- und Verlustrechnung und Errechnen des Saldos
- Ermittlung des Saldos der Inventurbilanz (Schlussbilanz)

Datum	Nr.	Konten	Summenbilanz Soll Haben	Saldenbilanz Soll Haben	Vorbereitende Abschlussbuchungen Soll Haben	Saldenbilanz II Soll Haben	Inventurbilanz Aktiva Passiva	G u V.-Rechnung Aufwand Ertrag

7. In der Spalte „Vorbereitende Abschlussbuchungen" der Hauptabschlussübersicht werden auch „Verpflichtungen für Gewährleistungen" berücksichtigt. Höhe und Fälligkeit sind am Bilanzstichtag jedoch noch ungewiss und müssen geschätzt werden. Welcher Bilanzposten wird davon berührt?

a) Rücklagen (Gewinnrücklagen)
b) Sonstige Verbindlichkeiten
c) Sonderposten mit Rücklageanteil
d) Aktive Rechnungsabgrenzung
e) Sonstige Rückstellungen
f) Passive Rechnungsabgrenzung

8. Welche zwei Aussagen über die Bildung von Rückstellungen der Industrie-AG sind richtig?

a) Rückstellungen dürfen, aber müssen nicht für ungewisse Verbindlichkeiten gebildet werden.
b) Rückstellungen dürfen für Gewährleistungen, die ohne rechtliche Verpflichtung erbracht werden, gebildet werden.
c) Rückstellungen müssen für unterlassene Instandhaltungen gebildet werden, die in den folgenden beiden Geschäftsjahren nachgeholt werden.
d) Rückstellungen dürfen aufgelöst werden, auch wenn der Grund hierzu noch nicht entfallen ist.
e) Rückstellungen sind für drohende Verluste aus schwebenden Geschäften zu bilden.

9. Am 31.12. werden die Gewährleistungsverpflichtungen auf 75 000 € geschätzt. Wie sind diese Verpflichtungen beim Jahresabschluss zu berücksichtigen?

a) Sie müssen als aktive Rechnungsabgrenzung in die Bilanz eingestellt werden.
b) Sie müssen als periodenfremde Erträge noch zum 31. 12. erfasst werden.
c) Sie sind als Rückstellungen zum 31. 12. zu buchen.
d) Sie sind als Verlustvortrag für das nächste Geschäftsjahr in der Bilanz auszuweisen.
e) Sie gelten als Ergebnisvortrag aus früheren Perioden.

10. Warum bucht die Industrie-AG die voraussichtlichen Gewährleistungsansprüche gegen sich bereits zum Ende des Geschäftsjahres und nicht erst bei Eintritt des Anspruchs?

a) Weil sonst keine Zahlungsmittel zur Befriedigung des Anspruchs zur Verfügung stehen
b) Weil sonst der Jahresgewinn zu hoch ausgewiesen wird
c) Weil sonst der Jahresgewinn zu niedrig ausgewiesen wird
d) Weil sonst die Umsatzerlöse zu hoch ausgewiesen werden
e) Weil sonst unerwartet Gewährleistungsansprüche anfallen

11. Die Industrie-AG hat Büroräume für 2 500 € monatlich gemietet. Die Mieten wurden am 01.11. für ein Vierteljahr im Voraus gezahlt und als Aufwand gebucht. Wie ist am 31.12. zu buchen?

a) Mieten, Pachten (670) 5 000 € an Übrige sonstige Verbindlichkeiten (489) 5 000 €
b) Aktive Jahresabgrenzung (290) 2 500 € an Mieten, Pachten (670) 2 500 €
c) Passive Jahresabgrenzung (490) 5 000 € an Nebenerlöse aus Vermiet. u. Verpacht. (5401) 5 000 €
d) Mieten, Pachten (670) 2 500 € an Aktive Jahresabgrenzung (290) 2 500 €
e) Mieten, Pachten (670) 2 500 € an Passive Jahresabgrenzung (490) 2 500 €

12. Welche Aussage über zeitliche Abgrenzungen ist richtig?

a) Übrige sonstige Forderungen sind zu buchen, wenn im alten Jahr ein Ertrag berücksichtigt werden muss, für den die Zahlung im neuen Jahr geleistet wird.
b) Aktive Rechnungsabgrenzung ist zu buchen, wenn für einen Ertrag nach dem Bilanzstichtag noch eine Zahlung im alten Jahr geleistet wird.
c) Passive Rechnungsabgrenzung ist zu buchen, wenn im alten Jahr ein Ertrag berücksichtigt werden muss, für den die Zahlung im neuen Jahr geleistet wird.
d) Übrige sonstige Verbindlichkeiten sind zu buchen, wenn im alten Geschäftsjahr eine Zahlung vorliegt, die für eine bestimmte Zeit nach dem Bilanzstichtag ein Aufwand ist.
e) Übrige sonstige Forderungen sind zu buchen, wenn im alten Jahr ein Aufwand berücksichtigt werden muss, für den die Zahlung im neuen Jahr geleistet wird.

13. Bei welcher noch vorzunehmenden Buchung ergibt sich im laufenden Geschäftsjahr eine Gewinnerhöhung?

a) Kauf eines neuen Firmen-Pkws unter Listenpreis
b) Bildung einer Rückstellung für Garantieverpflichtungen
c) Vornahme einer aktiven Rechnungsabgrenzung
d) Erhöhung der Gewinnrücklage
e) Ausgabe neuer Aktien

14. Auf welchem Konto sind die noch nicht gezahlten Zinsen für den Kredit bei einer amerikanischen Bank bei der Erstellung der Bilanz zu berücksichtigen?

a) Kosten des Geldverkehrs
b) Passive Rechnungsabgrenzung
c) Aktive Rechnungsabgrenzung
d) Sonstige Verbindlichkeiten gegenüber Finanzbehörden
e) Übrige sonstige Verbindlichkeiten

15. Ordnen Sie zu.

Vorgänge zur zeitlichen Erfolgsabgrenzung einer AG	**Bestandskonten**
a) Im Voraus gezahlte Kfz-Versicherung	
b) Indirekte Abschreibung auf Maschinen	[ ] Übrige sonstige Verbindlichkeiten
c) Noch von uns zu zahlende Zinsen für Darlehen	
d) Zu erwartende Gewerbesteuernachzahlung	[ ] Sonstige Rückstellungen
e) Nicht ausgeschütteter Jahresüberschuss (AG)	
f) Noch ausstehende Mieteinnahmen von firmeneigenen Wohnungen für Mitarbeiter	[ ] Passive Rechnungsabgrenzung
g) Im Voraus erhaltene Behältermiete	

16. Wie setzt sich die Gesamtleistung eines Industriebetriebes zusammen?

a) Aus den Umsatzerlösen für abgesetzte Erzeugnisse, den Bestandsmehrungen an fertigen und unfertigen Erzeugnissen und dem Eigenverbrauch
b) Aus den Umsatzleistungen, den Bestandsmehrungen für fertige und unfertige Erzeugnisse und den aktivierten Eigenleistungen
c) Aus den Absatzleistungen, den Umsatzleistungen, den Lagerleistungen und dem Eigenverbrauch
d) Aus den Umsatzleistungen, den Eigenleistungen und dem Eigenverbrauch
e) Aus allen Erträgen der Kontenklasse 5, abzüglich dem Eigenverbrauch

17. Welcher Geschäftsfall liegt folgender Buchung zugrunde:

Abschreibungen auf Forderungen
Umsatzsteuer an Forderungen aus Lieferungen u. Leistungen

a) Eine Forderung wird zweifelhaft und deshalb abgeschrieben.
b) Eine zweifelhafte Forderung wird wertberichtigt.
c) Eine Forderung ist verjährt und wird deshalb abgeschrieben.
d) Bei einem Kunden wurde laut Bonitätsprüfung die Zahlungsunfähigkeit festgestellt.
e) Gegen einen Kunden wurde der Vollstreckungsbescheid beantragt.

18. Mit welchem Wert dürfen fertige Erzeugnisse in der Bilanz höchstens aktiviert werden?

a) Mit dem Listenpreis
b) Mit dem Zielverkaufspreis
c) Mit dem Barverkaufspreis
d) Zum Selbstkostenpreis
e) Zu Herstellungskosten

19. Mit welchem Wert sind noch nicht fertiggestellte Produkte, z. B. Behälter, für die Bilanz zu bewerten?

a) Selbstkosten
b) Anschaffungskosten
c) Materialkosten
d) Herstellungskosten
e) Fertigungskosten

20. Für die Ermittlung der Anschaffungskosten eines Lkws wurde die nachfolgende Rechnung aufgestellt. Prüfen Sie, welche Position nicht in diese Abrechnung gehört.

Anschaffungspreis
a) + Zulassungskosten
b) + Finanzierungskosten
c) - Händlerrabatt
d) + Kosten für Anhängerkupplung
e) - Skonto
f) + Kosten für die Zulassung
= Anschaffungskosten

21. Aus welchen Teilen setzt sich der Jahresabschluss eines Industriebetriebes (AG) zusammen, wenn sie zu den großen Kapitalgesellschaften zählt?

a) Bilanz und Umsatzplan
b) Bilanz, Gewinn- und Verlustrechnung sowie Umsatzplan
c) Bilanz, Gewinn- und Verlustrechnung, Lagebericht sowie Auftragsentwicklung des Jahres
d) Bilanz, Gewinn- und Verlustrechnung sowie Anhang
e) Bilanz, Gewinn- und Verlustrechnung, Wirtschaftsplan sowie Anlagenspiegel

22. Welche Aussage über die Umschreibung der Größenklassen bei Kapitalgesellschaften nach dem HGB ist richtig?

a) Die Kapitalgesellschaften werden durch die Merkmale Bilanzsumme und Personalbestand umschrieben.
b) Die Einteilung nach Größenklassen ist lediglich für die Publizitätspflicht maßgebend.
c) Die Kapitalgesellschaften werden durch die Merkmale Betriebsvermögen, Umsatzerlöse und Gewinn umschrieben.
d) Die Kapitalgesellschaften werden durch die Merkmale Bilanzsumme, Umsatzerlöse und Personalbestand im Jahresdurchschnitt umschrieben.
e) Die Kapitalgesellschaften werden durch die Merkmale Umsatzerlöse und Personalbestand am Bilanzstichtag umschrieben.

23. Welche Aussage über die stillen Rücklagen (stillen Reserven) ist richtig?

a) Stille Rücklagen dürfen nur den Aktionären aufgezeigt werden.
b) Stille Rücklagen entstehen durch Unterbewertung des Vermögens.
c) Stille Rücklagen entstehen durch fallende Preise bei aktivierungspflichtigen bilanzierten Wirtschaftsgütern.
d) Stille Rücklagen entstehen durch Überbewertung von Vermögenswerten.
e) Stille Rücklagen entstehen durch Unterbewertung von Schulden.

24. Durch welche Maßnahme werden bei der Bilanzaufstellung stille Reserven gebildet?

a) Durch Verkauf gebrauchter Maschinen unter Buchwert
b) Durch die Auflösung von Rückstellungen
c) Durch Verkauf gebrauchter Maschinen über Buchwert
d) Durch Beibehaltung der Anschaffungskosten für inzwischen im Wert gestiegener Grundstücke
e) Durch Unterbewertung von Fremdwährungsverbindlichkeiten

25. Nach der aktienrechtlichen Gliederung der GuV-Rechnung sind unter den Positionen
18. Steuern, vom Einkommen, vom Ertrag und vom Vermögen;
19. sonstige Steuern
auszuweisen. Welche Steuer ist den „sonstigen Steuern" zuzurechnen?

a) Gewerbesteuer
b) Grunderwerbsteuer
c) Kraftfahrzeugsteuer
d) Grundsteuer
e) Körperschaftsteuer

26. Zum Jahresabschluss eines Industrieunternehmens (AG) gehört auch ein Anhang. Was ist darunter zu verstehen?

a) Aktiengesellschaften haben einen Geschäftsbericht zu veröffentlichen, der als Anhang die Bilanz und die Gewinn- und Verlustrechnung enthalten muss.
b) Im Anhang sind der Geschäftsverlauf und die Lage des Unternehmens so darzustellen, dass ein den tatsächlichen Verhältnissen entsprechendes Bild vermittelt wird.
c) Im Anhang ist darzustellen, wie der Jahresüberschuss im einzelnen verwendet wurde.
d) Im Anhang sind einzelne Posten der Bilanz und der Gewinn- und Verlustrechnung zu erläutern. Außerdem sind Angaben zur Bewertung sowie weitere im HGB vorgeschriebene Pflichtangaben zu machen.
e) Im Anhang müssen die Abschlussprüfer einen Bericht über die Prüfung des Jahresabschlusses geben.

27. Im Zusammenhang mit der Bilanzanalyse taucht die Frage auf, wie Rückstellungen einzuordnen sind. Erklären Sie, wie die Rückstellungen bei der Berechnung von Bilanzkennziffern zu berücksichtigen sind.

a) Rückstellungen werden zum Fremdkapital gezählt, und bei der Berechnung des Fremdkapitalanteils am Gesamtkapital berücksichtigt.
b) Rückstellungen werden, da sie Gewinnausschüttung darstellen, bei der Berechnung der Wirtschaftlichkeit nicht berücksichtigt.
c) Rückstellungen werden bei der Berechnung des Grades der finanziellen Unabhängigkeit als Eigenkapital berücksichtigt.
d) Rückstellungen werden, da sie weder dem Eigen- noch dem Fremdkapital zuzurechnen sind, bei Kennzahlen grundsätzlich nicht berücksichtigt.
e) Rückstellungen werden, da sie zum Eigenkapital zählen, bei der Berechnung der Eigenkapitalrentabilität berücksichtigt.

28. Im Rahmen des Jahresabschlusses haben Sie die Aufgabe, den Lagebericht anzufertigen. Welches Organ einer AG trägt für diesen Lagebericht gegenüber den Anteilseignern die Verantwortung?

a) Der Vorstand
b) Der Aufsichtsrat
c) Die Abteilungsleiter
d) Der Geschäftsführer
e) Die Hauptversammlung

29. Sie vergleichen die aktuelle Bilanz mit der Bilanz des Vorjahres. Prüfen Sie, welche richtige Schlussfolgerung Sie allein aus den Bilanzen ableiten können.

a) Die kurzfristigen Verbindlichkeiten des Vorjahres wurden im Laufe des Jahres in Darlehen umgewandelt.
b) Die Vorräte haben sich gegenüber dem Vorjahr deutlich erhöht.
c) Im laufenden Jahr hat Ihre Firma Maschinen für 80.000,00 € gekauft.
d) Im laufenden Jahr erhielt Ihre Firma eine Steuerrückzahlung in Höhe von 5.000,00 €.
e) Im letzten Jahr wurden gewerbliche Schutzrechte verkauft.

30. Welche Aussage über den Grundsatz der periodengerechten Abgrenzung ist richtig?

a) Für jede Buchung muss ein Buchungsbeleg vorliegen (§ 257 HGB).
b) Der Jahresabschluss ist in deutscher Sprache und in EURO aufzustellen (§ 244 HGB).
c) Aufwendungen und Erträge sind für den Abrechnungszeitraum zu erfassen, zu dem sie wirtschaftlich gehören (§ 250 HGB).
d) Die Buchungen sind vollständig, richtig, zeitgerecht und geordnet vorzunehmen (§239 HGB).
e) Die Buchführung muss einen Überblick über die Geschäftsfälle und über die Lage des Unternehmens vermitteln (§ 242 HGB).
f) Der Kaufmann hat für den Schluss eines Geschäftsjahres eine Bilanz und eine Gewinn- und Verlustrechnung aufzustellen (§242 HGB).

31. Ordnen Sie zu.

Konten

a) Beteiligungen
b) Forderungen aus Lieferungen und Leistungen
c) Gesetzliche Rücklagen
d) Erhaltene Anzahlungen auf Bestellungen
e) Bestandsveränderungen an fertigen Erzeugnissen
f) Fremdinstandhaltung
g) Sonstige Betriebsausstattung

Bezeichnungen der jeweiligen Kontenklassen

[ ] Umlaufvermögen und aktive Rechnungsabgrenzung
[ ] Betriebliche Aufwendungen
[ ] Verbindlichkeiten und passive Rechnungsabgrenzung

32. Das HGB gibt für Kapitalgesellschaften die Gliederung der Gewinn- und Verlustrechnung vor. Welcher Posten wird bei der Ermittlung des Ergebnisses der gewöhnlichen Geschäftstätigkeiten <u>nicht</u> einbezogen?

a) Steuern vom Einkommen und Ertrag
b) Abschreibungen
c) Umsatzerlöse
d) Materialaufwand
e) Personalaufwand

33. Ordnen Sie zu.

Konten der Buchführung

a) Fuhrpark
b) Erträge aus der Herabsetzung von Rückstellungen
c) Aufwendungen für Rohstoffe
d) Kapitalrücklage
e) Steuerrückstellungen
f) Verluste aus dem Abgang von Vermögensgegenständen
g) Zinsaufwendungen
h) Hilfsstoffe

Ergebnisrechnungen

[ ] Betriebsergebnis Sollseite
[ ] Bilanz Aktivseite Anlagevermögen
[ ] GuV Habenseite
[ ] Bilanz Passivseite Fremdkapital

34. Wofür muss eine Industrie-AG nach dem HGB Rückstellungen bilden?

a) Zum Abdecken von Gewährleistungen ohne rechtliche Verpflichtung
b) Zum Ausgleich eines Jahresfehlbetrages, soweit er nicht durch Auflösung freier Rücklagen ausgeglichen werden kann
c) Zum Verbessern der Gewinnausschüttung in Jahren mit schlechtem Ergebnis
d) Zum Verbessern der Eigenkapitalausstattung des Unternehmens
e) Zum Wertberichtigen von Forderungen wegen des allgemeinen Kreditrisikos

35. Sie haben im Rahmen einer Jahresabschlussanalyse folgende Kennzahlen ermittelt:
Fremdkapitalquote 120 % Umsatzrentabilität 12 % Eigenkapitalrentabilität 0,2 %.
Welche Kennziffer muss/welche Kennziffern müssen auf jeden Fall falsch sein?

a) Nur die Fremdkapitalquote
b) Nur die Umsatzrentabilität
c) Nur die Eigenkapitalrentabilität
d) Fremdkapitalquote und Umsatzrentabilität
e) Umsatzrentabilität und Eigenkapitalrentabilität

36. Dem Cash-flow als Kennzahl bei Jahresabschlussanalysen wird eine besondere Bedeutung beigemessen. Welche drei Faktoren benötigen Sie, um den Cash-flow zu ermitteln?

a) Gewinnrücklagen
b) Umsatzerlöse
c) Abschreibungen auf Sachanlagen
d) Jahresüberschuss
e) Zuführungen zu langfristigen Rückstellungen
f) Umlaufvermögen
g) Flüssige Mittel

37. Sie sollen die bilanzielle Abschreibung eines LKWs zum 31.12. vornehmen. Bringen Sie folgende Arbeitsschritte in die richtige Reihenfolge.

[ ] Berücksichtigung des LKWs im Inventar mit seinem aktuellen Wert zum 31.12.
[ ] Ermittlung des auf dem Konto Fuhrpark nach der Begleichung des Kaufpreises aktivierten Betrages
[ ] Ermittlung und Buchung des Abschreibungsbetrags
[ ] Ergänzung um die Anschaffungs- und Einbaukosten des im November des laufenden Jahres für den LKW erworbenen Navigationssystems
[ ] Berücksichtigung des LKWs in der Bilanz zum 31.12. unter der Position Fuhrpark

38. Die Nutzungsdauer einer Rahmenpresse beträgt 12 Jahre. Sie schreiben linear ab. Ermitteln Sie den Abschreibungssatz für die Rahmenpresse! Tragen Sie das Ergebnis in das Kästchen ein.

[ ]

39. Wie lautet der Abschreibungsbuchungssatz zu obiger Aufgabe?

a) Abschreibung auf Sachanlagen an Wertberichtigungen zu Sachanlagen
b) Außerplanmäßige Abschreibungen auf Sachanlagen an Anlagen und Maschinen der mechanischen Materialbearbeitung, -verarbeitung und -umwandlung
c) Abschreibung auf Sachanlagen an Anlagen und Maschinen der mechanischen Materialbearbeitung, -verarbeitung und -umwandlung
d) Anlagen und Maschinen der mechanischen Materialbearbeitung, -verarbeitung und -umwandlung an Abschreibung auf Sachanlagen
e) Wertberichtigung zu Sachanlagen an Außerplanmäßige Abreibung auf Sachanlagen

40. Zur Erstellung des Lageberichts für das abgelaufene Geschäftsjahr benötigen Sie eine Aussage über die Liquidität 3. Grades. Auf welche Datenquelle greifen Sie zurück?

a) Auf die Aktivseite der Bilanz
b) Auf das Umlaufvermögen und die kurzfristigen Verbindlichkeiten
c) Auf das Anlagevermögen und das langfristig zur Verfügung stehende Kapital
d) Auf die Gewinn- und Verlustrechnung
e) Auf die Passivseite der Bilanz

41. Am 31.12.20.. wurde wie folgt gebucht:
Aktive Jahresabgrenzung (290) 10.000 € an Mieten, Pachten (670) 10.000 €
Welcher Sachverhalt liegt der Buchung zugrunde?

a) Periodengerechte Abgrenzung des Mietaufwandes; im alten Wirtschaftsjahr wird der Aufwand erhöht.
b) Periodengerechte Abgrenzung der Erträge aus Vermietung und Verpachtung; im alten Wirtschaftsjahr wir der Ertrag gemindert.
c) Periodengerechte Abgrenzung der noch zu zahlenden Miete; der Aufwand wird im alten Wirtschaftsjahr gemindert.
d) Periodengerechte Abgrenzung des Mietaufwandes; im alten Wirtschaftsjahr wird der Aufwand gemindert.
e) Periodengerechtre Abgrenzung der noch ausstehenden Mieteinnahmen; der Ertrag wird im alten Wirtschaftsjahr erhöht.

42. Welche Mindestanforderung muss an die Liquidität eines Unternehmens gestellt werden?

a) Ein Unternehmen muss über erhebliche Reserven an finanziellen Mitteln verfügen.
b) Der Zahlungsmittelbestand eines Unternehmens muss mindestens 75 % der kurzfristigen Verbindlichkeiten betragen.
c) Der Zahlungsmittelbestand eines Unternehmens muss die Forderungen und die Bestände an unfertigen und fertigen Erzeugnissen sowie kurzfristigen Verbindlichkeiten decken.
d) Ein Unternehmen muss in der Lage sein, ihre fälligen Verpflichtungen termingerecht auszugleichen.
e) Der Zahlungsmittelbestand muss so hoch sein, dass alle bestehenden kurz-, mittel- und langfristigen Verbindlichkeiten beglichen werden können.

43. Welchem Geschäftsfall liegt die folgende Buchung zugrunde?
Übrige sonst. Verbindl. (489) 4.000 €
Mieten, Pachten (670) 2.000 € an Guthaben bei Kreditinstituten (280) 6.000 €

a) Wir überweisen im Januar Miete für das alte und das laufende Geschäftsjahr. Buchung bei Zahlung im laufenden Geschäftsjahr.
b) Wir überweisen im Januar Miete für das alte und das laufende Geschäftsjahr. Buchung am Bilanzstichtag des alten Jahres.
c) Ein Mieter überweist uns die Miete für das alte und das laufende Geschäftsjahr im Januar. Buchung im laufenden Geschäftsjahr.
d) Wir haben die Miete für das abgelaufene Geschäftsjahr noch nicht bezahlt. Buchung am Bilanzstichtag.
e) Wir bezahlen im Voraus für das nächste Geschäftsjahr.

44. Warum hat die Liquidität 1. Grades (Barliquidität) nur einen begrenzten Aussagewert für die Zahlungsbereitschaft einer Unternehmung?

a) Der Jahresüberschuss müsste in die Berechnung einbezogen werden, weil sich dadurch die Zahlungsbereitschaft verbessert.
b) Die Verbindlichkeiten aus Lieferungen und Leistungen müssten um die vereinbarten Skonti berichtigt werden. Dadurch verschlechtert sich die Liquidität.
c) Zu den flüssigen Mitteln gehören auch Devisen und Sorten, die z. B. bei unmittelbar nach dem Bilanzstichtag fallenden Wechselkursen die Liquiditätsverhältnisse verbessern würden.
d) Kurzfristige Forderungen, die die Liquiditätsverhältnisse verbessern könnten, sind nicht enthalten.
e) In die Berechnung müssen Stoffbestände, Unfertige Erzeugnisse und Fertige Erzeugnisse, sowie Rückstellungen einbezogen werden. Die Liquiditätskennzahl wird dadurch positiver.

Tragen Sie die eingerahmte Kennziffer der richtigen Antwort in das Kästchen ein!

45. Die Liquidität 1. Grades hat sich gegenüber dem Vorjahr verschlechtert. Durch welche Maßnahme kann eine Verbesserung der Liquidität 1. Grades erreicht werden?

a) Durch Verkürzung des Fakturierungszeitraums
b) Durch Verlägerung der Kundenzahlungsziele
c) Durch Verkürzung der Lieferantenzahlungsziele
d) Durch Barabhebung vom Bankkonto
e) Durch Erhöhung der Warenvorräte

46. Welchen Arbeitsablauf in der Buchhaltung deckt die Betriebsübersicht ab?

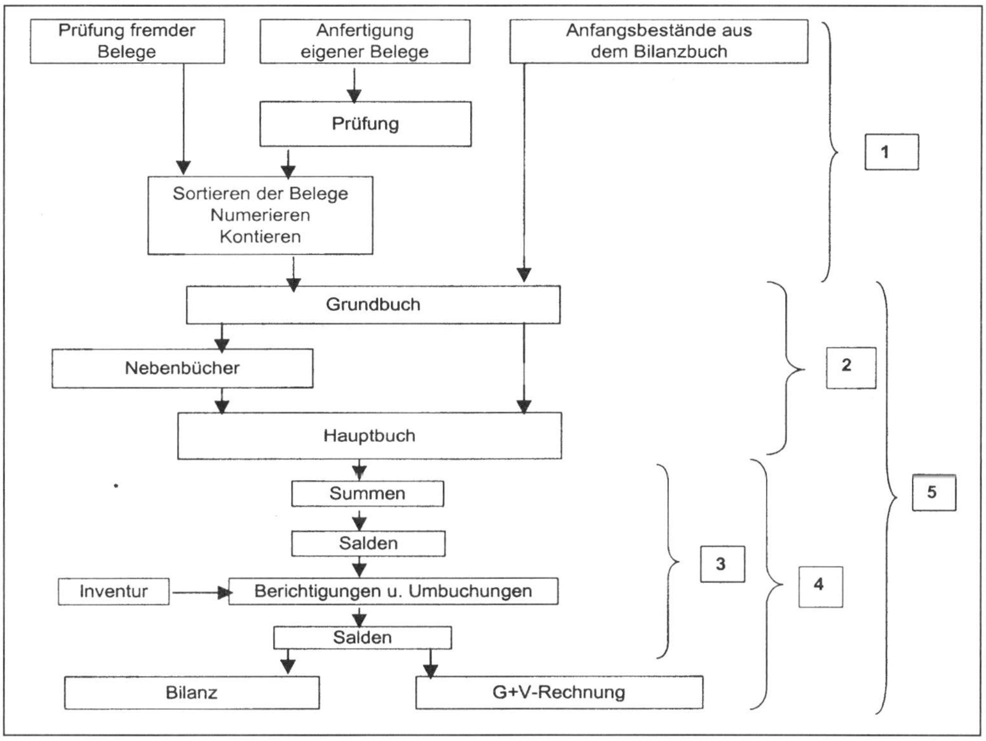

47. Ordnen Sie zu.

Aussagen

a) Gibt Auskunft über die Verzinsung des Kapitals
b) Zeigt den Jahresüberschuss in Prozent des Umsatzes
c) Stellt die Forderungen den kurzfristigen Verbindlichkeiten gegenüber
d) Zeigt, in welcher Höhe das Anlagevermögen durch Eigenkapital finanziert ist
e) Drückt das Verhältnis zwischen Kosten und Leistungen aus
f) Zeigt, in welcher Höhe flüssige Mittel reichen, um die kurzfristigen Verbindlichkeiten zu decken
g) Gibt an, wie viel Prozent das Eigenkapital am Gesamtkapital beträgt

Kennziffern zum Jahresabschluss

[ ] Deckungsgrad I

[ ] Liquidität 1. Grades

[ ] Umsatzrentabilität

48. Der Kurs der Aktien der Industrie-AG ist in den letzten Tagen von 180 auf 168 gesunken. Welche Aussage ist richtig?

a) Die effektive Verzinsung des Grundkapitals ist gesunken.
b) Die Beteiligung der Aktionäre am Grundkapital der AG ist gesunken.
c) Die Nachfrage nach Aktien ist stärker gestiegen als das Angebot.
d) Der Nennwert der Aktien ist gesunken.
e) Der Nennwert der Aktien bleibt davon unberührt.

49. Ein im letzten Jahr zu 130.000,00 € Anschaffungskosten erworbenes Grundstück hat heute einen Verkehrswert von 170.000,00 €. Entscheiden und begründen Sie, mit welchem Wert Sie das Grundstück in der Schlussbilanz des folgenden Jahres bewerten müssen.

a) Mit 117.000,00 €, da Grundstücke nach 20 Jahren abgeschrieben sein sollen
b) Mit 90.000,00 €, da nach dem Grundsatz der Vorsicht spätere Wertminderungen schon jetzt berücksichtigt werden müssen
c) Mit 130.000,00 €, da höhere Wertansätze zu einem nicht realisierten Gewinn führen
d) Mit 150.000,00 €, da die Bildung eines Wertes zwischen den Anschaffungskosten und dem Verkehrswert zulässig ist
e) Mit 170.000,00 €, da Vermögensgegenstände stets mit dem Wert anzusetzen sind, der ihnen am Abschlussstichtag beizulegen ist

50. Wie wird gegenüber Aktionären die jeweils angewandten Bewertungsmethode dokumentiert?

a) Im Anhang zum Jahresabschluss stehen entsprechende Erläuterungen zu den betreffenden Posten in der Bilanz.

b) Die entsprechenden Positionen in der Bilanz sind mit einer Fußnote versehen, die in der Fußzeile der Bilanz erklärt werden.

c) Die Wertveränderungen können aus dem Anlagenspiegel errechnet werden.

d) Zu den angewandten Bewertungsmethoden müssen keine weiteren Angaben gemacht werden, wenn die gesetzlichen Vorschriften beachtet wurden.

e) Kleine Kapitalgesellschaften müssen keine Erläuterung der Bewertungsmethoden angeben.

51. Eine Ökobilanz setzt sich aus einer Input-(Wähle I) und Output-Seite (Wähle O) zusammen. Ordnen Sie den Input-/Output Werten die entsprechende Seite der Ökobilanz zu.

[ ] Anlagegüter
[ ] Produkte
[ ] Energie
[ ] Energieabgabe
[ ] Abwasser
[ ] Luft
[ ] Abluft

<u>Zu den nächsten drei Aufgaben siehe nachstehende Situation.</u>
Sie haben auf einem Vordruck die Bilanzposten der Bilanz der Frankfurter Bremsen AG zum 31.12. aufbereitet und um die entsprechenden Daten aus dem Vorjahr ergänzt (siehe Abbildung). Bevor Sie die Übersicht vervollständigen, sollen Sie wichtige Bilanzkennziffern ermitteln.

52. Wie viel Prozent beträgt der Deckungsgrad II für das Berichtsjahr? Tragen Sie das Ergebnis in das Kästchen ein!

53. Wie viel Prozent beträgt die Liquidität 2. Grades für das Berichtsjahr? Tragen Sie das Ergebnis in das Kästchen ein!

Frankfurter Bremsen AG
Abt. RW 5

Aufbereitung der Bilanz zum 31. 12.

Bilanzposten	Berichtsjahr TEUR	Berichtsjahr %	Vorjahr TEUR	Vorjahr %	Veränderungen TEUR	Veränderungen %
Aktiva						
Imm. Verm.-werte	-		-			
Sachzulagen	3 200		2 975			
Finanzanlagen	800		750			
Anlagevermögen	4 000		3 725			
Vorräte	3 300		2 850			
Forderungen	2 100		2 225			
Wertpapiere	-		-			
Flüssige Mittel	600		800			
Umlaufvermögen	6 000		5 875			
Rechnungsabgrenzung	0		0			
Summe Aktiva	10 000		9 600			
Passiva						
Gezeichnetes Kapital	3 000		3 000			
Rücklagen	1 000		875			
Eigenkapital	4 000		3 875			
Langfr. Rückstellungen	2 050		1 950			
Langfr. Verbindlichkeiten	1 400		1 850			
Langfr. Fremdkapital	3 450		3 800			
Kurzfr. Rückstellungen	0		0			
Kurzfr. Verbindlichkeiten	2 550		1 925			
Kurzfr. Fremdkapital	2 550		1 925			
Rechnungsabgrenzung	0		0			
Summe Passiva	10 000		9 600			

Anmerkuungen: In den Vorräten sind keine eisernen Bestände enthalten

54. Ermitteln Sie für das Berichtsjahr den Cash-Flow unter Berücksichtigung folgender Daten:
Jahresüberschuss 3.200,00 €
Abschreibung auf Anlagen 800,00 €
Tragen Sie das Ergebnis in das Kästchen ein.

55. Welche Aussage zur LIFO-Methode ist richtig, wenn der Marktpreis in diesem Geschäftsjahr laufend gestiegen ist?

a) Die Bewertung nach der LIFO-Methode führt am Bilanzstichtag zu einer Überbewertung der Vorräte.
b) Die LIFO-Methode entspricht immer dem strengen Niederstwertprinzip.
c) Die Bewertung nach der LIFO-Methode entspricht in diesem Fall dem gesetzlich vorgeschriebenen Bilanzansatz.
d) Die LIFO-Methode darf niemals für die Steuerbilanz angewandt werden.
e) Die LIFO-Methode kann für die Handelsbilanz nicht angewandt werden.

56. Welche Kennziffer gibt über die Zahlungsfähigkeit 1. Grades der Bavaria Fahrradwerke GmbH Auskunft?

a) Fremdkapital x 100 / Eigenkapital
b) Eigenkapital x 100 / Anlagevermögen
c) Flüssige Mittel x 100 / kurzfristiges Fremdkapital
d) Fremdkapital x 100 / Gesamtkapital
e) Eigenkapital x 100 / Gesamtkapital

57. Die Vorräte sind in der Handelsbilanz nach dem „Strengen Niederstwertprinzip“ zu bewerten. Welche Aussage ist richtig?

a) Von zwei Wertansätzen - z. B. Anschaffungskosten oder Tageswert am Bilanzstichtag - ist der niedrigere Wert auszuweisen. Das dient dem Gläubigerschutz.
b) Die Vorräte sind grundsätzlich zu Anschaffungskosten zu bewerten. Eine Bewertung zu Wiederbeschaffungspreisen würde das Unternehmen z. B. gegenüber Gläubigern zu positiv darstellen.
c) Von zwei Wertansätzen - z. B. Anschaffungskosten oder Tageswert am Bilanzstichtag - ist der niedrigere Wert auszuweisen, damit der Staat bei der Gewinnbesteuerung nicht benachteiligt wird.
d) Bei der Bewertung von Vorräten sind stets die durchschnittlichen Anschaffungskosten anzusetzen. Dadurch sollen die Jahresabschlussarbeiten erleichtert werden.
e) Die niedrigeren Werte der Steuerbilanz sind in die Handelsbilanz zu übernehmen. Damit soll dem Grundsatz der Maßgeblichkeit der Steuerbilanz für die Handelsbilanz entsprochen werden.

58. Mit welchem Wert muss das Fremdkapital nach HGB bewertet werden?

a) Zum Höchstwert. Dies dient dem Schutz der Gläubiger.
b) Zum Niederstwert. Dies dient der korrekten Steuerermittlung.
c) Nach dem strengen Niederstwertprinzip.
d) Mit den niedrigeren Werten der Steuerbilanz. Diese werden in die Handelsbilanz übernommen.
e) Zu den Anschaffungskosten

59. Finanzierungskosten wie z. B. die Zinsen der Dresdner Bank werden nicht in die Anschaffungskosten einer Fertigungsmaschine eingerechnet. Welche Aussage ist zutreffend?

a) Zutreffend, da es sich um einen kurzfristigen Kredit handelt
b) Zutreffend, da die goldene Bilanzregel sonst nicht eingehalten wird
c) Zutreffend, da Finanzierungskosten gemäß HGB nicht zu den Anschaffungskosten gehören
d) Nicht zutreffend, da es sich um einen kurzfristigen Kredit handelt
e) Nicht zutreffen, da die goldene Bilanzregel nicht eingehalten wird

60. Sie sind zuständig, den Jahresabschluss für das Geschäfts- und Kalenderjahr vorzubereiten. Wie sind folgende Aktienbestände, die zu Spekulationszwecken gekauft wurden, zu bewerten? Tragen Sie die Lösungen in das Kästchen ein.

200 Aktien, Kaufkurs 250,00 €, Kurs am 31. 12... 230,00 €
100 Aktien, Kaufkurs 100,00 €, Kurs am 31.12... 140,00 €

61. Bei den Arbeiten zum Jahresabschluss sind bestimmte Bewertungsprinzipien zu beachten. Ordnen Sie zu.

Vorgehensweisen

a) Sie weisen Verluste erst dann aus, wenn Sie tatsächlich angefallen sind.
b) Sie weisen bereits mögliche Verluste aus.
c) Sie bewerten jeden Vermögensgegenstand einzeln.
d) Als Obergrenze der bilanziellen Bewertung nehmen Sie die Anschaffungs- oder Herstellungskosten.
e) Als Untergrenze der bilanziellen Bewertung nehmen Sie die Anschaffungs- oder Herstellungskosten.
f) Bei einem Vergleich von Buchwert und Zeitwert des Umlaufvermögens setzen Sie den niedrigeren Wert ein.

Bewertungsprinzipien

[ ] Imparitätsprinzip

[ ] Anschaffungswertprinzip

[ ] Niederstwertprinzip

62. Sie schätzen, dass der im Sommer des laufenden Jahres zum Literpreis von 0,545 € beschaffte Heizölvorrat am Jahresende des laufenden Jahres auf 90 000 Liter gesunken sein wird.

A) Nach welcher Bewertungsvorschrift setzen Sie diesen Bestand in der Bilanz zum 31. 12. des laufenden Jahres an?

a) Niederstwertprinzip
b) Höchstwertprinzip
c) Durchschnittsbewertung

B) Mit welchem Betrag sind die 90 000 Liter in die Bilanz zu übernehmen, wenn der Preis gegenwärtig mit 0,525 € pro Liter seinen tiefsten Stand erreicht hat und bis zum Jahresende tatsächlich auf 0,585 € pro Liter steigt? Tragen Sie die Lösungen in das Kästchen ein.

63. Eine Eingangsrechnung über 1.400,00 USD mit zwei Wochen Zahlungsziel wurde am 22.12. 20.. zu einem Kurs von 1,392 USD eingebucht. Am 31.12.20.. lautet der Devisenkassamittelkurs 1 € = 1,328 USD.

A) Wie hoch ist die Verbindlichkeit am 22.12.20.. in €?

B) Mit welchem Wert ist die Verbindlichkeit am 31.12.20.. zu bilanzieren? Tragen Sie die Ergebnisse in das Kästchen ein.

64. Zu den Fertigerzeugnissen gehören Akkuladegeräte, für die Ihnen folgende Bewertung vorliegt. Berechnen Sie die Mindestherstellungskosten je Stück zum Ansatz in der Handelsbilanz.

Fertigungsmaterial	**15,00 €**
Materialgemeinkosten	**1,50 €**
Fertigungslöhne	**10,00 €**
Fertigungsgemeinkosten	**6,00 €**
Verwaltungsgemeinkosten	**4,00 €**
Vertriebsgemeinkosten	**2,50 €**

Tragen Sie die Lösung in das Kästchen ein.

65. Im November des laufenden Geschäfstjahres wurde ein unbebautes Grundstück erworben:

Grundstück	**850.000,00 €**
Grunderwerbssteuer	**55.250.00 €**
Grundbuchkosten	**12.750,00 €**
Aktueller Marktwert	**900.000,00 €**

Mit welchem Betrag ist das Grundstück zum 31.12. des laufenden Geschäftsjahres zu bilanzieren?

61. Bei den Arbeiten zum Jahresabschluss sind bestimmte Bewertungsprinzipien zu beachten. Ordnen Sie zu.

Vorgehensweisen

a) Sie weisen Verluste erst dann aus, wenn Sie tatsächlich angefallen sind.
b) Sie weisen bereits mögliche Verluste aus.
c) Sie bewerten jeden Vermögensgegenstand einzeln.
d) Als Obergrenze der bilanziellen Bewertung nehmen Sie die Anschaffungs- oder Herstellungskosten.
e) Als Untergrenze der bilanziellen Bewertung nehmen Sie die Anschaffungs- oder Herstellungskosten.
f) Bei einem Vergleich von Buchwert und Zeitwert des Umlaufvermögens setzen Sie den niedrigeren Wert ein.

Bewertungsprinzipien

[ ] Imparitätsprinzip
[ ] Anschaffungswertprinzip
[ ] Niederstwertprinzip

62. Sie schätzen, dass der im Sommer des laufenden Jahres zum Literpreis von 0,545 € beschaffte Heizölvorrat am Jahresende des laufenden Jahres auf 90 000 Liter gesunken sein wird.

A) Nach welcher Bewertungsvorschrift setzen Sie diesen Bestand in der Bilanz zum 31.12. des laufenden Jahres an?

a) Niederstwertprinzip
b) Höchstwertprinzip
c) Durchschnittsbewertung

B) Mit welchem Betrag sind die 90 000 Liter in die Bilanz zu übernehmen, wenn der Preis gegenwärtig mit 0,525 € pro Liter seinen tiefsten Stand erreicht hat und bis zum Jahresende tatsächlich auf 0,585 € pro Liter steigt? Tragen Sie die Lösungen in das Kästchen ein.

63. Eine Eingangsrechnung über 1.400,00 USD mit zwei Wochen Zahlungsziel wurde am 22.12.20.. zu einem Kurs von 1,392 USD eingebucht. Am 31.12.20.. lautet der Devisenkassamittelkurs 1 € = 1,328 USD.

A) Wie hoch ist die Verbindlichkeit am 22.12.20.. in €?

B) Mit welchem Wert ist die Verbindlichkeit am 31.12.20.. zu bilanzieren? Tragen Sie die Ergebnisse in das Kästchen ein.

64. Zu den Fertigerzeugnissen gehören Akkuladegeräte, für die Ihnen folgende Bewertung vorliegt. Berechnen Sie die Mindestherstellungskosten je Stück zum Ansatz in der Handelsbilanz.

Fertigungsmaterial	**15,00 €**
Materialgemeinkosten	**1,50 €**
Fertigungslöhne	**10,00 €**
Fertigungsgemeinkosten	**6,00 €**
Verwaltungsgemeinkosten	**4,00 €**
Vertriebsgemeinkosten	**2,50 €**

Tragen Sie die Lösung in das Kästchen ein.

65. Im November des laufenden Geschäfstjahres wurde ein unbebautes Grundstück erworben:

Grundstück	**850.000,00 €**
Grunderwerbssteuer	**55.250.00 €**
Grundbuchkosten	**12.750,00 €**
Aktueller Marktwert	**900.000,00 €**

Mit welchem Betrag ist das Grundstück zum 31.12. des laufenden Geschäftsjahres zu bilanzieren?

70. Im nächsten Geschäftsjahr muss mit Gewährleistungsansprüchen in Höhe von 1 517 T€ (= 2 % des Umsatzes von 75 850 T€) gerechnet werden. Wie lautet die Buchung am Jahresende?

[1] Aktive Jahresabgrenzung
[2] Sonstige Rückstellungen für Gewährleistung
[3] Verbindlichkeiten aus Lieferungen und Leistungen
[4] Übrige sonstige Verbindlichkeiten
[5] Passive Jahresabgrenzung
[6] Erlösberichtigungen
[7] Erträge aus der Herabsetzung von Rückstellungen
[8] Zuführungen zu Rückstellungen für Gewährleistung

S	H
☐	☐

71. Im vergangenen Geschäftsjahr wurde eine Rückstellung für eine werterhaltende Reparatur an einer Maschine in Höhe von 25.000 € brutto gebildet. Im Februar des laufenden Jahres wurde die Reparatur ausgeführt. Die Rechnung lautete über 30.000 € + Umsatzsteuer. Wie wurde die Rechnung bei gleichzeitiger Auflösung der Rückstellung gebucht?

[1] Vorsteuer
[2] Sonstige Rückstellungen für andere ungewisse Verbindlichkeiten
[3] Verbindlichkeiten aus Lieferungen und Leistungen
[4] Umsatzsteuer
[5] Periodenfremder Aufwand
[6] Erträge aus der Herabsetzung von Rückstellungen
[7] Fremdinstandhaltung

S	H
☐	☐
☐	☐
☐	☐

72. Für eine Hypothek über 400 000 € muss die Industrie-AG 8 % Zinsen zahlen. Die Zinsen sind nachträglich am 01.03. und 01.09. fällig und werden als Zinsaufwand gebucht. Welche Buchung ist am 31.12. erforderlich?

[1] Bebaute Grundstücke
[2] Übrige sonstige Forderungen
[3] Aktive Jahresabgrenzung
[4] Übrige sonstige Verbindlichkeiten
[5] Passive Jahresabgrenzung
[6] Kosten des Geldverkehrs
[7] Zinsaufwendungen

S	H
☐	☐

73. Für ein von unserer Hausbank am 01.05. gewährtes Darlehen wurden am selben Tag die Zinsen für das erste Jahr einbehalten und als Zinsaufwand gebucht. Wie ist am 31.12. zu buchen?

[1] Guthaben bei Kreditinstituten
[2] Aktive Jahresabgrenzung
[3] Langfristige Bankverbindlichkeiten
[4] Übrige sonstige Verbindlichkeiten
[5] Passive Jahresabgrenzung
[6] Zinserträge
[7] Zinsaufwendungen

S	H
☐	☐

Zu den nächsten zwei Aufgaben.
Am 01.12. d. J. wurde die Miete für einen Parkplatz für die Monate Dezember bis Februar n. J. in Höhe von insgesamt 900 € überwiesen, gebucht, jedoch noch nicht abgegrenzt.

74. Wie lautet die vorbereitende Abschlussbuchung am 31.12. d. J.?

[1] Vorsteuer
[2] Übrige sonstige Forderungen
[3] Aktive Jahresabgrenzung
[4] Verbindlichkeiten aus Lieferungen und Leistungen
[5] Übrige sonstige Verbindlichkeiten
[6] Passive Jahresabgrenzung
[7] Mieten, Pachten

S	H
☐	☐

75. Weshalb musste diese vorbereitende Abschlussbuchung vorgenommen werden? Kreuzen Sie die richtige Lösung an!

a) Weil sonst der Jahresüberschuss zu hoch ausgewiesen würde
b) Weil sonst der Jahresüberschuss zu niedrig ausgewiesen würde
c) Weil sonst die Verbindlichkeiten nicht richtig ausgewiesen würden
d) Weil sonst die Umsatzsteuerzahllast nicht genau ermittelt werden könnte
e) Weil sonst der Jahresüberschuss im nächsten Jahr zu niedrig ausgewiesen würde

Zu den nächsten zwei Aufgaben.
Am 01.12. wurde die Monatsmiete für Geschäftsräume, die von Dezember d. J. bis Februar nächsten Jahres gemietet wurden, in Rechnung gestellt, gebucht, bezahlt, jedoch noch nicht abgegrenzt. Rechnungsbetrag 6 300 €.

76. Wie lautet die vorbereitende Abschlussbuchung am 31.12. d. J.?

[1] Vorsteuer
[2] Sonstige Vermögensgegenstände
[3] Aktive Jahresabgrenzung
[4] Sonstige Verbindlichkeiten
[5] Verbindlichkeiten aus Lieferungen und Leistungen
[6] Passive Jahresabgrenzung
[7] Nebenerlöse aus Vermietung und Verpachtung
[8] Mieten, Pachten

S	H
☐	☐

77. Welcher Betrag in € war zu verbuchen? Tragen Sie die Lösung in das Kästchen ein!

☐

78. Wir haben ein Darlehen gewährt. Die Zinsen sind nachträglich jeweils am 30.04. und 31.10. zu zahlen. Wie lautet die Buchung zum 30.04. bei Eingang der Zinszahlung durch Banküberweisung?

[1] Guthaben bei Kreditinstituten
[2] Übrige sonstige Forderungen
[3] Aktive Jahresabgrenzung
[4] Sonstige Verbindlichkeiten
[5] Passive Jahresabgrenzung
[6] Zinserträge
[7] Zinsaufwendungen

S	H
☐	☐
☐	☐

79. Eine Kundenforderung wurde durch Eröffnung des Insolvenzverfahren uneinbringlich. Es ist direkt abzuschreiben.

[1] Forderungen aus Lieferungen und Leistungen
[2] Vorsteuer
[3] Pauschalwertberichtigung zu Forderungen
[4] Verbindlichkeiten aus Lieferungen und Leistungen
[5] Umsatzsteuer
[6] Abschreibung auf Forderungen wegen Uneinbringlichkeit

S	H
☐	☐
☐	☐

80. Die Kasse eines Industriebetriebes weist einen Istbestand von 5 870 € und das Kassenmanko einen Sollbestand von 5 990 € auf. Wie ist die Differenz von 120 € zu buchen?

[1] Kasse
[2] Bestandsveränderungen
[3] Erträge aus Werterhöhungen von Gegenständen des Anlagevermögens (Zuschreibungen)
[4] Periodenfremde Erträge
[5] Kosten des Geldverkehrs
[6] Verluste aus dem Abgang von Vermögensgegenständen

S	H
☐	☐

81. Die Forderung an ein liquidiertes Unternehmen beträgt 1.190 € einschließlich Umsatzsteuer. Wie lautet die Buchung bei Eröffnung des Insolvenzverfahrens?

[1] Forderungen aus Lieferungen und Leistungen
[2] Zweifelhafte Forderungen
[3] Vorsteuer
[4] Guthaben bei Kreditinstituten
[5] Umsatzsteuer
[6] Kosten des Geldverkehrs
[7] Abschreibungen auf Forderungen
[8] Außerordentliche Aufwendungen

S	H
☐	☐
☐	☐

82. Wir schreiben eine uneinbringliche Forderung am Jahresende ab.

[1] Einzelwertberichtigungen
[2] Sonstige Rückstellungen
[3] Forderungen aus Lieferungen und Leistungen
[4] Vorsteuer
[5] Umsatzsteuer
[6] Abschreibungen auf Forderungen wegen Uneinbringlichkeit

S	H
☐	☐
☐	☐

83. Eine Forderung wurde zu 100 % im vorigen Jahr abgeschrieben. Unvorhergesehen gehen auf unserem Bankkonto doch noch 580 € ein.

[1] Erträge aus der Auflösung oder Herabsetzung von Pauschalwertberichtigungen
[2] Forderungen aus Lieferungen und Leistungen
[3] Vorsteuer
[4] Guthaben bei Kreditinstituten
[5] Umsatzsteuer
[6] Periodenfremde Erträge

S	H
☐	☐
☐	☐

84. Im Dezember des laufenden Jahres hat ein Kunde trotz mehrmaliger Mahnung unsere Forderung noch nicht beglichen. Wie halten Sie den Sachverhalt buchhalterisch fest?

a) Sie führen die Umbuchung der „Forderungen aus Lieferungen und Leistungen (240)" auf „Zweifelhafte Forderungen (247)" durch.
b) Sie buchen die direkte Abschreibung der Forderung wegen Uneinbringlichkeit.
c) Sie bewerten die Forderung nach dem Höchstwertprinzip.
d) Sie bewerten die Forderung nach dem Durchschnittsprinzip.
e) Sie buchen die Pauschalwertberichtigung auf „Übrige sonstige Forderungen (269)".

85. Auf eine zweifelhafte Forderung von 2.000 € + Umsatzsteuer gehen 50 % per Banküberweisung ein. Der Rest ist endgültig verloren.

[1] Zweifelhafte Forderungen
[2] Guthaben bei Kreditinstituten
[3] Vorsteuer
[4] Umsatzsteuer
[5] Periodenfremde Erträge
[6] Abschreibungen auf Forderungen

S	H
☐	☐
☐	☐
☐	☐

86. Ein Kunde ist - ohne Hinterlassung von Vermögen und ohne Angabe irgendeiner Anschrift - in das außereuropäische Ausland verzogen. Wegen der Geringfügigkeit der Restforderung entschließt sich der Unternehmer, die Forderung sofort auszubuchen. Wie lautet die Buchung?

[1] Forderungen aus Lieferungen und Leistungen
[2] Vorsteuer
[3] Einzelwertberichtigungen
[4] Umsatzsteuer
[5] Soziale Abgaben
[6] Verluste aus Schadensfällen
[7] Abschreibungen auf Forderungen

S	H
☐	☐
☐	☐

87. Die Eröffnung des Insolvenzverfahrens gegen einen Kunden wird mangels Masse abgelehnt.

[1] Einzelwertberichtigungen
[2] Sonstige Rückstellungen
[3] Forderungen aus Lieferungen und Leistungen
[4] Vorsteuer
[5] Umsatzsteuer
[6] Abschreibungen auf Forderungen

S	H
☐	☐
☐	☐

<u>Situation zu den nächsten drei Aufgaben</u>

Welche Buchungen (just-in-time-Verfahren) ergeben sich beim Abschluss der Konten Hilfsstoffe und Aufwendungen für Hilfsstoffe, wenn der Anfangsbestand über 240.000,00 €, der Endbestand über 255.000,00 € lautet?

88. Buchen Sie die Bestandsveränderung lt. Inventur am Ende der Abrechnungsperiode.

[1] Hilfsstoffe
[2] Bestandsveränderungen
[3] Aufwendungen für Hilfsstoffe
[4] SBK
[5] GuV
[6] Verbindlichkeiten aus Lieferungen und Leistungen

S	H
☐	☐

89. Wie lautet die Abschlussbuchung des Kontos Aufwendungen für Hilfsstoffe?

[1] Hilfsstoffe
[2] Bestandsveränderungen
[3] Aufwendungen für Hilfsstoffe
[4] SBK
[5] GuV
[6] Verbindlichkeiten aus Lieferungen und Leistungen

S	H
☐	☐

90. Buchen Sie den Schlussbestand auf dem Konto Hilfsstoffe.

[1] Hilfsstoffe
[2] Bestandsveränderungen
[3] Aufwendungen für Hilfsstoffe
[4] SBK
[5] GuV
[6] Verbindlichkeiten aus Lieferungen und Leistungen
[7] EBK

S	H
☐	☐

91. Wie lautet der Buchungssatz für die Passivierung der Zahllast am Jahresende?

[1] Vorsteuer
[2] Bank
[3] Umsatzsteuer
[4] Sonstige Verbindlichkeiten gegenüber Finanzbehörden
[5] Privat
[6] SBK
[7] Übrige sonstige Verbindlichkeiten

S	H
☐	☐

92. Auf den Konten Vorsteuer und Umsatzsteuer ergeben sich Ende März nachstehende Summen. Wie lautet die Buchung zur Ermittlung des Vorsteuerüberhangs am 31.März?

S Vorsteuer	H
44.000,00	

S Umsatzsteuer	H
	37.000,00

[1] Vorsteuer
[2] Bank
[3] Umsatzsteuer
[4] Sonstige Verbindlichkeiten gegenüber Finanzbehörden
[5] Privat
[6] SBK
[7] Verbindlichkeiten aus Lieferungen und Leistungen

S	H
☐	☐

BEI NACHSTEHENDEN AUFGABEN SIND DIE ERGEBNISSE ZU BERECHNEN.

93. Siehe unten abgebildete aufbereitete Bilanz! Wie viel Prozent beträgt die Liquidität 1. Grades?

A — Aufbereitete Bilanz der Industrie - AG (in T€) — P

A		P	
Anlagevermögen		Eigenkapital	2.400
Sachanlagen	2.100		
		Verbindlichkeiten	
Umlaufvermögen		langfristige Verbindlichkeiten	1.150
Vorräte	1.200	kurzfristige Verbindlichkeiten	750
Forderungen und sonstige Vermögensgegenstände	700		
Schecks, Kassenbestand	300		
	4.300		4.300

94. Die Zahlungsbedingungen unserer Firma lauten: „Zahlbar innerhalb von 8 Tagen mit 2,5 % Skonto oder 30 Tagen netto.“ Am Ende des letzten Quartals betrugen die Forderungen insgesamt 160.000 €. Wie viel Prozent dieser Forderungen standen nach 30 Tagen weiterhin offen, wenn einige Kunden Forderungen unter Abzug von insgesamt 2.400 € Skonto und einige Kunden Forderungen in Höhe von 48.000 € ohne Abzug bezahlt haben?

95. Für die Ermittlung der Gesamtkapitalrentabilität stehen folgende Zahlen zur Verfügung:

Anlagevermögen	3.500.000 €
Umlaufvermögen	8.250.000 €
Eigenkapital	4.000.000 €
Fremdkapital	7.750.000 €
Umsatzerlöse	12.000.000 €
Zinsaufwand für das Fremdkapital	387.750 €
Gewinn	235.000 €

Wie hoch ist die Gesamtkapitalrentabilität?

96. Welche Kapitalausstattung führt zur größten Rentabilität des Eigenkapitals?

	Gesamtkapital	**Eigenkapital**	**Fremdkapital**	**Kosten des Fremdkapitals**	**Gewinn**
a)	200.000 €	50.000 €	150.000 €	15.000 €	5.000 €
b)	200.000 €	100.000 €	100.000 €	12.000 €	8.000 €
c)	200.000 €	100.000 €	100.000 €	10.000 €	10.000 €
d)	200.000 €	100.000 €	100.000 €	6.000 €	14.000 €
e)	200.000 €	200.000 €	--	--	20.000 €

Zu den nächsten zwei Aufgaben siehe nachfolgende Abbildungen.

97. Vorstand und Aufsichtsrat der Industrie-AG schlagen der Hauptversammlung vor, den gesamten Bilanzgewinn zur Ausschüttung einer 18%igen Dividende zu verwenden. Wie viel € beträgt das Grundkapital (Gezeichnetes Kapital) des Unternehmens in T€?

98. Wie viel T€ beträgt die Bestandsminderung der Unfertigen Erzeugnisse? Beachten Sie auch die entsprechende Position in der Gewinn- und Verlustrechnung?

Gewinn- und Verlustrechnung

für die Zeit vom 01. Jan. bis 31. Dez. 20.... (in T€)

Umsatzerlöse	73.098	
Erhöhung oder Verminderung des Bestands an fertigen und unfertigen Erzeugnissen	- 1.891	
andere aktivierte Eigenleistungen	+ 418	
Gesamtleistung		71.625
Aufwendungen für Roh-, Hilfs-, und Betriebsstoffe sowie für Waren		- 26.698
Rohertrag		44.927
Personalaufwendungen	28.651	
Abschreibungen und Verluste aus Anlageabgängen	5.833	
Zinsen	1.170	
Steuern	3.919	
Übrige Aufwendungen	2.131	- 41.704
Jahresüberschuss		3.223
Einstellungen aus dem Jahresüberschuss in frei Rücklagen		919
Bilanzgewinn		2.304
		===========

Werte in T€

Soll	Unfertige Erzeugnisse	Haben
EBK	3.596	
___	______	______
===	=========	=====

Soll	Fertige Erzeugnisse	Haben
EBK	643	
51 Bestands-veränderung	138	
______	______	______
=====	=========	=====

Zu den nächsten vier Aufgaben siehe nachfolgende Kurzfassung der Bilanz.

Aufbereitete Bilanz der Industrie - AG (in T€)

A		P	
Anlagevermögen		Eigenkapital	1.600
Grundstücke	300		
Technische Anlagen	650	Fremdkapital	
Andere Anlagen	380	Pensionsrückstellungen	115
Umlaufvermögen		langfristige Verbindlichkeiten	660
Vorräte	500	kurzfristige Verbindlichkeiten	125
Forderungen	620		
Flüssige Mittel	50		
	2 500		2.500
=====	=======	=====	========

99. Ermitteln Sie die Liquidität 1. Grades (Barliquidität)! Tragen Sie das Ergebnis in das Kästchen ein.

100. Begründen Sie, warum es trotz aller Problematik dieser Kennziffer wichtig ist, Liquiditätskennziffern zu ermitteln.

a) Weil eine Verschlechterung der Liquiditätskennziffern ein Hinweis für Zahlungsschwierigkeiten sein kann
b) Weil die Errechnung der Liquiditätskennziffern eine eindeutige Beurteilung der finanziellen Lage des Unternehmens ermöglicht
c) Weil man durch die Kenntnis der Liquiditätskennziffern vermeidet, zahlungsunfähig zu werden.
d) Weil eine optimale Liquidität Voraussetzung für eine hohe Rentabilität ist
e) Weil verbesserte Liquiditätsgrade einen positiven Einfluss auf den Gewinn anzeigen

101. Wie ist der Deckungsgrad I zu verbessern?

a) Durch Verringern des Bestands an Vorräten
b) Durch Erhöhen des Bestands an Universalmaschinen
c) Durch Verringern der Abschreibungen gegenüber dem Vorjahr bei unverändertem Bestand
d) Durch künftiges Mieten der Universalmaschinen
e) Durch Zielkauf einer Ersatzspezialmaschine

102. Am 31. Dezember des Vorjahres wurden Pensionsrückstellungen in Höhe von 130 T€ ausgewiesen. Ein Gutachten zeigte, dass die erforderliche Höhe der Pensionsrückstellungen mit 115 T€ anzusetzen sind. Welche Buchung ist zum 31. Dezember diesen Jahres dazu erforderlich?

[1] Rückstellungen für Pensionen und ähnliche Verpflichtungen
[2] Verbindlichkeiten gegenüber Mitarbeitern
[3] Erträge aus der Herabsetzung von Rückstellungen
[4] Aufwendungen für Altersversorgung
[5] Periodenfremde Aufwendungen
[6] Außerordentliche Aufwendungen

S	H
☐	☐
☐	☐

103. Sie ermitteln und buchen in der Finanzbuchführung einen Minderbestand von 20.000,00 € bei den unfertigen Erzeugnissen und einen Mehrbestand von 70.000,00 € bei den fertigen Erzeugnissen. Kontieren Sie den Abschluss des Kontos „Bestandsveränderungen".

[1] Fertigerzeugnisse
[2] Unfertige Erzeugnisse
[3] Bestandsveränderungen
[4] Gewinn- und Verlustkonto
[5] Schlussbilanzkonto
[6] Erlösberichtigungen

S	H
☐	☐

104. Sie stellen fest, dass in der Abgrenzungsrechnung die Aufwendungen für die Rohstoffe noch fehlen. Berechnen Sie den Rohstoffverbrauch in Mio. € aus den abgebildeten Konten. Tragen Sie das Ergebnis in das Kästchen ein.

S	200 Rohstoffe/Fertigungsmaterial		H
EBK	160.000,00	SBK	175.000,00

S	600 Aufw.für Rohstoffe/Fertigungsmaterial		H
VLL	1.515.000,00		

☐

105. Was dürfen Sie bei der Anschaffung eines Pkw <u>nicht</u> berücksichtigen?

a) Überführungskosten
b) Gewährter Händlerrabatt
c) Kosten für ein installiertes Navigationsgerät
d) Kosten für ein nachträglich eingebaute Anhängerkupplung
e) Finanzierungskosten

106. Für das Berichtsjahr haben Sie eine Umschlagshäufigkeit der Forderungen von 14 ermittelt. Im Vorjahr lag sie bei 12. Wie wirkt sich dieser Tatbestand für Ihr Unternehmen gegenüber dem Vorjahr aus?

a) Die Wagniskosten sind gestiegen.
b) Die Liquidität wird dadurch verbessert.
c) Die Kapitalbindung steigt.
d) Die Rentabilität sinkt.
e) Das durchschnittliche Zahlungsziel gegenüber den Kunden hat sich verlängert.

107. Beurteilen Sie den Jahresabschlusses anhand von Kennziffern. Ermitteln Sie dazu aus dem abgebildeten Schlussbilanzkonto die Eigenkapitalquote. Tragen Sie das Ergebnis in das Kästchen ein.

Soll	**Schlussbilanzkonto per 31. 12.**		**Haben**
Grundstücke	700	Eigenkapital	1.620
Gebäude	1.400	Pensionsrückstellungen	800
Techn. Anlagen und Maschinen	300	Hypothekendarlehen	1.100
Betriebs- u. Geschäftsausstattung	290	Verbindlichkeiten	1.102
Fuhrpark	187		
Rohstoffe	410		
Betriebsstoffe	75		
Forderungen	1.200		
Bank	55		
Kasse	5		
Summe	**4.622**	**Summe**	**4.622**

Die nächsten zwei Aufgaben gehören zusammen.

108. Im März des laufenden Geschäftsjahres kaufte die Bavaria Fahrradwerke GmbH eine Spezialmaschine für 56.000,00 € zuzüglich Umsatzsteuer. Die Maschine wurde noch im März in Betrieb genommen. Der Lieferer gewährte uns 10 % Rabatt. Die Rechnung wurde unter Abzug von 2 % Skonto im April bezahlt. Für die Inbetriebnahme der Maschine fielen 900,00 € Transportkosten und 500,00 € Montagekosten an. Die steuerliche Nutzungsdauer beträgt 10 Jahre. Wie ist die Maschine bei linearer Abschreibung in der Bilanz am 31.12. des laufenden Geschäftsjahres zu bewerten?

109. Buchen Sie die Abschreibung der Spezialmaschine aus vorheriger Aufgabe zum 31.12., wenn direkt abgeschrieben wird.

[1] Anlagen und Maschinen der mechanischen Materialbearbeitung
[2] Vorsteuer
[3] Wertberichtigungen zu Sachanlagen
[4] Umsatzsteuer
[5] Abschreibungen auf Sachanlagen
[6] Abschreibungen auf geringwertige Wirtschaftsgüter

S	H
☐	☐

110. Die Bavaria Fahrradwerke GmbH hat vor Jahren ein ihrem Firmengelände anliegendes Grundstück zur möglichen Betriebserweiterung gekauft, das mit den Anschaffungskosten von 250.000,00 € bilanziert wurde. Trotz jahrelangen Bemühens ist es von der Stadtverwaltung abgelehnt worden, dieses Grundstück als Gewerbefläche in den Flächennutzungsplan aufzunehmen. Aus diesem Grund darf das Grundstück nicht bebaut bzw. anderweitig gewerblich genutzt werden. Die dauerhafte Wertminderung des Grundstücks wird auf 70 % geschätzt. Mit welcher Buchung muss die Fahrradwerke GmbH den Wert des Grundstücks zum Bilanzstichtag berichtigen?

[1] Abschreibung auf immaterielle Vermögensgegenstände des Anlagevermögens
[2] Unbebaute Grundstücke
[3] Außerplanmäßige Abschreibungen auf Sachanlagen
[4] Anlagen im Bau
[5] Abschreibungen auf Sachanlagen
[6] Periodenfremde Aufwendungen

S	H
☐	☐

<u>Die folgenden drei Aufgaben gehören zusammen.</u>

Im laufenden Geschäftsjahr wurden folgende Wirtschaftsgüter auf Ziel gekauft:
am 3. Februar eine Telefonanlage für 760,00 € netto
am 12. April ein Schreibtisch für 430,00 € netto
am 8. August ein Beamer für 790,00 € netto
am 4. November ein Faxgerät für 242,00 € netto.

[1] Büromaschinen, Organisationsmittel und Kommunikationsanlagen (086)
[2] Verbindlichkeiten aus Lieferungen und Leistungen (440)
[3] Umsatzsteuer (480)
[4] Vorsteuer (260)
[5] Büromaterial (680)
[6] Abschreibungen auf GWG – Sammelposten (6541)
[7] Abschreibungen auf Sachanlagen (652)
[8] GWG – Sammelposten BGA

111. Berechnen Sie den höchstmöglichen Abschreibungsbetrag am Jahresende. Tragen Sie das Ergebnis in das Kästchen ein.

☐

112. Buchen Sie die Abschreibung. Tragen Sie das Ergebnis in das Kästchen ein.

S	H
☐	☐

113. Buchen Sie den Einkauf des Faxgerätes (höchstmögliche Steuerersparnis). Tragen Sie das Ergebnis in das Kästchen ein.

S	H
☐	☐
☐	☐

114. Erklären Sie, wie aus dem laufenden Geschäftsjahr noch zu erwartende Ansprüche aus Gewährleistungsverpflichtungen in der Bilanz zu berücksichtigen sind.

a) Sie mussten sie als aktive Rechnungsabgrenzungsposten in die Bilanz einstellen.
b) Sie mussten sie als Kapitalrücklagen zum 31.12. in die Bilanz einstellen.
c) Sie mussten sie als sonstige Rückstellungen buchen.
d) Sie mussten sie als Verbindlichkeiten aus Lieferungen und Leistungen für das nächste Geschäftsjahr in der Bilanz ausweisen.
e) Sie mussten sie als passive Rechnungsabgrenzungsposten bis zum 31.12. in der Bilanz erfassen.

115. Am Geschäftsjahresende sind bestimmte Geschäftsfälle wegen der periodengerechten Erfolgsermittlung zeitlich abzugrenzen. Bei welchem Vorgang müssen Sie eine solche Abgrenzung vornehmen?

a) Die Bestandveränderungen bei den Fertigerzeugnissen sind zu hoch.
b) Ein hoher Kassenfehlbetrag ist noch vor Jahresabschluss zu buchen.
c) Im nächsten Geschäftsjahr ist mit einer Zunahme von Pensionszuwendungen an ausgeschiedene Mitarbeiter zu rechnen.
d) Im Januar des nächsten Geschäftsjahres müssen Darlehenszinsen für Dezember des laufenden Geschäftsjahres an das Kreditinstitut bezahlt werden.
e) Im Dezember des laufenden Geschäftsjahres ist noch ein Restbetrag der Sozialversicherungsbeiträge des Monats November zu zahlen.

Situation zu den nächsten fünf Aufgaben

Sie sind im Rechnungswesen der Bavaria Fahrradwerke GmbH beschäftigt und damit beauftragt, den Jahresabschluss auszuwerten. Dazu liegt Ihnen u. a. der nachfolgende Anlagespiegel vor, zu dem folgende Fragen zu beantworten sind.

116. Wie hoch ist der Restbuchwert in T€ bei den „Technischen Anlagen und Maschinen“ zum 31.12. des Vorjahrs? Tragen Sie das Ergebnis in das Kästchen ein.

117. Wie hoch ist die gesamte Abschreibung im laufenden Geschäftsjahr für „Betriebs- und Geschäftsausstattung“? Tragen Sie das Ergebnis in das Kästchen ein.

118. Wie viel € betragen die gesamten bis zum Beginn des Berichtsjahrs aufgelaufenen Abschreibungen? Tragen Sie das Ergebnis in das Kästchen ein.

119. Wie viel T€ beträgt der Buchwert der gesamten Sachanlagen zum Ende des Vorjahres? Tragen Sie das Ergebnis in das Kästchen ein.

120. In welcher Höhe (T€) sind im Berichtsjahr insgesamt Investitionen im Anlagevermögen vorgenommen worden? Tragen Sie das Ergebnis in das Kästchen ein.

Anlagespiegel zum 31.12.20.. (Berichtsjahr)

	Spalte 1	Spalte 2	Spalte 3	Spalte 4	Spalte 5	Spalte 6	Spalte 7	Spalte 8	Spalte 9
Anlageposten (Wert in Tausend €)	Anschaffungs-/ Herstellungskosten	Zugänge zu AHK +	Abgänge zu AHK -	Umbuchungen zu AHK +/-	Zuschreibungen +	Abschreibungen (kumuliert)	Abschreibungen des Berichtsjahres	Buchwert am 31.12. des Berichtsjahres	Buchwert am 31.12. des Vorjahres
1. Grundstücke, und Bauten	3.500	80	0	0	0	1.590	90	1.990	2.000
2. Technische Anlagen und Maschinen	4.000	300	0	0	0	2.830	430	1.470	?
3. Betriebs- und Geschäftsausstattung	650	20	0	0	0	220	?	450	480

121. Wie wirkt sich die bilanzielle Abschreibung auf Sachanlagen auf das Jahresergebnis aus?

a) Das Gesamtergebnis und das Betriebsergebnis bleiben immer gleich.
b) Das Betriebsergebnis erhöht sich.
c) Das Gesamtergebnis ändert sich nicht.
d) Das Gesamtergebnis vermindert sich bei gleichbleibenden Erträgen.
e) Das Gesamtergebnis erhöht sich bei gleichbleibenden Erträgen.

ÜBUNGSAUFGABEN ZUR VORBEREITUNG AUF DIE ABSCHLUSSPRÜFUNG

BILDEN SIE ZU NACHSTEHENDEN GESCHÄFTSFÄLLEN DIE BUCHUNGSSÄTZE, INDEM SIE DIE EINGERAHMTEN KENNZIFFERN DER RICHTIGEN KONTEN IN DIE KÄSTCHEN ÜBERTRAGEN.

I. Sie sind Mitarbeiter/in der Oldenburger Behälter-Bau AG, Industriestraße 2, 26121 Oldenburg. Nachstehende Belege sind zu verbuchen.

1. Aufgabe

DEKRUPA-STAHLWERKE AG **45276 Essen Bochumer Str. 5**

Dekrupa-Stahlwerke AG Bochumer Str. 5 45267 Essen

Oldenburger Behälter Bau AG
Industriestraße 2
26121 Oldenburg

Eingegangen
16.11.
Oldenb. Beh.Bau AG

RECHNUNG – Nr. SR/035-99

Datum: ..-11-15

Menge	Einzelpreis	Gegenstand	Gesamtpreis €
1800 kg	30,00	Chromnickelstahl DIN 4301 V2A	
		Sondermaß und Sonderstärke 6 x 200x200 / 1800 kg	54.000,00
		+19 % Umsatzsteuer	10.260,00
			64.260,00 ===============

Lieferung: am 15.11., fix – Versand per LKW
Zahlungsbedingungen: 2 % Skonto bis 29.11., 30 Tage Ziel
Bankverbindung: StadtSpK Essen, IBAN: DE90 3605 0105 0003 4209 18, BIC: SPESDE3EXXX
Ust.-Id.-Nr.: DE 111222333

[1] Rohstoffe/Fertigungsmaterial (200)
[2] Vorprodukte/Fremdbauteile (201)
[3] Hilfsstoffe (202)
[4] Sonstiges Material (207)
[5] Forderungen aus Lieferungen und Leistungen (240)
[6] Vorsteuer (260)
[7] Verbindlichkeiten aus Lieferungen und Leistungen (440)
[8] Umsatzsteuer 480)

S	H
☐	☐
☐	☐

2. Aufgabe

DEKRUPA-STAHLWERKE AG 45276 Essen Bochumer Str 5

Dekrupa-Stahlwerke AG Bochumer Str. 5 45267 Essen

Oldenburger Behälter Bau AG
Industriestraße 2
26121 Oldenburg

Eingegangen
27. April
Oldenb. Beh.Bau AG

Essen, 24.04.

RECHNUNG – Nr. SR/123-98

Menge	Einzelpreis	Gegenstand	Gesamtpreis €
1500 kg	4,00/kg	Stabstahl DIN 4301/V2A 12 mm	6.000,00
2500 kg	6,00/kg	Rundstahl DIN 4301/V2A 18 mm	15.000,00
		Frachtrechnung Spedition Hahne	1.400,00
		Transportversicherung „Gloria"	441,00
			22.841,00
		+19 % Umsatzsteuer	4.339,79
			27.180,79
			================

Lieferung: am 24.04. ab Werk – Versand per Sped. Hahne

Zahlungsbedingungen: 3 % Skonto innerhalb 10 Tagen, 30 Tage Ziel

Konto-Nr: StadtSpK Essen, IBAN: DE90 3605 0105 0003 4209 18, BIC: SPESDE3EXXX

Ust.-Id.-Nr.: DE 111222333

[1] Rohstoffe/Fertigungsmaterial (200)
[2] Bezugskosten (2001)
[3] Hilfsstoffe (202)
[4] Bezugskosten (2021)
[5] Forderungen aus Lieferungen und Leistungen (240)
[6] Vorsteuer (260)
[7] Verbindlichkeiten aus Lieferungen und Leistungen (440)
[8] Umsatzsteuer 480)

S	H
☐	☐
☐	☐
☐	☐

3. Aufgabe

DEKRUPA-STAHLWERKE AG 45276 Essen Bochumer Str 5

Oldenburger Behälter Bau AG
Industriestraße 2
26121 Oldenburg

Eingegangen
15.03.
Oldenb. Beh.Bau
AG

RECHNUNG – Nr. DK 10/Cn7867-14

Menge	Einzelpreis	Gegenstand	Gesamtpreis €
19 700 kg	5,00	Chromnickelstahl DIN 4301 V2A 2 x 2000 x 400 mm / 128 kg	98.500,00
6 Rollen	250,00	Schweißdraht/Rollen DIN 4301	1 500,00
			100.000,00
		+19 % Umsatzsteuer	19.000,00
			119.000,00

Lieferung vom 08.03.20.. - Versand per LKW
Zahlungsbedingungen: 2 % Skonto bis 25.03., 30 Tage Ziel
Konto-Nr: StadtSpK Essen, IBAN: DE90 3605 0105 0003 4209 18, BIC: SPESDE3EXXX
Ust.-Id.-Nr.: DE 111222333

[1] Rohstoffe/Fertigungsmaterial (200)
[2] Vorprodukte/Fremdbauteile (201)
[3] Hilfsstoffe (202)
[4] Handelswaren (228)
[5] Forderungen aus Lieferungen und Leistungen (240)
[6] Vorsteuer (260)
[7] Verbindlichkeiten aus Lieferungen und Leistungen (440)
[8] Umsatzsteuer (480)

S	H
☐	☐
☐	☐
☐	☐

4. Aufgabe

Ölhandel F. Tropfer KG Nürnberg

Oldenburger Behälter Bau AG
Industriestr. 2
26121 Oldenburg

Nürnberg, 18.11.
Ihre Zeichen: EK 17/231
Unsere Zeichen: 18-00911/7 W

Eingegangen am
24. 10.
Oldenb. Beh. Bau AG

Rechnung 8857/6
Wir lieferten per Lkw am 18.11. ......(LS Nr. L 2315/4)

Pos.	Gegenstand/Lieferung-Leistung	Einzelpreis	Gesamt
1	3.000 kg Hydrauliköl „Spezial“ HY 2201 für Schnellstanze	2,30	6.600 €
	+ 19 % Mehrwertsteuer		1.254 €
			7.854 €
	Zahlbar innerhalb 14 Tage 2 % Skonto, 60 Tage netto		

Bankkonten:	Postbank Nürnberg	Ust.-Id.-Nr.: DE 120341322	Telefon: 0911-234 569
Deutsche Bank AG Nürnberg IBAN: DE89 7607 0012 0002 3467 89 BIC: DEUTDEMM760	IBAN: DE19 7601 0085 0089 6768 00 BIC: PBNKDEFF760	HRA Nürnberg	

[1] Anlagen und Maschinen der Energieversorgung (070)
[2] Hilfsstoffe (202)
[3] Betriebsstoffe (203)
[4] Vorsteuer (260)
[5] Verbindlichkeiten aus Lieferungen und Leistungen (440)
[6] Aufwendungen für Betriebsstoffe (603)
[7] Aufwendungen für Hilfsstoffe (602)

S	H
☐	☐
☐	☐

Beleg zu den nächsten zwei Aufgaben.

Kontoauszug liegt vor.

Beleg für Kontoinhaber
Landessparkasse Oldenburg

Für Überweisungen in Deutschland, in andere EU-/EWR-Staaten und in die Schweiz in Euro.
Überweisungsträger trägt Entgelte und Auslagen bei seinem Kreditinstitut; Begünstigter trägt die übrigen Entgelte und Auslagen.
Bitte Meldepflicht gemäß Auenwirtschaftsverordnung beachten!

Angaben zum Begünstigten: Name, Vorname/Firma (ma. 27 Stellen, bei maschineller Beschriftung max. 35 Stellen)
DEKRUPA-Stahlwerke AG, Essen

IBAN
DE90 3605 0105 0003 4209 18

BIC des Kreditinstituts (8 oder 11 Stellen)
SPESDE3EXXX

Betrag: EUR, Cent
116.620,00

Kunden-Referenznummer – Verwendungszweck, ggf. Name und Anschrift des Zahlers (Nur für Zahlungsempfänger)
Rechnung Nr. DK 10/Cn 7867 14 119.000,00

noch Verwendungszweck (insgesamt max. 2 Zeilen à 27 Stellen, bei maschineller Bearbeitung max. 2 Zeilen à 35 Stellen)
2 % Skonto 2.380,00

Angaben zum Kontoinhaber: Name, Vorname/Firma, Ort (max. 27 Stellen, keine Straßen- und Postfachangaben)
Oldenburger Behälter Bau AG, Oldenburg

IBAN
DE23 2805 0100 0000 0123 45

Datum
22.03....

Unterschrift(en)
Müller

SEPA

5. Aufgabe
Wie ist der Überweisungsbeleg zu buchen (Bruttobuchung)?
(Siehe dazu auch den Beleg in Aufgabe 3)

[1] Guthaben bei Kreditinstituten (Bank) (280)
[2] Forderungen aus Lieferungen und Leistungen (240)
[3] Nachlässe für Rohstoffe (2002)
[4] Nachlässe für Fremdbauteile (2012)
[5] Nachlässe für Hilfsstoffe (2022)
[6] Nachlässe für Handelswaren (2282)
[7] Erlösberichtigungen (5001)
[8] Verbindlichkeiten aus Lieferungen und Leistungen (440)
[9] Vorsteuer (260)

S	H
☐	☐
☐	☐
☐	☐

6. Wie lautet die Nettobuchung?

[1] Guthaben bei Kreditinstituten (Bank) (280)
[2] Forderungen aus Lieferungen und Leistungen (240)
[3] Nachlässe für Rohstoffe (2002)
[4] Nachlässe für Fremdbauteile (2012)
[5] Nachlässe für Hilfsstoffe (2022)
[6] Nachlässe für Handelswaren (2282)
[7] Erlösberichtigungen (5001)
[8] Verbindlichkeiten aus Lieferungen und Leistungen (440)
[9] Vorsteuer (260)

S	H
☐	☐
☐	☐
☐	☐
☐	☐

7. Aufgabe

Kontoauszug liegt vor.

Nettobuchung

Beleg für Kontoinhaber
Landessparkasse Oldenburg

Für Überweisungen in Deutschland, in andere EU-/EWR-Staaten und in die Schweiz in Euro.
Überweisungsträger trägt Entgelte und Auslagen bei seinem Kreditinstitut; Begünstigter trägt die übrigen Entgelte und Auslagen.
Bitte Meldepflicht gemäß Außenwirtschaftsverordnung beachten!

Angaben zum Begünstigten: Name, Vorname/Firma (ma. 27 Stellen, bei maschineller Beschriftung max. 35 Stellen)
DEKRUPA-Stahlwerke AG, Essen

IBAN
DE90 3605 0105 0003 4209 18

BIC des Kreditinstituts (8 oder 11 Stellen)
SPESDE3EXXX

Betrag: EUR, Cent
87.220,00

SEPA

Kunden-Referenznummer – Verwendungszweck, ggf. Name und Anschrift des Zahlers (Nur für Zahlungsempfänger)
Rechnung Nr. 786/14 89.000,00

noch Verwendungszweck (insgesamt max. 2 Zeilen à 27 Stellen, bei maschineller Bearbeitung max. 2 Zeilen à 35 Stellen)
2 % Skonto 1.780,00

Angaben zum Kontoinhaber: Name, Vorname/Firma, Ort (max. 27 Stellen, keine Straßen- und Postfachangaben)
Oldenburger Behälter Bau AG, Oldenburg

IBAN
DE23 2805 0100 0000 0123 45

Datum
22.03....

Unterschrift(en)
Müller

[1] Rohstoffe/Fertigungsmaterial (200)
[2] Nachlässe für Rohstoffe (2002)
[3] Forderungen aus Lieferungen und Leistungen (240)
[4] Vorsteuer (260)
[5] Guthaben bei Kreditinstituten (Bank) (280)
[6] Verbindlichkeiten aus Lieferungen und Leistungen (440)
[7] Umsatzsteuer (480)
[8] Erlösberichtigungen (5001)

S	H
☐	☐
☐	☐
☐	☐

8. Aufgabe

MESSGERÄTEFABRIK ERNST FRANK & CO. KG
Rheinberger Straße 3 – 80333 München

DURCHSCHRIFT

Eingegangen: 13. 05.20..
Oldenburger Beh. Bau

Oldenburger Behälter Bau AG
Industriestraße 2
26121 Oldenburg

Datum: 11. Mai 20..

RECHNUNGSKORREKTUR

Aufgrund Ihrer Rücksendung vom 27.04... vergüten wir Ihnen:

10 elektronische Verbrauchszähler à 158,00 €	1.580,00 €
19 % Mwst.	300,20 €
	1.8 80,20 €
	=========

Ust.-Id.-Nr. DE 989656345

[1] Vorprodukte/Fremdbauteile (201)
[2] Forderungen aus Lieferungen und Leistungen (240)
[3] Vorsteuer (260)
[4] Verbindlichkeiten aus Lieferungen und Leistungen (440
[5] Umsatzsteuer (480)
[6] Umsatzerlöse für eigene Erzeugnisse (500)
[7] Erlösberichtigungen (5001)
[8] Nachlässe für Vorprodukte/Fremdbauteile (2012)

S	H
☐	☐
☐	☐

9. Aufgabe

STOLL & FRENZL KG
KUNSTSTOFFWERKE

Stoll & Frenzl KG, 60385 Frankfurt, Ringelstr. 4-8

Eingegangen: 29.10.20..
Oldenburger Beh.Bau AG

Oldenburger Behälter Bau AG
Industriestraße 2
26121 Oldenburg

Datum: 26.10.20..

Rechnungskorrektur Nr. 21

Vorgang:	Lastschrift	Gutschrift
Ihre Rücksendung von 5 beschädigten Kunststoffbehältern 1000 l		1.000,00 €
		190,00 €
19 % Umsatzsteuer		1.190,00 €
		========
Mit freundlichen Grüßen Stoll & Frenzel Stoll		
Ust.-Id.-Nr. DE 666778654		

S	H
☐	☐
☐	☐

[1] Waren (Handelswaren) (228)
[2] Nachlässe für Handelswaren (2282)
[3] Forderungen aus Lieferungen und Leistungen (240)
[4] Vorsteuer (260)
[5] Guthaben bei Kreditinstituten (Bank) (280)
[6] Verbindlichkeiten aus Lieferungen und Leistungen (440)
[7] Umsatzsteuer (480)

10. Aufgabe

OLDENBURGER BEHÄLTER-BAU AG
Industriestraße 2 - 26121 Oldenburg

Oldenburger Behälter-Bau AG, Industriestr. 2 26121 Oldenburg

Molkereizentrale Davos
Talstr. 8 – 12
7270 Davos-Platz
SCHWEIZ

DURCHSCHRIFT
BUCHHALTUNG

Rechnung- Nr. 784/12450

Lieferbedingung: ab Werk
Versandart: Bahnfracht

Datum: 08.11. ...
Ihr Auftrag: 17.09.
Unser Angebot: 14.08.
Lieferdatum: 30.10.
Zahlungsbed.: 30 Tg. netto

Pos	Stück	Einzelpreis €	Gegenstand	Gesamtpreis €
1	1	305.000,00	Mischbehälter Fertigung gemäß Plan	305.000,00
			Bahnfracht	5.800,00
				310.800,00
				============

Bankverbindung:
Landessparkasse zu Oldenburg
IBAN: DE23 2805 0100 0000 0123 45
BIC: BRLADE21LZO

Ust.-Id.-Nr.: DE 321432543

Mitglieder des Vorstandes, Aufsichtsratsvorsitzender sowie Handelsregister siehe Rückseite

Beachte: Ausfuhrgeschäft!

[1] Bezugskosten (2001)
[2] Forderungen aus Lieferungen und Leistungen (240)
[3] Vorsteuer (260)
[4] Verbindlichkeiten aus Lieferungen und Leistungen (440)
[5] Umsatzsteuer (480)
[6] Umsatzerlöse für eigene Erzeugnisse (500)
[7] Frachten und Fremdlager inkl. Versicherungen und anderer Nebenkosten (614)

S	H
☐	☐

Die nächsten zwei Aufgaben gehören zusammen.

11. Aufgabe

OLDENBURGER BEHÄLTER-BAU AG
Industriestraße 2 - 26121 Oldenburg

Oldenburger Behälter-Bau AG, Industriestr. 2 26121 Oldenburg

Chemische Werke Dr. Lubihn KG
Braker Landstr. 16
33729 Bielefeld

Ihre Bestellung vom: 14.01.	Liefertermin: 22.04.	Lieferung durch: Werks-Lkw	Kdn.Nr. 412.22.00	
Lieferanschrift: Chemische Werke Dr. Lubihn KG Braker Landstr. 16 33729 Bielefeld			Auftrags-Nr. 16-411-03	Datum: 29.04.
			Rechnungs-Nr. 16-811-03	Datum: 05.05.

Pos	Stück	Einzelpreis €	Gegenstand	Gesamtpreis €
1	3	9.520,00	Stahlbehälter DBB 16-20 für Schüttgut, Ablassvorrichtung zentriert gem Vorgabe	28.560,00
2	2	2.710,00	Flüssigkeitstanks DBB 20-20	5.420,00
3	2	2.910,00	Dto., 22-20	5.820,00
4	2	4.900,00	6 qm Transportbehälter gem. Vorgabe (Zeichnung 18)	9.800,00
				49.600.00
			+ 19 % Umsatzsteuer	9.424,00
				59.024,00

Bankverbindung:
Landessparkasse zu Oldenburg
IBAN: DE23 2805 0100 0000 0123 45
BIC: BRLADE21LZO
Zahlungsbedingung: 2 % Skonto bei Zahlung bis zum 15.05., rein netto bis zum 5.6.
Ust.-Id.-Nr.: DE 321432543

[1] Fertige Erzeugnisse (220)
[2] Forderungen aus Lieferungen und Leistungen (240)
[3] Vorsteuer (260)
[4] Verbindlichkeiten aus Lieferungen und Leistungen (440)
[5] Umsatzsteuer (480)
[6] Umsatzerlöse für eigene Erzeugnisse und andere eigene Leistungen (500)
[7] Erlösberichtigungen (5001)

S	H
☐	☐
☐	☐

12. Aufgabe

Netto-buchung!

KONTOAUSZUG vom 12.05. — **Landessparkasse zu Oldenburg**

Kontonummer	Auszug	Blatt	Landesparkasse Oldenburg Geschäftsstelle Hauptstr. BLZ 28050100	Währung	Soll	Alter Kontostand	Haben
12 345	25	1		€			10.450,25
Buchungstag	**Text**			**Wert**	**Belastung**	**Umsätze**	
11.05.	Kd.-Nr 412.22.00, Rechnung Nr. 16-811-14 vom 05.05. Chemische Werke Dr. Lubihn, Braker Landstr. Bielefeld Rechnungsbetrag 59.024 abzüglich 2 % Skonto 1.180,48			11.05.			57.843,52
Herr/Frau/Firma Oldenburger Behälter-Bau AG Industriestr. 2 26121 Oldenburg	**Neuer Kontostand**						68.293,77
	IBAN: DE23 2805 0100 0000 0123 45 - BIC: BRLADE21LZO						

[1] Nachlässe für Handelswaren (2282)
[2] Forderungen aus Lieferungen und Leistungen (240)
[3] Vorsteuer (260)
[4] Guthaben bei Kreditinstituten (Bank) (280)
[5] Verbindlichkeiten aus Lieferungen und Leistungen (440)
[6] Umsatzsteuer (480)
[7] Umsatzerlöse für eigene Erzeugnisse (500)
[8] Erlösberichtigungen (5001)

S	H
☐	☐
☐	☐
☐	☐

13. Aufgabe

OLDENBURGER BEHÄLTER-BAU AG, Industriestr. 2, 26121 Oldenburg

Mondo-Nahrungsmittelfabrik & Co. KG
Hafenstr. 109
28217 Bremen

Durchschrift Buchhaltung

..-09-12

RECHNUNG- NR. 8/647-04

Lieferbedingung: ab Werk
Versandart: LKW/Tieflader der Oldenburger Behälter-Bau AG
Empfänger: Mondo-Nahrungsmittel, Bremen
Ust.-Id.-Nr.: DE 321432543

Ihr Auftrag: X - 6 - 10/853
Unser Angebot: 15. Oktober
Lieferdatum: 09. Dezember
Zahlungsbedingungen: 2 % Skonto bis 23.12.
Ziel: 2 Monate 09.02

Pos.	Stück	Einzelpreis	Gegenstand	Gesamtpreis
1	1	90.000,00	Vorratsbehälter Typ VL 5000	90.000,00
			Frachtkosten für Transport mit Tieflader	2.500,00
				92.500,00
			19 % Umsatzsteuer	17.575,00
			Gesamtbetrag	110.075,00

Bankverbindung: Landessparkasse zu Oldenburg
IBAN: DE23 2805 0100 0000 0123 45 - BIC: BRLADE21LZO

[1] Forderungen aus Lieferungen und Leistungen (240)
[2] Vorsteuer (260)
[3] Bezugskosten (2021)
[4] Verbindlichkeiten aus Lieferungen und Leistungen (440)
[5] Umsatzsteuer (480)
[6] Umsatzerlöse für eigene Erzeugnisse (500)
[7] Umsatzerlöse für Handelswaren (510)
[8] Frachten und Fremdlager (614)

S	H
☐	☐
☐	☐

14. Aufgabe

OLDENBURGER BEHÄLTER-BAU AG
Industriestraße 2 - 26121 Oldenburg

Oldenburger Behälter-Bau AG, Industriestr. 2 26121 Oldenburg

Durchschrift Buchhaltung

Chemische Werke OHG
C. Staudinger GmbH
Jurastr. 35-40
85049 Ingolstadt

RECHNUNG

Ihre Bestellung vom: 16.11..	Liefertermin: 16.11.	Lieferung durch: Bahnfracht-Container	Kdn.Nr. 419.33.00	
Lieferanschrift: C. Staudinger GmbH Jurastraße 35-40 85049 Ingolstadt			Auftrags-Nr. 34-438-04	Datum: 16.11.
			Rechnungs-Nr. 16-811-04	Datum: 16.11.

Pos	Stück	Einzelpreis €	Gegenstand	Gesamtpreis €
1	1	287.680,00	Mischbehälter mit Rührwerk und thermostatisch gesteuerter Heizung Fertigung nach geliefertem Plan	287.680,00
			Bahnfracht - Container	3.200,00
				290.880,00
			+ 19 % Umsatzsteuer	55.267,20
				346.147,20

Bankverbindung:
Landessparkasse zu Oldenburg
IBAN: DE23 2805 0100 0000 0123 45
BIC: BRLADE21LZO

Zahlungsbedingung: 2 % Skonto bei Zahlung bis zum 30.11., Ziel: 2 Monate = 16.01.

Ust.-Id.-Nr.: DE 321432543

[1] Anlagen und Maschinen der mech. Materialbearbeitung, -verarbeitung und -umwandlung (072)
[2] Forderungen aus Lieferungen und Leistungen (240)
[3] Vorsteuer (260)
[4] Verbindlichkeiten aus Lieferungen und Leistungen (440)
[5] Umsatzsteuer (480)
[6] Umsatzerlöse für eigene Erzeugnisse (500)
[7] Frachten und Fremdlager (614)

S	H
☐	☐
☐	☐

15. Aufgabe

OLDENBURGER BEHÄLTER-BAU AG, Industriestr. 2, 26121 Oldenburg			
Mondo-Nahrungsmittelfabrik & Co. KG Hafenstr. 109 28217 Bremen			Durchschrift Buchhaltung ..-10-12
Ihre Zeichen/Nachricht vom Ku/Z	Unsere Abteilung/Bearbeiter 05.06.	Telefon: 6 53 12	Ust-Id.-Nr. DE 321432543

Unsere Rechnung A 86/4658 vom 08. August - fällig 08. September
Zahlungseingang: 06. Dezember

Für den verspäteten Zahlungseingang des Rechnungsbetrages von 18.000,00 € belasten wir Sie mit Verzugszinsen = 360,00 €.
Bitte überweisen Sie den Betrag bis zum 20. Dezember.

Mit freundlichen Grüßen

[1] Forderungen aus Lieferungen und Leistungen (240)
[2] Verbindlichkeiten aus Lieferungen und Leistungen (440)
[3] Verbindlichkeiten gegenüber Kreditinstituten (420)
[4] Zinserträge (571)
[5] Kosten des Geldverkehrs (675)
[6] Diskonterträge (573)
[7] Zinsaufwendungen (751)
[8] Sonstige zinsähnliche Erträge (579)

S	H
☐	☐

16. Aufgabe

OLDENBURGER BEHÄLTER-BAU AG, Industriestr. 2, 26121 Oldenburg			
Zentra-Molkerei Hamburg GmbH& Co. KG Pinneberger Str. 68 22457 Hamburg			Durchschrift Buchhaltung ..-10-12
Ihre Zeichen/Nachricht vom Jä/Ma	Unsere Abteilung/Bearbeiter 05.12.	Telefon: 6 53 12	Ust-Id.-Nr. DE 321432543

Auftrag-Nr. 86/3115 B - Mängelrüge

Unser Mitarbeiter, Herr Basig, hat sich am 07. 12. von Ihrer Beanstandung überzeugt. Die sichtbaren Schweißnähte haben keinen Einfluss auf Qualität und Leistung des Behälters V-XL-5000. Sie erhalten dennoch einen Preisnachlass von

	€ 1200
+ 19 %Umsatzsteuer	€ 228
Gesamt:	€ 1.428

Wir schreiben den Betrag Ihrem Kundenkonto zur Verrechnung gut.

Mit freundlichen Grüßen

[1] Rohstoffe/Fertigungsmaterial (200)
[2] Nachlässe für Rohstoffe (2002)
[3] Forderungen aus Lieferungen und Leistungen (240)
[4] Vorsteuer (260)
[5] Verbindlichkeiten aus Lieferungen und Leistungen (440)
[6] Umsatzsteuer (480)
[7] Erlösberichtigungen (5001)

S	H
☐	☐
☐	☐

17. Aufgabe

OLDENBURGER BEHÄLTER-BAU AG
Industriestraße 2 - 26121 Oldenburg

Oldenburger Behälter-Bau AG, Industriestr. 2 26121 Oldenburg
Textilwerke AG
Rhönstraße 200
36037 Fulda

RECHNUNG

Ihre Bestellung vom: 14.01.	Liefertermin: 22.04.	Lieferung durch: Werks-Lkw	Kdn.Nr. 412.22.00	
Lieferanschrift: Chemische Werke Dr. Lubihn Braker Landstr. 16 33729 Bielefeld			Auftrags-Nr. 16-411-04	Datum: 29.04.
			Rechnungs-Nr. 16-811-04	Datum: 05.05.

Pos	Stück	Einzelpreis €	Gegenstand	Gesamtpreis €
1	3	9.520,00	Stahlbehälter DBB 16-20 für Schüttgut, Ablassvorrichtung zentriert gem Vorgabe	28.560,00
2	2	2.710,00	Flüssigkeitstanks DBB 20-20	5.420,00
3	2	2.910,00	Dto., 22-20	5.820,00
4	2	4.900,00	**Kunststoffbehälter**	9.800,00
				49.600.00
			Rabatt	2.480,00
				47.120,00
			+ 19 % Umsatzsteuer	8.952,80
Lieferung frei Werk – ohne Installation				56.072,80
				==========

Bankverbindung:
Landessparkasse zu Oldenburg
IBAN: DE23 2805 0100 0000 0123 45 - BIC: BRLADE21LZO

Zahlungsbedingung: 2 % Skonto bei Zahlung bis zum 15.05., rein netto bis zum 5.6.

Ust.-Id.-Nr.: DE 321432543

Stahlbehälter und Flüssigkeitstanks stammen aus eigener Herstellung.

[1] Waren (Handelswaren) (228)
[2] Forderungen aus Lieferungen und Leistungen (240)
[3] Vorsteuer (260)
[4] Verbindlichkeiten aus Lieferungen und Leistungen (440)
[5] Umsatzsteuer (480)
[6] Umsatzerlöse für eigene Erzeugnisse (500)
[7] Umsatzerlöse für Waren (510)

S	H
☐	☐
☐	☐
☐	☐

Die nächsten drei Aufgaben gehören zusammen.

18. Aufgabe

auto FONTANE GmbH
Dieselstraße 31
36041 Fulda

Telefon 0661/33 36

VERKAUF – KUNDENDIENST – ERSATZTEILE – AUTOVERMIETUNG - KAROSSERIEINSTANDSETZUNG – LACKIEREREI - REIFENHANDEL

AUTO FONTANE GmbH Dieselstr. 31, 36041 Fulda

Oldenburger Behälter-Bau AG
Industriestr. 2
26121 Oldenburg

Eingegangen am
12.11.
Oldenb. Beh.-Bau AG

RECHNUNG Nr. 2478

	€
Wir lieferten Ihnen einen PKW Kombi 18 GTS, fabrikneu Fahrgestellnummer 101234566	35.870,00
Fracht	300,00
Zulassung	50,00
	36.220,00
+ 19 % Umsatzsteuer	6.581,80
zu zahlender Betrag	**43.101,80**

Bankverbindung: Volksbank Fulda IBAN: DE65 5939 1200 0000 0010 10 BIC: GENODE51UBH Ust.-Id.-Nr.: DE 1924763243	Bitte Barzahlung bei Abholung: Zahlbar ohne Abzug nach Erhalt der Rechnung Erfüllungsort ist Fulda.	Geschäftsführer: Josef Fontane Amtsgericht Fulda HR Nr. 3878

[1] Fuhrpark (084)
[2] Bezugskosten (2071)
[3] Vorsteuer (260)
[4] Guthaben bei Kreditinstituten (Bank) (280)
[5] Verbindlichkeiten aus Lieferungen und Leistungen (440)
[6] Umsatzsteuer (480)
[7] Frachten und Fremdlager (614)
[8] Gebühren (673)

S	H
☐	☐
☐	☐

19. Aufgabe

OLDENBURGER BEHÄLTER-BAU AG
Industriestraße 2 - 26121 Oldenburg

Oldenburger Behälter-Bau AG, Industriestr. 2 26121 Oldenburg

Autohaus FONTAINE GmbH
Dieselstraße 32
36041 Fulda

In Zahlung genommener PKW	Ust.-Id. Nr.: DE 32432 5431
	Rechnungs-Nr. 48-487-04 / Datum: 08.11.

Wir gaben Ihnen einen gebrauchten Pkw 1200 G 5 in Zahlung

Fahrgestellnummer: 356789087		3.000,00 €
	19 % Umsatzsteuer	570,00 €
		3.570,00 €

Mit freundlichen Grüßen

[1] Geringwertige Vermögensgegenstände der Betriebs- und Geschäftsausstattung (089)
[2] Forderungen aus Lieferungen und Leistungen (240)
[3] Vorsteuer (260)
[4] Guthaben bei Kreditinstituten (Bank) (280)
[5] Umsatzsteuer (480)
[6] Periodenfremde Erträge (549)
[7] Anlagenabgänge (6979)
[8] Sonstige Erlöse (541)

S	H
☐	☐
☐	☐

20. Aufgabe

Gegenstand: PKW	Karte Nr. 5
nähere Beschreibung: 1.200 G 5, Kennzeichen FD - JZ 22	Fabrik Nr.: 358360
steht wo ?	
Hersteller:	Garantie:
Aufgestellt am : 15.02.07	Anschaffungswert: 5.400 €
Voraussichtl. Lebensdauer: 5 Jahre / Normal-Abschreibung: linear 20 % jährlich	Kurzlebiges Wirtschaftsgut? nein

Tag	Datum Monat	Jahr	Buchungstext	Betrag	Abschreibung	Restwert
16.	02.	07	Zugang	5.400	------	5.400
31.	12.	07	Abschreibung	----	990	4.410
31.	12.	08	Abschreibung	----	1.080	3.330

ABGANGSMELDUNG FÜR DIE ANLAGENBUCHHALTUNG

Am 08.11. wurde der Pkw 1200 G 5
Fahrgestellnummer 358360 verkauft.

Verkaufspreis, netto	3.000 €
+ 19 % Umsatzsteuer	570 €
	3.570 €
	========

Oldenburg, den 09.11.

Leiter der techn. Abteilung

[1] Fuhrpark (084)

[2] Vorsteuer (260)

[3] Umsatzsteuer (480)

[4] Umsatzerlöse (200)

[5] Außerplanmäßige Abschreibungen auf Sachanlagen (655)

[6] Anlagenabgänge (6979)

[7] Periodenfremde Aufwendungen (699)

[8] Sonstige Erlöse (541)

S	H
☐	☐

21. Aufgabe

ROLF LOTZ – GRUNDSTÜCKSMAKLER

Oldenburger Behälter-Bau AG
Industriestr. 2
26121 Oldenburg

20..-03-20

RECHNUNG 122/97

Maklergebühr für Vermittlung des bebauten Grundstücks mit Lagerhalle, Fulda, Rhönstr. 202, Flur 5471. Parzelle 107

Maklerprovision	10.500,00 €
19 % UST	1.995,00 €
	12.495,00 €

Zahlung erbeten an Stadtsparkasse Offenbach
IBAN: DE65 5052 0000 0000 0001 21
BIC: HONDDEF1XXX
Ust-Id.-Nr.: DE 987890987

[1] Bebaute Grundstücke (051)
[2] Forderungen aus Lieferungen und Leistungen (240)
[3] Vorsteuer (260)
[4] Verbindlichkeiten aus Lieferungen und Leistungen (440)
[5] Umsatzsteuer (480)
[6] Vertriebsprovision (615)
[7] Provisionsaufwendungen (676)

S	H
☐	☐
☐	☐

22. Aufgabe

AUTOTRANSPORT – Wilhelm Sturm KG – 26121 Oldenburg

W. Sturm KG, Postfach 20, 26121 Oldenburg

Eingegangen am
12.11.
Oldenburger Behalter-Bau

Oldenburger Behälter-Bau AG
Industriestraße 2
26121 Oldenburg

RECHNUNG Nr. 351 Datum: 11.11.

Für Überführungskosten Ihres fabrikneuen LKW: OL-GN 255 am 07.11.20..
berechnen wir Ihnen

	900,00 €
+ 19 % Umsatzsteuer	171,00 €
	1.071,00 €

Zahlung sofort ohne jeden Abzug
Bankverbindung: Landesparkasse Oldenburg
IBAN: DE68 2805 0100 0000 4897 45
BIC: BRLADE21LZO
Ust.-Id.-Nr.: DE 142837224

[1] Fuhrpark (084)
[2] Vorsteuer (260)
[3] Guthaben bei Kreditinstituten (Bank) (280)
[4] Verbindlichkeiten aus Lieferungen und Leistungen (440)
[5] Umsatzsteuer (480)
[6] Frachten und Fremdlager (614)
[7] Sonstige Aufwendungen für bezogene Leistungen (617)

S	H
☐	☐
☐	☐

23. Aufgabe

Steifensand, Sperberstr. 34, 90461 Nürnberg

Oldenburger Behälter Bau AG
Industriestr. 2
26121 Oldenburg

Eingegangen am
14. April

STEIFENSAND
Sitzmöbel und Tischfabrik
Sperberstr. 34
90461 Nürnberg

RECHNUNG Nr. 3758 13. April 20..

Wir lieferten Ihnen am 12.04.20.. per Spedition ab Werk

Bankverbindung:
Noris-Bank Nürnberg
IBAN: DE95 8766 7800 0787 6509 78
BIC: NORSDE71XXX
Ust.-Id.-Nr.: DE 272437921

Artikel-Nr.	Gegenstand/ausgeführte Leistung	Menge	Einzelpreis €	Rabatt %	Gesamtpreis €
D 756 897	Büro-Drehstuhl „Sitzomat" mit Armlehnen				
	Polster Wolle Sand				
	Aufpreis für Armlehnen 50,00 €		420,00	20	
	Bruttopreis abzüglich Fabrikrabatt 20 %	20	50,00		7.520,00
	Versandspesen				280,00

Brutto-Warenwert	Rabatt-€	Netto-Warenwert	Versand-Spesen	Zwischensumme	Mwst.-Satz	Mwst.-€	Endbetrag
9.400	1.880	7.520	280	7.800	aktueller Satz	1.482,00	9.282,00

[1] Geringwertige Vermögensgegenstände der BGA (089)
[2] Bezugskosten (2001)
[3] Nachlässe (2002)
[4] Vorsteuer (260)
[5] Verbindlichkeiten aus Lieferungen und Leistungen (440)
[6] Umsatzsteuer (480)
[7] Büromaterial (680)

S	H
☐	☐
☐	☐

24. Aufgabe

PETER C. ROBB- RECHTSANWALT UND NOTAR
Goldbergstraße 36, 81479 München

Oldenburger Behälter-Bau AG
Industriestr. 3
26121 Oldenburg

Eingegangen am
15. November

14. Nov. 20..

Kostenberechnung Nr. 6488/88 d. Urk.-Rolle
Geschäftswert 78.000,00 €

1. Gebühr für Ausfertigung Kaufvertrag unbebautes Grundstück Flur 16 Parz. 152 Gem. Schwabing	390,00 €
2. Einsichtnahme Grundbuchamt	98,00 €
3. Schreibgebühr	88,00 €
4. Postgebühr	12,00 €
	588,00 €
+ 19 % Umsatzsteuer	111,72 €
Gesamtsumme	699,72 €

Überweisung erbeten auf mein Konto 2345/8 bei der Bay. Volksbank München,
IBAN: DE78 7216 0118 0000 0234 58 - BIC: GENODEF1INP
Ust.-Id.-Nr.: DE 908764123

[1] Unbebaute Grundstücke (050)
[2] Forderungen aus Lieferungen und Leistungen (240)
[3] Vorsteuer (260)
[4] Verbindlichkeiten aus Lieferungen und Leistungen (440)
[5] Umsatzsteuer (480)
[6] Rechts- und Beratungskosten (677)

S	H
☐	☐
☐	☐

Die nächsten drei Aufgaben gehören zusammen.

25. Aufgabe

OLDENBURGER BEHÄLTER-BAU AG
Industriestraße 2 - 26121 Oldenburg

Oldenburger Behälter-Bau AG, Industriestr. 2 26121 Oldenburg

Werkzeugbau
Rauh & Co. KG
Lange Straße 7
26122 Oldenburg

Durchschrift Buchhaltung

Ihre Bestellung vom: 16.11.	Liefertermin: 17.11.	Lieferung durch: Abholung	Kunden-Nummer: 7586-98	
Lieferanschrift: -			Auftrags-Nr.	Datum: 04.01.13
			Rechnungs-Nr. 070/12346/04	Datum: 04.01.13

Pos	Stück	Einzelpreis €	Gegenstand	Gesamtpreis €
1	1		Gebrauchte Fräsmaschine Typ AF 7 aus unserer Werkstatt Fräs-2 Geräte-Nr. 235 541 Hersteller: Fräsfix Baujahr 2010 Gekauft wie besichtigt	43.000,00
			+ 19 % Umsatzsteuer	8.170,00
				51.170,00

Bankverbindung:
Landessparkasse zu Oldenburg
IBAN: DE23 2805 0100 0000 0123 45 - BIC: BRLADE21LZO
Zahlungsbedingung: 14 Tage netto Kasse
Ust.-Id.-Nr.: DE 321432543

[1] Forderungen aus Lieferungen und Leistungen (240)
[2] Vorsteuer (260)
[3] Verbindlichkeiten aus Lieferungen und Leistungen (440)
[4] Umsatzsteuer (480)
[5] Sonstige Umsatzerlöse (519)
[6] Sonstige Erlöse (541)
[7] Außerordentliche Erträge (580)

S	H
☐	☐
☐	☐

26. Aufgabe

OLDENBURGER BEHÄLTER-BAU AG
Industriestraße 2 - 26121 Oldenburg

BUCHUNGSANWEISUNG

an Finanzbuchhaltung	**Datum: 2012-12-30** **von Anlagenbuchhaltung**

Sachverhalt: anteilige Jahresabschreibung

Verkauf: gebrauchte Fräsmaschine Typ AF 7
ehemaliger Standort: Werkstatt Fräs-2
Geräte-Nr.: 236 541 Hersteller: Fräsfix
Baujahr: 2010

Restwert 02.01.12:	39.680,00
Abschreibung für 03: 20 % aus 39.680,00 für 10 Monate	6.613,33
Restwert vor Verkauf:	33.066,67

Sachbearbeiter:	Abteilungsleiter:

Kontierung:

Soll	**Haben**
Konto	Konto

Kontiert:	Gebucht:

[1] Anlagen und Maschinen der mech. Materialbearbeitung, -verarbeitung und -umwandlung (072)
[2] Vorsteuer (260)
[3] Umsatzsteuer (480)
[4] Periodenfremde Erträge (549)
[5] Abschreibungen auf Sachanlagen (652)
[6] Periodenfremde Aufwendungen (699)

S	H
☐	☐

27. Aufgabe

OLDENBURGER BEHÄLTER-BAU AG Industriestraße 2 - 26121 Oldenburg	
BUCHUNGSANWEISUNG	
an Finanzbuchhaltung	**Datum: ..2013-01-05 von Anlagenbuchhaltung**
Sachverhalt: Abbuchung des Buchwertes Verkauf: gebrauchte Fräsmaschine Typ AF 7 ehemaliger Standort: Werkstatt Fräs-2 Geräte-Nr.: 236 541 Hersteller: Fräsfix Baujahr: 2010 Restwert vor Verkauf: 33.066,67	
Sachbearbeiter:	Abteilungsleiter:
Kontierung: **Soll** Konto	 **Haben** Konto
Kontiert:	Gebucht:

[1] Anlagen und Maschinen der mech. Materialbearbeitung, -verarbeitung und -umwandlung (072)

[2] Sonstige Umsatzerlöse (519)

[3] Sonstige Erlöse (541)

[4] Umsatzerlöse (200)

[5] Abschreibungen auf Sachanlagen (652)

[6] Anlagenabgänge (6979)

[7] Außerordentliche Aufwendungen (760)

S	H
☐	☐

28. Aufgabe

B Ü R O - S C H U L T Z e.K

26121 Oldenburg Oldenburg - Friedrichstraße 237 - Tel.: 0441/25610 - Fax: 25611

Oldenburger Behälter Bau AG
Industriestr. 2
26121 Oldenburg

Eingegangen am
17. November
Oldenburger Behälter-Bau
AG

Rechnung-Nr. 4633

Datum: -11-16

Lieferung frei Haus am 15.11.20..

Menge	Einzelpreis	Gegenstand	Gesamtpreis
5	380,00	Spiralbindemaschinen bindfix 2000	1.900,00
		+ 19 % Umsatzsteuer	361,00
			2.261,00
		Das bestellte Verbrauchs-material für bindfix 2000 folgt.	
		Zahlung netto Kasse Volksbank Oldenburg IBAN: DE85 2809 0045 0000 9404 50 BIC: GENODEF1EDE	

Ust.-Id.-Nr.: DE 272371442

[1] Geringwertige Vermögensgegenstände der Betriebs- und Geschäftsausstattung (089)
[2] Forderungen aus Lieferungen und Leistungen (240)
[3] Vorsteuer (260)
[4] Verbindlichkeiten aus Lieferungen und Leistungen (440)
[5] Umsatzsteuer (480)
[6] Büromaterial (680)

S	H
☐	☐
☐	☐

29. Aufgabe

OLDENBURGER BEHÄLTER-BAU AG							
Betriebsauftrag vom 01. Juli							
Zu belastende Kostenstelle Nr. 98451				Inv.-Nr. 02029			
Ausführende Kostenstelle Nr. 99203							
Auftragstext: Eigenerstellung einer Lagerhalle auf einem neu erworbenen Grundstück (Ohne Fremdleistung) - Inbetriebnahme 01.11.							
Endabrechnung							
Vor.Nr.	Mon.	MK	Fr.L	FL	FGK	Masch.K.	HK
	09	16.000,00		19.000,00	15.000,00		50.000,00
	10	6.600,00		39.000,00	45.000,00		90.600,00
GK		**A**	HD Zeichen 05.11.				140.600,00

[1] Betriebsgebäude (053)
[2] Verwaltungsgebäude (054)
[3] Vorsteuer (260)
[4] Aktivierte Eigenleistungen (530)
[5] Aufwand für Reparaturmaterial (606)
[6] Abschreibungen auf Sachanlagen (652)

S	H
☐	☐

30. Aufgabe

stadt starnberg

Bankverbindung der Stadtkasse:
Raiffeisenbank Starnberg
IBAN: DE76 7016 9331 0015 0010 01
BIC: GENODEF1SSB

Oldenburger Behälter-Bau AG
Industriestr. 2

26121 Oldenburg

Eingegangen am 24. Nov.

BESCHEID ÜBER DIE ERHEBUNG EINES ERSCHLIESSUNGSBEITRAGES

Für das Grundstück: Flur-Nr. 143/15/Gemarkung Starnberg
an der Gautingerstr. 17
Für oben bezeichneten Grundbesitz wird für die in dem beiliegenden Berechnungsblatt angegebenen Maßnahmen ein Erschließungsbetrag – wie folgt ausgewiesen – festgesetzt.
Der Kostenanteil der Stadt von 10 % ist in dem Betrag nicht mehr enthalten.
Grundstücksfläche: 834 m^2
Berechnung des Erschließungsbetrages:
7.9635 €/m^2 x 434 m^2 = ...6.641,56 €
Abzüge: Vorleistungen .... --
Noch zu zahlender Erschließungsbetrag.......... ......6.641,56 €

Zahlbar binnen 3 Wochen an das oben angegebene Konto.

Der 1. Bürgermeister *Leipold*

[1] Unbebaute Grundstücke (050)
[2] Guthaben bei Kreditinstituten (Bank) (280)
[3] Verbindlichkeiten aus Lieferungen und Leistungen (440)
[4] Grundsteuer (702)
[5] Rechts- und Beratungskosten (677)
[6] Gebühren (673)

S	H
☐	☐

31. **Aufgabe (Kontoauszug liegt vor!)**

	Online-Überweisung - Druckansicht
Auftraggeber	Oldenburger Behälter-Bau AG, Oldenburg
IBAN	DE23 2805 0100 0000 0123 45
BIC	BRLADE21LZO
Bankbezeichnung	Landessparkasse Oldenburg
Begünstigter	Chemotec-Werke GmbH, Hidlesheim
Bankbezeichnung	Kreissparkasse Hildesheim
IBAN	DE26 2595 0130 0000 9877 80
BIC	NOLADE21HIK
Auftragsart	Überweisungsauftrag
Buchunsdatum	09.02.20..
Betrag	15.908,93
Verwendungszweck	Rechnung Nr. 813/K vom 28.01.20.. (Rohstoffe) 16.233,60 € ./. 324,67 € (2 % Skonto)

Nettobuchung.

[1] Guthaben bei Kreditinstituten (Bank) (280)
[2] Nachlässe für Rohstoffe (2002)
[3] Nachlässe für Hilfsstoffe (2022)
[4] Forderungen aus Lieferungen und Leistungen (240)
[5] Vorsteuer (260)
[6] Verbindlichkeiten aus Lieferungen und Leistungen (440)
[7] Umsatzsteuer (480)
[8] Erlösberichtigungen (5001)

S	H
☐	☐
☐	☐
☐	☐

Beleg zu den nächsten zwei Aufgaben.

KONTOAUSZUG vom 11.06. Landessparkasse zu Oldenburg

Kontonummer	Auszug	Blatt	Landessparkasse Oldenburg	Währung	Soll	Alter Kontostand	Haben
12 345	45	1	Geschäftsstelle Hauptstr.	€			30.705,00

Buchungstag	Text	Wert	Belastung	Umsätze	Gutschrift
08.06.	Überweisung	09.06.			9.399,10
11.06.	Überweisung	11.06.	8.000,05		

Herrn/Frau/Firma: Oldenburger Behälter-Bau AG, Industriestr. 2, 26121 Oldenburg

Neuer Kontostand			32.104,05

IBAN: DE23 2805 0100 0000 0123 45 - BIC: BRLADE21LZO

32. Aufgabe - Überweisung (Wert 09.06.) der Chemie-AG Nürnberg, abzüglich 3 % Skonto für gelieferte Stahlbehälter (Nettobuchung, Beleg für Gutschrift liegt vor.)

[1] Nachlässe für Rohstoffe (2002)
[2] Forderungen aus Lieferungen und Leistungen (240)
[3] Vorsteuer (260)
[4] Guthaben bei Kreditinstituten (Bank) (280)
[5] Verbindlichkeiten aus Lieferungen und Leistungen (440)
[6] Umsatzsteuer (480)
[7] Erlösberichtigungen für eigene Erzeugnisse (5001)
[8] Erlösberichtigungen für Waren (5101)

S	H
☐	☐
☐	☐
☐	☐

33. Aufgabe
Anzahlung (Wert 11.06.) an die Kunststoffwerke Stoll, Frankfurt, für 30 Kunststoffbehälter (Beleg für Lastschrift liegt vor.)

[1] Geleistete Anzahlungen auf Sachanlagen (090)
[2] Geleistete Anzahlungen auf Vorräte (230)
[3] Forderungen aus Lieferungen und Leistungen (240)
[4] Guthaben bei Kreditinstituten (Bank) (280)
[5] Erhaltene Anzahlungen auf Bestellungen (430)
[6] Verbindlichkeiten aus Lieferungen und Leistungen (440)
[7] Umsatzsteuer (480)

S	H
☐	☐

Beleg zu den nächsten zwei Aufgaben.

34. Aufgabe

Lohnliste per 31. Mai

Bruttolöhne	Lohnsteuer (inkl. Soli.)	Kirchensteuer	Gesetzl. Sozialabgaben	Vorschüsse	Auszahlung
122.341,50	10.395,82	827,40	25.102,03	12.600	73.416,25

Der Arbeitgeberanteil zur Sozialversicherung beträgt 24.813,30 €.

Wie ist die Lohnliste ohne Arbeitgeberanteil zu buchen?

[1] Forderungen an Mitarbeiter (265)
[2] Guthaben bei Kreditinstituten (Bank) (280)
[3] Sonstige Verbindlichkeiten gegenüber Finanzbehörden (483)
[4] Sozialversicherungsvorauszahlung (264)
[5] Löhne (620)
[6] Arbeitgeberanteil zur Sozialversicherung (Lohnbereich) (640)

S	H
☐	☐
☐	☐
☐	☐
☐	☐

35. Aufgabe

Wie ist der Arbeitgeberanteil zur Sozialversicherung zu buchen?

[1] Forderungen an Mitarbeiter (265)
[2] Guthaben bei Kreditinstituten (Bank) (280)
[3] Sonstige Verbindlichkeiten gegenüber Finanzbehörden (483)
[4] Sozialversicherungsvorauszahlung (264)
[5] Löhne (620)
[6] Arbeitgeberanteil zur Sozialversicherung (Lohnbereich) (640)

S	H
☐	☐

36. Aufgabe

Summen lt. Lohnliste - September 20..						
Bruttolohn	Lohnsteuer (inkl. Soli-Zuschlag)	Kirchen-steuer	Sozialversiche-rung	Miete - Werkswoh-nung	Nettolohn	Arbeitgeberanteil zur Sozialver-sicherung
75.000 €	16.500 €	1.320 €	15.388,50€	4.500 €	37.291,50 €	15.211,50 €

Wie ist die Lohnzahlung ohne Arbeitgeberanteil zur Sozialversicherung am 30.10. zu buchen (Bankbeleg liegt vor.)?

[1] Guthaben bei Kreditinstituten (Bank) (280)
[2] Sonstige Verbindlichkeiten gegenüber Finanzbehörden (483)
[3] Sozialversicherungsvorauszahlung (264)
[4] Nebenerlöse aus Vermietung und Verpachtung (5401)
[5] Löhne (620)
[6] Arbeitgeberanteil zur Sozialversicherung (Lohnbereich) (640)
[7] Versicherungsbeiträge (690)

S	H
☐	☐
☐	☐
☐	☐
☐	☐

37. Aufgabe

Oldenburger Behälter -Bau AG			
Summenliste Lohnarten **Löhne April**			
Pos.	**Text**	**Betrag**	
01	**Löhne Brutto**		**292.379,89**
02	Einbehaltene Steuern LST	49.704,00	
03	Einbehaltene Steuern SOLZ	2.733,72	
04	Einbehaltene Steuern KI.ST	3.976,00	
05	AN-Anteil Soz.Vers. Lohn	59.990,50	
06	**Gesamtabzüge**		**116.404,22**
07	Vorschüsse	1.700,00	
08	**Netto**		**174.275,67**
09	AG-Anteil Soz.Vers. Lohn	59.300,50	

KONTOAUSZUG vom 19.07. **Landessparkasse zu Oldenburg**

Kontonummer	Auszug	Blatt		Währung	Soll	Alter Kontostand	Haben
12 345	239	1	Landessparkasse Oldenburg Geschäftsstelle Hauptstr.	€			249.545,05
Buchungstag	Text			Wert	Belastung	**Umsätze**	Gutschrift
18.07.	Überweisung Löhne April lt. Anlage			19.07.	174.275,67		
Herrn/Frau/ Firma	Oldenburger Behälter-Bau AG Industriestr. 2 26121 Oldenburg						
			Neuer Kontostand				73.754,68
			IBAN: DE23 2805 0100 0000 0123 45 - BIC: BRLADE21LZO				

<u>Buchung der Lohnabrechnung (ohne Arbeitgeberanteil) einschließlich Banküberweisung (siehe Belege).</u>

[1] Guthaben bei Kreditinstituten (Bank) (280)
[2] Forderungen an Mitarbeiter (265)
[3] Sozialversicherungsvorauszahlung (264)
[4] Sonstige Verbindlichkeiten gegenüber Finanzbehörden (483)
[5] Löhne(620)
[6] Arbeitgeberanteil zur Sozialversicherung (641)
[7] Sonstige betriebliche Steuern (709)

S	H
☐	☐
☐	☐
☐	☐
☐	☐

38. Aufgabe

Kontoauszug liegt vor.

Beleg für Kontoinhaber

Landessparkasse Oldenburg

Für Überweisungen in Deutschland, in andere EU-/EWR-Staaten und in die Schweiz in Euro.
Überweisungsträger trägt Entgelte und Auslagen bei seinem Kreditinstitut; Begünstigter trägt die übrigen Entgelte und Auslagen.
Bitte Meldepflicht gemäß Auenwirtschaftsverordnung beachten!

Angaben zum Begünstigten: Name, Vorname/Firma (ma. 27 Stellen, bei maschineller Beschriftung max. 35 Stellen)
Finanzamt Oldenburg

IBAN
DE47 3605 0105 0003 4209 16

BIC des Kreditinstituts (8 oder 11 Stellen)
SPESDE3EXXX

Betrag: EUR, Cent
21.620,00

Kunden-Referenznummer – Verwendungszweck, ggf. Name und Anschrift des Zahlers (Nur für Zahlungsempfänger)
Einkommensteuer Steuer-Nr. 1021 - 3.240,00 €; Grunderwerbsteuer Steuer-Nr. 781 - 5.600,00 €

noch Verwendungszweck (insgesamt max. 2 Zeilen à 27 Stellen, bei maschineller Bearbeitung max. 2 Zeilen à 35 Stellen)
Einbehaltene Lohn- und Kirchensteuer sowie SoliZu Steuer Nr. 2002 - 12.780,00 €

Angaben zum Kontoinhaber: Name, Vorname/Firma, Ort (max. 27 Stellen, keine Straßen- und Postfachangaben)
Oldenburger Behälter Bau AG, Oldenburg

IBAN
DE23 2805 0100 0000 0123 45

Datum
08.11...

Unterschrift(en)
Müller

SEPA

[1] Guthaben bei Kreditinstituten (Bank) (280)
[2] Verbindlichkeiten aus Lieferungen und Leistungen (440)
[3] Sozialversicherungsvorauszahlung (264)
[4] Sonstige Verbindlichkeiten gegenüber Finanzbehörden (483)
[5] Löhne (620)
[6] Aufwendungen für Altersversorgung (644)
[7] Arbeitgeberanteil zur Sozialversicherung (640)

S	H
☐	☐

39. Aufgabe

WALTER PETRY - Rechtsanwalt und Notar

Rechtsanwalt und Notar Walter Petry, Postfach 703, 30007 Hannover

Oldenburger Behälter-Bau AG
Herrn Onno Harms
Industriestr. 2
26121 Oldenburg

Eingegangen
am 18. Dez.

Postfach 7 03
Karmarschstr. 40
30007 Hannover

Stadtsparkasse Hannover
IBAN: DE69 2505 0180 0000 0384 35
BIC: SPKHDE2HXXX
Ust.-Id.-Nr.: DE 983457651

Ihr Zeichen
RA-H-b

Ihre Nachricht vom
10. Dezember

Aktenzeichen bitte unbedingt angeben

Oldenburger Behälter-Bau AG ./. Seiters Pharmaziehandel

Prozesskosten-Voranschlag

Sehr geehrte Damen und Herren,

der für Ihren Jahresabschluss erbetene Prozesskosten-Voranschlag für den wahrscheinlich im Februar n. J. beendeten Rechtsstreit mit der Seiters Pharmaziehandlung GmbH beläuft sich auf ca. 5.600,00 €.

Dieser Betrag wird im ungünstigsten Fall, also bei erfolglosem Prozessausgang, von Ihnen zu leisten sein. Er umfasst die lt. Gerichtskostengesetz und Kostenordnung zu erwartenden Verfahrenskosten vor dem Landgericht Hannover sowie das lt. Bundesrechtsanwaltsgebührenordnung fällige Entgelt für meine anwaltliche Tätigkeit und die des Rechtsbeistandes des Antragsgegners. Der Betrag versteht sich ohne Umsatzsteuer.

Ich hoffe, Ihnen mit dieser Angabe zufriedenstellend gedient zu haben und verbleibe

mit freundlichen Grüßen

PETRY

Buchung am 31.12.

[1] Aktive Jahresabgrenzung (290)
[2] Andere Gewinnrücklagen (324)
[3] Sonstige Rückstellungen für andere ungewisse Verbindl. (393)
[4] Übrige sonstige Verbindlichkeiten (489)
[5] Passive Jahresabgrenzung (490)
[6] Rechts- und Beratungskosten (677)
[7] Verluste aus Schadensfällen (693)
[8] Zuführung zu Rückstellungen für Gewährleistung (698)

S	H
☐	☐

40. Aufgabe

OLDENBURGER BEHÄLTER-BAU AG OLDENBURG OLDENBURG		Datum: 02.01.--.......		BUCHUNGSBELEG Nr. 1		
BUCHUNGSTEXT	Konto	Lastschrift (Soll)		Konto	Gutschrift (Haben)	
Auflösung der zeitlichen Abgrenzung						
KFZ-Steuer: September bis August						
840,00 € am 01.09.						
gebucht und überwiesen sowie abgegrenzt						

[1] Aktive Jahresabgrenzung (290)
[2] Passive Jahresabgrenzung (490)
[3] Periodenfremde Erträge (549)
[4] Außerordentliche Aufwendungen (760)
[5] Kfz-Steuer (703)
[6] Steuerrückstellungen (380)
[7] Periodenfremde Erträge (549)

S	H
☐	☐

Beleg (Ausschnitt) zu den nächsten zwei Aufgaben.

NÜRNBERGER LEASING-GMBH - NÜRNBERG - Tel. 50 67 43 - Fax 50 67 68

Oldenburger Behälter-Bau AG
Industriestr. 2
26121 Oldenburg

Eingegangen am
24. Oktober

Rechnung Nr. 83-4100-4

Für die lt. Vertrag vom 01.10. gemietete Datenverarbeitungsanlage PC CICROCOMP 8/C beträgt die Miete für die Zeit vom 01.10. d. J. bis 31.03. n. J. insgesamt

	6.000,00 €
zuzüglich 19 % Mwst.	1.140,00 €
Gesamt	7.140,00 €

==========================

Wir bitten, diesen Betrag innerhalb von 14 Tagen auf einer unserer Konten zu überweisen.

Ust.-Id.-Nr.: DE 272281941

41. Aufgabe

[1] Büromaschinen, Organisationsmittel u. Kommunikationsanlagen (086)
[2] Vorsteuer (260)
[3] Forderungen aus Lieferungen und Leistungen (240)
[4] Verbindlichkeiten aus Lieferungen und Leistungen (440)
[5] Übrige sonstige Verbindlichkeiten (489)
[6] Nebenerlöse aus Vermietung und Verpachtung (5401)
[7] Leasing (671)

S	H
☐	☐
☐	☐

42. Aufgabe

Wie ist am Ende des Geschäftsjahres (31.12.) zu buchen, wenn der Rechnungsbetrag fristgerecht gezahlt wurde?

[1] Büromaschinen, Organisationsmittel u. Kommunikationsanlagen (086)
[2] Andere sonstige Vermögensgegenstände (289)
[3] Aktive Jahresabgrenzung (290)
[4] Übrige sonstige Verbindlichkeiten (489)
[5] Passive Jahresabgrenzung (490)
[6] Nebenerlöse aus Vermietung und Verpachtung (5401)
[7] Leasing (671)

S	H
☐	☐

43. Aufgabe

	Online-Überweisung - Druckansicht
Auftraggeber	Oldenburger Behälter-Bau AG, Oldenburg
IBAN	DE23 2805 0100 0000 0123 45
BIC	BRLADE21LZO
Bankbezeichnung	Landessparkasse Oldenburg
Begünstigter	Finanzamt Oldenburg
Bankbezeichnung	Stadtsparkasse Oldenburg
IBAN	DE47 3605 0105 0003 4209 16
BIC	SPESDE3EXXX
Auftragsart	Überweisungsauftrag
Buchunsdatum	08.11.20..
Betrag	11.223,22
Verwendungszweck	Lohnsteuer: 10.395,82; Kirchensteuer rk: 620,40; ev: 207,00 Steuer-Nr. 32-78593

[1] Guthaben bei Kreditinstituten (Bank) (280)
[2] Übrige sonstige Forderungen (269)
[3] Steuerrückstellungen (380)
[4] Sonstige Verbindlichkeiten gegenüber Finanzbehörden (483)
[5] Sonstige betriebliche Steuern (709)
[6] Verbindlichkeiten gegenüber Sozialversicherungsträgern (484)

S	H
☐	☐

44. Aufgabe. Wie ist zu verbuchen, wenn es sich um eine Personengesellschaft handelt?

Kontoauszug liegt vor.

Beleg für Kontoinhaber

Landessparkasse Oldenburg

Für Überweisungen in Deutschland, in andere EU-/EWR-Staaten und in die Schweiz in Euro.
Überweisungsträger trägt Entgelte und Auslagen bei seinem Kreditinstitut; Begünstigter trägt die übrigen Entgelte und Auslagen.
Bitte Meldepflicht gemäß Auenwirtschaftsverordnung beachten!

Angaben zum Begünstigten: Name, Vorname/Firma (ma. 27 Stellen, bei maschineller Beschriftung max. 35 Stellen)
Finanzamt Oldenburg

IBAN
DE47 3605 0105 0003 4209 16

BIC des Kreditinstituts (8 oder 11 Stellen)
SPESDE3EXXX

Betrag: EUR, Cent
21.620,00

Kunden-Referenznummer – Verwendungszweck, ggf. Name und Anschrift des Zahlers (Nur für Zahlungsempfänger)
Einkommensteuer Steuer-Nr. 1021 - 3.240,00 €; Grunderwerbsteuer Steuer-Nr. 781 - 5.600,00 €

noch Verwendungszweck (insgesamt max. 2 Zeilen à 27 Stellen, bei maschineller Bearbeitung max. 2 Zeilen à 35 Stellen)
Einbehaltene Lohn- und Kirchensteuer sowie SoliZu Steuer Nr. 2002 - 12.780,00 €

Angaben zum Kontoinhaber: Name, Vorname/Firma, Ort (max. 27 Stellen, keine Straßen- und Postfachangaben)
Oldenburger Behälter Bau AG, Oldenburg

IBAN
DE23 2805 0100 0000 0123 45

Datum
08.11...

Unterschrift(en)
Müller

SEPA

[1] Unbebaute Grundstücke (050)
[2] Guthaben bei Kreditinstituten (Bank) (280)
[3] Privatkonto (3001)
[4] Sonstige Verbindlichkeiten gegenüber Finanzbehörden (483)
[5] Arbeitgeberanteil zur Sozialversicherung (Lohnbereich) (640)
[6] Grundsteuer (702)
[7] Gewerbeertragsteuer (770)

S	H
☐	☐
☐	☐
☐	☐

45. Aufgabe

WOHNBAU-GMBH & Co. KG - BAUTRÄGER - VERMIETUNGEN - FINANZIERUNGEN

Oldenburger Behälter-Bau AG
Industriestr. 2
26121 Oldenburg

Kreissparkasse Bamberg
IBAN: DE49 7705 0000 047
BIC: BYLADEM1SKB
Ust.-Id.Nr.: DE 241319228

Datum: Bamberg, 19.10.20..

Rechnung Nr. 1144

Eingegangen am 24. Okt.

Wohnobjekt „SCHÖNE AUSSICHT“, Bamberg, Finkenweg 17

Sehr geehrte Damen und Herren,

wie Sie uns telefonisch zugesagt haben, übernehmen Sie die Kosten für die Beseitigung der durch Ihre Monteure am 14. August verursachte Beschädigung des Treppengeländers. Wir haben inzwischen an die Schreinerei Gerber, Bamberg für die vorgenommene Reparatur

	550,00 €
+19 % Umsatzsteuer	104,50 €
	654,50 €
	=========

bezahlt. Bitte überweisen Sie diesen Betrag auf das obige Konto. Für die rasche Erledigung danken wir Ihnen im Voraus.

Mit freundlichen Grüßen

[1] Schecks (286)
[2] Guthaben bei Kreditinstituten (Bank) (280)
[3] Vorsteuer (260)
[4] Verbindlichkeiten aus Lieferungen und Leistungen (440)
[5] Sonstige Personalaufwendungen (66)
[6] Anlagenabgänge (6979)
[7] Verluste aus Schadensfällen (693)
[8] Zuführung zu Rückstellungen für Gewährleistung (698)

S	H
☐	☐
☐	☐

46. Aufgabe

KARL ROBEL – GEBÄUDE-REINIGUNG GmbH, Westring 34, Tel.: 308

Oldenburger Behälter-Bau AG
Industriestr. 2
26121 Oldenburg

Eingegangen am 24. Oktober

RECHNUNG Nr. 2/861
Datum: 30. April

Für die Reinigung Ihrer Geschäftsgebäude berechnen wir Ihnen die vereinbarte Pauschale für den Monat April	6.200,00 €
+ 19 % Umsatzsteuer	1.178,00 €
	7.378,00 €

Handwerkerrechnungen sind zahlbar bei Erhalt ohne Abzug.
Bankverbindung: Commerzbank Offenbach
IBAN: DE28 5054 0028 0000 0006 67
BIC: COBADEFF505
Ust-Id.-Nr.: DE 278391242

[1] Betriebsgebäude (053)
[2] Forderungen aus Lieferungen und Leistungen (240)
[3] Vorsteuer (260)
[4] Verbindlichkeiten aus Lieferungen und Leistungen (440)
[5] Umsatzsteuer (480)
[6] Fremdinstandhaltung (616)
[7] Sonstige Aufwendungen für bezogene Leistungen (617)

S	H
☐	☐
☐	☐

47. Aufgabe

KONTOAUSZUG vom 16.12. **Landessparkasse zu Oldenburg**

Kontonummer	Auszug	Blatt	Landessparkasse Oldenburg	Währung	Soll	Alter Kontostand	Haben
12 345	239	1	Geschäftsstelle Hauptstr.	€			180.320,00

Buchungstag	Text	Wert	Belastung	**Umsätze**	Gutschrift
12.12.	Zinsen 4. Quartal	15.12.	485,00		
	Neuer Kontostand				179.835,00

Herrn/Frau/Firma: Oldenburger Behälter-Bau AG, Industriestr. 2, 26121 Oldenburg

IBAN: DE23 2805 0100 0000 0123 45 - BIC: BRLADE21LZO

Wie sind die Zinsen zu buchen?

[1] Guthaben bei Kreditinstituten (Bank) (280)
[2] Verbindlichkeiten aus Lieferungen und Leistungen (440)
[3] Zinserträge (571)
[4] Diskonterträge (573)
[5] Zinsaufwendungen (751)
[6] Sonstige zinsähnliche Aufwendungen (759)

S	H
☐	☐

48. Aufgabe

REISEKOSTENABRECHNUNG
OLDENBURGER BEHÄLTER-BAU AG

Name: Peter Müller

Beginn der Reise: .... Uhrzeit: ....

Ende der Reise: .... Uhrzeit: ....

Verkehrsmittel: ....

Reisezweck: ....

	Netto	Steuer
Fahrtkosten lt. Beleg	./.	./.
Kilometergeld 620 km	372,00	59,52
Kosten für Verpflegung	./.	./.
Pauschalsätze		
Über 12 Stunden	32,00	5,12
Parkgebühren	7,76	1,24
Zwischensummen:	411,76	65,88
Gesamtsumme:	**477,64**	

Datum: 07.11. Unterschrift: Peter Müller

[1] Kasse (288)
[2] Vorsteuer (260)
[3] Umsatzsteuer (480)
[4] Übrige sonstige Verbindlichkeiten (489)
[5] Gehälter (630)
[6] Übrige sonstige Personalaufwendungen (669)
[7] Reisekosten (685)

S	H
☐	☐
☐	☐

49. Aufgabe (Belegausschnitt)

WEST-KURIER
Wilhelm Drucker
Landsberger Straße 489
81242 München

Oldenburger Behälter-Bau AG
Industriestr. 2
26121 Oldenburg

Eingegangen am 24. Okt.

München, 07. Mai....

Rechnung Nr. 178

Ihre anfordernde Abteilung	Ihre Bestellung Nr./Tg./Zeichen	Zeit der Leistung	
P2	11792 02.05 Schr/A	Mai	Ust.-Id.-Nr.: DE 765098098

Menge u. Einheit	Gegenstand und Ort der Leistung	Preis je Einheit	Betrag €	Empfängervermerke
	Für Ihre Annonce in unserer Ausgabe vom 05.05. (Text: „**Wir suchen einen Buchhalter....**") berechnen wir		180,00 €	
	+ 19 % Umsatzsteuer		34,20 €	
			214,20 €	

[1] Forderungen aus Lieferungen und Leistungen (240)
[2] Vorsteuer (260)
[3] Verbindlichkeiten aus Lieferungen und Leistungen (440)
[4] Umsatzsteuer (480)
[5] Aufwendungen für Personaleinstellung (660)
[6] Gebühren (673)
[7] Werbung (687)
[8] Zeitungen und Fachliteratur (681)

S	H
☐	☐
☐	☐

50. Aufgabe
(Belegausschnitt)

OLDENBURGER BEHÄLTER -BAU AG, 26121 Oldenburg, Industriestr. 2

Industriewerk
Sachaff & Co.
Haafstr. 35
97082 Würzburg

Durchschlag für Buchhaltung

Oldenburg, ..-11-18

Montagerechnung 1147/861

Ihr Auftrag Nr. BA 7889/z
Unsere Zeichen WÖ 745/ulz
Ust.-Id.-Nr.: DE 321432543

Pos.	Leistung	Stundensatz	Gesamt
	Für den Einbau des neuen Heizöltanks im Geb. A 37 berechnen wir Ihnen lt. bestätigtem Stundensatz:		
	21 Monteurstunden	35,00	735,00
	6 Meisterstunden	45,00	270,00
	19 % Umsatzsteuer		190,95
	Gesamt		1.195,95
	Zahlung erbitten wir innerhalb 14 Tagen netto		

[1] Anlagen im Bau (095)
[2] Forderungen aus Lieferungen und Leistungen (240)
[3] Vorsteuer (260)
[4] Verbindlichkeiten aus Lieferungen und Leistungen (440)
[5] Umsatzsteuer (480)
[6] Umsatzerlöse für andere eigene Leistungen (505)
[7] Fremdinstandhaltung (616)

S	H
☐	☐
☐	☐

51. Aufgabe

KONTOAUSZUG vom 15.09. **Landessparkasse zu Oldenburg**

Kontonummer	Auszug	Blatt	Landesparkasse Oldenburg Geschäftsstelle Hauptstr. BLZ 28050100	Währung	Soll	Alter Kontostand	Haben
12 345	45	1		€			9.430,25

Buchungstag	Text	Wert	Belastung	Umsätze	
14.09.	Rückerstattung Kfz-Versicherung für zum 01.04. abgemeldeten Lkw OB-T 1519; Versicherungszeitraum: 01.01. – 31.08.	14.09.			237,60

Herr/Frau/Firma
Oldenburger
Behälter-Bau AG
Industriestr. 2
26121 Oldenburg

Neuer Kontostand 9.667,85

IBAN: DE23 2805 0100 0000 0123 45 - BIC: BRLADE21LZO

[1] Kasse (288)
[2] Guthaben bei Kreditinstituten (Bank) (280)
[3] Privatkonto (3001)
[4] Außerordentliche Erträge (580)
[5] Versicherungsbeiträge (690)
[6] Kraftfahrzeugsteuer (703)

S	H
☐	☐

52. Aufgabe (Belegausschnitt)

KUNSTDRUCKEREI SCHNELL & SCHÖN - Thalkirchener Str. 133 - 81371 München

Oldenburger Behälter-Bau AG
Industriestr. 3
26121 Oldenburg

Eingegangen am 14. Oktober

Ihr Auftrag Nr. 65/30

IBAN:
DE45 7002 0270 0000 0548 15
BIC:
HYVEDEMMXXX

Tag: ..-11-19

Rechnung Nr.

Art.-Nr.	Bezeichnung	Preis je Einheit	Gesamtbetrag
	5000 Faltprospekte für Transportbehälter Vierfarbdruck Kunstdruckpapier		2.425,00
	19 % Umsatzsteuer		460,75
			2.885,75

Ust.-Id.-Nr.: DE 142971381

[1] Waren (Handelswaren) (228)
[2] Forderungen aus Lieferungen und Leistungen (240)
[3] Vorsteuer (260)
[4] Verbindlichkeiten aus Lieferungen und Leistungen (440)
[5] Umsatzsteuer (480)
[6] Werbung (687)
[7] Fertige Erzeugnisse (220)

S	H
☐	☐
☐	☐

53. Aufgabe

QUITTUNG (Kopie) Oldenburger Behälter-Bau AG

netto........€
+Mwst.........19 %........€
gesamt..... ... ..€ 170,00
=====================

Gesamtbetrag € in Worten
Einhundertundsiebzig

in die Geschäftskasse eingezahlt zu Gunsten von ....

....

von Verkauf von 340 Einheiten à 0,50 aus dem Getränke -Automaten in der Werkskantine, 11. Kalenderwoche, einschl. Umsatzsteuer
dankend erhalten

Ort
Oldenburg

Datum
19. März.........

Stempel/Unterschrift des Empfängers (Kassierer)

Maier

[1] Kasse (288)
[2] Vorsteuer (260)
[3] Verbindlichkeiten gegenüber Mitarbeitern (485)
[4] Umsatzsteuer (480)
[5] Umsatzerlöse für eigene Erzeugnisse (500)
[6] Nebenerlöse aus Werksküche und Kantine (5403)
[7] Übrige sonstige Personalaufwendungen (669)

S	H
☐	☐
☐	☐

54. Aufgabe

Ingenieurbüro Hermandez-Simones - 83067 Offenbach, Am Grenzgraben 2

Oldenburger Behälter-Bau AG
Industriestr. 3
26121 Oldenburg

Eingegangen am
15. Nov. 20..

Ihr Auftrag Nr. 1754/3
vom 13.Okt. 20..

12. Nov. 20..

Rechnung Nr. 21/567

Ust.-Id.-Nr.: DE 229722412

Art.-Nr.	Bezeichnung	Preis je Einheit	Gesamtbetrag
	Konstruktion einer Bohrmaschine als Bauteil der Serie EC 1800, mit Anbau- und Detailzeichnungen	Pauschalpreis gemäß Vereinbarung	24.000,00
	19 % Umsatzsteuer		4.560,00
			28.560,00
	Wir bitten um Überweisung auf unser Konto bei der Stadtsparkasse Offenbach am Main IBAN: DE85 5052 0269 0000 1000 70 BIC: HELADEF1OFF		

[1] Anlagen im Bau (095)
[2] Forderungen aus Lieferungen und Leistungen (240)
[3] Vorsteuer (260)
[4] Verbindlichkeiten aus Lieferungen und Leistungen (440)
[5] Umsatzsteuer (480)
[6] Aktivierte Eigenleistungen (530)
[7] Fremdleistungen für Erzeugnisse und andere Umsatzleistungen (610)

S	H
☐	☐
☐	☐

55. Aufgabe

	1	05.12. 20..		87 753 152
	Menge/Losgröße	Ausstell-Datum	Teilegruppen Termin	Auftrags.-Nr. Teile Gr. Nr.
	Gegenstand Elektronisches Bauteil (Netzteil- u. Verstärkerplatine)		Zeichnungs-Nr. 001.02.86.014.000	Bo
	Materialschein			

zu liefern an: 146		je	Lagerabmessung Bauteil		Zeichnungs-Nr. DIN	Lager-Nr 285000.			
	15 Pos	Höhe	Breite	Länge/gr.	Spez. Gew.	150 € je Einh.		2 St. Pro Auftrag.	300 €
					Lager 08.12.20....				

[1] Rohstoffe/Fertigungsmaterial (200)
[2] Vorprodukte/Fremdbauteile (201)
[3] Hilfsstoffe (202)
[4] Waren (Handelswaren) 228
[5] Aufwendungen für Rohstoffe/Fertigungsmaterial (600)
[6] Aufwendungen für Vorprodukte/Fremdbauteile (601)
[7] Aufwendungen für Hilfsstoffe (602)
[8] Aufwendungen für Waren (608)

S	H
☐	☐

56. Aufgabe

CARLO WOLLMACHER HANDELSUNTERNEHMEN
63069 Offenbach – Arndtstraße 18

Oldenburger Behälter-Bau AG Industriestr. 2 26121 Oldenburg	Telefon: 069/6886765 Commerzbank Offenbach IBAN: DE54 5052 0532 0000 0056 79 BIC: COBADEFF505 Ust.-Id.-Nr.: 229313444

RECHNUNG Nr. 2040/Kö 06. Februar 20..

Wir lieferten Ihnen gem. Bestellung vom 04. Februar 20.. folgende Werkzeuge frei Haus:

Menge	Bezeichnung	Einzelpreis	Gesamtpreis
30	Spiralbohrer DIN 3457	14,80 €	444,00 €
20	Spiralbohrer DIN 3456	12,60 €	252,00 €
20	Spiralbohrer DIN3455	11,75 €	235,00 €
			931,00 €
	./. 30 % Rabatt		279,30 €
			651,70 €
	+ 19 % Umsatzsteuer		123,82 €
			775,52 €
			=======

[1] Geringwertige Anlagen und Maschinen (079)
[2] Forderungen aus Lieferungen und Leistungen (240)
[3] Vorsteuer (260)
[4] Verbindlichkeiten aus Lieferungen und Leistungen (440)
[5] Umsatzsteuer (480)
[6] Aufwendungen für Betriebsstoffe/Verbrauchswerkzeuge (603)
[7] Werkstätteneinrichtung (081)

S	H
☐	☐
☐	☐

II. Sie sind Mitarbeiter der Frankfurter Bremsen AG, Kasseler Straße, 60486 Frankfurt am Main. Folgende Belege sind zu verbuchen.

57. Aufgabe

ÖLHANDEL F. TROPFER KG

Ingelheimer Straße 44, 60529 Frankfurt am Main

Frankfurter Bremsen AG
Kasseler Straße 240
60486 Frankfurt/Main

Eingegangen:
26.Okotober 20..
F.B. AG

RECHNUNG 8867/6

Frankfurt, 25.10.20..

Ihre Zeichen: EK 17/231
Unsere Zeichen: 18-0089/VV

Wir lieferten per Lkw am 24. 10. 20.. (LS L 23455/4)

Pos.	Gegenstand/Leistung	Einzelpreis	Gesamt
1	3000 kg Schmieröl „Spezial" HY 2201 19 % Umsatzsteuer	2.20 €	6.600,00 € 1.254,00 € 7.854,00 € ==========
	Zahlung: 14 Tage 2 % Skonto, 60 Tage netto		

Bankkonto: Deutsche Bank AG Frankfurt, IBAN: DE53 5007 0010 0002 2456 48 - BIC: DEUTDEFFXXX
Ust.-Id.-Nr.: DE 171492372

[1] Anlagen und Maschinen der mech. Materialbearbeitung, -verarbeitung und -umwandlung (072)
[2] Rohstoffe/Fertigungsmaterial (200)
[3] Hilfsstoffe (202)
[4] Betriebsstoffe (203)
[5] Forderungen aus Lieferungen und Leistungen (240)
[6] Vorsteuer (260)
[7] Verbindlichkeiten aus Lieferungen und Leistungen (440)
[8] Energie (605)

S	H
☐	☐
☐	☐

58. Aufgabe

TRANS-CONTI SPEDITIONS-GMBH
Metzer Straße 170-174
66117 Saarbrücken

Trans-Conti Speditions-GmbH, Metzer Str. 170-174, 66117 Saarbrücken

Frankfurter Bremsen AG
Kasseler Straße 240
60486 Frankfurt/Main

Eingegangen:
06. November 20..
F.B. AG

RECHNUNG Nr. 2611

Saarbrücken, 03.11.20..

Bitte bei Zahlung stets angeben:

Kunden-Nr.	Beleg-Nr.	Datum	Gesamtgewicht kg	Anzahl Sendung
140 D 5	211-289	03.11...	220	1

Material: 6 Kisten Schrauben 224 km Leistungsdatum: 02.11.20..

Fracht von Saarbrücken - Frankfurt	98,49 €
19 % Umsatzsteuer	18,71 €
	117,20 €

Nach § 29 ADSp sind Spediteurrechnungen sofort und ohne Abzug zahlbar.

Bankverbindung: Kreissparkasse Saarbrücken IBAN: DE52 5905 0101 0000 0499 13 - BIC: SAKSDE55XXX
Ust.-Id.-Nr.: DE 758224322

[1] Hilfsstoffe (202)
[2] Bezugskosten (2021)
[3] Vorsteuer (260)
[4] Guthaben bei Kreditinstituten (Bank) (280)
[5] Verbindlichkeiten aus Lieferungen und Leistungen (440)
[6] Umsatzsteuer (480)
[7] Frachten und Fremdlager (614)

S	H
☐	☐
☐	☐

59. Aufgabe

SIEGFRIED SCHEFELE KG
SCHRAUBENFABRIK

63073 OFFENBACH
GOLDBERGSTRAßE 7
069/893601

Frankfurter Bremsen AG
Kasseler Straße 240
60486 Frankfurt am Main

06.11.20..

Eingegangen am
08. Nov. 20..
Frankfurter Bremsen AG,
Frankfurt/M.

U M S A T Z -- B O N U S 3 . Q U A R T A L 20..

Für die mit uns getätigten Umsätze im Normteilbereich
erteilen wir folgende Vergütung:

2 % von € 284.000	5.680,00 €
+ 19 % Umsatzsteuer	1.079,20 €
	6.759,20 €
	=======

Wir bitten um entsprechende kontenmäßige Verrechnung.

Mit freundlichen Grüßen

ppa. Schulze

Sitz der Gesellschaft: Offenbach

Stadtsparkasse Offenbach
IBAN: DE49 5055 0020 0000 1120 81
BIC: HELADEF1OFF
Ust.-Id.Nr.: DE 177144199

Nettobuchung.

[1] Rohstoffe/Fertigungsmaterial (200)
[2] Nachlässe (2002)
[3] Forderungen aus Lieferungen und Leistungen (240)
[4] Vorsteuer (260)
[5] Verbindlichkeiten aus Lieferungen und Leistungen (440)
[6] Umsatzsteuer (480)
[7] Erlösberichtigungen (5001)
[8] Aufwendungen für Rohstoffe / Fertigungsmaterial (600)

S	H
☐	☐
☐	☐

Zu den nächsten drei Aufgaben siehe folgende Situation.
Die Frankfurter Bremsen AG will sich vor dem Verlust von Entwicklungsergebnissen durch Diebstahl und Feuer schützen. Daher wird ein Sicherheitsschrank angeschafft.

60. Buchen Sie den Beleg und entscheiden Sie dabei auch über die richtigen Beträge!

BODEK-PANZER AG - HANNOVER

Bodek-Panzer AG, Gänsekamp 7, 30471 Hannover

Frankfuter Bremsen AG
Kasseler Str. 240
60486 Frankfurt

EINGEGANGEN
03. April 20..
Frankf. Bremsen AG

Rechnung Nr. 385763 / Ihr Auftrag Nr. 5/234 01.04.20..

Für den am 2. April 20.. gelieferten Sicherheitsschrank Modell „Securia 110/564" mit hochfester Feuerschutzisolierung nach DIN 4102, Verschlussoption: Elektronische Zahlenkombination, berechnen wir Ihnen

Listenpreis	28.600,00 €
abzüglich 4 % Messe-Rabatt CeBIT	1.144,00 €
	27.456,00 €
+ Ust 19 %	5.216,64 €
	32.672,64 €
	===========

Anlieferung durch Spedition Kolb & Held GmbH, Hannover, ab Werk

Zahlbar innerhalb 30 Tagen netto Kasse oder innerhalb 14 Tagen mit 2 % Skonto.

Telefon: 0511/7800-0; Fax : 0511/7800-222 Geschäftsräume: Gänsekamp 7, 30417 Hannover	Bankverbindung: Commerzbank AG, Niederlassung Hannover IBAN: DE10 2504 0066 0000 0563 98 250 400 46 BIC: COBADEFF250	Vorstand: Ralf Zoll, Edgar Reiz Ust.-Id.-Nr.: DE 231242191

[1]	Verwaltungsgebäude (054)	28.600,00 €
[2]	Büromöbel und sonstige Geschäftsausstattung (087)	28.600,00 €
[3]	Büromöbel und sonstige Geschäftsausstattung (087)	27.456,00 €
[4]	Nachlässe	1.144,00 €
[5]	Vorsteuer (260)	5.216,64 €
[6]	Verbindlichkeiten aus Lieferungen und Leistungen (440)	32.672,64 €
[7]	Umsatzsteuer (480)	5.216,64 €

S	H
☐	☐
☐	☐

61. Aufgabe

KOLB & HELD –
Speditionsgesellschaft mbH – Hannover

Kolb & Held, GmbH, Ostring 33 30163 Hannover

Frankfuter Bremsen AG
Kasseler Str. 240
60486 Frankfurt

EINGEGANGEN
03. April 20..
Frankf. Bremsen AG

RECHNUNG

01.04.20..

Rechnung Nr. 1300109
Kunden-Nr.9351-20

Wir lieferten Ihnen heute per LKW

1 Exemplar Bodeck-Panzer Sicherheitsschrank „Securia 110/564"
von Hannover List nach Frankfurt am Main.

zum Festpreis von	360,00 €
+ Ust 19 %	68,40 €
	428,40 €
	===========

Wir arbeiten ausschließlich auf Grund der Allgemeinen Deutschen Spediteurbedingungen (ADSp). Gemäß ADSp sind Speditionsrechnungen sofort und ohne Abzug fällig.

Telefon: 0511/6833-0; Fax : 0511/6833 76 Geschäftsräume: Ostring 33 30163 Hannover	Bankverbindung: Kreissparkasse Hannover IBAN: DE12 2505 0180 0000 1143 45 BIC: SPKHDE2HXXX	Geschäftsführer: Robert Kolb Sina-Elisa Held Ust.-Id.-Nr.: DE 144771992

[1] Verwaltungsgebäude (054)
[2] Büromöbel und sonstige Geschäftsausstattung (087)
[3] Bezugskosten (2001)
[4] Vorsteuer (260)
[5] Verbindlichkeiten aus Lieferungen und Leistungen (440)
[6] Umsatzsteuer (480)
[7] Frachten und Fremdlager (614)

S	H
☐	☐
☐	☐

62. Buchen Sie den unten abgebildeten Beleg (Nettobuchung). Kontoauszug liegt vor.

Beleg für Kontoinhaber
Frankfurter Sparkasse

Für Überweisungen in Deutschland, in andere EU-/EWR-Staaten und in die Schweiz in Euro.
Überweisungsträger trägt Entgelte und Auslagen bei seinem Kreditinstitut; Begünstigter trägt die übrigen Entgelte und Auslagen.
Bitte Meldepflicht gemäß Auenwirtschaftsverordnung beachten!

Angaben zum Begünstigten: Name, Vorname/Firma (ma. 27 Stellen, bei maschineller Beschriftung max. 35 Stellen)
Bodeka-Panzer AG, Hannover

IBAN
DE57 2504 0036 0000 1242 33

BIC des Kreditinstituts (8 oder 11 Stellen)
COBADEFF250

Betrag: EUR, Cent
32.019,19

Kunden-Referenznummer – Verwendungszweck, ggf. Name und Anschrift des Zahlers (Nur für Zahlungsempfänger)
Rechnung Nr. 41235 vom 2. April 32.672,64 €

noch Verwendungszweck (insgesamt max. 2 Zeilen à 27 Stellen, bei maschineller Bearbeitung max. 2 Zeilen à 35 Stellen)
2 % Skonto 653,45

Angaben zum Kontoinhaber: Name, Vorname/Firma, Ort (max. 27 Stellen, keine Straßen- und Postfachangaben)
Frankfurter Bremsen AG, Frankfurt/Main

IBAN
DE51 5005 0201 0000 4322 31

Datum
10.04.20..

Unterschrift(en)
Maier

SEPA

[1] Verwaltungsgebäude (054)
[2] Büromöbel und sonstige Geschäftsausstattung (087)
[3] Nachlässe (2072)
[4] Vorsteuer (260)
[5] Guthaben bei Kreditinstituten (Bank) (280)
[6] Verbindlichkeiten aus Lieferungen und Leistungen (440)
[7] Umsatzsteuer (480)
[8] Erlösberichtigungen (5191)

S	H
☐	☐
☐	☐
☐	☐

63. Siehe obigen Beleg (Aufgabe 62). Wie viel € beträgt die Umsatzsteuer-Korrektur? Tragen Sie das Ergebnis in das Kästchen ein.

☐

64. Aufgabe

FRANKFURTER BREMSEN AG

Frankfurter Bremsen AG, Kasseler Straße 240, 60486 Frankfurt/Main

Frankfurter Bremsen AG
Kasseler Straße 240
60486 Frankfurt/Main

Friedrich Sattler GmbH
Gummiwerke, Galvanotechnik
Lister Kirchweg 124
30163 Hannover

Ihre Zeichen, Ihre Nachricht vom	Unsere Zeichen	Hausanschluss	Frankfurt
	Du/Gel	2217	04.05.20..

Reklamation

Unsere Auftrags-Nr. 2243-24
Ihre Lieferschein-Nr. 545368; Ihre Rechnungs-Nr. 84545368

Sehr geehrter Herr Richter,

wie bereits telefonisch mit Ihnen besprochen, ist aus der obigen Materialsendung die Partie mit den Gummimembranen GM 12 - 14 wegen der Lochung S 2 außerhalb der Toleranzgrenzen für uns unbrauchbar. Wir schicken Ihnen die Partie zu anderweitiger Verwendung zu. Eine Ersatzlieferung entfällt aus Termingründen.

Unsere Rücksendung:
Partie Gummimembranen: Warenwert 2.450 € zuzüglich 19 % Umsatzsteuer 465,50 € = 2.915,50 €

Wir bitten um entsprechende Buchung.

Mit freundlichen Grüßen

Frankfurter Bremsen AG,
Frankfurt am Main

i.V.

Rechtsform: Aktiengesellschaft
Sitz: 60003 Frankfurt/Main
Ust.-Id.-Nr. DE 122991821

Bankverbindung:
Frankfurter Sparkasse Kto.-Nr. 432 231
IBAN: DE51 5005 0201 0000 4322 31
BIC: HELADEF1822

[1] Rohstoffe/Fertigungsmaterial (200)
[2] Nachlässe (2002)
[3] Vorprodukte/Fremdbauteile (201)
[4] Nachlässe (2012)
[5] Vorsteuer (260)
[6] Guthaben bei Kreditinstituten (Bank) (280)
[7] Verbindlichkeiten aus Lieferungen und Leistungen (440)
[8] Umsatzsteuer (480)

S	H
☐	☐
☐	☐

65. Aufgabe

MASCHINENFABRIK FINSTAU GmbH
Müllerstr. 12-16, 63073 Offenbach

Maschinenfabrik Finstau GmbH, Müllerstr. 12-16, 63073 Offenbach Frankfurter Bremen AG Kassler Str. 240 60486 Frankfurt	Stadtsparkasse Offenbach IBAN: DE50 5005 0102 0000 0070 02 BIC: HELADEF1OFF Ust.-Id.-Nr. DE 765876987

Rechnung Nr. 124/14 Datum: 15.05.20..

Ihre anfordernde Abteilung	Ihre Bestellung Nr.Tag/Zeichen	Zeit der Leistung

Betreff:

Menge und Einheit	Gegenstand und Ort der Leistung	Preis/Einh.	Betrag in €	Für Vermerke
	Sie erhielten durch die Spedition Schuch mit Lieferschein Nr. 10280 am 14.05.20..			
Pos. 1	1 Bohrmaschine „Fin 2000" mit Hochleistungs-Electronicsteuerung Typ 50		41.980,00	
	Fracht Offenbach – Frankfurt/Main		220,00	
	Netto		42.200,00	
	+ 19 % Ust.		8.018,00	
	Brutto		50.218,00 ========	
	Zahlung gemäß unserer Auftragsbestätigung Vom 19.04.20..			

Amtsgericht Offenbach HRB 3427 – Geschäftsführer: O. Lotz

[1] Anlagen und Maschinen der mech. Materialbearbeitung, -verarbeitung und -umwandlung (072))
[2] Bezugskosten (2001)
[3] Forderungen aus Lieferungen und Leistungen (240)
[4] Vorsteuer (260)
[5] Verbindlichkeiten aus Lieferungen und Leistungen (440)
[6] Umsatzsteuer (480)
[7] Umsatzerlöse für eigene Erzeugnisse (500)

S	H
☐	☐
☐	☐

66. Aufgabe

CHEMISCHE WERKE GmbH

Chemische Werke GmbH, Grüner Weg 44-50, 51375 Leverkusen

Frankfurter Bremen AG
Kassler Str. 240
60486 Frankfurt

Sparkasse Leverkusen
IBAN: DE84 3755 1440 0100 0002 07
BIC: WELADEDLLEV

Ust.-Id.-Nr. DE222333421

Rechnung Nr. 5 37582

Auftrag vom 06.05.20..	Kundennummer 45-48	Datum: 14.05.20..

Betreff:

Menge	Artikelbezeichnung	Preis/Einh.	Betrag in €
20	Bremsflüssigkeit PTS 20	220,00	4.400,00
15	Klebstoff K-plus 50	80,00	1.200,00
		netto	5.600,00
		+ 19 % Ust.	1.064,00
		Rechnungsbetrag	6.664,00 =======

Amtsgericht Leverkusen HRB 889427 – Geschäftsführer: U. Obermaier

Buchen Sie als Aufwand.

[1] Hilfsstoffe (202)
[2] Waren (Handelswaren (228)
[3] Forderungen aus Lieferungen und Leistungen (240)
[4] Vorsteuer (260)
[5] Verbindlichkeiten aus Lieferungen und Leistungen (440)
[6] Umsatzsteuer (480)
[7] Aufwendungen für Hilfsstoffe (602)
[8] Aufwendungen für Waren (608)

S	H
☐	☐
☐	☐
☐	☐

67. Aufgabe

Lindemann Brennstoffe GmbH

Lindemann GmbH, Postfach 44 26 51, 60004 Frankfurt/Main

Heinz Lindemann GmbH
Mineralöl-Produkte
Wielandstraße 84
Tel.: 069 / 23 33 42
Fax: 069 / 23 35 97
Ust.-Id.-Nr.: DE 254369785

Frankfurter Bremsen AG
Abt. WE 8
Kasseler Straße 240
60485 Frankfurt/Main

Ihre Zeichen, Ihre Nachricht vom	Unsere Zeichen	Hausanschluß	Frankfurt
	Li/te	-400	20..-05-03

Umsatzrückvergütung Nr. 322-91

In unserem abgelaufenen Geschäftsjahr haben Sie für insgesamt

51.980,43 € (einschließlich 19 % Umsatzsteuer)

Mineralöl-Produkte bezogen

Wir bedanken uns für Ihr Vertrauen und vergüten Ihnen einen Bonus von 2 %

=1.039,61 € (einschließlich 19 % Umsatzsteuer).

Den Betrag schreiben wir Ihrem Konto gut.

Wir werden uns auch in Zukunft bemühen, Sie zuverlässig und zu günstigen Preisen zu beliefern.

Mit freundlichen Grüßen

Heinz Lindemann GmbH
Mineralöl->Produkte

Nettobuchung.

[1] Hilfsstoffe (202)
[2] Nachlässe (2022)
[3] Betriebsstoffe (203)
[4] Nachlässe (2032)
[5] Vorsteuer (260)
[6] Verbindlichkeiten aus Lieferungen und Leistungen (440)
[7] Umsatzsteuer (480)

S	H
☐	☐
☐	☐

68. Aufgabe

Frankfurter Bremsen AG

Seite 1 Beleg Nr. 12

Konto 57418 - 022

Kassenausgang

Aus der Geschäftskasse € ------1.000.00---
in Worten Eintausend

für Barauszahlung Gehaltsvorschuss für Stefan Krahle (Arbeitsvorbereitung C 12)
(Zweck ausführlich angeben)

erhalten zu haben, bescheinigt

Frankfurt a. M., den 27.04. 20..

gegengezeichnet
von [Unterschrift]

[Unterschrift]

[1] Forderungen an Mitarbeiter (265)
[2] Guthaben bei Kreditinstituten (Bank) (280)
[3] Kasse (288)
[4] Verbindlichkeiten gegenüber Mitarbeitern (485)
[5] Löhne für geleistete Arbeitszeit einschl. tariflicher, vertraglicher oder arbeitsbedingter Zulagen (620)
[6] Gehälter einschließlich tariflicher, vertraglicher oder arbeitsbedingter Zulagen (630)

S	H
☐	☐

69. Aufgabe

BÜRO-SCHULZ e. K
23758 Oldenburg, Friedrichstr. 237. Tel.: 0441/25610

Frankfurter Bremen AG
Kassler Str. 240
60486 Frankfurt

Datum: 28.04.20..
Ust.-Id.-Nr. DE 292737441

Lieferung: Frei Haus am 22.04.20..
Rechnungs-Nr. 4633

Menge	Einzelpreis	Gegenstand	Gesamtpreis €
10	340,00	Spiralbindemaschinen bindfix 2010	3.400,00 646,00
		Das bestellte Verbrauchsmaterial für bindfix 2010 folgt. Zahlung netto Kasse	4.046,00 =========
		Bankverbindung: Volksbank Oldenburg IBAN: DE85 2809 0045 0000 9404 50 BIC: GENODEF1BSL	

[1] Geringwertige Vermögensgegenstände der Betriebs- und Geschäftsausstattung (089)
[2] Forderungen aus Lieferungen und Leistungen (240)
[3] Vorsteuer (260)
[4] Verbindlichkeiten aus Lieferungen und Leistungen (440)
[5] Umsatzsteuer (480)
[6] Büromaterial (680)

S	H
☐	☐
☐	☐

70. Aufgabe

ROLF LOTZ
GRUNDSTÜCKSMAKLER

Frankfurter Bremsen AG
Kasseler Straße 240
60486 Frankfurt

63069 Offenbach/Main
von-Behring-Str. 4
Tel.: 069/89 36 010

Offenbach, 20..-04-22

RECHNUNG Nr. 155/06

Für die Vermittlung des bebauten Grundstücks mit Lagerhalle Frankfurt/Main, Kasseler Str. 202, Flur 654, Parzelle 195, berechne ich Ihnen folgende Maklerprovision:

Maklerprovision 2,5 %	7.350,00 €
+ 19 % Umsatzsteuer	1.396,50 €
	8.746,50 €
	========

Zahlung erbeten bis zum 20.05.20.. auf mein Konto bei der Stadtsparkasse Offenbach,
IBAN: DE92 5052 0000 0000 1238 92
BIC: HELADEF1OFF
Ust.-Id.-Nr.: DE 776665554

S	H
☐	☐
☐	☐

[1] Bebaute Grundstücke (051)
[2] Forderungen aus Lieferungen und Leistungen (240)
[3] Vorsteuer (260)
[4] Verbindlichkeiten aus Lieferungen und Leistungen (440)
[5] Umsatzsteuer (480)
[6] Vertriebsprovision (615)
[7] Provisionsaufwendungen (außer Vertriebsprovision) (676)

71. Aufgabe

JOSEF MAIER GMBH

Dach-, Wand- und Abdichtungstechnik

Frankfurter Bremsen AG
Kasseler Straße 240
60486 Frankfurt am Main

RECHNUNG

Nr. 27436/97
Kunden-Nr. 2394
Bestell-Nr. 3/890990
Datum: 16.11.20..

Gebäude M - Ausführung 13.09.20..

Vorhandene Regenfallrohre abgedichtet und Einregenstelle im Flachdach beseitigt.

Menge:	Bezeichnung	E-Preis	Ges.-Preis
8,00 Std.	Vorarbeiter Franz Müller	€ 38,00	€ 304,00
8,00 Std.	Helfer Marcus Blumtritt	€ 32,00	€ 256,00
40,0 kg	Bitumen	€ 11,22	€ 448,80
150,0 qm	Dachpappe	€ 6,85	€ 1.027,50
5,0 kg	Propangas	€ 4,69	€ 23,45
			€ 2.059,75
		19 % Umsatzsteuer	€ 391,35
		Gesamtsumme	**€ 2.451,10**

Handwerkerrechnung- sofort rein netto zahlbar!

Bankkonto: Sparkasse Offenbach, IBAN: DE92 5052 0000 0000 1220 66 - BIC: HELADEF1OFF

Ust.-Id.-Nr. DE 221474391

[1] Betriebsgebäude (053)
[2] Forderungen aus Lieferungen und Leistungen (240)
[3] Vorsteuer (260)
[4] Verbindlichkeiten aus Lieferungen und Leistungen (440)
[5] Umsatzsteuer (480)
[6] Fremdinstandhaltung (616)

S	H
☐	☐
☐	☐

Zu den nächsten zwei Aufgaben.
Bei der Frankfurter Bremsen AG wurde im Rahmen eines Investitionsprojektes ein Bearbeitungszentrum „R 1000" angeschafft. In diesem Zusammenhang sind die beiden folgenden Belege zu buchen.

Beleg 1

ÜBUFAG MASCHINEN AG

ÜBUFAG, Postfach 10 12 62, 60790 Frankfurt — Tel. 069/9846-0
Frankfurter Bremen AG
Kassler Str. 240
60486 Frankfurt — Datum: 03.03.20..

Rechnung Nr. 14/46978

Auftrags-Nr. 87867, Ausführung am 01.03.20..

		Beträge in €
1	Bearbeitungszentrum „R1000" 18 Werkzeugaufnahmen Arbeitsspindel 42 mm max. Drehzahl 6300 1/mm Maschinennummer 42 108 000 PC-Speichererweiterung	321.000,00
	19 % Ust.	60.990,00
		381.990,00 =========
	Zahlungsbedingung: 30 Tage nach Inbetriebnahme Bankverbindung: Deutsche Bank Frankfurt IBAN: DE53 5007 0010 0000 4456 23 BIC: DEUTDEFFXXX Ust.-Id.-Nr. DE 323646979	

Beleg 2

WEBER SCHWERTRANSPORTE TRANSPORT GmbH

Transport GmbH, Börsenplatz 11, 60313 Frankfurt — Tel. 069/256-0
Frankfurter Bremen AG
Kassler Str. 240
60486 Frankfurt — Datum: 12.03.20..

Rechnung Nr. 11345

Aufgrund Ihres Auftrags vom 19.02.20.. – Aufstellen Ihres Bearbeitungszentrums „R1000" – führten wir am 05.03.20.. folgende Leistungen durch:

1	An- und Abfahrt 15 to Kran	300,00 €
2	Transportarbeiten/Stunden 16 à 40,00 €	640,00 €
3	Kranarbeiten/Stunden 16 à 92,50 €	1.480,00 €
4	Spesen	88,00 €
		2.508,00 €
	19 % Ust.	476,52 €
	Zahlungsbedingung: Sofort nach Erhalt der Rechnung Bankverbindung: Deutsche Bank Frankfurt IBAN: DE53 5007 0010 0002 5585 57 BIC: DEUTDEFFXXX Ust.-Id.-Nr. DE 987789987	2.984,52 € =========

72. Aufgabe

[1] Anlagen und Maschinen der mech. Materialbearbeitung, -verarbeitung und -umwandlung (072)
[2] Forderungen aus Lieferungen und Leistungen (240)
[3] Vorsteuer (260)
[4] Guthaben bei Kreditinstituten (Bank) (280)
[5] Verbindlichkeiten aus Lieferungen und Leistungen (440)
[6] Umsatzsteuer (480)
[7] Sonstige Aufwendungen für bezogene Leistungen (617)

S	H
☐	☐
☐	☐

73. Aufgabe

[1] Anlagen und Maschinen der mech. Materialbearbeitung, -verarbeitung und -umwandlung (072)
[2] Bezugskosten (2001)
[3] Forderungen aus Lieferungen und Leistungen (240)
[4] Vorsteuer (260)
[5] Guthaben bei Kreditinstituten (Bank) (280)
[6] Verbindlichkeiten aus Lieferungen und Leistungen (440)
[7] Umsatzsteuer (480)
[8] Frachten und Fremdlager (614)
[9] Sonstige Aufwendungen für bezogene Leistungen (617)

S	H
☐	☐
☐	☐

Zu den nächsten drei Aufgaben.

Am 28. 04. 20.. erhalten Sie als Sachbearbeiter/in in der Finanzbuchhaltung die abgebildeten Rechnungen der Firmen Baudekoration Bramhoff und Elektro Scholl, sowie die selbst erstellte Rechnung über Verzugszinsen. Buchen Sie.

74. Aufgabe

[1] Betriebsgebäude (053)
[2] Forderungen aus Lieferungen und Leistungen (240)
[3] Vorsteuer (260)
[4] Verbindlichkeiten aus Lieferungen und Leistungen (440)
[5] Umsatzsteuer (480)
[6] Fremdinstandhaltung (616)

S	H
☐	☐
☐	☐

75. Aufgabe

[1] Sonstige Betriebsausstattung (085)
[2] Geringwertige Vermögensgegenstände der Betriebs- und Geschäftsausstattung (089)
[3] Forderungen aus Lieferungen und Leistungen (240)
[4] Vorsteuer (260)
[5] Verbindlichkeiten aus Lieferungen und Leistungen (440)
[6] Umsatzsteuer (480)
[7] Frachten und Fremdlager (614)
[8] Aufwendungen für Werkstücke und Sozialeinrichtungen (667)

S	H
☐	☐
☐	☐

76. Aufgabe

[1] Forderungen aus Lieferungen und Leistungen (240)
[2] Verbindlichkeiten aus Lieferungen und Leistungen (440).
[3] Umsatzerlöse für andere eigene Leistungen (505)
[4] Zinserträge (571)
[5] Sonstige Aufwendungen für bezogene Leistungen (617)
[6] Zinsaufwendungen (751)

S	H
☐	☐

BRAMHOFF – BAUDEKORATION GmbH OFFENBACH

Bramhoff Baudekoration, Postfach 10 24016, 63012 Offenbach
Frankfurter Bremen AG
Kassler Str. 240
60486 Frankfurt

Tel. 068/879918
Bankverbindung:
Deutsche Bank Offenbach
IBAN: DE87 5057 0018 0000 6510 00
BIC: DEUTDEFF505
Datum: 25.05.20..

Gemäß Stundennachweis 39/100 berechnen wir für am 20.05.20.. erbrachte Leistungen (Kostenstelle 125 – Meisterbüro):

80 qm porösen Putz entfernen, Haftputz auftragen, grundieren, anlegen 46,00 € je qm		3.680,00 €
	19 % Ust.	699,20 €
		4.379,20 €
		========

Handwerkerrechnung – zahlbar sofort rein nette
Ust.-Id.-Nr. DE 1233321147

ELEKTRO SCHOLL e. K.

Elektro Scholl e. K., Postfach 10 12 63, 63012 Offenbach
Frankfurter Bremen AG
Kassler Str. 240
60486 Frankfurt

Tel. 068/879918
Bankverbindung:
Commerzbank Offenbach
IBAN: DE49 5054 0028 0000 5789 12
BIC: COBADEFF505
Datum: 25.05.20..

Auftrag: 4710-14 – Lieferung am 22. Mai 20..
Kostenstelle 125 - Meisterbüro

Anzahl	Artikel	Einzelpreis €	Gesamtpreis €
2	Kühlschränke de Luxe	1.450,00	2.900,00
1	Frachtpauschale		100,00
			3.000,00
	Zahlung gemäß Vereinbarung.	19 % Ust.	570,00
			3.570,00
			=======

Ust.-Id.-Nr. DE 656686987

FRANKFURTER BREMSEN AG

Frankfurter Bremsen AG, Kasseler Str.240, 60488 Frankfurt
Autowerke Kassel AG
Postfach 100 501
34005 Kassel

Ust.-Id.-Nr. DE 456654456
Datum: 25.04.20..

Verzugszinsen

Die vereinbarte Zahlungsbedingung wurde nicht eingehalten. Vertragsgemäß berechnen wir für

RE 48 00 100 vom 06.02.20.., fällig am 06.03.20.., Zahlungseingang 10.04.20..
Re Betrag 118.000,00 €

Re 48 02 917 vom 13.02.20.., fällig am 13.03.20.., Zahlungseingang 24.04.20..
Re Betrag 132.000,00 €

2.683,22 € Verzugszinsen 10,25 %.

Wir bitten um sofortige Überweisung auf eines unserer Konten.

Bankverbindung:
Frankfurter Sparkasse
IBAN: DE43 5005 0201 0000 4322 31
BIC: HELADEF1822

Die nächsten vier Aufgaben gehören zusammen.

FRANKFURTER BREMSEN AG

Frankfurter Bremsen AG, Kasseler Straße 240, 60486 Frankfurt/Main

Autowerke Kassel AG
Frankfurter Str. 34
34119 Kassel

Ihre Zeichen:	GC
Ihre Nachricht vom:	16.05.20..
Unsere Zeichen:	BK
Unsere Nachricht vom:	18.05.20..

RECHNUNG

Kopie für Buchhaltung

Rechnungs-Nr.	Kunden-Nr.	Lieferdatum	Rechnungsdatum
5472-20..	3214	02.06.20..	03.06.20..

PN	Artikel	Bezeichnung	Menge	Einzelpreis €	Gesamtpreis €
1	BKR 232	Bremskraftregler	40	225,00	9.000,00
2	BS LKW	Bremsscheibe	25	175,00	4.375,00
					13.375,00
		12 % Rabatt			1.605,00
		Nettorechnungsbetrag			14.980,00
		19 % Umsatzsteuer			2.846,20
		Zahlungsbedingungen 3 % Skonto vom Warenwert bei Zahlung bis zum 10.06.20.. ansonsten netto Kasse bis zum 30.06.20..	Sonstiges		**Summe** **17.826,20**

Rechtsform: Aktiengesellschaft
Sitz: 60003 Frankfurt/Main
Ust.-Id.-Nr. DE 122991821

Bankverbindung:
Frankfurter Sparkasse
IBAN:DE78 5005 0102 0000 4322 31 - BIC: HELADEF1822

77. Sind bei obigem Beleg alle gesetzlichen Anforderungen erfüllt bzw. könnte auf einige Angaben verzichtet werden? Kreuzen Sie das richtige Ergebnis an.

a) Alle gesetzlichen Vorgaben sind erfüllt.
b) Auf das Ausgangsdatum der Rechnung könnte verzichtet werden.
c) Bezeichnung und Menge der Ware müssten nicht unbedingt angegeben sein. Artikelnummer und Gesamtpreis wären ausreichend.
d) Es fehlt die Unterschrift eines verantwortlichen Mitarbeiters.
e) Nur bei einer Kleinbetragsrechnung bis netto 400,00 € hätten Entgelt und Umsatzsteuer nicht getrennt ausgewiesen werden müssen.

78. Aufgabe – Kontieren Sie die abgebildete Rechnung der Frankfurter Bremsen AG. Der Artikel BS LKW wird von einem Zuliefererbetrieb bezogen.

[1] Bezugskosten (2001)
[2] Vorprodukte/Fremdbauteile (201)
[3] Forderungen aus Lieferungen und Leistungen (240)
[4] Vorsteuer (260)
[5] Verbindlichkeiten aus Lieferungen und Leistungen (440)
[6] Umsatzsteuer (480)
[7] Umsatzerlöse für eigene Erzeugnisse (500)
[8] Umsatzerlöse für Waren (510)

S	H
☐	☐
☐	☐
☐	☐

79. Wie viel Prozent beträgt der effektive Jahreszins des Lieferantenkredits laut Zahlungsbedingungen der Frankfurter Bremsen AG? Tragen Sie das Ergebnis in das Kästchen ein.

80. Aufgabe – Kontieren Sie die nachstehende Rechnung der Spedition Kreuzpaintner GmbH.

[1] Bezugskosten (2001)
[2] Forderungen aus Lieferungen und Leistungen (240)
[3] Vorsteuer (260)
[4] Verbindlichkeiten aus Lieferungen und Leistungen (440)
[5] Umsatzsteuer (480)
[6] Frachten und Fremdlager (inkl. Versicherung und anderer Nebenkosten) (614)
[7] Postgebühren (Porto, Telefon, Telefax) (682)

S	H
☐	☐
☐	☐

SPEDITION KREUZPAINTNER GmbH

Sitz und Verwaltung:
Sonnenring 44
84032 Altdorf
Tel.: 0871-306-0

Spedition Kreuzpaintner GmbH, Sonnenring 44, 84032 Altdorf

Frankfurter Bremsen AG
Kasseler Str. 240
60486 Frankfurt/Main

Eingegangen:
04.06.20..

Rechnung Nr. 4582-20..

Rechnungsdatum: 03.06.20..
Kundennummer: 06574

Wir erlauben uns, für die folgende Transportleistung zu berechnen:

Transportdatum:	02.06.20..
Transportgut:	Bremsscheiben und Bremskraftregler
Verpackung:	Paletten
Anzahl:	2
Gesamtgewicht:	1 250 kg
Absender:	Frankfurter Bremsen AG
Empfänger:	Autowerke Kassel AG

Transportpauschale:	320,00 €
19 % Umsatzsteuer:	60,80 €
Summe:	**380,80 €**

Zahlungsbedingung: innerhalb 10 Tagen ab Rechnungsdatum netto Kasse.

Im Übrigen gelten die Allgemeinen Speditionsbedingungen (ADSp) sowie die vom BSL empfohlenen Bedingungen und Entgelte für den Spediteur-Sammelgutverkehr, jeweils neueste Fassung – Gerichtsstand Landshut.

Bankverbindung: Sparkasse Landshut, IBAN: DE61 0743 5000 0000 1349 87 – BIC: BYLADEM1LAH
Ust-IdNr. DE 99 78 11 456; Steuernummer: 309/209/50234, Finanzamt Landshut

81. Aufgabe

Beim Erstellen des Jahresabschlusse ist der abgebildete Beleg zu berücksichtigen. Es handelt sich bei der Gutschrift von 1.800,00 € um die Miete für von der Solar GmbH genutzte Lagerhalle für den Monat Januar des folgenden Jahres. Welche Buchung ist am 31.12. diesen Jahres vorzunehmen?

[1] Übrige sonstige Forderungen (269)
[2] Guthaben bei Kreditinstituten (Bank) (280)
[3] Aktive Jahresabgrenzung (290)
[4] Übrige sonstige Verbindlichkeiten (489)
[5] Passive Jahresabgrenzung (490)
[6] Nebenerlöse aus Vermietung und Verpachtung (540)
[7] Mieten, Pachten (670)

S	H
☐	☐

KONTOAUSZUG vom 18.12.20.. **Frankfurter Sparkasse**

Kontonummer	Auszug	Blatt	Frankfurter Sparkasse	Währung	Soll	Alter Kontostand	Haben
432 231	352	1	Zweigstelle Marienstraße. BLZ 500 501 02	€			64.325,00 €

Buchungstag	Text	Wert	Belastung	Umsätze	Gutschrift
15.12.20..	Überweisung Solar GmbH Konto 2889 BLZ 500 100 60	15.12..			1.800,00 €
Herrn/Frau/ Firma	Frankfurter Bremsen AG Kasseler Str. 240 60486 Frankfurt/Main				
	Neuer Kontostand				66.125,00 €

IBAN:DE78 5005 0102 0000 4322 31 - BIC: HELADEF1822

III. Sie sind Mitarbeiter der Firma Textilwerke AG, Fulda. Die folgenden Belege sind zu verbuchen.

82. Aufgabe

KONTOAUSZUG vom 05.06. **Hessenbank AG Fulda**

Kontonummer	Auszug	Blatt	Hessenbank AG 36037 Fulda BLZ 51020278	Währung	Soll	Alter Kontostand	Haben
0980	45	1		€			450,25

Buchungstag	Text	Wert	Belastung	Umsätze	
31.05.	Rechnung Nr. 1108 vom 02.05.20..	01.06.			9.430,00
	Neuer Kontostand				9.880,25

Herr/Frau/Firma
Textilwerke AG
Rhönstraße 200
36037 Fulda

IBAB: DE24 5102 0278 0000 0009 80 - BIC: HELADEFUXXX

[1] Nachlässe für Rohstoffe (2002)
[2] Forderungen aus Lieferungen und Leistungen (240)
[3] Guthaben bei Kreditinstituten (Bank) (280)
[4] Verbindlichkeiten aus Lieferungen und Leistungen (440)
[5] Umsatzsteuer (480)
[6] Umsatzerlöse für eigene Erzeugnisse (500)

S	H
☐	☐

83. Aufgabe

Bankauszug liegt vor.

Deutsche Telekom
Ihre Rechnung

·T·······

TEXTILWERKE AG
RHÖNSTR. 200
36037 FULDA

Artikel oder Leistung	Menge/tarifierte Zeit	Nettoeinzelbetr.	Nettogesamtbetr.	Ust (%)
1. Basisanschluss	1	44,34	44,34	19
2. Beträge für Verbindungen				
Rufnummer 0661/5388-3761				
.	1474	0,1043	153,74	19
Rufnummer 0661/5388-3762				
.				
.	2765	0,1043	288,39	19
Summe der Beträge			**486,56**	
+ Umsatzsteuer 19 %			**92,45**	
Rechnungsbetrag			**579,01**	**(wird abgebucht)**

[1] Forderungen aus Lieferungen und Leistungen (240)
[2] Vorsteuer (260)
[3] Guthaben bei Kreditinstituten (Bank) (280)
[4] Umsatzsteuer (480)
[5] Entnahme von Gegenständen und Leistungen (542)
[6] Büromaterial (680)
[7] Porto - Telefon - Telefax (682)

S	H
☐	☐
☐	☐

84. Aufgabe

TEXTILWERKE AG

Textilwerke AG, Rhönstr. 200, 36037 Fulda
Hintze Textilmarkt e.K.
Wallgraben 4
21202 Lüneburg

Ihre Zeichen: BR 17/231
Unsere Zeichen: 17-234/MV
Ust.-Id.-Nr. DE 12321235

Datum: 13.04.20..

Rechnung Nr. 1098

Gemäß Ihrem Auftrag vom 06.03.20.., Auftragsnummer 0987/19/112, erhielten Sie am 10.04.20.. 1.000 Bettlaken.
Wir bitten Sie um Überweisung der verauslagten Fracht.

		Beträge in €
1	Fracht für 1.000 Bettlaken	123,80
	19 % Ust.	23,52
	Bankverbindung:	147,32
	Hessenbank AG, Fulda	======
	IBAN: DE24 5102 0278 0000 0009 80	
	BIC: HELADEFUXXX	

[1] Bezugskosten (2001)
[2] Forderungen aus Lieferungen und Leistungen (240)
[3] Vorsteuer (260)
[4] Verbindlichkeiten aus Lieferungen und Leistungen (440
[5] Umsatzsteuer (480)
[6] Umsatzerlöse für eigene Erzeugnisse (500)

S	H
☐	☐
☐	☐

85. Aufgabe

Bürozentrum Harald Junker e. K.

Bürozentr. H. Junker, Mainzer Str.12 36039 Fulda
Textilwerke AG
Rhönstr. 200
36037 Fulda

Ust.-Id.-Nr. DE122201272

Datum: 13.04.20..

Rechnung Nr. 72545

Eingeg. am 18. 04.
Textilw. AG Fulda

Ihre Zeichen: 17-234/MV | Unsere Zeichen: BZ-HJ/3342

Wir lieferten Ihre Bestellung Nr. 234 vom 07.04. am 20.04.20..

Stück	Gegenstand/Leistung	EP	Beträge in €
120	Ordner B 80	3,96	475,20
20	Schreibblöcke	4,86	97,20
250	Prospekthüllen	0,40	100,00
100	Einlagen	0,91	91,00
			763,40
		19 % Ust.	145,05
	Bankverbindung:		908,45
	Postbank Frankfurt		======
	IBAN: DE54 5001 0060 0001 8586 02		
	BIC: PBNKDEFFXXX		

S	H
☐	☐
☐	☐

[1] Büromaschinen, Organisationsmittel und Kommunikationsanlagen (086)
[2] Geringwertige Vermögensgegenstände der Betriebs- und Geschäftsausstattung (089)
[3] Forderungen aus Lieferungen und Leistungen (240).
[4] Vorsteuer (260)
[5] Verbindlichkeiten aus Lieferungen und Leistungen (440)
[6] Umsatzsteuer (480)
[7] Büromaterial (680)

86. Aufgabe

Autohaus Lang GmbH
Maiweg 25, 36055 Fulda

Textilwerke AG — Ust.-Id.-Nr.: DE 881207440
Rhönstr. 200
36037 Fulda — Datum: 19. April 20..

Rechnung Nr. 254

Kosten für Zulassung „VW-Passat", Fahrgestell-Nr. 8766897-90, KFZ-Brief Nr. 654578979.
Wir bitten um Überweisung.

	85,00 EUR
+ 19 % Mwst	16,15 EUR
	101,15 EUR
	=========

Bankverbindung : Postbank Frankfurt, Ust.-Id.-Nr.: DE 881207440
IBAN: DE54 5001 0060 0023 4587 68
BIC: PBNKDEFFXXX

S	H
☐	☐
☐	☐

[1] Fuhrpark (084)
[2] Forderungen aus Lieferungen und Leistungen (240).
[3] Vorsteuer (260)
[4] Verbindlichkeiten aus Lieferungen und Leistungen (440)
[5] Umsatzsteuer (480)
[6] Sonstige Aufwendungen für bezogene Leistungen (617)
[7] Gebühren (673)

87. Aufgabe

DIEHL
W. Diehl, J. Diehl, Dipl.Ing.

Neubau, Umbau, Betreuung, Reparaturen, Wartung von Aufzügen aller Art

Diehl, GmbH, Postfach 10, 55774 Baumholder
Textilwerke AG
Rhönstr. 200
36037 Fulda

Ust.-Id.-Nr. DE158601778
Tel.: 08783/2229
Datum: 08.11.20..

Rechnung Nr. 996/14

Eingeg.: 11.11. 20..
Textilwerke AG Fulda

Ihre Zeichen: 17-234/MV — Unsere Zeichen: DD/145

Ihr Auftrag: Lastenaufzug Frabrikationsnummer 6542

Stück	Gegenstand/Leistung	EP	Beträge in €
	Erledigung von Beanstandungen des TÜV anlässlich der Hauptprüfung vom 10.019.20.., Tragseile erneuert inkl. Aufhängung		2.832,00
		19 % Ust.	538,08
	Bankverbindung: Kreissparkasse Birkenfeld IBAN: DE87 5625 0030 0000 1934 11 BIC: BILADE55XXX		3.370,08
			======

Zahlbar: netto Kasse sofort nach Erhalt der Rechnung

S	H
☐	☐
☐	☐

[1] Betriebsgebäude (053)
[2] Forderungen aus Lieferungen und Leistungen (240)
[3] Vorsteuer (260)
[4] Verbindlichkeiten aus Lieferungen und Leistungen (440)
[5] Umsatzsteuer (480)
[6] Fremdinstandhaltung (616)

88. Aufgabe: Zahlung nachfolgender Rechnung erfolgt innerhalb von 30 Tagen netto. (Belegausschnitt)

CARLO WOLLMACHER GmbH - WERBEAGENTUR -
Saarstraße 54, 36043 Fulda

Textilwerke AG
Rhönstr. 200
36037 Fulda

Eingegangen am
15. November

..-10-17

RECHNUNG Nr 1230
Anzeige in Fuldaer Nachrichten/Messebeilage
2 Spalten/50, Ausgabe 01

mm-Preis	6,90 €	690,00 €
	+ 19 % Umsatzsteuer	131,10 €
	zu zahlen	821,10 €
		==========

[1] Forderungen aus Lieferungen und Leistungen (240)
[2] Vorsteuer (260)
[3] Verbindlichkeiten aus Lieferungen und Leistungen (440)
[4] Umsatzsteuer (480)
[5] Sonstige Aufwendungen für bezogene Leistungen (617)
[6] Werbung (687)

S	H
☐	☐
☐	☐

89. Aufgabe

TEXTILWERKE AG - Rhönstr. 200, 36037 Fulda

Durchschrift für Buchhaltung

Hintze Textilmarkt e.K.
Wallgraben 4
21202 Lüneburg

Telefon: 0661/446768
Fulda, ..-10-15

Umsatzbonus 1. Halbjahr / Kd.-Nr. 24006

Sehr geehrte Damen und Herren,

Ihr Umsatz betrug bei uns im 1. Halbjahr ..126.500,00 €.
Vereinbarungsgemäß gewähren wir Ihnen einen Bonus von 5 %.

	5.500,00 €
zuzüglich 19 % Umsatzsteuer	1.045,00 €
	6.545,00 €

Bankverbindung: Hessenbank AG, Fulda, IBAN: DE24 5102 0278 0000 0009 80 - BIC: HELADEFUXXX

Nettobuchung.

[1] Nachlässe (2002)
[2] Forderungen aus Lieferungen und Leistungen (240).
[3] Vorsteuer (260)
[4] Verbindlichkeiten aus Lieferungen und Leistungen (440)
[5] Umsatzsteuer (480)
[6] Erlösberichtigungen (5001)
[7] Provisionsaufwendungen (676)

S	H
☐	☐
☐	☐

90. Aufgabe

TEXTILWERKE AG
Rhönstraße 200, 36037 Fulda

Hintze Textilmarkt e.K.
Wallgraben 4
21202 Lüneburg

Fulda, 20..-10-16

Ihre Bestellung vom 27.09.20..

Rechnung Nr. 08-1479 / Kd.-Nr. 24 006

Wir sandten Ihnen auf Ihre Gefahr am 07.10.20.. mit eigenem Lkw frei Haus Lüneburg

Menge	Erzeugnis	Preis je Einheit	Betrag €
500	Spannbettlaken (Artikel Nr. 174)	24,50	12.250,00
800	Normalbettlaken (Art.-Nr. 158)	10,40	8.320,00
1000	Bett- u. Kissenbezüge (Art.-Nr. 143)	30,10	30.100,00
2000	Vliese (Artikel Nr. 420) (Handelswaren)	8,60	17.200,00
			67.870,00
		+ 19 % Ust.	12.895,30
			80.765,30

Zahlungsbedingung: 14 Tage 2 % Skonto, 30 Tage netto Kasse

Bankverbindung: Hessenbank AG, Fulda,
IBAN: DE24 5102 0278 0000 0009 80 - BIC: HELADEFUXXX
Telefon: 0661/44726, Fax: 0661/44727
Ust.-Id.-Nr.: DE 921874235

[1] Fertige Erzeugnisse (220)
[2] Waren (Handelswaren) (228)
[3] Forderungen aus Lieferungen und Leistungen (240)
[4] Vorsteuer (260)
[5] Verbindlichkeiten aus Lieferungen und Leistungen (440)
[6] Umsatzsteuer (480)
[7] Umsatzerlöse für eigene Erzeugnisse (500)
[8] Umsatzerlöse für Waren (510)

S	H
☐	☐
☐	☐
☐	☐

ÜBUNGSAUFGABEN ZUR VORBEREITUNG AUF DIE ZWISCHEN- UND ABSCHLUSSPRÜFUNG

I. DREISATZRECHNEN

1. Ein LKW-Transport, bestehend aus 128 Kisten gleichen Inhalts, wird mit 11.328,00 € versichert. Durch einen Verkehrsunfall werden 68 Kisten zerstört.
Wie viel € muss die Versicherung bezahlen?

2. Zum Antrieb von 5 Maschinen werden 27.000 Liter Dieselkraftstoff monatlich benötigt. Ab dem II. Quartal wird eine 6. Maschine mit demselben Verbrauch in Betrieb genommen.
Wie viel Liter Dieselkraftstoff werden in diesem Jahr insgesamt benötigt?

3. Für die Betreuung und Beratung eines Kundenstammes von 1.800 Kunden sind in Ihrem Unternehmen bisher 6 Sachbearbeiter tätig. Durch Übernahm0eines in Insolvenz geratenen Betriebes mit 1.200 Kunden sind weitere Sachbearbeiter nötig. Gleichzeitig soll durch Rationalisierung eine Personaleinsparung von insgesamt 20 % erreicht werden.
Wie viel Sachbearbeiter sind jetzt erforderlich?

4. Ein Versandarbeiter würde für das Etikettieren einer Werbesendung 10 Stunden benötigen, da er in einer Stunde 3.200 Umschläge etikettiert. Es werden noch 3 Arbeitskräfte zusätzlich für diese Arbeit eingesetzt. Die durchschnittliche Stundenleistung pro Arbeiter liegt nun bei 4.000 Stück. In wie viel Stunden ist die Werbesendung etikettiert?

5. Ein Schraubenvorrat reicht in einer Maschinenfabrik bei einer Produktion von 40 Geräten pro Tag insgesamt 30 Tage, wenn bei jedem Gerät 200 Schrauben verarbeitet werden.
Wie viel Tage reicht dieser Vorrat, wenn 25 Geräte pro Tag hergestellt werden und je Gerät 300 Schrauben verarbeitet werden?

6. Bei der Jahresinventur einer Eisenhandlung waren im Vorjahr 8 Angestellte für 1.600 Artikel an 10 Tagen mit je 8stündiger Arbeitszeit eingesetzt.
Wie viel Tage brauchen in diesem Jahr bei täglich 7stündiger Arbeitszeit und einer Sortimentsbreite von 1.680 Artikeln 3 Angestellte?

7. Für die Inventur benötigten im Vorjahr 14 Angestellte bei einer täglichen Arbeitszeit von 8 Stunden 6 Tage. In diesem Jahr stehen für die Erledigung dieser Arbeit nur 4 Tage mit einer täglichen Arbeitszeit von 7 Stunden zur Verfügung.
Wie viel Angestellte müssen für diese Arbeit eingesetzt werden?

8. Die Bezugsquellenkartei muss neu geordnet werden. Die Kartei von 3.680 Lieferer- und Warenkarten sollte von 3 Angestellten in 8 Tagen bearbeitet werden. Da der Umstellungstermin vorverlegt wurde und noch 920 Karteikarten zusätzlich bearbeitet werden müssen, sollen noch zwei weitere Angestellte mithelfen.
Wie viel Tage wird man für die Arbeit benötigen?

9. Einer Familie stehen 480,00 € Haushaltsgeld zur Verfügung. Dieser Betrag reicht für 15 Tage, wenn täglich 32,-- € ausgegeben werden.
Um wie viel € muss das Haushaltsgeld erhöht werden, wenn es für 30 Tage reichen soll und täglich 40,-- € ausgegeben werden sollen?

10. Für die Verlegung der Abteilung „Rechnungswesen“ in ein anderes Gebäude werden 20 Arbeitskräfte für 10 Tage bei einer täglichen Arbeitszeit von 8 Stunden benötigt.
Welcher Bruch ist richtig, um zu ermitteln, wie viel Arbeitskräfte benötigt werden, wenn der Umzug bereits nach 5 Tagen bei täglich 2 Überstunden abgeschlossen sein soll?

a) 20 x 5 x 8 / 10 x 10
b) 5 x 10 x 20 / 10 x 8
c) 8 x 5 / 20 x 10 x 10
d) 20 x 10 x 10 / 8 x 5
e) 20 x 10 x 8 / 5 x 10

II. VERTEILUNGSRECHNEN

11. Ein Geschäftsinhaber zahlt Weihnachtsgeld an seine vier Mitarbeiter.
A erhält 1/4, B erhält 2/5, C erhält 1/6 und D den Restbetrag, der 561,00 € beträgt.
Wie viel € erhielt der Mitarbeiter B?

12. Die Stromkosten in einem Industriebetrieb betragen in einem Abrechnungszeitraum 12.800,00 €. Sie sollen auf die Kostenstellen Material (1.200 qm), Fertigung (1.800 qm), Verwaltung (400 qm) und Vertrieb (600 qm) verteilt werden.
Welcher Kostenanteil entfällt auf den Bereich Verwaltung?

13. Eine Erbschaft wird zu gleichen Teilen an 4 Geschwister verteilt. Der älteste Sohn hatte im Voraus 30.000,00 € und eine Tochter 20.000,00 € erhalten.
Wie viel € erhält der älteste Sohn noch, wenn der zu verteilende Rest 190.000,00 € beträgt?

14. Beim Kauf von Heizöl einer OHG erhielten der Gesellschafter A für seine Wohnung 1/3, der Gesellschafter B für seine Wohnung 2/8 und der Betrieb den Rest von 27.600 Liter Heizöl. Wie viel Liter Öl wurden insgesamt getankt?

15. Ein Importeur bezieht Früchte:

a) 300 Steigen à 10 kg Birnen

b) 200 Steigen à 5 kg Aprikosen

c) 500 Steigen à 10 kg Pfirsiche

Die Frachtkosten betragen insgesamt 702,00 €.
Wie viel € betragen die Transportkosten für die eingekauften Pfirsiche?

16. An einer KG sind 3 Gesellschafter beteiligt:

A	mit	250.000,00 €
B	mit	80.000,00 €
C	mit	60.000,00 €

Der Reingewinn des Geschäftsjahres von 89.000,00 € wird laut Gesellschaftsvertrag wie folgt verteilt: Die Kapitaleinlagen werden mit 8 % verzinst und der Rest des Gewinns wird im Verhältnis 5:3:2 verteilt. Wie viel € beträgt der gesamte Gewinnanteil von C?

17. An einer KG sind Komplementär A mit 150.000,00 € und die Kommanditisten B mit 90.000,00 € und C mit 60.000,00 € beteiligt. Der Reingewinn des Geschäftsjahres von 88.000,00 € wird laut Gesellschaftsvertrag wie folgt verteilt: Die Kapitaleinlagen werden mit 6 % verzinst, und der Restgewinn wird im Verhältnis 8:3:3 verteilt.

a) Wie viel € beträgt der Restgewinn?

b) Wie viel € beträgt der Anteil von A am Restgewinn?

c) Wie viel € erhält der Komplementär A insgesamt?

III. PROZENTRECHNEN

18. Am 10. des letzten Monats zahlte ein Unternehmen 15.200 € Umsatzsteuer (=19 %) an das Finanzamt. Der Vorsteuerabzug betrug 1.757,50 €.
Wie viel volle € betrug der zugrunde liegende Nettoumsatz?

19. Auf Grund einer Mängelrüge gewährt uns ein Lieferer einen Preisnachlass von 10 %. Nach Abzug von 2 % Skonto werden 2.116,80 € überwiesen.
Über wie viel € lautete der Rechnungsbetrag?

20. Ein Kunde kauft eine Waschmaschine, deren Barverkaufspreis 756,00 € beträgt. Da er Ratenzahlung wünscht, erhöht sich der Preis auf 840,00 €.
Wie viel % zahlt der Kunde mehr?

21. Der Preis einer Stereoanlage wurde von 1.640,00 € auf 1.394,00 € herabgesetzt.
Wie viel Prozent beträgt die Preissenkung?

22. Der Verkaufspreis einer Ware wurde um 8 % erhöht. Im Sonderverkauf wurde ein Restposten dieser Ware mit 25 % Nachlass zu 243,00 € je Stück verkauft.
Wie viel € betrug der Verkaufspreis vor der Erhöhung?

23. Eine Kundin kauft eine Stereo-Anlage auf Teilzahlung. Der Teilzahlungspreis setzt sich zusammen aus einer Anzahlung von 2.000,00- € und 8 Monatsraten von je 380,00 €. Der Teilzahlungspreis übersteigt den Barzahlungspreis um 12 %.
Wie viel € beträgt der Barzahlungspreis?

24. Ein Reisender erhält monatlich 1.400,00 € fix und eine Umsatzprovision von 6 %.
Wie viel € müssen seine Verkaufsabschlüsse im Jahr betragen, wenn er ein Jahresgehalt von brutto 48.000,00 € erreichen will?

25. Bisher wurden vierteljährlich 155,40 € für die Kraftfahrzeughaftpflichtversicherung gezahlt. Nun soll der Versicherungsbeitrag jährlich gezahlt werden.
Wie viel € beträgt die Ersparnis bei der Jahresprämie, wenn bisher für die Vierteljahresraten ein Aufschlag von 5 % eingerechnet war?

ÜBUNGSAUFGABEN ZUR VORBEREITUNG AUF DIE ABSCHLUSSPRÜFUNG

BEI DEN NACHSTEHENDEN AUFGABEN SIND DIE RICHTIGEN ERGEBNISSE ANZUKREUZEN BZW. ZUZUORDNEN.

1. **Bei der Datenverarbeitung werden Stamm- und Bewegungsdaten unterschieden. Welche Angabe gehört bei der Gehaltsabrechnung zu den Bewegungsdaten?**
   a) Nachname
   b) Nettolohn
   c) Steuerklasse
   d) Personalnummer
   e) Kontonummer
   f) Anschrift

2. **Ein Unternehmer erstellt seine Ausgangsrechnungen über Datenverarbeitung. Welche Angaben gehören zu den Stammdaten?**
   a) Rechnungsdatum, Kundenanschrift, Artikelnummer
   b) Rechnungsbetrag, Artikelbezeichnung, Kundennummer
   c) Kundennummer, Artikelnummer, Artikelbezeichnung
   d) Artikelnummer, Artikelbezeichnung, Menge
   e) Menge, Einzelpreis, Gesamtpreis

3. **In der Exportabteilung eines Unternehmens besteht ein System zur Verkaufsabwicklung (Erstellung der Auftragsbestätigung, Rechnungsschreibung, Umsatzstatistik). Hierzu hat eine Mitarbeiterin die unten abgebildete Tabelle über die Lieferländer erstellt. Welche Aussage über den Code, der den einzelnen Ländern zugeordnet wurde, ist richtig?**
   a) Es handelt sich um wahlfrei und rein zufällig ausgewählte Verschlüsselungen.
   b) Es handelt sich um eine alphanumerische Verschlüsselung ohne System.
   c) Es handelt sich um eine numerische Verschlüsselung mit System.
   d) Es handelt sich um eine numerische Verschlüsselung ohne System.
   e) Es handelt sich um eine alphanumerische Verschlüsselung mit System.

Albanien	A 01	
Belgien	B 01	
Bulgarien	B 02	
Dänemark	D 01	
Finnland	F 01	**LÄNDERCODE**
Frankreich	F 02	
Irland	I 01	
Island	I 02	
Italien	I 03	

4. **Ein Industriebetrieb kennzeichnet seine Produkte mit einem Strichcode (GTIN). Welche Aussage zur GTIN (Global Trade Item Nummer) ist richtig?**
   a) Die GTIN enthält die Nationalitätskennung, die Herstellernummer, die Artikelnummer und den Preis.
   b) Die GTIN ist sowohl im Strichcode als auch in einer direkt lesbaren OCR- Schrift aufgedruckt.
   c) Die GTIN enthält eine Prüfziffer, mit deren Hilfe der Rechner erkennen kann, ob die Herstellernummer stimmt.
   d) Die GTIN enthält die Herstellernummer, die Artikelnummer, den Preis und eine Prüfziffer.
   e) Die GTIN, die den Preis enthält, beschleunigt den Kassiervorgang, weil das zeitaufwendige Eintippen der Preise an der Kasse entfällt.

5. Zur Erleichterung für den Handel versieht die Textilwerke AG ihre verkaufsfertig verpackten Produkte mit maschinenlesbaren Codierungen. Bei welcher Abbildung wird der GTIN-Code verwendet?

a) Bei Abbildung 1
b) Bei Abbildung 2
c) Bei Abbildung 3
d) Bei Abbildung 4
e) Bei Abbildung 5

1

2

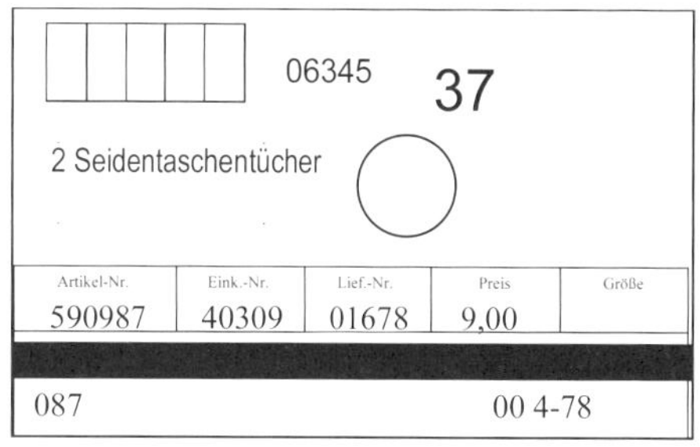

3

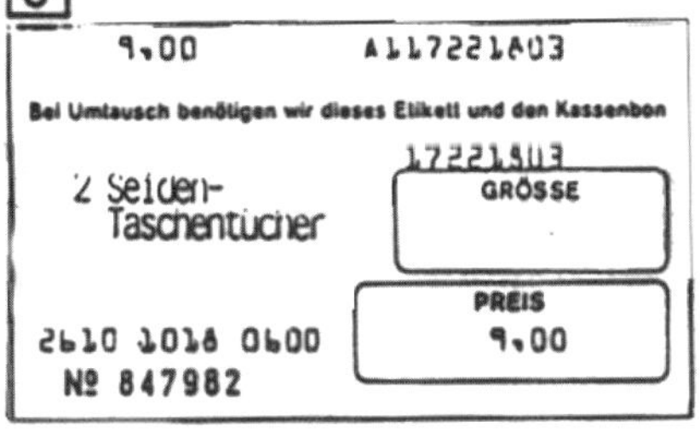

4

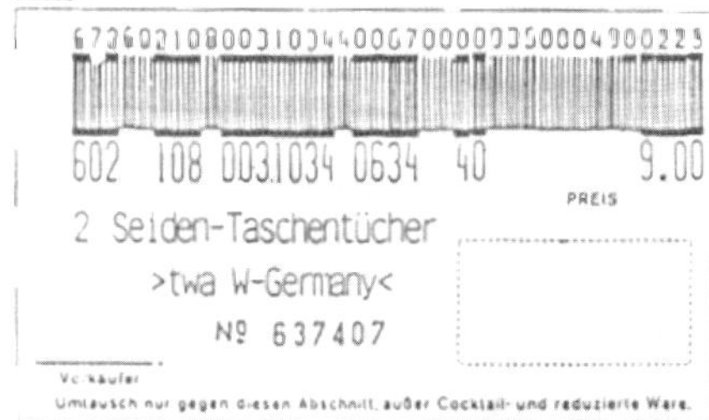

5

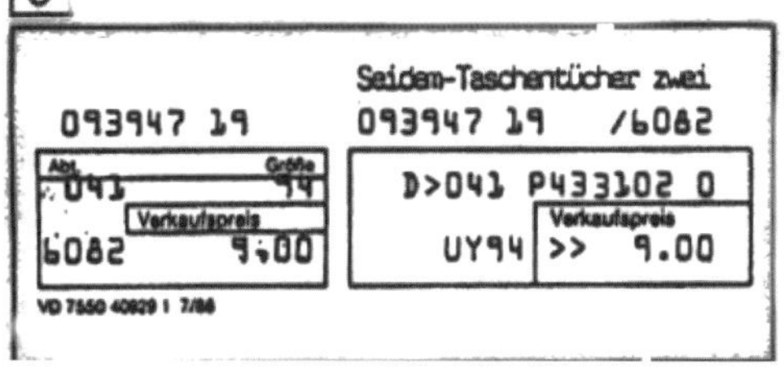

6. Welche Tätigkeit zählt unmittelbar zur Programmpflege?

a) Anpassung an gesetzliche Änderungen
b) Eingreifen bei Fehlbedienungen des Anwenders
c) Erstellen eines Unterprogrammes
d) Einsatz der Programme beim Anwender
e) Unterstützung der Anwender zu Beginn des Programmeinsatzes im Betrieb

7. Welche Aussage über die sequentielle Datenspeicherung bzw. -verarbeitung ist richtig?

a) Bei sequentieller Datenspeicherung und -verarbeitung ist zur Veränderung des Dateninhalts bei Verwendung des Magnetbandes ein Umschreiben auf ein neues Band notwendig.
b) Die sequentielle Speicherung von Daten erlaubt einen Direktzugriff auf die gespeicherten Informationen.
c) Auch nicht sortierte Datenbestände werden sequentiell gespeichert und im Stapelverfahren verarbeitet.
d) Die Verarbeitung sequentiell gespeicherter Daten ist wegen der kurzen Zugriffszeit besonders rationell.
e) Sequentiell gespeicherte Daten können im Reihen- oder Direktzugriff verarbeitet werden.

8. Alle Gegenstände der Betriebs- und Geschäftsausstattung sollen mit Barcodes gekennzeichnet werden. Welche Hardware-Komponente ist zur rationellen Erfassung der so verschlüsselten Informationen geeignet?

a) Nummerische Tastatur
b) Klarschriftleser
c) Magnetschriftleser
d) Digital-Kamera
e) Berührungsbildschirm
f) Scanner-Stift

9. Welche Aussage zum Zentralspeicher einer EDV-Anlage ist richtig?
a) Im Zentralspeicher befinden sich nur Daten, die durch ein Programm verarbeitet werden sollen.
b) Der Zentralspeicher führt arithmetische und logische Operationen durch.
c) Im Zentralspeicher befindet sich nur das Programm, das ausgeführt werden soll.
d) Im Zentralspeicher kann auf eine Information direkt zugegriffen werden.
e) Der Zentralspeicher steuert und überwacht die Ausführung eines Programmes.

10. Welche Aufgabe hat der Arbeitsspeicher einer Datenverarbeitungsanlage?
a) Er erfasst die Daten auf Datenträger.
b) Er führt logische Operationen durch.
c) Er addiert, subtrahiert und multipliziert.
d) Er stellt Verbindungen zur Zentraleinheit und zur Peripherie her.
e) Er interpretiert die Bedeutung der einzelnen Befehle des Anwenderprogrammes.
f) Er nimmt Daten auf, die in Bruchteilen von Sekunden zur Verfügung gestellt werden können.

11. Welchen Vorteil hat es, ein Programm mit einer grafischen Benutzeroberfläche zu verwenden?
a) Fehleingaben werden verhindert.
b) Befehle werden auf der Tastatur eingegeben.
c) Funktionen werden durch Mausklick auf das entsprechende Symbol ausgelöst.
d) Die Dateneingabe kann mittels Scanner erfolgen.
e) Funktionen werden durch die Betätigung von Tastenkombinationen ausgelöst.

12. Was ist ein Cursor?
a) Eine Funktionstaste, mit der man geschriebene Texte korrigiert
b) Eine Lichtmarke, die die aktuelle Position auf dem Bildschirm anzeigt
c) Ein Programm zur Lösung kaufmännischer Probleme
d) Ein Übersetzungsprogramm, das problemorientierte Sprachen in maschinenorientierte Sprachen umwandelt
e) Eine Schriftart, die maschinenlesbar ist

13. Welche Funktion hat ein externer Speicher?
a) Er nimmt während der Verarbeitung Eingabedaten auf.
b) Er stellt während der Verarbeitung Daten zur Ausgabe bereit.
c) Er nimmt während der Verarbeitung von Daten das Betriebssystem auf.
d) Er nimmt während der Verarbeitung von Daten das entsprechende Anwenderprogramm auf.
e) Er enthält Daten, die im aktuellen Programmablauf nicht benötigt werden.

14. Warum verwendet man in der elektronischen Datenverarbeitung neben dem Speicher der Zentraleinheit externe Speicher?
a) Die Zugriffsgeschwindigkeit zu externen Speichern ist größer als zum Speicher der Zentraleinheit.
b) Der Speicher der Zentraleinheit erlaubt nur einen Reihenzugriff.
c) Externe Speicher können mit dem Speicher der Zentraleinheit ausgetauscht werden.
d) Der Speicher der Zentraleinheit kann nur Daten, die zur Verarbeitung bestimmt sind, nicht jedoch das Programm aufnehmen.
e) Große Speicherkapazitäten kann man mit externen Speichern wirtschaftlicher bereitstellen.

15. Der Verkaufsleiter der Textilwerke AG ruft Sie aus Italien an und bitte Sie, ihm eine Preisliste (5 Seiten) zu übersenden, da er sich gerade in Verkaufsverhandlungen mit einem neuen Kunden befindet und er die aktuellen Preislisten vergessen hat. Grundsätzlich können alle modernen Kommunikationsmedien genutzt werden. Wie können Sie dem Verkaufsleiter die Unterlagen schnellstmöglich zur Verfügung stellen?
a) Durch Senden eines Telefax
b) Durch Senden eines Teletex
c) Durch Senden einer Mail per Videokonferenz
d) Durch Senden eines Telebriefes
e) Durch Senden eine Mail per Videotext

16. Welches periphere DV-Gerät eignet sich sowohl für die Eingabe als auch für die Ausgabe von Daten?

a) Mechanischer Schnelldrucker
b) Laserdrucker
c) Optischer Belegleser
d) Bildschirm mit Tastatur
e) Plotter
f) Scanner

17. Ordnen Sie zu.

Geräte einer EDV-Anlage	**Erläuterungen**
a) Plotter b) Terminal	[ ] Speichert das Programm und führt die Befehle aus
c) Klarschriftleser d) Externe Festplatte	[ ] Speichert große Datenmengen außerhalb der Zentraleinheit
e) Laserdrucker f) Zentraleinheit	[ ] Dient der Dateneingabe per Hand und der Fehlerkorrektur

18. Ein Arbeitsplatz ist mit einem Terminal ausgestattet. Auf welchem Datenträger müssen die erforderlichen Daten gespeichert sein, um den Arbeitsablauf zu beschleunigen?

a) Auf dem Bildschirm, weil somit die Informationen am schnellsten abgerufen werden können
b) Auf Magnetplatte, weil hier ein Direktzugriff zu den gespeicherten Informationen möglich ist
c) Auf Magnetbandkassetten, weil diese auch rückwärts gelesen werden können
d) Auf Mikrofilm, weil nur dadurch eine jederzeit beweiskräftige Unterlage vorhanden ist
e) Auf Magnetbändern, weil diese große Datenmengen speichern können

19. Eine Messgerätefabrik möchte die Dienste von Online-Banken nutzen. Welche zusätzliche Hardware müssen sie beschaffen?

a) Laserdrucker
b) ISDN-Karte
c) Streamer
d) Scanner
e) Compiler

20. Was versteht man in der Datenverarbeitung unter Konfiguration?

a) Die Art und Weise der Datenzusammenstellung im Betrieb
b) Die betriebsspezifische Zusammenstellung von Anwenderprogrammen
c) Die Austauschbarkeit von Datenträgern und Programmen
d) Die genormten Symbole der Datenverarbeitung
e) Die betriebsspezifische Zusammenstellung der EDV-Anlage aus Zentraleinheit und Peripheriegeräten

21. Im Rechenzentrum soll ein Plotter installiert werden. Welche Aussage kennzeichnet die Funktion eines Plotters?

a) Ein Plotter ist ein für grafische Darstellungen erforderliches Eingabegerät.
b) Ein Plotter ist als hardwaremäßige Ausstattung einer kommerziellen Datenverarbeitungsanlage unentbehrlich.
c) Ein Plotter ist ein Hochleistungszeilendrucker.
d) Ein Plotter wird zur Eingabe von codierten Informationen benötigt.
e) Ein Plotter ist ein Zeichengerät, das Arbeitsergebnisse in grafischer Form ausgibt.

22. Was ist unter Dialogverkehr zu verstehen?

a) Die im Rechenwerk ermittelten Daten werden zur Aufbewahrung auf einen externen Speicher übertragen.
b) Eine Datatypistin überträgt die Daten von einem Urbeleg auf ein Magnetband.
c) Der Sachbearbeiter kann sich mit Hilfe eines Bildschirmgerätes Informationen von der DV-Anlage holen.
d) Die von einer Bandstation gelesenen Daten werden in die Zentraleinheit übertragen.
e) Der Programmierer setzt die Symbole eines Programmablaufplanes um in eine Programmiersprache.

23. Für die Lösung von Kalkulationsaufgaben setzen Sie ein Tabellenkalkulationsprogramm ein. Bei welchem Bearbeitungsschritt haben Sie hierbei eine absolute Adressierung vorzunehmen?

a) Wenn mit logischen Funktionen gearbeitet werden soll
b) Wenn die Feldinhalte nur an eine bestimmte Stelle kopiert werden sollen
c) Wenn beim Kopieren einer Formel immer ein bestimmter Bezug zu einer Zelle beibehalten werden soll
d) Wenn mit mathematischen Funktionen gearbeitet werden soll
e) Wenn mit statistischen Funktionen gearbeitet werden soll

24. Was in der DV unter Back-up zu verstehen?

a) Mittels Back-up werden Datenbestände automatisch an die Rechenzentrale gemeldet.
b) Ein Back-up ist die Erstellung einer Sicherheitskopie des letzten Datenbestandes.
c) Back-up ist die Überprüfung eines Textes mit Rechtschreibprogramm.
d) Back-up ist die Löschung der Daten auf der Rückseite einer Diskette.
e) Mit Back-up bezeichnet man ein besonderes Laufwerk, in dem bei Arbeitsende durch seitenverkehrtes Einlesen von Disketten ein besonders hoher Sicherheitsstandard erreicht wird.

25. Für den Personalbericht sollen Sie eine alphabetische Liste aller Angestellten aus der Datenbank erstellen. Durch welchen Arbeitsschritt erreichen Sie, dass von den Mitarbeitern wirklich nur die Angestellten aufgelistet werden?

a) Stammdaten ändern
b) Sortierkriterium festlegen
c) Selektionskriterium eingeben
d) Feldbezeichnungen ändern
e) Liste formatieren

26. Was versteht man unter Systemsoftware?

a) Ein Tabellenkalkulationsprogramm
b) Ein Graphikprogramm
c) Ein Finanzbuchhaltungsprogramm
d) Eine Komplettlösung für die Textilwirtschaft
e) Ein mehrplatzfähiges Betriebssystem

27. Was bedeutet die Abkürzung „Windows 10“ in der Datenverarbeitung?

a) Die Bezeichnung für ein bestimmtes Betriebssystem für Personal-Computer
b) Die Verbindung zweier Geräte einer Datenverarbeitungsanlage
c) Die Abkürzung für eine Computersprache
d) Die Kennzeichnung einer besonderen Tastatur
e) Die Abkürzung für einen Computerhersteller

28. Wozu dient das Betriebssystem in der Datenverarbeitung?

a) Zum Aufzeichnen von Daten auf externen Speichern
b) Zum Überwachen aller gespeicherten Daten, um sie vor Missbrauch und Löschung zu schützen
c) Zum Steuern des Programms, der Zentraleinheit und der peripheren Geräte
d) Zum Verschlüsseln von Daten in einem EDV-Code
e) Zum Speichern des Programms und zur Zwischenspeicherung der zu verarbeitenden Ein- und Ausgabedaten

29. Was versteht man in der DV-Sprache unter einem Menü?

a) Es ist die Zusammenstellung der Hardware für unseren Betrieb.
b) Es handelt sich um die graphische Darstellung aller eingesetzten Personalcomputer.
c) Die mitgelieferten Anwenderprogramme werden als Menü bezeichnet.
d) Es handelt sich um die Farbzusammenstellung von Bildschirmhintergrund und Schrift (z .B. grau/schwarz).
e) Es handelt sich um ein Angebot von Funktionen, die der Computer erledigen kann.

30. Was versteht man unter Software?

a) Software sind maschinenlesbare Belege.
b) Software sind die Rechenarbeiten einer Datenverarbeitungsanlage.
c) Software sind z. B. die Betriebssysteme und Anwenderprogramme.
d) Software ist die technische Zusatzeinrichtung einer Datenverarbeitungsanlage.
e) Software sind die von einer Datenverarbeitungsanlage benutzten Speichermedien.

31. Was versteht man unter einem Datenverarbeitungsprogramm?

a) Alle Vorgänge von der Zielsetzung über die Analyse bis zur Dokumentation des erprobten Programmablaufs
b) Die Gesamtheit aller schriftlichen Anweisungen, die zur Durchführung eines Datenverarbeitungsprozesses notwendig sind
c) Eine logische Folge von Einzelbefehlen in maschinenlesbarer Form zur Lösung einer bestimmten Aufgabe
d) Das Zerlegen eines Problems in einzelne Arbeitsschritte, dargestellt im Programmablaufplan
e) Die Codierung in einer bestimmten Programmiersprache

32. Beim Kauf von Personalcomputern hat die Industrie-AG auch das Betriebssystem „Windows 10" sowie einige Anwenderprogramme erhalten. Welche Aufgabe wird durch ein Anwenderprogramm gelöst?

a) Die Organisation des Datenverkehrs innerhalb der Zentraleinheit
b) Das Errechnen von Brutto- und Nettolohn
c) Die Steuerung der peripheren Geräte
d) Die Umstellung der Tastatur auf deutsche Norm
e) Die Übersetzung eines Primärprogrammes (Quellenprogrammes) in ein Maschinenprogramm (Objektprogramm)

33. Ein bestimmter Arbeitsablauf soll in Zukunft von einer EDV-Anlage erledigt werden. Was ist zuerst zu tun?

a) Ein Programm codieren
b) Eine Analyse des Arbeitsablaufes durchführen
c) Einen Programmablaufplan erstellen
d) Einen Datenflussplan aufstellen
e) Eine Dokumentation anfertigen

34. Sie haben die Aufgabe, ein Diagramm über die Umsatzentwicklung der letzten 6 Monate mit einem Grafikprogramm zu erstellen und die Datei über das Intranet Ihrem Abteilungsleiter per Mail zu schicken. Bringen Sie die dazu erforderlichen Arbeitsschritte in die richtige Reihenfolge.

[ ] Tabelle erstellen
[ ] Mail senden
[ ] Grafiktyp wählen
[ ] Mailsystem aufrufen, Empfängeradresse eingeben
[ ] Legende bearbeiten
[ ] Datei anhängen
[ ] Mailsystem schließen
[ ] Fertige Datei speichern

35. Welchem der nachfolgenden Verkaufsargumente eines Softwareunternehmens für eine Standardsoftware können Sie nicht zustimmen?

a) Die Standardsoftware ist ausgereift, sodass weniger Fehler als bei Individualsoftware auftreten.

b) Die Standardsoftware ist sofort verfügbar, damit ist die Einführungsdauer in der Regel viel kürzer als bei Individualsoftware.

c) Die Bedürfnisse des jeweiligen Käufers der Software werden ganz besonders berücksichtigt.

d) Updates werden vom Hersteller zur Verfügung gestellt.

e) Die Kosten für den Erwerb der Standardsoftware sind meistens günstiger als die Kosten für die Erstellung der Individualsoftware.

36. Ein Außendienstmitarbeiter der Industrie AG erfasst die Auftragsdaten per Notebook. Anschließend überträgt er die Daten zu einem Rechner der Zentralverwaltung. Welche Form der Datenerfassung liegt hier vor?

a) Manuelle Datenerfassung online

b) Automatische Datenerfassung online

c) Automatische Datenerfassung offline

d) Manuelle Datenerfassung offline

e) Automatische Datenerfassung im Batch-Betrieb

37. In einem 15-seitigen Protokoll über eine Sitzung des Betriebsrates, das mit Hilfe eines Textverarbeitungsprogrammes geschrieben worden ist, wurde festgestellt, dass ein häufig vorkommender Name falsch geschrieben wurde. Anstatt Stieme wurde stets Stimme geschrieben. Wie ist vorzugehen, wenn die Fehler mit Hilfe der Menüpunkte „BEARBEITEN, SUCHEN NACH, ERSETZEN“ automatisch korrigiert werden soll?

a) Automatisch alle gefundenen Einträge, die auf „Stimme“ lauten, ersetzen lassen, da das Programm Eigennamen erkennen kann

b) Bei „SUCHEN NACH“ ist „Stieme“ einzutragen, bei „ERSETZEN DURCH“ ist „Stimme“ einzutragen.

c) Um möglichst schnell den Text fehlerfrei zu haben, ist es besser, auf die Programmfunktion zu verzichten und gleich beim Durchlesen zu korrigieren.

d) Bei jeder einzelnen Fundstelle mit Hilfe von „SUCHEN“ ist zu prüfen, ob der Ersatz mit Hilfe von „ERSETZEN“ durch „Stieme“ sinnvoll ist.

e) Die sicherste Korrektur erfolgt mit dem programmierten Rechtschreibprogramm.

38. Was versteht man unter Datenerfassung?

a) Übertragung von Daten auf maschinengerechte Datenträger

b) Codieren des Programms

c) Ausdrucken von Daten über Schnelldrucker

d) Speicherung von Daten, damit sie zum Ausdrucken zur Verfügung stehen

e) Verarbeiten von Daten in der Zentraleinheit

39. Welche Aussage zum Offline-Betrieb ist richtig?

a) Der Offline-Betrieb wird hauptsächlich bei der Datenerfassung eingesetzt.

b) Für den Offline-Betrieb können keine Disketten verwendet werden.

c) Für den Offline-Betrieb müssen die Daten auf Klarschriftbelege erfasst werden.

d) Der Offline-Betrieb wird zur Datensicherung betrieben.

e) Der Offline-Betrieb erschwert die Datenerfassung.

f) Die Datenverarbeitung ist ohne Offline-Betrieb nicht möglich.

40. Bringen Sie die folgenden Arbeitsschritte bei der Datenerfassung und -verarbeitung im online-Verfahren in die richtige Reihenfolge.

[ ] Verarbeitung der Daten in der Zentraleinheit

[ ] Eingabe der Daten über ein Terminal

[ ] Ausdruck des Protokolls dieses Vorgangs auf dem Journalstreifen und/oder Beleg durch das Terminal

[ ] Übertragung der Daten in die Zentraleinheit des EDV-Systems

[ ] Prüfung der eingegebenen Daten auf Plausibilität anhand der Prüfziffer

41. Bringen Sie die folgenden Arbeitsschritte bei der Datenerfassung im Offline-Betrieb-Verfahren in die richtige Reihenfolge.

[ ] Einlesen der in Datenträgern erfassten Daten in die Zentraleinheit
[ ] Überprüfen der Datenträger durch Abstimmung mit den Urbelegen
[ ] Erstellen maschinengerechter Datenträger aus den Urbelegen
[ ] Freigabe der Datenträger für das EDV-System
[ ] Korrektur fehlerhafter Datenträger

42. Welche Aussage über die Datenfernübertragung ist richtig?

a) Datenverarbeitungsanlage, Geräte zur Dateneingabe sowie Datenausgabe befinden sich an geographisch verschiedenen Orten.
b) Die Ausgabedaten können im Rechenzentrum nicht geprüft werden.
c) Teile der Zentraleinheit sind an den entfernt liegenden Entstehungsort der Daten ausgelagert.
d) Die Datenfernverarbeitung kann nur im Stapelverfahren stattfinden.
e) Es werden stets private Übertragungsleitungen des Anwenders benutzt.

<u>Zu den nächsten drei Aufgaben siehe nachstehende Abbildung.</u>

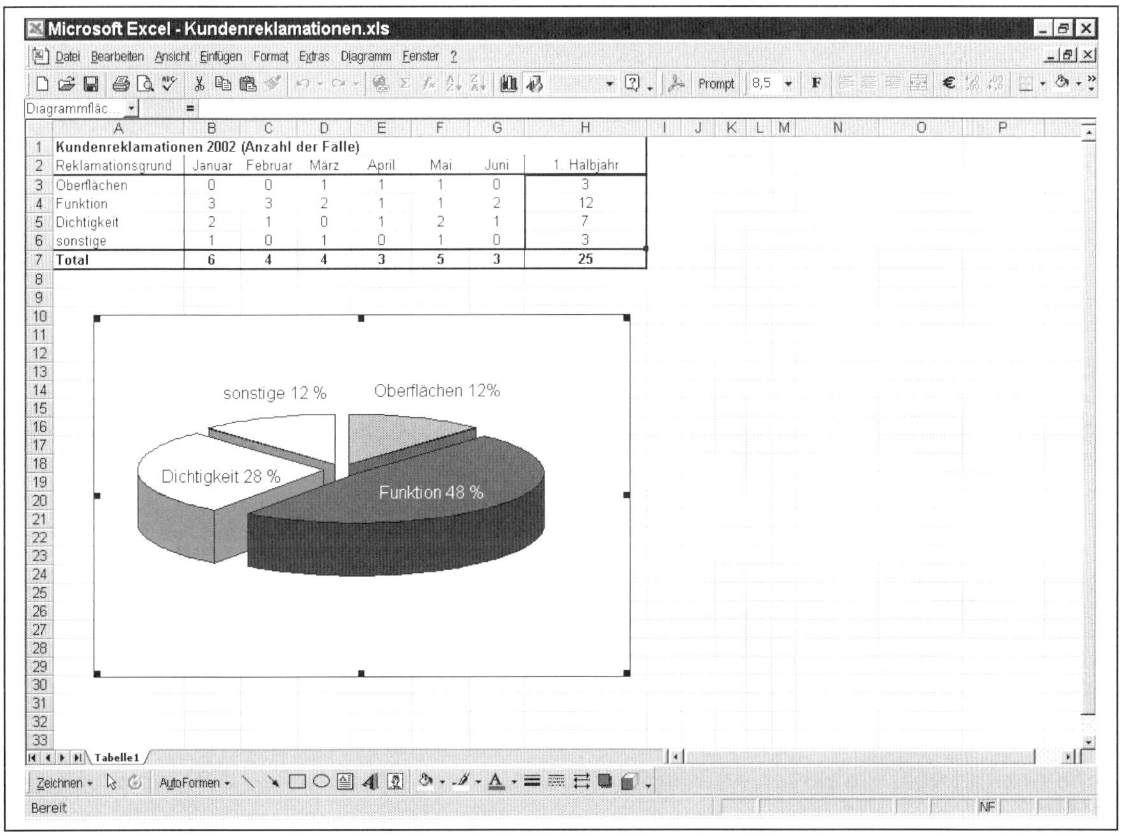

	A	B	C	D	E	F	G	H
1	**Kundenreklamationen 2002 (Anzahl der Fälle)**							
2	Reklamationsgrund	Januar	Februar	März	April	Mai	Juni	1. Halbjahr
3	Oberflächen	0	0	1	1	1	0	3
4	Funktion	3	3	2	1	1	2	12
5	Dichtigkeit	2	1	0	1	2	1	7
6	sonstige	1	0	1	0	1	0	3
7	**Total**	**6**	**4**	**4**	**3**	**5**	**3**	**25**

43. Zur Auswertung der Kundenreklamationen setzen Sie einen PC mit Standard-Software ein. Damit werten Sie die Daten aus der Datenbank aus. Die Abbildung unten zeigt einen Bildschirm-Ausschnitt einer solchen Auswertung mit einem Tabellenkalkulationsprogramm. In welchem Bereich der Tabelle wird das Diagramm zahlenmäßig dargestellt?

a) Bereich A3 bis A6
b) Bereich B3 bis D6
c) Bereich B7 bis G7
d) Bereich B7 bis H7
e) Bereich H3 bis H6

44. Das Feld mit der Adresse H7 in der Tabelle hat für die Auswertung eine besondere Bedeutung. Welche Formel steht sinngemäß in diesem Feld?

a) Summe (A1 bis H7)
b) Summe (H3 bis H6)
c) Summe (B3 bis H6)
d) Mittelwert (B3 bis G6)
e) Mittelwert (B7 bisG7)
f) Mittelwert (A1 bis H7)

45. Bei einer Überprüfung stellen Sie fest, dass der Wert des Reklamationsgrundes „Dichtigkeit" für Januar in dem Tabellenkalkulationsblatt falsch ist. Welche Auswirkungen hat es, wenn Sie diesen Wert korrigieren?

a) Die Tabelle wird automatisch aktualisiert.
b) Alle Formeln in der Spalte H müssen neu eingegeben werden.
c) Sie müssen die Grafik völlig neu erstellen.
d) Die Tabelle wird automatisch neu formatiert.
e) Die notwendigen neuen Spalten werden automatisch eingefügt.

46. Personalinformationen sind in einer relationalen Datenbank in mehreren Tabellen erfasst. Wie lassen sich sinnvoll die gespeicherten Daten in Listen auswerten?

a) Durch Herstellung von Beziehungen zwischen einzelnen Daten
b) Durch Ausdrucken der einzelnen Daten
c) Durch Ausdrucken einzelner Felder
d) Durch Sortierung nach über- und untergeordneten Daten
e) Durch Eingabe von Feldfunktionen

47. Was versteht man unter „Real-Time-Verarbeitung"?

a) Daten werden von entfernten Stationen erst mittels Standleitung eingegeben und dann nach einem Arbeitsplan des Rechenzentrums verarbeitet.
b) Daten werden gelesen, zwischengespeichert, dann verarbeitet und wieder zwischengespeichert.
c) Daten werden im Dialogverkehr eingegeben, sofort verarbeitet und wieder abgerufen.
d) Gespeicherte Daten werden direkt an Bildschirmgeräten abgerufen, überprüft und eventuell über Magnetbandspeicherung ergänzt.
e) Daten werden gesammelt und dann innerhalb festgelegter Zeiten verarbeitet.

48. Was versteht man unter „Multiprogramming"?

a) Abarbeitung mehrerer Programme nacheinander
b) Parallele Abarbeitung mehrerer Programme auf mehreren Rechnern
c) Verzahnte Abarbeitung mehrerer Programme auf einem Rechner
d) Mehrfache Abarbeitung eines Programmes
e) Abarbeitung eines Programmes mit mehreren miteinander vernetzten Rechnern

49. Welche Antwort über die verschiedenen Betriebsarten der elektronischen Datenverarbeitung ist richtig?

a) Stapelverarbeitung bedeutet: Mehrere Aufgaben, für die die Daten vollständig gesammelt worden sind, werden nacheinander schubweise verarbeitet.
b) Real-time-Verarbeitung bedeutet: Die Datenträger mit den angefallenen Daten werden zum Rechenzentrum transportiert und dort sofort verarbeitet.
c) Online-Datenfernverarbeitung bedeutet: Die zu verarbeitenden Daten werden dezentral auf maschinenlesbaren Datenträgern gesammelt, direkt in das Rechenzentrum übertragen und verarbeitet.
d) Timesharing bedeutet: Mehrere voneinander unabhängige Programme des gleichen Anwenders sind im Arbeitsspeicher geladen.
e) Multiprogramming bedeutet: Es muss die Belegungszeit für eine Anlage auf mehrere Benutzer aufgeteilt werden.

50. Welche Aussage kennzeichnet die Datenfernverarbeitung (tele-processing)?

a) Datenfernverarbeitung ist nur innerhalb eines Unternehmens möglich.
b) Eine Datenfernverarbeitung ist nur mit Anlagen und Periphergeräten desselben Herstellers möglich.
c) Datenfernverarbeitung ist nur innerhalb der Bundesrepublik Deutschland möglich.
d) Datenfernverarbeitung ist besonders dann sinnvoll, wenn aktuelle Daten nicht unbedingt erforderlich sind.
e) Datenstation und Datenverarbeitungsanlage sind durch Wähl- oder Standleitungen verbunden und ermöglichen so Datenkommunikation.

51. Was versteht man unter „Dialogverarbeitung“?

a) Daten werden im Zeitpunkt ihrer Entstehung verarbeitet.
b) Alle gesammelten Daten werden zu einem bestimmten Zeitpunkt verarbeitet.
c) Mehreren Benutzern einer Anlage werden kurze Zeitabschnitte zur Bearbeitung zugeteilt.
d) Es werden Sicherungskopien von Datenträgern erstellt.
e) Zur optimalen Ausnutzung der Zentraleinheit laufen mehrere Programme gleichzeitig.

52. Im Rechenzentrum eines Unternehmens soll zukünftig Mehrprogrammbetrieb (Multiprogramming) gefahren werden. Welche Aussage ist richtig?

a) Diese Verarbeitungsform benötigt einen großen Zentralspeicher; ein Organisationsprogramm hierzu ist nicht erforderlich.
b) Diese Verarbeitungsform erfordert eine umfangreiche Organisation und hat keinen Einfluss auf die Speicherkapazität des Zentralspeichers.
c) Diese Verarbeitungsform setzt einen relativ großen Zentralspeicher und ein Organisationsprogramm voraus; sie erlaubt außerdem die verzahnte Programmabarbeitung.
d) Diese Verarbeitungsform teilt den Benutzern feste Zeitabschnitte, wie auch die Reihenfolge in der Abarbeitung zu.
e) Diese Verarbeitungsform setzt ausschließlich Programme der Stapelverarbeitung voraus.

53. Welche Aussage zur Online- bzw. Offline-Verarbeitung von Daten ist richtig?

a) Nur bei der Offline-Verarbeitung besteht zwischen peripheren Geräten und der Zentraleinheit keine direkte elektrische Verbindung.
b) Nur bei der Offline-Verarbeitung besteht zwischen peripheren Geräten und der Zentraleinheit eine direkte elektrische Verbindung.
c) Weder bei der Online-Verarbeitung noch bei der Offline-Erfassung besteht zwischen peripheren Geräten und der Zentraleinheit eine direkte elektrische Verbindung.
d) Sowohl bei der Online-Verarbeitung als auch bei der Offline-Erfassung besteht zwischen peripheren Geräten und der Zentraleinheit eine direkte elektrische Verbindung.
e) Nur bei der Online-Verarbeitung besteht zwischen peripheren Geräten und der Zentraleinheit keine direkte elektrische Verbindung.

54. Was versteht man unter dem Begriff „Programmpriorität“?

a) Es handelt sich um die Anordnung der Daten auf einem Magnetbandspeicher.
b) Es handelt sich um die Menge der Programme, die auf einer EDV-Anlage parallel laufen können.
c) Es handelt sich um die Rechenzeiten, die ein Rechenzentrum seinen Kunden in Rechnung stellt.
d) Es handelt sich um die Rangfolge, mit der die einzelnen Programme bei Multiprogramming bearbeitet werden.
e) Es handelt sich um die Rangfolge der Post, wonach Datenfernverarbeitung vor einfache Telefongespräche geht.

55. Was versteht man unter Datensicherung?

a) Maßnahmen, um sicherheitsgefährdete Daten vor Einsichtnahme zu bewahren
b) Sicherstellung von Daten die nicht ordnungsgemäß verarbeitet wurden
c) Bewahrung von Daten vor Vernichtung
d) Festhalten von Daten zum Zweck der Überprüfung
e) Bewahrung von personenbezogenen Daten vor Missbrauch bei ihrer Speicherung, Übermittlung, Veränderung und Löschung

56. Welche für die Rechnungserstellung erforderliche Information ist ein Stammdatum?

a) Das Bestelldatum
b) Der Lieferschein
c) Die Auftragsnummer
d) Die Lieferscheinnummer
e) Die Artikelnummer

57. Welche Aussage entspricht den Regelungen des Bundesdatenschutzgesetzes?

a) Eine Speicherung und Verarbeitung von Daten aller Art bedarf der Genehmigung des Bundesbeauftragten für den Datenschutz.
b) Eine Speicherung und Verarbeitung personenbezogener Daten in einer Datei ist erlaubt, wenn die schriftliche Einwilligung des Betroffenen vorliegt.
c) Die Übermittlung personenbezogener Daten an Dritte ist grundsätzlich zulässig.
d) Die erstmalige Speicherung von Daten einer Person ist gesetzlich erlaubt und muss dem Betroffenen nicht mitgeteilt werden.
e) Die Daten speichernde Stelle braucht dem betroffenen Bürger keine Auskunft darüber zu geben, welche Daten sie von ihm gespeichert hat.

58. Was versteht man unter einem Barcode?

a) Einen maschinell lesbaren Strichcode
b) Eine Angabe zum Barwert der Sendung
c) Einen maschinell lesbaren Magnetstreifen
d) Eine Beschriftung im ASCII-Code
e) Eine Beschriftung in OCR-A-Schrift

59. Welche Aussage über die in einem Lieferschein enthaltenen Daten ist richtig?

a) Die Artikelnummer ist ein Stammdatum.
b) Die Liefermenge ist ein Ordnungsdatum.
c) Die Lieferscheinnummer ist ein Stammdatum.
d) Der Liefertag ist ein Stammdatum.
e) Die Artikelbezeichnung ist ein Bewegungsdatum.

60. Bei welchem Vorgang besteht bei der Verarbeitung geschützter personenbezogener Daten eine Benachrichtigungspflicht gegenüber den betroffenen Personen durch das speichernde Unternehmen?

a) Daten sind unzulässig gespeichert worden.
b) Daten sind fehlerhaft gespeichert worden.
c) Daten sollen erstmalig gespeichert werden.
d) Die Richtigkeit der gespeicherten Daten wird bestritten.
e) Nicht mehr benötigte Daten sollen gelöscht werden.

61. Zur rationellen Erfassung der Lagerdaten sind die Artikel mit Barcodes versehen. Mit welchem Gerät sind die darin verschlüsselten Informationen zu erfassen?

a) Tastatur
b) Klarschriftleser
c) Magnetschriftleser
d) Lesestift (Scanner)
e) Berührungsbildschirm

62. Welche Aufgabe hat der gesetzliche Datenschutz?

a) Schutz aller gespeicherten sachbezogenen Daten natürlicher und juristischer Personen vor Missbrauch
b) Schutz vor Entwendung von Daten aus der Erfolgsrechnung
c) Schutz personenbezogener Daten natürlicher Personen vor Missbrauch
d) Sicherung der Datenübertragung zwischen Zentraleinheit und Peripherie
e) Sicherung aller Daten vor Verlust, Manipulation und Verfälschung

63. Bei der Arbeit mit einem Tabellenkalkulationsprogramm zeigt der Bildschirm folgende zwei bedruckte Spalten. Wie müssen Sie vorgehen, damit die €-Beträge stellengleich untereinander stehen?

Monat	Kosten/€
Januar	10 720
Februar	11 418,5
März	12 328,752
Summe	34 467,252

a) Spaltenbreite vergrößern
b) Ausrichtung zentrieren
c) Schriftart ändern
d) Seite einrichten
e) Zahlen formatieren

64. Die Industrie-AG speichert die Adressen der Kunden. Welcher Begriff kennzeichnet das Element „Postleitzahl"?

a) Datenfeld
b) Datenbank
c) Datensatz
d) Datei
e) Zeichen

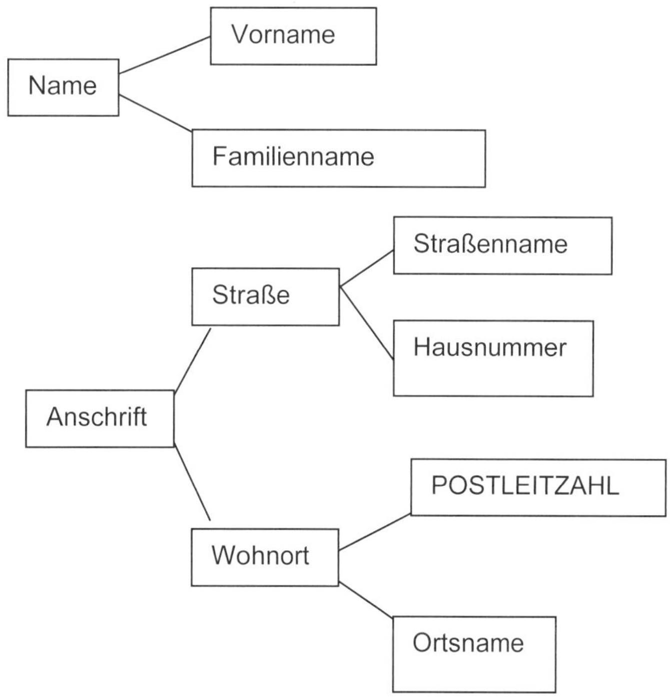

65. Ein Mitarbeiter der Industrie AG ist beauftragt, dafür zu sorgen, dass personenbezogene Informationen, die im Unternehmen gespeichert sind, nicht Unbefugten zugänglich sind. Wie bezeichnet man die Funktion, die der Mitarbeiter auszuüben hat?

a) Controller
b) Betriebsprüfer
c) Personaldirektor
d) Sicherheitsbeauftragter
e) Datenschutzbeauftragter

66. Die Bavaria Fahrradwerke GmbH wickelt einen Teil ihres Bankverkehrs online mit Hilfe der Software der Sparkasse München ab. Welche Bankdienstleistung kann <u>nicht</u> über diese Art des Bankverkehrs durchgeführt werden?

a) Kontoinformationen über Umsätze abrufen
b) Kontoauszug drucken
c) Dauerauftrag einrichten
d) Einrichten eines Bankkontos bei der Sparkasse München
e) Allgemeine Kreditkonditionen abrufen

67. Für eine Präsentation sollen Sie für die letzten 6 Jahre ein Diagramm mit dem Verlauf der getätigten Investitionen im Vergleich zum Umsatz erstellen. Welche Diagrammart ist hierfür am besten geeignet?

a) Ein Balkendiagramm mit einer zweiten X-Achse
b) Ein kombiniertes Säulen-/Liniendiagramm
c) Ein Punktdiagramm
d) Ein Flächendiagramm mit einer zweiten Y-Achse
e) Ein Kreisdiagramm

68. Ihr PC in der Fertigung ist mit den Computern aller Abteilungen im Hause vernetzt. Um welches Netzwerk handelt es sich dabei?

a) World Wide Web (WWW)
b) Local Area Network (LAN)
c) Gobal Area Network (GAN)
d) Wide Area Network (WAN)
e) Metropolitan Area Netword (MAN)

69. Als Sie Ihren PC starteten, erhielten Sie die Mitteilung, dass Ihr Passwort einzugeben ist. Prüfen Sie, welches Passwort nach datenschutzrechtlichen Bestimmungen das sicherste ist!

a) Ihr Vorname großgeschrieben
b) Ihr Nachname großgeschrieben
c) Vorname und Ihr Geburtsdatum ohne Punkt
d) Ihr Geburtsdatum 8-stellig
e) 7ul0hw2q

70. Sie werden darauf hingewiesen, bei Arbeitsende ein Back-up vorzunehmen. Wie erfüllen Sie diese Vorgabe?

a) Sie verschlüsseln Ihre Dateien bis zur nächsten Nutzung, um unberechtigten Zugriff zu erschweren.
b) Sie melden bei Ihrem Server verstärkte Virenkontrollmaßnahmen an.
c) Sie ändern täglich die Passworte, die von Mitarbeitern eingegeben werden müssen.
d) Ihre bearbeiteten Dateien übertragen Sie bis zur nächsten Nutzung unter Ihrem Passwort an den Zentralrechner.
e) Vom letzten Datenbestand erstellen Sie eine Sicherungskopie.

71. Vermehrt sind Angriffe von Computerviren festzustellen. Mit welchen Maßnahmen können Sie Ihr Unternehmen bestmöglich dagegen schützen?

a) Sie installieren regelmäßig die neuen Updates zum Scannen der Viren.
b) Mit einem Virenschutzprogramm überprüfen Sie Ihre Dateien auf den Befall mit Viren und entfernen diese gegebenenfalls.
c) Sie verschärfen die innerbetrieblichen Sicherheitsmaßnahmen gegen Viren durch Identitätskontrollen.
d) Sie schalten zur Abwehr der Viren einen Streamer ein.
e) Sie melden bei Ihrem Server verstärkte Virenkontrollmaßnahmen an.

72. Sie sollen eine Lagerbestandsliste mit Hilfe eines Tabellenkalkulationsprogramms aufbereiten. Bei welchem Bearbeitunsschritt ist ein relativer Feldbezug vorzunehmen?

a) Wenn beim Kopieren einer Formel Zeilen und Spalten entsprechend geändert werden sollen
b) Wenn beim Schreiben in das Feld nur Zahlen angenommen werden
c) Wenn Zellinhalte geschützt werden sollen
d) Wenn nur mit mathematischen Funktionen gearbeitet werden soll
e) Wenn die Zellinhalte nur an eine bestimmte Stelle kopiert werden sollen

73. **Betrachten Sie unten stehende Inventurliste. Ihre Aufgabe ist es, diese Inventurliste mit Hilfe eines Tabellenkalkulationsprogramms aufzubereiten. Wann ist ein relativer Feldbezug vorzunehmen?**

a) Wenn Zellinhalte geschützt werden sollen.
b) Wenn die Zellinhalte nur an eine bestimmte Stelle kopiert werden sollen.
c) Wenn nur mit mathematischen Funktionen gearbeitet werden soll.
d) Wenn beim Kopieren einer Formel Zeilen und Spalten entsprechend geändert werden sollen.
e) Wenn beim Schreiben in das Feld nur Zahlen angenommen werden.

Blatt Nr. 35		**Abteilung/Lagerraum** Bauteile
Lagerbestand aufgenommen **am 15. Januar 20..**		Aufgenommen durch **Huber Manfred**

Warenbezeichnung	**Artikel-Nr.**		**Maße mm**	**Soll/Stück**	**Ist/Stück**
Winkeleisen schwarz	23170		12x12	84	84
Winkeleisen schwarz	23171		14x14	112	112
Winkeleisen schwarz	23172		16x16	13	13
Winkeleisen verzinkt	23173		12x12	720	720
Winkeleisen verzinkt	23174		14x14	147	147

PRÜFUNGSVORBEREITUNG AKTUELL

FÜR

Industriekauffrau Industriekaufmann

PRÜFUNGSTEIL

BETRIEBSWIRTSCHAFTLICHE GESCHÄFTSPROZESSE

TEIL 2

BETRIEBSWIRTSCHAFTLICHE GESCHÄFTSPROZESSE

I. ÜBUNGSAUFGABEN ZUR VORBEREITUNG AUF DIE ZWISCHEN- UND ABSCHLUSSPRÜFUNG

BEI DEN NACHSTEHENDEN AUFGABEN SIND DIE RICHTIGEN ERGEBNISSE ANZUKREUZEN BZW. ZUZUORDNEN.

1. **Welche Tätigkeit gehört in den Bereich der Aufbauorganisation?**
   a) Entwerfen und Einführen eines Vordruckes für die Bedarfsmeldung
   b) Zuordnen der Arbeitsmittel für das Lagerpersonal
   c) Erstellen einer Arbeitsanweisung für die Warenannahme
   d) Untergliedern der Materialwirtschaft in die Bereiche Einkauf und Lager
   e) Festsetzen der Bearbeitungszeit für die Materialprüfung

2. **Welche Aussage zu unten stehendem Organisationsplan ist richtig?**
   a) Der Plan zeigt u. a. den organisatorischen Aufbau der Abteilung „Materialwirtschaft".
   b) Der Organisationsplan zeigt, dass der Einkauf von der Materialwirtschaft organisatorisch getrennt ist.
   c) Einkauf und Lager sind unmittelbar der kaufmännischen Leitung untergeordnet.
   d) Der Organisationsplan zeigt eine Stellenbeschreibung.
   e) Aus dem Organisationsplan geht der Arbeitsablauf in der Abteilung „Materialwirtschaft" hervor.

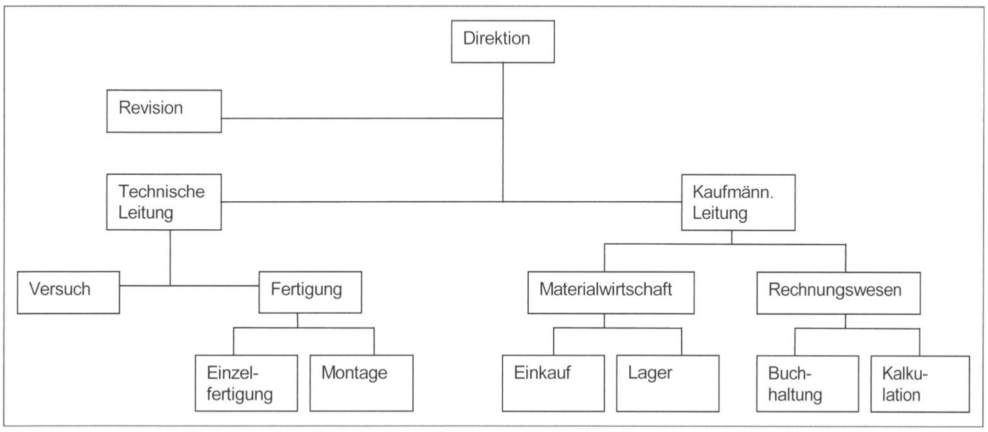

3. **Welche Tätigkeit ist eine Aufgabe der Materialwirtschaft?**
   a) Die Festlegung der benötigten Werkstoffe nach Menge und Form für ein bestimmtes Erzeugnis
   b) Die Planung von Pufferlagern im Unternehmen
   c) Die Ermittlung der Ausschussquote von Erzeugnissen
   d) Die Festlegung der innerbetrieblichen Qualitätsanforderungen für das zu bearbeitende Material
   e) Die Planung des Bedarfs an Werkstoffen und Fertigteilen

4. **Welche Tätigkeit gehört in den Bereich der Ablauforganisation?**
   a) Bilden der Bereiche: Warenannahme, Warenprüfung, Lagerung und Einkauf
   b) Erstellen einer Stellenbeschreibung für das Lager
   c) Gestalten und Einführen eines Vordruckes für die Materialentnahme
   d) Schaffen einer Stabstelle für das Lager
   e) Abgrenzen der Kompetenzen des Lagerleiters

5. **Die Fahrradwerke GmbH unterscheiden bei ihren Prozessabläufen in geschäftliche Kernprozesse und Prozessunterstützung. Welche Abteilung der Fahrradwerke GmbH ist als Prozessunterstützung zu bezeichnen?**
   a) Der Einkauf
   b) Die Fertigungsvorbereitung
   c) Das Personalwesen
   d) Der Vertrieb
   e) Die Qualitätssicherung

6. Ordnen Sie zu.

Erläuterungen

a) Es sind unerwartete Situationen im Betriebsablauf (ungeplante Regelungen) zu bewältigen.
b) Im Rahmen einer vorgegebenen Organisation ist in besonderen Situationen fallweise zu entscheiden.
c) Eine nachgeordnete Stelle kann von mindestens zwei übergeordneten Instanzen Anordnungen erhalten.
d) Die personellen Zuständigkeiten und die Regelungen für den Arbeitsablauf sind nicht hinreichend bestimmt.
e) Weisungen laufen direkt über mehrere Stufen: von den oberen über die mittleren zu den unteren Stellen.
f) Die Mitglieder des Leitungsorgans (Direktorium) sind grundsätzlich gleichberechtigt.
g) Der Vorstandsvorsitzende ist gegenüber den übrigen Mitgliedern des Leitungsorgans weisungsberechtigt.

Begriffe aus der Organisation

[ ] Einliniensystem
[ ] Improvisation
[ ] Direktorialsystem
[ ] Disposition

7. Ordnen Sie zu.

Erläuterungen

a) Eine Nachricht, die zweckbezogen ist und für den Empfänger einen Neuigkeitswert besitzt
b) Der Austausch von Informationen in Wort, Bild oder Schrift steht im Vordergrund.
c) Regelt den zeitlichen und räumlichen Ablauf der zur Aufgabenerfüllung notwendigen Arbeitsprozesse
d) Durchsetzung von Neuerungen wie z. B. Einführung neuer Güter in den Markt
e) Regelt entsprechend der innerbetrieblichen Arbeitsteilung die Zuständigkeiten für Teilaufgaben
f) Übertragung von Aufgaben und Zuständigkeiten
g) Stellt ein System von Regelungen für die Arbeitsfolge innerhalb eines Arbeitsprozesses bereit, um möglichst kurze Durchlaufzeiten zu erreichen

Fachbegriffe der Organisationskunde

[ ] Delegation
[ ] Kommunikation
[ ] Information

8. Womit beschäftigt sich die Aufbauorganisation?

a) Mit der Erstellung von Vordrucken und Formularen
b) Mit der Ordnung der Arbeitszeit
c) Mit der strukturellen Ordnung des Betriebes
d) Mit der Erledigung eines Auftrages
e) Mit der Überwachung des Arbeitsablaufes

9. Welche Aussage zum Organigramm ist richtig?

a) Ein Organigramm ist die grafische Darstellung der Organe einer Aktiengesellschaft.
b) Ein Organigramm ist die grafische Darstellung der Organisationsstruktur einer Unternehmung, aus der die hierarchische Eingliederung der Abteilungen ersichtlich ist.
c) Ein Organigramm ist die grafische Darstellung von Arbeitsabläufen, die zur Aufrechterhaltung der Betriebsbereitschaft der Organisationsabteilung notwendig sind.
d) Ein Organigramm ist das im Betrieb vorhandene Verzeichnis der Anschriften aller Mitarbeiter.
e) Ein Organigramm ist die Darstellung einzelner Managementtechniken mit Hilfe genormter Symbole.

10. Bei der Aufbauorganisation spielt die Bildung von „Stellen“ eine Rolle. Was versteht man unter einer „Stelle“?

a) Eine Stelle ist an die Weisungen der Kostenstelle gebunden.

b) Eine Stelle ist immer gleichzeitig eine Kostenstelle.

c) Eine Stelle ist immer mit einem Arbeitsplatz und einer Kostenstelle identisch.

d) Eine Stelle umfasst mehrere Kostenstellen.

e) Eine Stelle ist z. B. das Aufgabengebiet eines Mitarbeiters.

11. Welche Aussage über die Aufbauorganisation einer Unternehmung ist richtig?

a) Beim Mehrliniensystem ist jede Stelle nur einer übergeordneten Instanz mit Weisungsbefugnis unterstellt.

b) Beim Stabliniensystem haben die Stabsabteilungen klare Anordnungs- und Entscheidungsbefugnisse.

c) Beim Einliniensystem erhält jede Stelle Weisungen auf kürzestem Wege von spezialisierten Funktionsstellen.

d) Beim Stabliniensystem haben die Stäbe als Hauptaufgabe Beratung und Information und keine Weisungsbefugnis.

e) Bei der Matrixorganisation handelt es sich um ein weiterentwickeltes Stabliniensystem.

12. Welche Aussage über die abgebildete Organisationsstruktur ist richtig?

a) Die Abteilung für Programmierung ist ein Beispiel für die Organisation nach dem Mehrliniensystem.

b) Die Abteilung „Organisation und Datenverarbeitung“ ist eine Stabsstelle der kaufmännischem Leitung.

c) Der Leiter der DV-Abteilung untersteht der Abteilung „Schulung“.

d) Der Leiter der Arbeitsvorbereitung kann dem Leiter des Rechenzentrums Weisung erteilen.

e) Die DV-Abteilung untersteht direkt der kaufmännischen Leitung.

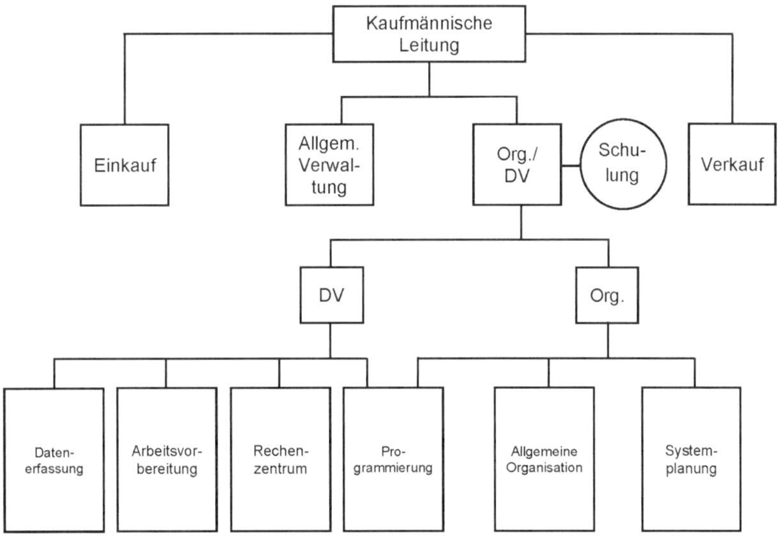

13. Im Rahmen des bisherigen Organisationssystems gibt es keine eigenständige Rechtsabteilung. Jetzt soll diese eingerichtet werden und dem Vorstand beratend zur Seite stehen. Wie kann dieses Organisationssystem bezeichnet werden?

a) Einliniensystem

b) Mehrliniensystem

c) Funktionssystem

d) Stabliniensystem

e) Spartensystem

14. Als Mitarbeiter in der Disposition erhalten Sie die Anweisung, Vorgänge nach aufbau- und ablauforganisatorischen Gesichtspunkten zu ordnen. Welcher Vorgang gehört zur Aufbauorganisation?

a) Das Festlegen der hierarchischen Stellung des Einkaufsleiters
b) Das Entwerfen eines Vordrucks für die Geschäftsbuchführung
c) Das Erstellen einer Arbeitsanweisung über die Entnahme von Werkstoffen
d) Die Erstellung einer Arbeitsanweisung über die Rückgabe von Fertigungsmaterial
e) Die Einweisung der Mitarbeiter in die Bedienung der neuen Buchhaltungssoftware

15. Welche Aussage über den Begriff „Stabsabteilung" ist richtig?

a) Den Anweisungen der Stabsabteilung haben alle untergeordneten Stellen eines Betriebes Folge zu leisten.
b) Die Stabsabteilung ist der Linienabteilung übergeordnet und kann Anweisungen an Linienabteilungen geben.
c) Die Stabsabteilung berät und unterstützt die Linienabteilung.
d) Die Stabsabteilung erteilt Anweisungen, an die sich die Fertigungsabteilungen zu halten haben.
e) Der Stabsabteilung sind mehrere Linienabteilungen eines Bereiches untergeordnet.

16. Ordnen Sie zu.

Organisationsformen

a) Mehrliniensystem
b) Stabliniensystem
c) Spartenorganisation
d) Einliniensystem
e) Funktionssystem
f) Matrixsystem mit Querfunktion

Definitionen

[ ] Jedes Organisationsmitglied hat nur den unmittelbaren nachgeordneten Organisationsmitgliedern Weisungen zu erteilen, und diese haben nur von einem bestimmten übergeordneten Organisationsmitglied Weisungen zu befolgen. In der Organisationsstruktur sind keine Stabsstellen vorgesehen.

[ ] Spezialisten werden in besonderen Abteilungen zusammengefasst und Linienpositionen zugeordnet, für die sie Hilfs- und Entlastungsaufgaben ohne Weisungsbefugnis zu erfüllen haben.

[ ] Objektbezogene Kompetenzen werden nach Produkten oder Produktgruppen zusammengefasst. Nicht objektspezifische Tätigkeiten werden von Zentralbereichen wahrgenommen.

17. Welche Stelle im abgebildeten Organisationsplan ist eine Stabsstelle?

a) Einkauf
b) Kaufmännische Leitung
c) Revision
d) Direktion
e) Versuch

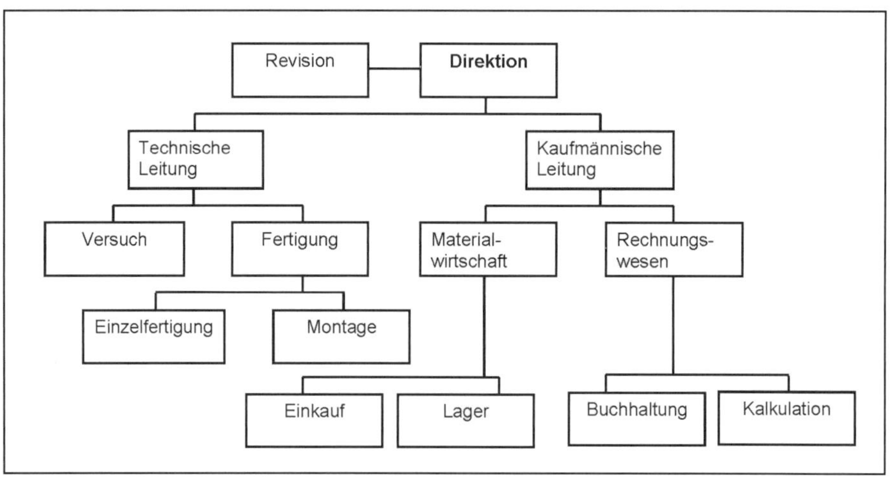

18. Welche Aufgabenstellung ist der Ablauforganisation zuzuordnen?

a) Der Umfang des Arbeitsgebietes einer Stelle ist dem durchschnittlichen Leistungsvermögen des Aufgabenträgers entsprechend genau festzulegen.
b) Die Durchlaufzeiten für die Bearbeitungsobjekte sind zu verringern.
c) Die Gesamtaufgabe eines Unternehmens ist in Haupt-, Teil- und Einzelaufgaben zu zergliedern.
d) Die Struktur des Betriebes ist exakt darzustellen.
e) Die Weisungsbefugnisse der Instanzen sind abzugrenzen.

19. **Welche Unterlage gibt in einem Unternehmen eine Gesamtübersicht über die Unternehmensstruktur?**
   a) Der Organisationsplan
   b) Der Arbeitsablaufplan
   c) Die Stellenbeschreibung
   d) Die Arbeitsanweisung
   e) Die Organisationsrichtlinien

20. **Welches Organisationssystem ist nachstehend abgebildet?**
   a) Das Matrixsystem
   b) Das Funktionssystem
   c) Das Einliniensystem
   d) Das Stabliniensystem
   e) Das Spartensystem

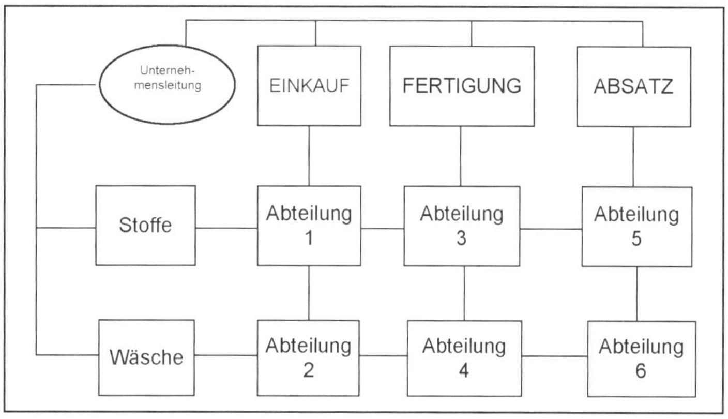

21. **Welche Aufgabe gehört zur Ablauforganisation?**
   a) Auflösen einer Stabsstelle
   b) Festlegung von Stellenbeschreibungen
   c) Abgrenzung von Zuständigkeiten
   d) Neuschaffung von Stellen
   e) Erstellung von Arbeitsanweisungen

22. **Ordnen Sie zu.**

Organisationsformen
   a) Funktionssystem
   b) Matrixsystem
   c) Stabliniensystem
   d) Mehrliniensystem
   e) Spartenorganisation
   f) Einliniensystem

Definitionen

[ ] Den im Liniensystem organisiert Instanzen werden zu ihrer Entlastung Stellen zugeordnet, die keine Weisungsbefugnis haben.

[ ] Vergleichsweise homogene Produkte oder Produktgruppen werden eigenverantwortlich nach dem Objektprinzip zusammengefasst.

Betriebswirtschaftliche Geschäftsprozesse

23. Nach welchem Prinzip bzw. System ist das Unternehmen organisiert? Siehe dazu nachstehende Abbildung.

a) Nach dem Matrixprinzip
b) Nach dem Stabliniensystem
c) Nach dem Spartenprinzip
d) Nach dem Objektprinzip
e) Nach dem Verrichtungsprinzip

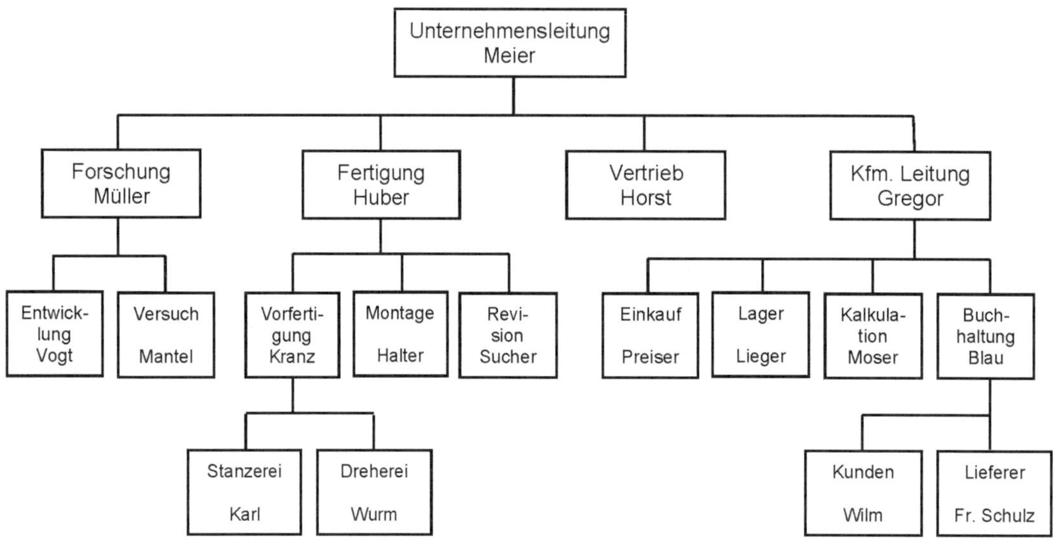

II. SITUATIONSAUFGABEN ZUR VORBEREITUNG AUF DIE ABSCHLUSSPRÜFUNG

SITUATION 1

Im neuen Prospektmaterial sollen neben der Geschichte des Unternehmens zukünftig auch verstärkt Organisationsstrukturen und das Unternehmensleitbild der Bavaria Fahrradwerke GmbH veröffentlicht werden.

1. Aufgabe

Was ist unter einem Unternehmensleitbild zu verstehen?

und Veröffentlichung eines Unternehmensleitbildes?

ze, die Sie als besonders wichtig erachten!

Unternehmenszielen besteht ein unmittelbarer Zusammenhang.
, ökonomische und soziale Ziele.

Unternehmen überleben, die zwei Voraussetzungen haben: ökologische
Menschen". Beschreiben Sie in diesem Zusammenhang die Bedeutung

Einzelziele aufgrund ihrer Beziehung zueinander geordnet. Dabei
Zielharmonie und Zielkonflikte eine wesentliche Rolle. Beschreiben Sie
el!

SITUATION 2

Die Geschäftsleitung der Bavaria Fahrradwerke GmbH beschließt, von der Funktionsorientierung zur Geschäftsprozessorientierung im Unternehmen überzugehen.

1. Aufgabe
Unterscheiden Sie Kernprozess und Serviceprozess, geben Sie je zwei Beispiele dafür an!

2. Aufgabe
Erläutern Sie, warum Informationsprozesse in Unternehmen eine zentrale Bedeutung haben!

3. Aufgabe
Begründen Sie, welche Abteilungen Informationen erhalten müssen über

- die Auftragseingänge,
- die Kundenzahlungen und
- die Kundenreklamationen.

4. Aufgabe
Modelle dienen als Hilfsmittel dazu, komplexe Sachverhalte und Abläufe zu beschreiben und zu erklären. Beschreiben Sie in diesem Zusammenhang die Funktion der ereignisgesteuerten Prozessketten (EPK).

5. Aufgabe
Erstellen Sie eine ereignisgesteuerte Prozesskette (EPK) zu dem Prozess: „Bezahlung und Verbuchung einer Eingangsrechnung der Bavaria Fahrradwerke GmbH“. Sehen Sie dazu noch nachstehende Informationen.
Verwenden Sie dabei folgende Übersicht!

EPK-Darstellung: Bezahlen und Verbuchen der Eingangsrechnung

Die Rechnungskontrolle prüft die Eingangsrechnung mit Hilfe der Bestellkopie und dem Wareneingangsschein. Falls sich die Lieferantenrechnung als fehlerhaft erweist, wird ein Begleitschreiben von der Rechnungskontrolle erstellt, in dem der Rechnungsfehler ausgewiesen und dargestellt wird. Dieses Begleitschreiben wird dann zusammen mit der fehlerhaften Rechnung an den Lieferanten zurückgeschickt. Weist die Eingangsrechnung keine Fehler auf, wird sie von der Buchhaltung verbucht. Dabei werden der Buchungssatz in der Buchungsdatei gespeichert und die Konten in der Kontendatei fortgeschrieben

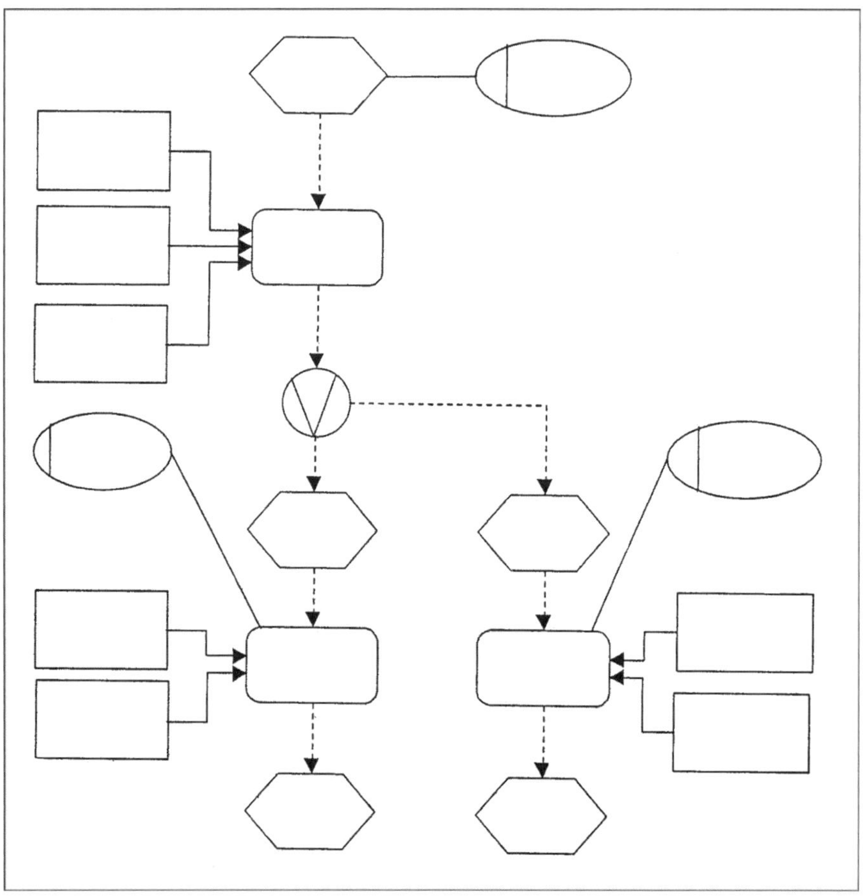

6. Aufgabe
Im Betrieb arbeiten Menschen und Betriebsmittel zur Erfüllung der Ziele zusammen. Dazu muss jedes Element genau bestimmte Teilaufgaben erfüllen. Ohne eine zielgerechte Organisation ist dies nicht möglich. Erklären Sie in diesem Zusammenhang die Aufgaben der Aufbau- bzw. Ablauforganisation!

7. Aufgabe
Ein organisatorischer Aufbau wird durch ein Organigramm dargestellt. Ergänzen Sie folgende Teile in das untenstehende Organigramm!
- Revision
- Kaufmännische Leitung
- Materialwirtschaft
- Finanzbuchhaltung

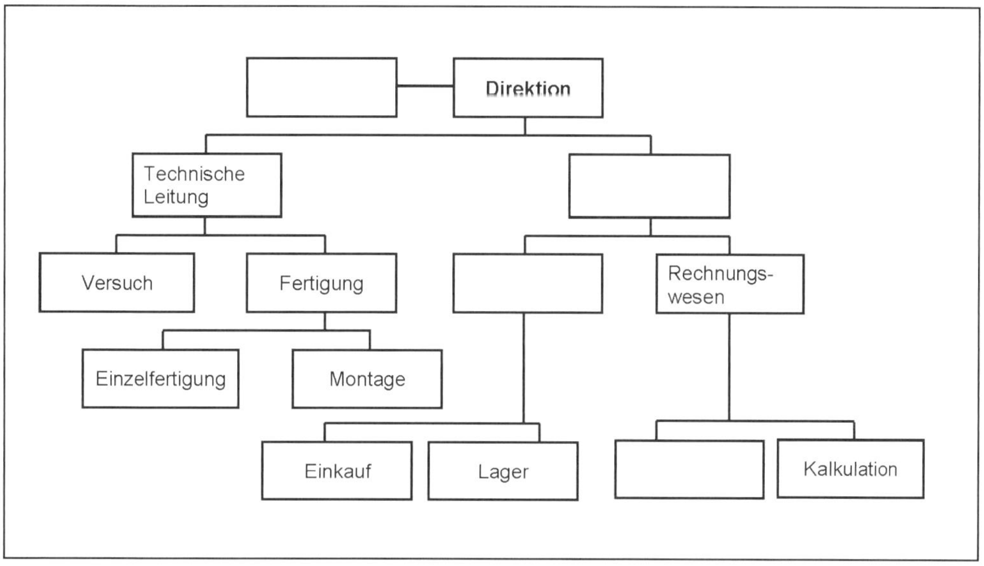

8. Aufgabe
In das Organigramm ist die Gruppe „Rechnungskontrolle“ einzuordnen. Wo ist das Organigramm zu ergänzen?

9. Aufgabe
In dem ergänzten Organigramm ist eine Stabsstelle eingebaut.
a) Welche ist dies?
b) Beschreiben Sie die Funktion einer Stabsstelle!

I. ÜBUNGSAUFGABEN ZUR VORBEREITUNG AUF DIE ZWISCHENPRÜFUNG

BEI DEN NACHSTEHENDEN AUFGABEN SIND DIE RICHTIGEN ERGEBNISSE ANZUKREUZEN BZW. ZUZUORDNEN.

1. Welche Aussage beschreibt eine Stückliste?

a) Eine Aufstellung in Listenform aller Teilerzeugnisse, die zu einem Endprodukt montiert werden
b) Eine Zusammenstellung in Listenform aller Lohn- und Materialscheine für einen Auftrag
c) Eine Zusammenstellung in Listenform der verschiedenen Erzeugnisse für einen Kundenauftrag
d) Eine Liste aller zu fertigenden Produkte
e) Eine listenmäßige Erfassung aller benötigten Werkzeuge für einen Auftrag

2. Um welches Formular handelt es sich bei der Abbildung?

a) Inventurliste
b) Stückliste
c) Materialentnahmeschein
d) Arbeitsplan
e) Bestellung

Lfd. Nr.	Spalte/Stück 5	4	3	2	1	Benennung	Sach-Nr.	LG-Nr.	Spalte Ges.Menge	Bemerkung
9					2	Scheibe	3211-029.001.874	0	-	
						4,3 St. DIN 433				
10					2	Isolierschraube	3211-029.001.878	0	-	
						4,3 IT DIN 433				
11					3	Linsenschraube	3023-029.001.709	0	-	
						AM 3 x 6 MsDIN 85				
12					3	Scheibe	3211-029.001.868	0		
						3,2 St DIN 433				
13					8	Sechskantmutter	3113-029.019.405	0	-	
						BM 6 Ms DIN 439				
14					4	federndes Druckstück		91	4	5
						M 6 x 15 lg				
15					2	Senkschraube	3025-029.028.626	0	-	
						M 4 x 10 4,8 DIN 963				
16					1	Typenschild S 14055-61		0	-	
17					1	Drehknopf		98	1	5
						e-Nr. 419-100-171	(29.2495.7175(3))			
Bauart Verwendung						Änderung / Tag / Name				
						Tag / Name				
						bearb.		MINIBLINK		Liste besteh aus 2 Blatt
						gepr.				Blatt 2
						norm.				

3. Welche Aufgabe ist der Produktionswirtschaft zuzuordnen?

a) Fachgerechtes Lagern der Roh- und Betriebsstoffe
b) Meldungen über gefertigte Teile
c) Durchführung von Lagerbestandsaufnahmen
d) Kontrollieren der eingehenden Rohstoffe
e) Versorgen der Kunden mit Ersatzteilen

4. Welches Arbeitsgebiet ist der Produktionswirtschaft zuzuordnen?

a) Das Versenden von produzierten Teilen an externe Abnehmer
b) Die Entwicklung neuer Produkte
c) Die Montage von Erzeugnissen
d) Das fachgerechte Lagern von Roh-, Hilfs- und Betriebsstoffen
e) Die Ausarbeitung einer Marketingkonzeption

5. Was versteht man unter Kuppelprodukten?

a) Erzeugnisse, die auf zusammen gekuppelten Werkzeugmaschinen hergestellt werden
b) Erzeugnisse, die aus verschiedenen Baugruppen zusammengesetzt sind
c) Mehrere Erzeugnisse, die bei einem Herstellungsverfahren zwangsweise entstehen
d) Zwei Rohstoffe, die zu einem Erzeugnis verarbeitet werden
e) Erzeugnisse, die nur paarweise gekauft werden können

6. Welchen Vorteil hat die Werkstättenfertigung gegenüber der Fließfertigung?

a) Sie produziert geringeren Ausschuss auf Grund hoher Spezialisierung.
b) Sie verursacht niedrigere Lohnkosten, da keine Akkordzuschläge bezahlt werden müssen.
c) Sie ermöglicht eine einfachere Kalkulation für jedes Produkt.
d) Sie verursacht geringere Transportkosten.
e) Sie lässt sich schneller an Marktveränderungen anpassen.

7. In welchem Fall liegt Partie- oder Chargenfertigung vor?

a) Wenn in einem Werk Fertighäuser hergestellt werden
b) Wenn in einer Hütte Eisenerz und Schrott zur Herstellung von Roheisen verarbeitet werden
c) Wenn in einer Ölraffinerie zwangsweise unterschiedliche Öl- und Benzinprodukte anfallen
d) Wenn in einem Unternehmen unterschiedliche Lichtschalter hergestellt werden
e) Wenn in einer Werft Öltanker gebaut werden

8. Welche Aussage zur Sortenfertigung ist richtig?

a) Bei der Sortenfertigung werden Erzeugnisse mit völlig unterschiedlichen Herstellungsgängen in großen Massen hergestellt.
b) Bei der Sortenfertigung wird immer das gleiche Erzeugnis in großen Massen hergestellt ohne unterschiedliche Herstellungsgänge.
c) Bei der Sortenfertigung wird jeweils nur eine Einheit hergestellt, deren Produktion gesondert vorbereitet werden muss.
d) Bei der Sortenfertigung werden Erzeugnisse hergestellt, die sich aus vielen Einzelteilen zusammensetzen und auf Grund ihrer unterschiedlichen Konstruktion wesentlich unterschiedliche Herstellungsgänge haben.
e) Bei der Sortenfertigung unterscheiden sich die Erzeugnisse auf Grund des verwendeten Materials und ihrer Herstellung nur unwesentlich voneinander.

9. Welchen Vorteil hat es für einen Betrieb, wenn er auch Sonderausführungen herstellen kann?

a) Für Sonderausführungen besteht keine Gewährleistung.
b) Die Flexibilität bei Kundenaufträgen wird erhöht.
c) Die Gewährleistungsfrist für Sonderausführungen ist kürzer als die für Massengüter.
d) Sonderausführungen erzielen immer einen hohen Gewinn.
e) Es wird kein Platz im Zwischenlager benötigt.

10. In welchem Fall ist eine Werkstättenfertigung zweckmäßig?

a) Wenn die Anzahl der Erzeugnisse mit unterschiedlichem Fertigungsgang sehr groß ist
b) Wenn die Transportwege kurz gehalten und Beförderungskosten reduziert werden sollen
c) Wenn der Standort der Maschinen und Arbeitsplätze vom Fertigungsablauf der Erzeugnisse abhängig ist
d) Wenn eine möglichst gleichmäßige Ausnutzung aller Anlagen erreicht werden soll
e) Wenn der Arbeitsablauf von Arbeitszerlegung und Taktzeit bestimmt wird

11. Welchen Zweck erfüllen Zwischenlager bei der Fließfertigung?

a) Sie gleichen Produktionsschwankungen zwischen einzelnen Fertigungsstufen aus.
b) Sie führen zu größeren Produktionsmengen.
c) Sie dienen zur Überbrückung der Urlaubszeit.
d) Sie senken die innerbetrieblichen Transportkosten.
e) Sie sind für die Einhaltung der Fertigungstermine erforderlich.

12. Wodurch ist die Werkstättenfertigung gekennzeichnet?

a) Reparaturen an Produktionsmaschinen werden vorgenommen.
b) Fachliche Qualifikation der Arbeitskräfte wird in größerem Maße als bei anderen Fertigungsverfahren benötigt.
c) Nur angelernte und ungelernte Arbeitskräfte werden eingesetzt.
d) Maschinen müssen nach dem Flussprinzip angeordnet sein.
e) Arbeitszerlegung und Taktzeit bestimmen ausschließlich den Arbeitsablauf.

13. „Die Arbeitsplätze sind in einer zwingenden Reihe nach der Arbeitsfolge unter Ausschaltung unnötiger Transportwege angeordnet. Ein vorgegebener Arbeitstakt ist einzuhalten." Um welches Fertigungsverfahren handelt es sich?

a) Werkstattfertigung
b) Baustellenfertigung
c) Reihenfertigung
d) Fließbandfertigung
e) Gruppenfertigung

14. Weshalb werden bei Reihenfertigung Zwischenlager eingerichtet?

a) Die unterschiedlichen Durchlaufzeiten mehrerer aufeinander folgender Fertigungsschritte sollen aufgefangen werden.
b) Die Überwachung des Fertigungsvorgangs soll verbessert werden.
c) Der Beschäftigungsgrad kann gesenkt werden.
d) Das Rohstofflager soll entlastet werden.
e) Nur die Einrichtung von Zwischenlagern ermöglicht die Erfassung der unfertigen Erzeugnisse.

15. In einem Industriebetrieb sind Maschinen für die gleiche technische Arbeitsaufgabe (z. B. Drehen) in einer Halle zusammengefasst. Um welche Organisationsform der Fertigung handelt es sich?

a) Gruppenfertigung
b) Fließbandfertigung
c) Fließfertigung
d) Linienfertigung
e) Werkstättenfertigung

16. Zu welchem Fertigungsverfahren rechnet man die Rohbauarbeiten für einen Werkhallenneubau?

a) Sortenfertigung
b) Chargenfertigung
c) Massenfertigung
d) Einzelfertigung
e) Automatisierte Fertigung

17. Was ist in der Produktion unter dem „Baukastensystem" zu verstehen?

a) Die Montage von einzelnen Teilen in der Fertigung
b) Die Konstruktion von Vormodellen im kleineren Maßstab
c) Die Weiterentwicklung von bestimmten Produkten
d) Der ausschließliche Einsatz von Normteilen in der Fertigung
e) Die Verwendung von gleichen Bauteilen für unterschiedliche Produkte

18. Bei welchem Organisationstyp der Fertigung ist die höchste Elastizität gegenüber Marktänderungen gegeben?

a) Werkstättenfertigung
b) Gruppenfertigung
c) Fließbandfertigung
d) Reihenfertigung
e) Vollautomatische Fertigung

19. Es wird Stahlblech in 2 mm, 3 mm und 5 mm Stärke auf der gleichen Walzstraße hergestellt. Welches Fertigungsverfahren wird angewendet?

a) Serienfertigung
b) Sortenfertigung
c) Einzelfertigung
d) Baustellenfertigung
e) Baukastenfertigung

20. Welchen Vorteil hat die Fließfertigung im Gegensatz zur Werkstättenfertigung?

a) Die optimale Kapazitätsauslastung ist gewährleistet.
b) Die Anzahl der Pufferlager kann beliebig verändert werden.
c) Die Durchlaufzeit verkürzt sich und die innerbetrieblichen Transportwege sinken.
d) Sie kann flexibler auf Produktionsumstellungen reagieren (z. B. neues Produkt).
e) Bei Artikelwechsel fallen geringere Rüstkosten an.

21. Die Fertigungsverfahren können
1. nach dem Einsatz körperlicher Arbeit
2. nach der Menge der herzustellenden Erzeugnisse
3. nach der Anordnung der Betriebsmittel eingeteilt werden.
Welches Fertigungsverfahren ist der 2. Gruppe zuzuordnen?

a) Die Serienfertigung
b) Die Fließfertigung
c) Die Gruppenfertigung
d) Die mechanische Fertigung
e) Die manuelle Fertigung

22. In welchem Beispiel wird eine Kuppelproduktion beschrieben?

a) Eine Autofabrik stellt gleichzeitig 5 Autotypen her.
b) Ein Kaltwalzwerk fertigt aus angeliefertem Grundmaterial Normbleche in den Stärken 0,3 mm, 0,4 mm und 0,5 mm.
c) Eine Kugellagerfabrik produziert ausschließlich täglich 3 000 Kugellager der gleichen Sorte.
d) Bei der Rohölverarbeitung fallen neben Benzin noch Dieselöl, leichtes und schweres Heizöl an.
e) Eine Elektrogerätefabrik fertigt in ihrem Produktionsprogramm nur einen Typ Kaffeemaschinen.

23. Die abgebildete Grafik zeigt die Gesamtkostenkurven (K1, K2, K3) und die Kapazitäten (Kap 1, Kap 2, Kap 3) von drei Fertigungsverfahren. Welche Aussage Zur Grafik ist richtig?

a) Bei allen Fertigungsverfahren sind die fixen Gesamtkosten gleich.
b) Der Einsatz des Fertigungsverfahrens 3 lohnt sich bei keiner Produktionsmenge, weil die fixen Kosten zu hoch sind.
c) Der Einsatz des Fertigungsverfahrens 1 lohnt sich bei keiner Produktionsmenge, weil die variablen Kosten zu hoch sind.
d) Der Einsatz des Fertigungsverfahrens 2 ist am kostengünstigsten, wenn die Produktionsmenge zwischen 150 und 550 Stück liegt.
e) Der Einsatz des Fertigungsverfahrens 1 ist bis zu einer Produktionsmenge von 150 bis 300 am kostengünstigsten.
f) Der Einsatz des Fertigungsverfahrens 2 ist bei einer Produktionsmenge von 550 bis 800 Stück am kostengünstigsten.

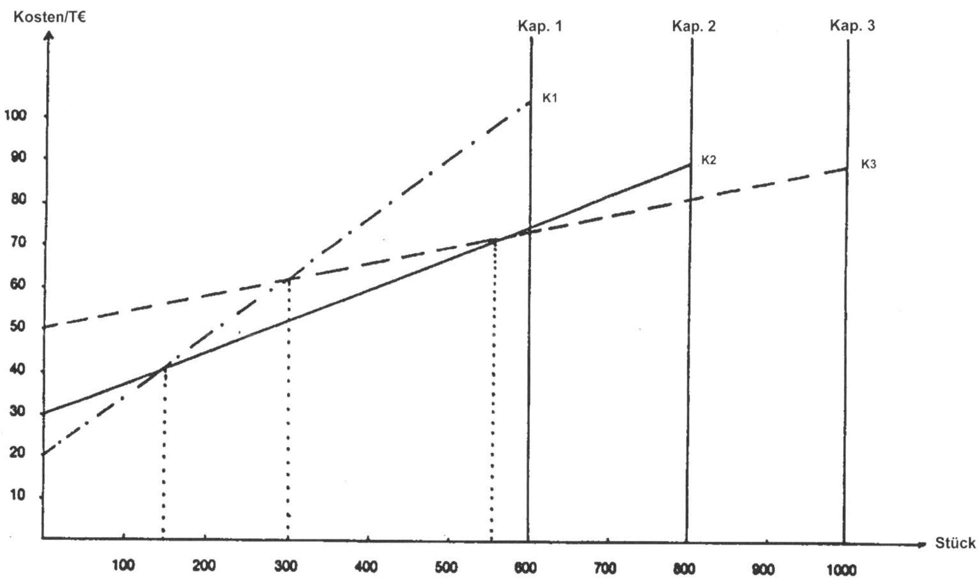

24. Welches Fertigungsverfahren ist hier schematisch dargestellt?

a) Die Werkstattfertigung
b) Die Fließbandfertigung
c) Die Reihenfertigung
d) Die Gruppenfertigung
e) Die Baustellenfertigung

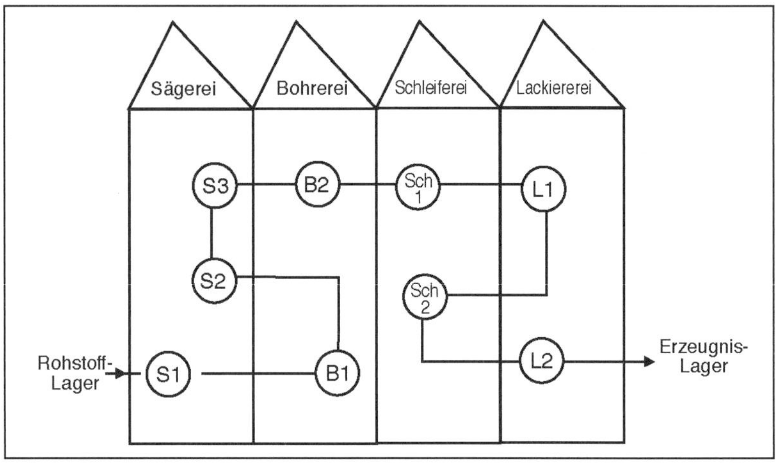

25. Welches Beispiel beschreibt eine „Sortenfertigung"?

a) Eine Autofabrik stellt 5 Autotypen her.
b) Ein Kaltwalzwerk fertigt aus angeliefertem Grundmaterial (Warmbreitband) Normbleche in den Stärken 0,3 mm, 0,4 mm und 0,5 mm.
c) Eine Kugellagerfabrik produziert täglich 3 000 Kugellager der gleichen Sorte.
d) Bei der Rohölverarbeitung fallen neben Benzin noch Dieselöl, leichtes und schweres Heizöl an.
e) Eine Elektrogerätefabrik fertigt in ihrem Produktionsprogramm nur einen Typ Kaffeemaschinen.

26. Welche Aussage zu nachstehender Grafik ist richtig?

a) Bei einer Produktionsmenge zwischen 300 Stück und 600 Stück je Monat ist die Handfertigung am kostengünstigsten.
b) Bei einer Produktionsmenge von 400 Stück je Monat ist die automatische Fertigung am kostengünstigsten.
c) Die kritische Produktionsmenge zwischen der maschinellen und automatischen Fertigung liegt bei 600 Stück je Monat.
d) Die kritische Produktionsmenge zwischen der Handfertigung und der automatischen Fertigung liegt bei 300 Stück.
e) Bei einer Produktionsmenge von 200 Stück je Monat sind die Kosten je Einheit bei der Handfertigung am höchsten.

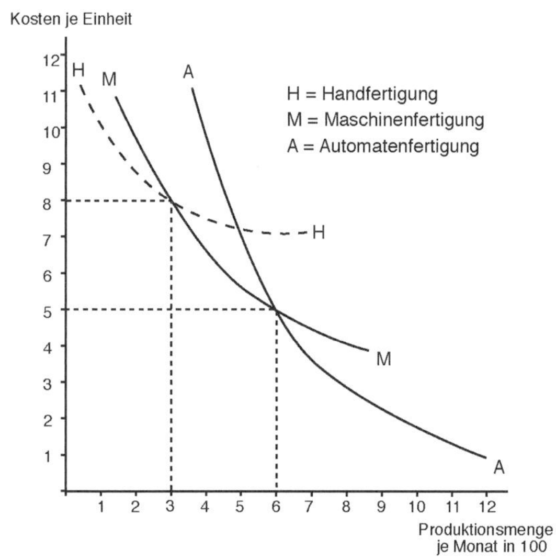

27. Welche Aussage trifft auf die Typisierung zu?

a) Für Arbeitsbeschreibungen wird stets der gleiche Vordruck verwendet.
b) Es werden nur Schrauben mit einem Durchmesser, der auf volle Millimeter lautet, verwendet.
c) Tonbänder werden von allen Herstellern nur in einer einheitlichen Breite hergestellt.
d) Es werden nur noch 3 Grundausführungen für Küchenmöbel hergestellt.
e) Für Ledertaschen werden nur die Vorschläge erstklassiger Designer in Betracht gezogen.

28. Welche Aussage ist richtig?

a) Rationalisierung dient unmittelbar dem Zweck der Umsatzsteigerung.
b) Rationalisierung dient der Suche nach Marktlücken für ein Unternehmen.
c) Rationalisierung dient der optimalen Ausnutzung aller Produktionsfaktoren.
d) Rationalisierung ist ausschließlich in Produktionsbetrieben durchführbar.
e) Rationalisierung ist stets mit erhöhtem Kapitaleinsatz verbunden.

29. Was ist Normung?

a) Beschränkung der Produktion auf bestimmte Erzeugnisse
b) Wegfall einzelner Teile des Erzeugnisses
c) Rationelle Gestaltung des Produktionsablaufes
d) Arbeitsteilung durch Selektion
e) Vereinheitlichung von Einzelteilen

30. Welche Begriffe sind in der folgenden Abbildung eines Fertigungsprozesses einzusetzen?

	Ziffer 1	**Ziffer 2**	**Ziffer 3**
a)	Automation	Fließfertigung	Serienfertigung
b)	Automation	Serien- u. Sortenfertigung	Fließfertigung
c)	Fließfertigung	Serienfertigung	Sortenfertigung
d)	Fließfertigung	Serien- u. Sortenfertigung	Automation
e)	Automation	Fließfertigung	Sortenfertigung

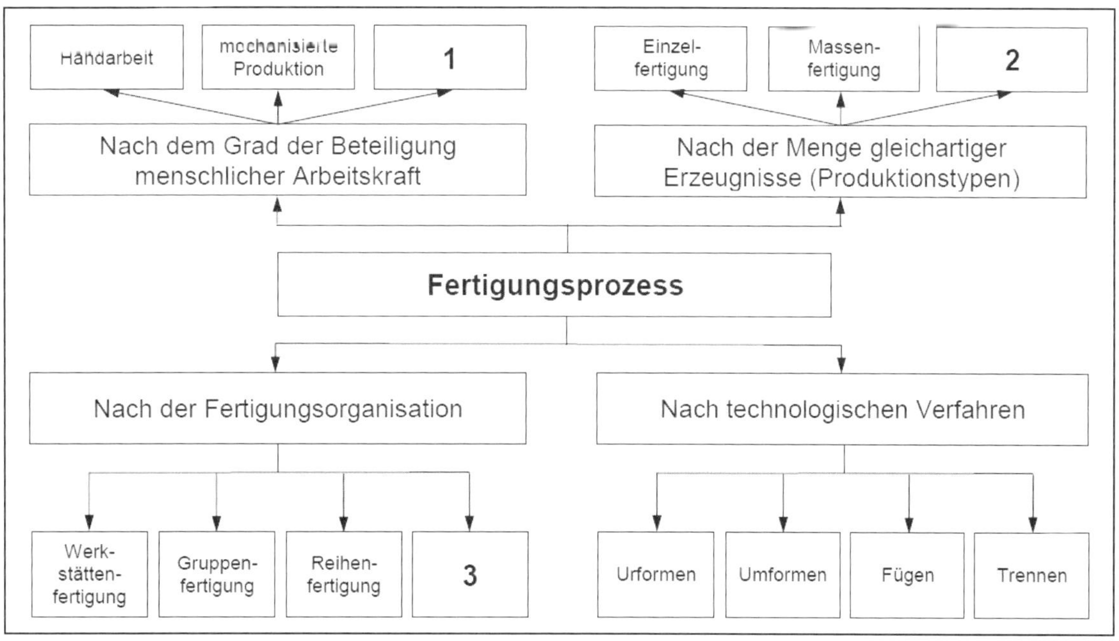

31. Zur Lösung von Rationalisierungsproblemen wird in der Textilwerke AG die 6-Stufen-Methode von REFA angewendet. Bringen Sie die folgenden Schritte der Methode in die richtige Reihenfolge!

[ ] Aufgabe abgrenzen
[ ] Ideale Lösungen suchen
[ ] Optimale Lösungen auswählen
[ ] Ziele setzen
[ ] Lösung einführen und Zielerreichung kontrollieren
[ ] Daten sammeln und praktikable Lösungen entwickeln

32. Welche Entscheidung in einem Industriebetrieb kennzeichnet die Typung?

a) Nähmaschinen werden nur noch von einem Hersteller bezogen.
b) Nähmaschinen werden als Endprodukt in Form und Größe vereinheitlicht.
c) Es werden nur noch Nähmaschinen produziert.
d) Neben Nähmaschinen werden künftig auch Bügelautomaten gefertigt.
e) Einzelteile werden bei der Fertigung von Nähmaschinen standardisiert.

33. Welche Aussage über die Typung ist richtig?

a) Sie berücksichtigt jeden speziellen Kundenwunsch.
b) Sie liegt grundsätzlich vor, wenn in ein Fertigprodukt Normteile eingebaut werden.
c) Sie erleichtert dem Kunden die Marktübersicht.
d) Sie garantiert, dass die Lager für Fertigerzeugnisse schnell umgeschlagen werden.
e) Sie ist die Voraussetzung für Normung.

34. Aus welchem betrieblichen Teilplan wird der Produktionsplan direkt abgeleitet?

a) Aus dem Finanzplan
b) Aus dem Absatzplan
c) Aus dem Kostenplan
d) Aus dem Personalbedarfsplan
e) Aus dem Materialbeschaffungsplan

35. Welche Aussage zu den abgebildeten Kurven ist richtig?

a) Sie zeigen das typische Bild von Konjunkturzyklen.
b) Sie zeigen das typische Bild von Produktzyklen.
c) Sie zeigen das typische Bild von Kostenkurven.
d) Sie zeigen das typische Bild von Saisonschwankungen im Absatz.
e) Sie zeigen das typische Bild von Ertragsentwicklungen.

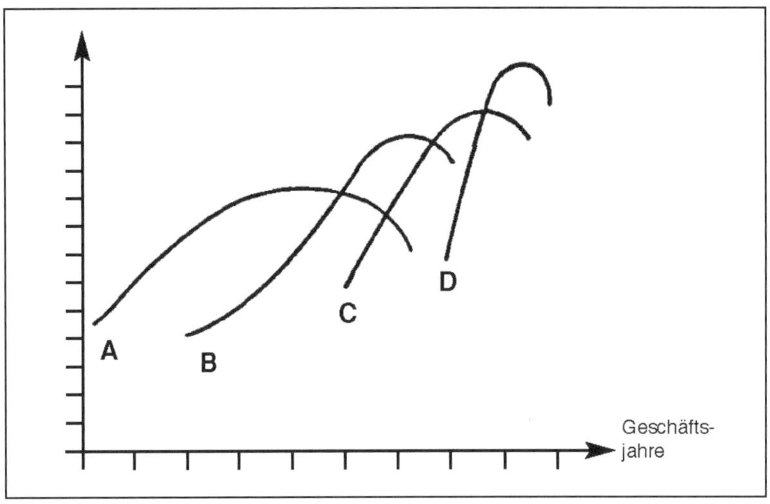

36. Bringen Sie die folgenden Phasen des Lebenszyklus eines Produktes in die richtige Reihenfolge!

[ ] Einführung
[ ] Wachstum
[ ] Sättigung
[ ] Degeneration
[ ] Reife

37. Welchen Vorteil hat die Messgerätefabrik Ernst Frank & Co. KG dadurch, dass sie ihrer Angebotspalette auch Alarmanlagen für undichte Leitungen als Handelswaren hat?

a) Die Produktionskapazität kann besser ausgenutzt werden.
b) Die Rohstoffe können in größeren Mengen und daher billiger eingekauft werden.
c) Die Produktionstiefe wird dadurch größer.
d) Die Produktpalette wird breiter, und die verschiedenen Produkte fördern sich gegenseitig.
e) Die Produktionstiefe wird dadurch geringer.

38. Die Textilwerke AG prüft, ob das Färben der Stoffe von einem anderen Unternehmen übernommen werden soll. Welche Aussage hierzu ist richtig?

a) Es würde dadurch die Tiefe des Produktionsprogrammes verringert.
b) Es würde dadurch ein breiteres Produktionsprogramm festgelegt.
c) Es würde dadurch ein engeres Produktionsprogramm festgelegt.
d) Es würde dadurch die Zahl der Fertigerzeugnisse geringer.
e) Es würde dadurch die Fertigungstiefe vergrößert.

39. Da der Handel mit Bremsbelägen einen hohen Anteil am Umsatzerlös hat, plant die Frankfurter Bremsen AG, diese Beläge künftig selbst herzustellen. Wie bezeichnet man diese Maßnahme?

a) Produktdiversifikation
b) Änderung der Produktionstiefe
c) Änderung des Produktionsverfahrens
d) Produktdifferenzierung
e) Änderung der Programmbreite

40. Wegen der Zunahme des Auftragsbestandes und der mittel- und langfristigen Marktprognosen werden für die zukünftige Fertigung folgende Überlegungen angestellt:
- Die Rollenzählwerke sollen in Eigenfertigung hergestellt und nicht mehr bezogen werden.
- Die Hausdruckregelgeräte sollen als Handelsware vertrieben und nicht mehr selbst hergestellt werden.
Welche Aussage ist richtig?

a) Die Eigenfertigung der Rollenzählwerke führt zu einer Produktdifferenzierung.
b) Durch die Eigenfertigung der Rollenzählwerke erfolgt eine Produktdiversifikation.
c) Die Eigenfertigung der Rollenzählwerke bedeutet eine Erweiterung der Produktionstiefe.
d) Durch den Fremdbezug der Hausdruckregelgeräte liegt eine Produktvariation vor.
e) Die Aufgabe der Herstellung der Hausdruckregelgeräte und ihr Vertrieb als Handelsware bedeutet eine Erweiterung des Sortiments.

41. Die Geschäftsleitung der Messgerätefabrik Ernst Frank & Co. KG entscheidet, dass Elektromotoren zum Einbau in Verbrauchszähler nicht mehr selbst hergestellt, sondern fremdbezogen werden. Welche Aussage hierzu ist richtig?

a) Es wird dadurch die Tiefe des Produktionsprogrammes verringert.
b) Es wird dadurch ein breiteres Produktionsprogramm festgelegt.
c) Es wird dadurch ein engeres Produktionsprogramm festgelegt.
d) Es wird dadurch die Zahl der Fertigerzeugnisse geringer.
e) Es wird dadurch die Anzahl der Fertigungsstufen vergrößert.

42. In welchem Fall handelt es sich um „Produktdiversifikation"?

a) Bei der Herstellung von PKW wird statt der bisher starren Hinterachse eine aufwendigere Pendelachse eingebaut.
b) Der Hersteller von Motorrädern entschließt sich, jetzt auch Krafträder über 500 qcm Hubraum herzustellen.
c) Gemahlener Bohnenkaffee soll in unterschiedlicher Verpackung als Markenartikel, Handelsmarke und markenlos zu unterschiedlichen Preisen vertrieben werden.
d) Ein Büromöbelhersteller entschließt sich, künftig auch Kunststoff-Fenster herzustellen.
e) Ein Automobilwerk beschließt, das Modell „Alpha" nun auch als Cabriolet herzustellen.

43. Ordnen Sie zu.

Situationen	**Begriffe**
a) Ein Getränkehersteller verändert bei einem Getränk die bisherige Form der Flasche und die Farbe des Getränkes.	[ ] Produktdiversifikation
b) Ein Industrieunternehmen vernichtet veraltete Rohstoffe und fehlerhaftes Material.	[ ] Produktvariation
c) Ein Chemiekonzern gibt die Herstellung von Kunstfasern auf.	[ ] Produktelimination
d) Ein Industrieunternehmen vereinheitlicht für seine Produkte die Einzelteile.	
e) Eine Zigarettenfabrik erweitert das Programm durch Mentholzigaretten.	
f) Ein Luft- und Raumfahrtunternehmen erweitert sein Programm durch Laser für den medizinischen Bereich.	

44. Nach welchem Ansatz wird die Produktivität errechnet?

a) Ertrag / Aufwand
b) Erzeugte Menge / Gesamtkosten
c) Ausbringungsmenge / Einsatzmenge
d) Einsatzmenge / Aufwand
e) Fixe Kosten + Variable Kosten / Erzeugte Menge

45. Welche Aussage über Produktivität und Wirtschaftlichkeit ist richtig?

a) Eine Steigerung der Produktivität kann gleichzeitig zu einer Senkung der Wirtschaftlichkeit führen.
b) Eine verbesserte Produktivität bedingt immer eine höhere Wirtschaftlichkeit.
c) Eine Stagnation der Produktivität senkt unmittelbar die Wirtschaftlichkeit.
d) Eine Steigerung der Produktivität hat keinen Einfluss auf die Höhe der Wirtschaftlichkeit.
e) Ein wirtschaftlicher Einsatz von Betriebsmitteln führt automatisch zu einer Erhöhung der Produktivität.

46. Welche Aussage beschreibt die Wirtschaftlichkeit?

a) Das Verhältnis mengenmäßiger Faktorertrag zu mengenmäßigem Faktoreinsatz
b) Das Verhältnis erbrachter Leistungen zu den entstandenen Kosten
c) Das Verhältnis Gewinn zu Verkaufserlösen
d) Die Verzinsung des eingesetzten Kapitals
e) Das Verhältnis der flüssigen Mittel zu den kurzfristigen Verbindlichkeiten

47. Was versteht man unter Produktivität?

a) Das Verhältnis von Leistung zu Kosten in einer Periode
b) Das Prinzip, mit geringen Kosten hohe Leistungen zu erzielen
c) Die Auslastung der Maschinen
d) Das Verhältnis von eingesetztem Kapital zum erzielten Gewinn
e) Das Verhältnis von Ausbringungsmenge zur Einsatzmenge in einer Periode

48. In welchem Fall liegt eine Steigerung der Produktivität vor?

a) Bei gleichbleibendem Einsatz von Arbeitskräften, Werkstoffen und Betriebsmitteln steigt die Erzeugnismenge um 10 %.
b) Bei einer Erhöhung des Beschäftigungsgrades um 10 % steigt die Erzeugnismenge ebenfalls um 10 %.
c) Bei einer Erhöhung des Beschäftigungsgrades um 10 % bleibt die erzeugte Menge gleich.
d) Der Abbau von Mehrarbeitsstunden wird durch eine entsprechende Zahl von Neueinstellungen aufgefangen. Die erzeugte Menge bleibt gleich.
e) Durch den Einsatz kostengünstigerer Werkstoffe können die Selbstkosten für ein Erzeugnis gesenkt werden.

49. Was versteht man unter Arbeitserweiterung (job enlargement)?

a) Die Arbeitskräfte beherrschen die Anforderungen eines speziellen Arbeitsplatzes und können daher auch an Arbeitsplätzen in Zweigwerken eingesetzt werden.
b) Es werden Arbeitsgruppen gebildet, die bei ihrer Aufgabenerfüllung über Arbeitsplatzwechsel und Arbeitstempo selbst entscheiden.
c) Durch verbesserte Arbeitsplatzgestaltung und Verbesserung der Arbeitsabläufe werden Motivation und Zufriedenheit der Arbeitskräfte erhöht.
d) Die Arbeitsinhalte werden in kleinste Arbeitsschritte zerlegt, damit bei Bedarf problemlos Arbeitsplatzwechsel vorgenommen werden können.
e) Nacheinander angeordnete Teilaufgaben, die bisher von verschiedenen Arbeitskräften erledigt wurden, werden nun von einer Arbeitskraft ausgeführt.

50. Welches Werk arbeitet am wirtschaftlichsten?

a) Werk 1: Kosten 10.000,00 €; Leistungen 12.000,00 €
b) Werk 2: Kosten 12.000,00 €; Leistungen 18.000,00 €
c) Werk 3: Kosten 8.000,00 €; Leistungen 12.000,00 €
d) Werk 4: Kosten 30.000,00 €; Leistungen 48.000,00 €
e) Werk 5: Kosten 15.000,00 €; Leistungen 15.000,00 €

51. Im Beschaffungsbereich der Textilwerke AG sollte der Gedanke des innerbetrieblichen Recyclings aufgegriffen werden. Entscheiden Sie, welche Maßnahme zur Verwirklichung dieses Gedankens beiträgt?

a) Beim Angebotsvergleich wird verstärkt auf kurze Transportwege bei der Anlieferung der Werkstoffe geachtet, um die Umweltbelastung zu reduzieren.

b) Bei der Auswahl der Stofflieferer wird besonders darauf Wert gelegt, dass sie umweltfreundliche Färbemittel verwenden.

c) Um Energie einzusparen, sollte beim Kauf von neuen Stoffschneidemaschinen besonderes Gewicht auf einen niedrigen Stromverbrauch gelegt werden.

d) Bei der Auswahl der Lieferer wird darauf geachtet, dass das verwendete Verpackungsmaterial aus Stoffen besteht, die umweltfreundlich entsorgt werden können.

e) Die Textilwerke AG prüft gemeinsam mit einem Spezialunternehmen, das benötigte Spülwasser aus Abwässern der Färberei zu gewinnen.

52. In welchem Fall handelt es sich um „job rotation"?

a) Ein Arbeiter kann seine Arbeitsgeschwindigkeit in bestimmten Grenzen selbst bestimmen.

b) Ein Roboter übernimmt die Fertigung anstelle des Arbeiters.

c) Eine Arbeitsgruppe fertigt an einer Montageinsel ein Teilprodukt, das anschließend zur nächsten Arbeitsgruppe weitergeleitet wird.

d) Ein Arbeiter kann während einer Arbeitsperiode in einem bestimmten Rhythmus andere Aufgaben übernehmen.

e) Ein Arbeiter übernimmt zusätzliche Teilaufgaben verschiedener Stufen und Schwierigkeiten.

53. Durch die Automation ergeben sich bestimmte Auswirkungen und Probleme. Welche Aussage hierzu ist falsch?

a) Der überwiegende Anteil an den Gesamtkosten der Automation sind variable Kosten.

b) Die von der Automation erzwungene Massenproduktion kann zur Ausschaltung von Klein- und Mittelbetrieben führen.

c) Die Automation fördert eine starke Berufswandlung. Der Schwerpunkt wird von Ausführen und Handeln auf Planen und Kontrollieren verlagert.

d) Die Automation ist eine programmgesteuerte Produktion.

e) Durch die mit der Automation verbundene Massenproduktion können Absatzprobleme auftreten, obwohl mehr, besser und preiswerter produziert wird.

54. Welche Aussage über die Einflüsse der Losgröße auf die Herstellkosten ist richtig?

a) Wird die Losgröße erhöht, verringern sich die auflagefixen Kosten pro Stück.

b) Je größer das Los ist, um so höher sind die auflagefixen Kosten pro erzeugte Einheit.

c) Durch kleine Losgrößen werden in der Regel die Kosten der Umstellung und des Einrichtens des Produktionsapparates niedrig gehalten.

d) Die Einrichte- und Stillstandkosten bis zum Anlaufen der neuen Serie sind pro Einheit um so größer, je größer das Los ist.

e) Die Zins- und Lagerkosten und das Risiko des technischen Fortschritts nehmen mit zunehmender Losgröße ab.

55. Bei der Herstellung der Scheibenbremsen werden bei der Frankfurter Bremsen AG innerbetriebliche Losgröße festgelegt. Welche Aussage beschreibt die optimale Losgröße richtig?

a) Die optimale Losgröße ist die Fertigungsmenge, bei der die Summe von Rüstkosten und Lagerkosten der Fertigerzeugnisse ihr Minimum hat.

b) Die optimale Losgröße ist durch die Fertigungsmenge bestimmt, die durch einen Kundenauftrag vorgegeben wird.

c) Die optimale Losgröße wird von der Verteilung der fixen Maschinenkosten auf die größtmögliche Stückzahl der Fertigung bestimmt.

d) Die optimale Losgröße ist der Fertigungsauftrag mit der kürzesten Durchlaufzeit.

e) Die optimale Losgröße ist die Fertigungsmenge mit den geringsten variablen Kosten.

56. Welche Aussage über ein breites bzw. enges Produktionsprogramm ist richtig?

a) Ein breites Produktionsprogramm ermöglicht einen hohen Spezialisierungsgrad.
b) Ein enges Produktionsprogramm ermöglicht einen hohen Spezialisierungsgrad.
c) Ein breites Produktionsprogramm vermeidet häufige Maschinenumstellungen.
d) Ein enges Produktionsprogramm erhöht die Absatzchancen bei Nachfrageänderungen.
e) Ein enges Produktionsprogramm ergänzt und fördert den Absatz verschiedener Artikel.

57. Welche Aufgabe hat die Fertigungssteuerung?

a) Sie lenkt alle Maßnahmen zur fristgerechten Fertigstellung von Aufträgen.
b) Sie legt die Vorgabezeiten für die einzelnen Arbeiten fest.
c) Sie ist für Nachbestellungen bei Erreichen des Meldebestandes verantwortlich.
d) Sie hat die Aufgabe, benötigte Arbeitskräfte rechtzeitig einzustellen.
e) Sie lenkt die fertigen Erzeugnisse in die Absatzgebiete, in denen der höchste Absatz zu erwarten ist.

58. Bringen Sie die folgenden Schritte bei der Konstruktion und Fertigung eines neuen Produktes in die richtige Reihenfolge!

[ ] Endabnahme vornehmen
[ ] Stücklisten erstellen
[ ] Konstruktionszeichnungen anfertigen
[ ] Endmontage durchführen
[ ] Einzelteile fertigen
[ ] Entwurf skizzieren

59. Warum werden in der Produktion Zwischenlager für unfertige Erzeugnisse unterhalten?

a) Weil durch Zwischenlager keine Transportkosten entstehen
b) Weil durch Zwischenlager ein geringerer Ausschuss produziert wird
c) Weil durch Zwischenlager der Verlust von unfertigen Erzeugnissen vermieden werden kann
d) Weil durch Zwischenlager keine Fertigungstermine überschritten werden können
e) Weil durch Zwischenlager Produktionsstockungen vermieden werden können

60. In welchem Fall handelt es sich um Produktelimination?

a) Ein Getränkehersteller verändert bei einem Getränk die bisherige Form der Flasche und die Farbe des Getränkes.
b) Ein Industrieunternehmen vernichtet veraltete Rohstoffe und fehlerhaftes Material.
c) Ein Chemiekonzern gibt die Herstellung von Kunstfasern auf.
d) Ein Industrieunternehmen vereinheitlicht für seine Produkte die Einzelteile.
e) Eine Zigarettenfabrik erweitert das Programm durch Mentholzigaretten.
f) Ein Luft- und Raumfahrtunternehmen erweitert sein Programm durch Laser für den medizinischen Bereich.

61. Bringen Sie die folgenden Arbeitsschritte bei der Ausführung eines Fertigungsauftrages in die richtige Reihenfolge.

[ ] Der Arbeiter stempelt das Ende der Arbeitszeit in die Lohnakkordkarte ein.
[ ] Die Lohnakkordkarte und der Fertigungsplan werden dem Arbeiter übergeben.
[ ] Die ersten gefertigten Stücke werden von der Kontrolle überprüft.
[ ] Die entsprechende Produktionsstätte erhält die Arbeitsbegleitpapiere.
[ ] Die Serie wird vom Arbeiter fertiggestellt.
[ ] Der Arbeiter stempelt den Beginn der Arbeit am Fertigungsauftrag in die Lohnakkordkarte ein.

62. Die folgende Abbildung zeigt einen Fristenplan für die Herstellung eines Seiles. Welche Aussage hierzu ist richtig?

a) Um den Auftrag fristgerecht nach 12 Wochen erledigen zu können, könnte das Material für die Hülse aus Kostengründen auch erst 2 Wochen später (in der 3. Woche) bestellt werden.

b) Bis zur Endmontage wird die Buchse entsprechend dem Fristenplan insgesamt 5 Wochen gelagert.

c) Das Material für Hülse und Buchse muss zur gleichen Zeit angeliefert werden

d) Die Buchse muss in der 5. Woche gefertigt werden, damit die Montage des Seiles nicht verzögert wird.

e) Um den Auftrag fristgerecht nach 12 Wochen erledigen zu können, muss das Material für Hülse und Buchse gleichzeitig beschafft werden.

Nr.	Vorgang	Dauer in Wochen											
		1	2	3	4	5	6	7	8	9	10	11	12
1	Material für Hülse beschaffen	X	X	X	X	X	X	X	X				
2	Hülse fertigen									X			
3	Material für Buchse beschaffen	X	X	X	X								
4	Buchse fertigen					X							
5	Klemmwerkzeug fertigen	X	X	X									
6	Seil montieren											X	X

63. Welche Größe wird in dem Diagramm durch die Menge X gekennzeichnet?

a) Der Meldebestand

b) Der Mindestbestand

c) Der durchschnittliche Lagerbestand

d) Die optimale Bestellmenge

e) Der Höchstbestand

f) Die optimale Losgröße

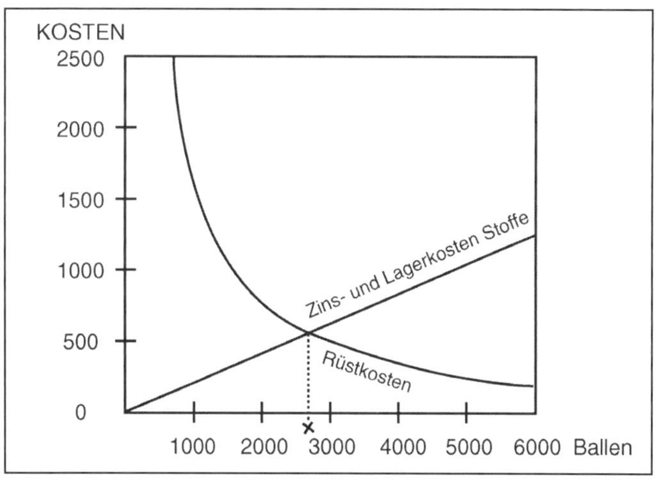

64. Was enthält der Fertigungsplan?

a) Die Qualität, Aufmachung und Preise der herzustellenden Erzeugnisse

b) Die Zusammenfassung aller Fertigungsunterlagen (Gesamtzeichnung, Teilezeichnungen, Stücklisten, Laufkarten, Entnahmescheine u. ä.) für einen Auftrag

c) Die Menge und die Art des Materials sowie die Reihenfolge und Zeitvorgabe der Arbeitsgänge für den einzelnen Kundenauftrag

d) Die platzmäßige Aufstellung der vorhandenen Herstellungsmaschinen in den Fertigungsgebäuden

e) Die einzelnen Arbeitsgänge für alle vorliegenden Aufträge, ihre Verteilung auf die einzelnen Mitarbeiter und den Lagerort für die fertigen Erzeugnisse

65. Bringen Sie die folgenden Arbeitsschritte bei der Herstellung von Tischdecken in die richtige Reihenfolge.

[ ] Die Designerin entwirft neue Muster.
[ ] Die für die Fertigung erforderlichen Garne werden eingekauft.
[ ] Durch den Besuch von Fachmessen bringt die Direktrice neue Ideen für die Kollektion mit.
[ ] Die Tischdecken werden gefertigt.
[ ] Die Qualitäts-Endkontrolle wird durchgeführt.
[ ] Die Unternehmensleitung entscheidet sich für die Fertigung einer Kollektion nach den entworfenen Mustern.

66. Die Herstellung der 6 000 Stück Verbrauchszähler G4 für Haushalte erfolgt in vier Serien zu je 1.500 Einheiten. Das ist die optimale Losgröße. Welche Aussage beschreibt die optimale Losgröße?

a) Bei der optimalen Losgröße sind die Durchlaufzeiten für den Fertigungsauftrag am geringsten.
b) Die optimale Losgröße ist durch die Fertigungsmenge bestimmt, die durch einen Kundenauftrag vorgegeben wird.
c) Die optimale Losgröße wird von der Verteilung der fixen Maschinenkosten auf die größtmögliche Stückzahl der Fertigung bestimmt.
d) Die optimale Losgröße ist die Fertigungsmenge, bei der die Summe von Rüstkosten und Lagerkosten der Fertigerzeugnisse ihr Minimum haben.
e) Die optimale Losgröße wäre bei einem festen Auslieferungstermin für alle Verbrauchszähler kleiner.

67. Bringen Sie die folgenden Arbeitsabläufe zur Herstellung eines neuen Behälters in die richtige Reihenfolge.

[ ] Konstruktionsauftrag erteilen
[ ] Fertigung durchführen
[ ] An das Versandlager abliefern
[ ] Konstruktionszeichnungen anfertigen
[ ] Fertigungsablauf planen
[ ] Endkontrolle vornehmen
[ ] Stücklisten erstellen

68. Wegen der Zunahme des Auftragsbestandes und der mittel- und langfristigen Marktprognosen werden für die zukünftige Fertigung folgende Überlegungen angestellt:
- Die 1000 l-Kunststoffbehälter sollen in Eigenfertigung hergestellt und nicht mehr bezogen werden.
- Die Transportbehälter für die Pharmazeutische Industrie sollen als Handelsware vertrieben und nicht mehr selbst hergestellt werden.
Welche Aussage ist richtig?

a) Die Eigenfertigung der 1000 l-Kunststoffbehälter führt zu einer Produktdifferenzierung.
b) Durch die Eigenfertigung der 1000 l-Kunststoffbehälter erfolgt eine Produktdiversifikation.
c) Durch den Fremdbezug der Transportbehälter für die Pharmazeutische Industrie liegt eine Sortimentsbereinigung vor.
d) Die Eigenfertigung der 1000 l-Kunststoffbehälter bedeutet eine Erweiterung der Produktionstiefe.
e) Die Aufgabe der Herstellung der Transportbehälter für die Pharmazeutische Industrie und ihr Vertrieb als Handelsware bedeutet eine Erweiterung des Sortiments.

69. Die Textilwerke AG erhält einen Auftrag über 2 500 m Wäschestoffe der innerhalb einer Woche ausgeführt werden muss. Die Fertigungskapazität beträgt normalerweise 400 m/Tag. Mit welcher Maßnahme wird der Engpass in der Produktion ausgeglichen?

a) Mit dem Kauf von zusätzlichen Maschinen
b) Mit dem Einstellen neuer Arbeitskräfte für die verschiedenen Fertigungsstätten
c) Mit dem Umstellen auf Fremdbezug bei den Wäschestoffen
d) Mit dem Ableisten von Mehrarbeit nach Rücksprache mit dem Betriebsrat
e) Mit dem Umschulen von Arbeitskräften anderer Abteilungen für die Fertigung der Wäschestoffe

70. Die Oldenburger Behälter-Bau-AG überlegt ihre Lieferfähigkeit. Diese ist abhängig von der Kapazität, der Fertigungsplanung und der Fertigungssteuerung. Dazu gehören jeweils bestimmte Begriffe bzw. Aufgaben.
Ordnen Sie zu.

Erklärungen

a) Bestimmung von möglichen Ersatzarbeitsplätzen bei Maschinenstörungen
b) Bestimmung des Leistungsvermögens eines Betriebes für einen bestimmten Zeitabschnitt
c) Festlegung der Arbeitsplätze, Arbeitsvorgänge, Betriebsmittel, Lohngruppen, Rüst- u. Stückzeiten
d) Bestimmung der Auslastung, des Produktionsbeginns und des möglichen Liefertermins
e) Gestaltung des Flusses der Stoffe, Teile, Halberzeugnisse und Erzeugnisse zwischen den Arbeitsplätzen
f) Ausnutzung der Kapazität eines Betriebes während eines Zeitabschnittes

Begriffe bzw. Aufgaben

[ ] Beschäftigungsgrad
[ ] Arbeitsplanung
[ ] Terminplanung

71. Welchem Ziel dient ein Maschinenbelegungsplan?
a) Er ist notwendig, um die Kosten der Fertigung erfassen zu können.
b) Er dient der Verringerung des Ausschusses.
c) Er vermeidet hohe Lagerbestände.
d) Er ist Voraussetzung für die Materialbeschaffung.
e) Es werden rechtzeitig Fertigungsengpässe erkannt.

72. Welche Aufgabe obliegt der Fertigungssteuerung?
a) Konstruktive Gestaltung der Erzeugnisse
b) Gestalten des Materialflusses zwischen den Arbeitsplätzen
c) Festlegung der Maschinenbelegung
d) Ermitteln der Dauer aller Arbeitsvorgänge
e) Ermitteln des Personal-, Betriebsmittel- und Materialbedarfs

73. Ein Betrieb arbeitet mit einer Kapazitätsauslastung von 80 %. Welche Aussage ist richtig?
a) Jede 5. Minute muss stillgelegt werden.
b) Es muss Kurzarbeit eingeführt werden.
c) Die Produktionsleistung kann z. B. von 200 auf 250 Einheiten erhöht werden.
d) Jeder 5. Arbeitnehmer ist nicht voll ausgelastet.
e) 20 % der Belegschaft sind zu entlassen.

74. Welche Aussage zum Beschäftigungsgrad ist richtig?
a) Der Beschäftigungsgrad wird auch als Leistungsgrad eines Akkordarbeiters bezeichnet.
b) Der Beschäftigungsgrad entspricht der mengenmäßigen Ausbringung einer Produktionsanlage.
c) Der Beschäftigungsgrad gibt den kritischen Kostenpunkt in der Erlös-/Kostenbetrachtung an.
d) Der Beschäftigungsgrad entspricht dem Kapazitätsausnutzungsgrad.
e) Der Beschäftigungsgrad bezeichnet das tatsächliche Leistungsergebnis (Zeitgrad eines Akkordarbeiters.

75. Was versteht man unter dem Begriff „Kapazität“ bei einer Maschine in der Fertigung?
a) Das Verhältnis von Einsatz zu Ausbringung
b) Das Ausbringungsvermögen in einer Zeiteinheit
c) Die jeweilige Istleistung in einer bestimmten Zeiteinheit
d) Das Verhältnis von tatsächlicher zu möglicher Ausbringung
e) Das Verhältnis von Gesamtausbringung zu täglicher Ausbringung

76. Welche Bedeutung hat bei einer Anlage der Begriff „optimale (wirtschaftliche) Kapazität“?
a) Das für eine Leistung erforderliche Minimum
b) Die Eignung einer Anlage für spezielle Aufgaben in der Produktion
c) Die Produktionsmenge, bei der zu den geringsten Stückkosten produziert wird
d) Die Fähigkeit, alle in einem Zeitabschnitt produzierten Erzeugnisse auch abzusetzen
e) Das technisch mögliche Produktionsvermögen

77. Ordnen Sie zu.

Veränderung der variablen Gesamtkosten im Verhältnis zum Beschäftigungsgrad

a) Sie steigen in einem geringeren Maß als der Beschäftigungsgrad.
b) Sie verändern sich nicht, wenn der Beschäftigungsgrad sich ändert.
c) Sie steigen stärker als der Beschäftigungsgrad.
d) Sie springen nach einer Neuinvestition auf ein höheres Niveau.
e) Sie ändern sich im gleichen Verhältnis wie der Beschäftigungsgrad.

Bezeichnung des Verlaufs der variablen Gesamtkosten

[ ] Proportionaler Verlauf

[ ] Überproportionaler Verlauf

[ ] Unterproportionaler Verlauf

78. Wegen vorübergehend sinkender Nachfrage wird die Produktionsmenge von 500 auf 450 Einheiten gesenkt. Die Zahl der Beschäftigten bleibt gleich. Welche Aussage hierzu ist richtig?

a) Bei gleichbleibendem Beschäftigungsgrad sinken die Stückkosten.
b) Bei gleichbleibendem Beschäftigungsgrad bleiben auch die Stückkosten gleich hoch.
c) Bei niedrigerem Beschäftigungsgrad steigen die Stückkosten.
d) Bei niedrigerem Beschäftigungsgrad bleiben die Stückkosten gleich hoch.
e) Bei gleichbleibendem Beschäftigungsgrad steigen die Stückkosten.

79. Eine Gruppe gewerblicher Arbeitnehmer arbeitet im Stückzeitakkord. Während einer Abrechnungsperiode werden die Vorgabezeiten unterschritten. Welche Aussage hierzu ist richtig?

a) Die Lohnkosten je Stück steigen.
b) Die Lohnkosten je Stück fallen.
c) Die Gesamtlohnkosten verringern sich.
d) Der Stundenverdienst des einzelnen Arbeitnehmers steigt.
e) Der Stundenverdienst des einzelnen Arbeitnehmers sinkt.

80. Warum sinken die Kosten je Stück bei steigendem Beschäftigungsgrad (linearer Gesamtkostenverlauf)?

a) Die fixen Kosten werden auf eine kleinere Menge verteilt.
b) Die fixen Kosten werden bei steigender Beschäftigung absolut zurückgehen.
c) Die progressiven Kosten werden auf eine kleinere Menge verteilt.
d) Die fixen Kosten werden auf eine größere Menge verteilt.
e) Die proportionalen Kosten werden auf eine größere Menge verteilt.

81. Warum wird bei der Herstellung von DIN-Teilen, z. B. Nägel, normalerweise die Großserienfertigung bevorzugt?

a) Weil bei der Großserienfertigung keine Rüstkosten entstehen
b) Weil die Großserienfertigung das rentabelste Verfahren ist
c) Weil die Großserienfertigung eine häufige, kostengünstige Umstellung des Produktionsverfahrens ermöglicht
d) Da bei der Großserienfertigung der geringste Ausschuss verursacht wird
e) Weil nur in der Großserienfertigung eine Taktzeit möglich ist

82. Welche Maßnahme ist geeignet, um bei tariflichen Arbeitszeitverkürzungen die bisherigen Produktionsleistungen beizubehalten?

a) Das Entlohnungsverfahren wird von Akkordlohn auf Zeitlohn umgestellt.
b) Die Lagerbestände werden gesenkt.
c) Die Beschaffungszeiten werden gekürzt.
d) Der Anteil an Fertigteilen wird erhöht.
e) Die Qualitätsanforderungen werden angehoben.

83. Wie wirkt sich vorübergehende Kurzarbeit aus?

a) Die Stückkosten steigen, da der Anteil der fixen Kosten an den Stückkosten zunimmt.
b) Die Stückkosten bleiben gleich, da der Anteil der fixen Kosten an den Stückkosten fällt.
c) Die Stückkosten fallen, da weniger Lohnkosten anfallen.
d) Die Gesamtkosten sinken im gleichen Verhältnis wie die Verkürzung der Arbeitszeit.
e) Die Gesamtkosten bleiben unverändert.
f) Der Beschäftigungsgrad bleibt unverändert.

84. Im neuen Tarifabkommen soll eine Arbeitszeitverkürzung bei vollem Lohnausgleich vereinbart werden. Wie würde sich das auf die Lohnkosten pro Stück in der Fertigung auswirken?

a) Die Lohnkosten pro Stück erhöhen sich, weil sich der Leistungsgrad ebenfalls erhöht.
b) Die Lohnkosten pro Stück ändern sich nicht, weil die Vorgabezeiten unverändert bleiben.
c) Die Lohnkosten pro Stück erhöhen sich nur beim Zeitlohn, beim Akkordlohn bleiben sie konstant.
d) Die Lohnkosten pro Stück erhöhen sich, weil sich der Stundenlohn (bzw. Akkordrichtsatz) erhöht.
e) Die Lohnkosten pro Stück gehen zurück, weil die Vorgabezeiten gekürzt werden müssen.

85. Die Tabelle zeigt die Gesamtkosten eines Industriebetriebes bei unterschiedlicher Beschäftigung. Wie verhalten sich die variablen Gesamtkosten bei steigender Beschäftigung?

a) Proportional
b) Überproportional
c) Degressiv
d) Unterproportional
e) Konstant

Gesamtkosten einen Industriebetriebes

Stück	50	60	70	80	90	100
Gesamtkosten *)	2.500	2.660	2.840	3.040	3.260	3.500

*) davon fixe Kosten = 2.000 €

86. An welchen Kosten orientiert man sich bei der Bestimmung der kurzfristigen Preisuntergrenze im Rahmen der Deckungsbeitragsrechnung?

a) Durchschnittskosten
b) Fixkosten
c) Vollkosten
d) Variable (direkte Kosten)
e) Stückkosten

87. Welche Größe wird in der nachstehenden graphischen Darstellung durch die Menge X gekennzeichnet?

a) Der Break-even-point
b) Die optimale Losgröße
c) Der durchschnittliche Lagerbestand
d) Die optimale Bestellmenge
e) Der Meldebestand

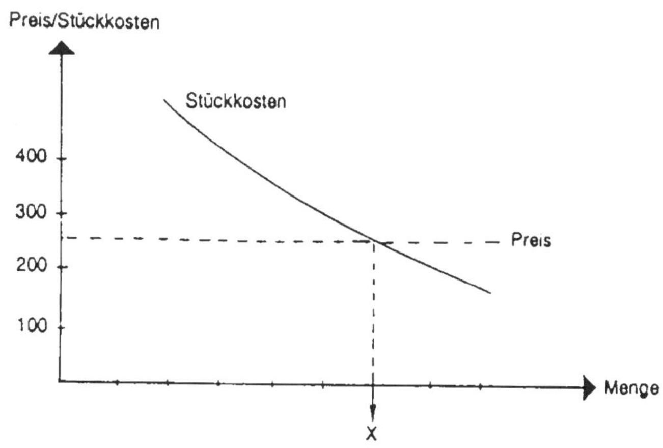

88. Die variablen Kosten eines Betriebes verhalten sich bei Beschäftigungsänderungen wie folgt:

Produktion in Stück	**Variable Gesamtkosten**
10	**140 €**
20	**270 €**
30	**390 €**
40	**500 €**
50	**600 €**
60	**690 €**

Welche der nachstehenden Abbildungen zeigt den Verlauf der variablen Gesamtkosten?

Abb. a)

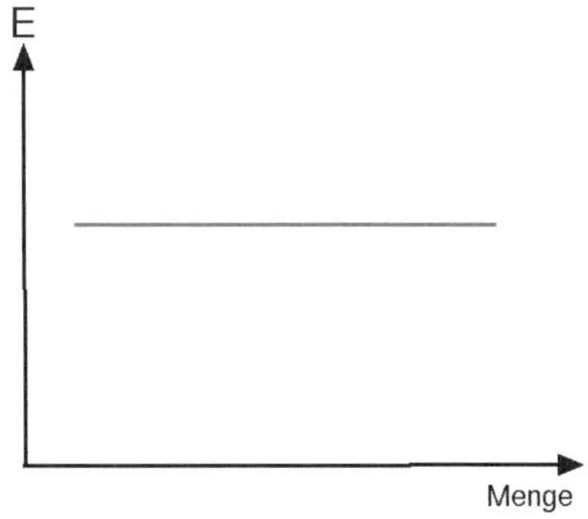

Abb. b)

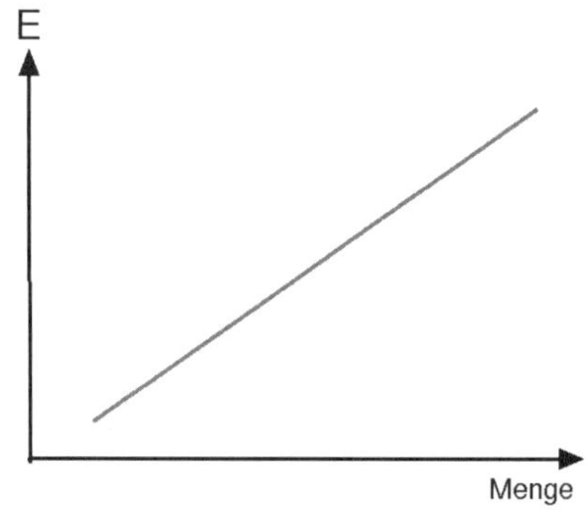

Abb. c)

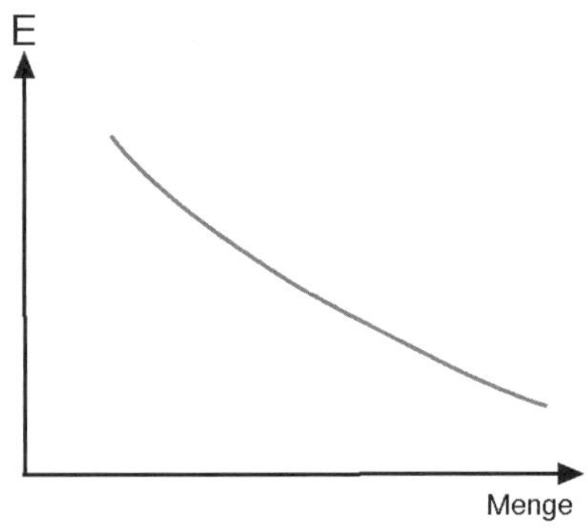

Abb. d)

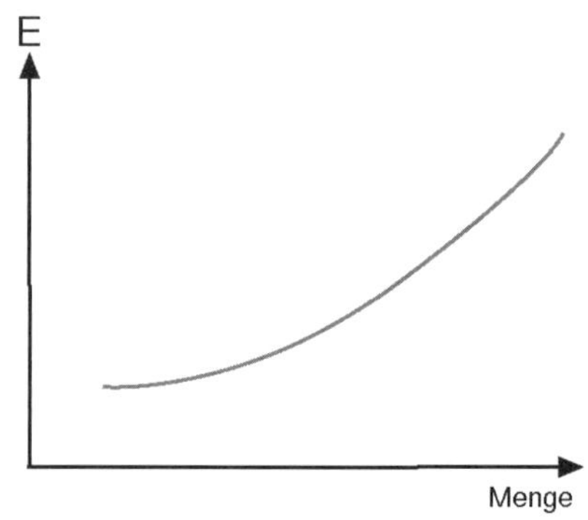

Abb. e)

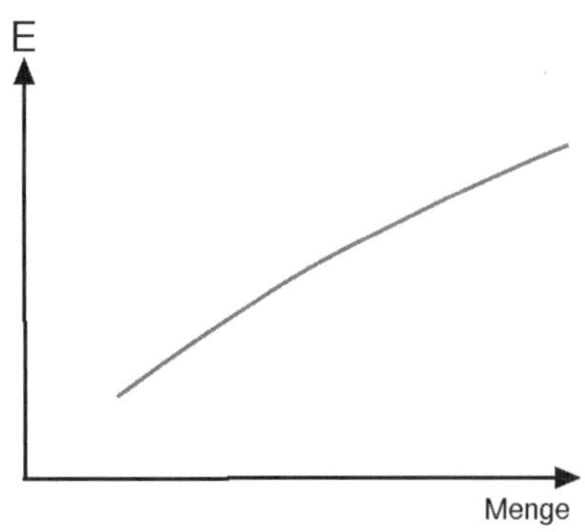

89. In welcher Abbildung wird der Kostenverlauf der fixen Gesamtkosten je Produktionseinheit dargestellt?

a) Abbildung 1
b) Abbildung 2
c) Abbildung 3
d) Abbildung 4
e) Abbildung 5

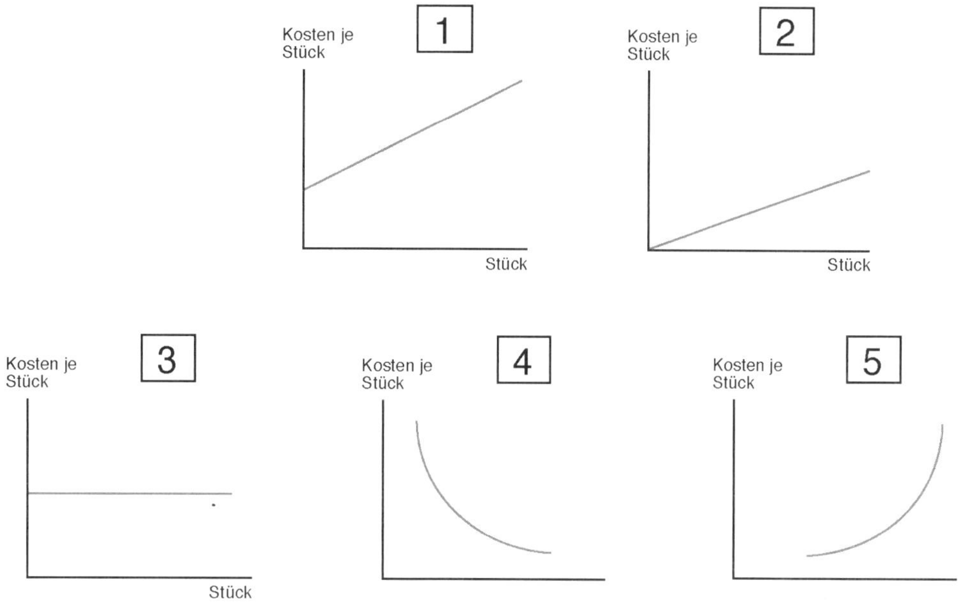

<u>**Zu den nächsten zwei Aufgaben siehe nachstehende Kostenverlaufskurven!**</u>

90. Welcher Kostenverlauf stellt die proportionalen Kosten dar?

a) Kostenverlauf 1
b) Kostenverlauf 2
c) Kostenverlauf 3
d) Kostenverlauf 4
e) Kostenverlauf 5

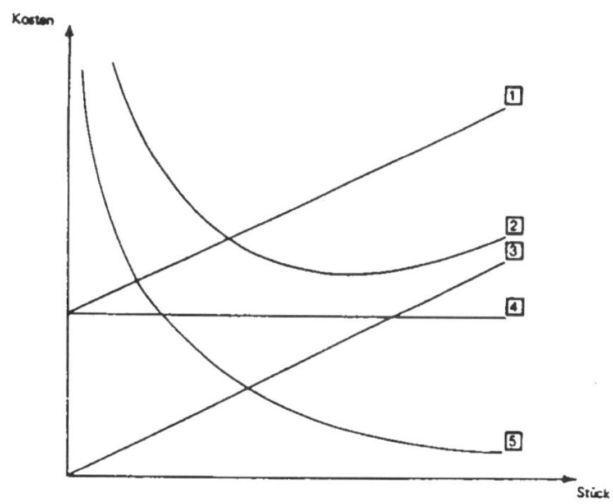

91. Welcher Kostenverlauf stellt die proportionalen Stückkosten dar?

a) Kostenverlauf 1
b) Kostenverlauf 2
c) Kostenverlauf 3
d) Kostenverlauf 4
e) Kostenverlauf 5

92. Welche Aussage zur Entwicklung der Stückkostenkurve trifft zu?

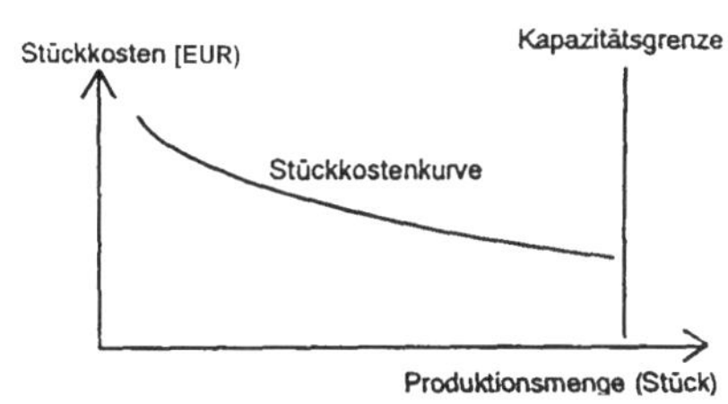

a) Die Veränderung der Produktionsmenge hat keinen Einfluss auf den Fixkostenanteil.
b) Die Stückkosten erreichen ihr Minimum bei der Kapazitätsgrenze.
c) Bei Abnahme des Beschäftigungsgrades sinken die variablen Stückkosten.
d) Die Stückkostenkurve zeigt einen linearen Verlauf der variablen Kosten.
e) Die Stückkostenkurve zeigt einen progressiven Verlauf der variablen Kosten.

93. Welche Maßnahme dient unmittelbar der Verringerung der Ausschussquote?

a) Die Lagerung der Fertigerzeugnisse in klimatisierten Räumen
b) Die Einführung der gleitenden Arbeitszeit
c) Das häufige Umsetzen von Arbeitskräften an verschiedene Arbeitsplätze
d) Die verstärkte Qualitätskontrolle der Werkstoffe
e) Die verstärkte Qualitätskontrolle der Fertigerzeugnisse

94. Was versteht man unter Recycling von Abfallstoffen?

a) Die Vernichtung der Abfallstoffe in Abfallbeseitigungsanlagen
b) Die erneute Zuführung der Abfallstoffe in entsprechende Fertigungsstufen bis kein Abfall mehr entsteht
c) Die Verbrennung der Abfallstoffe in einer Recycling-Anlage, um Energie für die Produktion zu erzeugen
d) Die Aufarbeitung der Abfallstoffe in Abfallbeseitigungsanlagen, um sie in Mülldeponien entsorgen zu können
e) Die technische Aufarbeitung von Abfallstoffen für einen erneuten Einsatz in der gleichen oder einer anderen Produktion

95. Welche betriebsinterne Maßnahme soll die Senkung des Ausschusses bewirken?

a) Die Minimierung der Durchlaufzeiten
b) Die Zahlung von Qualitätsprämien
c) Die Steigerung der Kapazitätsauslastung
d) Die Zahlung von Quantitätsprämien
e) Die Anordnung von Mehrarbeit

96. Welche Abteilung erkennt zuerst eine ansteigende Ausschussquote in der Produktion?

a) Die Fertigungskontrolle
b) Die Fertigungssteuerung
c) Der Kundendienst
d) Die Materialdisposition
e) Die Kalkulationsabteilung

97. Welche Aufgabe hat die Fertigungskontrolle?

a) Sie prüft, welches Fertigungsverfahren für die Produktion eines Erzeugnisses am besten geeignet ist.
b) Sie überwacht die Liefertermine für die Beschaffung von Zubehörteilen.
c) Sie prüft die Qualität und Menge der gefertigten Teile.
d) Sie prüft die Wirtschaftlichkeit der Erzeugnisse.
e) Sie prüft die Qualifikation der Arbeitskräfte.

98. Welcher Aufgabe dient der Maschinenbelegungsplan?

a) Er soll Produktionsstauungen vermeiden.
b) Er soll die zu fertigenden Erzeugnisse aufzeigen.
c) Er soll zur Ermittlung der Produktionskosten dienen.
d) Er soll den Einsatz der Mitarbeiter an den Maschinen aufzeigen.
e) Er soll zur besseren und schnelleren Ermittlung der Produktionskosten dienen.

99. Welche Aussage über die Arbeitsanweisung (Arbeitsplan) ist richtig?

a) Die Arbeitsanweisung ist eine Stellenbeschreibung für einen Arbeiter der Fertigung.
b) Die Arbeitsanweisung ist ein Verzeichnis aller Einzelteile in zusammenbaumäßiger Reihenfolge.
c) Die Arbeitsanweisung enthält die einzelnen Arbeitsgänge in feiner Unterteilung.
d) Die Arbeitsanweisung überwacht den zeitlichen Ablauf der Fertigung.
e) Die Arbeitsanweisung gibt Auskunft über die Finanzierung eines Artikels.

100. Wozu kann ein Entnahmeschein für Fertigungsmaterial u. a. dienen?

a) Als Ersatz für verlorengegangene Lagerfachkarten
b) Als Laufkarte beim innerbetrieblichen Transport
c) Zur Kostenerfassung für einen einzelnen Auftrag
d) Zur Feststellung des gesamten Inventurbestandes
e) Zur Kostenerfassung für Materialrückgaben

101. Welches Hilfsmittel dient der Fertigungssteuerung zur Kapazitätsüberwachung?

a) Kundenkartei
b) Stückliste
c) Ablaufdiagramm
d) Liefererkartei
e) Maschinenbelegungsplan

102. Ordnen Sie zu.

Beschreibungen

a) Verzeichnis aller in ein Werkstück eingehenden Einzelteile
b) Kennzeichnung für schnell zu befördernde innerbetriebliche Mitteilungen
c) Mitteilung über die innerbetriebliche Beurteilung eines Arbeitnehmers
d) Mitteilung über die Qualitätsfeststellung eines Produktes
e) Dringende Materialanforderung
f) Auftragsbeleg, der das Erzeugnis von Arbeitsplatz zu Arbeitsplatz begleitet

Bezeichnungen

[ ] Laufkarte
[ ] Stückliste
[ ] Prüfbericht

103. Welche Aussage über die retrograde Terminplanung für die Fertigung ist richtig?

a) Sie ermittelt vom Eingang des Kundenauftrages an den frühestmöglichen Liefertermin.
b) Sie ermittelt den frühestmöglichen Fertigungstermin vom Zeitpunkt der Rohstoffbestellung an.
c) Sie geht von den Beschaffungsterminen der Rohstoffe aus und ermittelt den späteren Liefertermin.
d) Sie geht von der durchschnittlichen Lagerdauer der Fertigerzeugnisse aus.
e) Sie geht vom Auslieferungstermin aus und errechnet den Termin, zu dem die Fertigung spätestens beginnen muss.

104. Siehe Abbildung. Wie heißt das von der Messgerätefabrik Ernst Frank & Co. KG in der Produktion verwendete Organisationsmittel?

a) Stückliste
b) Laufkarte
c) Maschinenbelegungsplan
d) Terminkarte
e) Arbeitsplatzkarte

Messgerätefabrik Ernst Frank

Auftragsnummer	Teil Nr.	Stückzahl	Termin	Werks Nr	Datum

Besteller	Gegenstand	Zeichen Nr / Werkstatt
PMB-U	Haken (20 x 8 x 45 ig) nach Zeichnung fertigen	Zeichen Nr: C 91-44512 - 36 Werkstatt: St 52 u. St 37

Kostenstelle	Arbpl.Nr	Arbpl	Ag	Arbeitsgang	Rüstzeit	Stückzeit
6411		Sä	01	Sägen		
6721		D6	02	Drehen u. verbohren p 1,9	24	75,0
3122		Sm	03	Biegen K 0,65		
3125		12	04	Schweißen K 0,1		
6721		D6	05	Bohrgehäuse fertig drehen	48	71,0
6422		B4	06	Bohren und entgraten	24	5,2

Ausgang Termin	Material Termin	Material an Arbeitsplatz	Maße des Materials
Ausfüllen von TMA		Ausfüllen von Zwischenmagazin	

105. Welche Funktion erfüllt das abgebildete Formular?

a) Es ist ein Formular, aus dem man entnehmen kann, wie lange eine Maschine schon gelaufen ist.
b) Es ist ein Formular, das den Weg zu den einzelnen Abteilungen der Betriebe beschreibt.
c) Es ist ein Formular, das die für die Auftragsdurchführung erforderlichen Tätigkeiten in der richtigen Reihenfolge enthält.
d) Es ist ein Formular, in dem alle Materialien für einen Auftrag zusammengestellt sind.
e) Es ist ein Formular, das die Kundenaufträge aufschlüsselt.

Werkstück-Benennung	Teile Nr. F 8178	Stückzahl: 20
Abdeckring	Zeichnungs.Nr. 249	Termin: 31.01. ..
	Auftrags.Nr. 711	Ausstellungstag: 20.01. ..

Nr.	Arbeitsgang	Akkord-richtsatz	Zeitvorgabe Rüstzeit	Zeitvorgabe Stückzeit	Arbeitsplatz
1	Bohrung und 1. Seite formdrehen	17,10	8,0	0,40	D 35
2	Bund und 2. Seite drehen	17,20	3,0	0,50	D 29
3	Maßkontrolle	17,80	0,0	0,30	D 29

106. Für eine Einzelfertigung hat die Fertigungssteuerung der Frankfurter Bremsen AG den abgebildeten Terminplan aufgestellt. Welche Aussage hierzu ist richtig?

a) Die Produktion aller Teile beginnt zur gleichen Zeit.

b) Tritt bei der Montage der Produktionsgruppe 1 eine einwöchige Verzögerung ein, verschiebt sich der geplante Liefertermin.

c) Die Terminplanung ist vorwärts terminiert.

d) Durch diesen Terminplan entstehen keine vermeidbaren Wartezeiten.

e) Der Terminplan zeigt die Feinplanung zur Überwachung des jeweiligen Arbeitsfortschrittes.

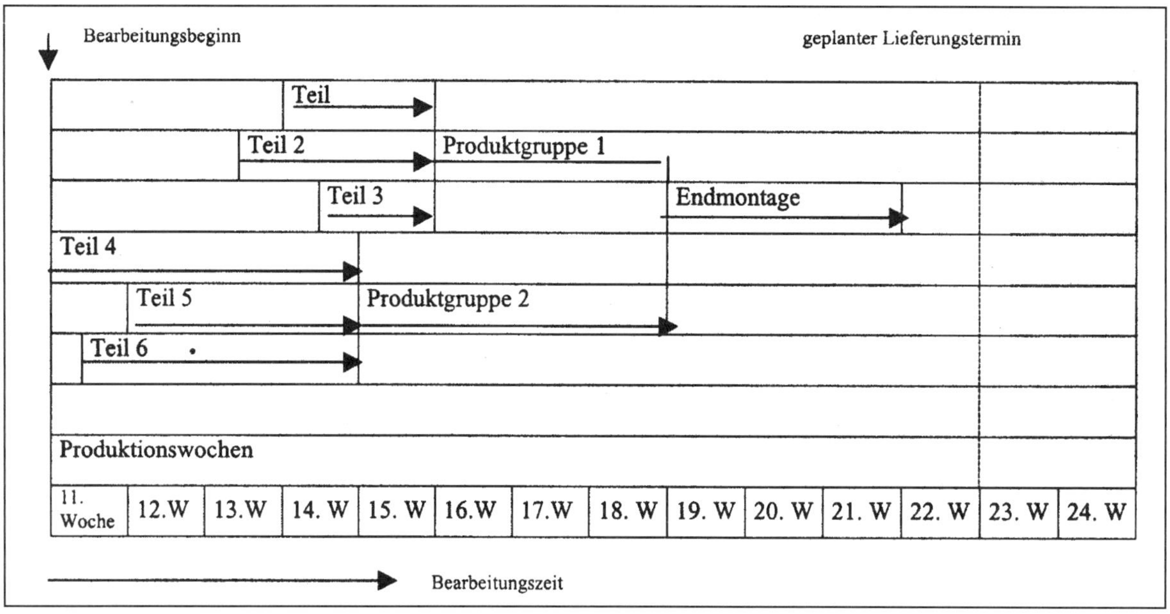

107. Welche Aussage zu dem abgebildeten Terminplan ist richtig?

a) Progressiv aufgebauter Terminplan zur Erstellung eines Produktes

b) Organisationsmittel des Einkaufs zur Kontrolle der Lieferzeiten

c) Retrograd (rückläufig aufgebauter Terminplan zur Erstellung eines Produktes)

d) Netzplan zur Erstellung eines Produktes

e) Balkendiagramm zur zeitlichen Fertigungsplanung für ein Produkt

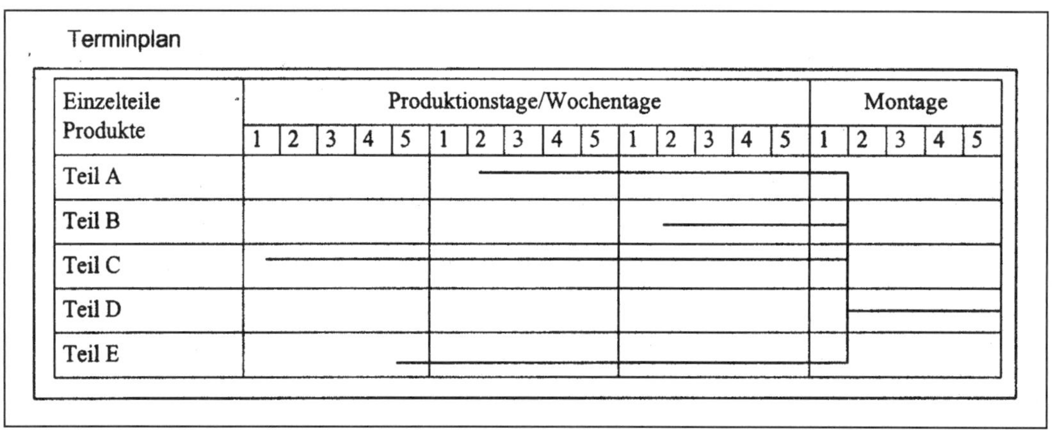

108. Ordnen Sie zu.

Betriebliche Funktionen

a) Revision

b) Versand

c) Konstruktion

d) Qualitätskontrolle

e) Lagerwesen

f) Produktion

Computergestützte Systeme

[ ] CAD (Computer Aided Design)

[ ] CNC (Computerized Numerical Control)

Die nächsten zwei Aufgaben beziehen sich auf nachstehende Situation.

Als Mitarbeiter der Fertigungssteuerung finden Sie auf Ihrem Schreibtisch die abgebildete Notiz. Der Rückruf bei Meister Schneider bringt folgende zusätzliche Information:
*** Der gesamte Montagevorgang eines Bremszylinders dauert fünf Minuten.**
*** Dabei werden in jeden Bremszylinder vier Bolzen eingesetzt.**

Chef-Kurzinformation	Datum: heute
Name: Herr Schneider Firma: Abteilung: Montageband 2 Telefon: Fax:	Uhrzeit: 8.50 persönlicher Anruf
Thema:	
Detail: Zur Zeit sind nur noch 30 Bolzen im Greifbehälter am Montageplatz. Ab 9.00 Uhr läuft das Band an! Herr Schneider befürchtet, dass das Band angehalten werden muss, wenn die Bolzen verbraucht sind. Stellungnahme: Was soll geschehen?	

109. Es ist jetzt 9.00 Uhr. Wie beurteilen Sie die Situation?

a) Der Greifbehälter muss sofort aufgefüllt werden, um einen Stillstand des Bandes zu vermeiden.
b) Der Greifbehälter muss bis 9.35 Uhr aufgefüllt sein.
c) Der Greifbehälter sollte bis spätestens 11.00 Uhr aufgefüllt werden.
d) Die Menge im Greifbehälter reicht noch bis zur Mittagspause.
e) Die Menge im Greifbehälter reicht noch mindestens fünf Stunden.

110. Eine Computerabfrage ergibt das abgebildete Bild. Der Leiter der Wareneingangskontrolle fragt Sie am Telefon: „Um wie viel Uhr genau muss spätestens das Material aus dem Wareneingang am Montageband sein, damit es nicht zum Bandstillstand kommt?“

a) 11.00Uhr
b) 11.45 Uhr
c) 12.00 Uhr
d) 12.45 Uhr

FBAG
Lagerbestandsabfrage

Teile Nr.	346204
Bezeichnung	Bolzen
Bestände	
Hauptlager	150
Verkaufslager	0
Werkzeuglager	0
Wareneingang	800

111. Die Geschäftsleitung der Bavaria Fahrradwerke GmbH hat ein ganzheitliches Qualitätsmanagement (TQM) eingeführt. Was versteht man unter TQM?

a) TQM ist die Vollprüfung sämtlicher Erzeugnisse.
b) Mit TQM sollen in den Prozessabläufen Rationalisierungsmöglichkeiten gefunden werden.
c) Mit TQM soll die Funktions- und Gebrauchsfähigkeit eines Produktes festgestellt werden.
d) Unter TQM versteht man die Mitwirkung aller Mitarbeiter, die Qualität ihrer Arbeit in den Vordergrund zu stellen, um durch Zufriedenheit der Kunden einen langfristigen Geschäftserfolg zu erreichen
e) TQM bezieht sich ausschließlich auf die Kontrolle der gesetzlich vorgeschriebenen Anforderungen.

112. Bei welchem Beschäftigungsgrad einer Zuschneidevorrichtung sind die Stückkosten am niedrigsten, wenn die variablen Gesamtkosten proportional verlaufen?

a) Wenn der Beschäftigungsgrad den „Break-even-point" erreicht
b) Bei einem Beschäftigungsgrad, bei dem der Erlös gerade die fixen Kosten deckt
c) Bei einem Beschäftigungsgrad, bei dem alle in der Periode produzierten Erzeugnisse auch abgesetzt werden
d) Bei einem Beschäftigungsgrad, der an der Kapazitätsgrenze liegt
e) Bei einem Beschäftigungsgrad, bei dem der Deckungsbeitrag den variablen Gesamtkosten entspricht

113. Sie erhalten einen Arbeitsplan zur Herstellung von Bettwäsche. Was können Sie aus dem Plan <u>nicht</u> ablesen?

a) Die Arbeitsgänge
b) Den Arbeitsablauf
c) Das Arbeitsentgelt
d) Die Arbeitsplätze
e) Die Soll-Arbeitszeit

114. Im Rahmen der Zeitaufnahme ist eine Begriffsklärung notwendig. Welche Aussage hierzu ist richtig?

a) Die Rüstzeit ist die Summe aus Grundzeit, Verteilzeit und Ausführungszeit.
b) Die Auftragszeit ist das Produkt der Grundzeit mit der Verteilzeit.
c) Die Verteilzeit ist die Differenz aus Rüstzeit und Ausführungszeit.
d) Die Ausführungszeit ist die Summe aus Auftragszeit und Rüstzeit.
e) Die Ausführungszeit ist das Produkt der Multiplikation aus Stückzeit und Stückzahl.

115. Welches Verhältnis drückt die Arbeitsproduktivität aus?

a) Gewinn : Kapital
b) Leistung : Kosten
c) Ausbringungsmenge : Faktoreinsatzmenge
d) Eigenkapital : Gesamtkapital
e) Eigenkapital : Anlagevermögen
f) (Eigenkapital + langfristiges Fremdkapital) : Anlagevermögen

116. Welcher Plan ist im Regelfall Ausgangsbasis für die Aufstellung eines Produktionsplans?

a) Der Absatzplan
b) Der Beschaffungsplan
c) Der Personalplan
d) Der Investitionsplan
e) Der Finanzierungsplan

117. Bringen Sie die folgenden Arbeitsabläufe zur Herstellung von neuen Scheibenbremsen in die richtige Reihenfolge.

[ ] Konstruktionsauftrag erteilen
[ ] Fertigung durchführen
[ ] An das Versandlager abliefern
[ ] Konstruktionszeichnungen anfertigen
[ ] Fertigungsablauf planen
[ ] Endkontrolle vornehmen
[ ] Konstruktionsstücklisten erstellen

118. Aufgabe der Produktion ist es, die zu produzierenden Erzeugnisse so rationell, d. h. kostengünstig wie möglich, herzustellen. Welche Größe hat <u>keinen</u> Einfluss auf rationelle Produktion?

a) Standort des Betriebes
b) Stand des technischen Fortschritts
c) Distributionssystem
d) Faktorkombination
e) Gesetzliche Produktionsauflagen (z. B. Umweltschutz)

119. Für das Unternehmen soll ein Umweltschutzhandbuch erstellt werden. Welche Anforderung entspricht nicht dem Umweltschutzgedanken?

a) Bei der Lagerung von umweltgefährdenden Stoffen im Maschinenbereich müssen Schutzvorkehrungen gegen auslaufende Gefahrenstoffe installiert werden.

b) Umweltschonende Fertigungsverfahren erfordern die gezielte Verringerung von Emissionen.

c) Betriebsstoffe aus dem Herstellungsprozess sind einer Wiederaufbereitungsanlage zuzuführen.

d) Bei dem Produktionsmaterial ist der gezielte und sparsame Einsatz unter Berücksichtigung weitest möglicher Resteverwertung vorzunehmen.

e) Bei umweltrelevanten Anlagen ist die Betriebsbereitschaft stets vorrangig gegenüber umweltschutztechnischen Überlegungen zu sehen.

120. Ordnen Sie zu.

Kennzahlen	Verhältnisse
a) Produktivität	
b) Wirtschaftlichkeit	[ ] tatsächliche Produktionsmenge x 100 / mögliche Produktionsmenge
c) Unternehmer-rentabilität	[ ] flüssige Mittel x 100 / kurzfristige Verbindlichkeiten
d) Barliquidität	
e) Kapitalintensität	[ ] Gewinn x 100 / Eigenkapital
f) Unternehmungs-rentabilität	
g) Beschäftigungsgrad	

121. Durch eine kostenneutrale Änderung des Produktionsablaufs ist es gelungen, die Durchlaufzeit zu verkürzen. Welche Aussage über die Folgen ist richtig?

a) Die Fertigungskosten je Stück steigen.

b) Die Produktivität wird geringer.

c) Die Rentabilität wird dadurch nicht beeinflusst.

d) Die Kapitalbindungsdauer für den Materialeinsatz wird länger.

e) Das Betriebsergebnis wird verbessert.

122. Wie verhalten sich die Fixkosten pro Stück bei sinkender Fertigungsmenge?

a) Sie steigen proportional.

b) Sie fallen proportional.

c) Sie steigen linear.

d) Sie steigen progressiv.

e) Sie verändern sich nicht

123. Ein Organisatorenteam erhält den Auftrag, den Produktionsbereich des Unternehmens neu zu organisieren. Der Projektablauf vollzieht sich in Teilschritten. Bringen Sie diese Teilschritte in die richtige Reihenfolge.

[ ] Auswahl eines Lösungsvorschlages
[ ] Analyse des Istzustandes
[ ] Einführung der ausgewählten Lösung
[ ] Entwickeln mehrerer Lösungsvorschläge
[ ] Analyse der Lösungsvorschläge
[ ] Erhebung des Ist-Zustandes

124. Prüfen Sie, für welche betriebliche Entscheidung im Zusammenhang mit der Produktion von Saisonartikeln die Deckungsbeitragsrechnung sinnvoll eingesetzt werden kann.

a) Zur Ermittlung der Herstellkosten

b) Zur Durchführung der Prozesskostenrechnung

c) Zur Berechnung der Äquivalenzziffern

d) Zur Festlegung des optimalen Produktionsprogramms

e) Zur Durchführung der Plankostenrechnung

125. Sie sind Mitarbeiter/-in in der Betriebsbuchhaltung und haben täglich mit verschiedenen Kostenbegriffen umzugehen.
Ordnen Sie zu.

Kostenbegriffe

a) Fixe Gesamtkosten
b) Unterproportionale variable Gesamtkosten
c) Proportionale variable Gesamtkosten
d) Variable Stückkosten
e) Degressive Stückkosten
f) Fixe und variable Gesamtkosten

Kostendiagramme

k_v = variable Stückkosten

K_v =variable Gesamtkosten

M = Menge

[ ]

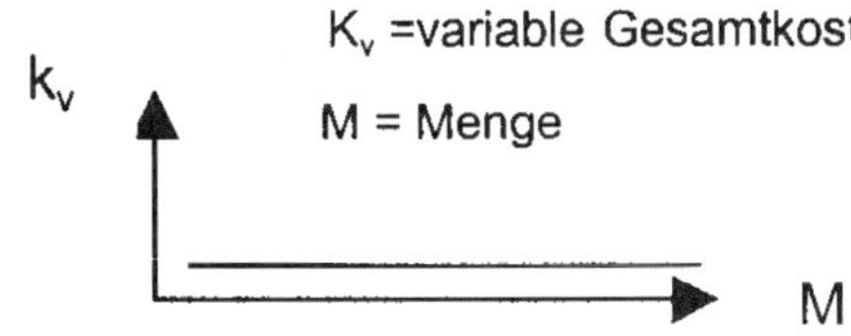

[ ]

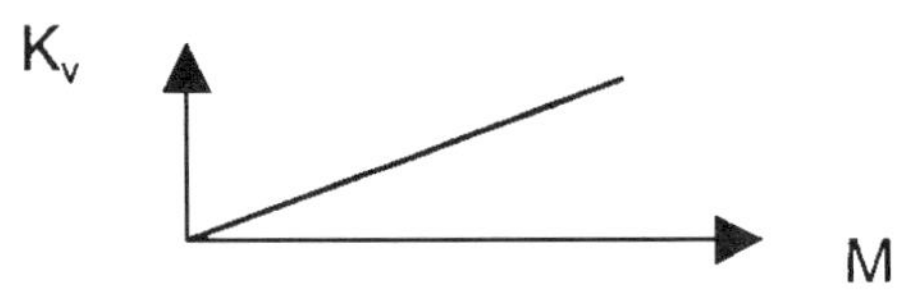

126. Welches System wurde bei der Abbildung gewählt?

a) Kollegialsystem
b) Stabliniensystem
c) Einliniensystem
d) Liniensystem mit Querverbindung
e) Funktionalsystem

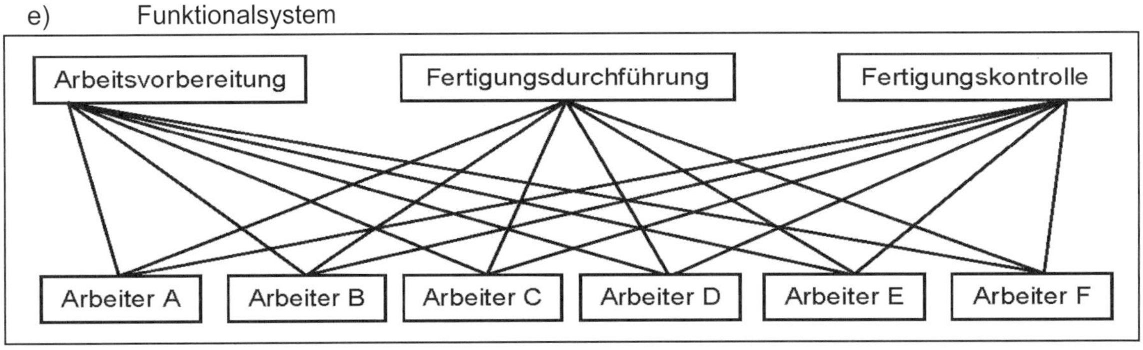

127. Welches der Diagramme kennzeichnet den Verlauf der Stückkosten bei steigender Produktionsmenge?

a) Diagramm 1
b) Diagramm 2
c) Diagramm 3
d) Diagramm 4
e) Diagramm 5
f) Diagramm 6

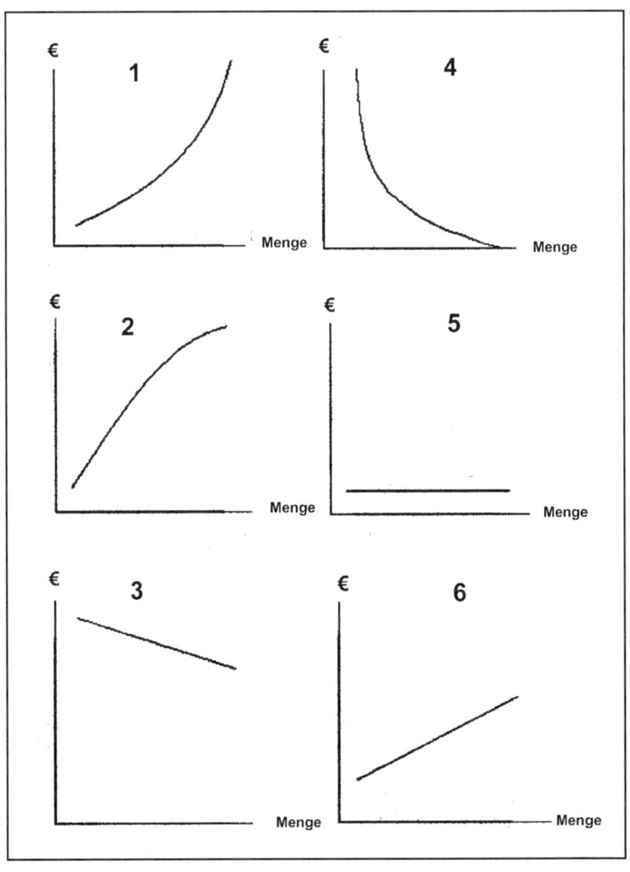

128. Welche Aussage zu den geringwertigen Wirtschaftsgütern ist richtig?

a) Geringwertige Wirtschaftsgüter von 151,00 € bis 1.000,00 € werden in der Bilanz nicht ausgesiesen.

b) Auch nicht selbständig bewertbare und nutzbare Wirtschaftsgüter können als geringwertige Wirtschaftsgüter gebucht werden.

c) Geringwertige Wirtschaftsgüter von 151,00 € bis 1.000,00 € netto werden bei der Anschaffung auf einem Sammelkonto erfasst.

d) Geringwertige Wirtschaftsgüter im Werte von über 150 € werden in der Kontenklasse 6 gebucht, da es sich hierbei um Aufwendungen handelt.

e) Geringwertige Wirtschaftsgüter gehören zum Umlaufvermögen.

129. Durch den Kauf eines neuen Lastkraftwagens sind folgende Ausgaben angefallen. Welche Position ist nicht aktivierungspflichtig?

a) Überführungskosten des Lastkraftwagens

b) Kosten für Sonderlackierung mit Werbeaufschrift

c) Zulassungskosten beim Straßenverkehrsamt

d) Vorausgezahlte Kraftfahrzeugsteuer für das erste Jahr

e) Einbaukosten für eine zusätzliche Warnblinkanlage

130. Welcher Geschäftsfall liegt folgender Buchung zugrunde:
„Geringwertige Vermögensgegenstände der Betriebs u. Geschäftsausstattung
an
Aktivierte Eigenleistungen“?

a) Ein Lagerregal, das als geringwertiges Wirtschaftsgut aktiviert wurde, ist verkauft worden.

b) Für Betriebszwecke wurde ein Lagerregal erstellt.

c) Eine Instandhaltungsmaßnahme an einem Lagerregal wurde von eigenen Betriebshandwerkern ausgeführt.

d) Kauf eines gebrauchten Lagerregals, das aktiviert werden soll

e) Buchung der Materialkosten für ein Lagerregal auf dem Aufwandskonto „Geringwertige Vermögensgegenstände der Betriebs- und Geschäftsausstattung“.

<u>**Zu den nächsten zwei Aufgaben siehe nachstehende Abbildung.**</u>

	Stand 01.01.20..	Zugänge	Abgänge	Abschreibungen	Stand 21.12.20..
A <u>Sachanlagen</u>					
1 Bebaute Grundstücke	6.708	698	46	246	7.114
2 Maschinen und maschinelle Anlagen	4.183	2.147	57	1.409	4.864
3 Betriebs- u. Geschäftsausstattung	1.702	1.720	31	1.291	2.100
4 Anlagen im Bau und Anzahlungen auf Anlagen	35	109	29	-------	115
	12.628	4.674	163	2.946	14.193

131. Wie viel € betrugen die Investitionen im Sachanlagenbereich des abgelaufenen Geschäftsjahres (in T€)?

a) 1 565 T€

b) 1 728 T€

c) 2 946 T€

d) 4 511 T€

e) 4 674 T€

f) 14 193 T€

Betriebswirtschaftliche Geschäftsprozesse

132. Der Wert für Abgänge von Maschinen und maschinellen Anlagen im Verzeichnis der Sachanlagen betrifft den Zielverkauf einer gebrauchten Maschine am 31.12. Es wurde ein Verkaufserlös von 60 000 € netto erzielt. Wie lautet der Buchungssatz?

a) Forderungen aus Lieferungen und Leistungen 71.400 €
an
Umsatzerlöse für eigene Erzeugnisse 60.000 €
Umsatzsteuer 11.400 €

b) Forderungen aus Lieferungen und Leistungen 67.830 €
an
Technische Anlagen und Maschinen 57.000 €
Umsatzsteuer 10.830 €

c) Forderungen aus Lieferungen und Leistungen 71.400 €
an
Erlöse aus dem Abgang von Gegenständen des AV 60.000 €
Umsatzsteuer 11.400 €

d) Forderungen aus Lieferungen und Leistungen 74.970 €
an
Technische Anlagen und Maschinen 60.000 €
Erträge aus dem Abgang von Vermögensgegenständen 3.000 €
Umsatzsteuer 11.970 €

e) Forderungen aus Lieferungen und Leistungen 68.970 €
Verluste aus dem Abgang von Vermögensgegenständen. 3.000 €
an
Technische Anlagen und Maschinen 60.000 €
Umsatzsteuer 11.970 €

133. Welche Aussage zu den aktivierten Eigenleistungen ist richtig?

a) Aktivierte Eigenleistungen sind zu Anschaffungskosten bewertete, selbsterstellte Anlagegüter.
b) Aktivierte Eigenleistungen sind Anlagegegenstände, die für die eigene Nutzung im Betrieb angeschafft wurden.
c) Aktivierte Eigenleistungen dürfen nicht abgeschrieben werden, weil es sich um selbsterstellte Anlagegüter handelt.
d) Aktivierte Eigenleistungen stellen einen Eigenverbrauch dar und sind umsatzsteuerpflichtig.
e) Aktivierte Eigenleistungen stellen einen Zugang zum Anlagevermögen dar und werden zu Herstellungskosten bewertet.

134. Beim Kauf eines neuen Lastkraftwagens sind folgende Ausgaben angefallen. Welche Ausgaben dürfen nicht aktiviert werden?

a) Überführungskosten des LKWs
b) Kosten für Sonderlackierung mit Werbeaufschrift
c) Zulassungskosten beim Straßenverkehrsamt
d) Vorausgezahlte Kraftfahrzeugsteuer für das erste Jahr
e) Einbaukosten für eine zusätzliche Warnblinkanlage

135. Wie wirkt sich die bilanzmäßige Abschreibung eines Drehautomaten auf das Gesamt- bzw. Betriebsergebnis der Frankfurter Bremsen AG aus?

a) Sie hat keinen Einfluss auf das Gesamtergebnis.
b) Sie erhöht das Betriebsergebnis.
c) Sie vermindert das Gesamtergebnis.
d) Sie vermindert das Betriebsergebnis.
e) Sie erhöht das Gesamtergebnis.

II. ÜBUNGSAUFGABEN ZUR FESTIGUNG IHRER KENNTNISSE FÜR ZP UND AP

BILDEN SIE ZU NACHFOLGENDEN GESCHÄFTSFÄLLEN DIE BUCHUNGSSÄTZE, INDEM SIE DIE EINGERAHMTEN KENNZIFFERN DER RICHTIGEN KONTEN IN DIE KÄSTCHEN ÜBERTRAGEN.

136. Banküberweisung der Grunderwerbssteuer für ein neu erworbenes Grundstück. Wie ist zu buchen?

[1] Unbebaute Grundstücke
[2] Sonstige Verbindlichkeiten gegenüber Finanzbehörden
[3] Guthaben bei Kreditinstituten
[4] Grundsteuer
[5] Sonstige betriebliche Steuern

S	H
☐	☐
☐	☐

137. Ein Werkzeug wird von der Industrie-AG selbst erstellt. Die Abrechnung von Fertigungsmaterial, Materialgemeinkosten, Fertigungslöhnen und Fertigungsgemeinkosten ergibt aktivierungspflichtige Herstellungskosten in Höhe von 820 €. Wie ist zu buchen?

[1] Werkzeuge, Werkgeräte und Modelle
[2] Geringwertige Vermögensgegenstände der BGA
[3] Verbindlichkeiten aus Lieferungen und Leistungen
[4] Umsatzerlöse für eigene Erzeugnisse
[5] Aktivierte Eigenleistungen
[6] Aufwendungen für sonstiges Material

S	H
☐	☐

<u>Zu den nächsten zwei Aufgaben.</u>

Wir verkaufen einen gebrauchten Lkw für 15.500 € netto + Umsatzsteuer. Der Buchwert (direkte Abschreibung) dieses Lkw's beträgt 14.500 € und der Gegenwert geht auf der Bank ein.

138. Wie ist der Verkauf zu buchen?

[1] Umsatzerlöse
[2] Forderungen aus Lieferungen und Leistungen
[3] Umsatzsteuer
[4] Anlagenabgänge
[5] Sonstige Erlöse
[6] Fuhrpark
[7] Guthaben bei Kreditinstituten

S	H
☐	☐
☐	☐

139. Wie ist der Anlagenabgang zu erfassen?

[1] Sonstige Erlöse
[2] Abschreibungen auf Sachanlagen
[3] Anlagenabgänge
[4] Fuhrpark
[5] Periodenfremde Aufwendungen
[6] Umsatzerlöse

S	H
☐	☐

Betriebswirtschaftliche Geschäftsprozesse

140. Verkauf eines direkt abgeschriebenen, gebrauchten Personalcomputers, auf Ziel. Der Nettoerlös ist kleiner als der Buchwert. Wie ist der Verkauf zu buchen?

[1] Forderungen aus Lieferungen und Leistungen
[2] Vorsteuer
[3] Umsatzsteuer
[4] Büromaschinen und Kommunikationsanlage]
[5] Sonstige Erlöse
[6] Anlagenabgänge
[7] Umsatzerlöse

S	H
☐	☐
☐	☐

141. Verkauf eines gebrauchten Pkw's gegen Rechnung. Der Verkaufserlös von netto 4.500 € entspricht dem Restbuchwert des direkt abgeschriebenen Fahrzeugs. Wie ist der Verkauf zu buchen?

[1] Anlagenabgänge
[2] Fuhrpark
[3] Forderungen aus Lieferungen und Leistungen
[4] Umsatzsteuer
[5] Sonstige Erlöse
[6] Guthaben bei Kreditinstituten

S	H
☐	☐
☐	☐

BEI DEN NACHSTEHENDEN AUFGABEN SIND DIE ERGEBNISSE ZU BERECHNEN!

142. Durch den Einsatz der Webautomaten ist die Zahl der Arbeitsstunden von 1.200 auf 950 zurückgegangen. Gleichzeitig stieg die produzierte Stoffmenge von 7.500 m auf 8.075 m. Um welchen absoluten Wert hat sich die Arbeitsproduktivität verbessert?

143. Die Ergebnisrechnung eines Industriebetriebes weist folgende Zahlen aus (in T€):

Erzeugnis:	(1)	(2)	(3)	(4)	(5)
Selbstkosten:	300	680	200	400	400
Umsatzerlöse:	350	850	220	430	520

Welches Erzeugnis hat die höchste Wirtschaftlichkeit?

144. Aus der Buchhaltung liegen für das vergangene Geschäftsjahr folgende Zahlen vor:

Umsatzerlöse:	60.000.000 €
Aufwendungen:	58.500.000 €
davon Zinsaufwendungen:	1.050.000 €
Eigenkapital:	8.300.000 €
Fremdkapital:	21.700.000 €

Wie viel Prozent beträgt die Unternehmensrentabilität (Gesamtkapitalrentabilität)?

145. Von einem Unternehmen liegen folgende Zahlen des letzten Jahres vor:

Umsatzerlöse	5.480.000 €
Aufwendungen	5.380.000 €
Eingesetztes Eigenkapital	1.600.000 €

Wie viel Prozent beträgt die Unternehmer-Rentabilität?

146. In einem Presswerk sollen in 8-stündiger Arbeit im Lohnauftrag 6.300 Teile auf einer Maschine hergestellt werden, wobei der Auftraggeber das Material stellt. Der Auftraggeber bietet 0,072 € je Stück. Das Presswerk hat einen Kostensatz für diesen Arbeitsplatz von 63 € je Stunde.
a) Wie hoch ist die Wirtschaftlichkeit?
b) Tragen Sie eine 1 ein, wenn die Fertigung wirtschaftlich, und eine 2, wenn sie unwirtschaftlich ist.

☐

147. Die Wirtschaftlichkeit eines Betriebes wurde vor der Rationalisierung mit 1,1 berechnet. Nach der Anschaffung moderner Maschinen betrugen die Kosten pro Woche 100.000 €. Die Anzahl der erzeugten und verkauften Produkte beträgt 12.000 Stück/Woche bei einem Stückerlös von 10 €. Welchen Wert erreicht die Wirtschaftlichkeit nach der Rationalisierung?

148. Im letzten Geschäftsjahr wurden in 4.000 Arbeitsstunden 1.000 Regale hergestellt, die alle verkauft wurden. Der Verkaufspreis je Stück betrug 150 €. Die Gesamtkosten betrugen 115.000 €, das Eigenkapital 2.800.000 €.
a) Wie hoch war die Arbeitsproduktivität?
b) Wie hoch war die Eigenkapitalrentabilität?

149. Wie viel Arbeitsstunden beträgt die Auftragszeit für das Schleifen von 18.000 Ventilen unter Berücksichtigung folgender Angaben?
- Das Schleifen eines Ventils dauert 15 Sekunden.
- Nach jeweils 180 Ventilen erhält der Arbeiter eine Pause von 6 Minuten.
- Die Rüstzeit beträgt 6 Stunden.

150. 4 Arbeitskräfte erledigen bei 7-stündiger Arbeitszeit einen Auftrag in 14 Tagen. In wie viel Tagen ist der Auftrag abgewickelt, wenn noch weitere 3 Arbeitskräfte eingesetzt werden und täglich 8 Stunden gearbeitet wird?

151. 9 Arbeiter können bei täglich 8 Stunden Arbeitszeit in 12 Tagen 56 Werkstücke anfertigen. Wie viel Arbeiter müssen zusätzlich eingestellt werden, wenn 70 Werkstücke in 10 Tagen herzustellen sind und jeder Arbeiter täglich eine Überstunde leistet?

152. 9 Arbeiter löten bei einer täglichen Arbeitszeit von 7,5 Stunden wöchentlich 8 960 Teile (5 Tage-Woche). Für die Weihnachtszeit sollen 4 Tage eingearbeitet werden. An wie viel Arbeitstagen muss jeweils eine Stunde mehr gearbeitet werden, um die Produktion in gleicher Höhe aufrecht erhalten zu können?

153. Siehe folgende Abbildung.
Um wie viel € sind die Kosten zur Herstellung einer Serie von 8.000 Stück beim Fertigungsverfahren A höher als beim Fertigungsverfahren B?

	Fertigungsverfahren A	Fertigungsverfahren B
Rüstkosten pro Serie	3.500,00 €	750,00 €
Leistung pro Stunde in Stück	500	80
Fertigungskosten pro Stunde	100,00 €	35,00 €

154. In einem Unternehmen werden 4 artverwandte Produkte hergestellt.
Herstellkosten je Monat
Produkt A 3.000 €
Produkt B 35 % von den gesamten Herstellkosten
Produkt C 4.000 €
Produkt D 40 % von den gesamten Herstellkosten
Wie viel € betragen die gesamten monatlichen Herstellkosten?

155. Bei einem Beschäftigungsgrad von 80 % werden in der Textilwerke AG monatlich 64.000 m Stoff gefertigt und abgesetzt. Die Gesamtkosten betragen 480.000 €, die variablen Kosten je m 4,50 €. Der Verkaufspreis je m beträgt 7,90 €. Wie viel € würde der Gesamtgewinn bei einer Auslastung der Kapazität von 90 % und Absatz aller hergestellten Erzeugnisse betragen?

156. Die Zahl der in Serienfertigung in diesem Jahr zu produzierenden Verbrauchszähler für Öle wurde mit 2 400 Stück geplant. Für die Festlegung der Losgröße dient nachstehende Tabelle. Bei welcher Menge liegt nach dieser Tabelle die optimale Losgröße?

Losgröße (Stück)	Rüstkosten (T€)	Lagerkosten der Verbrauchszähler (T€)
800	300	2.200
600	400	1.500
480	500	1.200
400	600	1.000
300	800	750
240	1.000	600
160	1.500	400
120	2.000	350

157. Siehe untenstehende Angaben. Aufgrund einer Marktuntersuchung hat ein Behälterbau Unternehmen die Reaktionen ihrer Kunden auf Preisänderungen für eine bestimmte Behältergruppe erfasst. Die fixen Kosten dieser Produktgruppe betragen 100.000 €, die variablen Kosten/Stück 600 €. Welcher Verkaufspreis/Stück führt das Behälterbau Unternehmen zum höchsten Betriebsergebnis?

Verkaufsmenge	Verkaufspreis/Stück
350	1.150 €
400	1.100 €
450	1.050 €
500	1.000 €

158. Die Fixkosten für die Herstellung von Kleinbehältern betragen 900.000 €, die variablen Kosten/Stück 40 €, der Verkaufspreis/Stück 120 €. Bei welchem Umsatz erzielt das Industrieunternehmen einen Gewinn von 100.000 € (Ergebnis in Mio. €)?

159. Durch Rationalisierungsmaßnahmen im Bereich der Fertigung hat ein Behälterbau Unternehmen die Personalkosten pro Monat um 7,5 % auf 444.000 € gesenkt. Im gleichen Zeitraum sind die kalkulatorischen Abschreibungen um 5 % auf 598.500 € gestiegen. Wie viel € beträgt die Kostenersparnis?

160. Ein Produktionsablauf besteht aus 2 Stufen. Von den jeweils in den einzelnen Produktionsstufen eingesetzten Stückzahlen ergeben sich folgende Ausschusswerte:
- am Ende der 1. Produktionsstufe 15 % Ausschuss
- von der in der 2. Stufe eingesetzten Stückzahl am Ende der 2. Stufe 10 % Ausschuss.
Wie viel Stück müssen in die 1. Produktionsstufe gegeben werden, wenn für einen Auftrag 4.590 brauchbare Teile benötigt werden?

161. In einer Werkstätte werden wöchentlich 37,5 Stunden gearbeitet. Nach 4 Wochen entstanden folgende Kosten:

Personal- und Personalnebenkosten	2.500 €
Raumkosten	1.500 €
Abschreibungen und Kapitalkosten	2.000 €

Um wie viel € erhöht sich der Stundensatz für diesen Arbeitsplatz, wenn die Raumkosten um 20 % steigen.

162. Ein Teil, das bislang aus Metall gefertigt wurde, soll in Zukunft aus Kunststoff gefertigt werden. Die Werkzeugkosten für das Metallteil betrugen 800 €, die Herstellkosten (ohne Werkzeugkosten) je Stück 5 €. Die Werkzeuge für das Kunststoffteil würden 6.200 € kosten, die Herstellkosten (ohne Werkzeugkosten) würden je Stück 0,50 € betragen. Ab welcher Stückzahl wäre es billiger, das Teil aus Kunststoff fertigen zu lassen?

163. Wie viel € betragen die Produktionskosten im günstigeren Produktionsverfahren für einen Auftrag bei der Herstellung von 8.550 verwendbaren Stücken?

	Verfahren A	Verfahren B
Fertigungskosten je Stück ohne Rüstkostenanteil	1,22 €	1,25 €
Rüstkosten	800 €	1.000 €
Ausschuss	10 %	5 %

164. Die Kapazität eines Betriebes beträgt 6.000 Stück. Die Produktion konnte im April um 12 1/2 % gegenüber dem März gesteigert werden und damit einen Beschäftigungsgrad von 90 % erreichen. Wie viel Stück wurden im März hergestellt?

165. Im letzten Monat stellte ein Behälterbau Unternehmen 7.000 Vorratsbehälter bei einer Kapazität von 10.000 Behältern her. Die proportionalen Kosten betrugen 250 € je Stück, die Fixkosten pro Monat 3.801.000 €. Wie viel Behälter müssten zusätzlich produziert werden, wenn die durchschnittlichen Selbstkosten je Stück 670 € betragen?

166. Die Arbeitsvorbereitung stellt fest, dass ein Arbeitsvorgang auf 3 Maschinen durchgeführt werden kann:

Maschine	Rüstkosten	Fertigungskosten je Stück ohne Rüstkosten
1	840 €	1,25 €
2	1.800 €	0,75 €
3	1.560 €	0,90 €

Der Auftrag lautet über 2.400 Stück. Wie viel € betragen die Fertigungskosten einschließlich Rüstkosten je Stück auf der günstigsten Maschine?

167. Bei einem Beschäftigungsgrad von 80 % werden in einem Industriebetrieb monatlich 8.400 Stücke gefertigt und abgesetzt. Die Gesamtkosten betragen 81 000 €, die variablen Kosten je Stück betragen 2,50 €. Der Verkaufspreis je Stück beträgt 10 €. Wie viel € würde der Gesamtgewinn bei einer Auslastung der Kapazität von 100 % und Absatz aller hergestellten Erzeugnisse betragen?

168. Die Textilwerke AG stellt Bettwäsche für den Handel her. Der Verkaufspreis für das Exklusivprodukt „Herbststimmung" beträgt 230,00 €/Stück. Bei voller Auslastung können monatlich 900 Stück produziert werden. Die fixen Kosten betragen monatlich 46.800,00 €, die variablen Kosten je Bettwäschegarnitur belaufen sich auf 165,00 €. Bei welchem Beschäftigungsgrad liegt die Gewinnschwelle?

169. Ein Industrieunternehmen produziert 5 Erzeugnisse

Erzeugnis	Erlös je Stück	variable Stückkosten	Bearbeitungszeit
1	250 €	200 €	15 Minuten
2	400 €	300 €	40 Minuten
3	600 €	400 €	60 Minuten
4	300 €	180 €	50 Minuten
5	500 €	350 €	30 Minuten

Welches Erzeugnis erbringt den höchsten Deckungsbeitrag je Arbeitsstunde?

170. Eine Stanzmaschine hat pro Schicht eine Fertigungskapazität von 300 Fertigungsminuten. Der Betrieb arbeitet in 2 Schichten. Die Vorgabezeit für 100 Stanzteile beträgt laut Arbeitsplan 1 Minute. Wie viel Arbeitstage müssen in der Terminplanung für die Fertigung von 900.000 Stanzteile eingeplant werden?

171. Die Wareneingangskontrolle einer Behälterbau Unternehmung führt regelmäßig Stichproben zur Qualitätskontrolle bei den beschafften Materialien durch. Es wurden 10 Stichproben durchgeführt. Jede Stichprobe umfasste 400 Stück. Die Anzahl der dabei ermittelten fehlerhaften Stücke betrug:

Stichprobe:	1	2	3	4	5	6	7	8	9	10
Fehlerhafte Stücke:	2	1	2	6	8	6	3	6	3	4

Wie viel Prozent betrug die durchschnittliche Fehlerquote?

172. Ein Industriebetrieb senkt vorübergehend seine Fertigung von 500 auf 400 Einheiten. Weil nur ein Teil der Kosten verringert werden kann, ergibt sich folgende Kostenstruktur:

	K O S T E N	
Kostenarten	bei 500 Einheiten	bei 400 Einheiten
Rohstoffkosten	19.000 €	16.000 €
Hilfs-, Betriebsstoffkosten	3.000 €	2.500 €
Personalkosten	10.000 €	10.000 €
Abschreibungen	8.000 €	8.000 €
Miete	2.000 €	2.000 €
Übrige Kosten	12.000 €	9.500 €
Gesamtkosten	54.000 €	48.000 €

Wie viel € beträgt die Differenz zwischen den Stückkosten bei der Produktion von 500 Einheiten zu 400 Einheiten?

173. Wie viel € beträgt der Abschreibungsbetrag je Maschinenstunde bei folgenden Daten?

Jährliche Arbeitszeit:	245 Tage
Tägliche Arbeitszeit:	2 Schichten zu je 8 Std.
Jährliche Ausfallzeit:	420 Stunden
Wiederbeschaffungswert der Maschine:	1.020.600 €
Voraussichtliche Nutzungsdauer:	6 Jahre

174. Wie viel Prozent betrug der Beschäftigungsgrad der Frankfurter Bremsen AG für das 3. Quartal letzten Jahres?

Umsatzerlöse für eigene Erzeugnisse	10.000.000 €
Ausbringungsmenge	252.000 Stück
Minimalkapazität	160.000 Stück
Kapazität	280.000 Stück

175. Bei welcher Menge liegt die Gewinnschwelle laut folgender Daten:

Verkaufte Menge (Stück)	Verkaufserlöse (T€)	Fixe Kosten (T€)	Variable Kosten (T€)
180.000	7.200	2.200	5.400
200.000	8.000	2.200	6.000
220.000	8.800	2.200	6.600
240.000	9.600	2.200	7.200
260.000	10.400	2.200	7.800

176. Die Textilwerke AG bietet im Direktverkauf eine Tischdecke zu einem Verkaufspreis von 111,86 € inklusive 19 % Mehrwertsteuer an. Wie viel Prozent beträgt der Gewinn bei Selbstkosten von 80,00 €/Stück?

Zu den nächsten zwei Aufgaben siehe untenstehenden Anlagespiegel.

177. Wie viel T€ beträgt der Buchwert der gesamten Sachanlage zum Ende des Vorjahres?

178. Wie viel T€ betragen die gesamten bis zum Jahresbeginn des Berichtsjahres (laufendes Geschäftsjahr) aufgelaufenen Abschreibungen?

ANLAGENSPIEGEL DER INDUSTRIE-AG ZUM 31.12. des Berichtsjahres in T€ (Tausend €)

SACHANLAGEVERMÖGEN (Werte in T€)	Anschaffungs/ Herstellungs-Kosten T€	Zugänge + T€	Abgänge - T€	Umbuchungen + - T€	Abschreibungen (kumuliert) T€	Zuschreibungen T€	Rest-Buchwert Berichtsjahr T€	Restbuchwert Vorjahr T€	Abschreibungen im Berichtsjahr T€
1 Grundstücke, grundstücksgleiche Rechte und Bauten einschließlich der Bauten auf fremden Grundstücken	391	---			41		350	357	7
2.Technische Anlagen und Maschinen	7.842		42	+ 120	520		7.400	7.384	62
3. Andere Anlagen, Betriebs-u. Geschäftsausstattung	4.898	40	48		390		4.500	4.554	46
4. Geleistete Anzahlungen und Anlagen im Bau	340	30		- 120			250	340	
	13.471	70	90		951		12.500	12.635	115
==================	==========	======	======	======	=======	=====	======	=========	=======

III. SITUATIONSAUFGABEN ZUR VORBEREITUNG AUF DIE ABSCHLUSSPRÜFUNG

SITUATION 3

Sie sind Mitarbeiter der Abteilung Arbeitsvorbereitung/Fertigungsplanung der Frankfurter Bremsen AG. Sie arbeiten zur Zeit an einem Projekt mit, bei dem die Bearbeitung von Stahlstangen zu Kolbenstangen für Bremszylinder neu organisiert und eingerichtet werden soll. Ihr Projektteam hat bereits einige Grundgedanken zu Papier gebracht (siehe Abbildung).

Dafür sind folgende Daten bekannt:
*** In der Fertigungsinsel sind drei Mitarbeiter eingesetzt, die in Eigenverantwortung wechselnd an drei Maschinen tätig sind.**
*** Das gesamte System soll im Einschichtbetrieb genutzt werden.**
*** Nach Abzug der vorgeschriebenen Pausen bleiben 7,4 Stunden effektive Nutzungszeit (pro Schicht).**
*** Der Materialfluss soll ohne Fließbänder organisiert werden; die Teile werden über einfache Rollenbahnen von Hand weitergegeben.**
Sie haben die Aufgabe bekommen, für die nächste Sitzung des Projektteams weitere Daten und Fakten aufzubereiten.

FERTIGUNGSINSEL KOLBENSTANGEN

ABLAUFSCHEMA

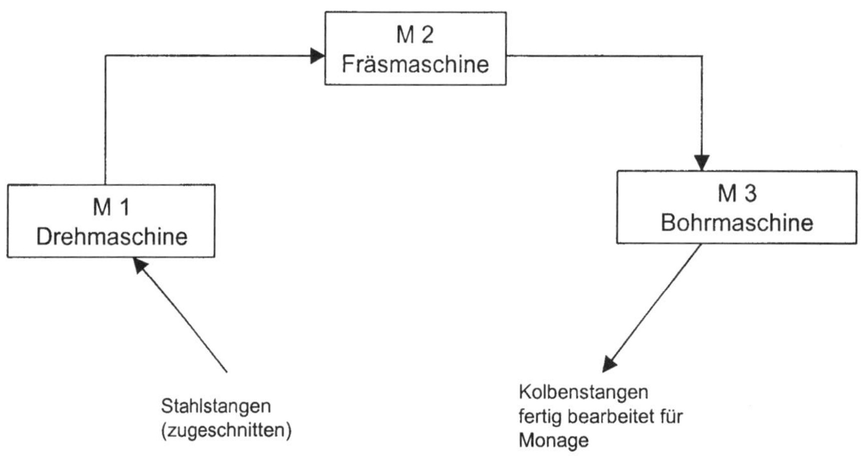

Fertigungsinsel Kolbenstangen	
Durchlaufzeiten pro Stück je Bearbeitungsmaschine	
M1	**3,0 min/Stk.**
M2	**6,0 min/Stk.**
M3	**4,0 min/Stk.**

1. Aufgabe
Wie hoch ist die mögliche Ausbringungsmenge der Fertigungsinsel bei laufender Fertigung (d. h. ohne Startphase in Schicht 1) pro Schicht?

2. Aufgabe
Nachdem Sie die mögliche Ausbringungsmenge errechnet haben, wollen Sie klären, ob diese für die gewünschte Produktionsmenge ausreicht. Wie erhalten Sie die notwendigen Informationen?

3. Aufgabe

Sie kommen zu dem Schluss, dass die errechnete Kapazität der Fertigungsinsel nicht ausreicht. Ein Techniker regt die Lösung an, die Bearbeitungsmaschine M 2 so umzubauen, dass in diesem Arbeitsschritt zwei Kolbenstangen gleichzeitig bearbeitet werden können. Welche Auswirkung hätte dieser Vorschlag auf die Kapazität der Fertigungsinsel?

4. Aufgabe

Das Projekt „Fertigungsinsel Kolbenstangen" soll als besonderes Fertigungsverfahren den Mitarbeitern präsentiert werden. Welche Bezeichnung ist zutreffend? Begründen Sie diese Entscheidung!

5. Aufgabe

Bisher wurden die Stahlstangen von der Frankfurter Bremsen AG selbst aus Stangenmaterial zugeschnitten. Für die Fertigungsinsel soll das in Zukunft der Lieferer übernehmen. Der Lieferer verlangt für diese Leistung eine einmalige Erstattung von Werkzeugkosten in Höhe von 5.000 €. Der Bezugspreis wäre dann 0,35 €/Stück. Nach Auskunft des Einkaufs würde eine eigene Maschine für diesen Zuschnitt 80.000 € kosten. Allerdings könnten damit die Stangen für 0,20 €/Stück zugeschnitten werden.
Bei welcher Menge sind die Kosten für Fremdbezug und Eigenfertigung gleich?

6. Aufgabe

Sie entscheiden sich für den Bezug der zugeschnittenen Stahlstangen von dem Lieferer. Welche Auswirkung hat dies auf die Fertigungstiefe?

7.Aufgabe

An den Qualitätskontrollen soll unter anderem die Maßhaltigkeit der Teile nach der jeweiligen Bearbeitung überprüft werden. Welche Unterlage müssen Sie für die Mitarbeiter bereitlegen?

SITUATION 4

Die Frankfurter Bremsen AG entwickelt ein völlig neuartiges Verfahren zur Herstellung der Reibungsfläche von Bremsscheiben. Bei gleicher Ausbringungsmenge sinkt die Lärmbelästigung, an Arbeitszeit werden bei diesem Arbeitsgang 20 % eingespart.

1. Aufgabe

Die Geschäftsleitung will dieses Verfahren in Deutschland für den längst möglichen Zeitraum rechtlich schützen lassen. Wie und für wie viele Jahre kann sie dies in die Wege leiten?

2. Aufgabe

Führen Sie drei Vorteile an, die die Frankfurter Bremsen AG durch den für das neue Verfahren eingetragenen Rechtsschutz hat!

3. Aufgabe

Um wie viel Prozent steigt die Arbeitsproduktivität bei Einführung des neuen Fertigungsverfahrens?

4. Aufgabe

Um die Vorteile des neuen Verfahrens auch in Zusammenhang mit dem Umweltgedanken hervorzuheben, legt die Geschäftsleitung das folgende Schaubild vor.

Welche Erkenntnisse bezüglich der Produktivität kann man aus diesem gewinnen?

Ökologische „Schadensbilanz" der Bundesrepublik Deutschland
(rechenbare Schäden in Milliarden € pro Jahr)

Schadensposition	Schadenskosten (in Mrd. € /Jahr)
Luftverschmutzung	ca. 20
• Gesundheitsschäden	über 2,3 – 6,8
• Materialschäden	über 2,3
• Schädigung der Freilandvegetation	über 1,0
• Waldschäden	über 6,5 – 8,8
Gewässerverschmutzung	ca. 18
• Schäden Flüsse und Seen	über 14,3
• Schäden Nord- und Ostsee	über 0,3
• Schäden Grundwasser	über 3,0
Bodenzerstörung	ca. 5
• Altlastsanierung	über 4,1
• Kosten der Biotop- und Arterhaltung	über 1,1
Lärm	ca. 32
• Wohnwertverlust	über 28,3
• Produktivitätsverlust	über 3,0
• Lärmrenten	über 0,4
Summe	ca. 75

5. Aufgabe

Nach einer Rationalisierungsmaßnahme an einer Produktionsanlage für Bremsersatzteile wurden folgende Daten zusammengestellt:

Wert der Produktionsanlage	300.000,00 €
Produktions- und Absatzmenge im Jahr	6.200 Stück
Produktionskosten im Jahr	74.400,00 €
Nettoverkaufspreis/Stück	18,00 €

Wie hoch ist die Wirtschaftlichkeitskennziffer nach der Rationalisierung?

6. Aufgabe

Wie viel Prozent beträgt die Rentabilität des eingesetzten Kapitals?

SITUATION 5

Die Bavaria Fahrradwerke GmbH, Hersteller von hochwertigen Fahrrädern, bietet ihre Produkte überregional in Deutschland aber auch europaweit an. Die Konkurrenz, vor allem aus Korea und Tschechien, fasst immer mehr Fuß in verschiedenen europäischen Ländern. Dabei konzentriert sich die Konkurrenz ganz besonders auf „Billigprodukte". Sie haben als Mitarbeiter eines Entwicklungsteams die Aufgabe, neue, konkurrenzfähige Produkte in diesem Bereich finden.

1. Aufgabe
Sie haben zunächst die Aufgabe, das Produktionsprogramm zu planen. Beschreiben Sie folgende vier Entscheidungsebenen!

- Produktfeld
- Programmtiefe
- Programmbreite
- Fertigungsmenge

2. Aufgabe
Für das in die engere Wahl genommene günstigere Mountainbike sollen Sie in einer Break-even-Analyse die Gewinnschwelle der Produktion berechen.

geplanter Stückpreis	560,00 €
zusätzlicher Investitionsbedarf	1.500.000,00 €
Nutzungsdauer der Anlage	5 Jahre (lineare Abschreibung)
fixe Kosten für Marketing pro Jahr	300.000,00 €
variable Stückkosten	270,00 €

3. Aufgabe
Sie versuchen ein optimales Produktionsprogramm bei den „Billigrädern" zu finden. Was versteht man darunter?

4. Aufgabe
Die Fahrradwerke GmbH entscheiden sich für drei Fahrradtypen im Niedrigpreissektor. Berechnen Sie die absoluten Deckungsbeiträge der einzelnen Fahrräder.

Typ	Nettoverkaufspreis	variable Stückkosten
Mountainbike	560,00	270,00
Stadtrad	463,00	254,00
Rennrad	758,00	312,00

5. Aufgabe
Stellen Sie eine Rangfolge auf, in der die einzelnen Räder bei der Produktionsentscheidung berücksichtigt werden!

6. Aufgabe
Bei der Fertigung der neu ins Programm aufzunehmenden Fahrräder soll verstärkt auf die Rationalisierungsmaßnahmen Normung und Typung zurückgegriffen werden.
a) Erklären Sie den Unterschied zwischen Normung und Typung!
b) Beschreiben Sie die allgemeinen Ziele der Rationalisierung!

7. Aufgabe
Welchen Vorteile bringt der verstärkte Einsatz von Normung für den Verbraucher?

8. Aufgabe
Ein wichtiger Punkt für die Konkurrenzfähigkeit der Bavaria Fahrradwerke GmbH ist die Qualität ihrer Produkte.
Beschreiben Sie in diesem Zusammenhang die Qualitätssicherung!

9. Aufgabe
Im Rahmen des Qualitätsmanagements (QM) streben die Fahrradwerke die Zertifizierung nach DIN EN ISO 9000:2000 an. Beschreiben Sie die Inhalte dieser Norm und das Verfahren einer Zertifizierung!

SITUATION 6

Die Bavaria Fahrradwerke GmbH möchte in ihr Produktionsprogramm Motorroller in einer Kleinserie aufnehmen. Sie gehören zu der Planungsgruppe, die aus Kaufleuten und Technikern besteht.

1. Aufgabe
Wie nennt man diese Art der Produktpolitik?

2. Aufgabe
In einer der ersten Sitzungen der Planungsgruppe geht es um das einzusetzende Fertigungsverfahren für die Motorroller. Die Fertigungsverfahren können nach der Menge der hergestellten Erzeugnisse eingeteilt werden. Welche Verfahren gehören zu dieser Einteilung?

3. Aufgabe
Die Herstellung der Fahrräder wird in Werkstättenfertigung durchgeführt, die der Motorroller soll in Fließfertigung erfolgen. Wodurch unterscheiden sich beide Verfahren?

4. Aufgabe
Welches Fertigungsverfahren gehört an die Stelle des Fragezeichens?

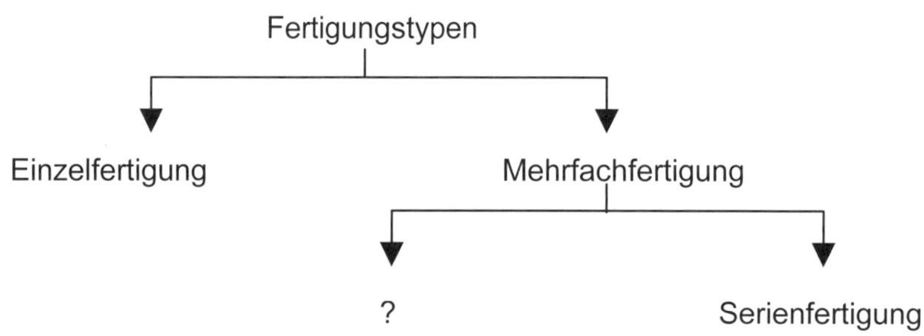

5. Aufgabe
Welche Aufgabe hat die Fertigungssteuerung?

6. Aufgabe
Die Verkürzung der Durchlaufzeiten soll u. a. durch die Einführung des Just-in-time-Verfahrens erreicht werden. Beschreiben Sie dieses Verfahren!

7. Aufgabe
Erläutern Sie vier Vorteile, die sich aus einer Verkürzung der Durchlaufzeiten ergeben!

8. Aufgabe
Um mit Computerunterstützung schnell und umfassend Daten zu verarbeiten und bereitzustellen, werden verstärkt sogenannte C-Techniken eingesetzt. Beschreiben Sie drei Computer Aided-Techniken!

SITUATION 7

Die Situation der Bavaria Fahrradwerke GmbH ist geprägt durch die Konkurrenz aus Korea und Tschechien. Im Rahmen geplanter Rationalisierungsmaßnahmen überlegt die Firma, die Fertigung von „Billigrädern“ nach Rumänien zu verlagern.
Zur Standortwahl liegt Ihnen die nachstehende Entscheidungsbewertungstabelle vor, in der drei Standorte in Rumänien bewertet werden.

Standortfaktor	Gewichtungs-faktor	Bukarest		Temesvar		Resita	
		Punkte	Gewichtete Punkte	Punkte	Gewichtete Punkte	Punkte	Gewichtete Punkte
Verkehrslage	5	18		24		22	
Billige Arbeitskräfte	12	40		50		45	
Grundstückspreise	3	8		10		10	
Steuern	2	5		7		7	
Summe							

1. Aufgabe
Stellen Sie anhand der Entscheidungsbewertungstabelle fest, welche Art von Standort die Messgeräte AG in erster Linie sucht!

2. Aufgabe
Ermitteln Sie rechnerisch anhand der Entscheidungsbewertungstabelle, welcher Standort am besten geeignet ist.

3. Aufgabe
Die hergestellten „Billigräder“ sollen auch in Deutschland verkauft werden. Deshalb wird in einer Vorbesprechung über die „Kannibalisierung von Erzeugnissen“ diskutiert.
Was versteht man darunter?

4. Aufgabe
Die Bavaria Fahrradwerke GmbH betrachtet die Fertigung als internen Lieferanten, der nur bei Bestellanforderungen vom Vertrieb tätig wird. Welchen Vorteil hat diese Art der Fertigung?

5. Aufgabe
In der Unternehmensleitung wird auch überlegt, die Fertigung in Deutschland auf Kinderräder in verschiedenen Modellen und Farben auszudehnen. Welche Auswirkung hätte dies auf den Fertigungsbereich?

SITUATION 8

Die Geschäftsleitung der Bavaria Fahrradwerke GmbH hat entschieden, eine abgespeckte Variante des Stadtrades in Rumänien fertigen zu lassen.

1. Aufgabe
Die Jahreskapazität des Stadtrads beträt 2 600 Stück. Die Fertigung verursacht jährlich 150.000,00 € fixe Kosten, die variablen Stückkosten betragen 43,00 €. Im ersten Jahr wird mit der Produktion von 2.000 Stadträdern gerechnet.
Unterscheiden Sie die Begriffe Kapazität, Beschäftigung und Beschäftigungsgrad!

2. Aufgabe
Berechnen Sie den Beschäftigungsgrad bei Stadträdern!

3. Aufgabe
Beschreiben Sie die maximale, optimale und die minimale Kapazität!

4. Aufgabe
Der Jahresbedarf an Stadträdern beträgt 2.000 Stück. Für einen Rüstvorgang entstehen Kosten in Höhe von 210,00 €. Die Lagerung von 100 Einheiten erfordert jährlich 130,00 € Lager- und Zinskosten.
Ermitteln Sie mit Hilfe der Tabelle die optimale Losgröße!

Anzahl der Lose	Losgröße (Stück)	Rüstkosten (€)	Lager- und Zinskosten (€)	Gesamtkosten (€)
5				
4				
3				
2				
1				

5. Aufgabe
Stellen Sie den Verlauf der obigen Rüst-, Lager- und Gesamtkosten grafisch dar und markieren Sie die optimale Losgröße!

6. Aufgabe
Wie verhalten sich mit steigender Stückzahl pro Los die Rüstkosten pro Stück und Lagerkosten pro Stück?

7. Aufgabe
Erläutern Sie die Begriffe **auflagenfixe** und **auflagenvariable** Kosten, sowie **optimale Losgröße**!

8. Aufgabe
Das Stadtrad soll an den Handel zu einem Nettopreis von 160,00 € abgegeben. Berechnen Sie, wie viele Stadträder jährlich hergestellt und verkauft werden müssen, um die Kosten zu decken!

SITUATION 9

Die Bavaria Fahrradwerke GmbH hat eine neue 14-Gang-Nabenschaltung (SG 14) für Tourenräder entwickelt. Sie baut diese Schaltung nicht nur in ihre eigenen Fahrräder ein, sondern bietet die patentierte Nabenschaltung seit knapp 1 Jahr anderen Fahrradherstellern an. Innovative Funktionalität und hohe Qualität haben dazu geführt, dass die Schaltung kurz nach der Markteinführung anhaltende, stark steigende Umsatzzuwächse aufweist.

1. Aufgabe
In welcher Phase des Produktlebenszyklus befindet sich die 14-Gang-Nabenschaltung (SG 14)?

2. Aufgabe
Zur Kostensenkung in der Herstellung des Nabenschaltung SG 14 soll ein neuer, modernerer Fertigungsautomat angeschafft werden.

a) Ermitteln Sie, ab welcher Maschinenlaufzeit die Kosten je Maschinenstunde bei dem neuen Fertigungsautomaten günstiger sind!

Fertigungsautomat alt:		Fertigungsautomat neu:	
Restbuchwert	25.000,00 €	Anschaffungskosten	310.000,00 €
fixe Kosten/Jahr	90.000,00 €	fixe Kosten/Jahr	110.000,00 €
variable Kosten pro Maschinenstunde	62,00 €	variable Kosten pro Maschinenstunde	38,00 €

b) Nennen Sie zwei weitere Gründe, die neben dem Kostenargument für einen neuen Fertigungsautomaten sprechen.

3. Aufgaben
Ihrer Verkaufsabteilung ist es gelungen einen bedeutenden italienischen Fahrradhersteller als neuen Kunden für ihre 14-Gang-Nabenschaltung zu gewinnen. Am 20. März bestellt der Kunde 600 Stück davon, die spätestens Ende Mai geliefert werden sollen. Zusätzlich zu diesem Auftrag liegen für den Monat Mai weitere Bestellungen über 1.500 Stück Schaltungen SG 14 vor.
Ermitteln Sie den Primärbedarf und den Nettobedarf für das Aluminiumgehäuse der Nabenschaltung SG 14 für den Monat Mai. Für eine Nabenschaltung benötigen Sie 0,5 kg Aluminiumblech. Aus Erfahrungswerten kalkulieren Sie mit 8 % Zusatzbedarf.

Lagerbestandsdatei	
Rohstoff	Aluminiumblech
Lagerbestand lt. Inventur	300 kg
Sicherheitsbestand	150 kg
Offene Bestellungen (für andere Aufträge reserviert)	500 kg

4. Aufgabe
Ermitteln Sie die Zeit in Stunden, die für die Ausführung des Auftrages ihres italienischen Kunden insgesamt benötigt wird. Verwenden Sie dazu folgenden Arbeitsplan:

Arbeitsplan		Fahrradwerke GmbH	
Teile Nr: SG 14			
Menge: 1 Stück			
Maschine	Zeiteinheit	Rüstzeit in Zeitminuten	Stückzeit in Zeitminuten
U2	Min	20	1 Min 58 Sek
S2	Min	40	1 Min 8 Sek
S3	Min	20	0 Min 46 Sek
S1	Min	60	1 Min 30 Sek
U1	Min	20	0 Min 46 Sek
Montage	Min	100	2 Min 14 Sek
U = Universalmaschine S = Spezialmaschine Montage = Endmontage			
Die Fertigung der Bavaria Fahrradwerke GmbH arbeitet 8 Stunden pro Tag (4 Std. vormittags und 4 Std. nachmittags)			

5. Aufgabe

Ermitteln Sie den frühesten möglichen Termin, zu dem die SG 14 Nabenschaltungen für den Neukunden fertig sein können. Tragen Sie den Auftrag in den Maschinenbelegungsplan (Vorwärtsrechnung) ein. Die Bearbeitungsreihenfolge aus dem Arbeitsplan ist unbedingt einzuhalten.

Maschinenbelegungsplan für Mai

Tag	Mo	Di	Mi	Do	Fr	Sa	So	M0	Di	Mi	Do	Fr	Sa	So	Mo	Di	Mi	Do	Fr	Sa	So	Mo	Di	Mi	Do	Fr	Sa	So	Mo	Di	Mi
Datum	01.	02.	03.	04.	05.	06.	07.	08.	09	10.	11.	12.	13	14.	15.	16.	17.	18.	19.	20.	21.	22.	23.	24.	25.	26.	27.	28.	29.	30.	31.
Stunden	V 4 N 4	V 4 N 4	V 4 N 4	V 4 N 4	V 4 N 4			V 4 N 4	V 4 N 4	V 4 N 4	V 4 N 4	V 4 N 4			V 4 N 4	V 4 N 4	V 4 N 4	V 4 N 4	V 4 N 4			V 4 N 4	V 4 N 4	V 4 N 4	V 4 N 4	V 4 N 4			V 4 N 4	V 4 N 4	V 4 N 4
U1	O O	O O	O O					O O	O O	O O	O O	O O			O O	O O	O O														
U2	O O	O O	O O	O O	O					O O	O O	O																			
S1					O O			O O	O O	O O	O O	O O																			
S2	O	O	O O		O O			O O	O O	O O	O																				
S3	O	O O	 O	O O	O O			O	O O	O O	O O	O O																			
Montage	O O	O O	O O	O O	O O			O O	O O	O O	O O	O O			O O	O O	O O														

O = belegt, V = Vormittag, N = Nachmittag
Samstage, Sonntage und Feiertage sind arbeitsfreie Tage

6. Aufgabe

Ermitteln Sie den frühestens möglichen Liefertermin, wenn für das Fertigmachen zum Versand und für den Transport 2 Arbeitstage zu berücksichtigen sind.

7. Aufgabe

Aufgrund eines Engpasses bei der Fahrradwerke GmbH kann die Spezialmaschine S2 nicht wie geplant für den Auftrag genutzt werden. Sie wird außerplanmäßig am 11. Mai nachmittags für 4 Stunden und am 12. Mai vormittags für 4 Stunden durch einen anderen Auftrag belegt.
Nennen und begründen Sie eine sinnvolle Maßnahme, mit der Sie doch noch den bereits weitergeleiteten Liefertermin einhalten können.

SITUATION 10

Die Messgeräte AG produziert neben ihren qualitativ hochwertigen Wechselstromzählern auch einfachere, die sie über Baumärkte vertreibt. Bei einer Kapazität von 100 % könnten monatlich 11 000 Stück gefertigt werden.
Dabei fallen 130.000,00 € fixe Kosten und variable (proportionale) Stückkosten in Höhe von 12,50 € an. Der Nettoverkaufspreis beträgt 30,00 €.

1. Aufgabe
Berechnen Sie den Stückgewinn auf Vollkostenbasis bei einem Beschäftigungsgrad von 80 %!

2. Aufgabe
Ermitteln Sie, bei welcher Produktionsmenge die Gewinnschwelle liegt!

3. Aufgabe
Herr Huber, einer unserer Handlungsreisenden fragt nach, ob er einen Auftrag für einen möglichen Neukunden unter den folgenden Bedingungen annehmen soll:
Auftragsvolumen 125 Wechselstromzähler
Preisvorstellung des Kunden 18,50 € netto pro Stück.
Entscheiden und begründen Sie rechnerisch unter dem Gesichtspunkt der Teilkostenrechnung, ob der Auftrag angenommen werden soll!

4. Aufgabe
Für die zeitliche Planung zur Herstellung der Gehäuse von Wechselstromzählern, liegen Ihnen die Vorgangsliste sowie der Netzplan vor.
Prüfen Sie den Netzplan mit Hilfe der Vorgangsliste und korrigieren und beschreiben Sie die zwei enthaltenen Fehler!

Vorgangs -Nr.	Benennung	Dauer (Min.)	Vorgänger	Nachfolger
A 1	Blech bereitstellen	30	-	A 5
A 2	Schutzkapsel fertigen	80	-	A 7
A 3	Plombierschrauben bereitstellen	35	-	A 6
A 4	Klemmblock bereitstellen	30	-	A 8
A 5	Grundplatte fertigen	50	A 1	A 7
A 6	Plombierschraube kennzeichnen	55	A 3	A 7
A 7	Klemmdeckel montieren	60	A 2; A 6; A5	A 8
A 8	Grundgehäuse montieren	110	A 7; A 4	A 9
A 9	Sperrscheiben montieren	120	A 8	A 10
A 10	Aufhängeösen anbringen	40	A 9	-

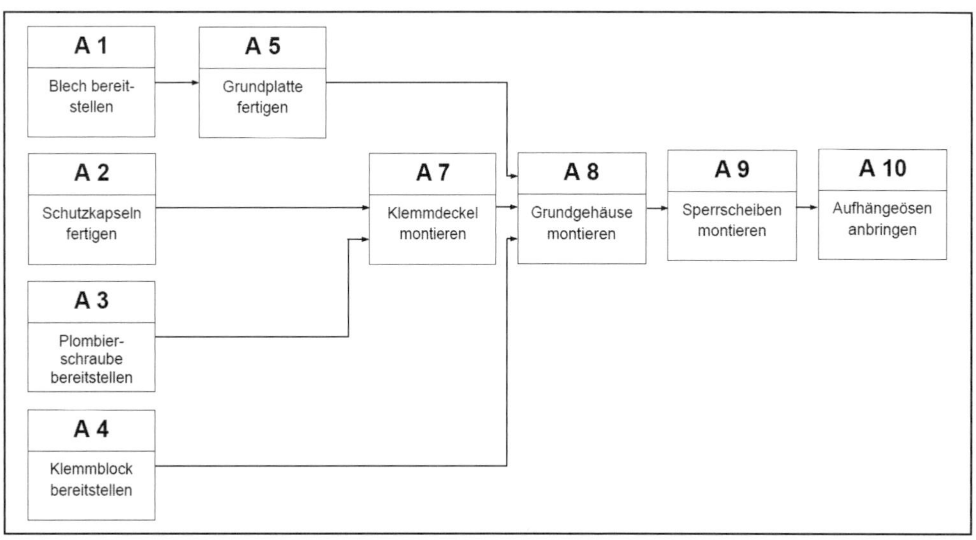

5. Aufgabe
Berechnen Sie die Zeit, wann der Vorgang A 5 (Grundplatte fertigen) frühestens beendet sein kann und spätestens beendet sein muss!

6. Aufgabe
Bei der Fertigung der Verbrauchszähler fällt eine unterschiedliche Menge an Ausschuss an.
Ermitteln Sie aus der Grafik die durchschnittliche Ist-Ausschussquote für den Zeitraum Januar bis Mai!

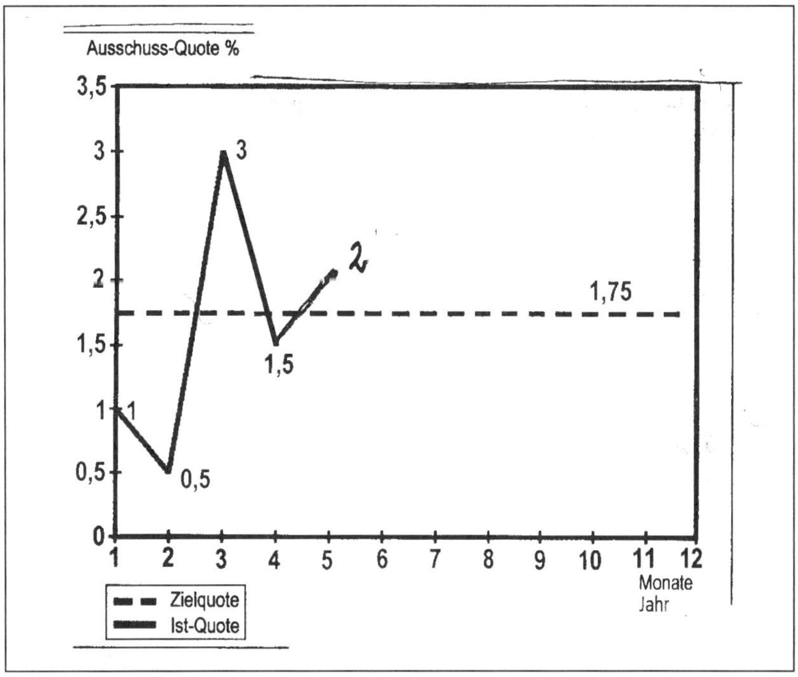

7. Aufgabe
Durch mangelhafte Produktqualität entstehen Fehlerkosten. Erklären Sie in diesem Zusammenhang den Begriff „Ausschuss“ und nennen Sie zwei Beispiele für solche Fehlerkosten!

8. Aufgabe
Bei der letzten Produktionsserie (Verbrauchszähler) kam es zu Reklamationen über die Qualität des Produktes.
a) Beschreiben Sie (zwei Beispiele), wie Sie die Qualität bei der weiteren Produktion sicherstellen.
b) Wie werden die dabei zusätzlich entstehenden Kosten bezeichnet?

9. Aufgabe
Erläutern Sie in diesem Zusammenhang den Begriff „Prüfkosten“ anhand eines Beispiels.

10. Aufgabe
Innerhalb der Abteilung diskutieren Sie die Vor- und Nachteile einer 100%-Prüfung gegenüber einer Stichprobenprüfung bei einfachen Wechselstromzählern. Nennen und begründen Sie jeweils zwei Vorteile.

11. Aufgabe
Sollten Sie zu dem Entschluss kommen, das Prüfverfahren zu verbessern, entstehen zusätzliche Kosten von 15.000,00 €. Beurteilen Sie, unter welcher Bedingung diese Investition betriebswirtschaftlich sinnvoll ist.

12. Aufgabe
Die Ergebnisse der Analyse der beiden Kostenarten sind in der nachstehenden Tabelle aufgelistet. Ermitteln Sie die kostengünstigste Fehlerquote.

Fehlerquote der Auftragsmenge	0 %	1 %	2 %	3 %	4 %	5 %
Fehlerkosten	0,00 €	400,00 €	700,00 €	1.100,00 €	1.450,00 €	1.850,00 €
Gesamtkosten						

13. Aufgabe

Ziel des Qualitätsmanagements ist nicht nur das Endprodukt, sondern die gesamte Wertschöpfungskette qualitativ zu optimieren. Erläutern Sie in diesem Zusammenhang das Total Quality Management (TQM).

SITUATION 11

Die Bavaria Fahrradwerke GmbH bezieht einen Großteil der für die Fahrradproduktion notwendigen Bauteile von Lieferern, vor allem aus Asien. Nur wenige Teile, z. B. die Rahmen für die hochwertigen Stadträder und Mountainbikes, werden in Eigenfertigung produziert. Der Anteil der Eigenfertigung an der gesamten Wertschöpfung beträgt aktuell ca. 25 %.
Die Geschäftsleitung der Bavaria Fahrradwerke GmbH überlegt, die Gepäckträger für alle Fahrräder in Zukunft auch selbst zu fertigen, allerdings nur, wenn es aus Kostengesichtspunkten machbar wäre.

Kosten Fremdbezug	Kosten Eigenfertigung
Listeneinkaufspreis 24,00 € Rabatt 15 % 3 % Skonto bei Zahlung innerhalb von 10 Tagen Fracht und Verpackung pro Stück 3,21 €	Variable Stückkosten 13,00 € Für die notwendige Kapazitätserweiterung entstehen jährlich 30.000,00 € Fixkosten

1. Aufgabe

Berschreiben Sie jeweils zwei Vor- und Nachteile einer geringen Fertigungstiefe.

2. Aufgabe

Erklären Sie in diesem Zusammenhang den Begriff „Supply Chain Management".

3. Aufgabe

Ermitteln Sie die günstigere Alternative und erläutern Sie das Ergebnis.

4. Aufgabe

Berechnen Sie die kritische Menge.

5. Aufgabe

Stellen Sie das Ergebnis grafisch dar und erläutern Sie die Grafik.

6. Aufgabe

Mit der Erhöhung der Fertigungstiefe wollen Sie innerhalb des Unternehmens die Qualität und das Image Ihrer Produkte langfristig steigern.
Erläutern Sie zwei langfristige Maßnahmen, die zur Steigerung der Produktqualität führen können.

7. Aufgabe

Schlagen Sie zwei Möglichkeiten zur Stärkung Ihres Unternehmens- und Produktimages vor.

SITUATION 12

In der Bavaria Fahrradwerke GmbH werden neuartige Bremsscheiben für die ins Produktionsprogramm genommenen Elektrofahrräder hergestellt. Dazu liegen Ihnen folgende Angaben vor:

Arbeitsplan Nr. 3.22.71		Datum: 17.08.20..		
Benennung: Bremse 32 b		Maße: 125 x 12	Losgröße: 100 Stück	
Arbeits-folge	Arbeitsvorgang	Arbeitsplatz	Zeitvorgabe: tr = Rüstzeit te = Zeit je Einheit jeweils in Dezimalminuten	
1	auf Maße schneiden	Sägemaschine	80	3,0
2	Abdrehen	Drehmaschine	95	2,1
3	Lüftungslöcher bohren	Bohrmaschine	60	2.7
4	Qualitätskontrolle	Messgerät	20	1.1

1. Aufgabe
Berechnen Sie die Auftragszeit in Stunden für die Auftragsmenge von 300 Stück. Berücksichtigen Sie dabei die Losgröße des Arbeitsplans.

2. Aufgabe
Wie lange dauert die Fertigung einer Bremsscheibe in Minuten?

3. Aufgabe
Erklären Sie Vor- und Nachteile für die von der Bavaria Fahrradwerke GmbH angewandten Art der Terminplanung.

Terminplan Bremse 32 b

Kalenderwoche	17		18		19		20		21		22		23	
Materialbereitstellung														
Auf Maß schneiden														
Abdrehen														
Lüftungslöcher bohren														
Qualitätskontrolle														

↑ **interner Liefertermin**

4. Aufgabe
Bei der Aufstellung des Arbeitsplans wurde auch die Verteilzeit berücksichtigt. Erklären an jeweils einem Beispiel, wofür diese eingesetzt wird.

5. Aufgabe
Aufgrund zusätzlicher Auftragseingänge nach Elektrofahrrädern reicht die Kapazität im Bereich Fertigwarenlager nicht mehr aus. Schlagen Sie zwei Lösungen vor, wenn es sich dabei um kurzfristig zusätzliche Auftragseingänge handelt.

6. Aufgabe
Mit der Herstellung der Elektrofahrräder soll eine innerbetriebliche Qualitätsoffensive gestartet werden, um die Fehlerquote aller Erzeugnisse zu senken sowie das Produkt- und Unternehmerimage zu stärken. Beschreiben Sie zwei Möglichkeiten, die zur Senkung der Fehlerquote beitragen!

7. Aufgabe
Eine besondere Herausforderung bei der Entwicklung der neuartigen Bremsscheiben ergibt sich aus der Produkthaftung. Nennen Sie Fehlerarten, die einen Haftungsgrund darstellen.

I. ÜBUNGSAUFGABEN ZUR VORBEREITUNG AUF DIE ZWISCHENPRÜFUNG

BEI DEN NACHSTEHENDEN AUFGABEN SIND DIE RICHTIGEN ERGEBNISSE ANZUKREUZEN BZW. ZUZUORDNEN.

1. **Welche Sachverhalte führen in der Materialwirtschaft zu einem Zielkonflikt?**
   a) günstige Einstandspreise - geringe bestellfixe Kosten
   b) Geringe Kapitalbindung durch Bestände - geringe Kosten der Lagerhaltung
   c) Stetige Produktionsbereitschaft durch hohe Stoffbestände - geringe Kapitalbindung
   d) Fallweise Beschaffung - geringe Kosten der Lagerhaltung
   e) Fertigungssynchrone Beschaffung - geringe Kosten der Lagerhaltung

2. **Die Gussgehäuseteile Frankfurter Bremsen AG 16-24-19-81 sind, wie alle Materialien der Frankfurter Bremsen AG, in einer Materialbestandsdatei enthalten. Welche Information gehört <u>nicht</u> zu den Stammdaten dieses Materials?**
   a) Die Material-Nr. „Frankfurter Bremsen AG 16 24 19 81“ 7
   b) Die Materialbezeichnung „Gussgehäuse Festsattel-Scheibenbremse flanschseitig“
   c) Der Verrechnungspreis „18,00 €“ für das laufende Geschäftsjahr
   d) Der Liefertermin „16.04.20..“
   e) Die Zugehörigkeit zur Gruppe B im Rahmen der ABC-Analyse
   f) Der für Gussgehäuse dieser Art vorgesehene Lagerort „F-26“

3. **Ordnen Sie zu.**

Aufgaben	**Abteilungen**
a) Rechnungen buchen	
b) Ausstehende Lieferungen anmahnen	[ ] Einkauf
c) Tatbestandsaufnahmen für sichtbare Verpackungsschäden veranlassen	[ ] Warenannahme
d) Inventurbestände bewerten	
e) Stücklisten ändern	[ ] Materialverwaltung
f) Lagerzu- und Lagerabgänge buchen	

4. **Bringen Sie die folgenden Arbeiten bei der Materialausgabe im Lager in die richtige zeitliche Reihenfolge.**
   [ ] Materialausgabescheine sammeln
   [ ] Material vom Lagerplatz holen
   [ ] Materialausgabeschein annehmen
   [ ] Ausgegebene Menge auf dem Materialausgabeschein quittieren lassen
   [ ] Materialausgabescheine an die Lagerbuchhaltung weiterleiten
   [ ] Material ausgeben

5. **Ordnen Sie zu.**

Vorgänge	**Funktionsbereiche**
a) Mangelhafte Qualität der Rohstoffe führt zu vermehrten Kundenreklamationen.	
b) Neue Fertigungsverfahren erfordern Qualifizierungsmaßnahmen für Mitarbeiter.	[ ] Beschaffung ➔ Produktion
c) Zurückgehender Umsatz gefährdet die Liquidität.	[ ] Absatz ➔ Finanzwesen
d) Die Verzögerung bei der Ersatzbeschaffung einer Maschine führt zu einer Änderung im Produktionsablauf.	[ ] Produktion ➔ Personalwesen
e) Unregelmäßigkeiten im Produktionsprozess vergrößern den Bestand der Zwischenlager.	
f) Das Erreichen des Meldebestandes führt zur Bestellung von Rohstoffen.	
g) Die Erschließung neuer Rohstoffmärkte erfordert die Zuführung weiteren Kapitals.	

6. Welche Aussage zum unten stehenden Schaubild „Organisation des Einkaufs“ ist richtig?

a) Es wird die innere Organisationsform des Einkaufs nach dem Funktionsprinzip dargestellt.
b) Es wird die äußere Organisationsform „zentraler Einkauf“ dargestellt.
c) Es wird die innere Organisationsform des Einkaufs nach dem Objektprinzip dargestellt.
d) Es wird eine Kombinationsform der inneren Organisation nach Objektprinzip und Funktionsprinzip dargestellt.
e) Es wird die äußere Organisationsform „dezentraler Einkauf“ dargestellt.

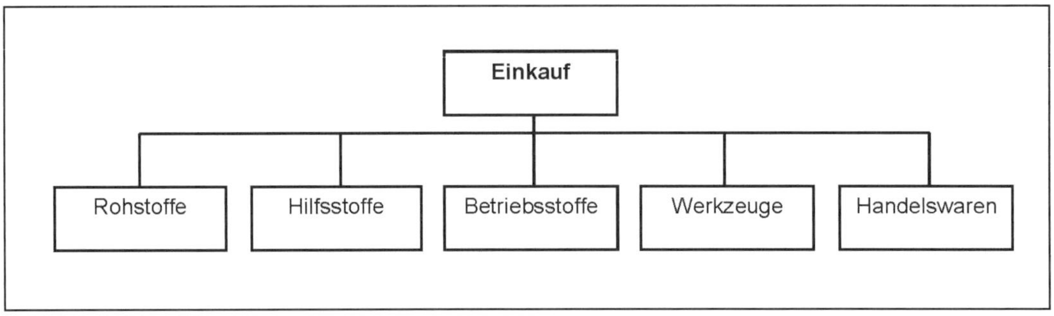

7. Welcher Bedarfsverlauf liegt vor, wenn der Leiter des Einkaufs äußert: „Unser Bedarfsverlauf bezüglich des Stoffes X zeichnet sich dadurch aus, dass zu periodisch wiederkehrenden Zeitpunkten ein Spitzenbedarf auftritt.“?

a) Sporadischer Bedarfsverlauf
b) Konstanter Bedarfsverlauf
c) Trendbeeinflusster steigender Bedarfsverlauf
d) Saisonabhängiger Bedarfsverlauf
e) Trendbeeinflusster sinkender Bedarfsverlauf

8. Welche Aussage zu unten stehendem Schaubild „Organisation des Einkaufs“ ist richtig?

a) Es wird die äußere Organisationsform „zentraler Einkauf“ dargestellt.
b) Es wird die innere Organisationsform des Einkaufs nach dem Funktionsprinzip dargestellt.
c) Es wird die innere Organisationsform des Einkaufs nach dem Objektprinzip dargestellt.
d) Es wird eine Kombinationsform der inneren Organisation nach Objektprinzip und Funktionsprinzip dargestellt.
e) Es wird die äußere Organisationsform nach Objektprinzip und Funktionsprinzip dargestellt.
f) Es wird die äußere Organisationsform „dezentraler Einkauf“ dargestellt.

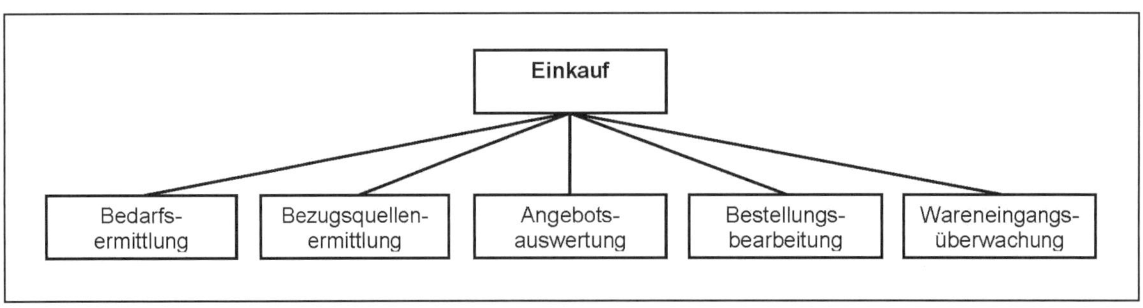

9. Wie ist der Einkauf der Frankfurter Bremsen AG organisiert?

a) Nach Funktion
b) Nach Verrichtung
c) Nach Objekten
d) Nach Kunden
e) Nach Produktionsabläufen

FRANKFURTER BREMSEN AG

EINKAUF

Rohstoffe	Hilfsstoffe	Vorprodukte
Gusseisen Gummimembranen Stahlstangen	Schrauben und Kleinteile Rost- und Schlagschutzmittel Klebstoffe	Bremsbelege Bremsverstärkergehäuse Bremsflüssigkeit

10. In welchem Fall liegt fertigungssynchrone (-gebundene) Beschaffung bei Serienfertigung vor?

a) Der Einkauf bestellt Rohstoffe bei Erreichen des Meldebestandes.
b) Der Einkauf bestellt zur Vermeidung von Produktionsstörungen mehr Rohstoffe als momentan benötigt werden.
c) Der Einkauf bestellt Rohstoffe nach erfolgtem Verkauf der Fertigprodukte.
d) Der Einkauf bestellt Garne für Belastungstests.
e) Der Einkauf bestellt Rohstoffe, die jeweils unmittelbar vor der Weiterverarbeitung zu liefern sind.

11. Sie werden als Sachbearbeiter im Einkauf der Frankfurter Bremsen AG eingesetzt und informieren sich über die Organisationsstrukturen und Beschaffungsalternativen. Unter anderem steht zur Erfassung der Einkaufsorganisation die Abbildung zur Verfügung. Welche Feststellung dazu ist richtig?

a) Bei der Abbildung handelt es sich um ein die Ablauforganisation kennzeichnendes Organigramm.

b) Wareneingang und Qualitätskontrolle unterstehen der kaufmännischen Leitung.

c) Das Sekretariat ist der kaufmännischen Leitung übergeordnet.

d) Die Gliederung „Lieferer“ - „Wareneingang“ - „Lagerwesen“ kennzeichnet eine objektorientierte Organisation.

e) Technische und kaufmännische Leitung haben die Stabstelle Rationalisierung.

f) Für alle Produktionsstätten gibt es einen zentralen Einkauf.

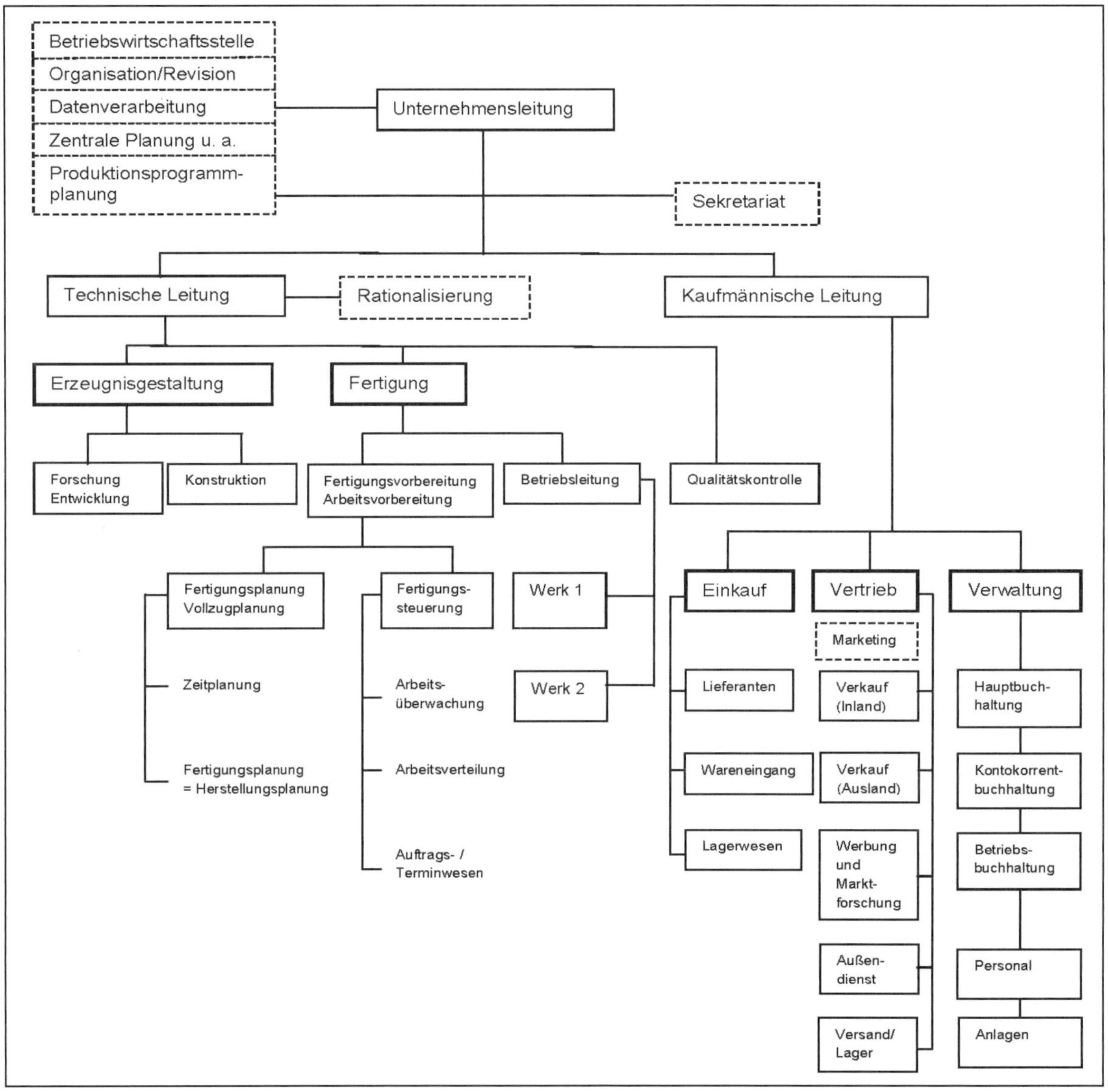

12. Bringen Sie die folgenden Arbeitsschritte in der Materialwirtschaft in die richtige Reihenfolge.

[ ] Angebote einholen und vergleichen

[ ] Bedarfsmeldung entgegennehmen

[ ] Bestellung durchführen

[ ] Rechnung sachlich und rechnerisch prüfen

[ ] Mögliche Lieferer ermitteln

[ ] Wareneingangsmeldung entgegennehmen

[ ] Auftragsbestätigung prüfen

13. Welchen Zweck erfüllt unten stehendes Formular bei der Bearbeitung eines Kundenauftrages?

a) Das Formular wird bei der Ausgabe von Werkstoffen verwendet.
b) Das Formular geht mit dem Erzeugnis von Arbeitsplatz zu Arbeitsplatz.
c) Die Warenannahme gibt eine Eingangsmeldung an die Rechnungsprüfung.
d) Die Fertigung fordert vom Lager Material an.
e) Die Materialverwaltung fordert den Einkauf auf, Material zu bestellen.

Anschriften Einkauf X			
Lieferer	Verwendungszweck Serie 600, Auftrag Nr. 2511		
Liefertermin: spätestens 15.12.....	Abliefern an: Lager 5		Lieferer-Nr.
Menge: Gegenstand: 100 Transistoren 0 555 458 563	Preis	Weitergeben an: W 7765	Finanzplan:
		Ausgestellt Datum: 04.11. .... Abt./W. Mat. Verw.	Unterschrift:
		Vermerke:	

14. Um welchen Beleg handelt es sich bei nachfolgender Abbildung?

a) Um einen Wareneingangsschein
b) Um eine Lagerkarteikarte
c) Um einen Materialzugangsbeleg
d) Um eine Bedarfsmeldung
e) Um einen Materialentnahmeschein
f) Um einen Lieferschein

an Einkauf		Datum der Meldung	Auftr.-Nr.	**Dick umrandete Felder werden v. Einkauf ausgefüllt**	**Eingang der Meldung im Einkauf**	
Aussteller/Kostenstelle		Verwendungszweck				
Lfd. Nr.	Menge	Bezeichnung u. Zeichnungs-Nr.	Termine	Stückpreis €	Rabatt %	Zuschlag
ausgestellt:	genehmigt:	Bestellung senden an:		Bestellung Nr. Datum:		
Liefertermin:		Konditionen:		Angebot Nr. Datum:		

15. Welcher Sachverhalt ist bei der Frage, ob die Beschaffung der Rohstoffe zentral oder dezentral organisiert sein soll, von Bedeutung?

a) Der Erfüllungsort für die Warenschuld
b) Die Höhe der Zinskosten im Lager für fertige Erzeugnisse
c) Das Verhältnis von Einkaufsmenge und Einkaufspreis
d) Die Höhe des Preisnachlasses für sofortige Zahlung
e) Der Ort des Gefahrenübergangs beim Bezug von Rohstoffen

16. Die Betriebsleitung steht vor der Alternative: Eigenfertigung oder Fremdbezug eines Bauteils. Welcher Gesichtspunkt spricht für einen Fremdbezug?

a) Imagepflege
b) Unabhängigkeit von Lieferern
c) Langjähriges Know-how eines Anbieters
d) Geringere Kapazitätsauslastungen im eigenen Betrieb
e) Kostengünstiges Angebot eines Lieferers, dessen Erzeugnisse jedoch häufig Qualitätsmängel aufweisen

17. Die Betriebsleitung steht vor der Alternative der Eigenfertigung oder dem Fremdbezug einer größeren Anzahl von Produkten. Welcher Gesichtspunkt spricht für die Eigenfertigung?

a) Die Abnahme des Fixkostenanteils je Stück mit zunehmender Ausbringungsmenge
b) Die bereits bestehende hohe Kapazitätsauslastung im eigenen Betrieb
c) Die Entstehung von Lagerkosten für selbst gefertigte Erzeugnisse
d) Die Entstehung von Zinsen auf das gebundene Kapital
e) Das langjährige Know-how eines Anbieters

18. Welches Formular ist unten abgebildet?

a) Eine Liefererkarteikarte
b) Ein Wareneingangsschein
c) Eine Stückliste
d) Eine Laufkarte
e) Ein Bedarfsmeldeschein

357890

Vom Antragsteller auszufüllen
Abteilung | Betriebsabrechnung (Konto) | Arbeitsvorbereitung (Auftragsnummer)

Pos. | Menge | Einheit | Bezeichnung/Typ/Bestellnummer | Anzuwendende spezielle techn./Liefervorschriften

Laufweg:
Weiß – gemäß Zeichnungsleiste
Blau – Einkauf
Gelb – UB Produktsicherung
Rosa – zur freien Verwendung
Grün - Antragsteller

Bemerkungen/sonstige Bedingungen | Liefertermin | Preis-Limit

Kontrollvermerk Produktsicherung
☐ O ☐ K
in Abt. ____________
nach ____________
☐ besondere Kontr.
Hinweise
Siehe Rückseiten
Datum:

Verwendungszweck

Name des Empfängers
Abt. Geb.
Tel. Zi-Nr.

Lieferfirma
Ort

Antragsteller
Tel.
Datum:

Auf techn. Richtigkeit geprüft Verantwortlicher lt. Projektauftrag/Abt.-Leiter
Datum:

Projektleitung
Datum:

Betriebsabrechnung
Datum:

Einkauf
Datum:

19. Welche Aussage trifft auf die unten abgebildete Skizze zu?

a) Die Menge X kennzeichnet die optimale Bestellmenge.
b) Ab Menge X ist die Eigenfertigung kostengünstiger.
c) Ab Menge X ist der Fremdbezug kostengünstiger.
d) Bis zur Menge X ist der Fremdbezug teurer.
e) Bis zur Menge X ist die Eigenfertigung kostengünstiger.

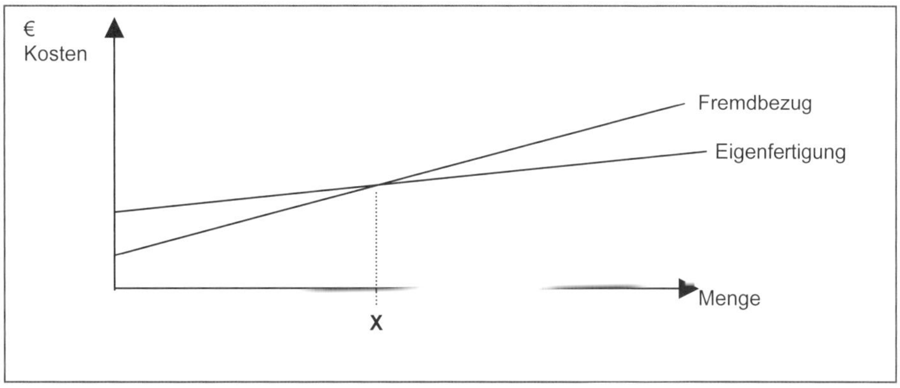

20. Was ist unter der Streuung des Beschaffungsrisikos zu verstehen?

a) Die Bestellung nicht vertretbarer Ware bei einem Lieferer
b) Die Bestellung einer größeren Warenmenge erfolgt durch Kauf auf Abruf.
c) Die Bestellung gleichartiger Ware bei mehreren Lieferern
d) Die Bestellung einer großen Warenmenge, um günstige Einkaufsbedingungen zu erhalten
e) Die Bestellung einer kleinen Warenmenge, wenn der Verkauf der Ware ungewiss ist

21. In welchem Fall liegt eine auftragsorientierte Beschaffung vor?

a) Ein Kfz-Werk bestellt Reifen.
b) Eine Werft bestellt Schiffsschrauben für einen Tanker.
c) Eine Großweberei kauft Rohwolle.
d) Ein Möbelwerk kauft Spanplatten für die Serienproduktion von Küchenmöbeln.
e) Ein Sägewerk kauft saisonbedingt Holzstämme.

22. Welche Aussage zur fertigungssynchronen Beschaffung ist richtig?

a) Fertigungssynchrone Beschaffung ist sinnvoll, wenn der Beschaffungsmarkt unsicheren Schwankungen unterliegt.
b) Bei fertigungssynchroner Beschaffung muss die liefernde Unternehmung Menge, Qualität und Lieferzeitpunkt dem Produktionsablauf des Bestellers angleichen.
c) Durch fertigungssynchrone Beschaffung werden größere Lagervorräte ständig auf- und abgebaut.
d) Bei fertigungssynchroner Beschaffung löst sich die Beschaffungsplanung weitgehend vom Fertigungsablauf.
e) Bei fertigungssynchroner Beschaffung entfällt die Beschaffungsplanung.

23. In welchem Fall liegt eine auftragsorientierte Beschaffung vor?

a) Ein Sägewerk kauft saisonbedingt Holzstämme.
b) Ein Kfz-Hersteller bestellt Schrauben und Muttern für die laufende Produktion.
c) Eine Schuhfabrik bestellt Leim auf Vorrat.
d) Ein Textilunternehmen bestellt Garn für die Herstellung von Polsterstoffen für einen bestimmten Kfz-Hersteller.
e) Ein Kunststoffwerk bestellt Heizöl.

24. Mit welcher Formel ist die Mindestbestellmenge zu ermitteln?

a) Verbrauch je Tag x optimale Bestellmenge
b) Verbrauch je Tag x Beschaffungszeit
c) Mindestbestand x Beschaffungszeit
d) (Verbrauch je Tag x Beschaffungszeit) + Meldebestand
e) (Verbrauch je Tag x 360) + Mindestbestand

Betriebswirtschaftliche Geschäftsprozesse

25. Wie wirkt sich die Änderung der Bestellmenge auf die Beschaffungskosten aus?

a) Bei einer Steigerung der Bestellmenge verhalten sich die Beschaffungskosten je Mengeneinheit progressiv.
b) Die Änderung der Bestellmenge wirkt sich auf die Beschaffungskosten je Mengeneinheit nicht aus.
c) Je größer die Bestellmenge, desto höher sind die Beschaffungskosten je Mengeneinheit.
d) Je kleiner die Bestellmenge, desto niedriger sind die Beschaffungskosten je Mengeneinheit.
e) Je größer die Bestellmenge, desto niedriger sind die Beschaffungskosten je Mengeneinheit.

26. Was versteht man in der Materialdisposition unter der „optimalen Bestellmenge"?

a) Die Bestellmenge, die dem voraussichtlichen Absatz entspricht
b) Die Bestellmenge, bei der die Beschaffungs-, Lager- und Zinskosten pro beschaffter Mengeneinheit am geringsten sind.
c) Die Rohstoffmenge, die in der Erzeugung den geringsten Materialverlust ergibt
d) Die Bestellmenge, mit der die Lagerkapazität am besten genutzt werden kann
e) Die Bestellmenge, mit der man beim Lieferer die größten Nachlässe erreichen kann

27. Welches Argument spricht für kleine Bestellmengen beim Einkauf?

a) Es können Mindermengenzuschläge gespart werden.
b) Es können höhere Rabattsätze durchgesetzt werden.
c) Der Arbeitsaufwand im Einkauf ist geringer.
d) Die Transportkosten je Mengeneinheit sind geringer.
e) Das Risiko der technischen Veralterung der Vorräte wird vermindert.

28. In welchem Fall wird bei Anwendung des Bestellpunktverfahrens der Bestellpunkt herabgesetzt?

a) Wenn kurzfristig Preiserhöhungen erwartet werden
b) Wenn langfristig Preiserhöhungen erwartet werden
c) Wenn sich die Beschaffungszeit für Rohstoffe verkürzt
d) Wenn der Bedarf an Rohstoffen steigt
e) Wenn sich die Beschaffungszeit für Rohstoffe verlängert

29. Ein Industrieunternehmen analysiert die im Vorjahr verarbeiteten Rohstoffe und fasst das Ergebnis in folgender Aufstellung zusammen:

Rohstoffgruppen	**Mengenanteil**	**Wertanteil**
A	**8 %**	**74 %**
B	**29 %**	**20 %**
C	**63 %**	**6 %**

Welche Aussage ist richtig?

a) Die Aufstellung ist als Bestandteil der Betriebsstatistik für den Einkauf von geringer Bedeutung.
b) Die Rohstoffgruppe A kann für künftige Beschaffungsüberlegungen vernachlässigt werden.
c) Die Rohstoffgruppe C bietet den größten Spielraum, um die Einstandspreise zu senken.
d) Der Lagerbestand der Rohstoffgruppe A sollte so niedrig wie möglich gehalten werden.
e) Der Mindestbestand der Rohstoffgruppe C sollte gesenkt werden, um die Kapitalbindungskosten zu verringern.

30. Die Disposition der Textilwerke AG fordert beim Einkauf die Bestellung von 5 t Garn an. Wegen bevorstehender Betriebsferien des Lieferers bestellt der Einkauf 10 t Garn. Welche Aussage ist richtig?

a) Die Versicherungsaufwendungen werden sinken.
b) Die Lagerzinsen werden ansteigen.
c) Die Kosten der Warenannahme und -prüfung je t steigen dadurch an.
d) Der durchschnittliche Lagerbestand wird sinken.
e) Die Bestellkosten pro Einheit werden ansteigen.

31. Bei der Bestellmengenplanung des Unternehmens ergibt sich das Problem, den Jahresbedarf an technischen Artikeln entweder durch wenige große oder durch viele kleine Bestellmengen zu decken. Welche Aussage hierzu ist richtig?

a) Wird häufig in kleinen Mengen bestellt, sind die Zins- und Lagerkosten wegen der niedrigen Lagerbestände relativ gering.
b) Die Zins- und Lagerkosten sind bei großen Bestellmengen extrem niedrig.
c) Bei wenigen großen Bestellmengen entstehen hohe bestellfixe Kosten.
d) Bei großen Bestellmengen ist die Kapitalbindung in der Lagerhaltung sehr niedrig.
e) Wird der Jahresbedarf durch viele kleine Bestellmengen gedeckt, werden die bestellfixen Kosten relativ niedrig gehalten.

32. Welche Aussage über die optimale Bestellmenge ist richtig?

a) Sie ist die Beschaffungsmenge, die ein Minimum an Zins- und Lagerkosten je Stück zur Folge hat.
b) Sie ist die Menge, die immer am Lager gehalten wird, damit bei Lieferungsausfall einige Zeit weiter produziert werden kann.
c) Sie ist die Menge, die vom Einkauf bestellt werden muss, da sie vom Lager angefordert wurde.
d) Sie ist die Beschaffungsmenge, bei der durch größere Einkaufsmengen der größte Preisvorteil erreicht wird.
e) Sie ist die Beschaffungsmenge, bei der die Summe aus Beschaffungskosten und Lagerungskosten, bezogen auf eine Mengeneinheit, ihr Minimum erreicht.

Betriebswirtschaftliche Geschäftsprozesse

33. Welche Aussage über die Bestellmenge bzw. die Lagerkosten ist richtig?

a) Die Bestellmenge hat keinen Einfluss auf die Höhe der Lagerkosten.
b) Sämtliche Lagerkosten sind von der Bestellmenge abhängig.
c) Die Bestellmenge ist u. a. abhängig von der Lagerkapazität.
d) Die Bestellung großer Mengen senkt die Lagerkosten.
e) Eine Einsparung von Lagerkosten ist nur bei Verringerung der Bestellmenge möglich.

34. Welche Aussage über Dateien, die im Einkauf geführt werden, ist richtig?

a) Die Liefererdatei enthält u. a. die Lieferungs- und Zahlungsbedingungen und die vorhandenen Erfahrungen mit einem Lieferer.
b) Die Preisdatei enthält alle Preise und Rabatte für unsere Kunden.
c) Die Materialdatei ist eine nach Lieferern geordnete Bezugsquellendatei.
d) Die Liefererdatei ist eine nach Materialien geordnete Bezugsquellendatei.
e) Die Materialdatei dient zur Intensivierung geschäftlicher Beziehungen.

35. Die Informationen aus der Beantwortung der Anfragen der Industrie AG sollen in einer Datei festgehalten werden. Wie nennt man eine solche Datei?

a) Anlagendatei
b) Auftragsdatei
c) Bestelldatei
d) Bezugsquellendatei
e) Debitorendatei
f) Lagerdatei

36. Welches Hilfsmittel zum Aufsuchen von Bezugsquellen ist als „Externes Bezugsquellenverzeichnis“ einzustufen?

a) Liefererverzeichnis
b) Warendatei
c) Bestelldatei
d) Internet
e) Materialbeschaffungsdatei

37. Welcher Vorgang kennzeichnet die „Wiederbeschaffungszeit“?

a) Die Wiederbeschaffungszeit ist die Zeit vom Erreichen des Mindestbestandes bis zur Verfügbarkeit der Ware im Lager.
b) Die Wiederbeschaffungszeit ist die Zeit zwischen dem Erkennen der Notwendigkeit einer Lagerauffüllung und der Verfügbarkeit der Ware im Lager.
c) Die Wiederbeschaffungszeit drückt die Dauer eines Bestellvorganges aus.
d) Die Wiederbeschaffungszeit ist die Differenz zwischen der durchschnittlichen Lagerdauer und der Produktionszeit.
e) Die Wiederbeschaffungszeit ist die Zeit, in der der eiserne Bestand ausreicht, die Produktionsbereitschaft zu sichern.

38. Warum ist es für einen Einkäufer von Vorteil, regelmäßig Fachmessen zu besuchen?
- a) Um die Verhältnisse auf dem Absatzmarkt besser kennenzulernen
- b) Um den Kontakt zu unseren Kunden zu verbessern
- c) Um das Produktionsprogramm unserer Konkurrenten kennenzulernen
- d) Um unsere Aufträge für das gesamte Jahr zu vergeben
- e) Um die Marktübersicht zu verbessern

39. Welche Größe muss bei der Bestimmung des optimalen Lagerortes für einen Artikel u. a. berücksichtigt werden?
- a) Der Meldebestand
- b) Die Lieferzeit
- c) Die Höhe des Mindestbestandes
- d) Die Bestellhäufigkeit
- e) Der Bestellzeitpunkt

40. Welche Zeitspanne gilt im Einkauf als Beschaffungszeitraum?
- a) Der Zeitraum zwischen Bestellungsannahme (Auftragsbestätigung) und dem Eintreffen der Ware
- b) Der Zeitraum zwischen Anforderung und Bestellung der Ware
- c) Der Zeitraum zwischen Anforderung der Ware und Bestellungsannahme (Auftragsbestätigung)
- d) Der Zeitraum zwischen Bestellung der Ware und Bestellungsannahme
- e) Der Zeitraum zwischen Anforderung und Eintreffen der Ware beim Anforderer

41. Stellen Sie anhand der abgebildeten Bedarfsentwicklung fest, bis wann Sie spätestens auf der Grundlage des bisherigen Bestellrhythmus den Zwirn bestellen müssen!
Am wievielten des Monats November müssen Sie bestellen?

Tragen Sie das Datum in das Kästchen ein!

<u>Bedarfsentwicklung für Zwirn</u>

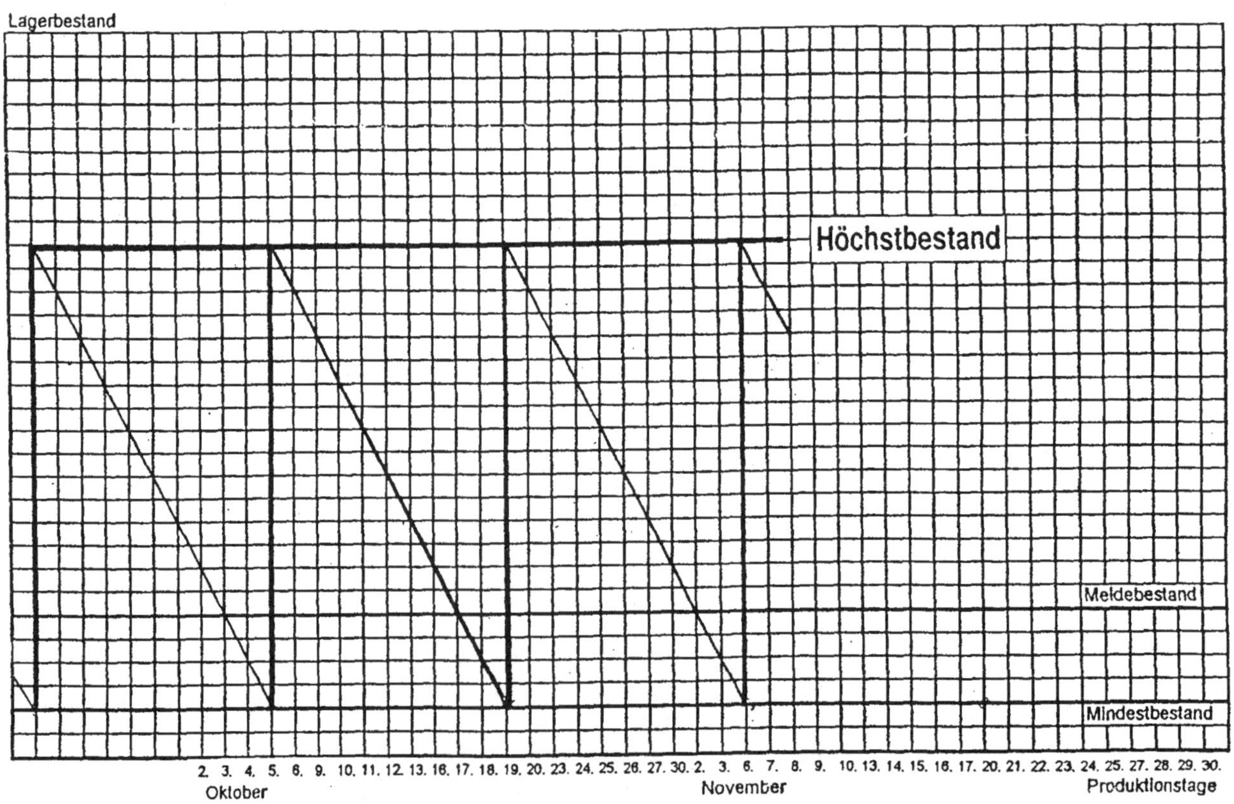

42. Welche Ziffer zeigt in der Abbildung einen Bestellzeitpunkt?

a) Ziffer 1
b) Ziffer 2
c) Ziffer 3
d) Ziffer 4
e) Ziffer 5
f) Ziffer 6
g) Ziffer 7
h) Ziffer 8
i) Ziffer 9

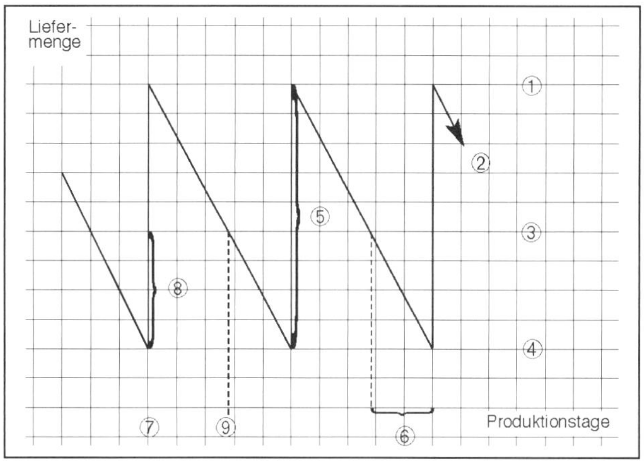

43. Welche Aussage beschreibt den Bestellzeitpunkt richtig?

a) Zeitpunkt, an dem die Bestellung erfolgen muss, damit keine Störung bei der Materialversorgung der Fertigung eintritt
b) Zeitpunkt, an dem die Bestellung abgeschickt werden muss, damit sie zu den geringsten Beschaffungskosten führt
c) Zeitpunkt, an dem der Mindestbestand erreicht ist, damit auch bei unvorhergesehenen Fällen eine reibungslose Produktion gesichert ist
d) Zeitpunkt, an dem die Bestellung abgewickelt werden muss, damit die Umschlagshäufigkeit am größten ist
e) Zeitpunkt, an dem der Lagerbestand unter Ausnutzung des Mindestbestandes noch ausreicht, die Spanne zwischen Bestellung und Materialeingang zu überbrücken

44. In welchem Fall liegt eine auftragsorientierte Bestellung vor?

a) Bestellung von 200 laufenden Metern Vierkantstahl für die Herstellung von 60 bestellten Schreibtischen
b) Bestellung von Stahlnieten für Standard-Schreibtischen und Schrankwände
c) Bestellung von Schmierstoffen für drei Furnierpressen
d) Bestellung von Sägeblättern für zwei Sägemaschinen
e) Bestellung von Holzleim für das Furnieren von Pressholzplatten

45. Welches Verhalten entspricht dem „just-in-time"- Verfahren?

a) Die Bestellungen von Rohstoffen erfolgen nicht auftragsbezogen.
b) Um Störungen im Fertigungsverlauf zu vermeiden, werden mehr Rohstoffe als benötigt vorrätig gehalten.
c) Neue Rohstoffe werden bei Erreichen des Mindestbestandes bestellt.
d) Die Bestellungen von Rohstoffen erfolgen nach dem Bestellrhythmusverfahren.
e) Die Rohstoffe werden so bestellt und geliefert, dass sie unmittelbar vor der Verarbeitung im Werk eintreffen.

46. Die Industrie AG überlegt, ob die Eigenfertigung durch Fremdbezug ersetzt werden soll. Welche Aussage ist richtig? Siehe dazu nachstehende Abbildung.

a) Wegen der höheren Gesamtkosten bei Eigenfertigung lohnt sich der Fremdbezug bei jeder Beschaffungsmenge.
b) Wegen der höheren Gesamtkosten bei Fremdbezug lohnt sich die Eigenfertigung bei jeder Fertigungsmenge.
c) Wegen der höheren Stückkosten bei Eigenfertigung lohnt sich der Fremdbezug erst ab der Menge x.
d) Wegen der höheren Stückkosten bei Fremdbezug lohnt sich die Eigenfertigung erst ab der Menge x.
e) Wegen der höheren Gesamtkosten bei Eigenfertigung lohnt sich der Fremdbezug erst ab der Menge x.

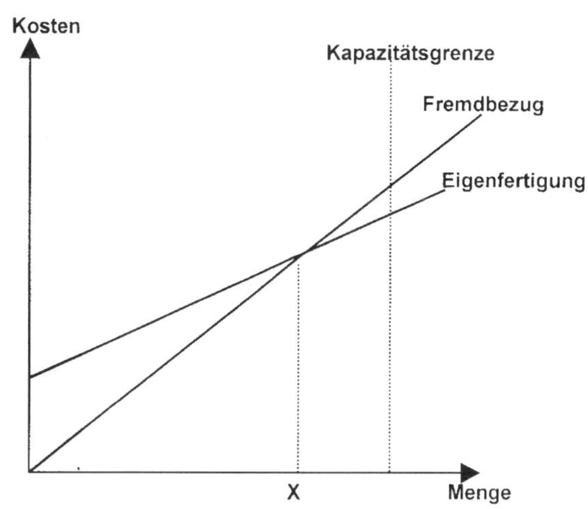

47. Welche Aussage über Anfragen ist richtig?

a) Anfragen erhöhen die Marktübersicht.
b) Anfragen sind die ersten Willenserklärungen zum Abschluss des Kaufvertrages.
c) Anfragen bedürfen der Schriftform.
d) Anfragen beinhalten die Annahme der Angebote
e) Anfragen sind in der Regel rechtsverbindlich.

48. Bringen Sie folgende Tätigkeiten bei der Beschaffung eines neuen Rohstoffes in die richtige Reihenfolge.

[ ] Versenden der Anfragen
[ ] Entscheiden für einen Lieferer
[ ] Überwachen der Liefertermineinhaltung
[ ] Bestellen des Rohstoffes
[ ] Feststellen möglicher Lieferer
[ ] Auswerten der Angebote
[ ] Erfassen der Angebote

49. Entscheiden Sie, welcher der beiden Lieferer auf Grund der vorliegenden Information (siehe Abbildung) der geeignetere ist.

a) Die Eduard Müller GmbH, weil sie günstige Zahlungsbedingungen hat und große Mengen liefern kann.
b) Die Georg Schneider OHG, weil sie über einen besonders guten Lieferservice verfügt.
c) Die Eduard Müller GmbH, weil neben den hervorragenden Produkteigenschaften die Transportkosten niedrig sind.
d) Die Eduard Müller GmbH wegen ihrer günstigen Preise und ihrer guten Liefergarantie.
e) Die Georg Schneider OHG, weil sie imstande ist, Zwirn hoher Qualität in großen Mengen zu liefern.

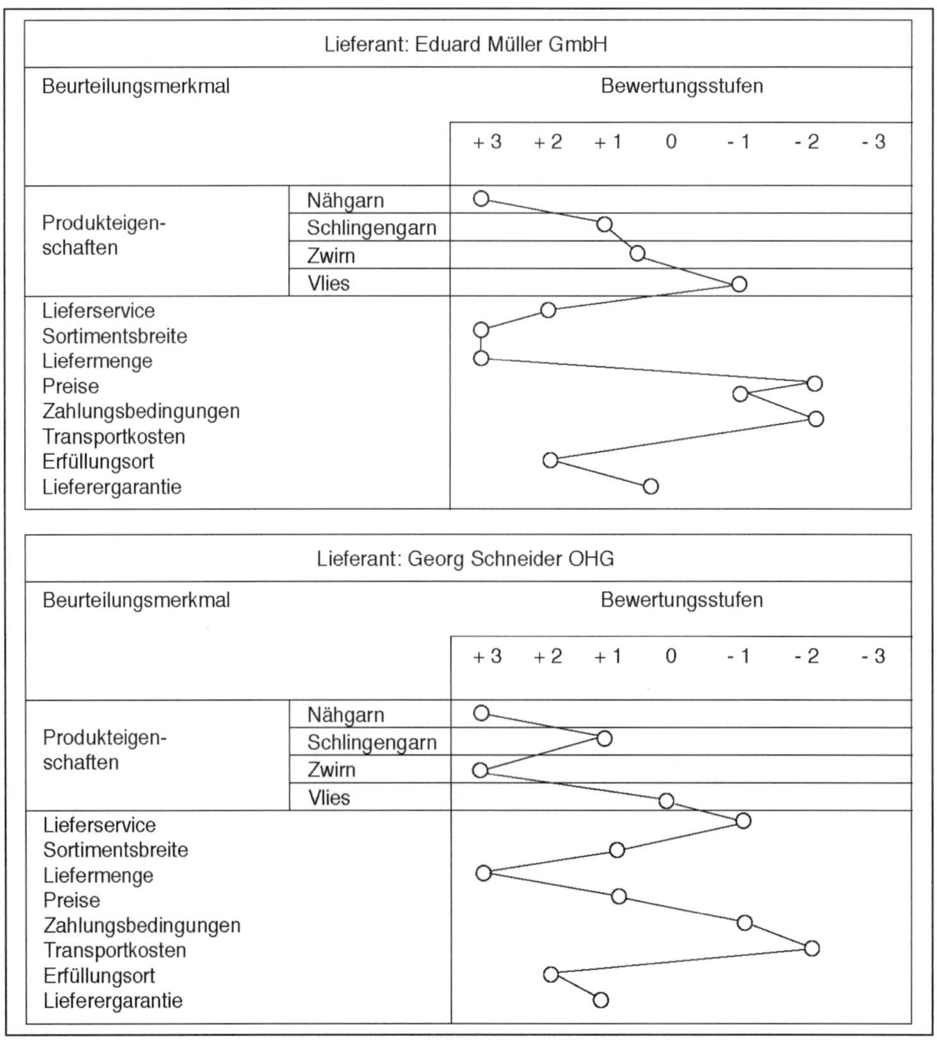

50. Welche Aussage über die Anfrage ist richtig?

a) Durch eine Anfrage und ein verbindliches Angebot kommt ein Kaufvertrag zustande.
b) Die Anfrage ist rechtlich nicht bindend.
c) Die Anfrage gilt als Bestellung, wenn die nachgefragte Ware sofort lieferbar ist.
d) Für die Anfrage ist gesetzlich die Schriftform vorgeschrieben.
e) Eine Anfrage gilt als Antrag im Rahmen des Kaufvertrages.

51. Der Einkaufsabteilung liegt eine Bedarfsmeldung über ein Teil vor, das zuletzt vor einem Jahr bestellt wurde. Bringen Sie die folgenden Arbeitsgänge im Einkauf in die richtige Reihenfolge.

[ ] Bestellung veranlassen
[ ] Alternative Lieferer auswählen
[ ] Liefermahnung durchführen
[ ] Angebote vergleichen
[ ] Liefertermin überwachen
[ ] Anfragen durchführen

52. Welches Ergebnis liefert die Einkaufskalkulation?

a) Die optimale Losgröße
b) Den Bezugspreis
c) Die Bestellkosten
d) Die Selbstkosten
e) Die optimale Bestellmenge

53. Bringen Sie die folgenden Arbeiten beim Erstellen eines Arbeitsablaufplanes der Abteilung Einkauf in die richtige Reihenfolge.

[ ] Wareneingangsmeldungen entgegennehmen und Rechnungen prüfen
[ ] Angebote einholen
[ ] Bestellungen durchführen
[ ] Aufgrund der Bedarfsmeldungen Bezugsquellen analysieren
[ ] Auftragsbestätigungen überprüfen und Terminverfolgung einleiten
[ ] Bestelldurchschläge an nachgeordnete Abteilungen weiterleiten
[ ] Bezugspreise kalkulieren und Termine vergleichen

54. Eine Industrie AG bietet telefonisch 5 t Stahlblech zum Preis von € 3.000,00 je t an. Welche Aussage im Hinblick auf die Entstehung des Kaufvertrages ist richtig?

a) Das Angebot kann mündlich vorab angenommen werden, es muss aber schriftlich von der Industrie AG bestätigt werden.
b) Das Angebot braucht nicht sofort angenommen zu werden, denn die Industrie AG ist in der Regel 8 Tage an das Angebot gebunden.
c) Das Angebot kann nur während der Dauer des geführten Telefongesprächs angenommen werden.
d) Das Angebot muss spätestens am selben Tag angenommen werden.
e) Das Angebot hat die Wirkung einer unverbindlichen Anpreisung.

55. Welche Formulierung des Angebots führt in jedem Fall bei fristgerechter Bestellung zu einem Vertrag?

a) „Wir bieten Ihnen freibleibend an ..."
b) „Wir bieten Ihnen an solange Vorrat reicht ..."
c) „Wir bieten Ihnen an ..."
d) „Wir bieten Ihnen an ... Liefermöglichkeit vorbehalten"
e) „Wir bieten Ihnen unverbindlich an ..."

56. Was versteht man unter einer Freizeichnungsklausel?

a) Der Käufer trägt keine Transportkosten.
b) Das Anwenden von Frankierautomaten
c) Das Ausschließen einer Mängelhaftung
d) Den freien Warenaustausch im internationalen Handel
e) Das Ausschließen einer rechtlichen Bindung beim Angebot

57. Ein Lieferer versendet am 18.10. ein verbindliches Angebot als Brief. In welchem Fall ist er an sein Angebot gebunden?

a) Die Bestellung des Kunden trifft am 25.10. ein mit dem Vorbehalt eines Rabattes von 15 % statt von 10 %.
b) Die Bestellung trifft beim Lieferer am 24.10. ein. Inzwischen sind aber die Richtpreise gestiegen.
c) Die Bestellung des Kunden, die dieser am 21.10. erteilt hat, trifft beim Lieferer nicht ein. Am 19.11. wiederholt der Kunde seine Bestellung.
d) Die Bestellung des Kunden erfolgt am 19.11. mit abgeänderten Preisen.
e) Der Lieferer widerruft noch am 18.10. telefonisch sein Angebot. Die schriftliche Bestätigung darüber erreicht den Kunden einen Tag nach Eingang des Angebots.

58. In einem Angebot steht der Zusatz „freibleibend". Was bedeutet dieser Zusatz, wenn eine Bestellung abgegeben wird?

a) Der Lieferer muss liefern, wenn der Käufer eine kleine Menge bestellt.
b) Der Lieferer muss zu einem noch zu bestimmenden Preis liefern.
c) Der Lieferer muss auf jeden Fall liefern, wenn der Käufer das Angebot unverändert annimmt.
d) Der Lieferer muss überhaupt nicht liefern.
e) Solange der Lieferer noch Ware hat, muss er liefern.

59. In welchem Fall handelt es sich um ein Angebot im rechtlichen Sinn?

a) Eine Ware wird einem Kunden von seinem Lieferer durch Zusendung von Prospekten mit Preisliste angeboten.
b) Eine Ware wird auf einer Messe ausgestellt.
c) Eine Ware wird in der Anzeige einer Fachzeitschrift beschrieben, wobei Preis, Beschaffenheit und Lieferbedingungen genannt werden.
d) Eine Ware wird mit genauen Angaben durch eine Postwurfsendung angeboten.
e) Eine Ware wird im Schaufenster ausgestellt.

60. Wie lange ist ein telefonisches Angebot gültig?

a) Es ist bis zum Eingang der schriftlichen Bestätigung gültig.
b) Es ist bis zum Ablauf der Geschäftszeit des Anbieters gültig.
c) Es ist 2 Tage gültig.
d) Es ist 2 Stunden gültig.
e) Es ist bis zur Beendigung des Gespräches gültig.

61. Wir erhalten ein unverlangtes Angebot eines bisher unbekannten Lieferers: „Wir bieten Ihnen zur Lieferung am 10. Oktober fest an: 5000 Verpackungskartons laut Muster zu je 5,55 € netto." Welche Aussage hierzu ist richtig?

a) Nur ein verlangtes Angebot stellt einen Antrag auf Abschluss des Kaufvertrages dar.
b) Zur Entstehung eines Kaufvertrages ist eine Auftragsbestätigung notwendig.
c) Ein Kaufvertrag entsteht hier bereits durch die Auftragserteilung.
d) Ein unverlangtes Angebot ist stets freibleibend.
e) Ein unverlangtes Angebot ist keine Willenserklärung.

62. Sie sollen einem neuen Mitarbeiter die Bedeutung verschiedener Belege erläutern. Ordnen Sie zu.

Beschreibungen

a) Interner Beleg, um dem Einkauf anzuzeigen, dass Rohstoffe nachbestellt werden müssen
b) Externer Beleg, der eine genaue Aufstellung aller gelieferten Artikel enthält, ohne dass Preise genannt werden
c) Interner Beleg, mit dem aus dem Lager Rohstoffe entnommen werden können
d) Externer Beleg, mit dem eine Anfrage bestätigt wird
e) Externer Beleg, der eine genaue Aufstellung aller gelieferten Artikel unter Nennung von Preisen, Sofortrabatten, Fracht- und Verpackungskosten zuzüglich Umsatzsteuer enthält
f) Interner Beleg, um eine sachliche Rechnungskontrolle durchführen zu können

Belege

[ ] Lieferschein
[ ] Bestellkopie
[ ] Materialentnahmeschein

63. Welche Aussage enthält nur Positionen, die bei der Bezugskalkulation von Stoffen berücksichtigt werden?

a) Frachtkosten, Zoll, Verpackungskosten, Mindermengenzuschläge, Transportversicherung

b) Raumkosten, Zoll, Frachtkosten, Anschaffungspreis

c) Kosten des Materialverderbs, Verpackungskosten, Anschaffungspreis, Rechnungsprüfungskosten, Transportversicherung

d) Abschreibung auf Lagereinrichtung, Materialprüfungskosten, Frachtkosten, Mindermengenzuschläge, Transportversicherung

e) Frachtkosten, Zoll, Anschaffungspreis, entgangener Gewinn wegen Mindervorrats, Zinskosten

64. Welches der untenstehenden Kalkulationsschemata zur Ermittlung des Bezugspreises ist richtig?

a) Das Kalkulationsschema 1

b) Das Kalkulationsschema 2

c) Das Kalkulationsschema 3

d) Das Kalkulationsschema 4

e) Das Kalkulationsschema 5

[1] Listeneinkaufspreis (ohne Umsatzsteuer)
- Liefererskonto
= Zieleinkaufspreis
- Liefererrabatt
= Bareinkaufspreis
+ Bezugskosten (ohne Umsatzsteuer)
= Bezugspreis

[2] Listeneinkaufspreis (ohne Umsatzsteuer)
- Liefererrabatt
= Zieleinkaufspreis
- Liefererskonto
= Bareinkaufspreis
- Bezugskosten (ohne Umsatzsteuer)
= Bezugspreis

[3] Zieleinkaufspreis (ohne Umsatzsteuer)
- Liefererrabatt
= Listenpreis
- Liefererskonto
Bareinkaufspreis
+ Bezugskosten
= Bezugspreis

[4] Listeneinkaufspreis (ohne Umsatzsteuer)
- Liefererrabatt
= Zieleinkaufspreis
- Liefererskonto
= Bareinkaufspreis
+ Bezugskosten (ohne Umsatzsteuer)
= Bezugspreis

[5] Listeneinkaufspreis (einschl. Umsatzsteuer)
- Liefererrabatt
= Zieleinkaufspreis
+ Liefererskonto
= Bareinkaufspreis
+ Bezugskosten (einschl. Umsatzsteuer)
= Bezugspreis

65. Bringen Sie die folgenden Posten zur Ermittlung des Bezugspreises eines Rohstoffes in die richtige Reihenfolge.

[ ] Bezugspreis
[ ] ./. Rabatt
[ ] Bareinkaufspreis
[ ] ./. Skonto
[ ] Listeneinkaufspreis
[ ] + Bezugskosten
[ ] Zieleinkaufspreis

66. Die Frankfurter Bremsen AG hat von einem Lieferer aus Dortmund Gussgehäuse bezogen. Um die gesetzlichen Gewährleistungsansprüche aus dem Kaufvertrag nicht zu verlieren, sind nach dem Eintreffen der Lieferung bestimmte Pflichten zu erfüllen. Welche Aussage dazu ist richtig?

a) Es besteht eine Prüfpflicht. Die gelieferten Gussgehäuse sind innerhalb von 14 Tagen nach Art, Güte und Menge zu kontrollieren.

b) Es besteht eine Rügepflicht im Falle von offenen Mängeln, die dem Lieferer innerhalb von sechs Monaten nach ihrer Feststellung anzuzeigen sind.

c) Es besteht eine Aufbewahrungspflicht für die beanstandeten Gussgehäuse.

d) Es besteht eine Rücksendepflicht bezüglich der beanstandeten Gussgehäuse.

e) Es besteht eine Rügepflicht im Falle von versteckten Mängeln, die dem Lieferer unverzüglich nach ihrer Feststellung, auch noch nach Ablauf der Gewährleistungsfrist, anzuzeigen sind.

67. Anfragen enthalten häufig die Aufforderung, das Angebot unter vorgegebenen Lieferungs- und Zahlungsbedingungen abzugeben. Welche Aussage hierzu ist richtig?

a) Eine Änderung der vorgegebenen Bedingungen schließt eine Auftragserteilung immer aus.
b) Dem Lieferer soll die Angebotsabgabe erleichtert werden.
c) Der Angebotsvergleich wird vereinfacht.
d) Durch die Annahme dieser Bedingungen entsteht ein Kaufvertrag.
e) Die Bezugsquellenkartei soll auf den neuesten Stand gebracht werden

68. Eine Lieferung trifft ohne Begleitpapiere ein. Welcher Beleg ist zu erstellen?

a) Ein Wareneingangsschein
b) Eine Versandanzeige
c) Ein Lieferschein
d) Ein Packzettel
e) Eine Mängelrüge

<u>Zu den nächsten vier Aufgaben siehe unten stehende Abbildungen.</u>
Die Einkaufsabteilung der Messgeräte Ernst Frank & Co. KG verschickt an verschiedene mögliche Lieferer eine Anfrage. Daraufhin gehen fünf Angebote ein. Sie werden nach bestimmten Gesichtspunkten geordnet.

ERNST FRANK KG
Messgerätefabrik – Rheinberger Str. 3 - 80333 München

Ernst Frank KG, 80333 München

Verschiedene Empfänger

Ihre Zeichen, Ihre Nachricht vom	Unsere Zeichen, unsere Nachricht vom	☎Durchwahl-Nr.	München. 15.11.....
	P/Ma		Ust.-Id.-Nr.: DE 123765098

Betreff
Anfrage

Sehr geehrte Damen und Herren,

bitte unterbreiten Sie uns bis zum 26.11..... ein Angebot für unten aufgeführte Transistoren.

Bezeichnung: Transistoren T.-Nr. 087689 445
Menge: 100 Stück
Liefertermin: 21. Dezember .... fix

Mit freundlichen Grüßen

Ernst Frank KG
i.V. i.A.
Mayer Schmidt

<u>Auszug aus Angeboten für Transistoren:</u>

	Angebot (1) A-Werke in Frankfurt	Angebot (2) B-Werke in Aachen	Angebot (3) C-Werke in Nürnberg	Angebot (4) D-Werke in Hamburg	Angebot (5) E-Werke in Essen
Freizeichnungsklausel	Freibleibend	Solange Vorrat reicht	Ohne Obligo	--	Preise freibleibend
Lieferzeit	Sofort	Januar nächsten Jahres	Anfang Dezember diesen Jahres	Ende November diesen Jahres	Täglich
Lieferbedingungen	Ab Lager	Unfrei	Frachtfrei	Ab hier	Ab Werk
Erfüllungsort für Lieferung **Erfüllungsort für Zahlung**	Frankfurt Frankfurt	München Aachen	München München	München Hamburg	Essen München

69. Welches Angebot erfüllt nicht die Anforderungen der Anfrage?

a) Angebot 1
b) Angebot 2
c) Angebot 3
d) Angebot 4
e) Angebot 5

70. Welches Angebot enthält für die Messgerätefabrik Ernst Frank KG die günstigsten Lieferbedingungen?

a) Angebot 1
b) Angebot 2
c) Angebot 3
d) Angebot 4
e) Angebot 5

71. Bei welchem Angebot entspricht die vorgesehene Vereinbarung über den Erfüllungsort der gesetzlichen Regelung?

a) Angebot 1
b) Angebot 2
c) Angebot 3
d) Angebot 4
e) Angebot 5

72. Welches Angebot ist uneingeschränkt verbindlich?

a) Angebot 1
b) Angebot 2
c) Angebot 3
d) Angebot 4
e) Angebot 5

73. Die Industriewerke AG vereinbaren mit einem Kunden (Privatmann) die Lieferung von elektronischen Bauteilen. Auf der Vorderseite des vom Lieferer vorgelegten Bestellscheines wird der 01. November als Liefertermin festgelegt, während auf der Rückseite eine Klausel der Allgemeinen Geschäftsbedingungen des Lieferers bestimmt, dass der umseitig angegebene Liefertermin „unverbindlich" ist. Welche Aussage ist richtig?

a) Da im Kaufvertrag über den Liefertermin zwei verschiedene Aussagen gemacht wurden, ist die Lieferung unverzüglich fällig.
b) Der 01. November gilt als rechtsverbindlicher Liefertermin.
c) Persönliche Absprachen dürfen Vertragsklauseln aus den Allgemeinen Geschäftsbedingungen des Lieferers nicht widersprechen.
d) Nach den Bestimmungen des BGB zu den Allgemeinen Geschäftsbedingungen ist die Klausel „der umseitig angegebene Liefertermin ist unverbindlich" auf der Rückseite des Bestellscheines rechtsverbindlich.
e) Ein Kaufvertrag ist nicht zustande gekommen, da keine zwei übereinstimmenden Willenserklärungen vorliegen.

74. In einem Kaufvertrag vereinbart der Lieferer mit dem Käufer folgende Bedingung: Bei einer nur im Rahmen des gewöhnlichen Geschäftsverkehrs gestatteten Weiterveräußerung der Vorbehaltsware, gleich in welchem Zustand, gelten die dafür erworbenen Forderungen sicherheitshalber als an uns abgetreten. Welche Aussage ist richtig?

a) Der Käufer erlangt erst bei der Weiterveräußerung der Ware an einen Dritten das Eigentum an der Ware und kann dann das Eigentum an den Dritten übertragen.
b) Durch diese Lieferungsbedingung wird der erweiterte Eigentumsvorbehalt geregelt.
c) Alle gelieferten Waren bleiben bis zur Erfüllung sämtlicher dem Lieferer aus der Geschäftsbeziehung gegen den Käufer entstehenden Forderungen Eigentümer des Lieferers.
d) Wird die Ware vom Käufer an einen Dritten weiter veräußert, so wird dieser erst Eigentümer, wenn er die Ware bezahlt hat.
e) Durch diese Lieferungsbedingungen wird der verlängerte Eigentumsvorbehalt geregelt.

75. Eine Lieferbedingung lautet: „Lieferung ab Werk." Welche Aussage ist richtig?

a) Der Lieferer zahlt alle anfallenden Beförderungskosten.
b) Der Kunde zahlt die Beförderungskosten ab Versandbahnhof.
c) Der Lieferer zahlt die Beförderungskosten bis zum Bestimmungsbahnhof.
d) Der Kunde zahlt alle anfallenden Beförderungskosten.
e) Der Kunde zahlt die Beförderungskosten ab Bestimmungsbahnhof.
f) Der Lieferer zahlt die Beförderungskosten bis Versandbahnhof.

76. Welcher Bedarfsverlauf liegt vor, wenn der Leiter des Einkaufs äußert: „Unser Bedarfsverlauf bezüglich des Stoffes X zeichnet sich dadurch aus, dass zu periodisch wiederkehrenden Zeitpunkten ein Spitzenbedarf auftritt."?

a) Sporadischer Bedarfsverlauf
b) Konstanter Bedarfsverlauf
c) Trendbeeinflusster steigender Bedarfsverlauf
d) Saisonabhängiger Bedarfsverlauf
e) Trendbeeinflusster sinkender Bedarfsverlauf

77. Für eine Lieferung von Rohstoffen liegen folgende Angaben vor:

Nettopreis (Listenpreis) der Rohstoffe:	**9.300 €**
Hausfracht für die Anfuhr zur Versandstation:	**120 €**
Fracht:	**580 €**
Hausfracht für die Zufuhr ab Empfangsstation:	**90 €**
Der Bezugspreis für den Kunden beträgt:	**9.970 €**

Welche Lieferbedingung war vereinbart?

a) Ab Werk
b) Unfrei
c) Frachtfrei
d) Frei Empfangsstation
e) Frei Haus

78. Ordnen Sie zu.

Erläuterungen zu den Lieferungsbedingungen

a) Der Kunde trägt alle Beförderungskosten.
b) Der Kunde trägt die Beförderungskosten bis zur Versandstation.
c) Der Kunde trägt die Beförderungskosten ab Versandstation.
d) Der Lieferer trägt die Beförderungskosten ab Versandstation.
e) Der Lieferer trägt alle Beförderungskosten.
f) Der Lieferer trägt die Beförderungskosten bis zur Empfangsstation.
g) Der Kunde trägt die Beförderungskosten bis Empfangsstation.

Lieferungsbedingungen

[ ] Frei Bahnhof dort

[ ] Frei Haus

79. Was bedeutet beim Bahnversand die Lieferbedingung „frachtfrei"?

a) Der Käufer trägt die Fracht ab Werktor des Lieferers.
b) Der Käufer übernimmt die Verladekosten am Versandbahnhof, die Bahnfracht und die Hausfracht.
c) Der Käufer übernimmt auch die Hausfracht für die Anfuhr zum Versandbahnhof.
d) Der Käufer trägt nur die Kosten ab Bestimmungsbahnhof.
e) Der Käufer trägt nur die Bahnfracht.

80. Was versteht man bei der Beschaffung von Rohstoffen unter dem Begriff „Hausfracht"?

a) Die Frachtkosten zum Haustarif
b) Die Frachtkosten bis zu einer vereinbarten Frachtbasis
c) Die innerbetrieblichen Transportkosten
d) Die gesamten Bezugskosten
e) Die Anlieferungskosten ab Bestimmungsbahnhof

81. Im Kaufvertrag der Industrie AG mit der Lieferfirma Schleißner KG in Braunschweig war vereinbart: „Zahlung innerhalb 10 Tagen ab Rechnungsdatum mit 3 % Skonto oder innerhalb 30 Tagen netto Kasse". Es gilt der gesetzliche Erfüllungsort. Sie haben die Überweisung des Rechnungsbetrages unter Abzug der 3 % Skonto am 10. Tag nach dem Rechnungsdatum bei der Frankfurter Sparkasse veranlasst. Nach einigen Tagen ruft der Lieferer an und bestreitet die Rechtmäßigkeit des Skontoabzuges. Welche Behauptung entspricht der Rechtslage?

a) „Wir durften Skonto abziehen, weil für Sie und für uns der Erfüllungsort Frankfurt ist."
b) „Sie durften keinen Skonto mehr abziehen, weil der Erfüllungsort für die Geldschuld Braunschweig war."
c) „Wir durften Skonto abziehen, da wir ordnungsgemäß erfüllt haben."
d) „Sie durften Skonto nicht mehr abziehen, da das Geld nicht bis zum 10. Tag nach Rechnungsdatum auf unserem Konto gutgeschrieben war."
e) „Sie hätten Skonto nur abziehen dürfen, wenn uns innerhalb der 10-Tage-Frist von Ihnen ein Scheck zugegangen wäre."

82. In einem verbindlichen Angebot ist die Lieferungsbedingung „frei dort" enthalten. Welche Aussage ist richtig, wenn der Transport durch die Raillion Deutschland AG erfolgt?

a) Der Preis enthält nur Hausfracht (Rollgeld) bis zur Versandstation.
b) Der Preis enthält die Beförderungskosten bis zur Empfangsstation.
c) Der Preis enthält sämtliche Beförderungskosten.
d) Der Preis enthält nur Hausfracht (Rollgeld) und Verladekosten.
e) Der Preis enthält keine Beförderungskosten.

83. Als Mitarbeiter im Einkauf erhalten Sie eine schriftliche Anfrage der Firma Nebel GmbH, Hannover, über 80 Büroleuchten. Welche rechtliche Wirkung hat dieses Schreiben?

a) Die Anfrage der Nebel GmbH stellt den Antrag zum Abschluss eines Kaufvertrages über 80 Büroleuchten dar.
b) Vor der Abgabe eines Angebotes über 80 Büroleuchten ist die Anfrage der Nebel GmbH erforderlich.
c) Die Anfrage der Nebel GmbH verpflichtet Sie zur Abgabe eines Angebotes.
d) Die Anfrage zeigt Ihnen das Interesse der Nebel GmbH am Erwerb von Büroleuchten.
e) Die Nebel GmbH kann ohne Anfrage keine Lieferantenauswertung treffen.

84. Ein Angebot enthält u. a. den Vermerk „brutto für netto". Welche Aussage ist richtig?

a) Die Verpackung wird getrennt berechnet.
b) Die Verpackung wird wie die Ware berechnet.
c) Der Rechnungsbetrag ist ohne Abzug von Skonto zu überweisen.
d) Die gelieferte Ware unterliegt nicht der Umsatzsteuer.
e) Die Verpackung wird nicht berechnet.

85. Welche Lieferbedingung ist für den Käufer am günstigsten?

a) Verpackung wird berechnet, aber bei frachtfreier Rücksendung wieder gutgeschrieben.
b) Brutto für netto
c) Verpackung leihweise; Rücksendung zu Lasten des Käufers
d) Verpackung bleibt unberechnet
e) Verpackung zum Selbstkostenpreis

86. In einem Kaufvertrag ist die Qualität der zu liefernden Ware nicht vereinbart. Welche Aussage entspricht den gesetzlichen Bestimmungen?

a) Der Kaufvertrag ist nichtig, da auf jeden Fall die Qualität der Ware vereinbart werden muss.
b) Der Lieferer hat Ware mittlerer Qualität zu liefern.
c) Der Lieferer hat Ware bester Qualität zu liefern.
d) Der Kunde kann die Annahme der Ware jeweils verweigern, wenn die Qualität nicht seinen Erwartungen entspricht.
e) Der Lieferer kann Ware beliebiger Qualität liefern.

87. Was versteht man unter handelsüblicher Tara?

a) Das Verpackungsgewicht entspricht dem Durchschnittsgewicht dieser Verpackungsart und Verpackungsgröße.
b) Die Tara ist eine Gewichtsvergütung, die vom Lieferer für Gewichtsverluste gewährt wird.
c) Die Tara wird grundsätzlich in Höhe von 3 % des Bruttogewichtes ermittelt.
d) Das tatsächliche Verpackungsgewicht wird durch Wiegen festgestellt.
e) Das Verpackungsgewicht wird wie Ware behandelt und bezahlt.

88. Ein Kaufvertrag enthält keine Vereinbarung über die Lieferzeit. Der Verkäufer liefert kurze Zeit nach der Bestellung; der Käufer ist damit nicht einverstanden, weil er im Augenblick keinen Lagerraum zur Verfügung hat. Welche Aussage entspricht der gesetzlichen Regelung?

a) Der Verkäufer kann sofort liefern, der Käufer muss die Lieferung annehmen.
b) Der Verkäufer hätte vor der beabsichtigten Lieferung mit dem Käufer einen Liefertermin vereinbaren müssen.
c) Der Käufer kann die Ware auf Kosten und Gefahr des Verkäufers in einem Lagerhaus einlagern, bis sein eigenes Lager wieder aufnahmebereit ist.
d) Der Käufer kann die Annahme der Lieferung zu Recht verweigern, da ein Kaufvertrag ohne Vereinbarung über die Lieferzeit nichtig ist.
e) Der Käufer hat in diesem Fall das Recht, die Lieferung abzulehnen und vom Vertrag zurückzutreten.

89. Bei welcher Zahlungsbedingung erfolgt die Zahlung gleichzeitig mit der Übergabe der vertraglichen Gegenleistung?

a) „Abschlagszahlung nach Baufortschritt"
b) „Netto Kasse gegen Faktura"
c) „Lieferung gegen Nachnahme"
d) „Zahlung innerhalb 10 Tagen 2 % Skonto, 30 Tage netto Kasse"
e) „Zahlung gegen Dreimonatsakzept"

90. Welche Aussage über die Nachnahme ist richtig?

a) Der Absender geht ein finanzielles Risiko ein.
b) Der Empfänger hat nur die Fracht zu bezahlen.
c) Die Ware wird dem Empfänger nur gegen Bezahlung ausgeliefert.
d) Der Nachnahmebetrag wird dem Absender bar ausbezahlt.
e) Die Gebühren werden vom Empfänger monatlich abgerechnet.

91. Ein Feinblechhersteller, gewerbliche Niederlassung in Kassel, vereinbarte mit seinem Kunden in Köln „Frachtbasis Siegen". Welche Wirkung hat diese Lieferungsbedingung?

a) Der Feinblechhersteller stellt die Fracht Siegen - Köln in Rechnung.
b) Der Feinblechhersteller stellt die Fracht Kassel - Köln in Rechnung.
c) Der Feinblechhersteller trägt die Fracht Siegen - Köln.
d) Der Feinblechhersteller trägt die Fracht Kassel - Köln.
e) Der Feinblechhersteller stellt die Fracht Kassel - Siegen in Rechnung.

92. Dem Warengeschäft zwischen einem Wiesbadener Lieferer und einem Münchner Kunden liegt neben anderen Vereinbarungen die Lieferbedingung „frei Haus" zugrunde. Über den Erfüllungsort und den Gefahrenübergang wurden keine Vereinbarungen getroffen. Welche Wirkung hat die Vereinbarung „frei Haus" auf den Erfüllungsort und den Gefahrenübergang?

a) Die Vereinbarung „frei Haus" hat auf den Erfüllungsort keinen Einfluss; durch sie wird nur der Gefahrenübergang nach München verlegt.
b) Die Bestimmung „frei Haus" hat keinen Einfluss auf Erfüllungsort und Gefahrenübergang; sie regelt nur die Übernahme der Transportkosten.
c) Durch die Lieferbedingung „frei Haus" werden Erfüllungsort und Gefahrenübergang nach München verlegt.
d) Erfüllungsort und Gefahrenübergang befinden sich trotz der Vereinbarung „frei Haus" gemäß den gesetzlichen Bestimmungen des BGB in München.
e) Durch die Vereinbarung „frei Haus" wird der Erfüllungsort nach München verlegt, der Gefahrenübergang jedoch ist weiterhin in Wiesbaden.

93. Was beinhaltet die Klausel: „Aus Weiterveräußerung der Ware gegen Dritte entstehende Forderungen tritt der Käufer schon heute in Höhe des Weiterverkaufspreises an uns ab.“?

a) Verlängerter Eigentumsvorbehalt
b) Verarbeitungsverbot
c) Sicherungsübereignung
d) Eigentumsübertragung
e) Weiterverkaufsverbot

94. Eine Sperrholzfabrik lieferte einer Möbelfabrik eine Partie Sperrholzplatten unter „Eigentumsvorbehalt“. Welche Aussage kennzeichnet die Rechtslage richtig?

a) Die Sperrholzfabrik kann bei einem Insolvenzverfahren der Möbelfabrik die Sperrholzplatten nicht vorab der Masse entziehen. Die Verfügungsrechte gehen zunächst auf den Insolvenzverwalter über.
b) Die Möbelfabrik darf die Platten nicht verarbeiten, solange der Eigentumsvorbehalt besteht.
c) Die Möbelfabrik darf die Sperrholzplatten verarbeiten, jedoch nicht die daraus hergestellten Möbelstücke verkaufen, bevor die Rechnung bezahlt ist.
d) Die Möbelfabrik darf die Platten unverarbeitet veräußern, der Käufer wird neuer Schuldner der Sperrholzfabrik.
e) Die Sperrholzfabrik wird Eigentümer der aus den Platten hergestellten Möbelstücke, wenn die Möbelfabrik die Platten vor Zahlung des Rechnungsbetrages verarbeitet.

95. Eine Schuhfabrik kauft Rohstoffe unter Eigentumsvorbehalt. Welche Aussage ist richtig?

a) Wenn nicht rechtzeitig bezahlt wird, kann der Lieferer die Rohstoffe, soweit sie noch nicht verarbeitet sind, zurückverlangen, wenn die gesetzte Nachfrist erfolglos abgelaufen ist.
b) Der Lieferer kann die Rohstoffe nicht mehr zurückverlangen, wenn sie zur Hälfte bezahlt sind.
c) Die Rohstoffe dürfen frühestens nach einer Teilzahlung verarbeitet werden.
d) Solange der Eigentumsvorbehalt besteht, dürfen die Rohstoffe nicht verarbeitet werden.
e) Die Rohstoffe können vor der Bezahlung nur mit Zustimmung des Lieferers verarbeitet werden.

96. Die Maschinenfabrik AG in Stuttgart kauft von einem Bremer Hüttenwerk Stabstahl und vereinbart als Lieferbedingung „Frachtbasis Oberhausen“. Was besagt diese Regelung?

a) Das Hüttenwerk übernimmt die Fracht ab Oberhausen.
b) Das Hüttenwerk übernimmt die Frachtkosten von Bremen über Oberhausen nach Stuttgart.
c) Die Lieferung erfolgt „frachtfrei“ über Oberhausen.
d) Die Maschinenfabrik AG muss die Frachtkosten von Bremen nach Oberhausen übernehmen.
e) Die Maschinenfabrik AG muss die Frachtkosten von Oberhausen nach Stuttgart übernehmen.

97. Welche Aussage über Einkaufsbedingungen ist richtig?

a) Tara ist das Gewicht einer Warensendung nach Abzug der Verpackung.
b) Skonto ist ein Preisnachlass, der vom Zeitpunkt der Zahlung unabhängig ist.
c) Bonus ist ein Mengenrabatt, der von der Umsatzhöhe abhängig ist und nachträglich gewährt wird.
d) Bonus ist ein Preisnachlass, der dem Kunden gewährt wird, wenn er innerhalb des Zahlungsziels bezahlt.
e) Mit Zahlungsziel bezeichnet man grundsätzlich den Zeitraum zwischen Rechnungsdatum und Gutschrift der Rechnungssumme.

98. Ordnen Sie zu.

Möglichkeiten des Preisnachlasses	**Rabattarten**
a) Bei Bestellung von 50 Büchern wird 1 Buch gratis zusätzlich geliefert	
b) Die Mitarbeiter erhalten beim Kauf der Produkte ihres Unternehmens einen besonderen Preisnachlass	[ ] Personalrabatt
c) Bei Abnahme einer größeren Menge wird Preisnachlass gewährt	[ ] Treuerabatt
d) Mit einem langjährigen Kunden wird ein besonderer Rabatt gewährt.	
e) Für reine Naturprodukte werden besondere Preisnachlässe gewährt.	[ ] Naturalrabatt
f) Am Ende des Jahres wird bei Erreichen einer bestimmten Absatzmenge eine Rückvergütung gewährt.	

99. Ein Textilhersteller bietet einem Kunden 500 Ballen Stoff freibleibend an. Durch welche Willenserklärungen kommt in diesem Fall der Kaufvertrag zustande?

a) Durch Anfrage und Bestellung
b) Durch Angebot und Auftragsbestätigung
c) Durch Angebot und Bestellung
d) Durch Bestellung und Bestellungsannahme
e) Durch Bestellungsannahme und Auftragsbestätigung
f) Durch die Bestellung mit Hinweis auf die Einkaufsbedingungen der Textilwerke

100. Wann muss der rechtswirksame Widerruf einer Bestellung spätestens beim Lieferer eintreffen?

a) Bevor die Bestellung eintrifft
b) Vor dem Versenden der Ware
c) Gleichzeitig mit der Bestellung
d) Bevor die Auftragsbestätigung eingetroffen ist
e) Einen Tag, nachdem die Bestellung eingetroffen ist

101. Ein Kunde bestellt auf Grund eines schriftlichen Angebotes eine Maschine für 25.700 €. Im Angebot wurde diese Maschine zu 27.500 € angeboten. Welche rechtliche Wirkung ergibt sich daraus?

a) Die Bestellung ist rechtlich unwirksam.
b) Ein rechtsgültiger Kaufvertrag ist zustande gekommen.
c) Die Bestellung ist ein neuer Antrag zum Abschluss eines Kaufvertrages.
d) Wir liefern die Maschine aus, und der Kunde ist verpflichtet, 27.500 € zu bezahlen.
e) Wir sind verpflichtet, die Maschine zum Preis von 25.700 € zu liefern, da der Kunde auf Grund eines Angebotes bestellt.

102. Welche rechtliche Wirkung hat die Auftragsbestätigung, wenn kein Angebot vorausging?

a) Sie ist die Annahme des Antrages, wenn der Lieferer einzelne Konditionen der Bestellung verändert hat.
b) Sie ist der Antrag zum Vertrag.
c) Sie hat keine rechtliche Wirkung, sondern ist lediglich eine Information für den Käufer, dass die Bestellung bearbeitet wird.
d) Sie ist der erste rechtswirksame Schritt zum Vertrag.
e) Sie ist die Annahme des Antrages, wenn sie mit den Konditionen der Bestellung übereinstimmt.

103. In welchem Fall ist eine Auftragsbestätigung angebracht?

a) Wenn Bestellung und Angebot übereinstimmen
b) Wenn die Preisangaben im Angebot und in der Bestellung übereinstimmen
c) Wenn der Bestellung ein verbindliches Angebot vorausging
d) Immer, denn ein Kaufvertrag kommt nur durch die Auftragsbestätigung zustande
e) Wenn die Bestellungen von neuen Kunden kommen

104. Die Firma Weber & Co. KG bestellt bei der Apparate AG 20 Schalter, ohne dass ein Angebot der Apparate AG vorlag. Welche rechtliche Wirkung hat die Warensendung, wenn die Apparate AG gemäß Bestellung geliefert hat?

a) Sie gilt als Kauf auf Probe.
b) Sie gilt als freibleibendes Angebot.
c) Sie gilt als verbindliches Angebot.
d) Sie gilt als Annahme der Bestellung.
e) Sie gilt als Antrag zum Abschluss eines Kaufvertrages.

105. Ein Einkäufer der Oldenburger Behälter-Bau AG hatte über Telefax statt 130 Stück Zählwerke 1.300 Stück (Schreibfehler) bestellt. Er bemerkt den Fehler erst am nächsten Tag, als ihm über den Fernschreiber die Auftragsbestätigung über 1.300 Stück zugeht. Welche Aussage kennzeichnet die Rechtslage richtig?

a) Der Vertrag ist nicht anfechtbar, denn der Erklärungsirrtum geht zu Lasten des Bestellers.
b) Der Vertrag ist nichtig, weil die Willenserklärungen nicht übereinstimmen.
c) Der Vertrag ist nicht anfechtbar, denn eine Berichtigung hätte sofort telefonisch erfolgen müssen.
d) Der Vertrag ist wegen Irrtums schwebend unwirksam.
e) Der Vertrag ist wegen Irrtums anfechtbar.

106. Ein Käufer erhält eine Auftragsbestätigung mit folgender Angabe: „Lieferung erfolgt zum Festpreis in der 40. Kalenderwoche." Welche Aussage ist richtig?

a) Nach Ablauf der 40. Kalenderwoche muss der Käufer die Ware nicht mehr annehmen.
b) Der Käufer kann bei einem Lieferungsverzug erst nach einer angemessenen Nachfrist vom Vertrag zurücktreten.
c) Der Käufer muss die Waren auch vor der 40. Kalenderwoche annehmen, wenn der Lieferer ihn vorher verständigt.
d) Der Käufer kann bei einem Lieferungsverzug ohne Nachfrist Schadenersatz wegen Nichterfüllung verlangen.
e) Der Käufer muss die Waren nicht abnehmen, wenn er sie zum Zeitpunkt der Lieferung nicht mehr benötigt.

107. Ein Unternehmen bestellt Rohstoffe, ohne dass ein Angebot vom Lieferer vorliegt. Welche rechtliche Wirkung hat die sofortige Lieferung?

a) Sie gilt als verbindliches Angebot des Lieferers.
b) Falls der Lieferer vorbehaltlos liefert, kommt ein Kaufvertrag zu den Bedingungen des Käufers zustande.
c) Ein Kaufvertrag kommt erst dann zustande, wenn die Lieferung vom Besteller bezahlt wird.
d) Sie stellt einen Antrag zum Abschluss eines Kaufvertrages dar und hat bis zur mängelfreien Annahme der Ware keine rechtliche Wirkung.
e) Die Lieferung gilt als „Kauf zur Probe", über die Liefer- und Zahlungsbedingungen muss man sich noch einigen.

108. In welchem Fall hat die Auftragsbestätigung die Rechtswirkung eines Antrages?

a) Die Auftragsbestätigung erfolgt, um die fernmündliche Bestellung des Käufers nochmals zu bestätigen.
b) Die Auftragsbestätigung wird auf die Bestellung eines neuen Kunden hin rechtzeitig erteilt.
c) Die Auftragsbestätigung ist gleichlautend mit der Bestellung, der kein Angebot zugrunde lag.
d) Die Auftragsbestätigung stimmt inhaltlich mit der vorhergehenden Bestellung überein.
e) Die Auftragsbestätigung erfolgt verspätet auf eine verbindliche Bestellung ohne vorhergehendes Angebot.

109. Welche Aussage zum Kaufvertrag ist richtig?

a) Waren hat der Verkäufer im Zweifel auf seine Gefahr und Kosten dem Käufer zu übersenden.
b) Der Eigentumsvorbehalt ist auch wirksam, wenn er nicht ausdrücklich vereinbart wurde.
c) Ist keine Vereinbarung über die Qualität des eingekauften Rohstoffes getroffen, hat der Verkäufer Waren mittlerer Art und Güte zu liefern.
d) Ist für die Übernahme der Bezugskosten an einen anderen Ort als den Erfüllungsort keine Vereinbarung getroffen, gilt die Klausel „frachtfrei".
e) Der vertragliche Erfüllungsort richtet sich nach dem Gerichtsstand des Schuldners.

110. In welchem Fall führt die Annahme des Antrags zu einem Kaufvertrag?

a) Freibleibendes Angebot und Bestellung stimmen inhaltlich überein.
b) Verbindliches Angebot und Bestellung stimmen inhaltlich nicht überein.
c) Freibleibendes Angebot und Bestellung stimmen inhaltlich nicht überein.
d) Verbindliches Angebot und Bestellung stimmen inhaltlich überein.
e) Die Bestellung erfolgt ohne vorherige Einholung eines verbindlichen Angebots.

111. Welche beiden Willenserklärungen führen zum Abschluss eines Kaufvertrages?

a) 1. Willenserklärung: Anfrage
2. Willenserklärung: Bestellung
b) 1. Willenserklärung: Bestellung
2. Willenserklärung: Angebot
c) 1. Willenserklärung: unverlangte Lieferung
2. Willenserklärung: Bezahlung
d) 1. Willenserklärung: verbindliches Angebot
2. Willenserklärung: Lieferung
e) 1. Willenserklärung: freibleibendes Angebot
2. Willenserklärung: Bestellung
f) 1. Willenserklärung: Angebot ohne Freizeichnungsklausel
2. Willenserklärung: Auftragsbestätigung

112. In welchem Fall handelt es sich um einen Antrag zum Abschluss eines Kaufvertrages?

a) Bei der Anfrage
b) Bei der Auftragsbestätigung
c) Bei einem freibleibenden Angebot
d) Bei der Lieferung von Waren auf vorher erfolgte Bestellung
e) Bei der Bestellung

113. In welchem Fall kommt es zum Abschluss eines Kaufvertrages?

a) Auf ein freibleibendes Angebot wird eine Bestellung mit Änderungen abgegeben.
b) Auf Grund eines Zeitungsinserates erfolgt eine Bestellung.
c) Auf ein Angebot wird eine Bestellung nach Ablauf der Bindungsfrist abgegeben.
d) Auf Grund einer Bestellung erfolgt die Anlieferung der bestellten Ware.
e) Auf ein verbindliches Angebot wird eine Bestellung mit Änderungen abgegeben.

114. Ein Kaufvertrag entsteht durch zwei inhaltlich übereinstimmende Willenserklärungen. In welchem Fall ist dieser Sachverhalt gegeben?

	1. Schritt	2. Schritt
a)	Befristetes Angebot	Bestellung innerhalb der angegebenen Frist
b)	Freibleibendes Angebot	Bestellung
c)	Bestellung	Auftragsbestätigung mit Einschränkungen
d)	Anfrage	Verbindliches Angebot
e)	Zeitungsanzeige für Spezialmaschine	Bestellung

115. In welchem Fall handelt es sich um einen Kaufvertrag?

a) Inhalt des Vertrages ist die Veräußerung von Sachen oder Rechten gegen Entgelt.
b) Inhalt des Vertrages ist die Herstellung einer Sache oder Erbringung einer Leistung gegen Entgelt.
c) Inhalt des Vertrages ist die entgeltliche Überlassung von Sachen zum Gebrauch.
d) Inhalt des Vertrages ist die Leistung von Diensten gegen Entgelt.
e) Inhalt des Vertrages ist die entgeltliche Überlassung von Geld oder anderen vertretbaren Sachen bei späterer Rückgabe.
f) Inhalt des Vertrages ist die Herstellung einer Sache gegen Entgelt, wobei der Hersteller auch die Materialien dazu liefert.

116. In welchem Fall ist ein Kaufvertrag zustande gekommen?

a) Der Lieferer unterbreitet dem Käufer auf dessen Anfrage ein Angebot.
b) Der Lieferer sendet dem Käufer auf dessen Bestellung eine entsprechende Auftragsbestätigung.
c) Der Käufer bestellt auf Grund einer Zeitungsanzeige.
d) Der Käufer bestellt auf Grund eines freibleibenden Angebots.
e) Die Bestellung des Käufers wird vom Lieferer unter Angabe erhöhter Preise bestätigt.
f) Der Lieferer sendet auf Grund einer telefonischen Anfrage eine Auftragsbestätigung an den Käufer.

117. Eine Maschinenfabrik bestellt genormte Teile auf Grund eines freibleibenden Angebots. Welche Aussage ist richtig?

a) Ein Kaufvertrag ist durch die Bestellung entstanden.
b) Ein Kaufvertrag ist entstanden, wenn der Anbieter termingerecht liefert.
c) Ein Kaufvertrag entsteht nur dann, wenn der Anbieter die Bestellung schriftlich bestätigt.
d) Die Maschinenfabrik kann die Annahme der Lieferung durch den Anbieter verweigern.
e) Die Maschinenfabrik muss ihre Bestellung spätestens bis zum Eintreffen der Lieferung widerrufen.

118. Ein Industriebetrieb erhält einen Auftrag, kann aber nicht sofort liefern. In welchem Fall muss eine Auftragsbestätigung erteilt werden, damit ein Vertrag zustande kommt?

a) Wenn die Lieferzeit 6 Monate überschreitet
b) Wenn dem Angebot keine Anfrage vorausging
c) Wenn das Angebot freibleibend war
d) Wenn der Besteller 100 000,00 € überschreitet
e) Wenn die Bestellung nicht auf dem entsprechenden Formular erteilt wurde

119. Welche Lieferbedingung entspricht der gesetzlichen Regelung, wenn die Stoffe mit der Eisenbahn von Fulda nach Frankfurt transportiert wird?

a) ab Werk
b) ab hier
c) frei Lager dort
d) frachtfrei
e) frei dort

120. Die Oldenburger Behälter-Bau AG hat mit der Mondo-Nahrungsmittel GmbH in Bremen einen Vertrag über die Lieferung von Transportbehältern geschlossen. Es wurde keine Vereinbarung über den Erfüllungsort getroffen. Welche Aussage ist richtig?

a) Der Erfüllungsort für die Waren- und Geldschuld ist Oldenburg.
b) Der Erfüllungsort für die Waren- und Geldschuld ist Bremen.
c) Der Erfüllungsort für die Warenschuld ist Oldenburg, für die Geldschuld Bremen.
d) Der Erfüllungsort für die Warenschuld ist Bremen, für die Geldschuld Oldenburg.
e) Der Erfüllungsort muss noch von den Vertragspartnern geregelt werden.

121. Welche Aussage zum Verpflichtungs- bzw. Erfüllungsgeschäft ist richtig?

a) Das Verpflichtungsgeschäft muss schriftlich abgeschlossen werden.
b) Das Verpflichtungsgeschäft legt die Rechte und Pflichten der Vertragspartner fest.
c) Das Erfüllungsgeschäft muss gleichzeitig mit dem Verpflichtungsgeschäft erfolgen.
d) Das Erfüllungsgeschäft legt die Rechte und Pflichten der Vertragspartner fest.
e) Das Erfüllungsgeschäft ist ein einseitiges Rechtsgeschäft.

122. Die Lieferungs- und Zahlungsbedingungen der Frankfurter Bremsen AG lauten:
*** Preise gelten ab Versandstation.**
*** Bei Zahlung innerhalb von 10 Tagen 2 % Skonto oder 30 Tage netto Kasse.**
Ein Nutzfahrzeughersteller (Kundengruppe I) bestellt 800 Scheibenbremsen und fügt seiner Bestellung die eigenen Einkaufsbedingungen bei (siehe Abbildung).
Wie ist die Rechtslage?

Einkaufsbedingungen:	Zahlungsbedingungen
Preisstellung:	Schlüssel
Schlüssel	1 =
101 =	2 =
102 =	3 =
103 =	4 =
104 =	5 = 10 Tage mit 3 % Skonto oder 60 Tage nach Lieferung und Rechnungserhalt netto
105 = bis 100 Stück ab Werk und ab 100 Stück frei Haus	

a) Der Vertrag ist zustande gekommen, weil aus absatzpolitischen Erwägungen auf die Bedingungen des Käufers eingegangen wird. Einer besonderen Bestätigung bedarf es nicht.
b) Die Bedingungen des Käufers haben grundsätzlich Vorrang vor denen des Anbieters. Die Frankfurter Bremsen AG muss zu den Bedingungen des Käufers liefern.
c) Es ist kein Vertrag zustande gekommen. Antrag und Annahme decken sich nicht. Die Einigung über die Lieferungs- und Zahlungsbedingungen muss noch erfolgen.
d) Es gelten in allen Kaufverträgen die Bedingungen des Verkäufers. Der Käufer muss darauf eingehen, sonst wird nicht geliefert.
e) Die Frankfurter Bremsen AG kann die Scheibenbremsen liefern, da der Vertrag schwebend unwirksam ist. Falls der Käufer die Transportkosten nicht zahlt, wird kein Skontoabzug anerkannt. Zahlt er die Transportkosten, darf er sich bei Zahlung innerhalb von 10 Tagen 3 % Skonto abziehen.

123. In welchem Fall kommt ein rechtswirksamer Kaufvertrag zustande?

a) Ein Verkäufer schickt unaufgefordert ein besonders günstiges Angebot, der Kunde bestellt umgehend zu den genannten Bedingungen.
b) Ein Privatmann nimmt vom Briefträger ein Päckchen an, in dem sich unbestellte Ware befindet.
c) Ein Kunde bestellt auf Grund einer detaillierten Werbeanzeige in der Tageszeitung.
d) Ein Kaufmann bestellt Ware zum bisherigen Preis, der Verkäufer liefert die Ware zum erhöhten Neupreis.
e) Ein Kunde schickt eine Anfrage und erhält daraufhin ein detailliertes Angebot.

124. Sie erhalten auf wöchentliche Bestellungen jeweils 50 Kisten Mineralwasser und 20 Kisten Bier für Ihre Kantine. Für diese Woche haben Sie keine Bestellung erteilt. Trotzdem erhalten Sie eine neue Lieferung über die übliche Menge. Wie ist die Rechtslage?

a) Wenn Sie die Annahme der Getränke nicht ausdrücklich ablehnen, gilt die Lieferung als angenommen.
b) Sie sind zur Annahme der Getränke verpflichtet, da die Geschäftsverbindung seit längerer Zeit besteht.
c) Die Getränke gelten als angenommen, wenn Sie sie nicht binnen einer Woche zurückschicken.
d) Sie sind zur Annahme der Getränke verpflichtet, wenn die Lieferung mangelfrei ist.
e) Stillschweigen Ihrerseits bedeutet in diesem Fall, dass Sie die Lieferung ablehnen, da eine stillschweigende Annahme nur Anwendung findet auf Kaufleute, deren Gewerbebetrieb die Besorgung von Geschäften für andere mit sich bringt (§ 362 HGB).

125. Welche Aussage über den Widerruf bei Abzahlungsgeschäften ist richtig?

a) Ein Abzahlungsgeschäft kann grundsätzlich nicht widerrufen werden.
b) Der Widerruf kann nur sofort nach Vertragsabschluss vorgenommen werden.
c) Der Widerruf kann mündlich innerhalb einer Woche erfolgen.
d) Für den Widerruf ist im Gesetz keine Frist genannt, eine Begründung ist jedoch erforderlich.
e) Das Geschäft kann nur schriftlich innerhalb von zwei Wochen widerrufen werden.

126. Welche Aussage zur ordnungsgemäßen Erfüllung eines Kaufvertrages ist richtig?

a) Der Käufer darf die Annahme der vertragsgemäß gelieferten Ware verweigern.
b) Der Käufer zahlt den vereinbarten Kaufpreis.
c) Der Verkäufer ist beim Verkauf von Sachen verpflichtet, dem Käufer die tatsächliche, nicht die rechtliche Herrschaft über eine Sache zu verschaffen.
d) Das Erfüllungsgeschäft umfasst sowohl den Abschluss als auch die Erfüllung des Kaufvertrages.
e) Der Kaufvertrag wird durch das Verpflichtungsgeschäft erfüllt.

127. In welchem Fall ist ein rechtswirksamer Vertrag zustande gekommen?

a) Ein 17jähriger schließt mit dem Auszubildenden einen Ausbildungsvertrag ab.
b) Bei einem Grundstück wird ein Kaufpreis von 40.000 € vereinbart. Bei der notariellen Beurkundung wird nur ein Betrag von 20.000 € angegeben.
c) In eine Bestellung wird aus Versehen 200 Stück statt 20 eingesetzt. Der Lieferer sendet daraufhin die 200 Stück.
d) Ein Kaufmann erhält telefonisch ein günstiges Angebot. Einen Tag später bestellt er die Ware. Der Anbieter lehnt die Lieferung ab.
e) Ein Nichtkaufmann verbürgt sich mündlich zur Sicherung eines Kredites für einen Freund.

128. A liefert B unter Eigentumsvorbehalt eine Ware. B verkauft diese Ware an K gegen Rechnung. K hat die ihm übergebene Ware noch nicht bezahlt. Wer ist Eigentümer der Ware?

a) A, weil er unter Eigentumsvorbehalt geliefert hat
b) B, weil K noch nicht bezahlt hat
c) A und B gemeinschaftlich, weil jeder noch einen Anspruch hat
d) K, weil er die Ware von B gutgläubig gekauft und übernommen hat
e) A, weil B diese Ware nicht hätte weiterverkaufen dürfen

129. Eine Achtzehnjährige widerruft einen Ratenkaufvertrag innerhalb von zwei Wochen. Welches Gesetz regelt dieses Widerrufsrecht?

a) Handelsgesetzbuch (HGB)
b) Im Gewerbesteuergesetz (GewStG)
c) Bürgerliches Gesetzbuch (BGB)
d) Gesetz gegen Wettbewerbsbeschränkungen (GWB)
e) Gesetz gegen den unlauteren Wettbewerb (UWG)

130. Welcher Fall rechtfertigt eine Mängelrüge?

a) Der Verkäufer liefert zu früh.
b) Der Verkäufer liefert zu spät.
c) Der Verkäufer liefert zu einem höheren Preis.
d) Der Verkäufer liefert eine zu große Menge.
e) Der Verkäufer liefert an eine falsche Adresse.

131. Die abgebildete Rechnung wurde fehlerhaft ausgestellt. Wie viel € beträgt unter Berücksichtigung der vorliegenden Unterlagen der korrekte Rechnungspreis?

Autohaus GmbH

NDL Frankfurt
Betrieb: Theodor-Heuss-Allee
Fernruf: 069/7900-1 Durchwahl 79 00-431

Autohaus GmbH NDL Frankfurt, 60313 Frankfurt

Frankfurter Bremsen AG
Kasseler Straße 240
60486 Frankfurt

Reparatur-Rechnung BV

Re-Nr. 217/20.. 67547
Vom 16.05.20..
Deutsche Bank Frankfurt
IBAN: DE42 5007 0000 0876 9870 98
BIC: DEUTDEFFXXX
Rep.-Auftr. Nr. 217/01 20

Kdn.-Nr. 217/009987

Ust-Id.-Nr. DE 656 878 989

Amtl. Kennzeichen	Erstzulassung	Fahrzeugtyp	Fahrgestell-Nr.	Laufleistung
F-EN 589	10.06.20..	200 XL	12345 1006543	085987

Pos.	RK	Arbeits-Nr.	AW	VK	Art der Leistung	€
01	R1	00 3003 01	43	WD	Wartungsdienst Turnus 20 000 km	261,44
02	R1	00 3400 01		WD	Ölservice zum Wartungsdienst ohne Ölwechsel	0,00
03	R1	00 3603 01		WD	Leerlauf nach Abgaswerten einreguliert	0,00
04	R1	42 0066 01	4	F	Bremsflüssigkeit Anlage entlüftet	39,21
					Arbeitspreis gesamt	300,65
					Ersatzteile gemäß beiliegendem Materialschein	86,23
					Waren- und Leistungswert	386,88
					19 % Umsatzsteuer	73,51
					Rechnungsbetrag	**460,39**

Wir danken Ihnen für Ihren Auftrag und wünschen eine gute Fahrt.

Rechnung sofort zahlbar, netto Kasse.

Betriebswirtschaftliche Geschäftsprozesse

MATERIALANFORDERUNG Nr. 29268
von Abteilung: Reparatur-Auftrags-Nr. 68091
Kunde: Frankfurter Bremsen AG

an: Lager

Gegenstand Abmessung	Bezeichnungs-Nr.	Menge	St, m kg, o.a.	Gesamtpreis	Lagerausgabe Menge
Anzeiger	123 540 16	4		11,80	
Bremsöl	000 989 07	1		12,40	
Bremsklötze	000 420 94	1		60,00	
Kerzen	103 159 03	4		14,00	
Dichtungsring	006 997 48	1		0,97	

für Auftrags-Nr.	angefordert am:	genehmigt am:	Lager	Kartei
217/01-20	14.05.20..	14.05.20..		

132. Der Verlag Europa-Lehrmittel hat der Fahrradwerke GmbH unaufgefordert ein Buch über Fahrradtouren in Deutschland zugeschickt. Der Verlag ist dem Unternehmen nicht bekannt. Im Begleitschreiben heißt es: „6 Wochen zur Ansicht. Danach ist der Kaufpreis von 40,00 € sofort zu bezahlen!" Welche Verpflichtung ergibt sich für die Fahrradwerke GmbH?

a) Die Fahrradwerke GmbH braucht nichts zu unternehmen, sie muss das Buch nur sorgfältig aufbewahren.
b) Die Fahrradwerke GmbH muss das Buch unverzüglich zurückschicken, wenn sie es nicht nutzen möchte.
c) Die Fahrradwerke GmbH darf das Buch zwar prüfen, muss es aber innerhalb der angegebenen Frist zurücksenden.
d) Die Fahrradwerke GmbH muss in jedem Fall die Annahme oder Ablehnung des Buches schriftlich erklären.
e) Die Fahrradwerke GmbH muss bei Nichteinhaltung der 6-Wochen-Frist in jedem Fall den Preis zahlen.

133. Welche Aussage über den Kaufvertrag ist richtig?

a) Die Einigung der Vertragspartner wird als Erfüllungsgeschäft bezeichnet.
b) Die Übergabe einer beweglichen Sache wird als Verpflichtungsgeschäft bezeichnet.
c) Für Kaufverträge über unbewegliche Sachen gibt es keine Formvorschriften.
d) Ein Kaufvertrag, der gegen ein Gesetz verstößt, ist anfechtbar.
e) Ein Kaufvertrag über eine bewegliche Sache ist auf Grund eines Erklärungsirrtums eines Vertragspartners anfechtbar.

134. Einem Unternehmer fällt erst 8 Monate nach Lieferung auf, dass die Ware einen versteckten Mangel aufweist. Er rügt unverzüglich beim Lieferer. Ist er den gesetzlichen Vorschriften gerecht geworden?

a) Ja, denn die Verjährungsfrist unter Kaufleuten beträgt 4 Jahre.
b) Nein, denn er hätte innerhalb von 6 Monaten rügen müssen.
c) Nein, denn er hätte die Ware sofort bei Lieferung überprüfen müssen.
d) Nein, denn er hätte innerhalb von 12 Monaten rügen müssen.
e) Ja, denn er hat unverzüglich nach Feststellung des Mangels innerhalb von 24 Monaten zu rügen.

135. Eine Warenlieferung wird ausgepackt. Dabei stellen sich erhebliche Mängel an der Ware heraus. Was ist zu tun?

a) Unverzüglich die Mängel rügen und die Ware zur Verfügung des Lieferers halten
b) Ware sofort an den Lieferer zurücksenden
c) Unverzüglich die Mängel rügen und die Ware gleichzeitig an den Lieferer zurücksenden
d) Mangelhafte Ware innerhalb 24 Monaten zurücksenden
e) Mangelhafte Ware 24 Monate aufbewahren

136. In welchem Fall ist ein Kaufvertrag zustande gekommen?

a) Verkäufer macht freibleibendes Angebot, Kunde bestellt rechtzeitig und ohne Abänderung
b) Verkäufer macht befristetes Angebot mit neuen Preisen, Kunde bestellt rechtzeitig zum bisherigen Preis
c) Kunde fragt nach einer bestimmten Ware an, Verkäufer gibt postwendend ein verbindliches Angebot ab
d) Kunde bestellt wie gehabt, Verkäufer sendet Auftragsbestätigung
e) Kunde bestellt ohne Angebot, Verkäufer lehnt ab und macht Gegenangebot

137. Welche beiden Willenserklärungen führen zum Abschluss eines Kaufvertrags?

a) 1. Willenserklärung: Anfrage; 2. Willenserklärung: Bestellung
b) 1. Willenserklärung: Bestellung; 2. Willenserklärung: Angebot
c) 1. Willenserklärung: verbindliches Angebot; 2. Willenserklärung: Bestellung
d) 1. Willenserklärung: freibleibendes Angebot; 2. Willenserklärung: Bestellung
e) 1. Willenserklärung: Angebot ohne Freizeichnungsklausel; 2. Willenserklärung: Auftragsbestätigung

138. Was versteht man im Kaufrecht unter Rücktritt?

a) Den Anspruch auf nachträgliche Änderung der bestellten Stoffe
b) Den Anspruch auf Rückgängigmachung des Kaufvertrages
c) Den Anspruch auf Schadenersatz wegen Nichterfüllung
d) Den Anspruch auf Ersatzlieferung für fehlerhafte Stoffe
e) Den Anspruch auf Minderung des Kaufpreises

139. In welchem Fall handelt es sich um einen Deckungskauf?

a) Rohstoffe müssen sofort gekauft werden, da der Lagerbestand den Mindestbestand erreicht hat.
b) Eine Unternehmung deckt sich mit preiswerten Hilfsstoffen aus einer Insolvenzmasse ein.
c) Wegen zu erwartenden Materialengpässen durch einen bevorstehenden Streik müssen vorsorglich die eigenen Lagerbestände aufgestockt werden.
d) Da der Lieferer in Verzug ist, müssen Rohstoffe anderweitig beschafft werden.
e) Ein Lieferer liefert mangelhafte Rohstoffe, und der Käufer kauft daher mangelfreie Rohstoffe bei einem anderen Lieferer.

140. In welchem Fall ist ein Kaufvertrag zustande gekommen?

a) Der Käufer bestellt nach Ablauf der im Angebot gesetzten Frist.
b) Der Käufer nimmt das Angebot eines Lieferers mit Änderungen an.
c) Der Verkäufer liefert sofort ohne Auftragsbestätigung die vom Käufer bestellte Ware.
d) Der Käufer bestellt aufgrund eines freibleibenden Angebotes.
e) Der Käufer erteilt eine Bestellung aufgrund einer Zeitungsanzeige.

141. Die Frankfurter Bremsen AG hat mit einem Automobilhersteller in Saarlouis einen Vertrag über die Lieferung von Scheibenbremsen abgeschlossen. Es wurde keine Vereinbarung über den Erfüllungsort getroffen. Welche Konsequenz ergibt sich daraus?

a) Erfüllungsort für die Waren- und Geldschuld ist Frankfurt.
b) Erfüllungsort für die Waren- und Geldschuld ist Saarlouis.
c) Der Erfüllungsort bestimmt den Gefahrenübergang bei der Übersendung von Geld.
d) Erfüllungsort für die Warenschuld ist Saarlouis, für die Geldschuld Frankfurt.
e) Erfüllungsort für die Warenschuld ist Frankfurt, für die Geldschuld Saarlouis.

142. Aus dem Gesetz ergeben sich Rügefristen beim zweiseitigen Handelskauf. Innerhalb welcher Frist sind versteckte Mängel zu rügen?

a) Die Mängel müssen unverzüglich nach der Entdeckung, spätestens innerhalb von 24 Monaten gerügt werden.
b) Die Mängel müssen innerhalb von 6 Wochen gerügt werden.
c) Die Mängel müssen unverzüglich nach Erhalt der Ware gerügt werden.
d) Die Mängel können jederzeit innerhalb von 6 Monaten gerügt werden.
e) Die Mängel müssen unverzüglich nach der Entdeckung, spätestens nach 1 Jahr gerügt werden.

143. Ein Käufer hat rechtmäßig einen Deckungskauf zu einem höheren Preis vorgenommen. Welches Recht aus dem Lieferungsverzug hat er beansprucht?

a) Erfüllung des Vertrages
b) Erfüllung des Vertrages und Schadenersatz
c) Rücktritt vom Vertrag
d) Schadenersatz wegen verspäteter Lieferung
e) Schadenersatz wegen Nichterfüllung

144. Welche Aussage zu Störungen bei der Erfüllung des Kaufvertrages ist richtig?

a) Beim kalendermäßig bestimmten Kauf kann der Käufer im Falle eines Lieferungsverzuges nach erfolglosem Ablauf einer Nachfrist vom Vertrag zurücktreten.
b) Im Falle des Annahmeverzuges darf der Verkäufer beim Selbsthilfeverkauf nicht mitbieten.
c) Bei versteckten Mängeln braucht der Käufer keine Rügefrist einzuhalten.
d) Aufgrund einer berechtigten Mängelrüge hat der Käufer nur das Recht auf eine Preisminderung.
e) Beim Lieferungsverzug kann der Käufer in jedem Fall Schadenersatz wegen Nichterfüllung verlangen.

145. Sie sind Auszubildender bei der HEIN-KG. Ihre Firma interessiert sich für die Lieferung von 8 PC`s der Compi-AG, Stuttgart. Sie sollen entscheiden, in welchem Fall zwischen den Unternehmen ein Kaufvertrag zustande kommt?

a) Auf eine Anfrage der HEIN-KG schickt die Compi-AG ein verbindliches Angebot.
b) Auf ein freibleibendes Angebot der Compi-AG bestellt die HEIN-KG 8 PC`s.
c) Auf eine Bestellung der HEIN-KG über 8 PC`s schickt die Compi-AG eine Auftragsbestätigung mit erhöhtem Stückpreis.
d) Auf ein befristetes Angebot der Compi-AG bestellt die HEIN-KG innerhalb der angegebenen Frist 8 PC`s.
e) Auf eine Annonce im Fachmagazin „PC-Europe" bestellt die HEIN-KG 8 PC`s.

146. Ordnen Sie zu!

Arten eines Kaufes

a) Spezifikationskauf
b) Handelskauf
c) Kauf en bloc
d) Kalendermäßig bestimmter Kauf
e) Kommissionskauf
f) Kauf auf Probe
g) Kauf zur Probe
h) Kauf nach Probe

Definitionen

[ ] Der Verkäufer ist erst dann verpflichtet, die Ware mit seinem Auftraggeber abzurechnen, wenn er sie verkauft hat.

[ ] Kauf von Waren im Block zu einem Pauschalpreis, ohne dass für die einzelnen Stücke eine bestimmte Qualität zugesichert wird.

[ ] Der Verkäufer ist verpflichtet, die Ware entsprechend einer vorliegenden Probe zu liefern.

[ ] Kauf einer kleinen Menge. Sagt die Ware zu, wird eine größere Bestellung in Aussicht gestellt.

147. In welchem Fall liegt ein Kauf auf Abruf vor?

a) Die Abnahme einer bestimmten Menge wird vereinbart; die Lieferung erfolgt in Teilmengen innerhalb eines bestimmten Zeitraumes.
b) Der Besteller muss die Ware bis zu einem bestimmten Zeitpunkt nach Art, Abmessung etc. festlegen.
c) Die Lieferung muss zu einem fest bestimmten Zeitpunkt eintreffen.
d) Der Kauf erfolgt unter dem Vorbehalt, dass die Ware die Zustimmung des Käufers findet.
e) Der Käufer bestellt auf Grund von Mustern oder Proben.

148. Welche Aussage über den kalendermäßig bestimmten Kauf ist richtig?

a) Wird bei einem kalendermäßig bestimmten Termin die Lieferfrist nicht eingehalten, kommt der Lieferer ohne Mahnung in Verzug.

b) Durch den kalendermäßig bestimmten Kauf wird die Warengattung festgelegt. Die genaue Einteilung wie Farbe, Art u. a. erfolgt kurz vor der Lieferung.

c) Beim kalendermäßig bestimmten Kauf ist ein späterer Rücktritt vom Vertrag aus keinem Grund mehr möglich.

d) Der Käufer hat die Möglichkeit, schneller Schadenersatzansprüche geltend zu machen, da er zur Nachbesserung keine angemessene Nachfrist zu setzen braucht.

e) Schadenersatzansprüche des Käufers entstehen, wenn der Lieferer den fest bestimmten Termin durch höhere Gewalt nicht einhält.

149. Welche Aussage über den Fixkauf richtig?

a) Beim Fixkauf erfolgt die Lieferung auf dem schnellsten Weg.

b) Beim Fixkauf wird die Menge zu einem späteren Zeitpunkt festgelegt.

c) Beim Fixkauf sind kürzere Nachfristen zu setzen, um vom Kaufvertrag zurücktreten zu können, wenn die Ware nicht pünktlich geliefert wird.

d) Beim Fixkauf kommt der Lieferer nur in Verzug, wenn dem Käufer tatsächlich ein Schaden entstanden ist.

e) Beim Fixkauf kann der Käufer ohne Setzen einer Nachfrist vom Kaufvertrag zurücktreten, wenn nicht termingerecht geliefert wurde.

150. Ordnen Sie zu.

Kaufarten	**Definitionen**
a) Stückkauf	
b) Kauf auf Probe	[ ] Kauf einer bestimmten Menge, unter Vorbehalt mit Rückgaberecht bei Nichtgefallen. Bei Gefallen werden weitere Bestellungen in Aussicht gestellt
c) Kauf zur Probe	
d) Kauf nach Probe	
e) Spezifikationskauf	[ ] Der Kaufvertragsabschluss erfolgt über eine bestimmte Menge einer Gattungsware für einen zukünftigen Zeitraum. Art und Beschaffenheit werden erst später festgelegt.
f) Ramschkauf	
	[ ] Kauf einer bestimmten Menge auf Grund früher bestimmter, bezogener Waren. In diesem Fall muss die Warensendung der früher bezogenen Ware entsprechen.

151. Welche Maßnahme veranlasst den Lieferer, die Termine einzuhalten?

a) Bestellung auf Abruf

b) Androhung des gerichtlichen Mahnverfahrens

c) Gewährung eines Rabattes bei pünktlicher Lieferung

d) Vereinbarung hoher Konventionalstrafe bei Lieferungsverzug

e) Änderung des Bestellzeitpunktes und der innerbetrieblichen Beschaffungsdauer

f) Abzug sämtlicher Verpackungs- und Beförderungskosten vom Rechnungsbetrag bei Terminüberschreitung

152. Wann gerät der Lieferer in Verzug, wenn die für Montag, den 15.03. fix bestellten Rohstoffe erst am 20.03. eintreffen?

a) Der Lieferer ist bereits am Montag, dem 15.03. mittags in Verzug.

b) Der Lieferer ist ab Dienstag, den 16.03. in Verzug

c) Der Lieferer kommt nur in Verzug, wenn dem Käufer tatsächlich ein Schaden entstanden ist.

d) Der Käufer muss dem Lieferer eine Nachfrist setzen, erst nach deren Ablauf kommt der Lieferer in Verzug.

e) Der Käufer muss erst mahnen, bevor der Lieferer in Verzug gerät.

153. Welchem Zweck dient eine Versandanzeige, die vom Lieferer zugeschickt wird?

a) Sie dient der Buchhaltung als Grundlage für die Überweisung.
b) Sie dient als Beleg für die Lagerbuchhaltung.
c) Sie gibt Veranlassung, einen Spediteur damit zu beauftragen, die Sendung beim Lieferer abzuholen.
d) Sie dient dem Einkauf zur Terminüberwachung.
e) Sie dient bei der Warenannahme zur Prüfung der Warenqualität.

154. Die Textilwerke AG bietet einem Kunden 500 Ballen Stoff freibleibend an. Durch welche Willenserklärungen kommt in diesem Fall ein Kaufvertrag zustande?

a) Durch Anfrage und Bestellung
b) Durch Angebot und Auftragsbestätigung
c) Durch Angebot und Bestellung
d) Durch Bestellung und Bestellungsannahme
e) Durch Bestellungsannahme und Auftragsbestätigung

155. Welche Aussage über den gesetzlichen Erfüllungsort beim Handelskauf ist richtig?

a) Bis zum Erfüllungsort muss der Käufer die Transportkosten übernehmen.
b) Der gesetzliche Erfüllungsort ist der Wohnsitz oder die gewerbliche Niederlassung des Lieferers.
c) Der gesetzliche Erfüllungsort ist der Wohnsitz oder die gewerbliche Niederlassung des Schuldners.
d) Der Erfüllungsort wird vom Gerichtsstand bestimmt.
e) Jeder Kaufvertrag muss eine besondere Regelung über den Erfüllungsort enthalten.

156. Siehe Abbildung! Die Verkaufsabteilung der Messgeräte Ernst Frank KG erhält von den Stadtwerken Göttingen eine Anfrage in Form einer Ausschreibung, die auch den Mitbewerbern A und B zugeht. Der in der Anfrage genannte „Kauf auf Abruf" kann den Beteiligten Vorteile und Nachteile bringen. Welche Aussage zum „Kauf auf Abruf" ist falsch?

a) Die Abrufe der Gas-Verbrauchszähler für Haushalte G4/6 m` können gleichmäßig auf die Monate Oktober bis März verteilt werden.
b) Der Abruf der drei Turbinenradzähler für die Stadthalle, das Badeland und das Kaufhaus könnte im November sofort erfolgen.
c) Der „Kauf auf Abruf" ermöglicht den Stadtwerken Göttingen die Aushandlung günstiger Mengenrabatte.
d) Der „Kauf auf Abruf" ist eine Vereinbarung, bei der ein Kaufvertrag erst durch den Abruf der Stadtwerke Göttingen zustande kommt.
e) Der „Kauf auf Abruf" erspart den Stadtwerken Göttingen Lagerkosten.

Stadtwerke Göttingen AG

Gas- und Wasserversorgung
Postanschrift: Postfach 37895/89
Maschmühlenweg 23-25 – 37081 Göttingen

Stadtwerke Göttingen AG, Postfach 37895/89

Messgerätefabrik Ernst Frank KG
Rheinberger Straße 3
80333 München

Eingegangen am
11.Mai
Fa. Frank KG

Ihre Zeichen, Ihre Nachricht vom	Unsere Zeichen	Telefon	Göttingen,
	Ek/Ho/mw	0551/406-208	10.05

Ausschreibung Nr. X70/3268

Wir erschließen das Neubauviertel „Schwalbe" in der Trabantenstadt Göttingen/Harz. Für die dort entstehenden Wohn- und Betriebseinheiten benötigen wir

1. 6.000 Stück Gasverbrauchszähler für Haushalte G4/6 qm
2. 2.000 Stück Gasverbrauchszähler für Haushalte G10/16 qm
3. 3 Stück Turbinenzähler T 300 für Stadthalle, Kaufhaus und Badeland
4. 6.000 Stück Hausdruckregelgeräte HG 7
5. 50 Stück Alarmanlagen für undichte Leitungen.

Lieferung: frei Haus der Stadtwerke Göttingen (Lageranschrift) auf Abruf von Oktober bis März
Gewährleistungen: Kostenlose Reparatur bzw. Austausch von fehlerhaften Geräten innerhalb der 1. Eichperiode
Desgleichen bei Undichtheit zwischen Gehäuseoberteil und –unterteil, zwischen Stutzen und Gehäuseoberteil.
Angebote erbeten bis 15. Juni.

Mit freundl. Grüßen

HUBER

157. Welche <u>zwei</u> Aussagen über den Erfüllungsort bei einem einseitigen Handelskauf sind richtig?

a) Befindet sich am Erfüllungsort kein Amts- oder Landgericht, so muss als Erfüllungsort der Sitz des zuständigen Gerichts bestimmt werden.

b) Gesetzlicher Erfüllungsort für die Zahlung ist der Geschäftssitz des Verkäufers.

c) Gesetzlicher Erfüllungsort für die Lieferung ist der Geschäftssitz des Käufers.

d) Ab Erfüllungsort des Lieferers geht gemäß BGB die Gefahr des Verlustes bzw. der Beschädigung beim Transport auf den Käufer über, soweit der Lieferer die Ware nicht selbst transportiert.

e) Gesetzlicher Erfüllungsort für die Lieferung und Zahlung ist der Wohnort des Schuldners.

158. In einem Kaufvertrag wurde keine Vereinbarung über den Erfüllungsort getroffen. Zum Zeitpunkt des Vertragsabschlusses befindet sich die gewerbliche Niederlassung des Verkäufers in Osnabrück, die des Käufers in Bielefeld. Welche <u>zwei</u> Aussagen sind richtig?

a) Erfüllungsort für die Warenleistung ist Bielefeld.

b) Erfüllungsort für die Geldleistung ist Osnabrück.

c) Erfüllungsort für die Geldleistung ist Bielefeld.

d) Erfüllungsort für die Waren- und Geldleistung ist Osnabrück

e) Erfüllungsort für die Waren- und Geldleistung ist Bielefeld.

159. Welche Aussage trifft auf den Vorgang in den unten abgebildeten zwei Schreiben zu?

a) Nachdem es sich um ein Fixgeschäft handelt, kann die Elektro-AG sofort ohne Nachfristsetzung vom Vertrag zurücktreten und Schadenersatz wegen Nichterfüllung verlangen.

b) Nachdem es sich um ein Termingeschäft handelt, kann die Elektro-AG sofort ohne Mahnung Schadenersatz wegen Nichterfüllung verlangen.

c) Nachdem es sich um eine kalendermäßig nicht bestimmte Lieferzeit handelt, muss die Elektro-AG erst mahnen und den Verkäufer in Verzug setzen, um dann eventuelle Rechte geltend machen zu können.

d) Die Elektro-AG muss den Ablauf der Nachfrist nicht abwarten, um irgendwelche Rechte geltend machen zu können.

e) Nach Ablauf der Nachfrist hat die Elektro-AG weiterhin Anspruch auf Lieferung.

Elektro AG, Baustr. 1 21075 Hamburg

Büroausstatter
Naucke KG
Donaustr. 11
94034 Passau

ELEKTRO AG
Bestellung
Diese Bestellung erteilen wir Ihnen zu unseren umseitig aufgeführten Bedingungen.

Elektro AG

Datum: 27.06. .....

Bestellung

an Versandanschrift Bürohaus 7, Baustraße 1, 21075 Hamburg.

1 Konferenztisch Typ BR 4 Einzelpreis 3.700 € - 10 % Rabatt

12 Stühle zu obiger Position Einzelpreis 500 € - 10 % Rabatt.

Die Preise verstehen sich: siehe Zahlungsbedingungen.

Liefertermin: nach 4 Wochen

Ihr Angebot vom 15. Juni ....

ELEKTRO AG

Elektro AG, Baustr. 1, 21075 Hamburg

Büroausstatter
Naucke KG
Donaustr. 11
94034 Passau

Datum: 31.08.......

Unsere Bestellung von 27.06. ....- Lieferungsverzug

Sehr geehrter Herr Naucke!

Die Lieferung unserer Bestellung über

1 Konferenztisch
12 Stühle

ist leider bis heute nicht erfolgt, obwohl Sie eine Lieferung nach 4 Wochen vom Bestellzeitpunkt zugesagt haben.
Da wir das Mobilar dringend benötigen, bitten wir um sofortige Lieferung. Als letzten Liefertermin stellen wir Ihnen den 12.09..... Sollten Sie nicht in der Lage sein, diesen Termin einzuhalten, werden wir Ihre Lieferung ablehnen und Schadenersatz statt der Leistung geltend machen.

Wir hoffen aber, dass Ihnen eine rechtzeitige Lieferung möglich ist.

Mit freundlichen Grüßen

160. Auf dem Transport wird die gelieferte Ware ohne Verschulden des Frachtführers beschädigt. Hinsichtlich der Lieferbedingungen gilt die gesetzliche Regelung. Wer trägt das Risiko des Transports und die Kosten der Beschädigung?

a) Der Spediteur
b) Der Frachtführer
c) Der Fahrer
d) Der Verkäufer
e) Der Käufer

161. Eine Lieferung aus Hannover ist auf dem Bahntransport zum Käufer in Nürnberg durch höhere Gewalt (Unwetter) vernichtet worden. Der Käufer hat mit Anerkennung der Lieferbedingungen dem Erfüllungsort Hannover zugestimmt. Muss der Käufer die Rechnung begleichen?

a) Er muss zahlen, weil Schäden durch höhere Gewalt immer vom Käufer getragen werden müssen.
b) Er hat nicht zu zahlen, weil Schäden durch höhere Gewalt zu Lasten des Lieferers gehen.
c) Er ist zur Zahlung verpflichtet, weil die Gefahr in diesem Fall bereits in Hannover auf den Käufer übergeht.
d) Er muss nicht zahlen, denn er hat keine Ware erhalten.
e) Er ist nicht zur Zahlung verpflichtet, weil die Gefahr erst in seinem Werk auf ihn übergeht.

162. Welche <u>zwei</u> Aussagen über die Erfüllung eines Kaufvertrages sind richtig, wenn keine vertragliche Regelungen bestehen?

a) Der Käufer muss im Zweifel auf seine Gefahr und seine Kosten dem Verkäufer Geld übermitteln.
b) Der Käufer muss im Zweifel Geld an den Wohnsitz des Verkäufers überbringen.
c) Der Verkäufer muss im Zweifel auf seine Gefahr und seine Kosten dem Käufer Waren zuschicken.
d) Der Verkäufer muss im Zweifel am Wohnsitz des Käufers Geld abholen.
e) Der Verkäufer muss im Zweifel dem Käufer Waren an dessen Wohnsitz überbringen.
f) Ist nichts anderes vereinbart, ist nach Rücktritt vom Kaufvertrag der Ort, an dem sich die Kaufsache zur Zeit des Rücktritts befindet, Erfüllungsort.

163. Ein Lieferer aus Saarbrücken und ein Käufer aus Frankfurt vereinbaren in einem Kaufvertrag: „Erfüllungsort für beide Teile ist Saarbrücken". Die Ware wird per Bahn versandt. Wo erfolgt der Übergang der Gefahr vom Lieferer auf den Käufer?

a) Mit der Übergabe der Ware an die Bahn in Saarbrücken
b) Mit dem Verladen der Ware durch die Bahn in Saarbrücken
c) Mit der Abfahrt des Zuges in Saarbrücken
d) Mit der Ankunft des Zuges in Frankfurt
e) Mit der Übergabe der Ware an den Käufer in Frankfurt

164. Welche Aussage zum Zahlungsvorgang ist richtig?

a) Bei Zahlung vor Fälligkeit ist der Schuldner berechtigt, für die erbrachte Leistung Zinsen in Rechnung zu stellen.
b) Ist der Leistungstag ein Sonnabend, entbindet dies den Schuldner von der termingerechten Leistungspflicht.
c) Durch die Zahlungsabwicklung entstehende Kosten trägt laut Gesetz der Gläubiger.
d) Eine Zahlung mit Scheck gilt in der Regel am Tag der Annahme durch den Gläubiger als schuldtilgende Erfüllungshandlung.
e) Der gesetzliche Erfüllungsort für die aus einem Kauf resultierende Geldschuld ist die gewerbliche Niederlassung des Gläubigers.

165. Welche <u>zwei</u> Aussagen über den Erfüllungsort sind richtig?

a) Der Erfüllungsort bestimmt, wer die Kosten der Versendung nach einem anderen Ort als dem Erfüllungsort zu tragen hat (wenn nichts anderes vereinbart wurde).
b) Gesetzlicher Erfüllungsort für die Lieferung ist der Geschäftssitz des Käufers.
c) Befindet sich am Erfüllungsort kein Amts- oder Landgericht, so muss als Erfüllungsort der Sitz des zuständigen Gerichts bestimmt werden.
d) Gesetzlicher Erfüllungsort für die Zahlung ist der Geschäftssitz des Käufers.
e) Ist im Kaufvertrag eines Handelsgeschäfts nichts anderes vereinbart, so ist der Erfüllungsort nach Rücktritt vom Kaufvertrag der Ort, an dem sich die Kaufsache zur Zeit des Rücktritts befindet.

166. Als Termin für die erste Lieferung von Wäscheknöpfen war zwischen der Textilwerke AG und der Knopffabrik „sofort nach Auftragseingang“ vereinbart worden. Drei Wochen nach dem Zustandekommen des Kaufvertrages ist die Lieferung immer noch nicht eingetroffen. Welchen Schritt unternimmt die Textilwerke AG als erstes, um ihre Rechte geltend zu machen?

a) Mahnen und Schadenersatz fordern
b) Vom Vertrag zurücktreten und Schadenersatz fordern
c) Frist zur Nacherfüllung setzen
d) Nachfrist setzen und Mahnbescheid androhen
e) Mahnen und Deckungskauf vornehmen

167. Welche Aussage über den Lieferungsverzug ist richtig?

a) Liegt ein Fixauf vor, kann der Käufer bei Nichtverschulden ohne Nachfrist vom Vertrag zurücktreten.
b) Der Lieferer gerät in jedem Fall erst durch eine Mahnung in Verzug.
c) Im Fall eines Lieferungsverzuges kann der Käufer nach Ablauf einer angemessenen Nachfrist Nachlieferung und „Schadenersatz wegen Nichterfüllung“ verlangen.
d) Der Lieferer gerät grundsätzlich auch dann in Verzug, wenn er die verspätete Lieferung nicht verschuldet hat.
e) Eine Nachfrist gilt als angemessen, wenn der Lieferer die Möglichkeit erhält, die Ware nötigenfalls noch herstellen zu können.

168. In einem Kaufvertrag wurde vereinbart: „Lieferung ab Mitte Januar“. Am 24.01. ging beim Verkäufer eine Schreiben ein, in dem die Lieferung angemahnt und bis zum 01.02. erbeten wurde. Am 10.02. waren die Rohstoffe noch nicht eingegangen, weil beim Lieferer eine Spezialmaschine wegen Wartungsmängeln ausgefallen war. Welche Aussage ist richtig?

a) Für den Eintritt des Lieferungsverzuges war eine Nachfristsetzung mit der Mahnung nicht erforderlich, weil der Liefertermin kalendermäßig genau festgelegt war.
b) Dem Verkäufer wurde eine angemessene Nachfrist bis zum 01.02. gesetzt, danach kann der Käufer nur Schadenersatz statt der Leistung verlangen, aber nicht vom Vertrag zurücktreten.
c) Es liegt kein Lieferungsverzug vor, weil der Verkäufer den Lieferungsverzug nicht verschuldet hat.
d) Der Verkäufer befindet sich ab dem 24.01. in Lieferungsverzug. Nach Ablauf der Nachfrist kann der Käufer vom Vertrag zurücktreten und Schadenersatz verlangen.
e) Der Verkäufer befindet sich ab dem 02.02. in Lieferungsverzug; danach kann der Käufer bei einer weiteren erfolglosen Nachfristsetzung Schadenersatz statt der Leistung verlangen.

169. Welche Aussage zur Haftung des Schuldners ist richtig?

a) Der Schuldner kommt in Verzug, solange die Leistung aus einem Grunde unterbleibt, den er nicht zu vertreten hat.
b) Der Schuldner ist für die während des Verzuges durch Zufall eintretende Unmöglichkeit der Leistung verantwortlich.
c) Der Schuldner hat ein fahrlässiges Handeln seines Erfüllungsgehilfen nicht zu vertreten.
d) Der Schuldner hat eine Geldschuld während des Verzuges nicht zu verzinsen.
e) Der Schuldner ist von der Haftung für grobe Fahrlässigkeit befreit, wenn er nur für diejenige Sorgfalt einzustehen hat, die er in eigenen Angelegenheiten anzuwenden pflegt.

170. Laut Auftragsbestätigung sollte eine Warenlieferung „ab Mitte April d. J.“ erfolgen. Die Ware ist Anfang Mai noch nicht eingetroffen. Wie verhält sich der Käufer richtig?

a) Er tritt vom Kaufvertrag zurück und kauft bei einem anderen Lieferer.
b) Er mahnt den Lieferer und setzt ihm eine angemessene Nachfrist.
c) Er lehnt eine spätere Lieferung ab und verlangt Schadenersatz.
d) Er nimmt einen Deckungskauf vor und verlangt Schadenersatz.
e) Er besteht auf Vertragserfüllung und verlangt Schadenersatz wegen Nichterfüllung.

171. Sie erhalten am 9. April eine Sendung bestellter Gummimembrane aus Hannover. Bei einer sofortigen Stichprobe werden an mehreren Membranen Risse festgestellt. Wegen Arbeitsüberlastung wird dieser Mangel erst am 7. Mai gerügt. Besteht unter diesen Voraussetzungen ein Rechtsanspruch auf Ersatzlieferung?

a) Ja, wenn eine Produkthaftung des Lieferers gegeben ist
b) Ja, weil es als versteckter Mangel gilt
c) Ja, weil der Gewährleistungsanspruch unter Kaufleuten zwei Jahre lang geltend gemacht werden kann
d) Nein, weil die Beanstandung nicht fristgerecht erfolgte
e) Nein, weil nur noch Schadenersatz gefordert werden kann

172. Bei welcher Klausel über die Lieferzeit ist eine Mahnung erforderlich, um den Lieferer in Verzug zu setzen?

a) Lieferung 15. Oktober
b) Lieferung 07. Oktober fix
c) Lieferung Ende August
d) Lieferung Anfang August
e) Lieferung ab Mitte Mai

173. In einen Kaufvertrag wurde die Lieferungsbedingung „Lieferung im August“ aufgenommen. Die Ware trifft bis zum 01. September nicht ein. In welchem Fall tritt <u>kein</u> Lieferungsverzug ein?

a) Die Lieferung wird durch schuldhaftes Handeln des Verkäufers verzögert.
b) Die Lieferung unterbleibt durch vorsätzliches Handeln des Verkäufers.
c) Die Lieferung wird durch fährlässiges Handeln des Verkäufers verzögert.
d) Die Lieferung wird durch fährlässiges Handeln des Erfüllungsgehilfen des Verkäufers verzögert.
e) Die Lieferung wird durch zufällige Ereignisse verzögert.

174. Für eine Lieferung von Scheibenbremsen liegen der Frankfurter Bremsen AG folgende Angaben vor:

Nettopreis (Listenpreis) der Scheibenbremsen:	**9.500 €**
Hausfracht für die Anfuhr zur Versandstation:	**150 €**
Fracht	**670 €**
Hausfracht für die Zufuhr ab Empfangsstation:	**120 €**
Der Bezugspreis für die Frankfurter Bremsen AG beträgt:	**10.290 €**

Welche Lieferbedingung war vereinbart?

a) Ab Werk
b) Frei Haus
c) Frachtfrei
d) Frei Empfangsstation
e) Ab Bahnhof hier

175. In den Bezugs- und Lieferungsbedingungen des Einkäufers (Bestellers) lautet es: „Zu unserem Schadenersatzanspruch, wenn ein solcher geltend gemacht wird, gehören insbesondere Mehrkosten, die durch einen Ersatzauftrag bei einem anderen Lieferer entstehen. In der Wahl des Ersatzlieferers und in der Preis- und sonstigen Vertragsgestaltung mit ihm sind wir frei.“ Welches Recht behält sich der Einkäufer (Besteller) mit dieser Regelung vor?

a) Vom Kaufvertrag zurückzutreten
b) Einen Selbsthilfeverkauf vorzunehmen
c) Schadenersatz wegen entgangenem Gewinn zu verlangen
d) Einen Deckungskauf vorzunehmen
e) Wandelung geltend zu machen

176. In welchem Fall liegt bei Nichtabnahme von gelieferten Fertigteilen ein Annahmeverzug bei einem Industriebetrieb vor?

a) Wenn die Fertigteile am 10.07. dieses Jahres geliefert wurden, obwohl sie für den 05.07. dieses Jahres fest bestellt waren
b) Wenn die Fertigteile außerhalb der Geschäftsstunden des Käufers am Samstag geliefert wurden
c) Wenn die Fertigteile in der Zwischenzeit preisgünstiger von einem anderen Lieferer bezogen wurden
d) Wenn die Bestellung der Fertigteile rechtswirksam widerrufen wurde
e) Wenn die Fertigteile erst nach dem Ablauf einer gesetzten Nachfrist geliefert wurden

177. Der Unternehmer A (= Lieferer) schuldet dem Unternehmer B (= Kunde) eine Warenlieferung laut Kaufvertrag. Unternehmer A hat aber inzwischen einem anderen Kunden (C) die Ware geliefert, da dieser sofort bar zahlte. Folglich kann Unternehmer A nicht mehr rechtzeitig an Unternehmer B liefern. Welche Aussage ist zutreffend?

a) A wird von seiner Leistungspflicht befreit, da er nicht mehr liefern kann.

b) A wird von seiner Leistungspflicht befreit, da das Eigentum der Ware bereits an den Kunden C übertragen hat.

c) A wird von seiner Leistungspflicht befreit, da es für ihn mit sehr hohen Kosten verbunden ist, die Ware noch mal am Markt zu beschaffen, um sie dem Kunden B zu liefern.

d) A wird von seiner Leistungspflicht nicht befreit, weil Nichterfüllung seiner Leistungspflicht auf sein eigenes Verschulden zurückzuführen ist, da er der Erfüllung eines anderen Vertrages (mit Kunden C) den Vorrang gab.

e) A ist allein aus dem Grund von seiner Leistungspflicht befreit, da die Regelungen der Vertragsfreiheit ihm die Entscheidung überlassen, wem er seine Ware verkaufen will.

178. Bringen Sie die folgenden Arbeiten beim Durchsetzen eines Schadenersatzanspruchs in die richtige Reihenfolge.

[ ] Schadenshöhe ermitteln und Schadenersatz statt der Leistung geltend machen

[ ] Liefertermin gemäß Bestellung überwachen, Lieferung muss fällig sein

[ ] Nach Ablauf der Nachfrist Deckungskauf vornehmen

[ ] Wegen Schadenersatzanspruch Klage erheben

[ ] Lieferer eine Nachfrist zur Nacherfüllung setzen

[ ] Nachfrist erfolglos abgelaufen

179. Ordnen Sie zu.

Begriffserläuterungen

a) Der Käufer verlangt Herabsetzung des Kaufpreises.

b) Der Käufer verlangt Ersatzlieferung mangelfreier Ware.

c) Der Käufer verlangt Rückgängigmachung des Vertrages.

d) Der Käufer verweigert Zahlung des vereinbarten Kaufpreises.

e) Der Käufer verlangt Ausbesserung der mangelhaften Ware.

f) Der Käufer verlangt Geldentschädigung, da trotz Nachfristsetzung keine Ersatzlieferung und keine Nachbesserung erfolgte.

Rechte des Käufers bei mangelhafter Lieferung

[ ] Rücktritt

[ ] Minderung

[ ] Schadenersatz statt der Leistung

180. Bei einer Sendung zeigen sich erst beim Verarbeiten Mängel. Was ist laut Gesetz zu beachten?

a) Es ist innerhalb von sechs Monaten nach der Entdeckung zu rügen.

b) Es ist innerhalb von zwei Jahren nach der Entdeckung zu rügen.

c) Es ist unverzüglich nach der Entdeckung, jedoch spätestens vier Wochen nach dem Kauf zu rügen.

d) Es ist innerhalb von zwei Jahren zu rügen, jedoch unverzüglich nach der Entdeckung.

e) Es kann nicht mehr gerügt werden, weil offene Mängel sofort zu rügen sind.

181. Ein Industriebetrieb bestellt Guss-Stahl, den er am 10.04. erhält. Am 11.04. werden bei der Werkstoffprüfung Materialfehler festgestellt, die wegen Arbeitsüberlastung erst am 05.05. gerügt werden. Hat das Unternehmen einen Anspruch auf kostenlose Ersatzlieferung?

a) Ja, es liegt ein versteckter Mangel vor.

b) Ja, die gesetzliche Gewährleistungsfrist bei versteckten Mängeln beträgt zwei Jahre.

c) Ja, die gesetzliche Gewährleistungsfrist bei offenen Mängeln beträgt zwei Jahre.

d) Nein, er kann nur Schadenersatz fordern.

e) Nein, die Beanstandung erfolgte zu spät.

182. Eine Sendung Metallrohre entspricht nicht den Anforderungen. Welche Maßnahme entspricht den gesetzlichen Bestimmungen?

a) Die fehlerhaften Metallrohre werden vom Lieferer auf dessen Kosten nachgebessert.

b) Die fehlerhaften Metallrohre werden auf Kosten des Lieferers gelagert. Der Lieferer wird zur Nachbesserung bzw. Ersatzlieferung aufgefordert.

c) Die fehlerhaften Metallrohre werden entsorgt. Der Rechnungsbetrag wird gekürzt.

d) Die fehlerhaften Metallrohre werden im eigenen Betrieb aufgearbeitet. Die dabei entstandenen Kosten werden dem Lieferer belastet.

e) Die fehlerhaften Metallrohre werden ohne Rücksprache mit dem Lieferer zurückgeschickt.

183. Die Textilwerke AG prüft eingehende Garne stichprobenartig auf ihre Reißfestigkeit und stellt fest, dass eine Sendung nicht den Qualitätsanforderungen genügt. Die Mängel werden gerügt. In welchem Fall verhält sich die Textilwerke AG entsprechend der gesetzlichen Regelung?

a) Die aus dem fehlerhaften Garn gefertigten Wäschestoffe werden billiger verkauft. Der Mindererlös wird dem Lieferer in Rechnung gestellt.

b) Das fehlerhafte Garn wird bis zur Einigung mit dem Lieferer zu dessen Lasten gelagert.

c) Das fehlerhafte Garn wird als Ausschuss aussortiert. Der Rechnungsbetrag wird sofort von der Textilwerke AG gekürzt.

d) Das fehlerhafte Garn wird im eigenen Betrieb aufgearbeitet und so verwendbar gemacht. Die dabei entstehenden Kosten werden dem Lieferer belastet.

e) Das fehlerhafte Garn wird ohne Rücksprache mit dem Lieferer zurückgeschickt.

184. Die DEKRUPA Stahlwerke haben sich bei der Annahme eines Auftrages gegenüber der Oldenburger Behälter-Bau AG zu einer Konventionalstrafe bei Überschreitung des Liefertermins verpflichtet. Da sie wegen eines Materialfehlers nicht rechtzeitig liefern konnten, fordert die Oldenburger Behälter-Bau AG diese Konventionalstrafe. Ist sie dazu berechtigt?

a) Ja, die Konventionalstrafe kann bei Terminüberschreitung verlangt werden

b) Ja, aber erst nachdem die Oldenburger Behälter-Bau AG nach angemessener Nachfrist vom Vertrag zurückgetreten ist

c) Ja, diese Strafe muss aber beim zuständigen Gericht eingeklagt werden

d) Nein, die DEKRUPA Stahlwerke haben die verspätete Lieferung nicht zu vertreten

e) Nein, die Oldenburger Behälter-Bau AG muss erst nachweisen, dass ihr ein Schaden durch die verspätete Lieferung entstanden ist

185. Ordnen Sie zu.

Besondere Kaufverträge

a) Spezifikationskauf

b) Kauf in Bausch und Bogen

c) Kalendermäßig bestimmter Kauf

d) Kauf auf Probe

e) Kauf zur Probe

f) Kauf nach Probe

g) Stückkauf

Vertragsinhalte

[ ] Kauf von 250 Ballen Stoff. Die Farbangabe erfolgt drei Monate vor Lieferung.

[ ] Kauf von 20.000 kg Garn auf Grund eines vorliegenden Musters.

[ ] Kauf von kleinen Mengen Nähgarn nach Katalog, um die Verwendbarkeit zu testen.

186. Die Schließanlage der Standard-Schreibtische wird bisher von Ihrer Firma selbst produziert. Mit welchem Argument plädiert ein Mitarbeiter für Fremdbezug?

a) Imagepflege

b) Langjähriges Know-how eines Anbieters von Schließanlagen

c) Unabhängigkeit von Lieferern

d) Geringe Kapazitätsauslastung im eigenen Betrieb

e) Bei freien Kapazitäten spielen die fixen Kosten eine entscheidende Rolle.

187. Die am 15.03. bestellten Rohstoffe werden am Morgen des 01.04. geliefert. Da einige in der Warenannahme tätige Personen erkrankt sind, konnte die Ware erst am 15.04. geprüft werden, wobei keine Mängel feststellbar waren. Während der Verarbeitung der Rohstoffe am 01.06. treten Verformungen der Werkstücke auf, die auf Materialfehlern beruhen. Wie ist die Rechtslage?

a) Der Käufer kann keine Rechte aus der Mängelrüge geltend machen, da die Ware nicht innerhalb von 6 Tagen nach der Lieferung geprüft wurde.

b) Der Käufer muss zur Geltendmachung seiner Rechte spätestens am 30.09. des gleichen Jahres rügen.

c) Der Käufer kann keine Rechte aus der Mängelrüge geltend machen, da die Ware nicht am Nachmittag des 01.04. geprüft wurde.

d) Der Käufer kann noch Rechte aus der Mängelrüge geltend machen, wenn diese am 01.06. erfolgt.

e) Der Käufer kann noch Rechte aus der Mängelrüge geltend machen, da er die verzögerte Prüfung der Rohstoffe nicht zu vertreten hat.

188. Was ist von der Warenannahme bei Anlieferung einer Sendung als erstes zu prüfen?

a) Die Empfängerangabe
b) Die Einhaltung der Versandvorschrift
c) Die Qualität der Ware
d) Die Bestellung
e) Der Packzettel

189. Welche Unterlage erhält der Überbringer von der Warenannahme quittiert zurück?

a) Den Frachtbrief
b) Die Versandanzeige
c) Die Wareneingangsmeldung
d) Den Packzettel
e) Den Bestelldurchschlag

190. Welche der nachstehenden Tätigkeiten wird ausschließlich von der Warenannahme durchgeführt?

a) Einlagerung der Ware
b) Vergleich von Lieferschein und Bedarfsmeldung
c) Empfang und Bearbeitung der Versandanzeige
d) Schreiben der Wareneingangsmeldung
e) Buchen des Wareneingangs in der Lagerkarte

191. In der Warenannahme sind beim Eintreffen und Auspacken der Waren die nachstehenden Tätigkeiten erforderlich. Welche Tätigkeiten sind den Buchstaben A bzw. B falsch zugeordnet und sind deshalb zu vertauschen?

a) Tätigkeiten 1 und 4
b) Tätigkeiten 2 und 5
c) Tätigkeiten 3 und 4
d) Tätigkeiten 2 und 6
e) Tätigkeiten 3 und 6

Aufgaben der Warenannahme

A PRÜFUNG BEIM EINTREFFEN	**B** PRÜFUNG NACH DEM AUSPACKEN
Tätigkeiten:	Tätigkeiten
1. Vergleich der Ware mit dem Frachtbrief	4. Vergleich der Menge der Ware mit dem Lieferschein
2. Prüfen der äußeren Verpackung der Ware	5. Qualitätsprüfung, Stichproben
3. Bei Mängeln: Meldung an Einkaufsabteilung	6. Bei Verpackungsschäden: Bestätigung des Frachtführers

192. Wäscheknöpfe werden geliefert. Bringen Sie die folgenden Schritte des Arbeitsablaufes bei der Textilwerke AG in die richtige Reihenfolge.

[ ] Überprüfen der Empfänger-Adresse und der äußerlichen Unversehrtheit der Verpackung
[ ] Einlagerung der geprüften Wäscheknöpfe
[ ] Warenannahme und Empfangsquittierung
[ ] Anlieferung der Ware mit dem Lkw
[ ] Warenprüfung
[ ] Erstellung einer Wareneingangsmeldung mit Prüfvermerk

193. Was muss in der Textilwerke AG bei ankommender Ware u. a. noch in Anwesenheit des Frachtführers geprüft werden?

a) Ob die Rechnung beiliegt
b) Ob ein Versandauftrag beiliegt
c) Ob Rechnung und Bestellung übereinstimmen
d) Ob Lieferschein und Inhalt der Pakete übereinstimmen
e) Ob die Anzahl der Pakete mit den Angaben auf dem Frachtbrief übereinstimmt

194. In welchem Fall liegt ein versteckter Mangel vor?

a) Wenn statt mittelblauer Farbe hellblaue Farbe geliefert wird
b) Wenn ein gusseisernes Motorengehäuse infolge von Luftblasen im Material bricht
c) Wenn die gelieferten Schrauben ein Rechtsgewinde anstatt des bestellten Linksgewindes aufweisen
d) Wenn eine vor vier Wochen gelieferte und erst jetzt durch den Lieferer montierte Maschine Gangungenauigkeiten aufweist
e) Wenn eine gelieferte Bohrmaschine lt. Typenschild für 110 V statt wie bestellt für 220 V ausgelegt ist

195. Die vom Anlieferer übernommene Ware wird sofort kontrolliert. Nach Öffnung der Kartons wird festgestellt, dass ein Großteil der mit Stoff bezogenen Knöpfe stark verschmutzt ist. Welche Aussage ist richtig?

a) Es handelt sich um einen offenen Mangel. Die Textilwerke AG muss unverzüglich rügen.
b) Es handelt sich um einen offenen Mangel. Die Textilwerke AG muss innerhalb von sechs Monaten rügen.
c) Es handelt sich um einen versteckten Mangel. Die Textilwerke AG muss unverzüglich rügen.
d) Es handelt sich um einen versteckten Mangel. Die Textilwerke AG muss innerhalb von sechs Monaten rügen.
e) Es handelt sich um einen arglistig verschwiegenen Mangel. Die Textilwerke AG kann bis Jahresende rügen.

196. Welche Aussage über Prüfmethoden ist richtig?

a) Eine Vollprüfung ist nur dann wirtschaftlich, wenn kontinuierlich Material angeliefert wird und das Prüfpersonal ausgelastet ist.
b) Eine Vollprüfung muss immer durchgeführt werden; der Einkaufspreis ist hierfür ohne Bedeutung.
c) Eine Vollprüfung ist grundsätzlich die sicherste und daher die kostengünstigste Methode.
d) Eine Stichprobe führt stets zu unsicheren Ergebnissen und verbietet sich daher bei qualitativ hochwertigen Materialien.
e) Eine Stichprobe lässt bei ausreichendem Prüfumfang einen Rückschluss auf die Qualität der Gesamtlieferung zu.

197. Welcher Vorgang rechtfertigt eine Mängelrüge?

a) Der Verkäufer liefert zu früh.
b) Der Verkäufer liefert zu einen niedrigeren Preis.
c) Der Verkäufer liefert zu einem höheren Preis.
d) Der Verkäufer liefert eine zu große Menge.
e) Der Verkäufer liefert an eine falsche Adresse.

198. Ordnen Sie zu.

Rügefristen nach der gesetzlichen Regelung

a) Unverzüglich nach Lieferung
b) Innerhalb von 6 Wochen nach Lieferung
c) Innerhalb von 3 Monaten nach Lieferung
d) Innerhalb von 24 Monaten nach Lieferung
e) Unverzüglich nach Entdeckung, jedoch innerhalb von 24 Monaten nach Lieferung
f) Innerhalb von 12 Monaten nach Lieferung
g) Unverzüglich nach Entdeckung, jedoch innerhalb von 6 Wochen nach Lieferung

Mängel

[ ] Versteckter Mangel bei zweiseitigem Handelskauf

[ ] Offener Mangel bei zweiseitigem Handelskauf

[ ] Versteckter Mangel bei Verbrauchsgüterkauf

199. Die Messgerätefabrik Ernst Frank & Co. KG erhält von Lieferern häufig Angebote, in denen die gesetzliche Gewährleistung zugesagt wird. Wann müsste ein versteckter Mangel angezeigt werden, um die Rechte zu wahren?

a) Innerhalb von 2 Jahren nach Entdeckung des Mangels
b) Innerhalb von 6 Wochen nach Lieferung
c) Innerhalb von 6 Wochen nach Entdeckung des Mangels
d) Unverzüglich nach Lieferung
e) Unverzüglich nach Entdeckung, jedoch innerhalb der Gewährleistungsfrist

200. In welcher Rechtsvorschrift sind die Rügefristen beim einseitigen Handelskauf geregelt?

a) Im BGB
b) In der Verkaufsverordnung
c) Im HGB
d) Im Gesetz zur Regelung des Rechts der Allgemeinen Geschäftsbedingungen
e) Im Gesetz gegen Wettbewerbsbeschränkungen

201. Die Warenannahme einer Textilfabrik stellt beim Auspacken am 02.11. fest, dass die am 10.10. gelieferten Klettverschlüsse statt 120 cm eine Länge von 180 cm haben. Der Einkauf reklamiert sofort beim Lieferer. Hat die Textilfabrik ein Recht auf Umtausch?

a) Ja, es liegt ein versteckter Mangel vor.
b) Ja, es wurde falsche Ware geliefert.
c) Ja, die Rügefrist beträgt in diesem Fall 24 Monate.
d) Nein, sie hat zu spät beanstandet.
e) Nein, sie hat nur ein Recht auf Schadenersatz statt der Leistung.

202. Welche Maßnahmen muss der Unternehmer bei Erhalt einer fehlerhaften Ware ergreifen, um keine rechtlichen Nachteile zu erleiden?

a) Er muss sofort Schadenersatz fordern.
b) Er muss die Annahme verweigern.
c) Er darf die Ware nicht ins Lager nehmen.
d) Er muss die Ware sofort an den Lieferer zurückschicken.
e) Er muss den Lieferer zur Nacherfüllung auffordern.

203. Bringen Sie folgende Arbeiten, die nach Eingang einer Liefererrechnung zu erledigen sind, in die richtige Reihenfolge.

[ ] Die Rechnung in der Rechnungsprüfung bis zum Eingang der Ware aufbewahren
[ ] Die sachliche und rechnerische Prüfung der Rechnung durchführen
[ ] Die Rechnung in der Registratur ablegen
[ ] Die Rechnung buchen und termingerecht zur Zahlung anweisen
[ ] Nach Eingangsmeldung der Warenannahme die Unterlagen für die Rechnungsprüfung zusammenstellen
[ ] Die Rechnung mit Eingangsstempel versehen

204. Welche Tätigkeit gehört zur rechnerischen Überprüfung einer Eingangsrechnung?

a) Prüfung, ob die angesetzten Frachtkosten den vereinbarten Lieferungsbedingungen entsprechen
b) Prüfung, ob die gewährten Rabattsätze mit den vereinbarten Zahlungsbedingungen übereinstimmen
c) Prüfung, ob die berechnete mit der bestellten Menge übereinstimmt
d) Prüfung, ob die ausgewiesenen Einzelpreise mit den vereinbarten Preisen übereinstimmen
e) Prüfung, ob die gewährten Rabatte richtig ermittelt wurden

205. Die Frankfurter Bremsen AG erhält am 10.05.20.. eine Sendung mit 2.000 Gummimembranen. Bei einer sofortigen Stichprobe werden an mehreren Membranen Risse festgestellt. Wegen Arbeitsüberlastung wird dieser Mangel erst am 07.06.20.. gerügt. Besteht unter diesen Voraussetzungen ein Rechtsanspruch auf Ersatzlieferung?

a) Ja, für Materialfehler haftet der Hersteller in jedem Fall.
b) Ja, bei versteckten Mängeln muss nicht unverzüglich nach Entdeckung gerügt werden.
c) Nein, die Beanstandung erfolgte nicht fristgerecht.
d) Ja, unter Kaufleuten erstreckt sich der Gewährleistungsanspruch auf 24 Monate.
e) Nein, die Beanstandung erfolgte zu spät, jetzt kann nur noch Schadenersatz gefordert werden.

206. Aus welchem Grund gibt die Abteilung Wareneingang eine Wareneingangsmeldung an den Einkauf?

a) Damit die eingegangene Ware auf dem Materialentnahmeschein eingetragen werden kann
b) Damit die eingegangene Ware auf eventuelle Mängel geprüft werden kann
c) Damit die Bestellung aus der Terminüberwachung herausgenommen werden kann
d) Damit dem Lieferer eine Bestätigung des Wareneingangs zugeschickt werden kann
e) Damit geprüft werden kann, inwieweit die vereinbarten Preise mit den in Rechnung gestellten Preisen übereinstimmen

207. Die Prüfung der gelieferten Waren ergibt keine Beanstandung. Trotzdem wird ein Durchschlag des Wareneingangsscheines (mit Prüfbericht) an den Einkauf, der organisatorisch von der Rechnungsprüfung getrennt ist, weitergegeben. Warum ist dies notwendig?

a) Damit der Bestandszugang gebucht werden kann
b) Damit der Wareneingangsschein mit der Rechnung verglichen werden kann
c) Damit das Konto Verbindlichkeiten belastet werden kann
d) Damit die Produktion reibungslos weiter laufen kann
e) Damit in der Terminkartei ein Erledigungsvermerk eingetragen werden kann

208. Welche Aussage über die Rechnungsprüfung ist richtig?

a) Die Rechnungsprüfung kontrolliert nur die rechnerische Richtigkeit der Eingangsrechnung.
b) Die Rechnungsprüfung vergleicht u. a. die berechnete Menge mit der tatsächlich gelieferten Menge.
c) Die Rechnungsprüfung hat nur die sachliche Richtigkeit der Eingangsrechnung zu kontrollieren.
d) Die Rechnungsprüfung rügt Differenzen zwischen der bestellten und der gelieferten Menge.
e) Die Rechnungsprüfung hat die Rechnung zu begleichen und die Rechnungsbeträge zu buchen.

209. Welche Funktion hat der abgebildete Beleg für die Frankfurter Bremsen AG?

a) Unterrichtung anderer Abteilungen über den Wareneingang
b) Erfassung aller Zu- und Abgänge eines Stoffes
c) Bestätigung der Warenannahme gegenüber dem Frachtführer
d) Buchungsbeleg für Bestandsveränderungen an unfertigen Erzeugnissen
e) Unterlage für die Rechnungserstellung

FRANKFURTER BREMSEN AG Wareneingang				Lfd. Nr. 23456
Lieferant: Emdener Schraubenfabrik				
Datum	Anzahl	Verpackungseinheit	Artikel/Bezeichnung Materialnummer	Bemerkungen
29.04.	100	Kiste	Schrauben 6x20 DIN 668	2. Teil rostig
Ware angenommen: Unterschrift			Ware geprüft: (siehe Prüfbericht) 12.05..... Unterschrift, Datum	

210. Bringen Sie die folgenden Arbeitsschritte bei der Bearbeitung von Eingangsrechnungen in die richtige Reihenfolge.

[ ] Vorkontieren der Eingangsrechnung
[ ] Prüfung der Eingangsrechnung auf sachliche und rechnerische Richtigkeit
[ ] Ablage der Eingangsrechnung
[ ] Weitergabe der Eingangsrechnung an die Rechnungsprüfung
[ ] Weitergabe der Eingangsrechnung an die Kreditorenbuchhaltung
[ ] Öffnen und Sortieren der Eingangspost
[ ] Buchen der Eingangsrechnung

211. In der Abteilung Rechnungsprüfung laufen verschiedene Unterlagen zusammen, die in ihrer Kombination für jeweils ganz bestimmte Arbeiten benötigt werden.

Ordnen Sie zu.

Betriebliche Tätigkeiten

a) Prüfung, ob die Sendung beschädigt ist
b) Prüfung, ob die Rechnung Rechenfehler hat
c) Prüfung, ob die berechnete Ware eingegangen ist
d) Prüfung, ob die angelieferten Waren die zugesicherten Eigenschaften haben
e) Prüfung, ob die Lieferzeit überschritten wurde
f) Prüfung, ob die vereinbarten Rabatte in der Rechnung berücksichtigt wurden

Aufgaben der Abteilung Rechnungsprüfung

[ ] Rechnerische Prüfung der Eingangsrechnung
[ ] Vergleich von Wareneingangsschein(en) und Eingangsrechnung
[ ] Vergleich der Bestellkopie des Einkaufs mit der Eingangsrechnung

212. Mit welchen Unterlagen kann die Mengen- und Preisprüfung ordnungsgemäß durchgeführt werden?

a) Rechnung, Lieferschein, Angebot
b) Rechnung, Bestellung, Auftragsbestätigung
c) Rechnung, Wareneingangsschein, Bestellung
d) Wareneingangsschein, Lieferschein, Bestellung
e) Lieferschein, Wareneingangsschein, Rechnung

213. Welche Unterlagen sind neben der Eingangsrechnung notwendig, um die sachliche Prüfung der Rechnung durchzuführen?

a) Wareneingangsschein und Lieferschein
b) Frachtbrief und Bestelldurchschlag
c) Lieferschein und Frachtbrief
d) Bestelldurchschlag und Lieferschein
e) Frachtbrief und Wareneingangsschein

214. Bringen Sie die folgenden Arbeitsschritte bei der Bearbeitung einer Liefererrechnung in die richtige Reihenfolge.

[ ] Die Rechnung wird an den zuständigen Einkaufssachbearbeiter weitergeleitet.
[ ] Die geprüfte und in Ordnung befundene Rechnung wird an die Buchhaltung weitergeleitet und zur Zahlung freigegeben.
[ ] Die Abteilung Rechnungsprüfung bestätigt die sachliche und rechnerische Richtigkeit oder moniert eventuelle Fehler.
[ ] Die Rechnung wird mit dem Posteingangsstempel versehen und ins Posteingangsbuch eingetragen.
[ ] Die Bestellkopie und der Wareneingangsschein werden zur Rechnung geordnet und die Rechnung zur Prüfung weitergegeben.
[ ] Die Eingangsrechnung wird gebucht und überwiesen.

215. Wodurch kann die Rechnungsprüfung feststellen, dass der Lieferer den vereinbarten Rabatt in der Eingangsrechnung berücksichtigt hat?

a) Durch Vergleich der Eingangsrechnung mit dem Wareneingangsschein.
b) Durch Vergleich der Eingangsrechnung mit der Bestellkopie
c) Durch Vergleich der Eingangsrechnung mit der Bedarfsmeldung
d) Durch Vergleich der Eingangsrechnung mit der Versandanzeige
e) Durch Vergleich der Eingangsrechnung mit der Anfrage
f) Durch bloße rechnerische Prüfung der Eingangsrechnung

216. Bei der Prüfung einer Eingangsrechnung stellt ein Mitarbeiter neben einem Multiplikationsfehler fest, dass außerdem ein bestellter und gelieferter Artikel nicht berechnet wurde. Wie verhält sich der Mitarbeiter richtig?

a) Er berichtigt stillschweigend die Rechnung und bestätigt anschließend die rechnerische Richtigkeit.
b) Er berichtigt den Multiplikationsfehler und bestätigt die sachliche und rechnerische Richtigkeit.
c) Er bestätigt die rechnerische Richtigkeit und löscht die Bestellung.
d) Er veranlasst die Rücksendung der Rechnung einschließlich der erhaltenen Waren an den Lieferer.
e) Er teilt die festgestellten Fehler dem Lieferer mit und bittet um eine neue Rechnung.

217. Welche Unterlagen benötigt man neben der Liefererrechnung, um Preisabweichungen zu klären?

a) Die Auftragsbestätigung
b) Die Liefererkarteikarte
c) Den Lieferschein
d) Den Wareneingangsschein
e) Die Anfrage

218. Die Eingangsrechnung weist eine erheblich höhere Menge als die Wareneingangsmeldung auf. Was ist zu veranlassen?

a) Die Rechnung kann zur Zahlung freigegeben werden, wenn die Wareneingangsmeldung mit der Versandanzeige übereinstimmt.

b) Die Rechnung erhält das Lager, da nur hier geklärt werden kann, wie der Fehler entstanden ist und nur das Lager die Rechnung entsprechend berichtigen kann.

c) Eine Stichprobeninventur wird veranlasst, um festzustellen, ob die Wareneingangsmeldung korrekt ausgestellt wurde.

d) Die Rechnung wird von der Rechnungskontrolle geändert und der neu ermittelte Betrag angewiesen.

e) Die Rechnung wird an den Lieferer zurückgeschickt und eine korrigierte Rechnung angefordert.

219. Bei welcher Eingangsrechnung ist der ermäßigte Umsatzsteuersatz zu beachten?

a) Bei einer Eingangsrechnung für eine abonnierte Zeitung

b) Bei einer Eingangsrechnung für Malerarbeiten

c) Bei einer Eingangsrechnung für Büromaterial

d) Bei einer Eingangsrechnung für eine Autoreparatur

e) Bei einer Eingangsrechnung für eine Fertigungsmaschine

220. Auch bei der Rechnungsprüfung ist „wirtschaftliches Vorgehen“ von Bedeutung. Was ist darunter zu verstehen?

a) Bei Rechnungen mit Skontogewährung wird aus Zeitgründen auf die Rechnungsprüfung verzichtet.

b) Der Aufwand zur Klärung von Differenzen muss in einem angemessenen Verhältnis zur wirtschaftlichen Bedeutung stehen.

c) Das Zahlungsziel wird immer ausgenutzt, da ein Skontoabzug von 2 - 3 % niedriger als der Marktzinssatz ist.

d) Auf die Rechnungsprüfung kann bei Rechnungen unter einem Wert von 1.000 € grundsätzlich verzichtet werden.

e) Bei umfangreichen Rechnungsprüfungsarbeiten werden die Kosten dafür dem Lieferer in Rechnung gestellt.

221. Siehe Abbildungen.
Gleichzeitig mit der Lieferung kommt die Rechnung. Was ist beim Vergleich der Rechnung mit der Bestellkopie festzustellen?

a) Die Rechnung enthält einen Additionsfehler.
b) Die Umsatzsteuer wurde falsch berechnet.
c) Bestellkopie und Rechnung stimmen in allen Punkten überein.
d) Die bestellte und berechnete Menge stimmen nicht überein.
e) Der ausgehandelte Rabatt wurde falsch berechnet.

ERNST FRANK KG - Messgerätefabrik

Ernst Frank KG, Rheinberger Str. 3 , 80333 München

Hans Koch OHG
Fabrik für Elektronische Bauteile
Husumer Straße 12
20251 Hamburg

KOPIE

Bestellung Nr. A 432
Datum: 25.11.

Versandart	Frei	unfrei	Verpackungsart		Liefertermin:
LKW	X				15.12..... fix

Versandanschrift:
Messgerätefabrik Ernst Frank KG, Rheinberger Straße 3, 80333 ;München

Pos.	Bezeichnung der Lieferung/Leistung	Menge und Einheit	Preis je Einheit	Betrag
1	Transistoren 0 555 431 552	100 Stück	70,00	7.000,00
	./. 10 % Rabatt			

Zahlungs-, Leistungs- und Lieferbedingungen:
Zahlbar innerhalb von 14 Tagen mit 3 % Skonto oder 30 Tage rein netto Kasse

Hans Koch, OHG, Fabrik für elektronische Bauteile
Husumer Str. 12, 20251 Hamburg

Hans Koch OHG, Husumer Str. 12, 20251 Hamburg

Lieferanzeige:
Nr. 123
Versanddatum:
13.12.

Messgerätefabrik
Ernst Frank, KG
Rheinberger Str. 3
80333 München

Eingegangen am
15.12. ......
E. Frank KG

RECHNUNG
Nr. 342.004

Vom 13.12.

Ihre Zeichen/Bestellung Nr./Datum	Unsere Abteilung		Hausruf	Unsere Auftrags-Nr.
A 432/25.11. ...				
Versandart:	Fei	unfrei	Verpackungsart	Versandzeichen
LKW	X			

Pos.	Menge	Bezeichnung der Lieferung/Leistung	Einzelpreis	€
1	100	Transistoren 0555 431 552	70,00	7.000,00
		./. 10 % Rabatt		700,00
				6.300,00
		+ 19 % Umsatzsteuer		1197,00
				7497,00 =======
		Zahlung innerhalb von 14 Tagen mit 3 % Skonto, 30 Tage rein netto .		
		Es gilt der gesetzliche Erfüllungsort.		

Zahlung erbitten wir auf das Konto: Commerzbank AG Hamburg
IBAN: DE64 2004 0000 0003 3000 21 - BIC: COBADEHHXXX

222. Die abgebildete Rechnung eines Lieferers ist anhand der ebenfalls abgebildeten Bestellkopie/Waren-Eingangsmeldung zu überprüfen. Welche Aussage zum Ergebnis der Überprüfung ist richtig?

a) Die Bestellmenge wurde geringfügig überschritten; diese „Mehrlieferung" muss nicht bezahlt werden.

b) Die Zahlungsbedingungen stimmen nicht überein.

c) Die Lieferungsbedingungen wurden nicht eingehalten.

d) Die Altöl-Ausgleichsabgabe wurde vom falschen Wert berechnet.

e) Der Liefertermin wurde nicht eingehalten.

Vereinigte Industrie-Werke GmbH, Hüttenstr. 7-15, 66115 Saarbrücken

DÜBAG
Deutsche Öl und Benzin AG
Nibelungen-Platz 31
Postfach 100628

60006 Frankfurt

BESTELL-KOPIE

Datum: 20..-09-15
Auftrags-Nr. 5083/
Konto: 100230/03

Aufgrund Ihres Angebotes vom 15.09. erteilen wir Ihnen nachfolgenden Auftrag. Die vollinhaltliche Bestätigung des Auftrags hat innerhalb 5 Tagen zu erfolgen, andernfalls stillschweigendes Einverständnis angenommen wird.

Bestellte Menge	Materialbezeichnung	Material-Nr.	Einzelpreis €	Gelieferte Menge	Einheit	Neuer Bestand
800 l	COMPTSEHELLA OIL 46	89.05.046	pro 100 l 397,75	836,00	l	1036,00
	Altöl-Ausgleichsabgabe		2,25			
	Zahlbar: 14 Tage nach Rechnungsdatum mit 2 % Skonto, 30 Tage ohne Abzug					

Liefertermin: spätestens 01.10. ....., frei Werk Völklingen, Versandanschrift: VIW-Werk Völklingen, Hochofenstr. Torhaus 8

DEUTSCHE ÖL UND BENZIN AG, NIBELUNGEN PLATZ 31 60006 FRANKFURT

Vereinigte Ind.Werke GmbH
Hüttenstr. 7 – 15
Postfach 1400
66115 Saarbrücken

RECHNUNG Nr. 712170
vom 27.09. ......

Sorte	MengeLiter/kg/St.	Preis €	Ges. Bevorratungsbetr.	Umlage Altöl-Ausgleichsabgabe	pro	Gebinde-Anzahl	Fracht-vermerk	Gesamt-Betrag
COMPTSHELLA OIL 46	836,00	397,75			100 l	4 F	unfrei	3.325,19
Altöl-Ausgleichsabgabe				2.25	100 l			18,81
								3.344,00
Frachtkosten								156,00
								3.500,00
19 % Umsatzsteuer								665,00
								4.165,00
								=======

ZAHLUNGSZIEL: Zahlbar innerhalb 14 Tagen ab Re-Datum mit 2 % Skonto oder bis zum 27.10. ohne Abzug
Bankverbindung: Postbank - IBAN: DE47 5901 0066 0117 7636 61 - BIC: PBNKDEFF590

223. Welche Aussage über die Rechnungsprüfung ist richtig?

a) Die Rechnungsprüfung stellt fest, ob die gelieferte Ware der bestellten Qualität entspricht.

b) Die Rechnungsprüfung kontrolliert die Liefererrechnung auf ihre sachliche Richtigkeit, die rechnerische Richtigkeit wird von der Einkaufsabteilung geprüft.

c) Die Rechnungsprüfung macht bei Wertdifferenzen den falschen Betrag unkenntlich und berichtigt die Liefererrechnung.

d) Die Rechnungsprüfung ist eine Voraussetzung für die Zahlungsfreigabe einer Rechnung.

e) Die Rechnungsprüfung stellt die sachliche Richtigkeit fest; der Lagerleiter kontrolliert bei der Liefererrechnung die berechnete Menge.

224. Welche Aussage über die abgebildete Rechnung ist richtig?

a) Der Brutto-Rechnungsbetrag in Höhe von 915,82 € bildet die Grundlage für die Ermittlung des Skontobetrages.

b) Wird die Rechnung innerhalb von 14 Tagen beglichen, lautet der Überweisungsbetrag unter Berücksichtigung des Skontoabzuges über 890,12 €.

c) Der Netto-Rechnungsbetrag in Höhe von 769,60 € bildet die Grundlage für die Ermittlung des Skontobetrages.

d) Wird die Rechnung innerhalb 14 Tagen beglichen, lautet der Überweisungsbetrag über 888,35 €.

e) Am 25.11. sind 915,82 € zu überweisen, da die Frist für Skontoabzug überschritten ist.

LICHT GmbH Ingenieurbüro für Lichtplanung
Esslinger Str. 6, 60329 Frankfurt

11. November 20..

Oldenburger Behälter Bau AG
Industriestr. 2
26121 Oldenburg

Eingegangen:
13.11.20..

Für die Lieferung vom 09.11.20.. berechnen wir:

Pos.-Nr.	Bezeichnung der Lieferung	Menge	Einheit	Einzelpreis €	Rabatt	Gesamtpreis €
1	Leuchtstofflampen	40	Stück	20,00	10 %	720,00
	Verpackung					14,00
	Fracht,Porto					35,60
						769,60
				19 % Mwst.		146,22
						915,82
						======

Zahlbar innerhalb 14 Tagen mit 3 % Skonto vom Warenwert
30 Tage rein netto
Ust.-Id.-Nr.: DE 142138921

Bankverbindung: Commerzbank Ffm
IBAN: DE88 5004 0000 0038 4728 39
BIC: COBADEFFXXX

225. Vergleichen Sie die nachstehend abgebildeten Belege! Welche Aussage ist richtig?

a) Die rechnerische Überprüfung der Belege ergibt einen Fehler.
b) Die Lieferzeit wurde nicht eingehalten.
c) Die Beförderungskosten übernimmt die Firma F. Stransky OHG.
d) Die bestellte und die gelieferte Menge stimmen nicht überein.
e) Die Vereinbarung über die Verpackungskosten wurde nicht beachtet.

TEXTILWERKE AG – RHÖNSTR. 200 – 36037 -FULDA

KOPIE DER BESTELLUNG GILT
ALS AUFTRAGSBESTÄTIGUNG!

Eingegangen
am 23.04.
Textilwerke AG, Fulda

F. Stransky OHG
Postfach 10 34 34
34034 Kassel

BESTELLUNG
Datum: ..-04-19

Lieferkonditionen: Spedition ab Werk
Zahlungsbedingungen: 10 Tage 2 % Skonto oder 30 Tage netto Kasse
Verpackung: Preis inkl. Verpackung
Anforderung: GA 22384 vom 08.04.

Wir bestellen zu vorgenannten Einkaufsbedingungen:

Pos.	Artikel-Nr.	Menge	ME	Preis	PE	Ges.-Wert
0001	02030014 NM 50/l Baumwollgarn cardiert, 750 Dreh/m auf Kreuzspulen	10000,00	kg	8,00	0	80.000,00

Liefertermin: 5000 kg am 10.05.
5000 kg am 10.06.

Bestellwert: 80.000,00 €

Bitte auf Lieferschein und Rechnung (2-fach) unsere vollständige Bestell- und Artikelnummer angeben.

PE: 0 = per 1, 1 = per 10, 2 = per 100, 3 = per 100 ME

Datum, Firmenstempel und rechtsverbindliche Unterschrift des Lieferanten

20. April ....

Spinnereibetrieb
F. Stransky OHG
Postfach 10 34 34
34034 Kassel

STRANSKY

F. Stransky OHG, 34034 Kassel

Textilwerke AG
Rhönstr. 200
36037 Fulda

RECHNUNG
Nr. 5842 vom 10. 05.
Kunden Nr. 06130
Bei Zahlung bitte angeben!

Ust.-Id.-Nr.: DE 771224311

Vertreter-Nr: 107
Auftrags-Nr.: 06278
Erlöskonto: 50100

Wir sandten Ihnen aufgrund Ihrer Einkaufsbedingungen mit Lieferschein

Versand: ab Werk am 10.05.

Best.Daten: 19.04. Brief

Ihre Bestell-Nr.: 22384

Eingegangen am
14. Mai
Textilwerke AG, Fulda

Pos	Ihre Artikel-Nr.	unsere Artikel-Nr.	ME	Menge	E-Preis €	Wert €
01	5110 8406	02030014	kg	5000	8,00	40.000,00
	NM 50/l Baumwollgarn cardiert 750 Dreh/m auf Kreuzspulen					
02	Verpackung inkl. Kreuzspulen					1.000,00
						41.000,00
					+ 19 % Mehrwertsteuer	7.790,00
					Gesamt	48.790,00

Zahlbar dato Faktura: 10 Tage 2 %, 30 Tage netto
Fällig spätestens am: 09. Juni.
Bankverbindung: HypoVB Kassel
IBAN: DE38 2003 0000 0038 4728 39 - BIC: HYVEDEMM300

226. Wie heißen Materialien, die einen wesentlichen Teil des Fertigproduktes darstellen?

a) Gemeinkostenmaterial
b) Hilfsstoffe
c) Rohstoffe
d) Betriebsstoffe
e) Kleinmaterial

227. Wie heißen die Materialien, die im Zuge der Herstellung eines Erzeugnisses verbraucht werden, ohne aber (mengenmäßig) Bestandteil des Erzeugnisses selbst zu werden?

a) Hilfsstoffe
b) Betriebsstoffe
c) Fertigungsmaterial
d) Fremdbezogene Teile
e) Unfertige Erzeugnisse

228. Wie lässt sich der Rohstoffverbrauch ermitteln?
a) Anfangsbestand + Zugänge - Abgänge
b) (Anfangsbestand + 4 Quartalsendbestände) : 5
c) Anfangsbestand + Zugänge - Endbestand
d) (Anfangsbestand + Endbestand) : 2
e) Anfangsbestand + Endbestand - Zugänge

229. Welches Material ist für einen holzverarbeitenden Industriebetrieb ein Betriebsstoff?
a) Leim
b) Heizöl
c) Ölfarbe
d) Furnierholz
e) Stahlschrauben

230. Um welche Materialart handelt es sich bei einem Hilfsstoff?
a) Um Material, das fertig bezogen und ohne Be- oder Verarbeitung neben den eigenen Produkten vertrieben wird
b) Um Material, das in das Produkt eingeht und ihm indirekt als Kosten zugerechnet wird
c) Um Material, das in das Produkt eingeht und ihm nicht als Kosten zugerechnet wird
d) Um Material, das vom Betrieb verbraucht wird, ohne in das Erzeugnis einzugehen
e) Um Material, das der Instandhaltung der Produktionsanlage dient

231. Bei welchem Lager handelt es sich um ein Kommissionslager?
a) Bei einem Lager des Lieferers in den Geschäftsräumen und zur Verfügung des Kunden
b) Bei einem Lager zur Bereithaltung wesentlicher Stoffe für das Endprodukt
c) Bei einem Lager für noch nicht versandbereite Fertigerzeugnisse
d) Bei einem Lager zum Ausgleich betrieblicher Engpässe
e) Bei einem Lager zur Bereithaltung von Kleinmaterialien

232. Die Lager können nach verschiedenen Gesichtspunkten eingeteilt werden. Bei welcher Aufzählung überschneiden sich Einteilungsgesichtspunkte?
a) Eingangslager, Zwischenlager, Verkaufslager
b) Dezentrales Lager, Rohstofflager
c) Lager für Roh-, Hilfs- und Betriebsstoffe
d) Lager für unfertige und fertige Erzeugnisse
e) Eigenlager, gemietetes Lager

233. Welche Beschreibung trifft auf ein Handelswarenlager zu?
a) Es nimmt Ersatzteile für die Betriebsmittel auf und dient der kurzfristigen Überbrückung von Störungen im Produktionsprozess.
b) Es werden die Fertigerzeugnisse und versandfertigen Teile aus eigener Produktion gelagert.
c) Es ist der Fertigung vorgelagert und dient als Puffer zwischen Beschaffung und Produktion.
d) Es werden Rohstoffe gelagert, die für die Produktion bestimmt sind.
e) Es nimmt Waren auf, die unbearbeitet weiterverkauft werden.

234. Welchen Vorteil weist die dezentralisierte Lagerhaltung gegenüber der zentralisierten Lagerhaltung von Rohstoffen auf?
a) Bessere Auslastungsmöglichkeit für das Lagerpersonal
b) Niedrigerer Gesamtbestand
c) Rentablerer Einsatz von Transporteinrichtungen
d) Besserer Überblick über den Gesamtbestand
e) Kürzere Transportwege zum Produktionsbetrieb

235. Welche Aussage über die Zwischenlagerung ist richtig?
a) Zwischenlagerung ist immer notwendig, da sie der Produktionsbereitschaft dient.
b) Das Zwischenlager dient der Arbeitsvorbereitung als Dispositionsgrundlage.
c) Zwischenlager sind nur bei vollautomatisierter Fertigung notwendig.
d) Zwischenlager haben eine Bereitstellungsfunktion für den Versand.
e) Ein Zwischenlager soll Engpässe in der Produktion auffangen.

236. Welchen Vorteil hat ein „dezentrales Lager"?

a) Bei Bedarfsmeldungen der dezentralen Lager kann immer in größeren Mengen bestellt werden, als bei zentralen Lagern.

b) Es müssen keine Meldebestände ermittelt werden.

c) Die Mindestbestände können insgesamt erheblich reduziert werden.

d) Eine Lagerkartei braucht nicht mehr geführt zu werden.

e) Die Lagerbestände befinden sich näher am Verbrauchsort.

237. In der Messgerätefabrik Ernst Frank & Co. KG wird ein Teil der Hilfsstoffe zentral, ein anderer Teil dezentral gelagert. Welche Aussage hierzu ist richtig?

a) Die innerbetrieblichen Transportkosten sind bei der dezentralen Lagerung geringer als bei der zentralen Lagerung.

b) Bei der zentralen Lagerung werden die Hilfsstoffe an verkehrstechnisch günstigen, zwischen den einzelnen Fertigungsstätten liegenden Orten, gelagert.

c) In der Regel sind die Raum- und Lagerverwaltungskosten bei der dezentralen Lagerung niedriger als bei der zentralen Lagerung.

d) Vorteil der dezentralen Lagerung der Hilfsstoffe ist die gute Übersicht und Kontrolle über den gesamten Lagerbestand.

e) Die zentrale Lagerung führt zu einer optimalen Anpassung an den Fertigungsfluss.

238. Ordnen Sie zu.

Definitionen	**Lagerarten**
a) Lager, das alle Materialien, unabhängig vom Ort der Verarbeitung, enthält	
b) Lager, das nur Massengüter aufnimmt	[ ] Zwischenlager
c) Lager, das der Lieferer auf seine Kosten beim Kunden unterhält	
d) Lager, das von Witterungseinflüssen unabhängige Materialien aufnimmt	[ ] Kommissionslager
e) Lager, das wegen Umbauarbeiten vorübergehend an einem anderen Standort eingerichtet wurde	[ ] Handlager
f) Lager, das Kleinmaterial direkt am Arbeitsplatz enthält	
g) Lager, das Schwankungen im Produktionsablauf ausgleicht	

239. Welche Materialien werden in einem Handlager gelagert?

a) Sämtliche im Fertigungsprozess benötigten Werkstoffe.

b) Ständig benötigte Kleinmaterialien

c) Für die Erzeugung wichtige Rohstoffe

d) Zum Versand anstehende Erzeugnisse

e) Teile, die zwischen den einzelnen Fertigungsstufen gelagert werden

240. Welche Größe muss bei der Bestimmung des optimalen Lagerortes für einen Artikel u. a. berücksichtigt werden?

a) Der Meldebestand

b) Die Lieferzeit

c) Die Umschlagshäufigkeit

d) Der Mindestbestand

e) Der Bestellzeitpunkt

241. Das unten stehende Schaubild soll die Bestimmung des Lagerortes für die einzelnen Teile erleichtern. Durch Verschieben des eingezeichneten Fadenkreuzes kann für das jeweilige Lagergut der richtige Lagerort gefunden werden. Welche Aussage ist richtig?

a) Ein kleines, leichtes häufig bestelltes Gut mit einer hohen Umschlagsgeschwindigkeit wird direkt am Lagerausgang gelagert.
b) Ein großes, schweres aber selten bestelltes Gut wird am Lagerende gegenüber dem Lagerausgang gelagert.
c) Ein mittelgroßes, schweres, häufig angefordertes Gut mit einer hohen Umschlagshäufigkeit wird in der Nähe des Lagerausgangs gelagert.
d) Ein großes, leichtes, selten bestelltes Gut wird in der Nähe des Lagerausgangs gelagert.
e) Ein kleines, leichtes, selten angefordertes Gut wird in der Mitte des Lagers gelagert.

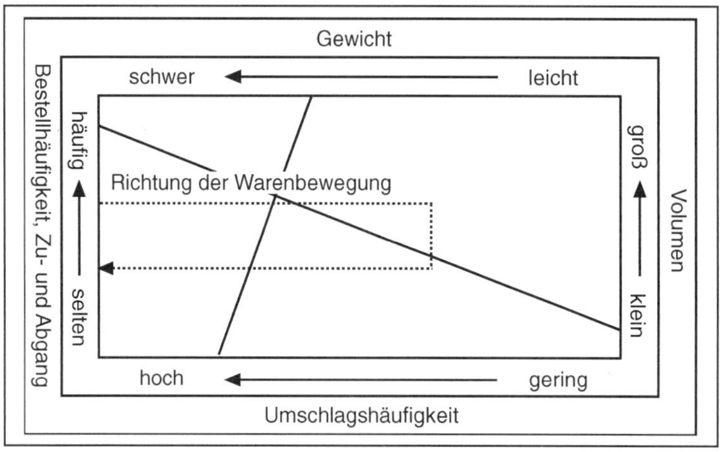

242. Ordnen Sie zu.

Abbildungen

a) Abbildung 1
b) Abbildung 2
c) Abbildung 3
d) Abbildung 4
e) Abbildung 5
f) Abbildung 6

Transport-/Stapelbehälter

[ ] Flachpalette
[ ] Gitterboxpalette
[ ] Fasspalette

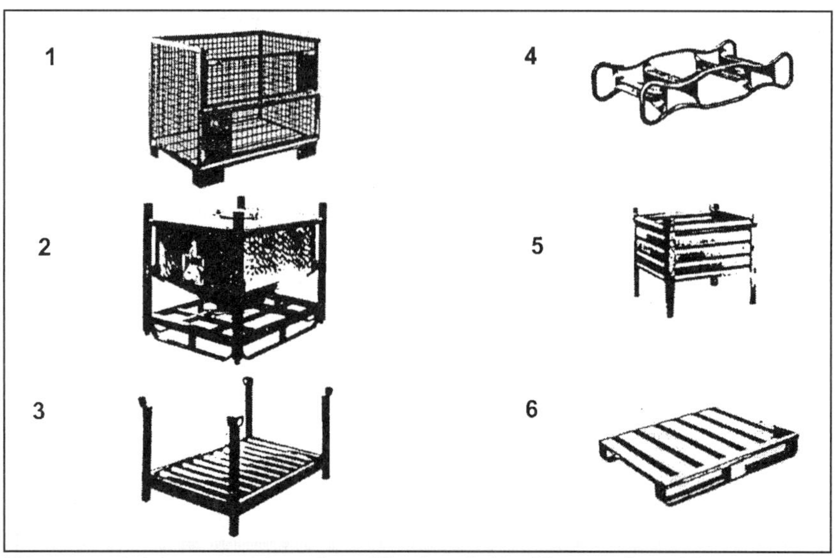

243. Was versteht man unter einer Flachpalette (Europalette)?

a) Ein genormtes Lademittel, das aus zusammenklappbaren Leichtmetallplatten besteht
b) Ein genormtes Lademittel, das für den Transport nach Übersee entwickelt wurde
c) Ein genormtes Lademittel, das sich für die Lagerung von Schüttgut eignet
d) Ein genormtes Lademittel, das unter den Verwendern ausgetauscht wird
e) Ein genormtes Lademittel, das nur einmal benutzt wird

244. Welches Fördermittel ist schienengebunden?

a) Der Laufkran
b) Der Hubwagen
c) Die Hebebühne
d) Das Förderband
e) Der Gabelstapler

245. Für die erstmals in der Produktion benötigten Stahlbleche wird ein Materialentnahmeschein erstellt. Welche Aussage ist richtig?

a) Er ermöglicht jederzeit einen Überblick über die Höhe der mengen- und wertmäßigen Lagerbestände an Stahlblechen.
b) Er weist den Weg für den innerbetrieblichen Transport der Stahlbleche.
c) Er enthält die benötigten Werkzeuge für die Bearbeitung der Stahlbleche.
d) Er enthält die Mindest- und Meldebestände für die Nachbestellung der Stahlbleche.
e) Er dient als Buchungsbeleg für die Ausgabe der Stahlbleche.
f) Er lässt anhand von Erledigungs- und Prüfvermerke den Bearbeitungstand der Stahlbleche erkennen.

246. Welche Abteilungen oder Stellen haben in dem abgebildeten Beleg die mit Großbuchstaben gekennzeichneten Hauptfelder auszufüllen? Ordnen Sie zu!

a) Rechnungsprüfung
b) Wareneingang
c) Materialempfänger
d) Materialausgabe
e) Disposition
f) Lagerbuchhaltung

Hauptfelder

[ ] A
[ ] B
[ ] C

*) Auftrags-Nr.	*) Kostenstelle	Kostenart	Ausstell-Datum	Aussteller	genehmigt	Ausst. Kostenstelle

Material-Entnahme-Beleg

672845

Empf. Ko-St.	Angeforderte Menge	ME	Bezeichnung/Werkstoff/Abmessung	DIN	Position

*) Nur zu belastende Auftrags-Nr. oder Kostenstelle/Kostenart angeben

Grün: Buchungsbeleg
Gelb: Warenbegleitschein
Weiß: Für Aussteller

AUSGEGEBEN

Teil- bzw. Material-Nr.	Menge	ME	Datum und Zeichen/Lager
A			

Bemerkungen

Material erhalten	verbucht Lager	verbucht Disposition	
B	C		

247. Bringen Sie die folgenden Tätigkeiten, die mit einer Materialausgabe verbunden sind, in die richtige Reihenfolge.

[ ] Anhand der Lagerkartei prüfen, ob das Material vorhanden ist
[ ] Artikel dem Lagerfach entnehmen
[ ] Artikel gegen Empfangsbestätigung ausgeben
[ ] Materialentnahmeschein entgegennehmen und auf Vollständigkeit der Angaben prüfen
[ ] Die entnommene Menge und die Lagernummer vor der Materialausgabe auf dem Materialentnahmeschein vermerken
[ ] Materialentnahmeschein an die Lagerbuchhaltung zur Bestandsfortschreibung weitergeben

248. Welchen Beleg zeigt die Abbildung?

a) Bedarfsmeldung
b) Materialrücklieferungsschein
c) Materialentnahmeschein
d) Wareneingangsmeldung
e) Lagerfachkarte

Auftrags-Nr.	Kostenstelle	K.-Art	Betrieb	Entnahme-Lagerort	Leitvermerk für Material-Begleitschein: an Werk	an Lager
123467	0/ 210					

Material-Bezeichnung	Material-Nr.	ME	Abgeford. Menge	Ausgegeb. Menge *)	Lagerfachkarte Zeile Nr.	Lagerfachkarte End-bestand	Festpreis	PE	Gesamtpreis	Konto
Zahnräder	54208	1	12	12	7	64				

Ausgestellt: Datum	Name u. Abtlg.	Lager ausgegeben: Datum	Name	Lagerkartei gebucht: Datum	Name	Zur Lieferung freigegeben und gebucht: Abt.	Datum	Name
14.11.	Meier	15.11.	Huber					

*) Nur ausfüllen, wenn die ausgegebene Menge von der abgeforderten Menge abweicht.

Abkürzungen:
ME = Menge je Einheit
PE = Preis je Einheit

Schlüssel für Preiseinheiten:
1 = 1 Mengeneinheit
2 = 100 Mengeneinheiten
3 = 1000 Mengeneinheiten

Schlüssel für Mengeneinheiten:
1 = Stück
2 = Kilogramm
3 = Meter
4 = Quadratmeter
5 = Liter
6 = Paar
7 = Kubikmeter

249. Welche Datengruppe muss bei Ausgabe von Rohstoffen auf dem Materialentnahmeschein angegeben werden?

a) Gegenstand, Lagernummer, Auftragsnummer, Rabattsatz, Empfänger
b) Auftragsnummer, Einkaufsdatum, Menge, Ausgabestelle, empfangende Kostenstelle
c) Empfangende Kostenstelle, Menge, Lagernummer, Gegenstand, Auftragsnummer
d) Lagernummer, Auftragsnummer, Menge, Abmessungen, Rabattsatz
e) Abmessungen, Verbrauchszweck, Empfänger, Einkaufsdatum, Gesamtpreis

250. Durch einen Fehler der Lagerbuchführung wird eine Materialrückgabe nicht gebucht. Welche Aussage ist richtig?

a) Der Sollbestand ist höher als der Istbestand.
b) Die Kapitalbindung erhöht sich.
c) Die Höhe des Meldebestandes ist zu niedrig.
d) Die Beschaffungszeit wird dadurch verkürzt.
e) Die Umschlagsgeschwindigkeit des Lagergutes wird erhöht.

251. In der Lagerdatei wird aus der Fertigung zurückgegebenes Material eingetragen. Welche Aussage ist richtig?

a) Der Sollbestand wird höher als der Istbestand.
b) Der Istbestand wird höher als der Sollbestand.
c) Sollbestand und Istbestand werden erhöht.
d) Der Sollbestand wird nicht verändert, da Fertigungsmaterial nicht zweimal als Eingang gebucht wird.
e) Bestandserhöhungen durch Rückgaben werden erst bei der nächsten Inventur festgehalten.

252. Die Zwirnspulen wurden nach dem Prinzip der freien Lagerordnung (sog. chaotische Lagerung) untergebracht. Was ist typisch für diese Lagerhaltung?

a) Die Zwirnspulen werden einem beliebigen, gerade nicht belegten Platz zugeordnet.
b) Die Zwirnspulen werden wegen hoher Umschlagshäufigkeit in Zonen schnellen Zugriffs gelagert.
c) Die Zwirnspulen werden entsprechend ihrer unterschiedlichen Beschaffenheit räumlich getrennt gelagert.
d) Die Zwirnspulen werden nach Artikelnummern gelagert.
e) Die Zwirnspulen werden nach dem Eingangsdatum gelagert.

253. Ein Industriebetrieb hat zu Beginn des Geschäftsjahres einen Anfangsbestand an fertigen Erzeugnissen von 7 200 Stück. Am Ende des Geschäftsjahres beträgt der Lagerbestand an Fertigerzeugnissen 6 800 Stück. Was bedeutet dies?

a) Diese Zahlen sagen nichts über das Verhältnis von Herstellung und Absatz aus.
b) Die Verkaufspreise für die Fertigerzeugnisse wurden erhöht.
c) Es wurden mehr Fertigerzeugnisse hergestellt als verkauft.
d) Es wurden mehr Fertigerzeugnisse verkauft als hergestellt.
e) Es wurden 400 Erzeugnisse hergestellt und verkauft.

254. Wozu dient die Lagerfachkarte?

a) Sie dient ausschließlich dem Auffinden der verschiedenen Lagerplätze.
b) Sie dient der Ermittlung der „Eisernen Reserve" und wird in der Lagerbuchhaltung geführt.
c) Sie dient der Eintragung der wertmäßigen Zu- und Abgänge in bzw. aus jedem Lagerfach.
d) Sie dient der Eintragung der mengenmäßigen Zu- und Abgänge in bzw. aus jedem Lagerfach.
e) Sie dient der Lagerbuchhaltung als Unterlage für die Erfassung der wert- und mengenmäßigen Veränderungen in einem Lagerfach.

255. Welche Unterlage verwendet man, um jederzeit einen Überblick über die Höhe der mengen- und wertmäßigen Lagerbestände zu haben?

a) Die Inventuraufnahme
b) Den Materialentnahmeschein
c) Die Lagerfachkarte
d) Die Lagerdatei
e) Die Stückliste

256. Welche Aussage über die Lagerbuchhaltung ist richtig?

a) Die Lagerbuchhaltung hat als Hauptaufgabe die mengen- und wertmäßige Erfassung aller Wirtschaftsgüter des Vermögens einer Unternehmung auf Lagerkarten.
b) Die Lagerbuchhaltung ist eine Nebenbuchhaltung, deren wertmäßige Aufzeichnungen nicht mit der Hauptbuchhaltung abgestimmt werden müssen.
c) Die Lagerbuchhaltung hat ausschließlich die Aufgabe, den Mindestbestand für die Materialien auf den Lagerkarten zu erfassen.
d) Die Lagerbuchhaltung erfasst lediglich alle eingehenden Waren auf Grund von Belegen mengen- und oft auch wertmäßig auf den Lagerkarten
e) Die Lagerbuchhaltung und ihre Lagerkarten stellen die Nebenbücher für die Stoffbestandskonten der Hauptbuchhaltung dar.

257. Zwischen der Messgerätefabrik Ernst Frank & Co. KG und den Stadtwerken Göttingen ist ein Vertrag zustande gekommen. Die Planung der Produktion und Materialbeschaffung beginnt. Für die zu beschaffenden Materialien wurde eine ABC-Analyse durchgeführt. Welche Aussage ist richtig?

a) Die ABC-Analyse legt die zeitliche Reihenfolge für die zu beschaffenden Materialien/Teile fest.
b) Durch die ABC-Analyse werden die Teile erkannt, die nicht bezogen, sondern durch Eigenfertigung hergestellt werden sollten.
c) Nach der ABC-Analyse werden Stücklisten und Materialentnahmescheine erstellt.
d) Durch die ABC-Analyse werden Materialien, Fremdteile und selbst herzustellende Teile unterschieden.
e) In der ABC-Analyse werden Materialien auf das Verhältnis Wert : Menge untersucht, um Beschaffungsentscheidungen treffen zu können, die eine geringe Kapitalbindung verursachen.

258. Die Verantwortlichen für die Lagerhaltung der Bavaria Fahrradwerke GmbH haben ihre Kostenstruktur analysiert und dabei folgende Lagerkosten herausgefunden. Ordnen Sie zu.

Positionen

a) Kosten für Lagerräume und –einrichtung
b) Kosten für Lagerverwaltung
c) Kosten für Lagervorräte

Lagerkosten

[ ] Aufwand für Lagerbuchhalter

[ ] Lagermiete

[ ] Versicherungsprämie für Rohstoffe

[ ] Kosten für die Lagerinstandhaltung

[ ] Verderb von Lagerbeständen

[ ] Kapitalbindungskosten für Gelsättel

259. In der Bavaria Fahrradwerke GmbH kam es in letzter Zeit zu Produktionsstockungen wegen verspäteter Lieferung von Fertigbauteilen. Bei der Fehlersuche werden Dispositionsfehler im Einkauf festgestellt. Wie kann das Problem gelöst werden?

a) Der Mindestbestand muss gesenkt werden, um die Bauteile frühzeitiger zu bestellen.
b) Die Umschlagshäufigkeit der Bauteile im Lager muss erhöht werden.
c) Der Meldebestand muss erhöht werden, damit die Bauteile frühzeitiger bestellt werden können.
d) Es muss vom Bestellpunktverfahren zum Bestellrhythmusverfahren gewechselt werden.
e) Der Einkauf muss zuverlässigere Lieferanten finden, die pünktlich liefern.

<u>Die nächsten drei Aufgaben beziehen sich auf den abgebildeten Beleg!</u>

CHEMIE AG — JAHR: ....
Produkt: Hydrosulfit konzentriert / Produkt-Nr. 4 200 — Karte Nr. 1

Formel: $Na_2S_2O_2$ Bezeichnung: Natriumdithionit Gefährlichkeit: selbstentzündbar durch Feuchtigkeit Gefahrenklasse: 4.2 Ziff. 60 Analysenvermerk: Analyt.Lab.G.784	Packmitteleinheit: 1 Blechtrommel = 100 kg Paletteneinheit: 6 Trl. = 600 kg	Preis für 100 kg: 230,00 € Verp. einschl./~~ausschl~~. frei Abladestelle	Wiederbeschaffungszeit: 2 Wochen Mindestbestand: 2 000 kg Voraussichtlicher Wochenverbrauch: 3 000 kg

Bestellnachweis							Eingang		Ausgang			Bestand	
Bestellungen			Lieferer	Lieferungen									
Tag	Bestell-Nr.	Menge		Tag	Eing.-Nr.	Menge	Tag	kg	Tag	Empfänger	kg	Tag	kg
												02.05	3 700
08.04	2834	10 t	K. Kaufmann Ludwigshafen	03.05.	1624	10 000			02.05	D 14	800		
							03.05.	10 000	03.05	L 16	1 200		
									05.05	D 39	1 200		
									09.05	L 18	600		
									11.05	L 16	700		

260. Wie heißt die abgebildete Karte?

a) Lagerfachkarte
b) Lagerkarteikarte
c) Materialanforderungskarte
d) Materialentnahmeschein
e) Materialrücklieferungskarte

261. Wie viel kg beträgt der Lagerbestand nach dem letzten Ausgang am 11.05.?

a) 8 500
b) 4 500
c) 9 200

262. Wie viel kg beträgt der Meldebestand?

a) 7 000
b) 8 000
c) 5 000

263. Welche Aussage zur ABC-Analyse im Materialbereich ist richtig?

a) Mit der ABC-Analyse werden verschiedene Materialien nach ihrer Menge gegliedert, um daraus die Umschlagshäufigkeit berechnen zu können.

b) Mit der ABC-Analyse werden zu bestellende Materialien nach ihrem Verbrauchswert gegliedert, um für die Beschaffung Prioritäten zu setzen.

c) C-Material hat den höchsten Wert und muss besonders sorgfältig disponiert werden.

d) Mit der ABC-Analyse kann der Bestellzeitpunkt für die drei verschiedenen Materialien A, B und C genau festgelegt werden.

e) Mit der ABC-Analyse ermitteln Industrieunternehmen den optimalen Lagerungsstandort für Materialien.

264. Bringen Sie die folgenden Arbeiten bei einer Bestandsaufnahme im Rahmen der permanenten Inventur in die richtige Reihenfolge.

[ ] Eventuelles Ausschreiben einer Differenzmeldung

[ ] Erfassen der Lagerbestände

[ ] Entgegennahme der Anweisung zur Aufnahme

[ ] Ausfertigung und Unterschrift des Aufnahmeprotokolls

[ ] Ermittlung der Lagerorte

[ ] Vergleich von Soll- und Istbestand

265. Welche Aussage zu unten stehender Darstellung der ABC-Analyse ist richtig?

a) 90,6 % der Verbrauchswerte verteilen sich auf 25 % der Positionen.

b) Die C-Güter machen den Hauptanteil an den Verbrauchswerten aus.

c) Die B-Güter machen den Hauptanteil an den Verbrauchswerten aus.

d) Der Anteil der B-Güter an den Verbrauchswerten ist höher als der bei A-Gütern.

e) Die C-Güter verteilen sich auf 7 Positionen und der Anteil am gesamten Verbrauchswert beträgt 9,4 %.

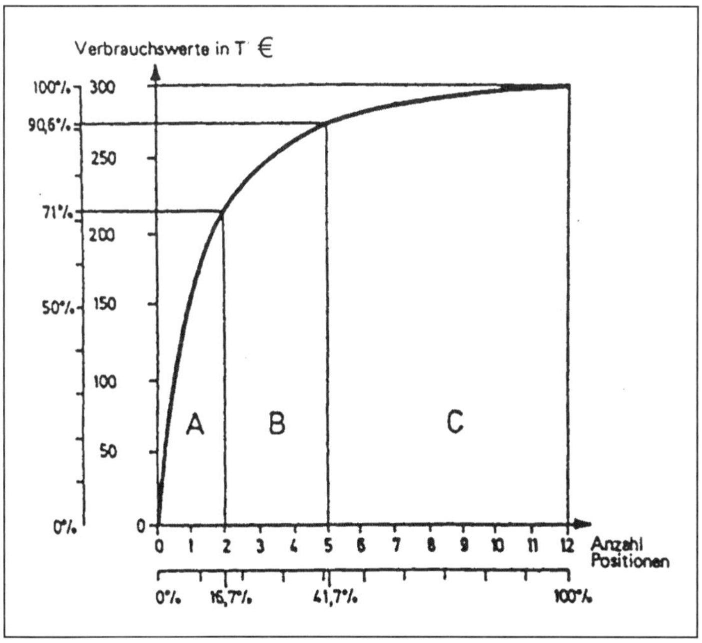

266. Welche Aussage zur nachstehenden ABC-Analyse ist richtig?

a) Die Materialgruppen im C-Bereich haben den zweitgrößten prozentualen Anteil am Gesamtwert.

b) Die Materialgruppen im A-Bereich haben wertmäßig einen geringeren Anteil am Gesamtwert als die Materialgruppen im C-Bereich.

c) Die Materialgruppen im A-Bereich machen wertmäßig nur einen unbedeutenden Teil aus.

d) Die Materialgruppe im B-Bereich hat einen Anteil am Gesamtwert von 15 %.

e) Der Gesamtwert der Materialgruppen im B-Bereich beträgt 540.000 €.

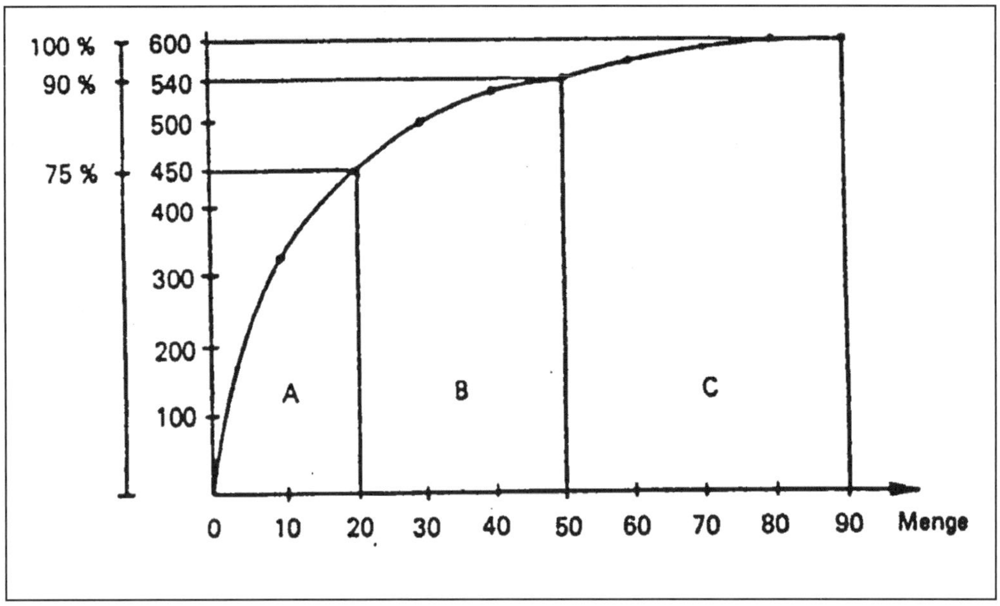

267. Für die erstmals bezogenen LED`s wird eine Lagerfachkarte angelegt. Welche Aussage hierzu ist richtig?

a) Sie erfasst Ist-Bestände, die regelmäßig mit den Sollbeständen der Inventur verglichen werden.

b) Sie ist Hilfsmittel zur Abstimmung der Ist-Bestände mit den Sollbeständen.

c) Sie enthält die Mindest- und Meldebestände der LED`s und wird nach erfolgter Buchung an den Einkauf zur Kontrolle weitergegeben.

d) Sie dient als Buchungsbeleg bei der Ausgabe der LED`s.

e) Sie dient der Erfassung der wertmäßigen Veränderungen in einem Lagerfach.

268. Ordnen Sie zu!.

Arbeiten im Lager

a) Die laufende Buchung aller Warenein- und -ausgänge mit EDV

b) Die laufende Erfassung aller Bestellvorgänge, um die Lagerhaltung zu vereinfachen

c) Körperliche Bestandsaufnahme innerhalb der letzten 3 Monate vor oder der beiden ersten Monate nach Schluss des Geschäftsjahres

d) Körperliche Bestandsaufnahme, die nur stichprobenartig erfolgen muss

e) Körperliche Bestandsaufnahme zeitnah zum Abschlussstichtag

f) Bestandsaufnahme, die nicht körperlich erfolgen muss, da sie über EDV erstellt wird

g) Körperliche Bestandsaufnahme, die auf das laufende Geschäftsjahr verteilt ist

Begriffe

[ ] Stichtagsinventur

[ ] Verlegte Inventur

[ ] Permanente Inventur

269. Welchen Vorteil bietet die permanente Inventur?

a) Es muss keine körperliche Bestandsaufnahme vorgenommen werden.

b) Es lassen sich die am Zähltag ermittelten Inventurwerte von allen Vorräten auf den Bilanzstichtag übertragen.

c) Der Zeitpunkt für die Durchführung der Inventur kann während des Geschäftsjahres frei gewählt werden.

d) Der Soll- und Istbestand müssen nicht abgestimmt werden.

e) Die Inventur kann bis zu 10 Wochen nach dem Bilanzstichtag durchgeführt werden.

270. Wie oft und wann hat bei der „permanenten Inventur" die körperliche Bestandsaufnahme je Position nach den gesetzlichen Bestimmungen zu erfolgen?

a) Mehrmals während des Geschäftsjahres zu beliebigen Zeitpunkten
b) Mindestens einmal in jedem Geschäftsjahr zu einem frei zu wählenden Zeitpunkt
c) Mindestens einmal in jedem Geschäftsjahr und gleichzeitig für das gesamte Vorratsvermögen
d) Einmal in jedem Geschäftsjahr zum Bilanzstichtag
e) Mindestens einmal in jedem Geschäftsjahr, und zwar am gleichen Tag, wie die Position im Vorjahr aufgenommen wurde

271. Welche Aufgabe ist der Materialwirtschaft zuzuordnen?

a) Bearbeiten von Kundenreklamationen
b) Bestandsaufnahme von Handelswaren
c) Qualitätskontrolle von fertigen Erzeugnissen
d) Ermitteln der Ausschussquote von Erzeugnissen
e) Ausarbeiten von Angeboten

272. Wie wirkt sich eine kurzfristig angesetzte Kurzarbeit in der Produktion auf die Materialwirtschaft aus?

a) Sie führt kurzfristig zu einer Erhöhung der Bestellmengen.
b) Sie führt vorübergehend zu einem erhöhten Lagerrisiko.
c) Sie führt langfristig zu einer Verkürzung der Bestellzeiträume.
d) Sie führt künftig zur Substitution der bisherigen Einsatzstoffe.
e) Sie führt vorübergehend zu einer Erhöhung des Stoffeeinsatzes.

273. Ein Betrieb der Bekleidungsindustrie schließt beim Einkauf von Garnen nur Spezifikationskaufverträge ab. Welches Lagerrisiko soll damit gemindert werden?

a) Schwund
b) Preisverfall von Rohstoffen
c) Konjunkturrückgang
d) Geschmackswandel
e) Diebstahl
f) Technischer Fortschritt

274. Warum wird durch einen Spezifikationskauf (Bestimmungskauf) das Lagerrisiko begrenzt?

a) Weil sich bei jedem Spezifikationskauf die Lagerung erübrigt
b) Weil der Kunde für den Lieferer die Lagerung der Rohstoffe übernimmt
c) Weil die Rohstoffpreise zum Zeitpunkt der Spezifikation festgelegt werden
d) Weil eine kurzfristige Anpassung an die Bedürfnisse der Produktion möglich ist
e) Weil der Lieferer die Lieferfrist unbedingt einhalten muss, da sonst der Kunde sofort vom Kaufvertrag zurücktreten kann

275. In der betrieblichen Organisation der Messgerätefabrik Ernst Frank & Co. KG gibt es folgenden Beleg. Wie heißt dieser?

a) Laufkarte
b) Materialentnahmeschein
c) Wareneingangsschein
d) Lagerfachkarte
e) Lieferschein
f) Liefererkartei

	Laufweg: WE-PWE-LAG-RPR-EDV WE-PWE-LAG-RPR-BAB WE-PWE	Datum:	**Nr. 13304**	
Lieferant:	Ort:	Bestellung-Nr.:	Bestellmenge:	Mengen Einh.
Versandart: Fracht – Eilgut – Express – Post – Boten – LKW (Zutreffendes ankreuzen)	Verpackungsart:	Lieferschein-Nr.:	Liefermenge-Soll:	1 Stck. 2 g 3 m 4 m² 5 m³ 6 Ltr
Benennung:		Teillieferung-Nr.:	Liefermenge-Ist:L	
			zurückgewiesene Menge:	
Kartenart 1 0	Sachnummer:	Lager	Vereinnahmedat. / Index	Bestand-NEU
Nr. 13304	Art 2	vereinnahmte Menge	Materialwert	R
WE ausgestellt: Name:	LAG vereinnahmt: Name:	RPR-Materialwert: Name:	EKF gebucht: Name:	EDV Name: / MBH geprüft: Name:

276. Welche Aussage über Materialentnahmescheine ist richtig?

a) Mit den Materialentnahmescheinen kann der Ist-Bestand im Lager jederzeit festgestellt werden.
b) Mit den Materialentnahmescheinen erfasst die Materialdisposition die Veränderungen des Lagerbestandes.
c) Materialentnahmescheine müssen nur ausgestellt werden, wenn der Betrieb die verlegte Inventur durchführt.
d) Materialentnahmescheine dienen ausschließlich der Materialverwaltung.
e) Bei Verwendung von Materialentnahmescheinen entfällt die körperliche Bestandsaufnahme im Lager.

277. Die Produktion hat Fertigungsmaterial erhalten, aber nicht verbraucht. Warum wird die Disposition über die Materialrückgabe informiert?

a) Um die Fehlmenge als Inventurdifferenz ausbuchen zu können.
b) Um den richtigen Bestellzeitpunkt festlegen zu können
c) Um die Materialien wieder an den Lieferer zurückschicken zu können
d) Um den Lagerort optimal bestimmen zu können
e) Um die Vorkalkulation für einen Auftrag genau durchführen zu können

278. Ein Materialentnahmeschein geht nach Ausgabe des Materials im Lager verloren. Was ist zu unternehmen, wenn er noch nicht buchhalterisch erfasst wurde?

a) Es muss ein Ersatzbeleg erstellt werden, damit die Abgänge an Lagermaterial richtig erfasst werden können.
b) Es muss ein Ersatzbeleg erstellt werden, damit die Differenz zwischen Ist- und Sollbestand in der Lagerkartei gebucht werden kann.
c) Es muss ein Ersatzbeleg erstellt werden, damit eine Kontrolle über das für die Produktion entnommene Material erfolgen kann.
d) Es muss ein Ersatzbeleg erstellt werden, damit die Fertigung nicht mit zu hohen Kosten belastet wird.
e) Es muss ein Ersatzbeleg erstellt werden, damit die Fehlmenge als Inventurdifferenz ausgebucht werden kann.

279. Aus der Fertigung wird Material an das Lager zurückgegeben. Der Materialrückgabeschein wird versehentlich nicht gebucht. Welche Aussage ist richtig?

a) Der Sollbestand wird erhöht, der Istbestand ändert sich nicht.
b) Die Bestandserhöhungen durch Rückgaben werden erst bei der nächsten Inventur festgehalten.
c) Der Sollbestand wird höher als der Istbestand.
d) Der Istbestand wird höher als der Sollbestand.
e) Der Sollbestand wird vermindert.

280. Ein Fertigungsbereich hatte im Oktober 200 kg Kupfer aus dem Lager entnommen. Die Entnahme wurde im gleichen Monat gebucht. Wegen Kurzarbeit wurden 100 kg im November an das Lager zurückgegeben. Die Rückgabe wird erst im Dezember gebucht. Welche Aussage über den mengenmäßigen Buchbestand ist richtig?

a) Der Buchbestand des Materiallagers ist im Dezember zu hoch.
b) Der Buchbestand des Materiallagers ist im November zu niedrig.
c) Der Buchbestand des Materiallagers ist im November zu hoch.
d) Der Buchbestand des Materiallagers ist im Oktober zu niedrig.
e) Der Buchbestand des Materiallagers ist im Oktober zu hoch.

281. Zwischen der Kapitalbindung durch die Lagervorräte und der Umschlagshäufigkeit besteht ein enger Zusammenhang. Welche Aussage ist richtig?

a) Die Kapitalbindung durch die Lagervorräte ist um so niedriger, je häufiger der Lagerbestand umgeschlagen wird, weil bei erhöhtem Lagerumschlag auch höhere Lagervorräte benötigt werden.
b) Die Kapitalbindung durch die Lagervorräte ist um so höher, je häufiger der Lagerbestand umgeschlagen wird, weil ein erhöhter Lagerumschlag auch mehr Kapitaleinsatz erfordert.
c) Die Kapitalbindung durch die Lagervorräte ist um so höher, je weniger der Lagerbestand umgeschlagen wird, weil ein verminderter Lagerumschlag auch mehr Kapitaleinsatz erfordert.
d) Die Kapitalbindung durch die Lagervorräte ist unabhängig von der Häufigkeit des Umschlages des Lagerbestandes.
e) Die Kapitalbindung durch die Lagervorräte ist um so niedriger, je häufiger der Lagerbestand umgeschlagen wird, weil sich dadurch die durchschnittliche Lagerdauer erhöht.

282. Die Lagerumschlagshäufigkeit ist von 12 auf 10 gesunken. Welche Ursache kann dies haben?

a) Die durchschnittliche Lagerdauer hat sich verringert.
b) Der Jahresverbrauch ist bei gesunkenem Lagerbestand gestiegen.
c) Der durchschnittliche Lagerbestand hat sich stärker erhöht als der Jahresverbrauch.
d) Der Jahresverbrauch hat sich bei gleichbleibendem Lagerbestand erhöht.
e) Der durchschnittliche Lagerbestand hat sich bei gleichbleibendem Verbrauch verringert.

283. Die Lagerumschlagshäufigkeit ist im Vergleich zum Vorjahr gesunken. Welche Aussage ist richtig?

a) Der durchschnittliche Lagerbestand hat bei gleichem Materialeinsatz abgenommen.
b) Der durchschnittliche Lagerbestand hat sich vermindert; der Materialeinsatz ist gleich geblieben.
c) Der Materialeinsatz hat bei gesunkenem durchschnittlichen Lagerbestand zugenommen.
d) Der durchschnittliche Lagerbestand hat sich stärker verringert als der Materialeinsatz.
e) Der Materialeinsatz ist bei gleich bleibendem durchschnittlichen Lagerbestand gesunken.

284. Welcher Vorgang erhöht die Umschlagshäufigkeit?

a) Der Rohstoffeinsatz verringert sich bei gleichbleibendem Lagerbestand.
b) Zusätzliche Lagerräume werden geschaffen.
c) Die durchschnittliche Lagerdauer verringert sich.
d) Die Lagerkosten steigen.
e) Der durchschnittliche Lagerbestand steigt.

285. Welche Daten sind zur Berechnung der Zinsen für das im Lager gebundene Kapital erforderlich?

a) Kosten für Lagerverwaltung, Kosten der Lagereinrichtung und Zinssatz
b) Durchschnittlicher mengenmäßiger Lagerbestand und Zinssatz
c) Mengenmäßiger Lagerabgang während eines Jahres
d) Warenwert, Lagerdauer und Zinssatz
e) Kosten der Lagervorräte, Zinssatz und Beschaffungsdauer

286. Der durchschnittliche Lagerbestand hat sich erhöht. Welche Ursache kann dies haben?

a) Die Meldebestände konnten durch schnellere Beschaffungsmöglichkeiten herabgesetzt werden.
b) Die durchschnittliche Lagerdauer konnte gesenkt werden.
c) Der Lagerumschlag hat sich erhöht.
d) Die Produktion eines neuen Erzeugnisses wird geplant.
e) Es wurde mit starken Preiserhöhungen am Beschaffungsmarkt gerechnet.

287. Wie wird die durchschnittliche Lagerdauer ermittelt?

a) Jahresanfangsbestand + 12 Monatsendbestände / 13
b) 360 / Umschlagshäufigkeit
c) Umschlagshäufigkeit / 360
d) Durchschnittlicher Lagerbestand / Wareneinsatz
e) Wareneinsatz / Durchschnittlicher Lagerbestand

288. Welche Kennziffer wird ermittelt, wenn der Materialeinsatz und der durchschnittliche Lagerbestand in Beziehung zueinander gesetzt werden?

a) Umschlagshäufigkeit
b) Lagerkosten
c) Bestellhäufigkeit
d) Lagerdauer
e) Kapitalbindung

289. Auf welche Ursache ist eine kürzere durchschnittliche Lagerdauer zurückzuführen?

a) Der Mindestbestand wurde gesenkt, da unser Lieferer seit Jahren termingerecht liefert.
b) Der Mindestbestand wurde erhöht, um Produktionsschwankungen auszugleichen.
c) Der Meldebestand wurde erhöht.
d) Der Tageseinsatz(-bedarf) hat sich auf Grund der Urlaubszeit verringert.
e) Der Höchstbestand wurde überschritten, da zu früh bestellt wurde.

290. Der Lagerumschlag für Elektromotoren lag im letzten Jahr bei 4,2. In diesem Jahr wurde der Lagerbestand bei gleichem Verbrauch 4,5 mal umgeschlagen. Welche Auswirkung hat diese Veränderung?

a) Die durchschnittliche Lagerdauer bleibt davon unberührt.
b) Die Lagerkosten haben sich dadurch erhöht.
c) Der Lagerzinssatz hat sich bei sonst gleichen Voraussetzungen erhöht.
d) Die durchschnittliche Lagerdauer hat sich erhöht.
e) Die Kapitalbindung hat sich vermindert.
f) Die Kapitalbindung hat sich erhöht.

291. Welche Folge hat eine größere Umschlagshäufigkeit?

a) Der Lagerzinssatz erhöht sich.
b) Der Mindestbestand wird erhöht.
c) Der durchschnittliche Lagerbestand steigt.
d) Die durchschnittliche Lagerdauer steigt.
e) Der Lagerzinssatz sinkt.

292. Welche Aussage zu Lagerkennziffern ist richtig?

a) Je höher der Rohstoffverbrauch bei gleichbleibendem durchschnittlichen Lagerbestand ist, desto höher die Umschlagshäufigkeit und desto geringer die Lagerdauer
b) Bei höherer Umschlagshäufigkeit steigt das Lagerrisiko und der Kapitalbedarf, dadurch verringert sich die Rentabilität des Betriebes.
c) Der durchschnittliche Lagerbestand sagt aus, wie hoch der tatsächlich vorhandene Lagerbestand innerhalb einer Periode ist. Hieraus lassen sich jedoch keine Rückschlüsse auf die Lagerkosten ziehen.
d) Bei hoher Umschlagshäufigkeit verringert sich zwar das Lagerrisiko, aber die Liquidität des Betriebes sinkt dadurch.
e) Je geringer die Umschlagshäufigkeit, desto geringer ist die Lagerdauer. Dadurch entstehen geringere Lagerkosten.

293. Wie wird der Lagerzinssatz ermittelt?

a) Marktzinssatz x durchschnittliche Lagerdauer / 360
b) Durchschnittliche Lagerdauer x 360 / Marktzinssatz
c) Marktzinssatz x 360 / durchschnittlicher Lagerbestand
d) Marktzinssatz x durchschnittlicher Lagerbestand / 360
e) Marktzinssatz x 360 / durchschnittliche Lagerdauer
f) Durchschnittlicher Lagerbestand x 360 / Marktzinssatz

294. Wozu kann es führen, wenn der künftige Verbrauch zu niedrig veranschlagt worden ist?

a) Zu höheren kalkulatorischen Zinsen
b) Zu erhöhter Lagerdauer
c) Zu Wartezeiten für die Fertigung
d) Zu kürzeren Lieferzeiten
e) Zu niedrigerem Lagerumschlag

295. Welche Folgen kann ein zu niedriger Lagerbestand haben?

a) Hohe Bestellkosten
b) Hohe Lagerzinskosten
c) Veraltern der Waren
d) Verderb der Ware
e) Zu hohe Kapitalbindung

296. Welche Aussage über den Mindestbestand bzw. Meldebestand ist richtig?

a) Der Mindestbestand gleicht Unregelmäßigkeiten bei der Beschaffung aus.
b) Der Meldebestand ist der Bestand, der unter Berücksichtigung der Lieferzeiten die Maximalgrenze für die Lagerhaltung darstellt.
c) Der Mindestbestand ist der Bestand, bei dessen Unterschreitung die Nachbestellung erforderlich ist.
d) Der Meldebestand ist der Mindestbestand, der nie unterschritten werden darf.
e) Der Mindestbestand ist der Bestand, der durchschnittlich im Lager vorhanden ist.

297. Wie ermittelt man den Meldebestand?

a) (Tagesverbrauch x Beschaffungszeit) - Mindestbestand
b) (Tagesverbrauch x 360) + Mindestbestand
c) (Tagesverbrauch x Beschaffungszeit) + Mindestbestand
d) 360 : Umschlagshäufigkeit
e) (Warenanfangsbestand + Warenendbestand) : 2

298. Um welchen Bestand handelt es sich bei einem Vorrat von 1.040 kg, wenn folgende Daten zu berücksichtigen sind:

Verbrauch:	**durchschnittlich 80 kg/Tag**
Beschaffungszeit:	**5 Tage für die Bestellung** **3 Tage für Ausführung des Auftrags** **3 Tage für Transport der Ware vom Lieferer an den Kunden**
Mindestbestand:	**durchschnittlicher Verbrauch in 2 Tagen**

a) Meldebestand
b) Mindestbestand
c) Optimale Bestellmenge
d) Optimaler Lagerbestand
e) Höchstbestand

Betriebswirtschaftliche Geschäftsprozesse

299. Wie lässt sich der in der folgenden Graphik dargestellte Bestellrhythmus verbessern?

a) Durch Anpassen des Meldebestandes an die Lieferzeit
b) Durch Erhöhen des Mindestbestandes
c) Durch Erhöhen des Höchstbestandes
d) Durch Erhöhen der Bestellmenge
e) Durch Vermindern des Mindestbestandes

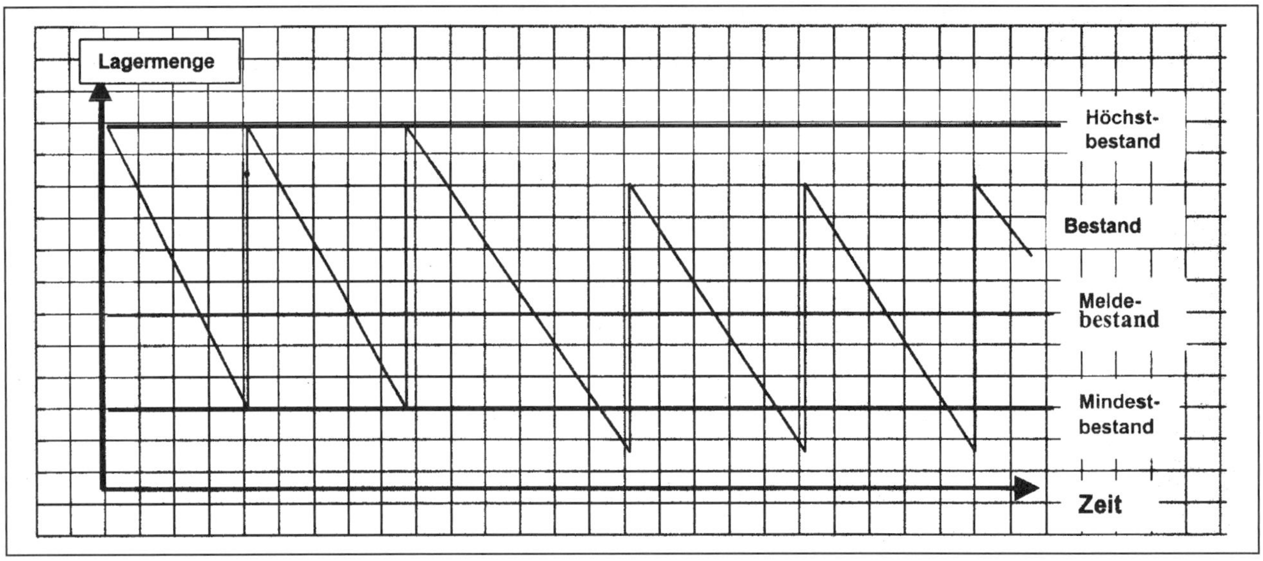

300. Welche Aussage über die unten abgebildete Lagerbestandskurve ist richtig?

a) Am 05., 15., 25. Tag erfolgt jeweils eine Bestellung über 1800 Teile.
b) Bei Bestellungen an 10., 20., 30. Tag werden bis zum Eintreffen der Lieferung jeweils 1600 Teile verbraucht.
c) Am 05., 15., 25. Tag trifft jeweils eine Lieferung mit 1600 Teilen ein.
d) Bei Bestellungen am 05., 15., 25. Tag werden bis zum Eintreffen der Lieferung jeweils weitere 800 Teile verbraucht.
e) Am 10., 20., 30. Tag werden jeweils 800 Teile bestellt.
f) Bei Bestellungen am 05., 15., 25. Tag werden bis zum Eintreffen jeweils weitere 1000 Teile verbraucht.

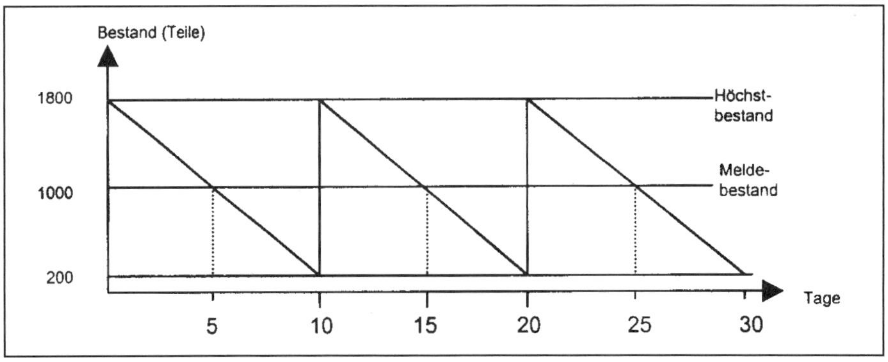

301. Ordnen Sie zu.

Kennziffern der Zeichnung

a) Kennziffer 1
b) Kennziffer 2
c) Kennziffer 3
d) Kennziffer 4
e) Kennziffer 5
f) Kennziffer 6
g) Kennziffer 7

Begriffe

[ ] Mindestbestand

[ ] Bestellzeitpunkt

[ ] Meldebestand

[ ] Lagerbestandskurve

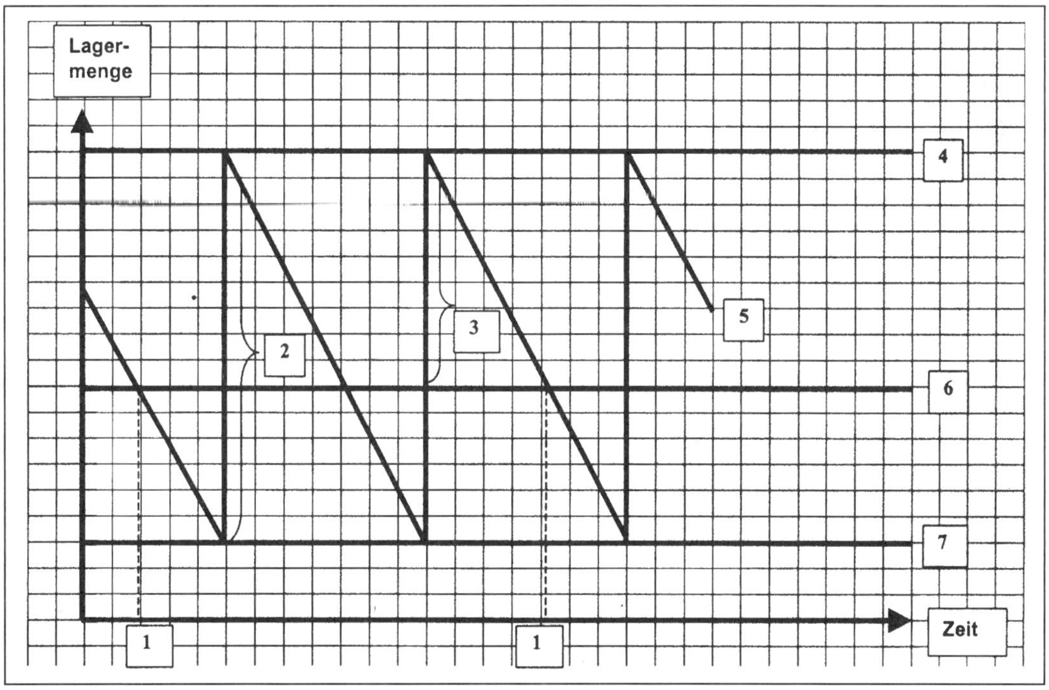

302. Die Rollenzählwerke unterliegen einem gleichmäßigen Verbrauch. Sie werden im 14-tägigen Rhythmus beschafft. Nach einer statistischen Auswertung der letzten Monate ergibt sich nachstehende Graphik. Welche Aussage trifft für die Informationen aus der Grafik zu?

a) Der Meldebestand sollte erhöht werden, damit der Mindestbestand nicht mehr angegriffen wird.
b) Der Mindestbestand sollte erhöht werden, damit er nicht so häufig angegriffen werden muss.
c) Der Mindestbestand ist dafür da, dass Unterschreitungen der Liefertermine aufgefangen werden können.
d) Die zur Berechnung des Meldebestandes zugrunde gelegte Lieferzeit wird unterschritten.
e) Die Bestellmenge sollte erhöht werden, damit der Mindestbestand nicht mehr angegriffen wird.

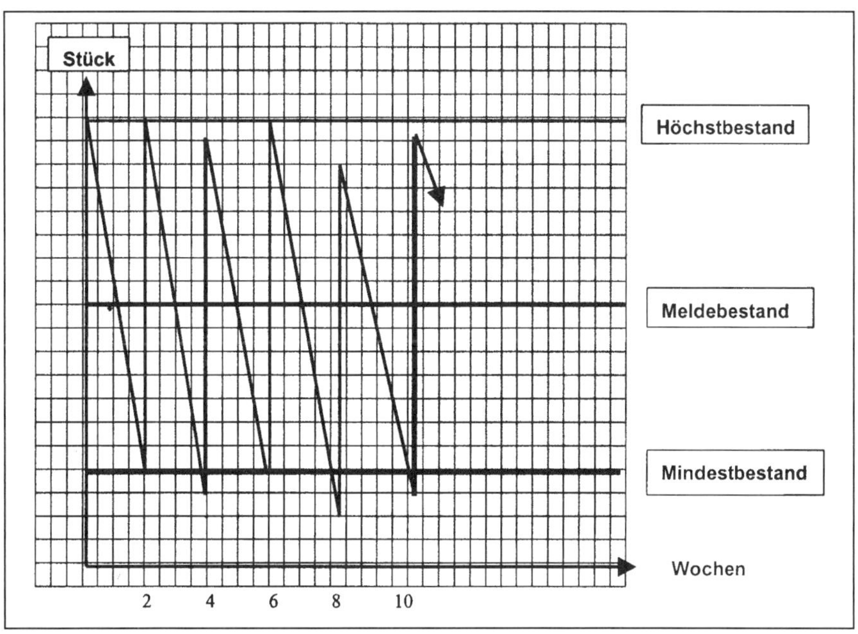

Betriebswirtschaftliche Geschäftsprozesse

303. Welche der nachstehenden Abbildungen gibt den Zusammenhang zwischen den Lagerbestandsgrößen und dem Bestellzeitpunkt richtig wieder?

a) Abbildung 1
b) Abbildung 2
c) Abbildung 3
d) Abbildung 4
e) Abbildung 5

1

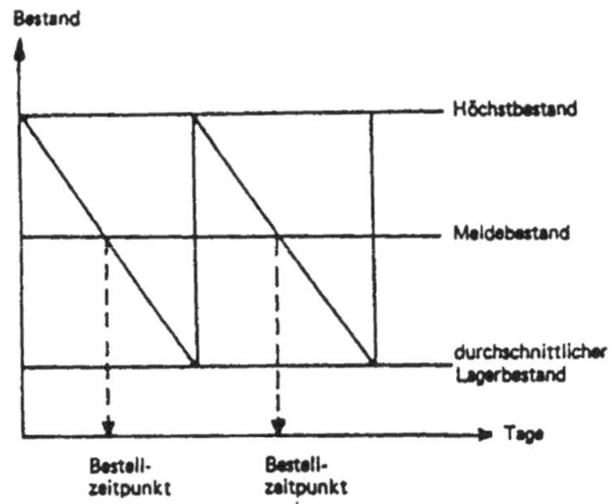

2

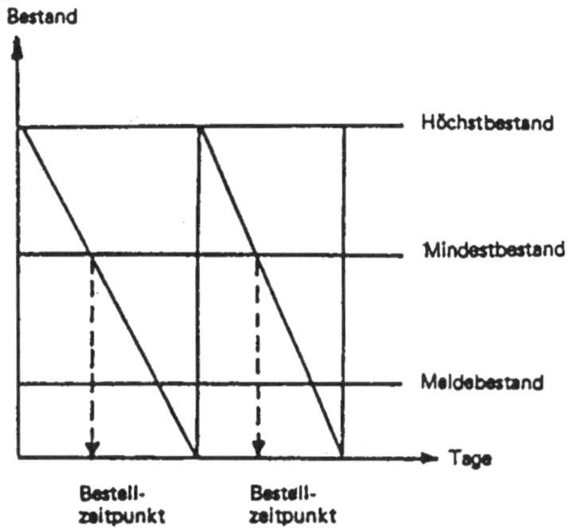

3

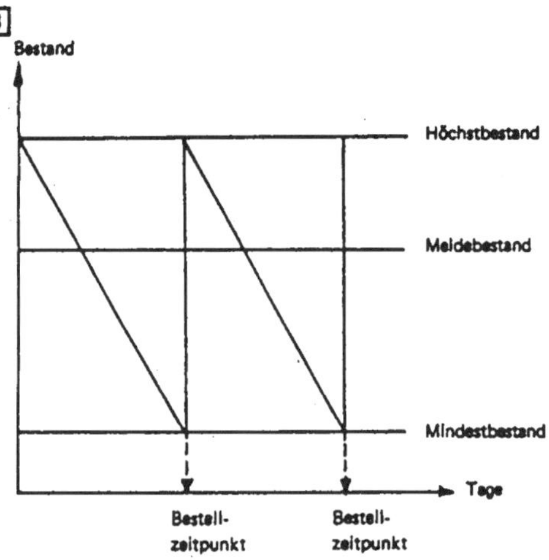

4

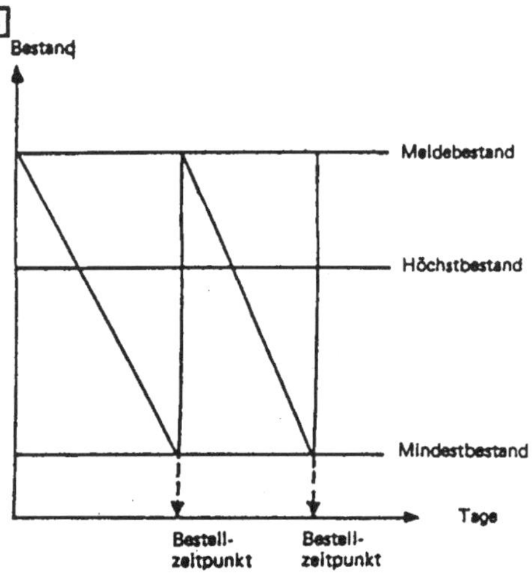

5

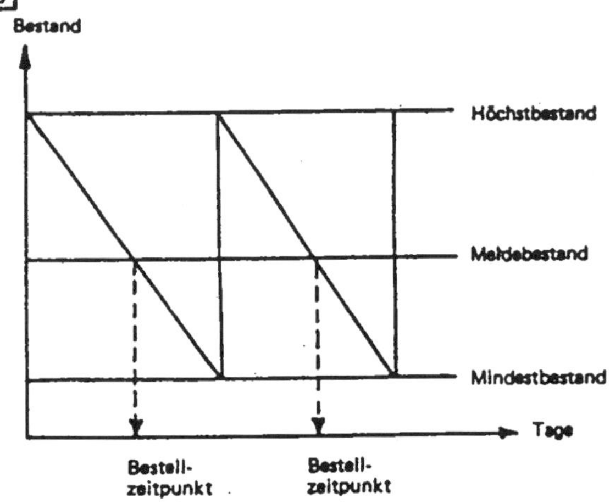

304. Ein nicht unwesentlicher Kostenbestandteil der Fahrradwerke GmbH sind deren Lagerkosten. Lagerkosten werden auch durch Lagerrisiken verursacht. Bei welchem Lagerrisiko ist eine Absicherung durch spezielle Versicherungen möglich?

a) Bei Gefahr der Wertminderung von Werkstoffen
b) Bei Brand
c) Bei Überbeständen
d) Wegen Produktionsausfall
e) Bei Veralterung der gelagerten Produkte
f) Bei Falschbuchungen bei Materialentnahmen

305. Welche Aussage zu nachstehender Grafik ist richtig?

a) Die Bestellung ist beim Lagerbestand von 50 Stück einzuleiten.

b) Der Mindestbestand reicht für 10 Tage.

c) Der Meldebestand für Rohstoff A liegt bei 150 Stück.

d) Der Bestellvorgang muss nach 5 Tagen eingeleitet werden, um rechtzeitig nach 10 Tagen wieder Material am Lager zu haben.

e) Der Meldebestand ist nach einem Verbrauch von 150 Stück erreicht.

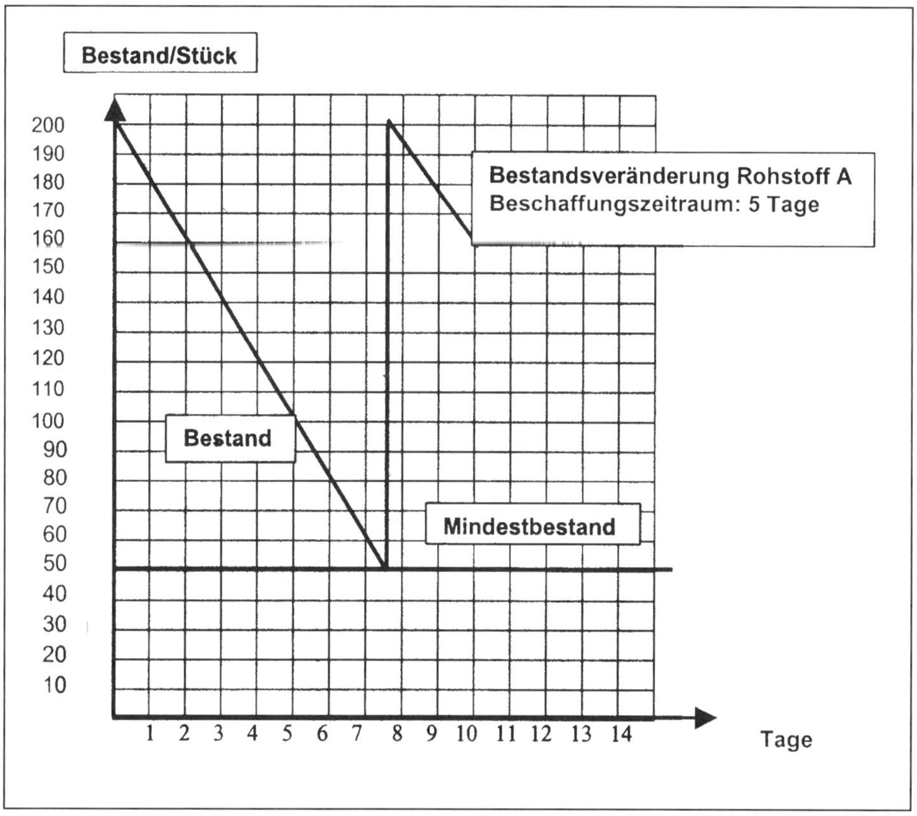

306. Die Textilwerke AG stellt ihren Anlagenführern Spezialschraubendreher zur Einstellung der Webstühle zur Verfügung. Zu welchem betriebswirtschaftlichen Produktionsfaktor gehören diese Schraubendreher?

a) Sie gehören zum Produktionsfaktor Werkstoffe, weil sie als Betriebsstoffe bei der Textilherstellung eingesetzt werden.

b) Sie gehören zum Produktionsfaktor Betriebsmittel, weil sie als Bestandteil der produktionstechnischen Ausrüstung des Betriebes eingesetzt werden.

c) Sie gehören zum Produktionsfaktor ausführende Arbeit, weil sie zur Ausführung von angeordneten Arbeiten eingesetzt werden.

d) Sie gehören zum Produktionsfaktor dispositive Arbeit, weil die Entscheidung für die Ausrüstung von der Geschäftsleitung getroffen wurde.

e) Sie gehören zum Produktionsfaktor Werkstoffe, weil sie als Hilfsstoffe bei der Textilherstellung eingesetzt werden.

307. „Zahlung erbitten wir innerhalb 14 Tagen abzüglich 2 % Skonto oder nach 60 Tagen netto". Welche Aussage hierzu ist richtig?

a) Bei Ausnützung des Skontos ergibt sich ein Zinsgewinn, der einem Jahreszins von 14 % entspricht.

b) Um Skonto auszunützen, müssen die flüssigen Mittel mindestens 60 Tage früher ausgegeben werden.

c) Skonto kann nur dann abgezogen werden, wenn genau nach 14 Tagen bezahlt wird.

d) Wenn man den Skonto nicht ausnützt und das Geld zu 10 % anlegt, erwirtschaftet man einen höheren Zinsgewinn.

e) Bei Ausnutzung des Skontoabzuges kann man mit einem Zinsgewinn rechnen, der einem Jahreszins von ca. 16 % entspricht.

308. Ein Schüler, der in den Weihnachtsferien bei der Inventur geholfen hat, erhält seine Vergütung. Er hat kein Konto bei einem Geldinstitut. Welches Zahlungsformular ist zu verwenden?

a) Banküberweisung
b) Zahlschein
c) Verrechnungsscheck
d) Banküberweisung
e) Barscheck

309. Ein Unternehmen bucht einen Zahlungsbeleg für die Begleichung einer Rechnung. Der Weg des Zahlungsbeleges ist unten abgebildet. Welches Zahlungsformular wurde verwendet?

a) Verrechnungsscheck
b) Zahlungsanweisung
c) Postüberweisung
d) Barscheck
e) Postscheck als Zahlungsanweisung

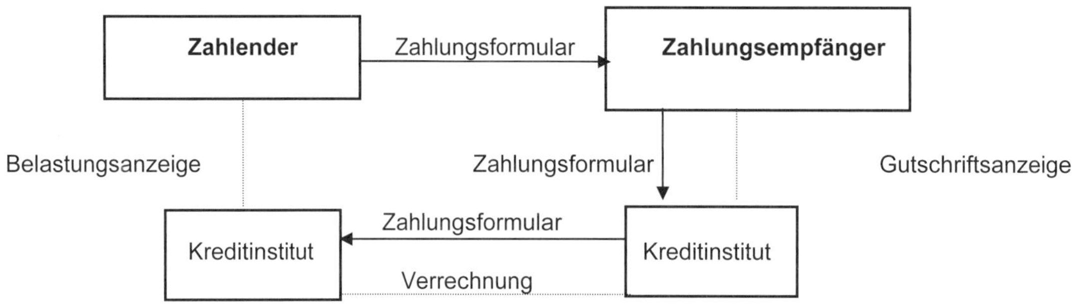

310. Welche Aussage stellt ein Zahlungsmittel/einen Zahlungsweg falsch dar?

a) Zum Rechnungsausgleich wird ein Verrechnungsscheck an den Lieferer geschickt, den dieser über seine Bank einziehen lässt. Die Belastung erfolgt auf unserem Bankkonto.
b) Von einem Kleinkunden erhalten wir einen Scheck über 380 €, der als Verrechnungsscheck weitergeleitet wird. Der Betrag wird vom Bankkonto des Kunden abgehoben und in die Portokasse gelegt.
c) Zum Rechnungsausgleich wird unserer Bank ein Überweisungsauftrag erteilt, den diese noch am gleichen Tag ausführt. Die Belastung erfolgt auf unserem Konto bei dieser Bank.
d) Zum Rechnungsausgleich wird ein Wechsel an unseren Lieferer geschickt, den dieser durch seine Bank am Fälligkeitstag einziehen lässt. Die Belastung erfolgt auf unserem Bankkonto.
e) Von einem Kunden erhalten wir einen Wechsel, fällig in drei Monaten. Dieser wird unserer Bank zum Einzug übergeben. Die Gutschrift des Wechselbetrages auf unserem Bankkonto erfolgt nach Einzug.

311. Eine Liefererschuld wird durch Scheck beglichen. Wann ist diese Schuld rechtlich erloschen?

a) Am Ausstellungstag
b) 8 Tage nach Einlösung des Schecks
c) An dem Tag, an dem die Bank das Konto des Ausstellers belastet
d) Mit der Einreichung bei der Bank
e) Sobald der Gläubiger den Scheck indossiert

312. Am 06. Oktober stellt ein Schuldner einen Scheck aus und trägt als Tag der Ausstellung den 10. November ein. Wann kann der Empfänger den Scheck frühestens bei einem Kreditinstitut zur Zahlung vorlegen?

a) sofort
b) Nicht vor dem 10. November
c) Innerhalb von 8 Tagen nach dem 10. November
d) Überhaupt nicht, da der Scheck ungültig ist
e) Am 11. November

313. Ein Kunde stellt am 06.10. zur Begleichung einer Rechnung einen Scheck aus. Der Scheck wird am 19.10. bei der bezogenen Bank vorgelegt. Die Bank verweigert die Einlösung des Schecks mit dem Hinweis, dass die Vorlegefrist bereits überschritten sei. Welche Aussage ist richtig?

a) Die Bank ist nicht zur Einlösung des Schecks verpflichtet, weil dieser nicht am Tag der Ausstellung vorgelegt wurde.
b) Die Bank ist nicht zur Einlösung des Schecks verpflichtet, weil dieser vordatiert wurde.
c) Die Bank ist nicht zur Einlösung des Schecks verpflichtet, weil die gesetzliche Vorlegefrist 8 Tage beträgt und nicht beachtet wurde.
d) Die Bank ist zur Einlösung des Schecks verpflichtet, weil die gesetzliche Vorlegefrist 20 Tage beträgt und beachtet wurde.
e) Die Bank ist zur Einlösung des Schecks verpflichtet, weil sich die Vorlegefristen nur auf das Rückgriffsrecht zwischen Bank und Scheckaussteller beziehen.

314. Worin besteht die Sicherheit eines Verrechnungsschecks?

a) Er kann nur dem auf dem Scheck namentlich genannten Empfänger gutgeschrieben werden.
b) Er kann nicht als Zahlungsmittel weitergegeben werden.
c) Er kann nur an den auf dem Scheck namentlich genannten Empfänger ausgezahlt werden.
d) Er kann nur von der Bank des Scheckausstellers gutgeschrieben werden.
e) Es kann der kontenmäßige Verbleib des Gutschriftsbetrages festgestellt werden.

315. Ein Kunde hat der Industrie-AG gestattet, Zahlungen durch Belastung seines Bankkontos zu veranlassen. Welche Zahlungsart liegt vor?

a) Sammelüberweisung
b) Dauerauftrag
c) Lastschriftverfahren
d) Wechseleinzug
e) Zahlungsanweisung zur Verrechnung

316. Die Messgerätefabrik Herbert Müller KG wickelt einen Teil ihres Zahlungsverkehrs in Homebanking (Telebanking) ab. Welche Bankdienstleistung kann sie nicht direkt durch das Homebanking ausführen?

a) Kontoinformationen über Umsätze und Salden abrufen
b) Tagesauszüge drucken
c) Überweisungen veranlassen
d) Gutschriften von Kundenschecks vornehmen lassen
e) Allgemeine Kreditkonditionen abrufen

317. Die Materialwirtschaft wird auf „just in time“ umgestellt. Wie wirkt sich dies in der Buchführung von der bestandsorientierten auf die aufwandsorientierte Methode aus?

a) Die Rohstoffbeschaffung wird direkt auf dem Konto „Rohstoffe/Fertigungsmaterial“ erfasst.
b) Das Konto „Aufwendungen für Rohstoffe“ wird auf das Konto „Rohstoffe“ abgeschlossen.
c) Ein Mehrbestand im Konto „Rohstoffe“ wird auf die Sollseite des Kontos „Aufwendungen für Rohstoffe“ umgebucht.
d) Sofortrabatte werden auf dem Konto „Nachlässe“ gebucht, das am Ende des Geschäftsjahres auf das Konto „Aufwendungen für Rohstoffe“ umgebucht wird.
e) Das Konto „Aufwendungen für Rohstoffe“ erfasst im Soll auch die Minderbestände aus dem Konto „Rohstoffe“.

II. ÜBUNGSAUFGABEN ZUR FESTIGUNG IHRER KENNTNISSE FÜR ZP UND AP

BILDEN SIE ZU DEN NACHFOLGENDEN GESCHÄFTSFÄLLEN DIE BUCHUNGSSÄTZE, INDEM SIE DIE EINGERAHMTEN KENNZIFFERN DER RICHTIGEN KONTEN IN DIE KÄSTCHEN ÜBERTRAGEN!

318. Siehe nachfolgende Abbildung! Buchen Sie die Bestandsveränderungen der Erzeugnisse zum Jahresabschluss.

[1] Rohstoffe/Fertigungsmaterial
[2] Hilfsstoffe
[3] Unfertige Erzeugnisse
[4] Fertige Erzeugnisse
[5] Bestandsveränderungen
[6] Eigenkapital

S	H
☐	☐
☐	☐

INVENTURAUSWERTUNG VORRÄTE zum Geschäftsjahresende 31.12.		
	BILANZWERT	
	01.01.	31.12.
1. Rohstoffe	70.000	60.200
2. Handelswaren	18.500	6.200
3. Betriebsstoffe	18.600	15.600
4. Hilfsstoffe	21.300	17.200
5. Unfertige Erzeugnisse	81.500	100.200
6. Fertige Erzeugnisse	102.800	110.300
SUMME VORRÄTE	312.900 ======	309.700 ======

319. Die Liefererskonti für gelieferte Rohstoffe des abgelaufenen Monats sind brutto gebucht worden. Wie lautet die Buchung für die Steuerberichtigung?

[1] Nachlässe für Rohstoffe
[2] Vorsteuer
[3] Verbindlichkeiten aus Lieferungen und Leistungen
[4] Umsatzsteuer
[5] Erlösberichtigungen
[6] Außerordentliche Erträge

S	H
☐	☐

320. Ein Industrieunternehmen sendet defekte Kunststoffbehälter an den Hersteller zurück und erhält eine Gutschrift. Wie ist zu buchen?

[1] Vorprodukte/Fremdbauteile
[2] Nachlässe für Vorprodukte/Fremdbauteile
[3] Waren (Handelswaren)
[4] Nachlässe für Handelswaren
[5] Forderungen aus Lieferungen und Leistungen
[6] Vorsteuer
[7] Verbindlichkeiten aus Lieferungen und Leistungen
[8] Umsatzsteuer

S	H
☐	☐
☐	☐

321. Die Ausgabe von Rohstoffen an die Fertigung wurde versehentlich doppelt gebucht. Wie lautet die Buchung zur Korrektur dieser Doppelbuchung?

[1] Rohstoffe/Fertigungsmaterial
[2] Unfertige Erzeugnisse
[3] Fertige Erzeugnisse
[4] Vorsteuer
[5] Umsatzsteuer
[6] Bestandsveränderungen an unfertigen Erzeugnissen
[7] Aufwendungen für Rohstoffe/Fertigungsmaterial

S	H
☐	☐

322. Wie ist die Entnahme der Rohstoffe zu buchen?

[1] Rohstoffe/Fertigungsmaterial
[2] Hilfsstoffe
[3] Betriebsstoffe
[4] Vorsteuer
[5] Aufwendungen für Rohstoffe/Fertigungsmaterial
[6] Aufwendungen für Hilfsstoffe
[7] Aufwendungen für Betriebsstoffe

S	H
☐	☐

323. Wir geben zuviel entnommene Rohstoffe zurück ins Lager. Wie ist zu buchen?

[1] Rohstoffe/Fertigungsmaterial
[2] Hilfsstoffe
[3] Umsatzsteuer
[4] Vorsteuer
[5] Aufwendungen für Rohstoffe/Fertigungsmaterial
[6] Aufwendungen für Hilfsstoffe

S	H
☐	☐

BEI NACHSTEHENDEN AUFGABEN SIND DIE ERGEBNISSE ZU BERECHNEN.

324. Eine Bestellung über 6 000 Stück sollte den Bedarf der kommenden 25 Wochen decken. Wegen Materialknappheit lieferte der Hersteller nur 75 % der bestellten Menge. Unser Bedarf ist aber wegen zusätzlicher Aufträge um 25 % gestiegen. Wie viel Wochen reicht jetzt die tatsächlich gelieferte Menge aus?

325. Die Bestellabwicklung dauert 4 Tage. Die Lieferzeit beträgt 14 Tage. Für die Wareneingangskontrolle werden 2 Tage benötigt. Täglich werden 1 400 Stück an die Fertigung abgegeben. Der Mindestbestand reicht für einen Verbrauch von 6 Tagen. Wie hoch ist der Meldebestand?

326. Wie hoch ist die optimale Bestellmenge, wenn die Angaben in der Tabelle zu berücksichtigen sind und andere Mengenentscheidungen nicht getroffen werden können?

Bestellmenge (Jahresbedarf 1.200 Stück)	Anzahl der Bestellungen je Jahr	Kosten der Bestellungen je Jahr	Lagerkosten je Jahr
80	15	105	640
60	20	140	480
40	30	210	360
30	40	280	300
24	50	350	264

327. Von 580 Einheiten eines Rohstoffes werden täglich 20 Einheiten verbraucht. Die Wiederbeschaffungszeit beträgt 10 Tage. Nach wie viel Tagen muss neu bestellt werden, wenn ein Mindestbestand von 100 Einheiten festgelegt ist und die Sendung eintreffen soll, wenn der Mindestbestand gerade erreicht wird?

328. Für die Beschaffungsplanung von Wäscheknöpfen liegen folgende Angaben vor:
Maximale Lagerkapazität: 350 000 Stück
Verbrauch: 5 000 Stück pro Tag
Der Mindestbestand soll für 10 Tage reichen. Wie viel Bestellungen müssen in einem Jahr mindestens (= 240 Tage) erfolgen, um den Jahresbedarf an Wäscheknöpfen zu decken?

329. Bei einem täglichen Verbrauch von 20 Stück und 8 Tagen Beschaffungszeit betrug der Meldebestand eines Lagergutes 280 Stück. Durch Vereinbarungen mit dem Lieferer kann die Beschaffungszeit auf 7 Tage verkürzt und der Mindestbestand um 10 Stück gesenkt werden. Wie viel Stück beträgt der neue Meldebestand?

330. Bisher wurden bei Verwendung von Folien mit einer Breite von 200 cm für eine Produktionseinheit 180 lfd. Meter verbraucht. Ab sofort stehen nur noch Folien mit einer Breite von 250 cm zur Verfügung. Wie viel lfd. Meter werden jetzt je Produktionseinheit im günstigsten Fall gebraucht?

331. Wie lautet der Preis bei sofortiger Zahlung für 4 t Chemikalien beim günstigsten Angebot?
Angebot A: 68 €/100 kg; 15 % Rabatt; 2 % Skonto
Angebot B: 62 €/100 kg; 10 % Rabatt; kein Skonto
Angebot C: 78 €/100 kg; 25 % Rabatt; 3 % Skonto

332. Dem Einkäufer liegt folgendes Angebot vor:
Garn NM 40 16.400 €
Garn NM 50 156.800 €
Garn NM 55 41.800 €
Gesamt 215.000 €
Bei den Preisverhandlungen ist es ihm gelungen, für die Gesamtbestellung einen Gesamtpreis von 197.800,00 € zu vereinbaren. Wie viel € beträgt der Bestellwert von Garn NM 50 bei gleichem prozentualen Abschlag?

333. Über wie viel € lautet das günstigste Angebot beim Bezug von 5.400 kg Kleiderstoff?
Angebot A: 3,95 €/kg; 20 % Rabatt; 2,5 % Skonto
Angebot B: 3,90 €/kg; 18 % Rabatt; 3,5 % Skonto
Angebot C: 3,98 €/kg; 22 % Rabatt; 3 % Skonto

334. Für einen Artikel liegen die abgebildeten Angebote vor:
Um wie viel € ist das eine Angebot günstiger als das andere, wenn noch folgende Transportkosten je 100 Stück zu berücksichtigen sind:
Hausfracht zur Versandstation 30 €;
Fracht 55 €
Hausfracht ab Empfangsstation 20 €

	Angebot A	Angebot B
Liefermenge	300 Stück	300 Stück
Preis je Stück	10 €	10,50 €
Mengenrabatt	20 %	25 %
Lieferbedingung	frei Empfangsstation	ab Versandstation

335. Einem Industrieunternehmen wird ein Satz Druckwalzen für die Offset-Druckmaschine der Hausdruckerei angeboten. Wie viel € beträgt der Einstandspreis des günstigeren Angebotes, wenn unter Abzug von Skonto bezahlt wird?

	Angebot A	Angebot B
Listenpreis	5.900 €	6.000 €
Rabatt	25 %	23,5 %
Bezugskosten	211,50 €	frei Haus
Zahlung innerhalb 10 Tagen	3 % Skonto	2 % Skonto

336. Beim Wareneingang betrug das Gewicht der Ware nur noch 21.230 kg. Beim Transport trat ein Gewichtsverlust von 3,5 % des ursprünglichen Gewichtes ein. Wie viel kg betrug das ursprüngliche Gewicht?

337. Wir beziehen 20 Kisten eines Rohstoffes, Bruttogewicht insgesamt 584,6 kg. Abgezogen wird eine Durchschnittstara. Dazu werden 5 Leerkisten beliebig ausgewählt und gewogen. Sie wiegen: 1. Kiste 1,4 kg; 2. Kiste 1,6 kg; 3. Kiste 1,8 kg; 4. Kiste 1,65 kg; 5. Kiste 1,7 kg. Wie viel kg beträgt die Durchschnittstara der gesamten Lieferung?

338. Ein Lieferer berechnet für einen Rohstoff bei einer Abnahme von weniger als 1.000 Stück 12 € je Stück und bei einem Kauf ab 1.000 Stück 11 € je Stück. Ab welcher Menge ist es günstiger, bereits 1.000 Stück zu 11 € je Stück zu kaufen?

339. Die Oldenburger Behälter-Bau AG hat zum Bezug von 8 Tonnen Rundstahl ST 26 das nachstehende Angebot vorliegen. Wie viel € beträgt der Bezugspreis?

Listenpreis pro Tonne:	1.200 €
Liefererrabatt:	10 %
Liefererskonto bei Barzahlung:	3 %
Einkaufsprovision vom Zieleinkaufspreis:	5 %
Fracht pro t/€:	108,40 €

340. Die Oldenburger Behälter-Bau AG bestellt 500 kg Beschichtungsmaterial zum Preis von 1 €/kg. Die Verpackung wiegt 20 kg und wird mit 15 € berechnet. Es gilt folgende Vereinbarung: „Preis netto ausschließlich Verpackung". Wie viel € beträgt der Bezugspreis?

341. Wir überweisen nach Abzug von 10 % Rabatt und 2 % Skonto an einen Lieferer 10.584 €. Wie viel € betrug der Einkaufspreis (ohne Berücksichtigung der Umsatzsteuer)?

342. Der Messgerätefabrik Ernst Frank & Co. KG wurde vom Hersteller für Hausdruckregelgeräte ein Angebot unterbreitet. Der Listeneinkaufspreis für das Gerät beträgt 31,00 € (ohne Umsatzsteuer). Es ist ein gestaffelter Mengenrabatt vorgesehen:
ab 2.000 Einheiten 5 %
ab 5.000 Einheiten 8 %
ab 10.000 Einheiten 10 %
ab 30.000 Einheiten 12 %
Die anteiligen, nicht skontierfähigen Frachtkosten betragen je bezogene Einheit 2 €. 2 % Skonto werden angeboten und sollen genutzt werden. Die Messgerätefabrik will 6.000 Einheiten beziehen. Für Gemeinkosten müssen 25 % berücksichtigt werden. Wie viel € beträgt der Selbstkostenpreis eines Hausdruckregelgerätes bei Fremdbezug?

343. Die Messgerätefabrik Ernst Frank & Co. KG überprüft die Kalkulationsunterlagen bei Eigenfertigung der Hausdruckregelgeräte. Aus den bewerteten Stücklisten ergeben sich Fertigungsmaterial von 4,85 € und Fertigungslohn von 7,28 € je Erzeugnis. Die Gemeinkostenzuschläge sind:

Materialbereich	40 %
Fertigungsbereich	180 %
Verwaltungs- und Vertriebsbereich	45 %
Versandkosten für Lieferung frei Haus	2 € je Erzeugnis

Wie viel € beträgt der kalkulierte Selbstkostenpreis?

344. Ein Lieferer hat seine Listenpreise ein Jahr um 8 %, ein weiteres Jahr um 6 % gegenüber dem jeweiligen Vorjahr erhöht. 1 Tonne eines Rohstoffes kostet nun 4.579,20 €. Wie viel € kostete eine Tonne Rohstoff ursprünglich?

345. Eine Rechnung (Eingangsdatum 17.07.) über 892,17 € zuzüglich 19 % Umsatzsteuer ist zu begleichen. Die Lieferungs- und Zahlungsbedingungen lauten: Bei Zahlung innerhalb von 20 Tagen 3 % Skonto. Über wie viel € lautet der Überweisungsbetrag, wenn die Zahlung am 27. Juli erfolgt?

346. Ein Werkstück verliert durch die Bearbeitung in Stufe I 10 % seines Rohgewichtes. Durch Veredelung in Stufe II gewinnt das Werkstück 3 % gegenüber dem Gewicht nach der Bearbeitung in Stufe I. Am Ende der Bearbeitung wiegt das Fertigteil 463,50 kg. Wie viel kg wog das Werkstück vor Beginn der Bearbeitung?

347. Ein Zulieferbetrieb liefert ein Produkt, das bisher 480 € gekostet hat. Die Firma will die 4 % Tariferhöhung auf das Produkt aufschlagen. Der Anteil an Personal- und Personalnebenkosten betrug bisher 25 % des Produktes. Wie viel € kostet das Produkt nach der Tariferhöhung?

348. Wir kaufen von einem Lieferer 0,7 t Stahlblech; 100 kg kosten 700 €. Wegen verminderter Brauchbarkeit erhalten wir die Stahlbleche zu 70 % des Einstandspreises. Wie viel € beträgt der Nachlass?

349. Der Lieferer eines Standardteiles bietet an: Formteile AGT 310: 1 bis 499 Stück 5 € je Stück; ab 500 Stück 4,50 € je Stück. Ab welcher Stückzahl wird ein Einkäufer zur Bestellung von 500 Stück raten, da sonst der bis zur Abnahmemenge von 499 geltende Einzelpreis zu einem höheren Gesamtpreis führen würde?

350. Beim Überprüfen der Zahlungseingänge wurde festgestellt, dass ein Kunde am 30.04. nach Abzug von 3 % Skonto 5.529,00 € überwiesen hat. Die Zahlung war bereits am 20.03. fällig. Wie viel € sind von dem Kunden nachzufordern, wenn bei Überschreitung des Zahlungsziels 7,5 % Verzugszinsen vom Brutto-Rechnungsbetrag berechnet werden?

351. Ein Artikel kostet nach Abzug von 7 % Mengenrabatt 325,50 €.
Wie viel € beträgt der Listeneinkaufspreis für den Artikel?

352. Ein Industrieunternehmen erhält folgende Rechnung:

2.800 kg Rohstoff A	28 000 €
3.200 kg Rohstoff B	27 300 €
1.300 kg Rohstoff C	10 400 €
	65.700 €
Frachtkosten	3.650 €
	69 350 €

Wie viel € beträgt der Anteil des Rohstoffs C an den Frachtkosten 1 (ohne Umsatzsteuer)?

353. Die Lieferzeit für einen benötigten Rohstoff beträgt 13 Tage. Für das Bearbeiten der Bestellung werden 7 Tage benötigt. Der Mindestbestand (Eiserne Reserve) beträgt 1.700 t. Durchschnittlich werden von diesem Rohstoff wöchentlich (1 Woche = 5 Tage) 3.500 t verbraucht. Wie viel t beträgt der Meldebestand?

354. Wie viel € beträgt der Einstandspreis für 5.000 Stück des abgebildeten Angebotes, wenn die Rechnung unter Ausnutzung von Skonto bezahlt werden soll?

ALBERT SCHNEIDER KG
Metallwarenfabrik

Albert Schneider KG, Lagerstr. 1, 64297 Darmstadt

64297 Darmstadt
Lagerstr. 1
Telefon: 06151/25 67 89
Ust.-Id.-Nr.: DE 987876890

Apparatebau
Fröhlich GmbH
Seilerstr. 18
60313 Frankfurt

Ihre Anfrage vom	Ihre Zeichen	Unsere Zeichen	Datum:
05.10.	em/st	23/456	11.10.

Angebot Nr. 2345

Wir danken für Ihre Anfrage und bieten an:

5000 Stück	Stahlschrauben DIN 480 – 3,6 M 16 x 80	je 100 Stück 46,00 € zuzüglich MwSt.

Liefertermin: sofort nach Auftragseingang
Lieferung: ab hier, Frachtanteil 12,00 €
Zahlungsbedingungen: 10 Tage 3 % Skonto vom Warenwert, 30 Tage netto

Außerdem gewähren wir Ihnen einen Sonderrabatt von 5 %.

Wir erwarten Ihren Auftrag.

Schneider KG
Metallwarenfabrik

i. V. *Meyer*

355. Die abgebildete Grafik zeigt den Verbrauch von Zwirn 2F einer Textilfabrik. Wie hoch ist die Verbrauchsmenge in der Beschaffungszeit?

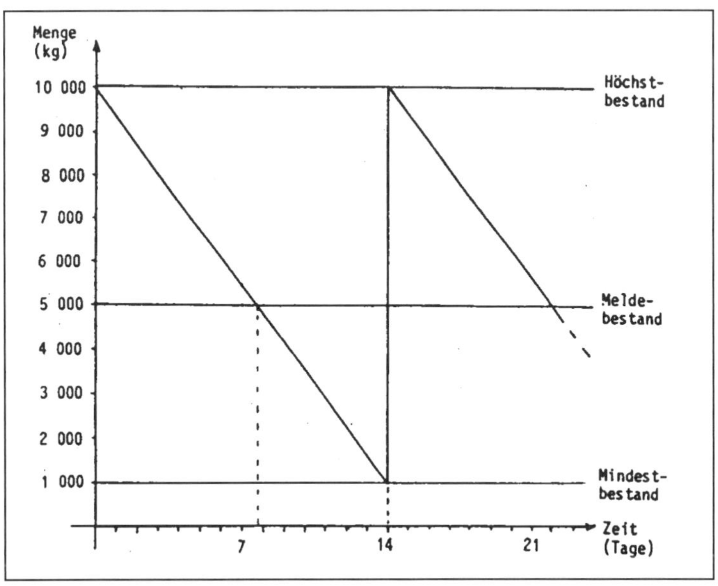

356. Bei einem Rohstoff ergaben sich im Laufe des Jahres folgende Bestände:
Jahresverbrauch: 8.370 kg;
Jahresanfangsbestand 930 kg.
Monatsendbestände: Jan. 900 kg; Febr. 960 kg; März 975 kg; April 930 kg; Mai 885 kg; Juni 870 kg; Juli 915 kg; Aug. 930 kg; Sept. 975 kg; Okt. 945 kg; Nov. 915 kg; Dez. 960 kg.
Wie hoch ist die Umschlagshäufigkeit bei Berücksichtigung aller Bestandszahlen?

357. Für die Herstellung von Transportbehältern wurden im Jahr 19.500 t Stahlblech ST 36 verbraucht. Der durchschnittliche Lagerbestand betrug 2.600 t. Wie viel Prozent betrug der Lagerzinssatz bei einem Jahreszinssatz von 9 %?

358. Wie viel Tage ist das Kapital der Industrie-AG in Rohstoffen und den daraus gefertigten Produkten unter Berücksichtigung folgender Daten durchschnittlich gebunden?

- Umschlagshäufigkeit im Rohstofflager	10 mal pro Jahr
- Fertigungszeit	25 Tage
- Umschlagshäufigkeit im Fertigerzeugnislager	15 mal pro Jahr
- Zahlungsziel der Rohstofflieferer	30 Tage
- Zahlungsziel an Kunden	60 Tage

359. Es werden täglich 1.800 elektronische Bauteile verbraucht. Der Lieferer hat die Lieferzeit von bisher 28 Tagen auf 20 Tage verkürzt. Gleichzeitig kann der Mindestbestand um 10 % auf 13.500 Stück gesenkt werden. Um wie viel Stück verringert sich der Meldebestand?

360. Wie hoch ist der künftige Meldebestand, wenn der Berechnung des durchschnittlichen Monatsbedarfs der Verbrauch des 1. Halbjahres laut Abbildung zugrunde gelegt wird?

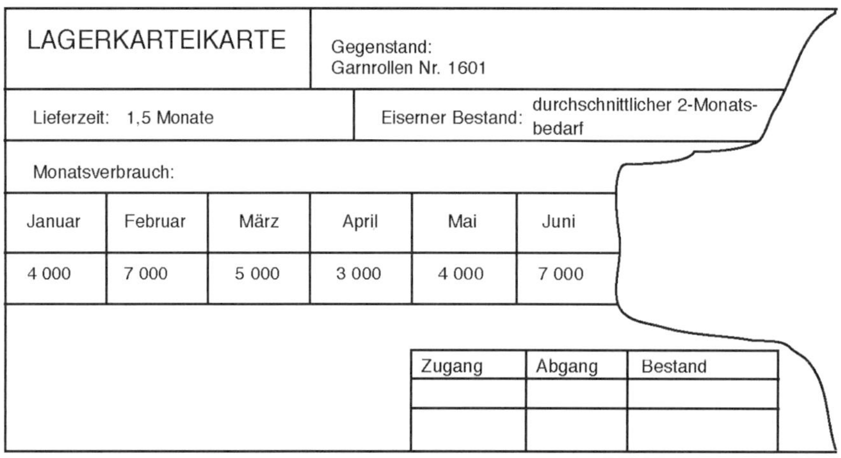
LAGERKARTEIKARTE

Gegenstand: Garnrollen Nr. 1601

Lieferzeit: 1,5 Monate

Eiserner Bestand: durchschnittlicher 2-Monats-bedarf

Monatsverbrauch:

Januar	Februar	März	April	Mai	Juni
4 000	7 000	5 000	3 000	4 000	7 000

Zugang	Abgang	Bestand

361. Der Wert der Lagerbestände war im II. Quartal um 15 % höher als im I. Quartal, fiel aber dann wieder im III. Quartal gegenüber dem vorherigen Quartal um 8 % auf 84.640,00 €. Welchen Wert in € hatten die Lagerbestände im I. Quartal?

362. Wie viel Tage beträgt die durchschnittliche Lagerdauer eines Rohstoffes, wenn eine Umschlagshäufigkeit von 18 ermittelt wird?

363. Wie viel € beträgt der Jahresverbrauch, wenn der durchschnittliche Lagerbestand 60.000 € und die durchschnittliche Lagerdauer 15 Tage betragen?

364. Wie viel Tausend € beträgt das im Rohstofflager durchschnittlich gebundene Kapital (= durchschnittlicher Lagerbestand), wenn bei einem Jahreszinssatz von 8 % insgesamt 16.000 € Lagerzinsen anfallen?

365. Der Jahresverbrauch für ein Kleinteil der Frankfurter Bremsen AG beträgt 7.200 Stück bei einer durchschnittlichen Lagerdauer von 20 Tagen. Wie viel Stück beträgt der durchschnittliche Lagerbestand?

366.

Rohstoffeinsatz	400.000 €
Anfangsbestand	60.000 €
Schlussbestand	20.000 €
Jahreszinssatz	10 %

Wie viel Prozent beträgt der Lagerzinssatz?

367. Während des ersten Quartals wurden bei einer Schuhfabrik folgende Mengen eines Spezialklebstoffes erfasst:

01.01.	Anfangsbestand	1.200 kg
14.02.	Kauf	3.500 kg
20.03.	Kauf	2.400 kg
31.03.	Inventurbestand	800 kg

Wie viel kg Klebstoff wurden in diesem Quartal verbraucht?

368. Im Lager haben wir von dem Artikel Schlingengarn S-12-24 pro Jahr einen durchschnittlichen Lagerbestand im Wert von 40.000 €. Wie viel Prozent Lagerkosten müssen bei der Preiskalkulation für diesen Artikel berücksichtigt werden, der pro Jahr viermal umgeschlagen wird? Er verursacht jährliche Lagerkosten in Höhe von 20.000 €.

369. In der Lagerkarte sind die Lagerbewegungen für „feuerfeste Dichtungen" festgehalten. Wie hoch ist die Umschlagshäufigkeit (U) im 1. Halbjahr unter Berücksichtigung des Anfangsbestandes und der Monatsendbestände?

Lagerkarte „Feuerfeste Dichtungen"			
Lieferzeit: 2 Monate			**Mindestbestand: 1.000 Stück**
Lagerbewegung			
Monat	**Zugang**	**Abgang**	**Bestand**
Anfangsbestand			4.200
Januar	6.800	3.800	7.500
Februar	--	2.400	5.500
März	--	1.900	4.000
April	--	2.950	1.500
Mai	4.500	3.300	3.200
Juni	5.850	3.650	5.600

370. Die Lagerverwaltung hat der Geschäftsleitung die durchschnittliche Lagerdauer für Stahlrohre zu melden. Dafür stehen folgende Daten zur Verfügung:

Jahresanfangsbestand:	24.000 €
Summe der 12 Monatsendbestände	132.000 €
Jährlicher Verbrauch:	360.000 €

Wie viel Tage beträgt die durchschnittliche Lagerdauer?

371. Die Textilwerke AG hat einen Lagerzinssatz von 1,5 % ermittelt und dabei einen Jahreszinssatz von 12 % zugrunde gelegt. Wie viel Tage beträgt die Lagerdauer?

372. Als Mitglied des Sachbearbeiterteams im Einkauf haben Sie folgende Anfrage verfasst und abgeschickt: „Für eine Serie Festsattel-Scheibenbremsen benötigen wir 800 Gussgehäuse: Legierung und Maße einschließlich Bohrungen lt. Produktbeschreibung der Frankfurter Bremsen AG 16-24-19-80 und 81 auf beigefügter Diskette. Liefertermin: 14. Kalenderwoche; weitere Lieferbedingungen umseitig. Wir bitten um Ihr Angebot bis zu 16.01."
Aufgrund der Anfrage gegen die in der Abbildung abgedruckten Angebote ein.
Wie viel € beträgt das günstigste Angebot, wenn angenommen wird, dass die Bahnfracht 460 € und die Hausfracht 60 € beträgt und Skonto ausgenutzt wird?

Anbieter A	Anbieter B	Anbieter C
Gussgehäuse 27,20 €/Stück	Gussgehäuse 28,40 €/Stück	Gussgehäuse 27,22 €/Stück
Skonto 2 % in 10 Tagen oder	Skonto 2 % in 8 Tagen oder	Skonto 3 % bei Zahlung innerhalb
30 Tage netto Kasse	30 Tage netto Kasse	10 Tagen oder 30 Tage netto Kasse
Transportbedingung: „ab Versandstation"	Lieferbedingung: „frei Haus"	Lieferbedingung: „frei Hauptgüterbahnhof Frankfurt"
Lieferung sofort	Liefertermin ab 26. Kalenderwoche	Lieferung in der 14. Woche

Betriebswirtschaftliche Geschäftsprozesse

III. SITUATIONSAUFGABEN ZUR VORBEREITUNG AUF DIE ABSCHLUSSPRÜFUNG

SITUATION 13

Sie sind Mitarbeiter der Bavaria Fahrradwerke GmbH. Es sollen Gelsättel als neue Handelswaren in das Sortiment aufgenommen werden. Sie werden beauftragt, die erforderlichen Arbeiten durchzuführen.

1. Aufgabe

Ein Lieferer ist Ihnen noch nicht bekannt. Welche Arbeitsschritte sind vorzunehmen, um die neuen Produkte zu beschaffen? Beachten Sie bei Ihren Lösungsvorschlägen die richtige zeitliche Reihenfolge!

2. Aufgabe

Da Sie noch keinen Lieferer für die neu zu beschaffenden Produkte in Ihrer Liefererdatei gespeichert haben, müssen Sie sich um neue Bezugsquellen kümmern.
Nennen Sie 5 Möglichkeiten, neue Liefereradressen ausfindig machen zu können (externe Bezugsquellen)!

3. Aufgabe

Im Rahmen einer Internet-Recherche haben Sie folgende Fundstelle erhalten. Welches ist Ihr nächster Schritt bei der Internet-Recherche?

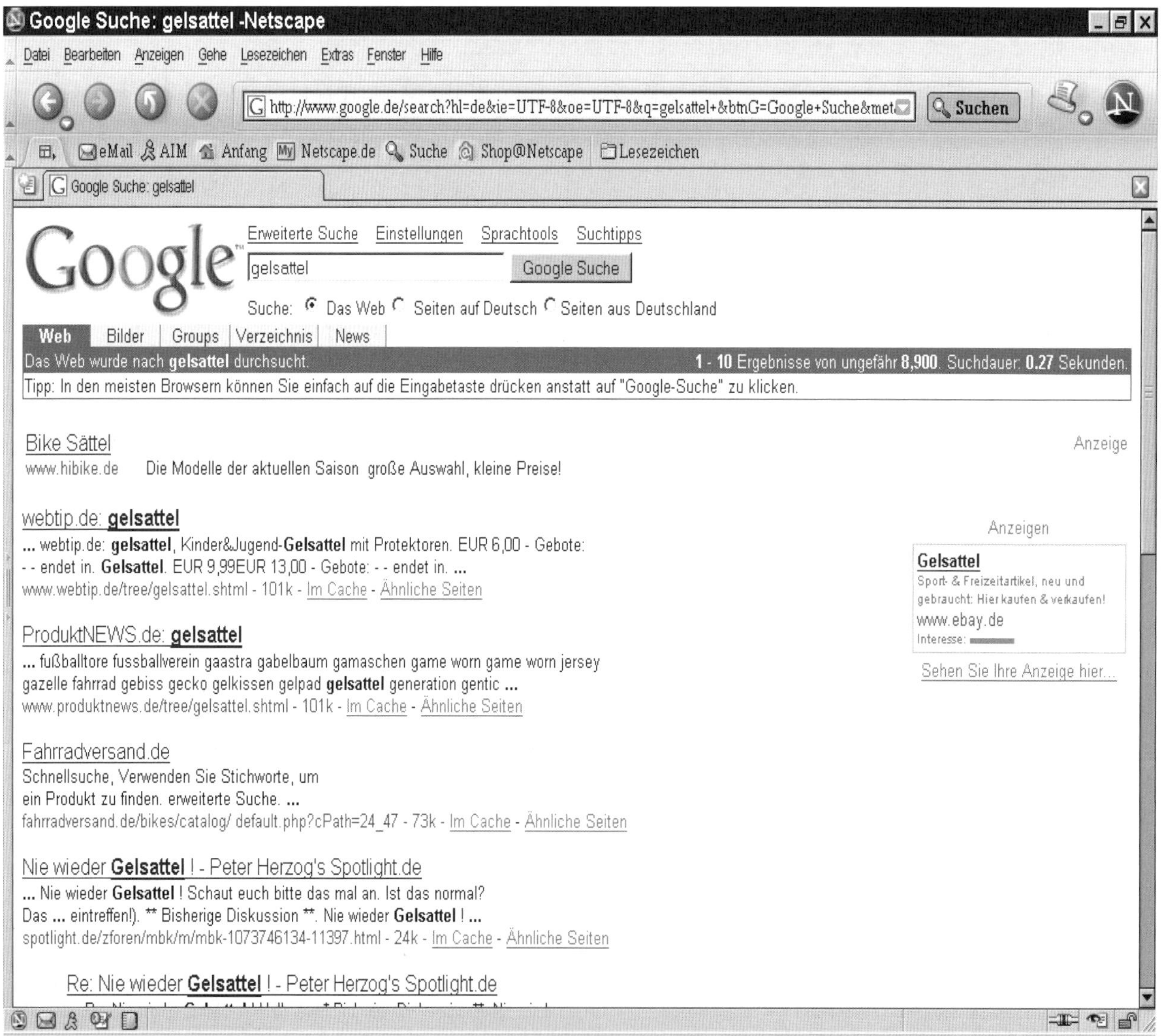

4. Aufgabe

Nachdem Sie die erforderlichen Lieferer ausfindig machen konnten, holen Sie Angebote ein.

a) Wie wird Ihr Schreiben an die potentiellen Lieferanten bezeichnet, wenn Sie Ihr gewünschtes Produkt sehr detailliert kennzeichnen?
b) Welche rechtlichen Verpflichtungen gehen Sie mit Ihren Schreiben ein?

5. Aufgabe

Ihnen gehen verschiedene Angebote ein. Neben dem Preis sind noch weitere Daten der Anbieter zu beachten. Erstellen Sie ein Schema, das Ihnen die Entscheidung, bei welchem Lieferer Sie bestellen wollen, erleichtern soll!

Lieferer	Listenpreis	?	?	?	?	?

6. Aufgabe

Sollten zwei Lieferer die gleichen Bedingungen wie in Aufgabe 5 aufweisen, muss nach anderen Kriterien ausgewählt werden. Nennen Sie weitere Auswahlkriterien!

7. Aufgabe

Begründen Sie, warum Sie mit der Lieferbedingung „unverzüglich" ein unnötiges Risiko eingehen würden.

8. Aufgabe

Ihnen liegen in der 18. KW 5 Angebote vor. Bei welchem Lieferer bestellen Sie, wenn Sie spätestens in der 21. Kalenderwoche 2.500 Stück der neuen Ware benötigen?

Lieferer	Preis, €	Lieferbedingungen	Zahlungsbedingungen	Lieferzeit
1	10.20	Mindestabnahme 2.000 Stück	netto Kasse	26. Woche ab Werk
2	11,50	--	netto Kasse	sofort
3	10.45	--	netto Kasse	3 Wochen ab Eingang Bestellung
4	10.00	--	8 Tage, 3 % Skonto	6 Wochen ab Eingang Bestellung
5	09.80	Mindestabnahme 8.000 Stück	14 Tage, 2 % Skonto	sofort

9. Aufgabe

Ein weiteres Angebot enthält die Zahlungsbedingung: Zahlungsziel 60 Tage, bei Zahlung innerhalb 10 Tagen 3 % Skonto. Welchem Jahreszinssatz entspricht diese Zahlungsbedingung?

10. Aufgabe

Da Sie mit Ihrem Kunden die Lieferfrist verlängern konnten, entscheiden Sie sich für den Lieferer 4 (siehe Aufg. 8). Wie hoch ist Ihr Bruttoverkaufspreis, wenn 0,20 € Bezugskosten pro Stück, 16 2/3 % Handlungskostenzuschlag, 5 % Gewinnzuschlag, 2 % Kundenskonto und die gesetzliche Mehrwertsteuer zu berücksichtigen sind?

11. Aufgabe

Durch unvorhergesehenen Konkurrenzdruck können Sie für Ihr Produkt nur noch 14,26 € pro Stück erzielen. Wie hoch ist der Ihnen verbleibende Gewinn pro Stück in € und Prozent?

12. Aufgabe

Sie nehmen die neuen Produkte in Ihr Kernsortiment auf. Welche warenwirtschaftlichen Arbeiten bringt dies mit sich?

13. Aufgabe

Angenommen, die neu ins Sortiment aufzunehmenden Produkte seien sehr teuer; ihr Absatz noch recht ungewiss. Welche Möglichkeit würden Sie vorschlagen, um Risiken weitgehend auszuschalten?

14. Aufgabe

Es ist ein Kaufvertrag über die benötigte Menge zustande gekommen. Darin haben Sie „Lieferung zum 12. Juni 20.. fix“ vereinbart. Angenommen, der Lieferer hat zu diesem Zeitpunkt nicht geliefert.
Erläutern Sie, welche Art von Erfüllungsstörung damit vorliegt und beschreiben Sie zwei mögliche Rechte, die die Bavaria Fahrradwerke GmbH als Käufer in Anspruch nehmen kann.

15. Aufgabe

Siehe Aufgabe 11. Der variable Handlungskostenanteil sei 65 Ct pro Produkt. Der Preis reduziere sich erneut um 10 %.
Erläutern Sie den Begriff „Deckungsbeitrag“!
Wie hoch wäre in diesem Fall der Deckungsbeitrag pro Produkt?
Warum wäre es notwendig, als absolute Preisuntergrenze 10,55 € pro Produkt festzulegen?
Was könnte Sie veranlassen, das Produkt zu 10,55 € zumindest vorübergehend im Sortiment zu belassen?
Welche Schwierigkeiten sind damit verbunden, wenn Sie das Produkt längerfristig zu 10,55 € im Sortiment halten würden?

SITUATION 14

Das Handelswarenkonto am Bilanzstichtag zeigt folgenden Stand:

S	Handelswaren		H
AB	6.500.000	Wareneinsatz	20.105.000
Zugänge	19.805.000	SB	6.200.000
	26.305.000		26.305.000

Daneben zeigt folgende Liste die Monatsendbestände des Warenlagers:

31.01.	5.480.000
28.02.	7.520.000
31.03.	5.500.000
30.04.	7.402.000
31.05.	5.700.000
30.06.	6.320.000
31.07.	6.250.000
31.08.	6.850.000
30.09.	5.920.000
31.10.	7.020.000
30.11.	5.780.000
Summe	69.742.000

1. Aufgabe
Ermitteln Sie den durchschnittlichen Lagerbestand!

2. Aufgabe
Wie oft schlägt sich das durchschnittliche Lager im Jahr um (ohne Kommastellen)?

3. Aufgabe
Wie lange liegt die Ware durchschnittlich auf Lager (ohne Kommastellen)?

4. Aufgabe
Das durchschnittliche Lager bedeutet gleichzeitig Kapitalbindung. Welcher Lagerzinsfuß ist anzusetzen (kalkulatorische Lagerzinsen), wenn der aktuelle Marktzins bei 8 % liegt?

5. Aufgabe
Welche Maßnahmen können dazu führen, die Umschlagshäufigkeit zu erhöhen?

6. Aufgabe
Der Lagerbereich verursacht der Geschäftsleitung zu hohe Kosten. Es erfolgt die strikte Anweisung, binnen eines Geschäftsjahres die Lagerkosten zu senken. Welche Kosten fallen im Lagerbereich an?

7. Aufgabe
In diesem Zusammenhang soll auch der Meldebestand gesenkt werden. Schlagen Sie zwei geeignete Maßnahmen vor!

8. Aufgabe
Es wird beabsichtigt, die gesamte Lagerorganisation zu verändern. Welche Gesichtspunkte sind dabei grundsätzlich zu beachten?

9. Aufgabe
Man spricht von zentraler und dezentraler Lagerorganisation. Nennen Sie jeweils die Vorteile!

10. Aufgabe
Bei der Umorganisation der Lagerstruktur ist auch abzuwägen, ob bzw. wann sich für ein Festplatzsystem bzw. Freiplatzsystem (chaotische Lagerung) zu entscheiden ist. Erläutern Sie diese beiden Systeme!

SITUATION 15

Die Materialbeschaffungs- und Lagerlogistik (Logistikcontrolling) Ihres Unternehmens ist in der Lage, Ihnen jederzeit artikelgenau Auskunft über die Bestände des Warensortiments zu liefern. So können Sie beispielsweise jederzeit am PC die Stückzahlen
- **des Vorjahresabsatzes**
- **des laufenden Jahresabsatzes**
- **des Bestandes, der für Vorbestellungen reserviert ist**
- **des verfügbaren Bestandes**
- **des Meldebestandes**
- **des Mindestbestandes**

abfragen.

1. Aufgabe
Ein Kunde erkundigt sich telefonisch bei Ihnen nach der Lieferfähigkeit. Welche der o. g. Daten gibt Ihnen die Möglichkeit, dem Kunden noch am Telefon eine präzise Antwort zu geben?

2. Aufgabe
Der Kunde lässt sich für den kommenden Monat eine Sendung des Produktes X reservieren. Sie geben die entsprechenden Daten am PC ein. Welche Bestände (s. o.) werden dadurch tangiert?

3. Aufgabe
Ihre Einkaufsabteilung richtet sich beim Einkauf ebenfalls nach den Daten der Logistikcontrolling. Wann liefert die Logistikcontrolling einen Bestellvorschlag?

4. Aufgabe
Es kommt auch vor, dass Ihre Einkaufsabteilung sich beim Bestellverhalten anders entscheidet, als dies von der Logistikcontrolling vorgeschlagen wurde. Wann erachten Sie es für angebracht,
a) mehr zu bestellen als dies der Bestellvorschlag der Logistikcontrolling vorsieht?
b) weniger zu bestellen als dies der Bestellvorschlag der Logistikcontrolling vorsieht?

5. Aufgabe
Sie haben mitbekommen, dass es aufgrund gestiegenen Nachfrageverhaltens seitens Ihrer Kunden in letzter Zeit zu Verkaufsstockungen wegen zu geringer Lagerbestände gekommen ist. Welchen Vorschlag können Sie unterbreiten, um dieses Problem zu lösen und wie können Sie Ihren Vorschlag mit den Zahlen der Lagerlogistikcontrolling untermauern?

6. Aufgabe
Für den Auftrag benötigen Sie insgesamt 800 Stück Halterungen. Eine Überprüfung der derzeitigen Bestände zeigt, dass sie noch 650 Halterungen dieser Art auf Lager haben. 530 davon sind für einen anderen Auftrag reserviert. Der Sicherheitsbestand beträgt 200 Stück. Aus Erfahrung kalkulieren Sie 3 % Zusatzbedarf für die jeweils benötigte Menge Halterungen ein. Berechnen Sie den Nettobedarf an Verpackungen für den Auftrag!

7. Aufgabe
Inventurarbeiten sind erforderlich, um den tatsächlichen Bestand Ihrer Artikel zu ermitteln. Es kommt vor, dass dieser Istbestand von den Zahlen, die Sie Ihrem PC entnehmen können (Sollbestand), abweicht. Welche Gründe können zu solchen Inventurdifferenzen führen?

SITUATION 16

Legen Sie bei den folgenden Aufgaben die nachstehend abgebildete Lagerdatei der Autowerke Süd GmbH zugrunde!

LAGERDATEI MONAT SEPTEMBER

Artikelnummer	APR 87659908	Beschaffungszeit	3 Arbeitstage
Artikelbezeichnung	Auspuffrohr Typ „Standard“	Mindestbestand	15 Stück
Einheit	Stück	Meldebestand	85 Stück
Lieferer	Gerold Huber GmbH & Co. KG München	Höchstbestand	120 Stück

Datum	Zugang	Abgang	Bestand
Freitag, 31. August			120
Montag, 03. 09		40	80
Dienstag, 04.09.		30	50
Mittwoch, 05. 09.		35	15
Donnerstag, 06.09.	80	5	90
Freitag, 07.09.		10	80
Montag, 10. 09.		30	50
Dienstag, 11.09.		**40**	**10**
Mittwoch, 12. 09.	80	30	60
Donnerstag, 13.09.		20	40
Freitag, 14.09.		10	30
Montag, 17.09.		10	20
Dienstag, 18.09.	80	30	70
Mittwoch, 19. 09.		20	50
Donnerstag, 20.09.		15	35
Freitag, 21.09.		15	20
Montag, 24. 09.	80	30	70
Dienstag, 25.09.		20	50
Mittwoch, 26.09.		30	20
Donnerstag, 27.09.	80	20	80
Freitag, 28.09.		20	60
Summe Arbeitstage September 20	Summe Zugänge 400	Summe Abgänge 460	Summe Tagesbestände September 980

1. Aufgabe

Im September wurde der Bestand für Auspuffrohre, Typ Standard, im Rahmen der permanenten Inventur ermittelt.

a) Erläutern Sie zunächst den Begriff „Inventur“!

b) Wie ist die Vorgehensweise bei der „permanenten Inventur“?

2. Aufgabe
Sehen Sie sich die Bestände am Dienstag, dem 11.09. genau an. Was können Sie feststellen? Nennen Sie Gründe, die zu dieser besonderen Situation geführt haben können!

3. Aufgaben
In der Lagerdatei wurde ein Meldebestand von 85 Stück angegeben. Überprüfen Sie, ob dieser Wert auch zutrifft. Geben Sie Ihren Rechenweg an!

4. Aufgabe
Ermitteln Sie den exakten durchschnittlichen Lagerbestand für den Monat September (ganze Stückzahl)!

5. Aufgabe
Im ersten Halbjahr des Jahres ergab sich ein durchschnittlicher Lagerbestande von 40 Stück. Welche Gründe können zu dem für den im Monat September wesentlich höheren liegenden Wert geführt haben?

6. Aufgabe
Machen Sie Vorschläge, wie der durchschnittliche Lagerbestand gesenkt werden kann!

7. Aufgabe
Stellen Sie den Zusammenhang zwischen durchschnittlichem Lager und der Kapitalbindung der Autowerke Süd GmbH kurz dar!

SITUATION 17

Die Bavaria Fahrradwerke GmbH München hat für die Abteilung Wareneingang einen neuen Mitarbeiter eingestellt. Dieser erfährt bei seiner Einweisung, dass er künftig zuständig ist für
- **die Warenannahme und Warenkontrolle**
- **die Bearbeitung von Reklamationen**
- **die Abwicklung der dadurch anfallenden Arbeiten.**

1. Aufgabe
Welche Arbeiten fallen im Bereich der Warenannahme und Warenkontrolle an?

2. Aufgabe
Laut Kaufvertrag hat die Fahrradwerke GmbH die Pflichten, die Ware anzunehmen, unverzüglich zu prüfen und zu bezahlen. Erläutern Sie in diesem Zusammenhang den Begriff „unverzüglich"!

3. Aufgabe
Leider muss der neue Angestellte bei seiner Arbeit feststellen, dass die gelieferte Ware nicht den Anforderungen entspricht. Welche Mängel können beim Auspacken der Ware auftreten?

4. Aufgabe
Es wurden statt 20 wasserdichte und atmungsaktive Fahrradregenjacken nur 10 geliefert. Außerdem stellt sich heraus, dass die Regenjacken nicht wasserdicht sind, obwohl dies vom Lieferer zugesagt war. Um welche Mängel handelt es sich jeweils und was muss der Angestellte dabei beachten?

5. Aufgabe
Auf einer betrieblichen Unterweisung wurden dem Angestellten die rechtlichen Möglichkeiten aufgezeigt, die der Bavaria Fahrradwerke GmbH im Falle mangelhafter Lieferung zustehen. Erläutern Sie die Rechte des Käufers im Falle einer mangelhaften Lieferung!

6. Aufgabe
Wo befindet sich nach Rücktritt vom Kaufvertrag der Erfüllungsort, wenn dazu keine spezielle Vereinbarung getroffen wurde? Begründen Sie Ihre Aussage.

SITUATION 18

Die Bavaria Fahrradwerke GmbH will ihre Produkte mit Hilfe der ABC-Analyse auf Wert- bzw. Mengenanteile am Gesamtumsatz bzw. –absatz ermitteln, um künftig geeignete Maßnahmen bei der Beschaffung ergreifen zu können.

1. Aufgabe
Was ist unter der ABC-Analyse zu verstehen?

2. Aufgabe
Aus welchem Grund werden ABC-Analysen durchgeführt?

3. Aufgabe
Der Fahrradwerke GmbH stehen folgende Daten zur Verfügung:

Artikel-Nr.	Absatzmenge	Absatz in %	Preis/Stück €	Umsatz in €	Umsatz in %	Klassifizierung	
91101	580		85				
91202	2000		3				
91301	400		450				
91401	1800		6				
91501	600		250				
91601	1500		18				
	6880						

a) Ermitteln Sie für jedes Produkt den Absatzanteil in Prozent!
b) Ermitteln Sie für jedes Produkt den Umsatzanteil in Prozent!
c) Ordnen Sie jedem Artikel den entsprechenden Rang laut Definition der ABC-Analyse zu!
d) Teilen Sie die Artikel in A, B oder C-Artikel ein (pro Gruppe zwei Artikel)!

4. Aufgabe
Verdeutlichen Sie ihre Lösung zu c) in nachstehender Übersicht!

	Artikel-Nr.	Wertanteil pro Gruppe	Mengenanteil pro Gruppe
A-Produkte			
B-Produkte			
C-Produkte			

5. Aufgabe
Welche Erkenntnisse sind der ausgefüllten Tabelle zu entnehmen?

6. Aufgabe
Welche Konsequenzen ergeben sich für die Artikel der A- und C-Gruppe aufgrund der durchgeführten ABC-Analyse zu ziehen?

7. Aufgabe
Welche Argumente sprechen dafür, den Artikel 91202 trotz geringem Umsatzanteil dennoch im Sortiment zu belassen?

8. Aufgabe

Bei dem Artikel 91301 überlegen Sie die Beschaffungsstrategie des Dual Sourcing anzuwenden. Welche Vorteile würde dies im Vergleich zu Single Sourcing bringen?

SITUATION 19

Neben Ihrem Standardprogramm hat die Frankfurter Bremsen AG Spezialbremsen für einen Sportwagenhersteller entwickelt. Die Fertigung erfolgt in Kleinserien nach Abruf des Sportwagenherstellers. Die dafür notwendigen Bremskraftverstärkergehäuse BVG SP 12 werden als Vorprodukte nach Bedarf zu unregelmäßigen Zeiten bestellt und angeliefert.

Es stehen folgende Daten für die Bremskraftverstärkergehäuse zur Verfügung:

• Tagesverbrauch	50 Stück
• durchschnittliche Zahl der Arbeitstage pro Monat	20 Tage
• Beschaffungszeit	10 Tage
• von der Fertigung festgelegter Mindestbestand	150 Stück
• wegen Rabattausnutzung jeweils bestellte und gelieferte Menge	850 Stück
• Bestand am 1. Januar	1000 Stück
• Bestand am 31. Dezember	150 Stück

1. Aufgabe

Ein Spediteur liefert fünf Kisten mit Bremskraftverstärkergehäusen für die Sportwagenbremsen an. Zwei Kisten sind stark beschädigt.

Was müssen Sie tun, damit der Frankfurter Bremsen AG rechtlich keine Nachteil entstehen?

2. Aufgabe

In den unbeschädigten Kisten befindet sich unter anderem eine Partie Bremskraftverstärkergehäuse, bei der die Bohrungen für die Zuleitungen zu klein sind. Im Kaufvertrag sind für einen solchen Fall keine Vereinbarungen getroffen worden. Durch Nachbohren könnten wir den Mangel selbst beheben.

Welche Vereinbarung mit dem Lieferer würden Sie vorschlagen?

3. Aufgabe

Wie hoch ist der durchschnittliche Lagerbestand bei den Bremskraftverstärkergehäusen?

4. Aufgabe

Ermitteln Sie den Meldebestand für die Bremskraftverstärkergehäuse!

5. Aufgabe

Wie viele Tage nach Eintreffen der Lieferung müssen Sie den Bedarf dem Einkauf melden?

6. Aufgabe

Sie sollen prüfen, ob der Mindestbestand ausreicht. Führen Sie drei Aspekte an, die Sie bei dieser Überprüfung zu beachten haben!

SITUATION 20

Im Rahmen Ihrer Tätigkeit bei der Textilwerke AG haben Sie sich mit der Beschaffung bzw. Lagerhaltung zu beschäftigen.

1. Aufgabe

Der Textilwerke AG liegen für die Beschaffungsplanung von Wäscheknöpfen folgende Angaben vor:

Maximale Lagerkapazität: 80.000 Stück

Verbrauch: 5.000

Der Mindestbestand muss für 1 Tag reichen, da der Lieferer ortsansässig ist.
Wie viele Lieferungen müssen in einem Jahr (240 Fertigungstage) mindestens erfolgen, um den Jahresbedarf an Wäscheknöpfen zu decken?

2. Aufgabe

Die Textilwerke AG hat bei Plastikknöpfen einen Lagerzinssatz von 1,8 % ermittelt und dabei einen Jahreszinssatz von 12 % zugrunde gelegt.

Wie viele Tage beträgt die Lagerdauer?

3. Aufgabe

Im Lager hat die Textilwerke AG von dem Artikel Schlingengarn SR 247 pro Jahr einen durchschnittlichen Lagerbestand im Wert von 60.000,00 €. Wie viel Prozent Lagerkosten müssen bei der Preiskalkulation für diesen Artikel berücksichtigt werden, der pro Jahr viermal umgeschlagen wird? Er verursacht jährliche Lagerkosten in Höhe von 15.000,00 €.

4. Aufgabe

Sie werden beauftragt, zu prüfen, ob es kostengünstiger ist, einen Teil der Betriebsstoffe im eigenen Lager oder in einem Fremdlager in unmittelbarer Nähe der Textilwerke AG aufzubewahren. An Kosten fallen an bei:

Eigenlagerung:
Fixkosten: 300,00 €/Monat
variable Kosten: 40,00 €/100 kg

Fremdlagerung:
variable Kosten : 90,00 €/100 kg

Wie viel € Lagerkosten pro Jahr fallen für die kostengünstigere Alternative an, wenn durchschnittlich 6.200 kg Betriebsstoffe pro Jahr eingelagert werden?

5. Aufgabe

Es wird überlegt, ein Produkt aus dem Sortiment zu nehmen.
Um wie viel Tausend € würde sich das Betriebsergebnis der Textilwerke AG ändern, wenn der Artikel „Bettlaken" wegen seines geringen Deckungsbeitrages aus dem Sortiment genommen würde und dadurch die fixen Kosten um 65.000,00 € gesenkt werden könnten? Preise, Kosten und Absatzmengen der übrigen Produkte bleiben unverändert.

Produkt	A	B	C	D	
Preis/Stück	Tischwäsche 150	Bettlaken 200	Bettbezüge 180	Kissenbezüge 250	
variable Kosten/Stück	100	180	140	210	
Absatzmenge	5.000	4.000	7.500	8.000	
fixe Gesamtkosten					600.000

SITUATION 21

Die Bavaria Fahrradwerke GmbH erhält von der Maier OHG die abgebildete Rechnung. Von unserem Mitarbeiter Schwaiger wurde für die Lieferung Halogen-Strahler der abgebildete Wareneingangsschein erstellt (Abbildungen siehe nächste Seite).

1. Aufgabe

Welche Aussage können Sie zu der abgebildeten Rechnung der Maier OHG bezüglich des Erfüllungsortes bei Rechtsstreitigkeiten über die Lieferung machen?

2. Aufgabe

Berechnen Sie den Überweisungsbetrag einschließlich Verpackungskosten, wenn die Überweisung am 20. März erfolgt?

3. Aufgabe

Welcher rechtliche Anspruch gegenüber dem Lieferer kann geltend gemacht werden, wenn im Kaufvertrag keine besonderen Vereinbarungen getroffen wurden? Beachten Sie dazu den abgebildeten Wareneingangsschein!

4. Aufgabe

Siehe die abgebildete Lagerdatei. Bevor Maßnahmen zu ergreifen sind, ist zu klären, bis zu welchem Zeitpunkt eine Ersatzlieferung eintreffen müsste. Bestimmen Sie den Zeitpunkt, bis zu dem die Ware bei der Bavaria Fahrradwerke GmbH eintreffen muss, damit ohne Unterbrechung weiter produziert werden kann?

5. Aufgabe

Im Materiallager wurde im Februar die Entnahme von 200 Halogen-Strahlern ordnungsgemäß in der Lagerbuchführung erfasst. Die Rückgabe von 30 Strahlern wurde versehentlich erst im April erfasst. Wie wirkt sich dieser Fehler auf den Bestand der Strahler aus?

6. Aufgabe

Ihnen liegen für den Monat Juni folgende Daten vor:

Produktionsgruppe „FAHRRADSCHLAUCH“

Produktionsmenge	18.000,00 Stück
Gesamtkosten	97.000,00 €
variable Kosten	1,25 €/Stück
Verkaufspreis	5,60 €/Stück
Beschäftigungsgrad	75 %

Im Monat Juli erhöht sich der Beschäftigungsgrad auf 90 %.

Wie viel € beträgt der monatliche Gesamtgewinn im Monat Juli, wenn alle hergestellten Fahrradschläuche verkauft werden?

7. Aufgabe

Die Bavaria Fahrradwerke GmbH überlegt, mit der Maier OHG zukünftig einen Rahmenvertrag über die Lieferung von Halogen-Strahlern abzuschließen.

a) Wodurch unterscheidet sich ein Rahmenvertrag von einem normalen Kaufvertrag?

b) Welche Vorteile ergeben sich durch den Abschluss eines Rahmenvertrages für die beteiligten Unternehmen?

Betriebswirtschaftliche Geschäftsprozesse

MAIER OHG
Siemensstr.22 – 84028 Landshut

Maier OHG, Siemensstr. 22, 84028 Landshut

Bavaria Fahrradwerke GmbH
Landshuter Allee
80637 München

Datum: 10. März 20..

Eingegangen am:
13. März 20..
Bavaria Fahrradwerke

Rechnung

Wir lieferten Ihnen am 8. März 20..:

Pos	Stück	Einzelpreis €	Gegenstand	Gesamtpreis €
1	2500	16,00	Halogen-Strahler	40.000,00
2			Verpackung	1.000,00
				41.000,00
			19 % Umsatzsteuer	7.790,00
				48.790,00
				============

Versand: am 10. März 20..
Lieferbedingung: Frei Haus
Verpackung: Gutschrift bei frachtfreier Rücksendung
Zahlung: bis zum 20. März 20.. mit 2 % Skonto vom Warenwert oder bis zum 10. April 20.. netto

Die Ware bleibt bis zur vollständigen Bezahlung unser Eigentum.
Im Übrigen gelten die gesetzlichen Bestimmungen.

Bankverbindung:
Bayerische Landesbank - IBAN: DE71 7005 0000 0000 7890 98 – BIC: BYLADEMMXXX

Ust.-Id.-Nr.: DE 933887321

Gesellschafter, Sitz, Registergericht, HRA siehe Rückseite

Bavaria Fahrradwerke GmbH

WARENEINGANGSSCHEIN 567/20..
Lieferant: Maier OHG
Bestellschein: 09876

Angekommen am: 13. März 20.., 8:30 Uhr	Mit Spedition: Kreuzpaintner		Packstücke: 5 Paletten
Entgegengenommen von: SCHWAIGER	Frachtkosten:		Bemerkung: Verpackung.............o.k.
Artikel-Nr. 765789	Artikel: Halogen-Strahler	Menge: 2500	Lagerplatz: R 6

Abnahmeprotokoll der Kontrollstelle:

Alle Strahler weisen Mängel auf, (starke Kratzer im Glas), Artikel können **nicht** verwendet werden.

Eintragung in Lagerdatei am: 13. März Unterschrift: Beckmann
Weiterleitung an Einkauf am: 13. März Unterschrift: Beckmann

AUSZUG AUS DER LAGERDATEI

Bavaria Fahrradwerke GmbH

Artikel: Halogen-Strahler — Lieferant: Maier AG

Lagerplatz: R 6

Datum	Anfangsbestand	Zugang	Abgang	Endbestand
03. März - Freitag	1720		600	1120
04.				
05.				
06. März - Montag	1120	3000	600	3520
07. März - Dienstag	3520		600	2920
08. März - Mittwoch	2920		600	2320
09. März - Donnerstag	2320		600	1720
10. März - Freitag	1720		600	1120
11.				
12.				
13. März - Montag	1120			
14.				
15.				

Bemerkungen:

Der Verbrauch von Halogen-Strahlern bei der Produktion von Fahrrädern ist **gleichmäßig.**
Die Fertigung produziert von 8:00 Uhr bis 18:00 Uhr ohne Unterbrechung.
Die Annahme und Strichprobenkontrolle der Scheinwerfer beansprucht insgesamt **50 Minuten**.
Der Transport vom Lagerplatz zur Fertigung erfordert 20 Minuten und kann während der laufenden Fertigung erfolgen.

I. PERSONALPOLITISCHE ÜBUNGEN ZUR FESTIGUNG IHRER KENNTNISSE

1. Wie viel Arbeitsstunden beträgt die Auftragszeit für das Schleifen von 18.000 Ventilen unter Berücksichtigung folgender Angaben?
- Das Schleifen eines Ventils dauert 15 Sekunden.
- Nach jeweils 180 Ventilen erhält der Arbeiter eine Pause von 6 Minuten.
- Die Rüstzeit beträgt 6 Stunden.

2. Für die Herstellung von 150 Ballen farbige Wäschestoffe in einem Los liegen folgende Angaben vor:
- Rüstgrundzeit für den Auftrag: 10,5 Minuten
- Ausführungsgrundzeit 6 Minuten/Ballen
- Verteilzeitzuschlag für die Rüstgrundzeit: 20 %
- Verteilzeitzuschlag für die Ausführungsgrundzeit: 5 %.
- Wie viel Minuten beträgt die Vorgabezeit?

3. Wie hoch ist der Zeitgrad (der tatsächliche Leistungsgrad) eines Arbeiters in Prozent, wenn seine Istleistung 85 Einheiten in 48 Minuten und die Normalleistung 85 Einheiten in 60 Minuten beträgt?

4. Ein Zeitnehmer stoppt bei Zeitaufnahmen für einen Arbeiter sechsmal den gleichen Arbeitsgang und ermittelt dabei folgende Zeiten:
1. Zeitaufnahme 15 sec. 4. Zeitaufnahme 11,5 sec.
2. Zeitaufnahme 14 sec. 5. Zeitaufnahme 16 sec.
3. Zeitaufnahme 12,5 sec. 6. Zeitaufnahme 15 sec.
Die Auswertung ergibt nach Berücksichtigung des Leistungsgrades für die Stückzeit eine Vorgabezeit von 15,4 sec. Wie viel Prozent beträgt der Leistungsgrad des Arbeiters?

5. Wie viel Minuten beträgt die Auftragszeit auf Grund der abgebildeten Laufkarte?

Laufkarte	Gegenstand: Umlenktrommel Auftrags-Nr. 513/13	Termin:	Zeichnung Nr. 224.60 Stückzahl: 10	
Arbeitsgang-Nr.	Arbeitsgang	Maschine	Stückzeit in Minuten	Rüstzeit in Minuten
1	Seiten planfräsen	Fräsmaschine	3,55	7,10
2	Mittelloch bohren	Bohrmaschine	2,75	3,20
3	Gewinde schneiden	---	1,24	---
4	Seitenblech montieren	---	2,43	---

6. Ein Zeitnehmer ermittelt für sechs gleiche Arbeitsgänge folgende Zeiten:
Arbeitsgang 1: 12 sec
Arbeitsgang 2: 12 sec
Arbeitsgang 3: 15 sec
Arbeitsgang 4: 13 sec
Arbeitsgang 5: 15 sec
Arbeitsgang 6: 11 sec
Die Auswertung ergibt nach Berücksichtigung des Leistungsgrades für die Stückzeit einen Sollwert von 15.6 sec. Wie hoch war der Leistungsgrad?

7. Zur Ermittlung der Normalleistung (100 %) für einen Arbeitsgang wurden bei zwei Arbeitnehmern, Hans Koch (Leistungsgrad 110 %) und Kurt Schmitt (Leistungsgrad 95 %), Zeitaufnahmen durchgeführt. Hans Koch benötigte 320 Minuten, Kurt Schmitt 360 Minuten. Welche Akkordzeit in Minuten wird als Normalleistung für den Arbeitsgang angesetzt?

8. Der Bruttolohn des neuen Mitarbeiters K. Müller, Steuerklasse III, beträgt 3.050,00 €. Die Frankfurter Bremsen AG zahlt zusätzlich eine vermögenswirksame Leistung von 40,00 € auf das Bausparkonto des K. Müller. Die Sozialversicherungssätze betragen:
Krankenversicherung 14,6 %
Zusatzbeitrag 0,6 %
Arbeitslosenversicherung 2,4 %
Rentenversicherung 18,6 %
Pflegeversicherung 3,05 %.
Für Lohn- und Kirchensteuer sowie Solidaritätszuschlag sind insgesamt 197,77 € zu bezahlen. Wie viel € sind auf das Konto des Mitarbeiters zu überweisen. Tragen Sie das Ergebnis in obiges Kästchen ein.

9. Frau Sigl ist seit 4 Jahren in der Bavaria Fahrradwerke GmbH beschäftigt. Sie erhält ein reguläres monatliches Bruttoentgelt in Höhe von 1.684,20 €. Im Monat Dezember steht ihr zusätzlich eine Jahressonderzuwendung nach dem abgebildeten Auszug aus dem Tarifvertrag zu. Berechnen Sie, wie viel Frau Sigl im Dezember Jahressonderzuwendung erhält. Tragen Sie das Ergebnis in das Kästchen ein.

§ 12 Jahressonderzuwendung

Jedem Arbeitnehmer steht für das laufende Kalenderjahr eine Jahressonderzuwendung nach der folgenden Regelung zu. Wenn ein Arbeitnehmer ...

Die Jahressonderzuwendung beträgt brutto:

im 1. und 2. Anspruchsjahr	20 %
im 3. und 4. Anspruchsjahr	30 %
im 5. und 6. Anspruchsjahr	40 %
im 7. und 8. Anspruchsjahr	50 %
ab dem 9 Anspruchsjahr	60 %

des monatlichen Bruttoentgeltes.

10. Ein Arbeitsplatz ist mit 13 Punkten bewertet. Der Ecklohn (100 %) beträgt 12 €, der Akkordzuschlag 10 %. Wie viel € beträgt der Akkordrichtsatz (Grundlohn + Akkordzuschlag) unter Berücksichtigung des nachstehenden Tarifauszugs?

Punkte	Lohngruppe	Lohnschlüssel in %
0 - 3,0	1	81
3,5 - 7,0	2	82
7,5 - 10,5	3	84
11,0 - 14,0	4	86
14,5 - 17,5	5	90
18,0 - 21,0	6	95
21,5 - 24,5	7	100
25,0 - 28,0	8	110
28,5 - 31,5	9	120
32,0 - 35,0	10	133

11. Wie hoch ist der Zeitgrad (der tatsächliche Leistungsgrad) eines Arbeiters, wenn seine Istleistung 90 Stück in 60 Minuten und die Normalleistung 100 Stück in 80 Minuten beträgt?

12. Die Lohnkosten für den Gesamtauftrag der Verbrauchszähler für Haushalte - vier Serien zu je 1.500 Einheiten - sollen ermittelt werden. Folgende Angaben stehen zur Verfügung:

Rüstzeit je Serie für einen Loswechsel:	500 Zeitminuten
Summe der abgerechneten Stückzeiten der 4 Serien:	9.800 Zeitminuten
tatsächlicher Leistungsgrad der Akkordlöhne:	125 %
Akkordrichtsatz:	10,5 €

Wie hoch sind die gesamten Lohnkosten für den Auftrag?

13. Für die Erstellung eines Drehteiles bekommt ein Dreher eine Vorgabezeit von 20 Stunden bei einem Akkordrichtsatz von 9,20 €/Std. Er erledigt die Arbeit in 16 Stunden. Wie viel € beträgt sein tatsächlicher Bruttolohn je Stunde?

14. Im vergangenen Jahr erzielte ein Unternehmen einen Umsatz in Höhe von 7.500.000 € (ohne Mehrwertsteuer). Die Löhne und Gehälter betrugen im gleichen Zeitraum 1.650.000 €; dies entspricht einem Anteil am Umsatz von 22 %. Im laufenden Jahr weist das Unternehmen einen Umsatzanstieg von 10 % und einen Anstieg der Löhne und Gehälter um 4 % aus. Wie viel Prozent beträgt der Anteil der Löhne und Gehälter am Jahresumsatz im laufenden Jahr?

15. Ein Monteur arbeitet in einer Woche 48 Stunden bei einem Stundenlohn von 9,40 €. Wie viel € beträgt sein Bruttolohn in dieser Woche, wenn die tarifliche Arbeitszeit auf 38,5 Stunden pro Woche festgesetzt ist? Siehe dazu noch nachstehenden Auszug aus dem Manteltarifvertrag.

Auszug aus dem Manteltarifvertrag für Arbeiter und Angestellte in der Eisen-,Metall- und Elektroindustrie

§ 6 Zuschläge

1. Der Zuschlag beträgt bei
   a) Mehrarbeit

__für die 1. - 6. Mehrarbeitsstunde pro Woche	25 %
__für die 7. und 8. Mehrarbeitsstunde pro Woche	40 %
__ab der 9. Mehrarbeitsstunde pro Woche	50 %

*

16. Ein Handelsvertreter erhält für seine Tätigkeit 6 % Provision. Für einen Handlungsreisenden rechnet die Unternehmung mit Fixkosten von 40.000 € p. a. und einer Provision von 1 %. Von welchem Jahresumsatz ab arbeitet der Reisende für das Unternehmen kostengünstiger als der Handelsvertreter?

17. Der Personalbestand eines Industriebetriebes wurde während des laufenden Jahres wegen einer Betriebserweiterung auf 22.698 Mitarbeiter erhöht; das entsprach einer Steigerung von 4 %. Im letzten Jahr musste die Zahl der Beschäftigten auf Grund von Auftragsrückgängen um 3 % verringert werden. Wie hoch war der Personalbestand am Anfang des letzten Jahres?

18. Ein Facharbeiter hat im April insgesamt 172 Stunden gearbeitet, 12 davon sind Mehrarbeitsstunden. Für 8 Mehrarbeitsstunden erhält er einen Zuschlag von 25 %, für die restlichen einen Zuschlag von 40 %. Sein Stundenlohn beträgt 10,20 €. Wie viel € beträgt der Bruttolohn im April?

19. Auf dem Lohnschein sind 4 Zeitminuten als Stückzeit vorgegeben. In 8 Arbeitsstunden fertigt ein Arbeiter 144 Stück an. Wie viel Prozent beträgt der Zeitgrad (Leistungsgrad)?

20. Grundlohn pro Stunde: 12 €; Zuschlag: 20 %; Stückzeit: 20 Zeitminuten. Wie viel € betragen die Lohnkosten einer Erzeugniseinheit?

21. Der Akkordrichtsatz in Lohngruppe 2 beträgt 10,40 € (für 60 Zeitminuten). Wie viel € beträgt der Bruttolohn für die auf der abgebildeten Akkordlohnkarte vorgegebenen Arbeitsgänge bei Herstellung von 3 Einheiten?

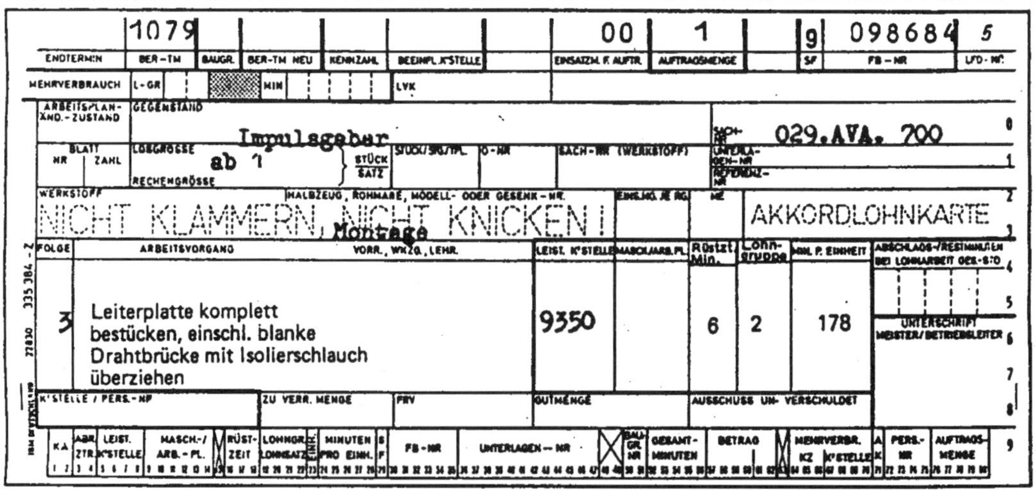
AKKORDLOHNKARTE

NICHT KLAMMERN, NICHT KNICKEN!

1079 | 00 | 1 | 9 | 098684 5

Gegenstand: Impulsgeber

Losgrösse: ab 1

Sach-Nr.: 029.AVA. 200

Arbeitsvorgang: Montage

Folge	Arbeitsvorgang	Leist. K'Stelle	Rüstzeit Min.	Lohngruppe	Min. p. Einheit
3	Leiterplatte komplett bestücken, einschl. blanke Drahtbrücke mit Isolierschlauch überziehen	9350	6	2	178

22. Führen Sie für einen gewerblichen Arbeitnehmer aufgrund nachstehender Daten die Lohnabrechnung durch! Wie viel € beträgt der auszuzahlende Betrag? Beachten Sie dazu die Lohnsteuertabelle 1. (Krankenversicherung 14,6 %, Zusatzbeitrag 0,6 %, Rentenversicherung 18,6 %, Arbeitslosenversicherung 2,4 %, Pflegeversicherung 3,05 %)!

150 Normalstunden	à 18 €
4 Mehrarbeitsstunden	à 18 €
Mehrarbeitsstundenzuschlag	25 %
Leistungszulage pro Arbeitsstunde	1,10 €
Vermögenswirksame Leistungen des Arbeitgebers	40 €
Monatlicher Steuerfreibetrag	150 €
Jährlicher Steuerfreibetrag	1.800 €
Zu verrechnende Abschlagszahlungen	600 €
Steuerklasse	III/1
Kirchensteuer	8 %

23. Der Facharbeiter Bernd Lucas hat im April insgesamt 131 Stunden gearbeitet. Darin sind 12 Mehrarbeitsstunden mit einem Zuschlag von 50 % enthalten. Sein Stundenlohn beträgt 12,50 €. Die regelmäßige tägliche Arbeitszeit bei der Frankfurter Bremsen AG beträgt sieben Stunden. Außerdem hat Lucas zusätzliche drei Tage Tarifurlaub genommen. Die Frankfurter Bremsen AG gewährt ihren Mitarbeitern auf den Tarifurlaub einen Zuschlag von 50 % Urlaubsgeld. Wie viel € beträgt der Bruttolohn für den Monat April?

24. In der Personalabteilung werden die Daten für das folgende Jahr zusammengetragen. Für die Arbeiten in der Weberei ergeben sich die folgenden Daten:

Aktueller Personalbestand (31.10. des laufenden Jahres):	50
Voraussichtlich ausscheidende Mitarbeiter zum 31.12. des laufenden Jahres:	12
Abgeschlossene Einstellungen zum 01.01.des folgenden Jahres:	3
Erforderlicher Personalbedarf am 01.01.des folgenden Jahres:	64

Wie hoch ist der Beschaffungsbedarf? Tragen Sie die Lösung in das Kästchen ein.

25. Frau May, Angestellte, erhält ihre Lohnsteuerbescheinigung (siehe Abb.). Sie füllt ihre Einkommensteuererklärung aus und möchte folgende Ausgaben steuerlich absetzen:

Gewerkschaftsbeiträge	140,00 €
Fahrtkosten zur Arbeitsstätte	640,00 €
Jahresabonnement für Opernhaus	150,00 €
Bezugsgebühren Sportzeitschrift „Kicker„	25,00 €
Bezugsgebühren Fachzeitschrift „Der Industriekaufmann„	30,00 €

Ihr liegt der unten abgebildete Auszug aus dem Einkommensteuergesetz vor.

a) Wie viel € kann Frau May als Werbungskosten geltend machen?

b) In welcher Gesamthöhe sind für Frau May Sonderausgaben angefallen? Tragen Sie die Lösungen in obiges Kästchen ein.

Einkommensteuergesetz (Gesetzestexte)

§ 9 **Werbungskosten**

(1) Werbungskosten sind Aufwendungen zur Erwerbung, Sicherung und Erhaltung der Einnahmen. Sie sind bei der Einkunftsart abzuziehen, bei der sie erwachsen sind. Werbungskosten sind auch

1. ....
2. Steuern vom Grundbesitz, sonstige öffentliche Abgaben und Versicherungsbeiträge, soweit solche Ausgaben sich auf Gebäude oder auf Gegenstände beziehen, die dem Steuerpflichtigen zur Einnahmeerzielung dienen.
3. Beiträge zu Berufsständen und sonstigen Berufsverbänden, deren Zweck nicht auf einen wirtschaftlichen Geschäftsbetrieb gerichtet ist.
4. Aufwendungen des Arbeitnehmers für Fahrten zwischen Wohnung und Arbeitsstätte.
5. Notwendige Mehraufwendungen, die einem Arbeitnehmer wegen einer aus beruflichem Anlass begründeten doppelten Haushaltsführung entstehen ...
6. Aufwendungen für Arbeitsmittel, zum Beispiel für ...

Sonderausgaben

§ 10

(1) Sonderausgaben sind die folgenden Aufwendungen, wenn sie weder Betriebsausgaben noch Werbungskosten sind:

1. Unterhaltsleistungen an den geschiedenen oder dauernd getrennt lebenden unbeschränkt einkommenssteuerpflichtigen Ehegatten ...
2. Beiträge zu Kranken-, Pflege-, Unfall- und Haftpflichtversicherungen, zu den gesetzlichen Rentenversicherungen und an die Bundesversicherungsanstalt für Arbeit.
3. Gezahlte Kirchensteuer
4. ....
5. ....

IV. Lohnsteuerbescheinigung für das Kalenderjahr 20.. und besondere Angaben			
1. Dauer des Dienstverhältnisses	vom – bis 01.01. 31.12. 20..	vom - bis	vom - bis
2. Zeitraum ohne Anspruch auf Arbeitslohn	Anzahl „U"	Anzahl „U"	Anzahl „U"
3. Bruttoarbeitslohn einschließlich Sachbezüge	€ 23.200	€	€
4. Einbehaltene Lohnsteuer von 3	1 550		
5. Einbehaltener Solidaritätszuschlag von 3	116		
6. Einbehaltene Kirchensteuer von 3	124		
7. Einbehaltene Kirchensteuer des Ehegatten von 3			
8. In 3 enthaltene steuerbegünstigte Versorgungsbezüge			
9. Steuerbegünstigte Versorgungsbezüge für mehrere Kalenderjahre			
• • •	• • •	• • •	• • •
17. Steuerfreier Arbeitslohn			
23. Arbeitnehmeranteil am Gesamtsozialversicherungsbeitrag	4.640		
Anschrift des Arbeitgebers (lohnsteuerliche Betriebsstätte) Firmenstempel, Unterschrift	Meier KG Bergstr. 20 30457 Hannover		
Finanzamt, an das der Arbeitgeber Die Lohnsteuer abgeführt hat	Hannover		

Allgemeine Monats-Lohnsteuertabelle 2020 Teil West

von 2838 € bis 2852,99 €, Kirchensteuer 8%

Kinderfreibetrag				0		0,5		1		1,5		2		2,5		3		3,5		4
ab €	StK	Steuer	SolZ	KiStr	SolZ	KiStr	SolZ	KiStr	SolZ	KiStr	SolZ	KiStr	SolZ	KiStr	SolZ	KiStr	SolZ	KiStr	SolZ	KiStr
2.838,00																				
	1	367,91	20,23	29,43	15,11	21,98	10,28	14,96	4,75	8,38	-	2,60	-	-	-	-	-	-	-	-
	2	321,75	-	-	12,71	18,50	8,03	11,69	-	5,34	-	0,46	-	-	-	-	-	-	-	-
	3	130,33	-	10,42	-	5,09	-	0,76	-	-	-	-	-	-	-	-	-	-	-	-
	4	367,91	20,23	29,43	17,63	25,65	15,11	21,98	12,66	18,42	10,28	14,96	7,98	11,62	4,75	8,38	-	5,27	-	2,60
	5	672,83	37,00	53,82	-	-	-	-	-	-	-	-	-	-	-	-	-	-	-	-
	6	708,50	38,96	56,68	-	-	-	-	-	-	-	-	-	-	-	-	-	-	-	-
2.841,00																				
	1	368,66	20,27	29,49	15,15	22,04	10,32	15,02	4,86	8,42	-	2,64	-	-	-	-	-	-	-	-
	2	322,50	-	-	12,75	18,55	8,07	11,74	-	5,38	-	0,49	-	-	-	-	-	-	-	-
	3	131,00	-	10,48	-	5,13	-	0,78	-	-	-	-	-	-	-	-	-	-	-	-
	4	368,66	20,27	29,49	17,67	25,71	15,15	22,04	12,70	18,47	10,32	15,02	8,02	11,66	4,86	8,42	-	5,32	-	2,64
	5	673,83	37,06	53,90	-	-	-	-	-	-	-	-	-	-	-	-	-	-	-	-
	6	709,50	39,02	56,76	-	-	-	-	-	-	-	-	-	-	-	-	-	-	-	-
2.844,00																				
	1	369,41	20,31	29,55	15,18	22,09	10,35	15,06	4,98	8,47	-	2,67	-	-	-	-	-	-	-	-
	2	323,16	-	-	12,79	18,60	8,10	11,79	-	5,43	-	0,52	-	-	-	-	-	-	-	-
	3	131,50	-	10,52	-	5,17	-	0,81	-	-	-	-	-	-	-	-	-	-	-	-
	4	369,41	20,31	29,55	17,71	25,76	15,18	22,09	12,73	18,52	10,35	15,06	8,05	11,72	4,98	8,47	-	5,36	-	2,67
	5	674,83	37,11	53,98	-	-	-	-	-	-	-	-	-	-	-	-	-	-	-	-
	6	710,66	39,08	56,85	-	-	-	-	-	-	-	-	-	-	-	-	-	-	-	-
2.847,00																				
	1	370,08	20,35	29,60	15,22	22,14	10,39	15,12	5,11	8,52	-	2,71	-	-	-	-	-	-	-	-
	2	323,91	-	-	12,82	18,66	8,14	11,84	-	5,48	-	0,55	-	-	-	-	-	-	-	-
	3	132,00	-	10,56	-	5,21	-	0,84	-	-	-	-	-	-	-	-	-	-	-	-
	4	370,08	20,35	29,60	17,75	25,82	15,22	22,14	12,77	18,57	10,39	15,12	8,08	11,76	5,11	8,52	-	5,41	-	2,71
	5	675,83	37,17	54,06	-	-	-	-	-	-	-	-	-	-	-	-	-	-	-	-
	6	711,66	39,14	56,93	-	-	-	-	-	-	-	-	-	-	-	-	-	-	-	-
2.850,00																				
	1	370,83	20,39	29,66	15,26	22,20	10,43	15,17	5,23	8,57	-	2,75	-	-	-	-	-	-	-	-
	2	324,58	-	-	12,87	18,72	8,17	11,89	-	5,52	-	0,58	-	-	-	-	-	-	-	-
	3	132,66	-	10,61	-	5,25	-	0,88	-	-	-	-	-	-	-	-	-	-	-	-
	4	370,83	20,39	29,66	17,79	25,88	15,26	22,20	12,81	18,63	10,43	15,17	8,12	11,82	5,23	8,57	-	5,46	-	2,75
	5	676,83	37,22	54,14	-	-	-	-	-	-	-	-	-	-	-	-	-	-	-	-
	6	712,66	39,19	57,01	-	-	-	-	-	-	-	-	-	-	-	-	-	-	-	-

Betriebswirtschaftliche Geschäftsprozesse

Die folgenden vier Aufgaben gehören zusammen.

26. Das Bruttogehalt für den Monat Juni von Herrn Frank beträgt 2.200 €. Ermitteln Sie anhand der Unterlagen die Lohnsteuer. Beachten Sie dazu die Lohnsteuertabelle 2. (Lösung in Kästchen eintragen.)

Kirchensteuer (lt. Tabelle)	8 %	
Krankenversicherung	14,6 %	
Zusatzbeitrag	0,8 %	
Rentenversicherung	18,6 %	
Arbeitslosenversicherung	2,4 %	
Pflegeversicherung	3,05 %	
Persönlicher Freibetrag	100 €	
Lohnsteuerklasse	II/1	

27. Bis zu welchem Datum ist die Lohnsteuer aus obiger Aufgabe fällig? Tragen Sie das Ergebnis in das Kästchen ein.

28. Bis zu welchem Datum (30.06. ist ein Sonntag) sind die Sozialversicherungsbeiträge zu entrichten?

29. Siehe Aufgabe 26. Von welchem Betrag ist der Arbeitnehmeranteil zur Rentenversicherung zu berechnen? (Lösung in Kästchen eintragen.)

Allgemeine Monats-Lohnsteuertabelle 2020 Teil West

von 2088 € bis 2102,99 €, Kirchensteuer 8%

Kinderfreibetrag			0		0,5		1		1,5		2		2,5		3		3,5		4	
ab €	StK	Steuer	SolZ	KiStr	SolZ	KiStr	SolZ	KiStr	SolZ	KiStr	SolZ	KiStr	SolZ	KiStr	SolZ	KiStr	SolZ	KiStr	SolZ	KiStr
2.088,00																				
	1	193,58	10,64	15,48	5,96	8,86	-	2,98	-	-	-	-	-	-	-	-	-	-	-	-
	2	152,50	-	-	-	5,80	-	0,76	-	-	-	-	-	-	-	-	-	-	-	-
	3	4,33	-	0,34	-	-	-	-	-	-	-	-	-	-	-	-	-	-	-	-
	4	193,58	10,64	15,48	8,33	12,12	5,96	8,86	-	5,72	-	2,98	-	0,72	-	-	-	-	-	-
	5	435,50	23,95	34,84	-	-	-	-	-	-	-	-	-	-	-	-	-	-	-	-
	6	465,83	25,62	37,26	-	-	-	-	-	-	-	-	-	-	-	-	-	-	-	-
2.091,00																				
	1	194,25	10,68	15,54	6,08	8,91	-	3,01	-	-	-	-	-	-	-	-	-	-	-	-
	2	153,08	-	-	-	5,84	-	0,80	-	-	-	-	-	-	-	-	-	-	-	-
	3	4,66	-	0,37	-	-	-	-	-	-	-	-	-	-	-	-	-	-	-	-
	4	194,25	10,68	15,54	8,36	12,17	6,08	8,91	-	5,77	-	3,01	-	0,75	-	-	-	-	-	-
	5	436,50	24,00	34,92	-	-	-	-	-	-	-	-	-	-	-	-	-	-	-	-
	6	466,83	25,67	37,34	-	-	-	-	-	-	-	-	-	-	-	-	-	-	-	-
2.094,00																				
	1	194,91	10,71	15,59	6,16	8,96	-	3,05	-	-	-	-	-	-	-	-	-	-	-	-
	2	153,75	-	-	-	5,89	-	0,82	-	-	-	-	-	-	-	-	-	-	-	-
	3	5,16	-	0,41	-	-	-	-	-	-	-	-	-	-	-	-	-	-	-	-
	4	194,91	10,71	15,59	8,40	12,22	6,16	8,96	-	5,82	-	3,05	-	0,78	-	-	-	-	-	-
	5	437,33	24,05	34,98	-	-	-	-	-	-	-	-	-	-	-	-	-	-	-	-
	6	467,66	25,72	37,41	-	-	-	-	-	-	-	-	-	-	-	-	-	-	-	-
2.097,00																				
	1	195,58	10,75	15,64	6,19	9,01	-	3,09	-	-	-	-	-	-	-	-	-	-	-	-
	2	154,41	-	-	-	5,94	-	0,86	-	-	-	-	-	-	-	-	-	-	-	-
	3	5,50	-	0,44	-	-	-	-	-	-	-	-	-	-	-	-	-	-	-	-
	4	195,58	10,75	15,64	8,43	12,27	6,19	9,01	-	5,86	-	3,09	-	0,81	-	-	-	-	-	-
	5	438,16	24,09	35,05	-	-	-	-	-	-	-	-	-	-	-	-	-	-	-	-
	6	468,66	25,77	37,49	-	-	-	-	-	-	-	-	-	-	-	-	-	-	-	-
2.100,00																				
	1	196,25	10,79	15,70	6,23	9,06	-	3,13	-	-	-	-	-	-	-	-	-	-	-	-
	2	155,00	-	-	-	5,98	-	0,89	-	-	-	-	-	-	-	-	-	-	-	-
	3	5,83	-	0,46	-	-	-	-	-	-	-	-	-	-	-	-	-	-	-	-
	4	196,25	10,79	15,70	8,47	12,32	6,23	9,06	-	5,91	-	3,13	-	0,84	-	-	-	-	-	-
	5	439,00	24,14	35,11	-	-	-	-	-	-	-	-	-	-	-	-	-	-	-	-
	6	469,33	25,81	37,54	-	-	-	-	-	-	-	-	-	-	-	-	-	-	-	-

Zu den nächsten zwei Aufgaben siehe nachstehenden Beleg.

30. Wie ist der Auszahlungsvorgang zu buchen (ohne Arbeitgeberanteil zur Sozialversicherung)?

[1] Forderungen an Mitarbeiter (256)
[2] Guthaben bei Kreditinstituten (Bank) (280)
[3] Sonstige Verbindlichkeiten gegenüber Finanzbehörden (483)
[4] Sozialversicherungsvorauszahlung (264)
[5] Verbindlichkeiten gegenüber Mitarbeitern (485)
[6] Gehälter einschließlich tariflicher, vertraglicher oder arbeitsbedingter Zulagen (630)
[7] Arbeitgeberanteil zur Sozialversicherung (641)

S	H
☐	☐
☐	☐
☐	☐

31. Wie buchen Sie den Arbeitgeberanteil zur Sozialversicherung?

[1] Guthaben bei Kreditinstituten (Bank) (280)
[2] Sonstige Verbindlichkeiten gegenüber Finanzbehörden (483)
[3] Sozialversicherungsvorauszahlung (264)
[4] Verbindlichkeiten gegenüber Mitarbeitern (485)
[5] Gehälter einschließlich tariflicher, vertraglicher oder arbeitsbedingter Zulagen (630)
[6] Arbeitgeberanteil zur Sozialversicherung (641)

S	H
☐	☐
☐	☐

Messgerätefabrik Ernst Frank &. Co. KG

Buchungsbeleg: Gehälter der Angestellten
Monat Oktober gemäß Gehaltsliste

Lohnart	Bezeichnung	€	€
100	Bruttovergütung		264.300,00
200	Lohnsteuer	29.250,00	
210	Kirchensteuer	1.776,90	
220	Solidaritätszuschlag	1.608,75	32.635,65
300	Krankenversicherung	18.161,37	
310	Rentenversicherung	26.826,45	
320	Arbeitslosenversicherung	8.589,75	
330	Pflegeversicherung	2.246,55	55.824,12
400	Nettovergütung		175.840,23
500	Arbeitgeberanteil zur Sozialversicherung		55.181,88

Banküberweisung am 26. Oktober durch Stadtsparkasse München.
München, den ..-10-27 Personalabrechnung
ppa. *Meier*

32. Die Überweisung der einbehaltenen Lohnsteuer, Kirchensteuer und des Solidaritätszuschlages an das Betriebsstättenfinanzamt für den Monat Oktober wird am 6. November per Banküberweisung vorgenommen. Wie lautet die Buchung?

[1] Forderungen an Mitarbeiter (256)
[2] Guthaben bei Kreditinstituten (Bank) (280)
[3] Sonstige Verbindlichkeiten gegenüber Finanzbehörden (483)
[4] Sozialversicherungsvorauszahlung (264)
[5] Verbindlichkeiten gegenüber Mitarbeitern (485)
[6] Gehälter einschließlich tariflicher, vertraglicher oder arbeitsbedingter Zulagen (630)
[7] Arbeitgeberanteil zur Sozialversicherung (641)

S	H
☐	☐

33. Die Überweisung der einbehaltenen Sozialversicherungsbeiträge einschließlich des Arbeitgeberanteils an die zuständigen Träger der Sozialversicherung für den Monat Oktober wird rechtzeitig zum Monatsende (drittletzter Banktag des laufenden Monats) per Banküberweisung vorgenommen. Wie lautet die Buchung?

[1] Forderungen an Mitarbeiter (256)
[2] Guthaben bei Kreditinstituten (Bank) (280)
[3] Sonstige Verbindlichkeiten gegenüber Finanzbehörden (483)
[4] Sozialversicherungsvorauszahlung (264)
[5] Verbindlichkeiten gegenüber Mitarbeitern (485)
[6] Gehälter einschließlich tariflicher, vertraglicher oder arbeitsbedingter Zulagen (630)
[7] Arbeitgeberanteil zur Sozialversicherung (641)

S	H
☐	☐

34. Auf Grund einer Betriebsvereinbarung konnte der Jahresurlaub des vergangenen Jahres noch bis zum 31.03. dieses Jahres genommen werden. Die Ansprüche der Lohnempfänger aus noch nicht genommenem Urlaub betrug am 31.12. des vergangenen Jahres 112.000,00 €. Wie war am 31.12. buchen?

[1] Forderungen an Mitarbeiter (265)
[2] Aktive Jahresabgrenzung (290)
[3] Verbindlichkeiten gegenüber Mitarbeitern (485)
[4] Passive Jahresabgrenzung (490)
[5] Erträge aus der Herabsetzung von Rückstellungen (548)
[6] Löhne für andere Zeiten (Urlaub, Feiertag, Krankheit) (621)

S	H
☐	☐

35. Anlässlich einer Verabschiedung eines langjährigen Mitarbeiters wird von der Bavaria Fahrradwerke GmbH eine Abschiedsfeier veranstaltet. Dazu liegt eine Rechnung eines Catering-Services über 1.240,00 € vor. Kontieren Sie diesen Rechnungseingang.

[1] Vorsteuer (260)
[2] Verbindlichkeiten aus Lieferungen und Leistungen (440)
[3] Umsatzsteuer (480)
[4] Aufwendungen für Belegschaftsveranstaltungen (666)
[5] Aufwendungen für Dienstjubiläen (665)
[6] Freiwillige Zuwendungen (633)

S	H
☐	☐
☐	☐

36. Das Rechnungsdatum der Rechnung des Catering-Services ist der 18.01.2019. Mit Ablauf welchen Tages endet die Aufbewahrungsfrist für diese Rechnung? Tragen Sie das Datum in das Kästchen ein.

☐

II. SITUATIONSAUFGABEN ZUR VORBEREITUNG AUF DIE ABSCHLUSSPRÜFUNG

SITUATION 22

In der Personalabteilung der Bavaria Fahrradwerke GmbH registrieren Sie seit längerer Zeit eine zunehmende Fluktuation in der Vertriebsabteilung. Nachdem die Kündigung von Frau Cornelia Hübner eingegangen ist, die seit 14 Jahren im Unternehmen beschäftigt ist, müssen Sie sich ausführlicher mit dem Problem beschäftigen.

München, 2. Juli 20..

Kündigung

Eingegangen am
20..-07-02

Sehr geehrte Damen und Herren,

ich kündige zum nächstmöglichen Termin mein Arbeitsverhältnis und bitte um die Ausstellung eines qualifizierten Arbeitszeugnisses.
Da durch das autoritäre Verhalten meines Abteilungsleiters, Herrn Nahler, eine Zusammenarbeit für mich nicht mehr möglich ist, habe ich mich, wie einige meiner Kolleginnen vor mir, zu diesem Schritt, entschieden.

Mit freundlichen Grüßen

Cornelia Hübner

1. Aufgabe
An welchem Tag endet unter Einhaltung der gesetzlichen Bedingungen das Arbeitsverhältnis? Begründen Sie Ihre Antwort!

2. Aufgabe
Was ist bei dem von Frau Hübner gefordertem Zeugnis zu beachten?

3. Aufgabe
Welche Arbeitspapiere werden nach Beendigung des Arbeitsverhältnisses ausgehändigt?

4. Aufgabe
Die Fahrradwerke GmbH möchte die frei werdende Stelle so schnell wie möglich neu besetzen. Es liegen keine Betriebsvereinbarungen über die Einstellungen vor. Der Leiter der Vertriebsabteilung verlangt deshalb, die Stelle sofort auszuschreiben. Welches gesetzliche Recht des Betriebsrates müssen Sie bei der Neubesetzung des Stelle beachten?

5. Aufgabe
Sie hören von Frau Hübner, dass sie ihre neue Arbeitsstelle erst zwei Monate nach Beendigung ihres Arbeitsverhältnisses antreten wird. Hat Frau Hübner für diese beiden Monate Anspruch auf Arbeitslosengeld?

6. Aufgabe
Die Kündigung von Frau Hübner gab letztlich den Ausschlag für den Personalleiter, sich mit Herrn Nahler über dessen Führungsstil zu unterhalten.
Unterscheiden Sie dirigistischen (autoritären) und kooperativen Führungsstil und nennen Sie jeweils zwei Vorteile bzw. Nachteile!

7. Aufgabe
Da Frau Hübner das Unternehmen verlässt, haben Sie die Meldung zur Sozialversicherung auszufüllen. Was müssen Sie in das Formular eintragen?

8. Aufgabe
Eine Woche nach Ihrer Kündigung verursacht Frau Hübner mit dem Firmenwagen einen Autounfall, bei dem sie leicht verletzt wird.
a) Welches Formular müssen Sie ausfüllen?
b) Wer bekommt das Original bzw. die Kopie des Formulars?

9. Aufgabe
Wer trägt letztlich die ärztlichen Behandlungskosten?

10. Aufgabe
Welche Aussage über die Fluktuation der letzten drei Monate lässt sich aus folgender Personalstatistik ableiten?

Monat	Sept.	Okt.	Nov.	Dez.	Jan.	Febr.	März.
Mitarbeiter	128	126	124	122	123	124	128
Abgänge	10	8	10	8	5	3	2
Zugänge	8	6	8	9	6	7	6

11. Aufgabe
Bei welcher Stelle müssen Sie Frau Hübner bei deren Ausscheiden namentlich abmelden?

SITUATION 23

Sie sind Mitarbeiter in der Personalabteilung der Bavaria Fahrradwerke GmbH. Zu Ihren Aufgaben gehört insbesondere die Personalplanung, Lohnabrechnung und die damit anfallende Betreuung der Mitarbeiter in Fragen des Lohnsteuer und Sozialversicherungsrechts.

1. Aufgabe
Die Unternehmung erwägt vom Zeitlohn zum Leistungslohn umzustellen. Erklären Sie den Unterschied und nennen Sie jeweils zwei Vor- bzw. Nachteile dieser Lohnformen.

2. Aufgabe
Siehe folgenden Auszug aus dem Lohntarifvertrag der Bavaria Fahrradwerke GmbH: Wie viel € beträgt der Minutenfaktor in der Lohngruppe 5 (Zeitminuten)?

Lohngruppe	%-Satz	Akkordrichtsatz in €
2	**81,00**	**11,08**
3	**84,00**	**11,78**
4	**88,50**	**12,84**
5	**93,50**	**14,04**
6	**100,00**	**15,55**
7	**110,00**	**17,91**
8	**120,00**	**20,26**
9	**133,00**	**24,32**

3. Aufgabe
Im Zuge der geplanten Betriebserweiterung für das kommende Jahr muss die Bavaria Fahrradwerke GmbH den Personalbedarf planen. Welche Größe wird in diesem Zusammenhang mit dem folgenden Schema ermittelt?

Geplanter Personalbestand
- derzeitiger Personalbestand
- Personalzugang infolge abgeschlossener Einstellungsverfahren
+ Personalabgang infolge bevorstehenden Ausscheidens aus dem Unternehmen
= ?

4. Aufgabe

Die Fahrradwerke GmbH unterscheidet bei ihrer Personalplanung die abgebildeten Personalbedarfsarten. Welche Personalbedarfsart wird im allgemeinen durch Auswerten von Fehlzeitenstatistiken ermittelt?

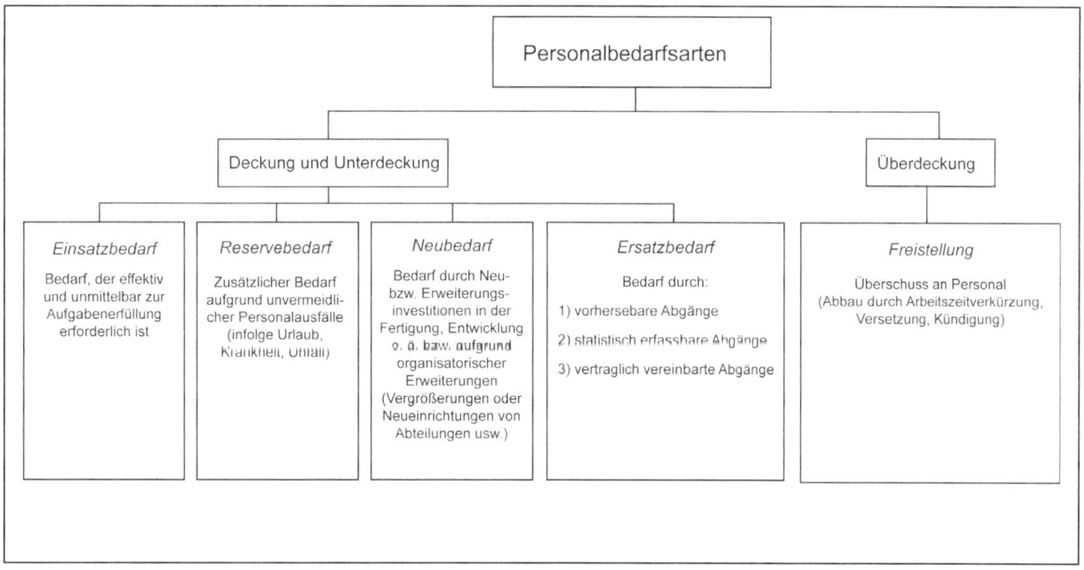

5. Aufgabe

Zu den Aufgaben des Personalwesens gehört es, den Nachwuchsbedarf für das Unternehmen zu ermitteln. Welche Kriterien bestimmen die quantitative Personalbedarfsplanung?

6. Aufgabe

An einem Fertigungssystem der Bavaria Fahrradwerke GmbH gibt es ein unerwartetes Problem:
Am Montagmorgen haben sich fünf von insgesamt 26 Mitarbeitern des Montagebereichs telefonisch krank gemeldet. Ein Auftrag über 280 Fahrradrahmen muss in dieser Woche unbedingt noch erfüllt werden. Welche Maßnahme zur Lösung des Problems schlagen Sie vor?

7. Aufgabe

Was muss bei der Berechnung des Stückzeitakkords geändert werden, wenn bei Tarifverhandlungen der Grundlohn neu festgesetzt wird?

8. Aufgabe

Beschreiben Sie nachstehendes Formular!

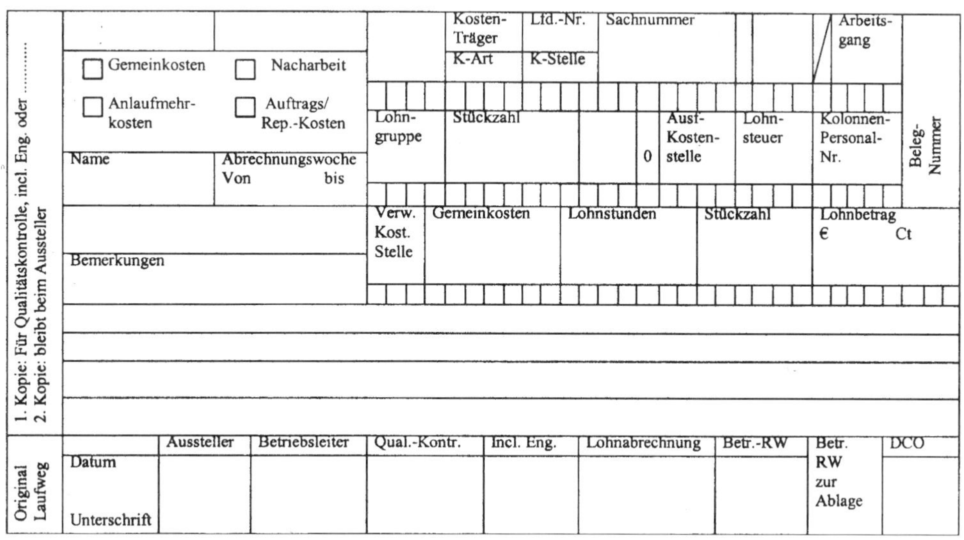

9. Aufgabe

Siehe nachstehendes Formular! Die Fahrradwerke GmbH beschäftigt einen Betriebsschlosser zur Wartung der Fräsmaschine. Wie bezeichnet man die betriebliche Unterlage und wozu dient sie?

Bavaria Fahrradwerke GmbH München — Lfd. Nr. 011

Betriebsschlosser ______________

Kostenstelle Datum

Instandhaltungs-, Wartungs-, und Reparaturarbeiten an Maschinen

Arbeitsunterlagen:
Sicherheits- und Wartungsvorschriften, Betriebsanleitungen, Baupläne, ET-Katalog, Formblätter, Skizzen, mündliche Anweisungen

Betriebsmittel:
Werkbank mit Schraubstock, allgemeine Schlosserwerkzeuge, Spezialwerkzeuge, E- und A-Schweißgerät, Gabelstapler, Teleskop-Arbeitsbühne, Wandschrank

Arbeitsplatz:
Einzelarbeitsplatz in der Werkstatt und an verschiedenen Stellen im Betriebsbereich. Es wird stehend, in gebückter Haltung und teilweise in unnatürlicher Haltung gearbeitet.

Unfallschutz:
Die UV- und Sicherheitsvorschriften sind zu beachten.

Tätigkeiten:
Nimmt turnusmäßig Kontrollgänge zur Überprüfung und Überwachung der Maschinen einschließlich der verschiedenartigen Aggregate, Anzeige- und Kontrollinstrumente vor.

Führt je nach Anfall und Bedarf selbständig oder auf Anweisung des Vorgesetzten Wartungs- und Reparaturarbeiten an Maschinen aber auch sonstigen Hausanlagen o. ä. durch (mit Ausnahme der elektrischen Anlagen und Schweißarbeiten an der Hochdruckanlage). Stellt Fehlerursachen fest und führt ggf. notwendige Rücksprachen mit Vorgesetzten. Nimmt erforderliche De- und Montagearbeiten vor. Wechselt je nach Bedarf schadhafte Teile aus. Führt notwendige Überholungsarbeiten sowie Brennschneide-, A- und E-Schweißarbeiten durch. Bringt ggf. Schutzanstriche an.

Arbeitskontrolle:
Der Vorgesetzte überwacht die anfallenden Arbeiten.

Pflegearbeiten:
Hält Arbeitsplatz und benötigte Betriebsmittel in sauberem und ordnungsgemäßem Zustand.
Größere Reparaturen werden von Kundendienst-Monteuren durchgeführt.
Überprüfung der Anlagen erfolgt in bestimmten Zeitabständen durch den TÜV.

10. Aufgabe

Wozu kann die Fahrradwerke GmbH nachstehendes Schema benützen?

BEURTEILUNGSMERKMALE		BEURTEILUNGSSTUFEN				
Grundmerkmal A:	**Arbeitseinsatz**	**1**	**2**	**3**	**4**	**5**
Einzelmerkmale	**Erläuterungen**					
Artikel	Zügige Erledigung übertragener Arbeitsaufgaben	Die Anforderungen werden in der Regel nicht immer in allen Einzelmerkmalen erfüllt	Die Anforderungen werden in der Regel in allen Einzelmerkmalen erfüllt	Die Anforderungen werden erfüllt und in Einzelmerkmalen häufig übertroffen	Die Anforderungen werden in allen Einzelmerkmalen häufig übertroffen	Die Anforderungen werden in allen Einzelmerkmalen häufig und in Einzelmerkmalen stets nennenswert übertroffen
Initiative	Eigener Antrieb bei der Durchführung von Arbeitsaufgaben					
Belastbarkeit	Befähigung nach Art und Intensität unterschiedlichen Anforderungen gerecht zu werden					
Einsatzfähigkeit	Vorübergehende Ausführung anderer und/oder zusätzlicher Arbeitsaufgaben*) sowie – wenn notwendig – vielseitige Einsetzbarkeit					

		BEURTEILUNGSSTUFEN				
Grundmerkmal B:	**Arbeitssorgfalt**	**1**	**2**	**3**	**4**	**5**
Einzelmerkmale	**Erläuterungen**					
Gründlichkeit	Arbeitsaufgaben gewissenhaft erledigen	Die Anforderungen werden nicht immer in allen Einzelmerkmalen erfüllt	Die Anforderungen werden in der Regel in allen Einzelmerkmalen erfüllt	Die Anforderungen werden erfüllt und in Einzelmerkmalen übertroffen	Die Anforderungen werden in allen Einzelmerkmalen häufig übertroffen	Die Anforderungen werden in allen Einzelmerkmalen häufig und in Einzelmerkmalen stets nennenswert übertroffen
Zuverlässigkeit	Arbeitsaufgaben richtig und termingerecht ausführen					
Kostengerechtes Verhalten	Kostenorientierte und rationale Erledigung von Arbeitsaufgaben					
Soweit zutreffend: Beachtung der Sicherheits- und Schutzvorschriften						

		BEURTEILUNGSSTUFEN				
Grundmerkmal C:	**Anwendung der Kenntnisse**	**1**	**2**	**3**	**4**	**5**
Einzelmerkmale	**Erläuterungen**					
Beweglichkeit des Denkens	Fähigkeit, sich auf veränderte Sachlagen, Probleme und Aufgaben rasch ein- und umzustellen (z.B. Auffassungsgabe)	Die Anforderungen werden nicht immer in allen Einzelmerkmalen erfüllt	Die Anforderungen werden in der Regel in allen Einzelmerkmalen erfüllt	Die Anforderungen werden erfüllt und in Einzelmerkmalen übertroffen	Die Anforderungen werden erfüllt und in Einzelmerkmalen häufig übertroffen	Die Anforderungen werden in allen Einzelmerkmalen häufig und in Einzelmerkmalen stets nennenswert übertroffen
Überblick	Erkennen von Zusammenhängen					
Erkennen und Beurteilen des Wesentlichen	Arbeitsvorgänge ihrer Wichtigkeit nach einzuordnen.					

		BEURTEILUNGSSTUFEN				
Grundmerkmal D:	**Zusammenarbeit und personelle Wirksamkeit**	**1**	**2**	**3**	**4**	**5**
Einzelmerkmale	**Erläuterungen**					
Informationsaustausch	Sachdienlicher Informationsaustausch innerhalb und/oder außerhalb des Unternehmens	Die Anforderungen erden nicht immer in allen Einzelmerkmalen erfüllt	Die Anforderungen werden in der Regel in allen Einzelmerkmalen erfüllt	Die Anforderungen werden erfüllt und in Einzelmerkmalen übertroffen	Die Anforderungen werden in allen Einzelmerkmalen häufig übertroffen	Die Anforderungen werden in allen Einzelmerkmalen häufig und in Einzelmerkmalen stets nennenswert übertroffen
Zusammenarbeit	Aufgeschlossen sein für gemeinsame Lösungen von Arbeitsaufgaben					
Überzeugungsfähigkeit	Fähigkeit, einen Sachverhalt klar und vollständig auszudrücken und andere für eine Meinung zu gewinnen					
Führungsverhalten	Fähigkeit, Mitarbeiter zu überwachen, anzuweisen oder anzuleiten, zu beurteilen, zu fördern und weiterzubilden					

SITUATION 24

1. Aufgabe
In der Fertigungsabteilung wird nach Stückzeitakkord (Zeitminuten) entlohnt. Her Ortum fertigt Rahmenteile für Mountainbikes. Für seine Lohnberechnung liegen Ihnen folgende Angaben vor:

Akkordrichtsatz	11,40 € je Stunde
Minutenfaktor	0,19 € je Minute
Zeitakkordsatz	45 Minuten
Normalleistung je Stunde	1 1/3 Stück
Normalleistung pro Tag	10 Stück
Arbeitszeit/Tag	7,5 Stunden

Leistungsnachweis							
Name	Ortum				Pers.Nr.		8432
Monat	Juni 20..				Lohngruppe		06
Wochentag	So	Mo	Di	Mi	Do	Fr	Sa
Datum	6. Juni	7. Juni	8. Juni	9. Juni	10. Juni	11. Juni	12. Juni
Stück		10	10	11	10	12	

Berechnen Sie den Tageslohn von Herrn Ortum für Mittwoch, den 9. Juni 20..!

2. Aufgabe
Am Freitag, den 11. Juni, hat Herr Ortum 2 Stück mehr als am Vortag produziert. Welche Auswirkung hat dies auf die Lohnkosten je Stück?

3. Aufgabe
Welchen Leistungsgrad erreicht Herr Ortum am 9. Juni 20.. und wie wirkt sich dieser auf seinen Stundenlohn aus?

4. Aufgabe
Erklären Sie, warum die Leistungsgrade der Mitarbeiter bei gleicher Tätigkeit unterschiedlich sein können?

5. Aufgabe
Aus dem Arbeitsplan der Montagegruppe entnehmen Sie folgende Daten:

Rüstzeit	110 Zeitminuten
Grundzeit je Einheit	7,5 Zeitminuten
Verteilzeitzuschlag	10 %
Erholzeitzuschlag	7 %

Ermitteln Sie die Auftragszeit in Minuten für die Montage von 2.200 Stück!

6. Aufgabe
Zur Vergütung von Montagearbeitern gehören auch Tätigkeiten, die während der so genannten Rüstzeit anfallen. Um Gepäckträger am Rahmen zu befestigen, müssen vorher Rahmenteile durchbohrt werden. Erklären Sie an diesem Beispiel den Begriff Rüstzeit.

7. Aufgabe

Zum 1. September 20.. stellen Sie Herrn Rabauer als neuen Mitarbeiter in der Fertigung ein. Herr Rabauer ist 21 Jahre alt und gelernter Fertigungsmechaniker. Herr Rabauer wird in Vergütungsgruppe 8 eingestuft. Wie viel € beträgt laut abgebildetem Auszug aus der Vergütungstabelle der monatliche Bruttolohn für Herrn Rabauer?

Vergütungstabelle					
Vergütungs-gruppe	Stufe 1	Stufe 2 nach 4 Jahren BZG	Stufe 3 nach 8 Jahren BZG	Stufe 4 nach 12 Jahren BZG	Stufe 5 nach 16 Jahren BZG
8	2040	2120	2240	2381	2412
9	2175	2215	2295	2432	2594
10	2312	2391	2465	2531	2621
11	2576	2643	2799	2854	3045

8. Aufgabe

Nennen Sie vier Unterlagen bzw. Angaben, die Sie von Herrn Rabauer zur Personalverwaltung benötigen!

9. Aufgabe

Herr Rabauer hat bei seinem vorherigen Arbeitgeber (identische Urlaubsregelung mit Bavaria Fahrradwerke GmbH) den ihm zustehenden Urlaub bereits genommen. Er möchte wissen, wie viel Tage ihm noch zustehen?

Auszug aus Arbeitsvertrag mit Herrn Rabauer

*
*
*

6. Probezeit/Kündigung

Die ersten 6 Wochen/Monate des Arbeitsverhältnisses gelten als Probezeit. Während der Probezeit kann das Arbeitsverhältnis beiderseits innerhalb der gesetzlichen/tariflichen Mindestkündigungsfrist gekündigt werden.
*
*
*

8. Urlaub

Dem Arbeitnehmer wird ein Urlaub von insgesamt 30 Arbeitstagen gewährt. Der Arbeitnehmer hat auf Verlangen des Arbeitgebers die jeweilige Urlaubsanschrift mitzuteilen.

9. Sonstiges

*
*
*

Betriebswirtschaftliche Geschäftsprozesse

10. Aufgabe

In einer betrieblichen Unfallstatistik waren folgende Unfallarten am häufigsten:

(1) Verbrennungen und Verätzungen

(2) Schnitt und Rissverletzungen

(3) Prellungen und Quetschungen.

Welche Aussage über die Auswirkungen der Aktion „Sicherer Arbeitsplatz" auf die Unfallart (3) „Prellungen und Quetschungen" können Sie ableiten?

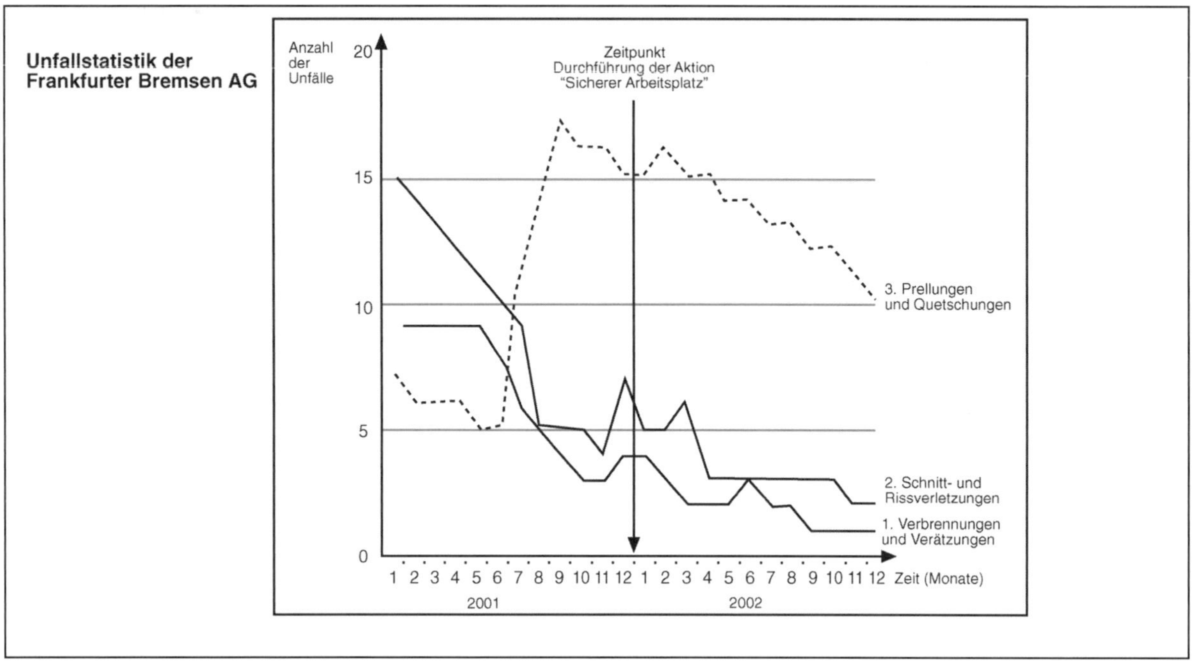

SITUATION 25

Sie sind als Mitarbeiter in der Personalabteilung der Bavaria Fahrradwerke GmbH neben der Lohnabrechnung auch für die Personalbeschaffung mit zuständig.

1. Aufgabe
Sie müssen einen kurzfristig durch Krankheit ausgefallenen Mitarbeiter schnellstmöglich ersetzen. Folgende Alternativen stehen zur Verfügung:

Leasing eines Mitarbeiters bei einer Leiharbeitsfirma zum Preis von 19,00 € je Stunde.

Befristete Einstellung eines Mitarbeiters zu folgenden Bedingungen:

Bruttolohn	1.900,00 €/Monat
Urlaubsgeld	600,00 €/Jahr
Weihnachtsgeld	70 % des Bruttolohns
VL-Arbeitgeber	20,00 €
Sozialvers.-Beiträge	38,65 % (gesamt)
Lohnnebenkosten	28 %/Monat

Berechnen Sie, welche Alternative bei einem Monatstundenbedarf von 156 Arbeitsstunden die kostengünstigere ist!

2. Aufgabe
Ermitteln Sie den Bruttostundensatz bei Alternative 2, wenn pro Monat insgesamt 166 Arbeitsstunden anfallen!

3. Aufgabe
Nennen Sie zwei Gründe (außer den Kosten), die für das Personalleasingangebot sprechen!

4. Aufgabe
Erklären Sie an entsprechenden Beispielen die verschiedenen Formen der Lohnnebenkosten!

5. Aufgabe
Bis zu welchem Termin müssen die Sozialversicherungsbeiträge spätestens an die zuständigen Träger überwiesen werden?

6. Aufgabe
Die Personalbeschaffung kann intern und extern erfolgen. Nennen Sie jeweils zwei Gründe, die für eine interne bzw. externe Beschaffung sprechen!

7. Aufgabe
Die Mitarbeiter Schmid, Summer und Biberger bilden eine Arbeitsgruppe, die in Gruppenakkord entlohnt wird. Der Tariflohn von Schmid beträgt 10,90 €, Summer erhält einen Tariflohn von 11,90 € und Biberger bekommt 9,50 € Tariflohn. Auf ihren Tariflohn erhalten sie einen Akkordzuschlag von 16 %.
Die Gruppe arbeitet im Stückzeitakkord und fertigt an einem Tag (7 Arbeitsstunden) 45 Teile.
Die Normalleistung für die Arbeitsgruppe beträgt fünf Stück pro Stunde.
Berechnen Sie den Gruppenakkord der Gruppe für eine 5-Tage-Woche!

8. Aufgabe
Ermitteln sie den Akkordlohn für Mitarbeiter Schmid pro Arbeitstag!

9. Aufgabe
Als Alternative zum Akkordlohn wird auch die Einführung des Prämienlohns diskutiert. Beschreiben Sie anhand von vier Beispielen Leistungen der Mitarbeiter, für die Prämien vergütet werden!

SITUATION 26

Nach erfolgreicher Ausbildung zum Industriekaufmann/ -frau wurden Sie von Bavaria Fahrradwerke GmbH übernommen und der Personalabteilung zugeordnet.

1. Aufgabe
Nennen Sie vier Aufgaben der Personalwirtschaft!

2. Aufgabe
Ein Auftragsrückgang zwingt Ihren Betrieb, die Mitarbeiterzahl anzupassen. Beschreiben Sie zwei Möglichkeiten, diese Anpassung ohne Kündigungen durchzuführen!

3. Aufgabe
Nennen Sie drei praktische Beispiele, durch die Bedarf an zusätzlichen Mitarbeitern entsteht!

4. Aufgabe
Die Weiterentwicklung der Belegschaft wird bei der Fahrradwerke GmbH groß geschrieben.
Beschreiben Sie je zwei Fortbildungsmaßnahmen, die
a) direkt am Arbeitsplatz,
b) bei außerbetrieblichen Weiterbildungsveranstaltungen
stattfinden sollten.

5. Aufgabe
Die Sicherheit am Arbeitsplatz und der Arbeitsschutz sind oberstes Gebot in Industriebetrieben.
Deswegen werden sogenannte Sicherheitsbeauftragte eingesetzt. Wer benennt diese?

6. Aufgabe
In der Geschäftsleitung werden verschiedene Arbeitszeitmodelle diskutiert. Dabei taucht immer wieder der Begriff „flexible Arbeitszeit“ auf.
a) Was versteht man darunter?
b) Welche Vorteile verspricht man sich von der neuen Arbeitszeitregelung?

7. Aufgabe
Die o. g. Maßnahme wird als motivationsfördernd angesehen. Was ist darunter zu verstehen?

8. Aufgabe
Aufgrund einer Arbeitszeitverkürzung muss die Verteilung der Arbeitszeit neu geregelt werden. Welches Recht hat dabei der Betriebsrat nach dem Betriebsverfassungsgesetz?

9. Aufgabe
Statistische Erhebungen im Personalbereich dienen auch als Grundlage der Arbeitsbewertung. Dabei spielt der REFA-Anforderungskatalog eine bedeutende Rolle.
Erklären Sie die fünf Hauptanforderungsarten nach dem REFA-Katalog!

SITUATION 27

Sie sind als Mitarbeiter der Bavaria Fahrradwerke GmbH für die Personalbedarfsplanung und die Personalbeschaffung zuständig. Ihnen liegt folgende Personalplanung für das kommende Geschäftsjahr vor:

Bruttopersonalbedarf	**Folgendes Geschäftsjahr**	
Mitarbeiter	**120**	
	Voraussichtliche Personalabgänge	**Voraussichtliche Personalzugänge**
Einkauf	3	2
Produktion	7	5
Rechnungswesen	2	1
Controlling	5	3
Vertrieb	1	-

1. Aufgabe
Berechnen Sie den Nettopersonalbedarf für das kommende Geschäftsjahr!

2. Aufgabe
Führen Sie vier Gründe an, die zu den Personalabgängen geführt haben können!

3. Aufgabe
Sie müssen die Stelle eines Kundendienstmechanikers neu besetzen. Dazu schreiben Sie die Stelle zunächst intern aus. Geben Sie zwei weitere Möglichkeiten der internen Personalbeschaffung an und beschreiben Sie dazu jeweils zwei Vorteile bzw. Nachteile.

4. Aufgabe
Nachdem auf die interne Ausschreibung keine geeignete Bewerbung einging, erhielten Sie auf die darauffolgende externe Stellenausschreibung 48 Bewerbungen. Führen Sie fünf schlüssige Arbeitsschritte an, die nach dem Eingang der Bewerbungen erforderlich sind, den geeigneten Bewerber auszuwählen!

5. Aufgabe
Eine angemessene Entlohnung für die Stelle als Kundendienstmechaniker zu finden, bedeutet verschiedene Aspekte der Arbeitsbewertung zu berücksichtigen. Als bekanntes System des analytischen Verfahrens gilt das Genfer Schema. Geben Sie für jede der vier unten stehenden Anforderungsarten des Genfer Schemas ein konkretes Beispiel an, das in der Stellenbeschreibung „Kundendienstmechaniker" aufgeführt ist.

Können:____

Belastung:____

Verantwortung:____

Arbeitsbedingungen:____

6. Aufgabe
Die Bavaria Fahrradwerke GmbH vergütet den Kundendienstmechaniker im Zeitlohn. Erläutern Sie mit zwei Argumenten, wieso der Stundenlohn gegenüber dem Leistungslohn für diese Tätigkeit die geeignetere Entlohnungsform ist.

7. Aufgabe

Sie haben einen neuen Mitarbeiter für die ausgeschriebene Stelle gefunden. Nach der Einarbeitung dieses Mitarbeiters soll mit ihm ein Zielvereinbarungsgespräch geführt werden. Nennen Sie zwei Ziele, die mit dem Mitarbeiter in Bezug zur Prozessoptimierung im Kundendienstbereich vereinbart werden können.

8. Aufgabe

Im Rahmen der Umstrukturierung des Vertriebs musste dem Handlungsreisenden Leonhard Lackermeier gekündigt werden. Gleichzeitig mit der Kündigung erhält er das Angebot, im Innendienst des Vertriebs weiterbeschäftigt zu werden. Welche Kündigungsart liegt in diesem Fall vor?

I. ABSATZPOLITISCHE ÜBUNGEN ZUR FESTIGUNG IHRER KENNTNISSE

1. Für den Handel ist eine neue Preisliste zu erstellen. Welcher Listenverkaufspreis (netto) ergibt sich aufgrund der aktuellen Daten für einen Satz Wäsche?

Selbstkosten	53,60 €
Gewinn	8 %
Skonto	3 %
Vertreterprovision	7 %
Rabatt	30 %

2. Die Selbstkosten für ein Produkt betragen 285 €. Es sind 5 % Gewinn, 2 % Skonto und 3 % Vertreterprovision vom Zielverkaufspreis sowie 12 1/2 % Rabatt zu berücksichtigen. Wie viel € beträgt der Angebotspreis ohne Umsatzsteuer?

3. Ein Industrieunternehmen gewährt seinen Kunden bei Zahlung innerhalb von 10 Tagen 3 % Skonto. Ein Kunde überweist für eine gelieferte Schreibmaschine unter Ausnutzung von Skonto 1.940 €. Wie viel € betrug der Skonto?

Zu den nächste zwei Aufgaben:

Für die Kalkulation der Hobelmaschine HT 6789 liegen folgende Daten vor:

Selbstkosten	6.208,00 €
Gewinn	12,5 %
Skonto	3 %
Rabatt	20 %

4. Wie viel € beträgt der Listenverkaufspreis (ohne Umsatzsteuer)?

5. Wie viel € überweist ein Kunde einschließlich 19 % Umsatzsteuer für die Hobelmaschine, wenn ihm ein Rabatt von 20 % auf den Listenverkaufspreis eingeräumt wurde und er mit 3 % Skonto bezahlt?

6. Beim Überprüfen der Zahlungseingänge wurde festgestellt, dass ein Kunde am 30.04. nach Abzug von 3 % Skonto 5.529,00 € überwiesen hat. Die Zahlung war bereits am 20.03. fällig. Wie viel € sind von dem Kunden nachzufordern, wenn bei Überschreitung des Zahlungsziels 7,5 % Verzugszinsen vom Brutto-Rechnungsbetrag berechnet werden?

7. Der Kundendienst soll in die Rationalisierungsmaßnahmen einbezogen werden. Es wird überlegt, Reparaturen künftig als Fremdleistungen einzukaufen.
Kostenaufstellung des Reparaturdienstes für Turbinenradzähler im abgelaufenen Geschäftsjahr:

Personalkosten	150.000,00 €
Reparaturmaterial	30.000,00 €
Reisekosten	35.000,00 €
Post/Telefon	15.000,00 €
Einsatzstunden	2.800

Wie viel € darf die Fremdleistung je Einsatzstunde höchstens kosten, wenn das Reparaturmaterial von der Messfabrikgeräte Ernst Frank & Co. KG gestellt wird, die Einsatzstunden um 5 % gesteigert und die Gesamtkosten gleich bleiben sollen? Tragen Sie das Ergebnis in das Kästchen ein.

Betriebswirtschaftliche Geschäftsprozesse

8. Siehe Abbildung! Welcher Indexzahl entspricht der Umsatz im Jahr 5 für Tisch- und Bettwäsche? (Basis: Jahr 1 = 100)

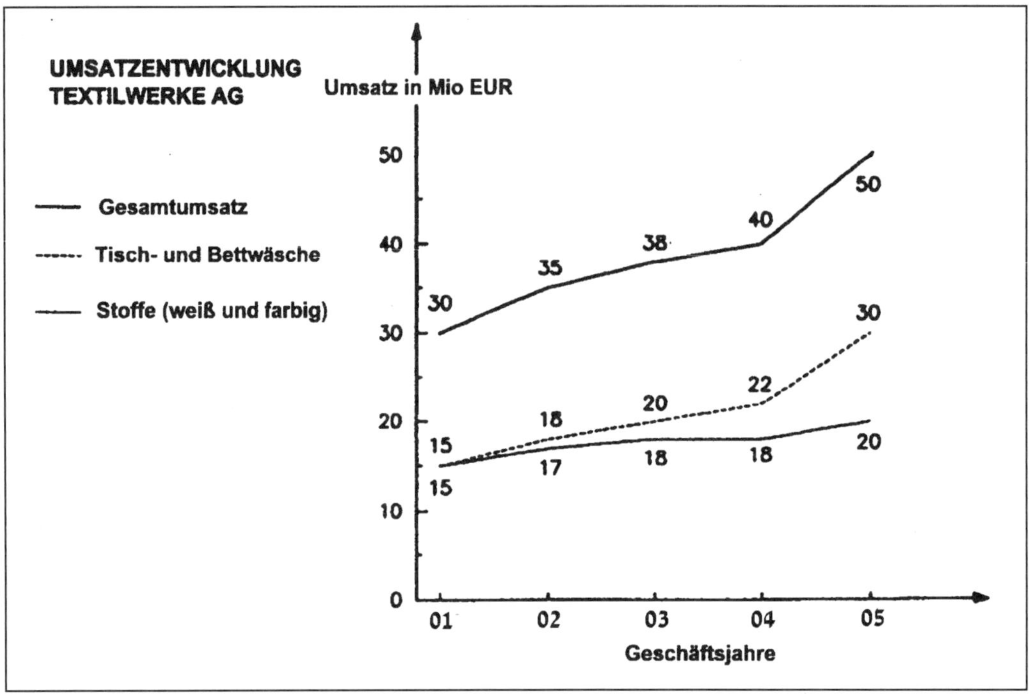

9. Für die Betreuung eines Kundenstammes von 2100 Kunden waren bisher 7 Sachbearbeiter notwendig. Durch die Übernahme eines Unternehmens mit 1500 Kunden sind weitere Sachbearbeiter für dieses Arbeitsgebiet erforderlich. Durch Rationalisierung soll jedoch eine Personaleinsparung von einem Sechstel erreicht werden. Wie viel Sachbearbeiter sind jetzt insgesamt erforderlich?

10. Die Textilwerke AG steht vor der Frage, ob sie für ein Verkaufsgebiet zwei Reisende oder einen Handelsvertreter einstellen soll. Erfahrungen in einem entsprechenden Verkaufsbezirk zeigen, dass zwei Reisende monatlich zusammen 10000 m verkaufen können, während der Handelsvertreter nur 8000 m absetzt.

Vertriebskosten für einen Reisenden:	monatliches Fixum 1.400 € und 5 % Provision vom Umsatz
Vertriebskosten für einen Handelsvertreter:	10 % Provision.
Verkaufspreis:	7 €/m

Wie viel € betragen die Vertriebskosten bei der unter kostenrechnerischen Gesichtspunkten vorteilhafteren Absatzform?

11. Eine Kaffeerösterei will den Preis für ein Päckchen Markenkaffee aus absatzpolitischen Gründen nicht ändern. Sie vermindert daher den Inhalt des Päckchens von 500 g auf 475 g. Wie viel Prozent beträgt die indirekte Preiserhöhung?

12. Einen Scheck über 700,00 CAN-$ lassen Sie sich bar auszahlen. Wie viel € bekommen Sie ausbezahlt (Kurs: 1,3491)?

13. Auf einer Geschäftsreise in die Schweiz zahlen Sie für eine Hotelübernachtung 100 Schweizer Franken (CHF). Da Sie nur € bei sich haben, nennt Ihnen der Portier den Kurs von 0,6469. Wie viel € kostet die Übernachtung?

14. Sie lösen bei einem Kreditinstitut über 1.200 US-$ ein. Wie viel € werden Ihnen bei einem Kurs von 1,29 US-$/€ gutgeschrieben?

15. Durch Verschulden des Lieferers werden 10.000 Gussteile zu je 10 € sieben Tage zu spät geliefert. Für einen solchen Fall war eine Konventionalstrafe in Höhe von 2 % des Warenwertes für den ersten Tag und 4 % für jeden weiteren Tag vereinbart worden. Um einen Produktionsausfall zu verhindern, deckt sich die Frankfurter Bremsen AG kurzfristig anderweitig ein. Dies verursacht höhere Kosten von 50.000 €. Wie viel € beträgt die Differenz zwischen der Konventionalstrafe und den tatsächlichen Kosten?

16. Für die Preiskalkulation einen Satzes Scheibenbremsen liegen folgende Angaben vor:

Selbstkosten je Satz	462,50 €
Kundenskonto	2 %
Gewinn	5 %
Kundenrabatt	15 %

Wie viel € beträgt der Angebotspreis (Listenpreis ohne Umsatzsteuer) für einen Satz Scheibenbremsen?

17. Die Versandabteilung plant, die Lieferung von Stoffen für die Bekleidungsindustrie mit eigenem Lkw durchzuführen. Die Kosten dafür liegen bei 4.800 € im Monat. Die Transportkosten durch Frachtführer betragen 1,5 % vom Warenwert. Der Stückpreis eines Stoffballens wird mit 64 € angesetzt. Wie viel Stück müssen mindestens transportiert werden, damit sich der eigene Lkw lohnt?

18. Wie viel Prozent betrug die Umsatzsteigerung der Produktgruppe IV im laufenden Jahr gegenüber dem Vorjahr. Siehe dazu folgende Abbildung!

PRODUKTGRUPPENUMSATZ

Vorjahr
Gesamtumsatz 4 Mio. €

Laufendes Jahr
Gesamtumsatz 9 Mio. €

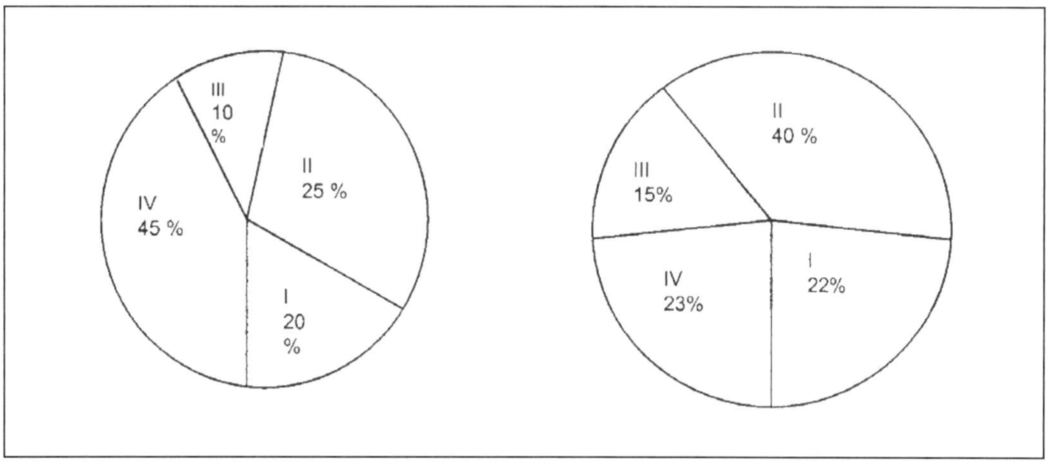

19. Für den Einsatz der Werbeträger wird folgende Aufteilung vorgesehen:

Fernsehwerbung	40 %
Anzeigenwerbung	30 %
Funkwerbung	20 %
Kinowerbung	10 %

Wie viel € kann im kommenden Jahr für die Fernsehwerbung ausgegeben werden, wenn der diesjährige Werbeetat in Höhe von 1,25 Mio. für das nächste Jahr um 3 % erhöht werden soll (Ergebnis in Tausend € angeben!)?

Betriebswirtschaftliche Geschäftsprozesse

Situation zu den nächsten beiden Aufgaben.

Für einen Kunden in New York wurden 600 Mountainbikes (Warenwert 480.000,00 €) hergestellt. Sie erhalten den Auftrag, den Transport nach New York abzuwickeln. Folgende Daten liegen Ihnen vor:
Nettogewicht der Sendung: 8.800 kg
Tara: 1.100 kg
Für die Ermittlung der von den Fahrradwerken zu tragenden Versandkosten erhalten Sie folgende Informationen:
Seemäßige Verpackung pro 10 Mountainbikes 50,00 €
Fracht München-Hamburg 0,30 € je kg Bruttogewicht
Verladekosten im Hafen Hamburg 500,00 €
Seetransport Hamburg-New York 7.200,00 €
Transportversicherungspauschale von 0,4 % vom Warenwert.

20. Wie viel € betragen die Versandkosten pro Mountainbike von München nach New York?

21. Welche Lieferungsbedingung haben die Fahrradwerke in diesem Fall vereinbart?

22. Ein Unternehmen setzte im letzten Jahr insgesamt 250 Stück eines Produktes ab. Davon gingen 20 % in den Export. Der Marktanteil des Unternehmens im Inland betrug 12,5 %. Wie viel Stück betrug das gesamte inländische Marktvolumen für dieses Erzeugnis?

23. Die Umsatzerlöse für ein Erzeugnis betrugen:
Jahr I: 10.000.000 €
Jahr III: 10.712.000 €
Der Erzeugnispreis wurde im Jahr II um 4 % heraufgesetzt. Mit wie viel Prozent hat sich der Umsatz im Jahr III real im Vergleich zum Jahr II verändert?

24. Um wie viel % muss die Absatzmenge für ein Erzeugnis steigen, wenn nach einer Preissenkung von 5 % der gleiche Umsatz wie bisher erzielt werden soll?

25. Die Ausgaben für Werbung in einem Industrieunternehmen betrugen im 1. Quartal des laufenden Jahres 22.791 € und lagen um 1.491 € über den Ausgaben im 4. Quartal des Vorjahres. Um wie viel % sind die Ausgaben für Werbung gestiegen?

Situation zu den nächsten drei Aufgaben.

Als Mitarbeiter im Absatzbereich der Frankfurter Bremsen AG bekommen Sie die Aufgabe, die Kundenstatistik (siehe Abbildung) zu analysieren und aufgrund Ihrer Erkenntnisse verschiedene Entscheidungen zu treffen!

Umsätze in T€ Geschäftsjahr	Jahr 1	Jahr 2	Jahr 3
Kundengruppe I Hersteller (Großabnehmer)	105	115	118
II Kfz-Werkstätten (Kleinkunden)	95	88	80

26. Um wie viel Prozent ist der Umsatz im Jahr 3 gegenüber dem Jahr 2 in der Kundengruppe II zurückgegangen?

27. Sehr nachteilig wirken sich auch die schleppend eingehenden Zahlungen der Kundengruppe II aus. Nach Rücksprache mit der Geschäftsleitung bieten Sie den Kunden an:
Bei Zahlung innerhalb von 10 Tagen 3 % Skonto oder 30 Tage netto Kasse. Wie viel Prozent beträgt die Effektivverzinsung, die die Kunden veranlassen soll, innerhalb der Skontofrist zu zahlen (Näherungslösung und exakte Lösung.)?

28. An welchen Daten können Sie erkennen, ob bei der Kundengruppe I eine Ausweitung des Marktanteils und damit eine Absatzsteigerung möglich ist?
a) An den Veröffentlichungen der Automobilclubs über Unfallursachen
b) An den amtlichen Veröffentlichungen über Neuzulassungen und Exporte von Kraftfahrzeugen
c) An den amtlichen Statistiken über den Export von Nutzfahrzeugen
d) An den von Marktforschungsinstitutionen ermittelten Daten über die Kostensituation der Mitbewerber
e) An den amtlichen Statistiken über den Import von Personenkraftwagen und Wohnmobilen

29. Die Bavaria Fahrradwerke GmbH wird ein neues Elektrofahrrad auf den Markt bringen. Bei der Ermittlung des Verkaufspreises geht die Geschäftsleitung von folgender Planung aus:

Verkaufspreis	1.899,00 €	1.999,00 €	2.159,00 €	2.199,00 €	2.249,00 €
Erwartete Absatzmenge (Stück)	4.300	4200	3700	3600	3300

Das Marktvolumen für Elektrofahrräder liegt bei 24 Mio €. Welchen Verkaufspreis muss die Bavaria Fahrradwerke GmbH festlegen, wenn sie den maximalen wertmäßigen Marktanteil anstrebt?

30. Auf einem Markt treffen sich je 4 Anbieter und 4 Nachfrager mit folgenden Preisvorstellungen:

Käufer	**akzeptierte Preisobergrenze**
A will 150 Stück kaufen	73,50 €
B will 250 Stück kaufen	76,00 €
C will 350 Stück kaufen	79,90 €
D will 100 Stück kaufen	81,00 €
Verkäufer	**akzeptierte Preisuntergrenze**
A will 250 Stück verkaufen	73,50 €
B will 450 Stück verkaufen	76,00 €
C will 350 Stück verkaufen	79,90 €
D will 30 Stück verkaufen	81,00 €

Ermitteln Sie den Gleichgewichtspreis!

31. In der Textilwerke AG werden pro Tag 4.000 Garnituren Bettwäsche abgesetzt. Um wie viel Stück muss die Absatzmenge steigen, wenn ein Preisnachlass von 10 % von der Vertriebsabteilung angestrebt wird und der gesamte Deckungsbeitrag erhalten bleiben soll (eine Mehrproduktion ist möglich)? Tragen Sie das Ergebnis in das Kästchen ein.

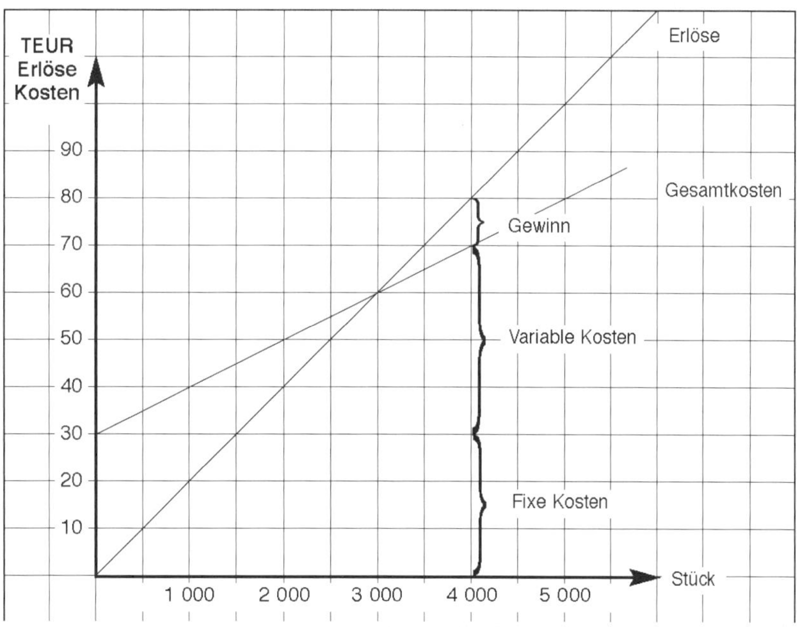

32. Für die Ermittlung der Überseetransportkosten erhalten Sie vom Versand folgende Informationen: 1 Container beinhaltet 8.000 Scheibenbremsen. Er kostet bis zum Hafen Boston 16.500,00 €. Die seemäßige Verpackung beträgt pro 50 Stück Scheibenbremsen 150,00 €. Die Verladekosten im Hafen von Bremen kosten pro 5 Container 5.000,00 €. Eine Transportversicherungspauschale von 5.000,00 € pro 10 Container ist mit zu berücksichtigen. Wie viel € beträgt der Stückkostenanteil für die Überseetransportkosten? Tragen Sie das Ergebnis in das Kästchen ein.

33. Eine Rechnung vom 13.02., Ziel 30 Tage, in Höhe von 4.500,00 €, wird am 15.05. bezahlt. Wie viel € Verzugszinsen müssen bei einem Zinssatz von 9 % bezahlt werden? Tragen Sie das Ergebnis in das Kästchen ein.

34. Es liegt Ihnen nachstehende Ausgangsrechnung an die Autowerke Kassel vor. Der Kunde überwies am 08.04.20.. zum Rechnungsausgleich 81.493,58 € auf das Bankkonto der Frankfurter Bremsen AG. Bei der Prüfung stellen Sie fest, dass der Überweisungsbetrag falsch ist. Wie viel € beträgt die Differenz? Tragen Sie das Ergebnis in das Kästchen ein.

FRANKFURTER BREMSEN AG

Frankfurter Bremsen AG, Kasseler Straße 240, 60486 Frankfurt/Main

Autowerke Kassel AG
Frankfurter Str. 34
34119 Kassel

Ihre Zeichen:	GC
Ihre Nachricht vom:	12.03.20..
Unsere Zeichen:	BK
Unsere Nachricht vom:	14.03.20..

Durchschrift Buchhaltung

RECHNUNG

Rechnungs-Nr.	Kunden-Nr.	Lieferdatum	Rechnungsdatum
5472-20..	3214	18.03.20..	21.03.20..

PN	Artikel	Bezeichnung	Menge	Einzelpreis €	Gesamtpreis €
1	BS LKW	Bremsscheiben	200	350,00	70.000,00
		Frachtkosten			600,00
		Nettorechnungsbetrag			70.600,00
				19 % Mwst.	13.414,00
					84.014,00
					========

Zahlungsbedingung: 10 Tage 3 % Skonto vom Warenwert; 30 Tage netto ab Rechnungsdatum	Lieferbedingung:ab Werk Versandart: LKW	

Rechtsform: Aktiengesellschaft
Sitz: 60003 Frankfurt/Main
Ust.-Id.-Nr. DE 122991821

Bankverbindung: Frankfurter Sparkasse
IBAN: DE78 5005 0102 0000 4322 31
BIC: HELADEF1822

35. Für ein am 02.04. fällige Forderung wurden am 13. 05. einschließlich Verzugszinsen 3.232,80 € bezahlt. Der ursprüngliche Forderungsbetrag war 3.200,00 €. Wie viel Prozent Verzugszinsen mussten bezahlt werden? Tragen Sie das Ergebnis in das Kästchen ein.

II. SITUATIONSAUFGABEN ZUR VORBEREITUNG AUF DIE ABSCHLUSSPRÜFUNG

SITUATION 28

Die neu in das Sortiment der Bavaria Fahrradwerke GmbH aufgenommenen Elektro-Mountainbike müssen am Markt eingeführt werden. Dazu ist eine entsprechende Werbekampagne zu starten, die insbesondere die Einzelhändler Ihrer Region erreichen und ansprechen soll.

1. Aufgabe
Welche Werbeträger bzw. Werbemittel halten Sie für geeignet? Begründen Sie Ihre Vorschläge.

2. Aufgabe
Nennen Sie 5 weitere Möglichkeiten der Werbung.

3. Aufgabe
Im Werbeplan sind u. a. der Streukreis, die Streuzeit, das Streugebiet und der Streuweg festzulegen. Definieren und unterscheiden Sie diese Begriffe.

4. Aufgabe
Eine Anzeige soll vorbereitet werden. Welche Grundsätze sind dabei zu berücksichtigen. Nennen Sie drei.

5. Aufgabe
Die Werbekampagne soll zusätzlich durch verkaufsfördernde Maßnahmen unterstützt werden. Welche Maßnahmen sind hierzu geeignet? Machen Sie 5 Vorschläge.

6. Aufgabe
Ihr Chef legt großen Wert auf das Image des Unternehmens in der Öffentlichkeit. Schlagen Sie ihm drei geeignete Maßnahmen vor, die die öffentliche Meinung positiv beeinflussen (Public-Relations-Maßnahmen).

7. Aufgabe
Auf Grund der Werbekampagne gehen 185 Bestellungen über 1.640 Fahrräder ein, die einen zusätzlichen Gewinn von 132,00 € pro Fahrrad zur Folge haben. Die Kosten der Werbekampagne belaufen sich auf 136.000,00 €. Ermitteln Sie den Werbeerfolg in €.

8. Aufgabe
Nennen Sie zwei Gründe, warum die rein rechnerische Werbeerfolgskontrolle problematisch ist.

9. Aufgabe
Die Elektro-Mountinbike haben einen neuen technisch wesentlich verbesserten Elektromotor und, um auch jüngere Kunden anzusprechen, ein auffallendes Produktdesign. Erläutern Sie Maßnahmen, die geeignet sind, um das neue Produkt vor Nachahmungen zu schützen.

SITUATION 29

Ein Automobilhersteller hat am 26. Februar bei der ATU Autoteile Unger, Landshut, 200 Schonbezüge bestellt. Die Lieferung erfolgt am 1. März. Die Rechnung (siehe Abb.) ging am 06. März bei den Autowerken Süd GmbH ein

ATU Autoteile Unger - Landshut

ATU Autoteile Unger-Postfach 7890-84028 Landshut

Autowerke Süd GmbH
Bahnhofstr. 12
84107 Weihmichl

Parkstraße 27
84032 Landshut
Tel. 0871/980876
Fax: 0871/980877

Eingegangen:
06. März

Rechnung Nr. 3347-02

Lieferschein-Nr. 12365
Kunden-Nr. 67654
Auftrags-Nr 5609

Wir lieferten Ihnen am 1. März 20..

Art.-Nr.	Artikelbezeichnung	Menge	Einheit	UST.	LEP €	GP €
256	Schonbezüge Abzüglich 10 % Rabatt	200	Stück	19 %	24,90	4.980,00 498,00
	Warenwert 4.482			851,58	**Rechnungsbetrag 5.333,58**	

Zahlbar sofort mit 3 % Skonto.

Ansonsten gelten unsere allgemeinen Verkaufs-, Lieferungs- und Zahlungsbedingungen.

Bankverbindung: Sparkasse Landshut,
IBAN: DE26 7435 0000 0000 7878 76
BIC: BYLADEM1LAH
Ust.-Id.-Nr.: DE 878909987

Lieferantenstammblatt

Lieferernummer	110	Fremd-Kundennummer 67654	
Bezeichnung	ATU Autoteile	Buchungskennzeichen	
Kurzbezeichnung	ATU	Steuerpflichtig: ja, mit Vst.	
Ust.-IdNr.	De 78768908	Rabatt vom Listenpreis: 20 % Zahlungsbedingung:	
Firma:	ATU Autoteile Unger Parkstraße 27 84032 Landshut Tel. 0871/980876 Fax: 0871/980877	Zahlungsbedingung: Lieferbedingung:	3 % Skonto bei sofortiger Zahlung frei Haus

1. Aufgabe

a) Wodurch kam der Vertrag zwischen dem Automobilhersteller und der Firma ATU zustande?
b) Bei Stoffbezügen handelt es sich um einen Gattungskauf. Erläutern Sie in diesem Zusammenhang den Unterschied zwischen Stückkauf und Gattungskauf.
c) Welche Bedeutung hat die Vertragsklausel „Es gelten unsere allgemeinen Verkaufs-, Lieferungs- und Zahlungsbedingungen“?

2. Aufgabe

Vergleichen Sie Rechnung und Lieferantenstammblatt. Was fällt Ihnen auf?

3. Aufgabe

Kalkulieren Sie den Verkaufspreis der Autowerke Süd GmbH für einen Stoffbezug. Legen Sie dabei die Daten aus dem Lieferantenstammblatt zugrunde. Gehen Sie vom Listeneinkaufspreis aus. Berücksichtigen Sie, dass der Kalkulationszuschlag der Autowerke Süd GmbH GmbH bei 66 2/3 % liegt. Rechnen Sie auf 3 Kommastellen genau.

4. Aufgabe

Wie hoch ist die Handelsspanne für diese Schonbezüge?

5. Aufgabe

Die Autowerke Süd GmbH hat durch ein Versehen der Buchhaltung die Rechnung nicht bezahlt. Ab welchem Tag ist die Autowerke Süd GmbH auch ohne Mahnung des Lieferers in Zahlunsverzug geraten? Siehe dazu noch den abgebildeten Gesetzestext sowie den umseitig abgebildeten Kalender.

§ 286 Verzug des Schuldners

(1) Leistet der Schuldner auf eine Mahnung des Gläubigers nicht, die nach dem Eintritt der Fälligkeit erfolgt, so kommt er durch die Mahnung in Verzug. Der Mahnung stehen die Erhebung auf die Leistung sowie die Zustellung eines Mahnbescheids im Mahnverfahren gleich.

(2) Der Mahnung bedarf es nicht, wenn
1. für die Leistung eine Zeit nach dem Kalender bestimmt ist,
2. der Leistung ein Ereignis vorauszugehen hat und eine angemessene Zeit für die Leistung in der Weise bestimmt ist, dass sie sich von dem Ereignis an nach dem Kalender berechnen lässt,
3. der Schuldner die Leistung ernsthaft und endgültig verweigert,
4. aus besonderen Gründen unter Abwägung der beiderseitigen Interessen der sofortige Eintritt des Verzugs gerechtfertigt ist.

(3) Der Schuldner einer Entgeltforderung kommt spätestens in Verzug, wenn er nicht innerhalb von 30 Tagen nach Fälligkeit und Zugang einer Rechnung oder gleichwertigen Zahlungsaufstellung leistet; dies gilt gegenüber einem Schuldner, der Verbraucher ist nur, wenn auf diese Folgen in der Rechnung oder Zahlungsaufstellung besonders hingewiesen worden ist. Wenn der Zeitpunkt des Zugangs der Rechnung oder Zahlungsaufstellung unsicher ist, kommt der Schuldner, der nicht Verbraucher ist, spätestens 30 Tage nach Fälligkeit und Empfang der Gegenleistung in Verzug.

(4) Der Schuldner kommt nicht in Verzug, solange die Leistung infolge eines Umtausch unterbleibt, den er nicht zu vertreten hat.

6. Aufgabe

Am 7. April ist immer noch keine Zahlung eingegangen. Welches Recht kann die ATU Autoteile Unger in Anspruch nehmen, wenn sie noch keine Nachfrist gesetzt hat?

7. Aufgabe

Wann ist die Rechnung verjährt, wenn der Lieferer nichts unternimmt?

8. Aufgabe

Kurz vor Ablauf der Verjährungsfrist bemerkt die Fa. Autoteile Unger, dass ihre Forderung immer noch offen ist. Was muss die Fa. Unger unternehmen, damit die Verjährungsfrist verlängert wird?

Januar					
Mo		5	12	19	26
Di		6	13	20	27
Mi		7	14	21	28
Do	**1**	8	15	22	29
Fr	2	9	16	23	30
Sa	3	10	17	24	31
So	**4**	**11**	**18**	**25**	
Wo	1	2	3	4	5

Februar					
Mo		2	9	16	23
Di		3	10	17	24
Mi		4	11	18	25
Do		5	12	19	26
Fr		6	13	20	27
Sa		7	14	21	28
So	**1**	**8**	**15**	**22**	**29**
Wo	5	6	7	8	9

März					
Mo	1	8	15	22	29
Di	2	9	16	23	30
Mi	3	10	17	24	31
Do	4	11	18	25	
Fr	5	12	19	26	
Sa	6	13	20	27	
So	**7**	**14**	**21**	**28**	
Wo	10	11	12	13	14

April					
Mo		5	**12**	19	26
Di		6	13	20	27
Mi		7	14	21	28
Do	1	8	15	22	29
Fr	2	**9**	16	23	30
Sa	3	10	17	24	
So	**4**	**11**	**18**	**25**	
Wo	14	15	16	17	18

Mai						
Mo		3	10	17	24	**31**
Di		4	11	18	25	
Mi		5	12	19	26	
Do		6	13	**20**	27	
Fr		7	14	21	28	
Sa	**1**	8	15	22	29	
So	**2**	**9**	**16**	**23**	**30**	
Wo	18	19	20	21	22	23

Juni					
Mo		7	14	21	28
Di	1	8	15	22	29
Mi	2	9	16	23	30
Do	3	10	17	24	
Fr	4	11	18	25	
Sa	5	12	19	26	
So	**6**	**13**	**20**	**27**	
Wo	23	24	25	26	27

Juli					
Mo		5	12	19	26
Di		6	13	20	27
Mi		7	14	21	28
Do	1	8	15	22	29
Fr	2	9	16	23	30
Sa	3	10	17	24	31
So	**4**	**11**	**18**	**25**	
Wo	27	28	29	30	31

August						
Mo		2	9	16	23	30
Di		3	10	17	24	31
Mi		4	11	18	25	
Do		5	12	19	26	
Fr		6	13	20	27	
Sa		7	14	21	28	
So	**1**	**8**	**15**	**22**	**29**	
Wo	31	32	33	34	35	36

September					
Mo		6	13	20	27
Di		7	14	21	28
Mi	1	8	15	22	29
Do	2	9	16	23	30
Fr	3	10	17	24	
Sa	4	11	18	25	
So	**5**	**12**	**19**	**26**	
Wo	36	37	38	39	40

Oktober					
Mo		4	11	18	25
Di		5	12	19	26
Mi		6	13	20	27
Do		7	14	21	28
Fr	1	8	15	22	29
Sa	2	9	16	23	30
So	**3**	**10**	**17**	**24**	**31**
Wo	40	41	42	43	44

November					
Mo	1	8	15	22	29
Di	2	9	16	23	30
Mi	3	10	17	24	
Do	4	11	18	25	
Fr	5	12	19	26	
Sa	6	13	20	27	
So	**7**	**14**	**21**	**28**	
Wo	45	46	47	48	49

Dezember					
Mo		6	13	20	27
Di		7	14	21	28
Mi	1	8	15	22	29
Do	2	9	16	23	30
Fr	3	10	17	24	31
Sa	4	11	18	**25**	
So	**5**	**12**	**19**	**26**	
Wo	49	50	51	52	53

SITUATION 30

Die Bavaria Fahrradwerke GmbH will ihre Absatzwege neu organisieren. Es wird überlegt, ob über Handlungsreisende oder Handelsvertreter verkauft werden soll. Dabei ist zu berücksichtigen, dass für den Handelsvertreter 6 % Provision vom erzielten Umsatz zu zahlen sind. Für den Reisenden fallen folgende Kosten an:

Bruttogehalt	**2.500 €**
Provision	**2 % vom getätigten Umsatz**
Fahrzeugkosten pro Monat	**500 €**
Spesen pro Monat	**600 €**

1. Aufgabe
a) Erläutern Sie den Unterschied zwischen Handlungsreisendem und Handelsvertreter.
b) Wo sehen Sie Vorteile eines direkten Absatzes, wo sind Vorteile des indirekten Absatzes?

2. Aufgabe
Welche Aufgaben hat ein Handlungsreisender?

3. Aufgabe
Worin sehen Sie Vorteile für die Bavaria Fahrradwerke GmbH, wenn Sie sich
1. für den Handlungsreisenden
2. für den Handelsvertreter

entscheidet?

4. Aufgabe
Bis zu welchem Monatsumsatz ist der Einsatz eines Handelsvertreters kostengünstiger als der Einsatz eines Reisenden?

5. Aufgabe
Ein Außendienstmitarbeiter legt eine Bestellung des Fahrradhandels Schulz & Co. KG über 50.000,00 € vor. Da es sich um einen Neukunden handelt, besorgen Sie sich einen Auszug aus dem Handelsregister (Die Kommanditisten haben ihre Einlage voll eingezahlt).Wie haften die Gesellschafter der Schulz & Co. KG gegenüber der Bavaria Fahrradwerke GmbH?

Amtsgericht Nürnberg					**HR A**
Nummer der Eintragung	a) Firma b) Ort der Niederlassung c) Gegenstand des Unternehmens (bei juristischen Personen)	Geschäftsinhaber Persönlich haftender Gesellschafter Vorstand Abwickler	Prokura	Rechtsverhältnisse	a) Tag der Eintragung und b) Unterschrift Bemerkungen
1.	2	3	4	5	6
1.	a) Fahrradhandel Schulz & Co. KG b) Nürnberg	Eugen Schulz, Kaufmann, Nürnberg Franz Becker, Kaufmann Augsburg	Einzelprokuristen Horst Meier, Nürnberg Gabi Weiß, Nürnberg	Kommanditgesellschaft Seit dem 5. Juni 2003 Kommanditisten: Johanna Schulz, Hausfrau, Nürnberg Einlage: 10.000 € Hans Rost, Kaufmann Augsburg Einlage: 12.500 € Laura Collet, Chemikerin Fürth Einlage: 15.000 €	a) 8. August 2003 b) gez. Fritsch

6. Aufgabe
Welche weiteren Informationen sollten Sie über diesen neuen Kunden einholen und an welche externen Stellen können Sie sich dabei wenden?

7. Aufgabe
Die Bavaria Fahrradwerke GmbH beabsichtigt an den Fahrradhandel Schulz & Co. KG Fahrräder zu verkaufen. Beurteilen Sie anhand des abgebildeten Handelsregisterauszugs, welche Vertragsunterzeichnung seitens der Schulz & Co. KG für ein gültiges Rechtsgeschäft ausreicht.

8. Aufgabe
Nennen Sie drei vertragliche Möglichkeiten, das Risiko späterer Zahlungsausfälle zu verringern oder zu vermeiden.

9. Aufgabe
Bei welcher Institution wird das Handelsregister offiziell geführt?

10. Aufgabe
Inzwischen befindet sich die Schulz & Co. KG gegenüber der Bavaria Fahrradwerke GmbH in Zahlungsverzug. Es geht um eine Forderung in Höhe von 1.864,20 €. Wie viel Prozent Verzugszinsen darf die Bavaria Fahrradwerke GmbH höchstens verlangen, wenn der von der Europäischen Zentralbank festgelegte Basiszinssatz zur Zeit -0,88 % beträgt und keine weiteren Vertragsvereinbarungen bestehen?

SITUATION 31

Beim Vergleich innerbetrieblicher Verkaufsstatistiken musste die Bavaria Fahrradwerke GmbH feststellen, dass sie im letzten Halbjahr Umsatzeinbußen hat hinnehmen müssen. Aus diesem Grund will die Geschäftsleitung mit den Methoden der Marktforschung den Markt untersuchen, um entsprechende Maßnahmen ergreifen zu können.

1. Aufgabe
Erläutern Sie kurz den Begriff „Marktforschung".

2. Aufgabe
Nennen Sie die drei Phasen der Marktforschung und erläutern Sie diese.

3. Aufgabe
Welche Informationen kann die Bavaria Fahrradwerke GmbH von der Marktuntersuchung erwarten? Nennen Sie Beispiele.

4. Aufgabe
Welche Möglichkeiten hat die Fahrradwerke GmbH, Daten zu erheben, um diese später auswerten zu können? Erläutern Sie kurz Ihre Antworten.

5. Aufgabe
Der Bavaria Fahrradwerke GmbH liegen folgende Informationen zum osteuropäischen Markt für Handelswaren vor:

Marktpotenzial:	180 Mio €
Marktvolumen:	144 Mio €
Sättigungsgrad:	80 %
Jahresumsatz der Bavaria Fahrradwerke GmbH:	8,2 Mio €

Ermitteln Sie den Marktanteil für die Handelswaren.

6. Aufgabe
Welche Gründe könnten dafür sprechen, die Marktuntersuchung durch ein Marktforschungsinstitut durchführen zu lassen?

7. Aufgabe
Die Marktuntersuchung hat u. a. gezeigt, dass die Bavaria Fahrradwerke GmbH ihre Sortimentspolitik ändern muss. Welche Möglichkeiten stehen ihr hier zur Verfügung? Erläutern Sie Ihre Vorschläge.

8. Aufgabe
Die Fahrradwerke GmbH entschließt sich, als eine Maßnahme neue hochwertigere Produkte ins Sortiment aufzunehmen. Es gelingt ihr, einen Lieferer zu finden, der diese Produkte für das erste halbe Jahr auf Kommission liefert. Erläutern Sie das Kommissionsgeschäft und nennen Sie die Vorteile für die Fahrradwerke GmbH.

9. Aufgabe
Bei einer von der Fahrradwerke angebotenen Handelsware zeigt sich folgende Marktsituation:

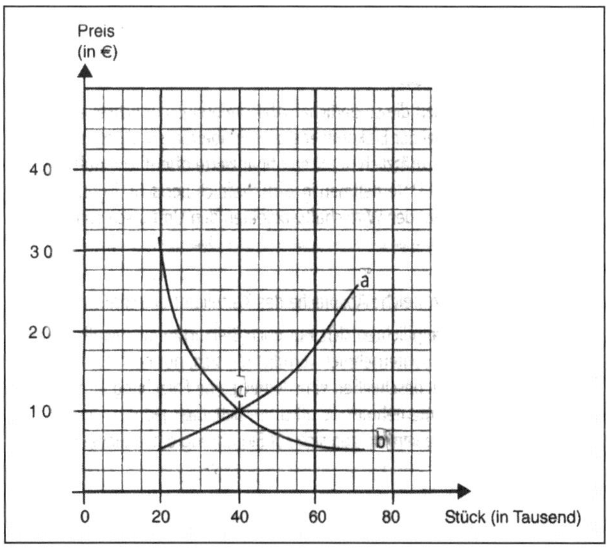

a) Benennen Sie a), b) und c)!

b) Stellen Sie fest, wie viel Tausend Stück nachgefragt würden, wenn der Preis von 10,00 € auf 15,00 € steigen würde.

10. Aufgabe
In der Geschäftsleitung wird überlegt zur genaueren Spezifizierung der Kundenwünsche ein Verbraucherpanel einzurichten. Begründen Sie, ob diese Einrichtung sinnvoll ist.

11. Aufgabe
Begründen Sie, warum es sinnvoll ist, eine Marktsegmentierung vorzunehmen.

SITUATION 32

Die Messgerätefabrik Ernst Frank & Co KG plant, den Vertrieb ihrer Produkte nach Rumänien auszudehnen. In diesem Zusammenhang sind seitens der Verkaufsabteilung Fragen der Berücksichtigung individueller Kundenwünsche, des Transports, der Transportkosten und des Währungsrisikos zu lösen.

1. Aufgabe

Wie wird das Währungsrisiko für eine Lieferung von Hausdruckregelgeräten nach Rumänien ausgeschaltet?

2. Aufgabe

Der Vertrieb und Absatz der Produkte in Rumänien soll stark auf individuelle Kundenwünsche abgestellt werden. Es ist deshalb betont an eine räumliche Nähe zum Absatzmarkt gedacht. Mit welchen Maßnahmen könnte dieses Ziel am besten erreicht werden?

3. Aufgabe

Um stärker auf individuelle Kundenwünsche abstellen zu können, werden für die verschiedenen Schwerpunktmärkte Handelsvertreter tätig sein.
Welche rechtliche Stellung hat ein Handelsvertreter, der für die Messgerätefabrik Ernst Frank & Co. KG tätig ist?

4. Aufgabe

Der Messgerätefabrik Ernst Frank & Co. KG liegt bereits eine Bestellung eines Kunden aus Bukarest vor. „Bitte liefern Sie uns 600 Stück Turbinenradzähler,55 mm, zum Stückpreis von 250,00 € in Sendungen von jeweils 100 Stück im Laufe dieses Jahres. Die genauen Termine erhalten Sie jeweils vier Wochen vorher mitgeteilt.“ Der Auftrag wird bestätigt.
Welche Kaufvertragsart liegt vor?

5. Aufgabe

Bei dem Transport von Alarmanlagen nach Rumänien betragen die monatlichen Kosten im Werkverkehr 4.800,00 €. Die Kosten für den Transport durch die Spedition betragen 1,5 % vom Warenwert. Der Stückpreis einer Alarmanlage beträgt 400,00 €.
Ab welcher Anzahl der nach Rumänien zu liefernden Alarmanlagen ist der Transport durch eigenen Lkw kostengünstiger?

6. Aufgabe

Die Zahlungsbedingung mit den rumänischen Kunden lautet: „Zahlung gegen Dokumentenakkreditiv“.
Wann können Sie mit der Gutschrift der Rechnung rechnen?

7. Aufgabe

Im Rahmen der Preispolitik legt der für den Bereich Absatzcontrolling zuständige Mitarbeiter das nachstehende Ergebnis einer Marktuntersuchung vor, in welcher der vermeintliche Zusammenhang zwischen den Preisen und den Absatzmengen untersucht wird:

Preise in €	180,00	190,00	200,00	210,00	220,00
Absatzmenge in Stück	125.000	112.000	103.000	90.000	70.000

Der Mitarbeiter weist darauf hin, dass die produktbezogenen Fixkosten zur Zeit bei 89.000,00 € und die variablen Stückkosten bei 155,00 € liegen.
Der für das Absatzcontrolling zuständige Mitarbeiter verweist darauf, dass es möglich sein müsste, den Umsatz durch eine Preissenkung zu erhöhen. Bei welchem Preis müsste nach den vorliegenden Daten der höchste Umsatz zu erzielen sein?

8. Aufgabe

Sie sollen untersuchen, welche Auswirkung eine Preisänderung von 210,00 € auf 220,00 € haben würde. Ermitteln Sie für diesen Fall die Preiselastizität der Nachfrage und erläutern Sie das Ergebnis.

9. Aufgabe

Ein anderer Mitarbeiter gibt zu bedenken, dass der maximale Umsatz nicht unbedingt gleich ist mit dem maximalen Gewinn. Bei welchem Preis wird der höchstmögliche Gewinn erzielt?

10. Aufgabe

Ein Mitarbeiter aus dem Vertrieb erwähnt, dass ein neuer Kunde einen Auftrag über 10.000 Scheibenbremsen zu einem Preis von 153,00 €/Stück erteilen möchte. Was schlagen Sie vor? Begründen Sie Ihren Vorschlag.

11. Aufgabe

Es wird überlegt, zukünftig in US-$ zu fakturieren. Welche Folge auf unseren Gewinn hätte in diesem Falle ein Kursanstieg des US-Dollars?

SITUATION 33

In der Marketingabteilung der Bavaria Fahrradwerke GmbH wird die Marktentwicklung der letzten Jahre untersucht, um Rückschlüsse auf die Wirksamkeit verschiedener Marketing-Strategien ziehen zu können. Folgende Daten liegen vor:

Jahr	01	02	03	04
Umsatz in Mio. €	20,0	21,1	22,2	23,3
Gewinn in Mio. €	0,7	1,0	2,2	2,1
Gesamtmarktumsatz in Mio. €	213,8	219,3	221,0	222,0

1. Aufgabe
In welchem Jahr erzielten die Fahrradwerke GmbH die höchste prozentuale Umsatzsteigerung und wie hoch war diese?

2. Aufgabe
In welchem Jahr hatte die Fahrradwerke GmbH die höchste Umsatzrentabilität erzielt und wie hoch war diese?

3. Aufgabe
In welchem Jahr erzielte die Fahrradwerke GmbH ihren höchsten Umsatzmarktanteil und wie hoch war dieser?

Situation zur 4. bis 8. Aufgabe!
Der Bavaria Fahrradwerke GmbH bietet sich die Möglichkeit, 500 Fahrräder zum Listenpreis von 450,00 € an einen Kunden in Detroit (USA) zu verkaufen. Es wird ein Einführungsrabatt von 15 % gewährt. Der Kunde erwartet die Fakturierung in US-Dollar. Als Lieferbedingung wurde CFR Zielhafen New York vereinbart.

4. Aufgabe
Was bedeutet die Vereinbarung CFR?

5. Aufgabe
Am 08.03. wird der Kaufvertrag mit dem Kunden in Detroit abgeschlossen. Sie sollen jetzt die notwendigen Schritte vom Produktionsbeginn bis zur Versandabwicklung einleiten. Listen Sie 5 Schritte in einer logischen Reihenfolge auf.

6. Aufgabe
Wie hoch ist der Rechnungsbetrag in US-Dollar, wenn am Tag der Fakturierung der Briefkurs 1 € = 1,2953 USD und der Geldkurs 1,2949 USD beträgt?

7. Aufgabe
Am Tag der Bezahlung der Rechnung beträgt der Kurs 1 € = 1,2851. Welche Folgerung ergibt sich daraus für die Bavaria Fahrradwerke GmbH?

8. Aufgabe
Um neue Märkte erschließen und die Absatzmenge entsprechend steigern zu können, beabsichtigt die Bavaria Fahrradwerke GmbH, in den USA Fahrräder zu einem niedrigeren Preis anzubieten als in Deutschland und in den europäischen EURO-Ländern. Wie bezeichnet man diese Art der Preisgestaltung?

SITUATION 34

Die Bavaria Fahrradwerke GmbH mussten im letzten Quartal im Vergleich zum Vorjahr einen Nachfragerückgang von 20 % hinnehmen. Durch Konkurrenzangebote und die allgemeine Marktschwäche ist für das nächste halbe Jahr mit zunehmendem Preisdruck zu rechnen. Die Konjunkturprognosen für diesen Zeitraum deuten weiterhin auf einen weiteren Abschwächung des Wirtschaftswachstums hin. Erst dann kann mit einer leichten Erholung auf dem Absatzmarkt gerechnet werden.

Auch die Zulieferfirmen haben signalisiert, dass diese allgemeine Entwicklung nicht spurlos an ihnen vorüber geht.
Sie arbeiten in der Marketingabteilung der Bavaria Fahrradwerke GmbH und haben den Auftrag, gemeinsam mit Ihrer Abteilung, ein geeignetes Marketingkonzept zu entwickeln, das der geschilderten Marktsituation Rechnung trägt.

1. Aufgabe
Die Marketingabteilung plant zunächst die zur Aufstellung eines Marketingkonzeptes erforderlichen Arbeitsschritte. Nennen Sie 6 schlüssige Schritte zur Planung der Marketingkonzeption.

2. Aufgabe
Um ein erfolgversprechendes Marketingkonzept vorlegen zu können, sind auch volkswirtschaftliche Entwicklungen mit zu berücksichtigen. Nennen Sie gesamtwirtschaftliche Rahmendaten, die die Absatzentwicklung der Fahrradwerke beeinflussen können.

3. Aufgabe
Die Bavaria Fahrradwerke beschränkt ihre Produktion auf Fahrräder, hat aber auch Handelswaren im Sortiment. In Ihrem Arbeitskreis wird im Rahmen der Produkt- bzw. Produktprogrammpolitik die Vornahme einer Portfolioanalyse vorgeschlagen. Erläutern Sie kurz die Bedeutung der Portfolioanalyse!

4. Aufgabe
Eine Maßnahme im Rahmen des festzulegenden Marketing-Mixes ist die Preispolitik. Bevor konkrete preispolitische Maßnahmen festgelegt werden, sind Grundsatzfragen zur Preispolitik zu klären. Formulieren Sie 4 Fragen, die vorab zu klären sind.

5. Aufgabe
Die durchzuführenden Marketingmaßnahmen sollen auch den gewünschten Erfolg auf dem Markt erbringen. Nennen Sie Messgrößen bzw. Kennzahlen, die den Erfolg der absatzpolitischen Maßnahmen z. B. durch Vergleich der Soll-Ist-Situation (Controlling), dokumentieren.

6. Aufgabe
Neben der Zielsetzung, neue Kunden auf dem Absatzmarkt zu gewinnen, ist es unbedingt erforderlich, Stammkunden zu gewinnen bzw. zu erhalten. Daher sind Kundenpflege und Service wichtige Eckpfeiler, die zur Sicherung des Unternehmenserfolgs beitragen. Nennen Sie Maßnahmen, die im Rahmen der Auftragsnachbereitung (After Sales) und des Services zu ergreifen sind.

7. Aufgabe
Gerade in Zeiten schlechter konjunktureller Aussichten ist es erforderlich, Qualitätsstandards zu halten bzw. die Produktqualität noch zu steigern, um den Unernehmenserfolg zu sichern. Begründen Sie durch entsprechende Argumentation diese Notwendigkeit.

8. Aufgabe
Als zusätzlicher Vertriebsweg prüft die Geschäftsleitung die Chancen und Risiken eines Online-Shops.
a) Führen Sie drei Argumente an, die aus Sicht des Vertriebs Vorteile des E-Commerce darstellen.
b) Führen Sie drei Nachteile an, die durch die Einrichtung eines Online-Shops entstehen können.
c) Wer trägt laut Fernabsatzgesetz die Kosten für die Rücksendungen?
d) Wann beginnt bei Fernabsatzverträgen das Widerspruchsrecht des Käufers?
e) Wann verjährt bei Fernabsatzverträgen die Widerspruchsfrist des Käufers?
f) Welche Voraussetzung muss erfüllt sein, damit der Widerruf rechtsgültig ist?
g) Welche Rechtsfolgen ergeben sich aus dem rechtsgültigen Widerruf?

SITUATION 35

Die abgebildete Grafik der „Bavaria Fahrradwerke GmbH" zeigt, dass auf dem Markt für hochwertige Tourenräder eine Veränderung des Nachfrageverhaltens von N 1 nach N 2 stattgefunden hat.

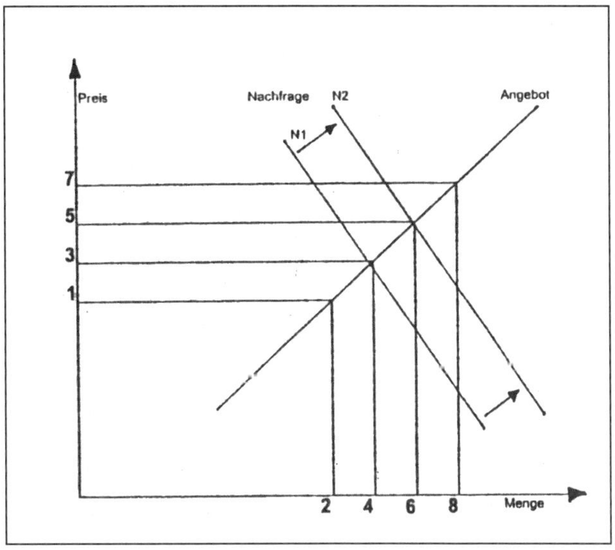

1. Aufgabe
Bei welcher Kennziffer lag der ursprünglichen Gleichgewichtspreis?

2. Aufgabe
Bei welcher Kennziffer liegt die neue Gleichgewichtsmenge?

3. Aufgabe
Worauf könnte die Verschiebung der Nachfragekurve zurückzuführen sein?

4. Aufgabe
Sie sollen sich mit der Werbeetatplanung für die Tourenräder befassen. In der Fahrradwerke GmbH wurde in der Vergangenheit eine prozyklische Werbung betrieben. Zeichnen Sie den entsprechenden Kostenverlauf in das Diagramm ein.

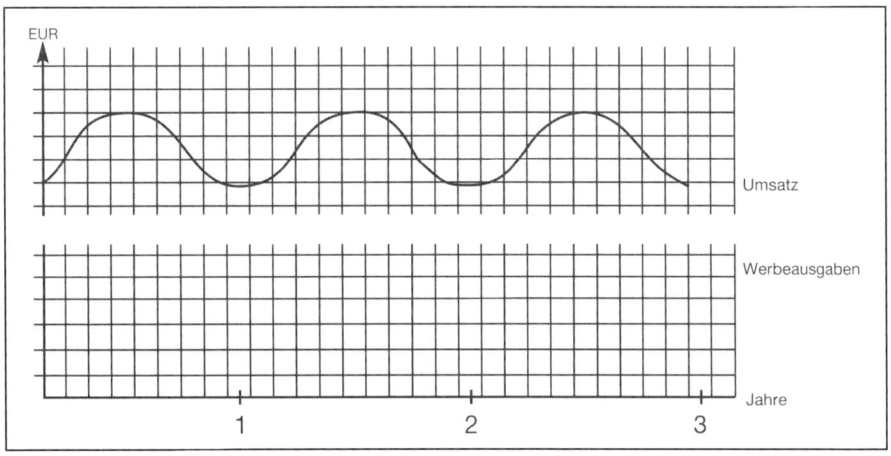

5. Aufgabe
Die Bavaria Fahrradwerke GmbH hat in den vergangenen Jahren regelmäßig etwa 4 Prozent vom Jahresumsatz für Werbezwecke ausgegeben. Der Absatz hochwertiger Tourenräder soll durch Werbemaßnahmen in Höhe von 180.000 € zusätzlich angekurbelt werden. Welchem Prozentsatz entspricht der Werbeetat für Tourenräder bei einem geplanten Absatz von 2.500 Stück, zu einem Nettopreis von 1.200,00 €?

6. Aufgabe
Sie werden beauftragt, zur Planung von Werbemaßnahmen Informationen über neue Trends zusammenzustellen. Welche methodische Vorgehensweise wählen Sie?

7. Aufgabe

Aus dem Werbebudget stehen 65.000,00 € zur Verfügung, die zur Anzeigenwerbung in einer Fachzeitschrift eingesetzt werden sollen. Zielgruppe ist der Anteil der männlichen Leser. Nach einer Vorauswahl müssen Sie sich für eine der drei folgenden Zeitschriften entscheiden.

Zeitschrift	Preis pro Seite in €	Zahl der Leser je Ausgabe	Anteil männlicher Leser je Ausgabe
Bike and Fun	7.500,00	80 000	90 %
Biker	19.000,00	160 000	80 %
Alles fürs Rad	12.000,00	170 000	60 %

a) Berechen Sie den Seitenpreis pro Tausend Leser, bezogen auf die Zielgruppe der männlichen Leser und entscheiden Sie, in welcher Zeitschrift die Anzeigen aus Kostengründen geschaltet werden.

b) Begründen Sie, warum es sinnvoll sein kann, die Anzeigen trotzdem in einer der beiden anderen Zeitschriften zu schalten.

SITUATION 36

Am Ende des gerade abgelaufenen Geschäftsjahres liegen der Geschäftsleitung der Bavaria Fahrradwerke GmbH zu der wirtschaftlichen Situation der drei Hauptprodukte, die in den letzten Jahren zu weitgehend konstanten Preisen abgesetzt wurden, folgende Daten vor:

Produkt / Absatz/Jahr	Stadtrad	Mountainbike	Rennrad
01	300	350	400
02	300	550	850
03	600	1000	2200
04	1150	1800	4050
05	1900	2920	4400
06	2800	3350	4500
07	3200	4200	3300
08	4800	4150	1750
09 (Prognose)	5600	3950	1300

1. Aufgabe
Benennen Sie anhand der Lebenszyklus-Analyse die jeweilige Phase, in der sich die Produkte „Stadtrad" und „Rennrad" befinden.

2. Aufgabe
Beurteilen Sie die Absatzentwicklung des Produktes „Mountainbike" nach Jahr 07.

3. Aufgabe
Die wirtschaftliche Situation der drei Hauptprodukte wurde zusammen mit weiteren Produkten (Handelswaren) in Form einer Portfoliomatrix dargestellt. Beschriften Sie in der Abbildung die zwei Matrix-Achsen und die vier Matrixfelder.

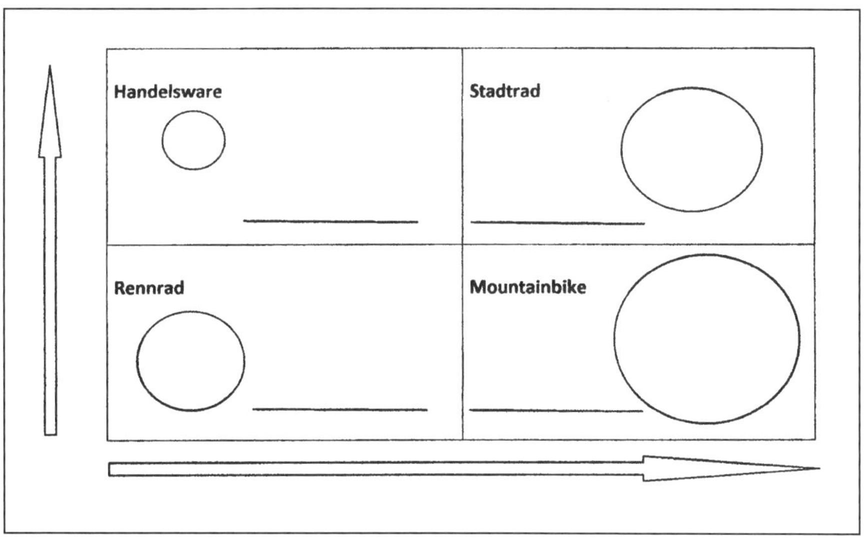

4. Aufgabe
Erläutern Sie die Bedeutung einer solchen Portfolio-Analyse.

5. Aufgabe
Erarbeiten Sie eine mögliche Strategie für die Produktgruppe „Rennrad".

6. Aufgabe
Für künftige Marktentscheidungen schlagen Sie vor, ein Benchmarketing durchzuführen. Erläutern Sie zwei Ziele, die Sie damit erreichen wollen.

7. Aufgabe
Beschreiben Sie in fünf Schritten den Ablauf des Benchmarketing-Prozesses.

SITUATION 37

Die Bavaria Fahrradwerke GmbH will auf der Rad + Outdoor Messe im Bremen den Einkäufern aus aller Welt die aktuelle Produktpalette vorstellen und neue Kunden gewinnen. Sie sind zusammen mit mehreren Kolleginnen und Kollegen beauftragt, auf dem Messestand Ihr Unternehmen zu repräsentieren und Verkaufsverhandlungen zu führen.

1. Aufgabe
Auf dem Messestand soll u. a. die Unternehmensidentität (Corporate Identity) deutlich herausgestellt werden. Dazu gehören u. a. Corporate Design, Corporate Communication und Corporate Behaviour. Erläutern Sie zu den einzelnen Teilen jeweils 2 Beispiele, wie diese auf der Messe umgesetzt werden können.

2. Aufgabe
Auf dem Messestand hat ein Interessent aus Estes Park, Colorado, USA, Kontakt mit Ihnen aufgenommen. Seine Firma New Venture Cycling-Shop bietet neben dem Verkauf von Mountainbike vor allem Mountainbike Touren im Rocky Mountain Nationalpark an. Er möchte zukünftig auch Radtouren mit Elektromountainbike anbieten. Für diesen Neukunden sollen Sie den Verhandlungsspielraum berechnen und die Bandbreite der Angebotsbedingungen festlegen. Berechnen Sie die kurzfristige Preisuntergrenze für das Mountainbike.

Selbstkoten bei 100 Stück	232.000,00 €
Fixkostenanteil bei 100 Stück	123.000,00 €
Kalkulierter Stückgewinn	180,00 €

3. Aufgabe
In den Verhandlungen mit dem neuen Kunden ist von verschiedenen Außenhandelsdokumenten die Rede. Welche Bedeutung haben das Konnossement und der internationale Frachtbrief?

4. Aufgabe
Warum sind die Incoterms für den internationalen Handel von so großer Bedeutung?

5. Aufgabe
Erklären Sie, warum der Importeur bei den Verhandlungen die CIF-Klausel der FOB-Klausel vorzieht?

6. Aufgabe
Wo befindet sich der Gefahrenübergang, wenn im Kaufvertrag die Klausel „CIF-Bremen“ vereinbart wird?

7. Aufgabe
Der Bavaria Fahrradwerke GmbH ist eine gesicherte Zahlung besonders wichtig. Aus diesem Grund wird im Kaufvertrag „Zahlung gegen Dokumenten-Akkreditiv“ vereinbart. Beschreiben Sie die Abwicklung des Dokumenten-Akkreditiv so, dass die Reihenfolge der einzelnen Schritte zu erkennen ist.

8. Aufgabe
Wer hat die Kosten bei dieser Zahlungsform zu tragen und welche Restrisiken sind noch vorhanden?

I. ÜBUNGSAUFGABEN ZUR VORBEREITUNG AUF DIE ABSCHLUSSPRÜFUNG

BEI DEN NACHSTEHENDEN AUFGABEN SIND DIE RICHTIGEN ERGEBNISSE ANZUKREUZEN BZW. ZUZUORDNEN!

1. Welche Aussage trifft auf den Inventurbestand zu?

a) Der Inventurbestand ist der statistische Warenbestand zu Verkaufspreisen.
b) Der Inventurbestand ist der tatsächliche Warenbestand zu Einstandspreisen.
c) Der Inventurbestand ist der tatsächliche Warenbestand zu Verkaufspreisen.
d) Der Inventurbestand ist der statistische Warenbestand zu Einstandspreisen.
e) Der Inventurbestand ist der buchhalterisch ermittelte Warenbestand zu Einstandspreisen.

2. Die Unternehmensleitung beabsichtigt, für eine neue Maschine 1,5 Mio. € zu investieren. Die Abteilung Rechnungswesen wird um eine Aussage gebeten, ob finanzielle Mittel zur Verfügung stehen werden. Anhand welcher Unterlage kann eine entsprechende Aussage getroffen werden?

a) Finanzplan
b) Kassenstatus
c) Kurzfristige Erfolgsrechnung
d) Umsatzergebnis
e) Kontostand des Kontokorrentkontos

3. In der Finanzbuchhaltung müssen wegen der Liquidität und Rentabilität laufend kurz-, mittel- und langfristige Finanzpläne aufgestellt werden. An welchem der Tage von a) bis g) liegt der Höchstbestand an flüssigen Mitteln vor?

a)	02.05.	Bestand Flüssige Mittel	120.000 €
b)	04.05.	Einnahmen	150.000 €
		Ausgaben	160.000 €
c)	07.05.	Einnahmen	80.000 €
d)	08.05.	Einnahmen	190.000 €
		Ausgaben	180.000 €
e)	09.05.	Ausgaben	290.000 €
f)	10.05.	Einnahmen	330.000 €
		Ausgaben	60.000 €
g)	11.05.	Einnahmen	140.000 €
		Ausgaben	150.000 €

4. Was versteht man unter betriebsnotwendigem Kapital?

a) Das Kapital, das zur Finanzierung der Fremdkapitalzinsen aufgebracht werden muss
b) Das Kapital, das zur Finanzierung des Anlagevermögens eingesetzt ist
c) Das Kapital, das zur Erreichung der Betriebsziele notwendig ist
d) Das Kapital, das zur Deckung des durchschnittlichen Wertes von Anlage- und Umlaufvermögen dient
e) Das Kapital, das zur Deckung des Anlagevermögens und der Mindestbestände des Vorratsvermögens dient

5. Ordnen Sie zu!

Pläne	**Regeln**
a) Produktionsplan	
b) Beschaffungsplan	[ ] Maschinenbelegung
c) Finanzplan	
d) Absatzplan	[ ] Art und Ort des Einsatzes eines Angestellten
e) Personalplan	
f) Entwicklungsplan	[ ] Gesamtkapitalbedarf für das nächste Jahr
g) Werbeplan	

Betriebswirtschaftliche Geschäftsprozesse

6. Ordnen Sie zu!

Teilgebiete der Planungsrechnung	**Erläuterungen**
a) Beschaffungsplan	[ ] Ermittlung des wahrscheinlichen Geldbedarfs einschließlich Zinsen und Tilgung
b) Absatzplan	
c) Kostenplan	
d) Ertragsplan	[ ] Aufgrund von Marktanalysen erwarteter Absatz
e) Investitionsplan	[ ] Veranschlagte Anschaffungskosten für Grundstücke, Gebäude, Maschinen usw.
f) Finanzierungsplan	

7. Welche Werte werden in einem Investitionsplan erfasst?

a) Voraussichtlicher Mindestabsatz der Produkte
b) Voraussichtlicher Geldbedarf für die Produktion
c) Geschätzte Kosten für die Anschaffung von Gebäuden, Maschinen und Werkzeugen
d) Geschätzte Kosten für die Roh-, Hilfs- und Betriebsstoffe
e) Voraussichtlicher Bedarf an Arbeitnehmern

8. Die Finanzierung einer Maschine in Höhe von 2 Mio. € soll mit einem Bankkredit erfolgen. Welche Art der Finanzierung liegt vor?

a) Außen- und Eigenfinanzierung
b) Innen- und Eigenfinanzierung
c) Innen- und Fremdfinanzierung
d) Außen- und Fremdfinanzierung
e) Außen- und Beteiligungsfinanzierung
f) Außen- und Rückflussfinanzierung

9. Wie kann sich eine Aktiengesellschaft Kapital durch Eigenfinanzierung beschaffen?

a) Durch Ausgabe junger Aktien
b) Durch Bildung von Rückstellungen
c) Durch Aufnahme eines Kontokorrentkredites
d) Durch Ausgabe von Schuldverschreibungen
e) Durch Verkauf von Anlagen über Buchwert

10. Welche Aussage über Factoring ist richtig?

a) Eine Bank will sich an verschiedenen Unternehmen beteiligen.
b) Ein Unternehmen verkauft einer Factorgesellschaft Buchforderungen.
c) Eine Factorgesellschaft vermietet dem Kunden Anlagegegenstände.
d) Eine Factorgesellschaft übernimmt die Fakturierung für einen Kunden.
e) Eine Factorgesellschaft übernimmt durch stille Zession Verbindlichkeiten eines Unternehmens.

11. Bei einer Leasinggesellschaft wird für den Direktor Müller ein PKW gemietet. Welche Aussage über die Besitz- bzw. Eigentumsverhältnisse ist richtig?

a) Die Leasinggesellschaft ist Eigentümer des PKW.
b) Die Leasinggesellschaft ist Besitzer und Eigentümer des PKW.
c) Die Leasinggesellschaft ist weder Eigentümer noch Besitzer des PKW.
d) Herr Direktor Müller ist Eigentümer des PKW.
e) Herrn Direktor Müllers Unternehmen ist Eigentümer des PKW.

12. Die zum 14. Juni d. J. einberufene Hauptversammlung soll über eine Kapitalerhöhung durch die Ausgabe junger Aktien in einem Nennwert von 4 Mio. € beschließen. Welche Arten der Finanzierung liegen vor?

a) Innen- und Eigenfinanzierung
b) Innen- und Beteiligungsfinanzierung
c) Innen- und Selbstfinanzierung
d) Außen- und Fremdfinanzierung
e) Außen- und Eigenfinanzierung

13. Welche Möglichkeit der Fremdkapitalbeschaffung hat ein Industrieunternehmen in der Rechtsform einer AG?

a) Ausgabe junger Aktien
b) Verkauf von festverzinslichen Wertpapieren des Anlagevermögens
c) Verzicht auf die Zahlung von Dividenden
d) Auflösung der gesetzlichen Rücklagen
e) Aufnahme neuer Gesellschafter
f) Ausgabe von Obligationen

14. Ordnen Sie zu!

Vorgänge	**Finanzierungsarten**
a) Fertige Erzeugnisse werden gegen Verrechnungsscheck verkauft.	[ ] Beteiligungsfinanzierung
b) Neue (junge) Aktien werden ausgegeben.	
c) Rohstoffe werden verarbeitet.	[ ] Selbstfinanzierung
d) Rohstoffe werden auf Ziel eingekauft.	
e) Hilfsstoffe werden gegen Barzahlung gekauft.	[ ] Fremdfinanzierung
f) Gewinn wird nicht entnommen.	

15. Welchen Vorteil hat u. a. das Leasen von z. B. einem Kraftfahrzeug für einen Unternehmer?

a) Leasingraten können steuerlich vom Unternehmer als Geschäftskosten abgesetzt werden.
b) Bei Leasing benötigt der Unternehmer zwar weniger Eigenkapital, die Leasingkosten sind aber höher als bei der Eigenfinanzierung.
c) Bei Leasing trägt der Leasinggeber die Vollkaskokosten.
d) Trotz Zahlungsverzug bei den Leasingraten steht dem Unternehmer der Kraftwagen weiterhin zur Verfügung.
e) Die ersparten Eigenkapitalbeträge werden zum Erwerb des Eigentums am Ende der Leasingzeit verwendet.

16. Ein Unternehmer verkauft die Forderung, die er an einen Kunden hat, an ein Institut. Dieses zahlt dem Unternehmer den Forderungsbetrag abzüglich Gebühren (Zinsen, Provision) und verlangt den Betrag später vom Kunden des Unternehmers. Wie nennt man diese besondere Form der Kreditgewährung?

a) Offene Zession
b) Stille Zession
c) Factoring
d) Avalkredit
e) Bürgschaftskredit

17. Was besagt die „Goldene Bilanzregel"?

a) Das Anlagevermögen und die Mindestvorräte sollen durch Eigenkapital und langfristiges Fremdkapital, das übrige Umlaufvermögen durch mittel- und kurzfristiges Fremdkapital gedeckt sein.
b) Eigen- und Fremdkapital sollen möglichst gleich groß sein.
c) Das Anlagevermögen und die Mindestvorräte sollen durch Eigenkapital und kurzfristiges Fremdkapital, das übrige Umlaufvermögen durch langfristiges Fremdkapital gedeckt sein.
d) Das Anlagevermögen soll durch langfristiges Fremdkapital, das Umlaufvermögen durch Eigenkapital und kurzfristiges Fremdkapital gedeckt sein.
e) Das Umlaufvermögen soll durch Eigenkapital, das Anlagevermögen durch lang- und mittelfristiges Fremdkapital gedeckt sein.

18. Das Anlagevermögen soll möglichst durch eigene Mittel finanziert sein. Außerdem ist es von Vorteil, noch einen Teil des Umlaufvermögens (ca. 1/3) mit Eigenkapital zu finanzieren. Wie bezeichnet man diesen Tatbestand?

a) Ökonomisches Prinzip
b) Maximalprinzip
c) Goldene Finanzierungsregel
d) Goldene Bilanzregel
e) Goldene Investitionsregel

19. Im Rahmen von Kreditverhandlungen mit der Sparkasse werden verschiedene Kreditformen angeboten. Ordnen Sie zu!

Merkmale bzw. Sicherheiten	**Kreditformen**
a) Kurzfristiger Kredit, in laufender Rechnung zur Verfügung gestellt, Verfügung nach Bedarf	
b) Langfristiger Kredit, der gewöhnlich durch Belastung eines Grundstücks gesichert ist	[ ] Hypothekarkredit
c) Kredit gegen Verpfändung von Waren oder Wertpapieren	[ ] Avalkredit
d) Kurzfristiger Kredit, bei dem die Bank Wertpapiere ankauft	
e) Darlehen für private Investitionen, in der Regel durch Sicherungsübereignung oder Bürgschaft gesichert	[ ] Kontokorrentkredit
f) Kredit, bei dem die Bank für die Verbindlichkeiten eines Kunden die Haftung in Form einer Bürgschaft übernimmt	

20. Welche Aussage trifft auf ein Annuitätendarlehen zu?

a) Das Darlehen wird in einer Summe am vertraglich vereinbarten Fälligkeitstag zurückbezahlt.
b) Nach einer vereinbarten Kündigungsfrist wird die Rückzahlung des Darlehens fällig.
c) Der Schuldner bezahlt über die gesamte Laufzeit gleichbleibende Beträge zurück, die sich aus Tilgungs- und Zinsanteilen zusammensetzen.
d) Die Tilgungsanteile fester Rückzahlungsbeträge verändern sich während der gesamten Laufzeit nicht.
e) Die Zinsbelastung ändert sich während der gesamten Laufzeit nicht.

21. Welche Aussage trifft auf den Zessionskredit zu?

a) Sicherung des Kredits durch einen Bürgen
b) Abtretung einer Kundenforderung an die kreditgebende Bank
c) Sicherung des Kredits durch Übereignung beweglicher Sachen an den Kreditgeber
d) Verpfändung von Wertpapieren an den Kreditgeber
e) Finanzierung einer Maschine durch Leasing

22. Welchen Vorteil hat ein Kontokorrentkredit?

a) Für einen Kontokorrentkredit müssen keine Zinsen bezahlt werden.
b) Zinsen müssen nur insoweit bezahlt werden wie Kredit in Anspruch genommen wird.
c) Die Rückzahlung des Kontokorrentkredites muss erst am Jahresende erfolgen.
d) Der Kontokorrentkredit kann jederzeit in jeder beliebigen Höhe in Anspruch genommen werden.
e) Für Kontokorrentkredite brauchen, im Gegensatz zu anderen Kreditarten, keine Verträge abgeschlossen zu werden.

23. Welche Aussage über die Verpfändung (Faustpfand) ist richtig?

a) Verpfändung nennt man die Zwangsversteigerung von Vermögensgegenständen des Schuldners.
b) Bei der Verpfändung bleiben Besitz und Eigentum des Pfandgegenstandes beim Kreditnehmer.
c) Verpfändete Gegenstände können im Insolvenzfalle aufgerechnet werden.
d) Verpfändete Gegenstände zählen im Insolvenzfalle zu den bevorrechtigten Forderungen.
e) Bei der Verpfändung geht der Besitz am Pfand auf den Kreditgeber über, der Kreditnehmer bleibt aber Eigentümer.
f) Bei der Verpfändung geht das Eigentum am Pfand auf den Kreditgeber über, der Kreditnehmer bleibt aber Besitzer.

24. Wie nennt man die Kreditsicherung, bei welcher der Kreditnehmer an den Kreditgeber Forderungen abtritt?

a) Sicherungsübereignung
b) Lombard
c) Zession
d) Ausfallbürgschaft
e) Eigentumsvorbehalt

25. Welche Aussage über die Sicherungsübereignung ist richtig?

a) Die Sicherungsübereignung ist eine selbstschuldnerische Bürgschaft.
b) Der Besitz wird auf den Gläubiger übertragen, die angebotenen Sicherheiten bleiben jedoch Eigentum des Schuldners.
c) Das Eigentum wird auf den Schuldner übertragen, die angebotenen Sicherheiten bleiben jedoch im Besitz des Gläubigers.
d) Das Eigentum wird auf den Gläubiger übertragen, die angebotenen Sicherheiten bleiben jedoch im Besitz des Schuldners.
e) Besitz und Eigentum werden vorübergehend auf den Gläubiger übertragen.

26. Welche Sicherungsart ist für die Absicherung eines einmaligen kurzfristigen Kredites durch einen Lieferer am wenigsten geeignet?

a) Abtretung von Forderungen
b) Verpfändung von Wertpapieren
c) Eigentumsvorbehalt an den gelieferten Waren
d) Sicherungsübereignung eines Kraftfahrzeuges
e) Eintragung einer Grundschuld auf das Betriebsgrundstück

27. Zur Aufnahme eines Kredites wird als Kreditsicherung eine Sicherungsübereignung von Maschinen, die im Betrieb verwendet werden, erwogen. Welche Aussage hierzu ist richtig?

a) Die Bank erwirbt zur Sicherung des Kredits das Recht, die übereigneten Maschinen zurückzubehalten.
b) Die Sicherungsübereignung muss von einem Notar beglaubigt werden.
c) Die Bank wird Besitzer, der Kreditnehmer bleibt weiter Eigentümer der sicherungsübereigneten Maschinen.
d) Die Bank wird Eigentümer, der Kreditnehmer bleibt jedoch Besitzer der übereigneten Maschinen.
e) Eine zur Sicherheit übereignete Maschine darf nicht in der Produktion eingesetzt werden.

28. Für ein Grundstück und eine Fertigungshalle werden insgesamt 900.000 € investiert. Die Finanzierung erfolgt in Höhe von 600.000 € über Fremdkapital, für das Sicherheiten gestellt werden müssen. Welche Aussage über die Sicherung dieses Kredits ist richtig?

a) Sie kann sowohl über eine Hypothek als auch über eine Grundschuld erfolgen. Beides sind Grundpfandrechte, sie werden ins Grundbuch eingetragen.
b) Sie kann nur über eine Hypothek erfolgen. Diese wird nicht in das Grundbuch eingetragen.
c) Sie kann nur über eine Hypothek erfolgen. Dafür ist jedoch eine Bankbürgschaft erforderlich.
d) Sie kann nur über eine Sicherungsübereignung erfolgen. Dabei wird das Eigentum am Grundstück durch Vertrag vorübergehend an den Kreditgeber übertragen.
e) Sie kann durch Verpfändung unbeweglicher Gegenstände (Grundstücke und Fertigungshalle) vorgenommen werden. Das Pfand geht während der Kreditzeit in das Eigentum des Kreditgebers über.

29. Zur Sicherung eines mittelfristigen Kredits werden einer Bank von einem Industrieunternehmen Wertpapiere angeboten. Um welche Kreditsicherung handelt es sich?

a) Bürgschaft
b) Hypothek
c) Sicherungsübereignung
d) Lombardierung
e) Zession

30. Ordnen Sie zu!

Kreditsicherungsbeispiele	**Sicherheiten**
a) Der Bank wird ein Grundpfandrecht eingeräumt.	
b) Eine 2. Person haftet neben dem Kreditnehmer selbstschuldnerisch.	[ ] Hypothek
c) Die Bank erhält als Pfand Wertpapiere.	[ ] Bürgschaft
d) Forderungen werden an eine Bank abgetreten.	
e) Das Eigentum an einer neuen Maschine wird an eine Bank abgetreten.	[ ] Sicherungsübereignung
f) Der Bank genügt die Unterschrift des Kreditnehmers als Sicherheit.	

31. Wann liegt eine Grundschuld vor?

a) Belastung eines Grundstücks, die im Grundbuch eingetragen ist, zur Absicherung einer Geldsumme
b) Belastung eines Grundstücks, die im Grundbuch eingetragen ist, zur Absicherung regelmäßig wiederkehrender Zahlungen
c) Belastung eines Grundstücks, die im Grundbuch eingetragen ist
d) Belastung eines beweglichen Gegenstandes mit einem Pfandrecht
e) Neben dem belasteten Grundstück haftet auch noch die Person des Schuldners.

32. Welche Maßnahme kann die Kapitalbindungsdauer bei der Industrie-AG verkürzen?

a) Verkürzung der Fertigungszeiten durch ein geändertes Fertigungsverfahren
b) Erhöhung des Mindestbestandes an Vorprodukten um 15 %
c) Verlängerung des Zahlungsziels für die Kunden 30 auf 60 Tage
d) Verminderung der Lagerumschlagshäufigkeit bei Stahlstangen von 12 auf 10
e) Verkürzung des Zahlungsziels durch Lieferer von 60 auf 30 Tage

33. Die Industrie-AG ist Inhaberin von Industrieobligationen der Metallbau AG. Welche Aussage ist richtig?

a) Sie ist am gezeichneten Kapital dieser Aktiengesellschaft beteiligt.
b) Sie ist Anteilseignerin der Metallbau AG, die die Industrieobligationen ausgegeben hat.
c) Sie hat Stimmrecht in der Hauptversammlung der Metallbau AG.
d) Sie hat das Recht, die Industrieobligationen nach Ablauf einer Frist in Aktien umzutauschen.
e) Sie ist Gläubigerin der Metallbau AG.

34. Welche Aussage über den Zessionskredit ist richtig?

a) In einem Vertrag wird das Eigentum an einer beweglichen Sache durch Einigung auf den Gläubiger übertragen.
b) Der Schuldner vereinbart mit dem Gläubiger, dass seine Forderungen gegen Dritte zahlungshalber auf den Gläubiger übergehen.
c) Bewegliche Sachen (z. B. Wertpapiere) werden durch Einigung und Übergabe an den Gläubiger verpfändet.
d) Ein Unternehmen verkauft seine Forderungen an eine Factoringbank.
e) Der Staat haftet für einen eventuellen Forderungsausfall im Exportgeschäft.

35. Welche Maßnahme kann die Kapitalbindungszeit in der Textilwerke AG verlängern?

a) Eine Verkürzung des Zahlungsziels durch die Lieferer
b) Eine Verkürzung der Fertigungszeit
c) Eine Erhöhung der Umschlagshäufigkeit für Rohstoffe
d) Eine Verkürzung des Zahlungsziels an die Kunden
e) Eine Verlängerung der wöchentlichen Arbeitszeit durch Sonderschichten

36. **Zur Finanzierung einer neuen Maschine hat die Bavaria Fahrradwerke GmbH Wertpapiere des Umlaufvermögens zum Buchwert durch die Münchener Sparkasse verkauft. Der Erlös wird der Bavaria Fahrradwerke GmbH auf ihrem Konto gutgeschrieben. Welche Form der Finanzierung liegt vor?**
    a) Innenfinanzierung
    b) Außenfinanzierung
    c) Kreditfinanzierung
    d) Beteiligungsfinanzierung
    e) Fremdfinanzierung

37. **Die Industrie-AG hat bei ihrer Hausbank einen Überbrückungskredit aufgenommen. Als Sicherheit wurden der Hausbank genau bezeichnete Gegenstände zum Eigentum übertragen. Welche Art der Kreditsicherung liegt vor?**
    a) Zession
    b) Bürgschaft
    c) Eigentumsvorbehalt
    d) Sicherungsübereignung
    e) Lombard (Verpfändung)

38. **Das Auftragsvolumen der Bavaria Fahrradwerke GmbH wird für die nächsten Jahre positiv vorhergesagt. Dazu müssen allerdings weitere Anlagen angeschafft werden. Die Geschäftsleitung entscheidet sich, einen Teil des benötigten Kapitals durch Zuführung eines Teils des Jahresüberschusses zur Gewinnrücklage zu finanzieren. Welche Art der Finanzierung liegt in diesem Falle vor?**
    a) Fremdfinanzierung
    b) Außenfinanzierung
    c) Beteiligungsfinanzierung
    d) Selbstfinanzierung
    e) Abschreibungsfinanzierung

39. **Im Rahmen der Anschaffung einer Spezialmaschine von der Freisinger Maschinenbau AG hat die Bavaria Fahrradwerk GmbH einen Überbrückungskredit bei der HVB Landshut aufgenommen. Zur Kreditsicherung wurde eine Kreditsicherungsübereignung vereinbart. Prüfen Sie, wie Eigentum und Besitz in diesem Fall geregelt sind, nachdem die Rechnung ordnungsgemäß bezahlt wurde.**

	Eigentümer der Maschine	**Besitzer der Maschine**
a)	Bavaria Fahrradwerke GmbH	HVB Landshut
b)	HVB Landshut	Bavaria Fahrradwerke GmbH
c)	Bavaria Fahrradwerke GmbH	Freisinger Maschinenbau AG
d)	Freisinger Maschinenbau AG	Bavaria Fahrradwerke GmbH
e)	HVB Landshut	Freisinger Maschinenbau AG

40. **Ein Unternehmensziel ist die Unabhängigkeit von Finanzmärkten. Welche Kennziffer ist am besten geeignet, diesen Grad der Unabhängigkeit zu beurteilen?**
    a) Gesamtkapitalrentabilität
    b) Deckungsgrad I
    c) Fremdkapitalrentabilität
    d) Forderungsquote
    e) Eigenkapitalquote

41. **Auf der Hauptversammlung fordern einige Aktionäre eine höhere Dividende. Welche Finanzierungsart wird durch die Ausschüttung der Dividende unmittelbar eingeschränkt?**
    a) Selbstfinanzierung
    b) Außenfinanzierung
    c) Kreditfinanzierung
    d) Finanzierung aus Abschreibung
    e) Beteiligungsfinanzierung

Betriebswirtschaftliche Geschäftsprozesse

42. Aufgrund der Wirtschaftssituation nimmt die Zahlungsmoral selbst langjähriger Kunden ab. Welche Maßnahme ist geeignet, um dieser Entwicklung entgegen zu wirken?

a) Das kaufmännische Mahnverfahren wird um eine vierte Mahnung erweitert.
b) Wir verkaufen grundsätzlich nur unter Eigentumsvorbehalt.
c) Wir streichen unser Zahlungsziel.
d) Wir verdoppeln unser Zahlungsziel und unsere Skontokonditonen.
e) Mit Einverständnis des Kunden wird die Forderung bei Fälligkeit im Lastschriftverfahren eingezogen.

FINANZPOLITISCHE ÜBUNGEN ZUR FESTIGUNG IHRER KENNTNISSE

43. Ein Betrag von 17.520,00 € wurde am 17.04. bei einer Bank eingezahlt. Die Verzinsung erfolgt zu 3.5 %. Auf wie viel € wächst der Betrag einschließlich Zinsen bis zum 31.12. an?

44. Ein am 16.08. aufgenommenes Darlehen über 12.250,00 € wurde am 28.10. einschließlich Zinsen mit 12.409,25 € zurückgezahlt.
Wie viel Prozent Zinsen wurden berechnet?

45. Ein vom 02.02. bis 17.03. angelegter Betrag von 35.000,00 € brachte 306,25 € Zinsen.
Wie viel Prozent Zinsen wurden gewährt?

46. Einem Unternehmen wurde für die Zeit vom 15.11. bis 31.05. ein Überbrückungskredit zu 8 % gewährt. Bei der Rückzahlung des Kredits mussten 3.900,00 € Zinsen gezahlt werden. Wie viel € betrug der Kredit?

47. Kaufmann Mayer zahlt für ein Darlehen 12 % Zinsen. Er überweist seinem Gläubiger für das letzte Quartal 240,00 € Zinsen. Über wie viel € lautet das aufgenommene Darlehen?

48. Ein Rentner erhält von der Berufsgenossenschaft eine monatliche Unfallrente von 520,00 €.
Welches Kapital müsste er in 6%igen festverzinslichen Wertpapieren anlegen, um denselben Ertrag zu erhalten (volle €)?

49. Über wie viel € lautete ein Kredit, für den in der Zeit vom 30.01. bis 15.04. bei einem Zinssatz von 7 % 612,50 € Zinsen bezahlt werden mussten?

50. Ein Kaufmann nimmt für 1 Jahr einen Kredit in Höhe von 100.000,00 € auf. Der Zinssatz beträgt 6,5 %. Zusätzlich muss der Kaufmann eine Kreditbereitstellungsprovision in Höhe von 1.400,00 € bezahlen.
Wie viel Prozent beträgt seine effektive Zinsbelastung im Jahr?

51. Wie viel Tage muss ein Kapital von 7.200,00 € zu 5 % angelegt werden, bis es durch Zinsen auf 7.400,00 € angewachsen ist?

52. Für einen Betriebskredit in Höhe von 15.250,00 €, der am 24.04. aufgenommen worden war, mussten 8 % = 223,67 € Zinsen im Voraus bezahlt werden.
Auf welchen Tag war die Rückzahlung des Kredits vereinbart worden?

53. Ein Bankkredit von 25.000,00 € muss am 30.06. mit 25.750,00 € einschließlich 8 % Zinsen zurückgezahlt werden.
Wann wurde der Kredit aufgenommen?

54. Wie viel Tage muss ein Kapital von 7.200,00 € zu 5 % angelegt werden, bis es durch Zinsen auf 7.500,00 € angewachsen ist?

55. Berechnen Sie den voraussichtlichen Bestand an finanziellen Mitteln Ende Mai anhand des abgebildeten Finanzplans, wenn Defizite zur Begleichung der Ausgaben als Verbindlichkeiten bleiben!

Monat	Einnahmen €	Ausgaben €	Differenz €	Bestand €
Anfangsbestand				50.000,00
Januar	480.000,00	520.000,00		
Februar	560.000,00	590.000,00		
März	610.000,00	650.000,00		
April	600.000,00	550.000,00		
Mai	580.000,00	560.000,00		

II. SITUATIONSAUFGABEN ZUR VORBEREITUNG AUF DIE ABSCHLUSSPRÜFUNG

SITUATION 38

Weil die Nachfrage nach hochwertigen Stadträdern in den letzten zwei Jahren stetig gestiegen ist und die vorhandene Fertigungskapazität der Bavaria Fahrradwerk GmbH nicht mehr ausreicht, ist eine Vergrößerung der Fertigungshalle vorgesehen. Sie sollen an deren Umsetzung mitwirken.

1. Aufgabe
Welche Art von Investition ist geplant?

2. Aufgabe
Aus welcher Unterlage können Sie erkennen, ob für die Investition genügend finanzielle Mittel zur Verfügung stehen?

3. Aufgabe
Die Fahrradwerke GmbH möchte zur Finanzierung der Investition einen weiteren Gesellschafter aufnehmen.
a) Welche Art der Finanzierung liegt in diesem Fall vor?
b) Nennen Sie zwei Gründe, die gegen diese Entscheidung sprechen!

4. Aufgabe
Als Alternative zu oben genannten Möglichkeit könnte die Fahrradwerke GmbH auch stille Reserven auflösen. Wodurch entstehen stille Reserven?

5. Aufgabe
Zur Investition für die Produktion der Stadträder liegen folgende Daten vor:

Kapitaleinsatz	500.000,00 €
Erwartete Lebensdauer	8 Jahre
Erwarteter jährlicher Gewinn aus der Investition	90.000,00 €
Abschreibungsmethode linear	

Nach wie vielen Jahren erfolgt der vollständige Kapitalrückfluss (inklusive Abschreibung)?

6. Aufgabe
Für die Fertigung der Stadträder liegen Ihnen folgende Daten vor:

Zahlungsziel der Lieferer für Rohstoffe	30 Tage ab Lieferung
Durchschnittliche Lagerdauer der Rohstoffe	18 Tage
Fertigungszeit der Räder	3 Tage
Durchschnittliche Lagerdauer der Fertigerzeugnisse	12 Tage
Zahlungsziel an unsere Kunden bei Lieferung der Fertigerzeugnisse	30 Tage

Wie viele Tage beträgt die Kapitalbindung bis zur Bezahlung der Fertigerzeugnisse?

7. Aufgabe
Zur Zwischenfinanzierung in Höhe von 140.000,00 € verlangt unsere Hausbank für den Zeitraum vom 12. März bis 6. August des laufenden Jahres inklusive Zinsen 143.624,70 €. Welchem effektiven Jahreszins entspricht dies (Berechnungsmethode 30/360 Tage)?

8. Aufgabe
Welcher Finanzierungsart entspricht diese Zwischenfinanzierung?

9. Aufgabe
Die Überlegungen zur Finanzierung dieser Fertigungshalle werden auch durch die „Goldene Bilanzregel" bestimmt.
Was bedeutet dies?

SITUATION 39

Die Geschäftsleitung der Bavaria Fahrradwerke GmbH plant, aus Rationalisierungsgründen einige Arbeitsplätze in der Fertigung mit neuen Maschinen auszustatten. Dazu liegen zwei Angebote vor:

Angebot 1:
Anschaffungskosten 300.000,00 € Abschreibung vier Jahre
Erwartete jährliche Kostenersparnis 35.000,00 €

Angebot 2:
Anschaffungskosten 500.000,00 € Abschreibung vier Jahre
Erwartete jährliche Kostenersparnis 55.000,00 €

1. Aufgabe
Ermitteln Sie für beide Anlagen die Amortisationszeit und entscheiden Sie sich für die günstigere!

2. Aufgabe
Die Geschäftsleitung diskutiert Eigen- oder Fremdfinanzierung.
Erklären Sie die wesentlichen Unterschiede (Rechtsverhältnis, Fristigkeit, Verzinsung, Sicherheiten) zwischen Eigen- und Fremdkapital!

3. Aufgabe
Die Fahrradwerke GmbH entscheidet sich für Fremdfinanzierung des Angebots 1. In Frage kommt ein Kredit bei unserer Bank oder Leasing über den Lieferer. Zur Entscheidung liegen folgende Daten vor:

Kreditangebot der Hausbank
Annuitätendarlehen in Höhe von 300.000,00 €, Laufzeit vier Jahre
Zinssatz 8 %, 100 % Auszahlung
Die Annuität in Höhe von 90.576,00 € ist jeweils zum Jahresende fällig.

Leasingangebot
Unkündbare Grundmietzeit drei Jahre
Leasingraten 3 % monatlich vom Anschaffungspreis
Danach ist die Anlage zum Preis von 75.000,00 zu kaufen

a) Unterscheiden Sie Annuitätendarlehen und Abzahlungsdarlehen!
b) Berechnen Sie Tilgung und Zinsen (Zinsen auf ganze € runden) und die jeweilige Liquiditätsbelastung!
c) Welche Finanzierung sollte aus Liquiditätsgründen gewählt werden?

4. Aufgabe
Welche Vorteile bietet Leasing generell gegenüber der Kreditfinanzierung?

5. Aufgabe
Für einen zusätzlichen Betriebsmittelkredit von 100.000,00 € räumt uns die Bank eine Kreditlinie auf unserem Kontokorrentkonto ein. Erklären Sie die wesentlichen Unterscheidungsmerkmale (Höhe des Zinssatzes, Fristigkeit, Auszahlung, Bereitstellung) von Darlehen und Kontokorrentkredit!

6. Aufgabe
Als Sicherheit für diesen Kontokorrentkredit verlangt die Bank die Sicherungsübereignung einer Fertigungsmaschine. Erläutern Sie die Rechtsverhältnisse, die sich dadurch ergeben!

7. Aufgabe
Weshalb kann die Fahrradwerke GmbH eine geleaste Anlage nicht als Sicherheit anbieten?

8. Aufgabe
Nennen Sie zwei Probleme der Sicherungsübereignung für den Kreditgeber und zwei Vorteile für den Kreditnehmer!

SITUATION 40

Wegen erhöhtem Verkehrsaufkommen in den Städten hat sich bei Stadträdern überraschend eine anhaltend hohe Auftragslage ergeben. Aus diesem Grund hat die Geschäftsleitung der Bavaria Fahrradwerke GmbH entschieden, die Produktion von Stadträdern zu erhöhen. Freie Fertigungskapazitäten sind vorhanden, allerdings ist die Anschaffung einer weiteren Montagestation nötig.
Der Anschaffungspreis beträgt 120.000,00 € netto. Zur Teilfinanzierung vereinbaren Sie mit der Sparkasse Landshut ein Zinsdarlehen über 80.000,00 €. Die Laufzeit beträgt, beginnend mit dem 01.04. des laufenden Jahres, zwei Jahre; Festzins 8 % p. a., bei monatlicher Zinszahlung und Rückzahlung des gesamten Kredits am Ende der Laufzeit. Als Sicherheit übertragen Sie das Eigentum der Anlage auf die Sparkasse Landshut. Den Restbetrag finanzieren Sie aus Bankguthaben.
Die Montagestation wurde am 16.03. von der Dortmunder Maschinenbau GmbH geliefert und nach Montage und Probelauf am 25.03. in Betrieb genommen.

Ihnen liegt folgende Rechung vor:

DorMa – Dortmunder Maschinenbau GmbH

DorMa – GmbH Industriestr. 44227 Dortmund

Bavaria Fahrradwerke GmbH
Weiler Str. 12
84032 Landshut

Ihre Zeichen	BAV-op-tr
Ihre Nachricht vom:	10.Jan. 20..
Unsere Zeichen:	DM-Kub
Unsere Nachricht vom:	24. Febr.. 20..
Name:	Herr Kublath
Telefon:	0231 880-456
Telefax:	0231 880-450
E-Mail:	Rudolf.Kublath@dorma.com
Datum:	18. März 20..

Eingegangen:
19.03.20..

RECHNUNG

Rechnungs-Nr.	**Kunden-Nr.**	**Lieferdatum:**
MOA-098-08	432-8876-01	14.03.20..

PN	**Leistung/ Artikel**	**Beschreibung/Bezeichnung**	**Zeit/ Menge**	**Einzelpreis/ Stundenlohn**	**Gesamtpreis/ Gesamtlohn**
1	MOA G-66H	Montagestation	1 Stück	120.000,00 €	120.000,00 €
2	700	Fracht	1	pauschal	2.400,00 €
3	900	Montage	1	pauschal	3.500,00 €
		Nettorechnungsbetrag			125.900,00 €
4	100	Umsatzsteuer 19 %			23.921,00 €
		Bruttorechnungsbetrag			149.821,00 € ==========

Versandadresse	Zahlungsvereinbarung	Sonstiges	
Rechnungsanschrift	3 % Skonto vom Warenwert bei Zahlung bis zum 08.04.20.. sonst netto Kasse bis zum 28.4.20..	--	
Umsatzsteuer-Id.-Nr DE 23764598	St.Nr. 658/344/8987	Bankverbindung: Comerzbank AG, Dortmund IBAN: DE89440400370789098799 BIC: COBADEFF440	

1. Aufgabe
Welche Arten der Finanzierung haben Sie gewählt?

2. Aufgabe
Auf welche Kreditsicherung haben Sie sich mit der Sparkasse Landshut geeinigt?

3. Aufgabe
Welche Darlehensart haben Sie mit der Sparkasse Landshut vereinbart?

4. Aufgabe
Berechnen Sie den Betrag, den Sie zur Bezahlung der Liefererrechnung unter Ausnutzung von Skonto an den Lieferer überweisen müssen.

5. Aufgabe
Bis zu welchem Datum muss dieser Betrag spätestens bei der Dortmunder Maschinenbau GmbH eingegangen sein, damit die Bavaria Fahrradwerke GmbH nicht in Zahlungsverzug kommt?

6. Aufgabe
Für wie viele Monate dürfen Sie im Jahresabschluss im Anschaffungsjahr höchstens die bilanzmäßige Abschreibung ansetzen?

7. Aufgabe
Berechnen Sie den Zinsbetrag für das Bankdarlehen, der in der Geschäftsbuchführung für das laufende Jahr zu berücksichtigen ist (Monat = 30 Tage; Jahr = 360 Tage).

8. Aufgabe
Berechnen Sie die Verzinsung des Lieferantenkredits pro Jahr (kaufmännische Überschlagsrechung), die durch Ausnützung der Skontovereinbarung entsteht.

PRÜFUNGSVORBEREITUNG AKTUELL

FÜR

Industriekauffrau Industriekaufmann

PRÜFUNGSTEIL

WIRTSCHAFTS- UND SOZIALKUNDE

TEIL 3

WIRTSCHAFTS- UND SOZIALKUNDE

ÜBUNGSAUFGABEN ZUR VORBEREITUNG AUF ZWISCHEN- UND ABSCHLUSSPRÜFUNG

BEI DEN NACHSTEHENDEN AUFGABEN SIND DIE RICHTIGEN ERGEBNISSE ANZUKREUZEN BZW. ZUZUORDNEN.

1. **Der Einsatz des dispositiven Faktors soll zur Steigerung der Wirtschaftlichkeit verringert werden. Welche Maßnahme ist dazu geeignet?**
   a) Die Gesellschafterversammlung beschließt, die Anzahl der Geschäftsführer um einen zu reduzieren und die Aufgabengebiete neu zu verteilen.
   b) Die Anzahl der Mitarbeiter an der Fertigungsstraße wird von 20 auf 15 Personen gesenkt.
   c) Alle technischen Zeichner im Konstruktionsbüro sollen in den nächsten 2 Jahren durch CAD-Computer ersetzt werden.
   d) In der Abteilung Qualitätskontrolle werden mehrere Arbeiter durch automatische Prüfanlagen ersetzt.
   e) Es werden Schulungsmaßnahmen für Angestellte zur Verbesserung des Marketings eingeführt.

2. **Welche Aufgabe gehört bei der Frankfurter Bremsen AG <u>nicht</u> zu den Funktionen des dispositiven Faktors?**
   a) Organisation der Unternehmensstruktur
   b) Ausstellung des Finanzplans
   c) Wahl des Jahresabschlussprüfers
   d) Lizenzvergabe an ein anderes Unternehmen
   e) Beschaffung eines Bankkredites

3. **Wesentliche Grundlage der industriellen Entwicklung war die Ausweitung des sekundären und tertiären Sektors. Welcher Wirtschaftsbereich gehört <u>nicht</u> zu den genannten Sektoren?**
   a) Handwerk
   b) Dienstleistung
   c) Schreinereibetrieb
   d) Landwirtschaft
   e) Industrie

4. **Was ist unter „output“ zu verstehen?**
   a) Zahlungseingänge (Erlös)
   b) Arbeitsleistungen
   c) Maschineneinsatz
   d) Schadstoffemissionen
   e) Roh-, Hilfs- und Betriebsstoffe
   f) Erzeugnisprogramm

5. **Welcher Sachverhalt beschreibt den Standortfaktor „Öffentliche Abgaben"?**
   a) Die Orientierung an der Infrastruktur in einem Wirtschaftsraum
   b) Die Orientierung an den Grundstückspreisen eines Wirtschafsraumes
   c) Die Orientierung an der Steuerbelastung in einem Wirtschaftsraum
   d) Die Orientierung an den Verkehrswegen in einem Wirtschaftsraum
   e) Die Orientierung an der Industrie und Betriebsstruktur in einem Wirtschaftsraum
   f) Die Orientierung an der Gesamtheit der Neuansiedlungen von Unternehmen in einem Wirtschaftsraum

6. **Ordnen Sie zu.**

Beispiele	**Betriebliche Produktionsfaktoren**
a) Hilfs- und Betriebsstoffe	[ ] Betriebsmittel
b) Gebäude, Maschinen	
c) Lagerbestände an Halb- und Fertigerzeugnissen	[ ] Werkstoffe
d) Organisation, Kontrolle	
e) Boden und Kapital	[ ] Dispositiver Faktor

7. Welche der dargestellten Funktionen grenzen den Industriebetrieb vom Dienstleistungsbetrieb ab?

a) Leitung - Beschaffung - Finanzierung - Absatz
b) Absatz - Finanzierung - Beschaffung - Leitung
c) Finanzierung - Beschaffung - Sortimentsbildung - Produktion
d) Lagerung - Absatz der Transportkapazitäten - Produktion - Leitung
e) Leitung - Beschaffung - Produktion - Absatz

8. Welche Standortfaktoren sind besonders für nachstehende Industriebetriebe bestimmend? Ordnen Sie zu.

Standortfaktoren	**Industriebetriebe**
a) Rohstoff- und Kapitalorientierung	
b) Arbeits- und Verkehrsorientierung	[ ] Automobilwerke
c) Umwelt- und Abgabenorientierung	
d) Energie- und Absatzorientierung	[ ] Eisen- und Stahl erzeugende Industriebetriebe
e) Rohstoff- und Verkehrsorientierung	
f) Abgaben- und Rohstofforientierung	

9. Der Betriebsrat hat laut Betriebsverfassungesetzt bei der Festsetzung der Vorgabezeit ein Mitbestimmungsrecht. Welche Aussage ist richtig?

a) Der Betriebsrat muss einer geplanten Zeitaufnahme zustimmen.
b) Dem Betriebsrat sind auf Verlangen die Unterlagen zur Ermittlung der Vorgabezeiten vorzulegen.
c) Der Betriebsrat muss zusammen mit einem Mitglied der Geschäftsleitung die Zeitaufnahme überwachen.
d) Der Betriebsrat muss alle ermittelten Vorgabezeiten prüfen und genehmigen, damit sie wirksam werden.
e) Der Betriebsrat ist dafür verantwortlich, dass der im Tarifvertrag festgelegte Mindestlohn erreicht wird. Daher darf er die Vorgabezeiten entsprechend ändern.

10. Infolge Arbeitszeitverkürzung muss in einem Industriebetrieb die Verteilung der Arbeitszeit auf die einzelnen Wochentage neu geregelt werden. Welches Recht hat dabei der Betriebsrat nach dem Betriebsverfassungsgesetz?

a) Er hat ein Recht auf Mitbestimmung.
b) Er hat ein Recht auf Anhörung.
c) Er hat ein Recht auf Mitwirkung.
d) Er hat ein Recht auf Mitberatung.
e) Er hat ein Recht auf Unterrichtung.

11. Ein Industriebetrieb ist zum Personalabbau gezwungen. Ein Sozialplan wird aufgestellt. Welche Aussage über den Sozialplan ist nach dem Betriebsverfassungsgesetz richtig?

a) Der Sozialplan ist eine Betriebsvereinbarung und wird zwischen Unternehmer und Betriebsrat abgeschlossen.
b) Der Sozialplan gibt Auskunft über die gesamten Sozialabgaben des Unternehmens und ist jährlich vom Betriebsrat zu genehmigen.
c) Der Sozialplan ist eine Einigung zwischen Unternehmer und Gewerkschaft über den Abbau von Sozialleistungen.
d) Der Sozialplan wird von der Sozialabteilung ausgearbeitet und von der Geschäftsleitung in Kraft gesetzt.
e) Der Sozialplan ist Bestandteil von Tarifverhandlungen und wird von den Sozialpartnern abgeschlossen.

12. Welche Aufgabe ergibt sich aus dem Betriebsverfassungsgesetz für die Personalabteilung?

a) Die Durchführung der Betriebsratswahl
b) Die Einladung der Belegschaft und der Unternehmensleitung zur Betriebsversammlung
c) Die Festlegung der Unfallverhütungsvorschriften im Einvernehmen mit dem Betriebsrat
d) Die Unterrichtung des Betriebsrates über eine Umgruppierung von Mitarbeitern
e) Die Einladung zur Betriebsratssitzung

13. Welche Rechte hat der Betriebsrat nach dem BetrVG, wenn ein Unternehmen einen Arbeitnehmer einstellen will?

a) Er kann seine Zustimmung verweigern, wenn eine vom Betriebsrat geforderte innerbetriebliche Stellenausschreibung unterblieben ist.
b) Er muss nur informiert werden, wenn ein schwerbehinderter Arbeitnehmer eingestellt wird, da die Einstellung schwerbehinderter Arbeitnehmer gefördert werden soll.
c) Er muss lediglich informiert werden; die vorliegenden Bewerbungsunterlagen müssen ihm nicht vorgelegt werden.
d) Er hat ein Mitbestimmungsrecht bei der Auswahl der Bewerber.
e) Er kann seine Zustimmung ohne Angabe von Gründen innerhalb von 14 Tagen verweigern.

14. Aus Rationalisierungsgründen müssen Mitarbeiter entlassen werden. Welche Kündigungs- oder Arbeitsschutzbestimmung trifft zu?

a) Massenentlassungen aus Rationalisierungsgründen müssen dem Arbeitsamt und Betriebsrat rechtzeitig mitgeteilt werden.
b) Angestellte, die älter als 28 Jahre sind und dem Betrieb seit ihrem 18. Lebensjahr angehören, haben einen erhöhten Kündigungsschutz.
c) Eine Kündigung aus Rationalisierungsgründen bedarf nicht der Zustimmung des Betriebsrates.
d) Nach dem Schwerbehindertengesetz (SchwbG) ist eine Kündigung aus Rationalisierungsgründen nicht möglich.
e) Betriebsratsmitglieder sind in jedem Fall unkündbar.

15. Auf Grund des festgestellten Bedarfs wird zum 01.01. des nächsten Jahres eine Stelle für einen kaufmännischen Angestellten ausgeschrieben. Die Personalabteilung entscheidet sich für Ernst Frank, der seit zwei Jahren bei der Helmer KG beschäftigt ist. Her Frank möchte von Ihnen wissen, wann seine Kündigung bei der Helmer KG spätestens zugegangen sein muss, damit er seine Stelle zum 01.01. bei der Textilwerke AG antreten kann. Ihre Frage, ob bei ihm eine einzel- oder tarifvertragliche Regelung vorliegt, verneint Herr Frank. Wann ist der spätmöglichste Kündigungstermin?

[ ] [ ]

16. Welche Rechte hat der Betriebsrat nach dem Betriebsverfassungsgesetz, wenn die Frankfurter Bremsen AG einen Arbeitnehmer einstellen will?

a) Er muss nur informiert werden, wenn ein schwerbehinderter Arbeitnehmer eingestellt wird, da die Einstellung schwerbehinderter Arbeitnehmer gefördert werden soll.
2 b) Er kann seine Zustimmung verweigern, wenn eine vom Betriebsrat geforderte innerbetriebliche Stellenausschreibung unterblieben ist.
c) Er muss lediglich informiert werden; die vorliegenden Bewerbungsunterlagen müssen ihm nicht vorgelegt werden.
d) Er hat ein Mitbestimmungsrecht bei der Auswahl der Bewerber
e) Er kann seine Zustimmung nur bei externen Bewerbungen verweigern.

17. In einem privaten Haushalt wird Erdgas als Energiequelle genutzt. Um welche Güterart handelt es sich?

a) Produktionsgut als Verbrauchsgut
b) Produktionsgut als Gebrauchsgut
c) Konsumgut als Verbrauchsgut
d) Konsumgut als Gebrauchsgut
e) Komplementärgut zu Kohle

18. Was versteht die Wirtschaftslehre unter Bedarf?

a) Bedürfnisse, denen ein Angebot gegenübersteht
b) Bedürfnisse, die von Konjunktur und Jahreszeit abhängig sind
c) Bedürfnisse, die sich nach den individuellen Ansprüchen richten
d) Bedürfnisse, für deren Befriedigung finanzielle Mittel zur Verfügung stehen
e) Bedürfnisse, die durch Werbung entstehen

19. Bei welchem Güterpaar handelt es sich um Komplementärgüter?

a) Butter - Margarine
b) Staubsauger - Waschmaschine
c) Fotoapparat - Film
d) Motorrad - Moped
e) Kohle - Erdöl

20. Welche Aussage über Güter trifft zu?

a) Freie Güter gehören zu den immateriellen Gütern.
b) Konsum- und Produktionsgüter können Gebrauchs- oder Verbrauchsgüter sein.
c) Patente und Lizenzen gehören zu den materiellen Gütern.
d) Verbrauchsgüter haben eine längere Nutzungsdauer als Gebrauchsgüter.
e) Der Anteil der freien Güter an den Gesamtgütern erhöhte sich durch die Zunahme der Bevölkerung.

21. Die Bauunternehmung Müller kauft eine Betonmischmaschine. In welcher Zeile treffen alle Güterarten auf die Betonmischmaschine zu?

a) Wirtschaftliches Gut - Materielles Gut - Privates Gut
b) Wirtschaftliches Gut - Konsumgut - Materielles Gut
c) Freies Gut - Produktionsgut - Materielles Gut
d) Wirtschaftliches Gut - Produktionsgut - Gebrauchsgut
e) Wirtschaftliches Gut - Produktionsgut - Verbrauchsgut

22. In welchem Beispiel verwendet der Fahrer das Fahrzeug als Konsumgut?

a) Ein Großhändler stellt die Ware mit seinem LKW den Kunden zu.
b) Ein Handelsvertreter besucht Kunden mit seinem PKW.
c) Ein Versicherungsvertreter fährt mit seinem PKW in den Urlaub.
d) Ein Unternehmer kauft Einrichtungsgegenstände für die Kantine seines Unternehmens und holt diese mit seinem LKW ab.
e) Ein Taxifahrer fährt mit seinem Taxi einen Fahrgast zu dessen Wohnung.

23. Was bezeichnet die Volkswirtschaftslehre als Bedarf?

a) Die Summe der Existenzbedürfnisse
b) Die Summe der Individualbedürfnisse
c) Die Summe der Bedürfnisse nach Sachgütern
d) Die Summe der Kollektivbedürfnisse
e) Die Summe der mit Kaufkraft versehenen Bedürfnisse

24. Welche Aussage zum „ökonomischen Prinzip" ist richtig?

a) Um das ökonomische Prinzip zu beachten, müssen in einer Volkswirtschaft die Produktionskapazitäten ständig erweitert werden.
b) Das ökonomische Prinzip als Maximalprinzip besagt, dass ein bestimmter Erfolg mit möglichst geringem Mitteleinsatz erzielt werden soll.
c) Das ökonomische Prinzip ist ohne den Einsatz von Produktionsfaktoren zu verwirklichen.
d) Wegen der Knappheit der Güter muss das ökonomische Prinzip beim wirtschaftlichen Handeln beachtet werden.
e) Wird das ökonomische Prinzip in einem Unternehmen beachtet, können keine Verluste entstehen.

25. Ordnen Sie im Schaubild die vier Güterbegriffe an der richtigen Stelle ein. Schreiben Sie dann die eingerahmten Kennziffern des Schaubildes neben die dazugehörigen Güterbegriffe.

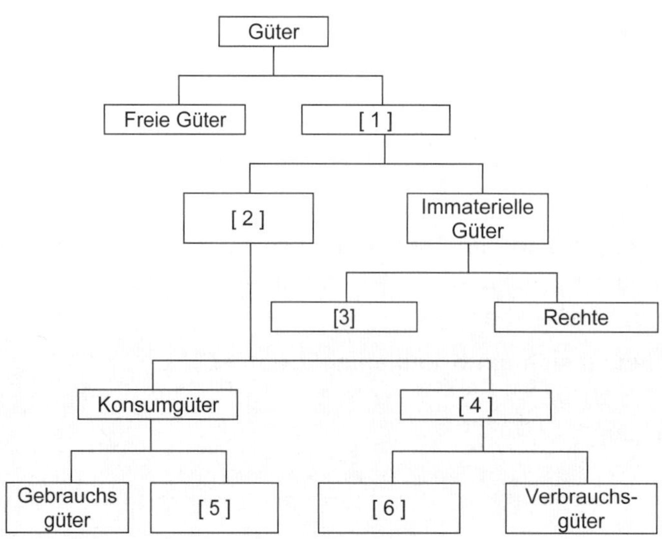

[ ] Dienstleistungen

[ ] Sachgüter

[ ] Produktionsgüter

[ ] Wirtschaftliche Güter

26. In welchem Fall handelt eine Werkzeugfabrik nach dem ökonomischen Prinzip als Maximalprinzip?

a) Wenn sie aus einer Tonne Stahl möglichst viele Werkzeuge herstellt
b) Wenn sie zur Fertigung von 100 Werkzeugen möglichst wenig Material verbraucht
c) Wenn sie einen maximalen Werbeerfolg mit minimalem Werbeaufwand anstrebt
d) Wenn sie durch möglichst hohe Liefererrabatte möglichst niedrige Einkaufspreise anstrebt
e) Wenn sie mit möglichst wenig Energie möglichst viele Werkzeuge herstellt

27. Welches sind immaterielle Güter?

a) Ölgemälde und Zeichnungen
b) Grundstücke und Gebäude
c) Lizenzen und Patente
d) Warenvorräte und Verpackungsmaterial
e) Versuchsmodelle und Spezialmaschinen

28. Welches Ziel liegt dem erwerbswirtschaftlichen Prinzip zugrunde?

a) Der größtmögliche Gewinn
b) Der größtmögliche Umsatz
c) Möglichst niedrige, jedoch kostendeckende Preise
d) Die optimale Bedarfsdeckung
e) Der freie Wettbewerb

29. Welche Aussage beschreibt das oberste Ziel eines marktwirtschaftlich orientierten Unternehmens?

a) Möglichst viele Produkte zu erzeugen, ohne die Absatzlage zu berücksichtigen
b) Möglichst langlebige Produkte abzusetzen
c) Möglichst viele Arbeitnehmer zu beschäftigen
d) Eine 100%ige Auslastung der Produktionskapazität zu erreichen
e) Den größtmöglichen Gewinn zu erzielen

30. Welches ist ein immaterielles Gut?

a) Brot
b) Werkzeuge
c) Möbel
d) Treibstoff
e) Rechtsberatung

31. Wie kennzeichnet die Volkswirtschaft freie Güter?

a) Sie sind knapp und haben keinen Preis.
b) Sie sind konsumreif und verursachen Kosten.
c) Sie sind konsumreif und haben einen Preis.
d) Sie verursachen keine Kosten und haben keinen Preis.
e) Sie sind knapp und haben einen Preis.

32. Welche Aussage über Bedürfnisse ist richtig?

a) Luxusbedürfnisse sind zur Sicherung der menschlichen Existenz notwendig.
b) Das Bedürfnis nach einer Urlaubsreise ist ein Kollektivbedürfnis.
c) Die Summe aller Bedürfnisse wird als Bedarf bezeichnet.
d) Bedürfnisse sind Mangelgefühle, verbunden mit dem Streben, den Mangel zu beseitigen.
e) Der Wunsch nach einer Ferienwohnung ist ein Existenzbedürfnis.

33. Welche Aussage über Güter ist richtig?

a) Werkzeuge sind typische Verbrauchsgüter.
b) Konsumgüter dienen unmittelbar der Bedürfnisbefriedigung.
c) Sachen zählen zu den immateriellen Gütern.
d) Dienstleistungen zählen zu den freien Gütern.
e) Gebrauchsgüter sind im Konsumbereich durch einmalige Nutzung gekennzeichnet.

34. Welche Feststellung beschreibt das ökonomische Prinzip als Minimalprinzip?
- a) Jede Produktionssteigerung soll einen erhöhten Gewinn bringen.
- b) Ein bestimmter Zweck soll mit möglichst geringem Einsatz an Mitteln erreicht werden.
- c) Mit möglichst geringem Einsatz von Mitteln soll ein maximaler Erfolg erzielt werden.
- d) Mit einem hohen Einsatz an Mitteln soll ein maximaler Erfolg erzielt werden.
- e) Ein bestimmter Zweck soll ohne Rücksicht auf die Höhe des Mitteleinsatzes erreicht werden.

35. Welches Gut wird als Konsumgut verwendet?
- a) Das Telefaxgerät eines Verlages
- b) Der Lkw eines Transportunternehmens
- c) Die Werkzeuge einer Kfz-Reparaturwerkstatt
- d) Das von einer Versicherungsgesellschaft gemietete Bürogebäude
- e) Die von einer Familie genutzte Mietwohnung

36. In welchem Fall handelt das Unternehmen bei der Nutzung ihrer Personenkraftwagen nach dem ökonomischen Prinzip als Minimalprinzip?
- a) Zur Sicherstellung einer maximalen Nutzungszeit der Pkws steht ein festgelegter Jahresetat für Reparaturen und Wartungen zur Verfügung.
- b) Die Pkws werden für eine festgelegte Mindestnutzungszeit von fünf Jahren eingesetzt.
- c) Die Pkws müssen nach fünf Jahren Nutzungszeit ersetzt werden. Es wird versucht, für die ausgemusterten Pkws einen maximalen Preis zu erzielen.
- d) Die Pkws müssen immer einsatzbereit sein, wobei die Kosten für Reparatur und Wartung möglichst gering gehalten werden sollen.
- e) Die Mitarbeiter, deren Pkw eine festgelegte Mindestnutzungszeit überschreitet, erhalten als Anreiz für schonendes Fahren eine Prämie.

37. Die Bavaria Fahrradwerke GmbH strebt die Erreichung verschiedener Zielsetzungen an. Ordnen Sie zu.

Planungsvorgaben	Ziele
a) Weiteres Wachstum in der Produktsparte Mountainbike	
b) Arbeitsplatzsicherung in der Produktsparte Mountainbike	[ ] Ökologisches Ziel
c) Verbesserung des Deckungsbeitrags für Rennräder	
d) Verstärkter Einsatz von recyclebaren Materialien in der Fertigung	[ ] Soziales Ziel
e) Erhöhung des Marktanteils bei Stadträdern	

38. Wie nennt man in der Volkswirtschaftslehre die 3 klassischen Produktionsfaktoren?
- a) Boden, Arbeit, erzeugte Ge- und Verbrauchsgüter
- b) Boden, Produktionsmittel, Kapital
- c) Investitionsgüter, Grundstoffe, Konsumgüter
- d) Boden, Arbeit, Kapital
- e) Beschäftigung, Produktion, Absatz

39. Ein Textilunternehmen hat ihre Produktpalette um Vorhangstoffe erweitert. Bei welcher damit zusammenhängenden Maßnahme handelt das Unternehmen nach dem ökonomischen Prinzip als Maximalprinzip?
- a) Bei den Vorhangstoffen soll ein festgelegter Marktanteil mit möglichst geringem Werbeaufwand erreicht werden.
- b) Bei der Produktion der Vorhangstoffe soll mit möglichst geringem Mitteleinsatz ein möglichst hoher Gewinn erzielt werden.
- c) Für die Vorhangstoffe wird eine monatliche Produktionsmenge festgelegt, für die die Kosten möglichst gering gehalten werden sollen.
- d) Zur Erfüllung der Vorhangstoffe am Markt wird für eine bestimmte Zeit ein sehr hoher Werbeaufwand in Kauf genommen.
- e) Mit einem vorgegebenen Werbeetat soll bei den Vorhangstoffen ein möglichst hoher Umsatz erzielt werden.

40. Was besagt das ökonomische Prinzip?

a) Die Verbraucher sollen nur dann kaufen, wenn die Preise zurückgehen.
b) Der größte Erfolg ist mit maximalem Mitteleinsatz anzustreben.
c) Ein anzustrebender Erfolg ist mit dem geringst möglichen Aufwand an Mitteln zu verwirklichen.
d) Es erklärt die Zielsetzung der Sozialen Marktwirtschaft.
e) Es gibt als Kennziffer Auskunft über die Leistung eines Produktionsfaktors.

41. Ordnen Sie zu, indem Sie die 5 eingerahmten Kennziffern der fehlenden Begriffe des Schaubildes neben die entsprechende Güterbegriffe schreiben.

Schaubild

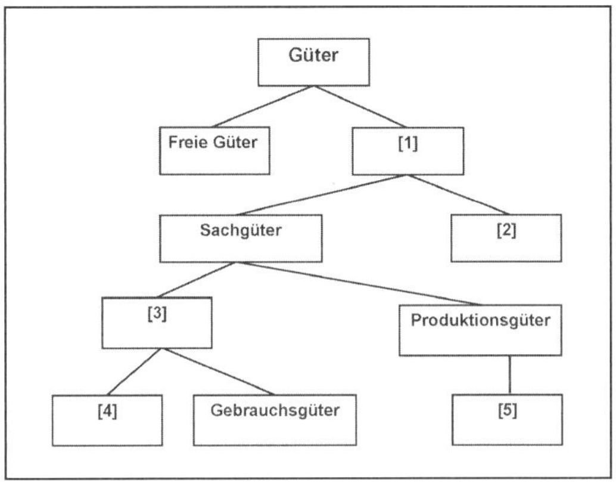

Güterbegriffe

[ ] Kapitalgüter
[ ] Konsumgüter
[ ] Dienstleistungen
[ ] Verbrauchsgüter
[ ] Wirtschaftliche Güter

42. Welche Aussage zur Produktivität ist richtig?

a) Die Produktivität ist das Verhältnis von Ausbringungsmenge zu Faktorpreisen.
b) Die Produktivität ist das Verhältnis von Umsatz zu Gewinn.
c) Die Produktivität ist das Verhältnis von Ertrag zu Aufwand.
d) Die Produktivität ist das Verhältnis von eingesetzter Arbeit zu eingesetztem Kapital.
e) Die Produktivität ist das Verhältnis von Kosten zu Leistungen.

43. Eine Maschinenfabrik stellt ihren Montagearbeitern elektrische Schraubendreher zur Verfügung. Zu welchem betriebswirtschaftlichen Produktionsfaktor gehören die Schraubendreher?

a) Sie gehören zum Produktionsfaktor Werkstoffe, weil sie als Hilfsstoffe zur Bearbeitung des herzustellenden Werkstückes eingesetzt werden.
b) Sie gehören zum Produktionsfaktor Werkstoffe, weil sie als Betriebsstoffe zur Bearbeitung des herzustellenden Werkstückes eingesetzt werden.
c) Sie gehören zum Produktionsfaktor Betriebsmittel, weil sie als Bestandteil der produktionstechnischen Ausrüstung des Betriebes eingesetzt werden.
d) Sie gehören zum Produktionsfaktor ausführende Arbeit, weil sie zur Ausführung von angeordneten Arbeiten eingesetzt werden.
e) Sie gehören zum Produktionsfaktor dispositive Arbeit, weil sie auf Grund einer Entscheidung der Geschäftsleitung eingesetzt werden.

44. Ordnen Sie zu.

Beispiele

a) Grundstücke und Gebäude der Möbelfabrik
b) Aufgenommene Hypotheken und Darlehen
c) Holz, Leim und Schmierstoffe für die Produktionsmaschinen
d) Die Tätigkeit einer Schreibkraft in der Verkaufsabteilung
e) Die Lagerbestände an fertiggestellten Möbeln
f) Die Tätigkeit des Einkaufsleiters

Betriebswirtschaftliche Produktionsfaktoren einer Möbelfabrik

[ ] Werkstoffe
[ ] Dispositive Arbeit
[ ] Betriebsmittel

45. Was versteht man im volkswirtschaftlichen Sinn unter dem Produktionsfaktor Kapital?

a) Die Gesamtheit der Wertschöpfung
b) Die von den Kreditinstituten bereitgestellte Geldmenge
c) Die nachfragewirksame Geldmenge
d) Die produzierten Produktionsmittel
e) Den Geldwert für das Vermögen

46. In welchem Fall handelt es sich um die Substitution eines Produktionsfaktors?

a) Ein Kohlekraftwerk baut umfangreiche Filteranlagen ein, um die Auflagen zur Luftreinhaltung erfüllen zu können.
b) Ein Speditionsunternehmen, dem ein Lastkraftwagen gestohlen wurde, kauft von der Entschädigung der Versicherung einen neuen Lastkraftwagen.
c) Eine Gebäudereinigungsfirma meldet wegen der schlechten Auftragslage Kurzarbeit an.
d) Ein Taxiunternehmen ersetzt aus steuerlichen Gründen ältere Fahrzeuge durch neue, mit Katalysatoren ausgerüstete Fahrzeuge.
e) Ein Großhandelsunternehmen besetzt die Stelle des ausgeschiedenen Nachtwächters nicht mehr, sondern lässt moderne Warnanlagen einbauen.
f) Ein Industriebetrieb legt einen unrentablen Fertigungszweig still und setzt die davon betroffenen Arbeitnehmer in anderen Fertigungsbereichen ein.

47. Welches sind die beiden ursprünglichen (originären) volkswirtschaftlichen Produktionsfaktoren?

a) Bildung und Arbeit
b) Kapital und Bildung
c) Boden und Arbeit
d) Boden und Bildung
e) Boden und Kapital

48. In welchem Fall wurde ein Produktionsfaktor durch einen anderen substituiert?

a) Wegen des Einsatzes einer Spezialmaschine wurde die Stelle eines ausscheidenden Facharbeiters nicht mehr besetzt.
b) Durch eine bessere Anordnung der Maschinen wurde die Herstellungszeit eines Produktes verkürzt.
c) Wegen eines Verkehrsunfalls musste der stark beschädigte Lieferwagen durch einen neuen ersetzt werden.
d) Um sich langfristig qualifizierte Arbeitskräfte zu sichern, wurde die Zahl der Ausbildungsplätze von vier auf sechs erhöht.
e) Um Beschäftigungsschwankungen zu vermeiden, wurden neue Produkte in das Fertigungsprogramm aufgenommen.

49. Ordnen Sie zu.

Wirtschaftliche Begriffe

a) Liquidität
b) Produktivität
c) Wirtschaftlichkeit
d) Beschäftigungsgrad
e) Kapazität
f) Rentabilität

Wirtschaftliche Kennzahlen

[ ] Gewinn/Kapital
[ ] Produktionsmenge/Faktoreinsatzmenge
[ ] Ertrag/Aufwand

50. Was bezeichnet man als dispositiven Faktor?

a) Fließbandarbeit
b) Betriebsmittel
c) Werkstoffe
d) Unternehmensleitung
e) Boden
f) Kapital

51. Welche Aussage über die Arbeitsproduktivität ist richtig?

a) Der Kapitaleinsatz hat keinen Einfluss auf die Arbeitsproduktivität.
b) Eine Steigerung der Arbeitsproduktivität liegt vor, wenn ein Betrieb bei Verdoppelung der Zahl seiner Arbeitskräfte seine Produktion (Ausbringungsmenge) verdoppelt.
c) Die Arbeitsproduktivität errechnet sich aus der Zahl der Arbeitskräfte, dividiert durch das Produktionsergebnis (Ausbringungsmenge).
d) Die Arbeitsproduktivität ist gestiegen, wenn bei einer Verringerung der wöchentlichen Arbeitszeit die Produktion (Ausbringungsmenge) gleich bleibt.
e) Unter Arbeitsproduktivität versteht man den Wert der erzeugten Produkte eines Betriebes.

52. Was versteht man unter Substitution im Produktionsprozess?
a) Die Koordination von gleichartigen Produktionsfaktoren
b) Die Kombination von verschiedenen Produktionsfaktoren
c) Die Änderung der Einsatzmenge eines Produktionsfaktors
d) Das Ersetzen eines Produktionsfaktors durch einen anderen
e) Die Änderung des Einsatzortes eines Produktionsfaktors

53. Welche Aussage über den volkswirtschaftlichen Produktionsfaktor Kapital ist richtig?
a) Kapital steht unbegrenzt zur Verfügung.
b) Kapital ist ein ursprünglicher Produktionsfaktor.
c) Kapitalbildung erfordert Konsumverzicht (Sparen).
d) Kapital wird ausschließlich zur Gewinnerzielung eingesetzt.
e) Kapital kann nur nach dem Maximalprinzip eingesetzt werden.

54. Welcher Betrieb weist die höchste Arbeitsproduktivität auf, wenn sich der Produktionsausstoß auf das gleiche Produkt bezieht?

Betrieb	Arbeitsaufwand	Produktionsausstoß
a) 1	20 Stunden	300 Einheiten
b) 2	18 Stunden	360 Einheiten
c) 3	15 Stunden	300 Einheiten
d) 4	12 Stunden	360 Einheiten
e) 5	10 Stunden	250 Einheiten

55. Ordnen Sie zu.

Messzahlen
a) Rentabilität
b) Liquidität
c) Produktivität
d) Wertschöpfung
e) Wirtschaftlichkeit
f) Lagerumschlag

Messzahlermittlungen
[ ] Produktionsergebnis/Faktoreinsatz
[ ] Gewinn x 100 / Kapital
[ ] Ertrag / Aufwand

56. In welchem Fall ist die Arbeitsproduktivität bei gleichbleibendem Stand der Technik gestiegen?
a) Wenn die Entwicklung der Arbeitskosten und der Arbeitsproduktivität jeweils parallel verlief
b) Wenn bei einer gleichbleibenden wöchentlichen Arbeitszeit und gleichbleibendem Personalstand die Produktion gestiegen ist
c) Wenn ein Unternehmen bei gleichbleibender Produktion mehr Arbeitskräfte einsetzte
d) Wenn ein Unternehmen bei einer Verdoppelung seiner Arbeitskräfte auch seine Produktion verdoppelte
e) Wenn ein Unternehmen bei einer Verdoppelung seiner Arbeitskräfte seine Produktion um 50 % erhöht hat

57. Was versteht man unter Arbeitsproduktivität?
a) Zahl der Arbeitskräfte/Produktionsfaktor Kapital
b) Zahl der Arbeitskräfte/Produktionsergebnis
c) Produktionsmenge/Zahl der Arbeitskräfte
d) Produktionsfaktor Arbeit/Geleistete Maschinenstunden
e) Produktionsmenge/Geleistete Maschinenstunden

58. Welche Zeile enthält ausschließlich Beispiele für den Produktionsfaktor Betriebsmittel einer Großbäckerei?
a) Teigwaage - Mehl - Lastkraftwagen
b) Betriebsgebäude - Knetmaschine - Backofen
c) Zucker - Transportband - Angebotserstellung
d) Versandcontainer - Hefe - Verpackungsautomat
e) Betriebsleitung - Lagereinrichtung - Wasser

59. Ordnen Sie zu.

Volkswirtschaftliche Begriffe zur Satzergänzung	**Aussagen**
a) Sozialprodukt	
b) Investitionen	[ ] Zinsen, Dividenden und Abschreibungen stellen Preise für den Einsatz des Faktors... dar.
c) Abschreibungen	
d) Umsatz	[ ] Bei der Produktion von Sachkapital findet ein gesamtwirtschaftlicher Werteverzehr statt. Diesen nennt man ....
e) Kapital	
f) Arbeit	[ ] Unter...................................versteht man jede auf ein wirtschaftliches Ziel gerichtete menschliche Tätigkeit.
g) Zinstender	
h) Kosten	[ ] Die innerhalb eines Jahres erbrachte Wertschöpfung einer Volkswirtschaft nennt man...

60. Welche Aussage über den Produktionsfaktor Arbeit in der Bundesrepublik Deutschland ist richtig?

a) Die Anzahl der Selbständigen ist wesentlich größer als die Anzahl der Arbeitnehmer.
b) Der Faktor Arbeit ist räumlich gleichmäßig verteilt.
c) Eine Arbeitslosigkeit wirkt sich weder wirtschaftlich noch sozialpolitisch aus.
d) An diesen Produktionsfaktor werden in steigendem Maße Forderungen nach fachlicher und räumlicher Mobilität gestellt.
e) Die Arbeitslosigkeit ist in allen Branchen gleich groß.

61. Was ist eine Folge innerbetrieblicher Arbeitsteilung?

a) Die Möglichkeit, Verantwortung auf die einzelnen Arbeitnehmer zu übertragen, entfällt.
b) Die Vielseitigkeit der Tätigkeiten der einzelnen Arbeitnehmer nimmt zu.
c) Die gegenseitige Abhängigkeit der Arbeitnehmer entfällt.
d) Die Möglichkeit, ungelernte Arbeitskräfte zu beschäftigen, nimmt zu.
e) Der einzelne Arbeitnehmer gewinnt eine bessere Übersicht über die Gesamtzusammenhänge des Produktionsablaufs.

62. Welche Aussage zur Arbeitsteilung trifft zu?

a) Die Übersicht der Arbeitnehmer über den Gesamtzusammenhang der einzelnen Tätigkeiten nimmt zu.
b) Die Teilung in Urproduktion, Verarbeitung und Dienstleistungen stellt ein typisches Beispiel für horizontale Arbeitsteilung dar.
c) In der Land- und Forstwirtschaft ist die Arbeitsteilung am weitesten fortgeschritten.
d) Die Arbeitsteilung ermöglicht den Einsatz angelernter und ungelernter Arbeitskräfte.
e) Die Teilung in Produzieren und Konsumieren stellt ein typisches Beispiel für die Arbeitsteilung dar.

63. Welche Aussage zur internationalen Arbeitsteilung ist richtig?

a) Sie kann nur bei Wirtschaftsbeziehungen zwischen Ländern realisiert werden.
b) Sie kann nur zwischen Ländern mit gleichen Wirtschaftsorganisationen realisiert werden.
c) Sie kann nur zwischen Ländern mit gleichen Rechtsordnungen realisiert werden.
d) Sie kann nur bei ausgeglichenen Handelsbilanzen der Länder realisiert werden.
e) Sie kann nur bei Industrieprodukten realisiert werden.

64. Was führt als Folge der Arbeitsteilung zu einer höheren Produktivität?

a) Die Vielseitigkeit der Tätigkeiten am Arbeitsplatz, wodurch sich zugleich eine bessere Motivation der Mitarbeiter ergibt
b) Die Verminderung der Kapitalbindung im Anlagenbereich
c) Die Erhöhung des Bedarfs an Arbeitskräften für die Fertigung einer Ware
d) Die Zerlegung eines Vorgangs in Teilschritte mit vermehrtem Einsatz von Maschinen
e) Die Bildung von Kleinbetrieben mit leicht überschaubarem Arbeitsablauf

65. Welcher Vorteil wird der innerbetrieblichen Arbeitsteilung in erster Linie zugeschrieben?

a) Sie erhöht die Motivation der Arbeitnehmer.
b) Sie steigert die Arbeitsproduktivität.
c) Sie reduziert den Kapitalbedarf.
d) Sie erhöht die Vielseitigkeit der Tätigkeiten am Arbeitsplatz.
e) Sie verbessert die Übersicht der einzelnen Arbeitnehmer über die Gesamtzusammenhänge des Produktionsprozesses.

66. Welche Aussage zur Arbeitsteilung trifft zu?

a) Die betriebliche Arbeitsteilung erfordert regelmäßig den verstärkten Einsatz von gelernten Arbeitskräften.
b) Die betriebliche Arbeitsteilung erhöht in der Regel die Arbeitsproduktivität.
c) Die überbetriebliche Arbeitsteilung verhindert die Spezialisierung der Arbeitnehmer.
d) Die internationale Arbeitsteilung fördert die wirtschaftliche Unabhängigkeit aller beteiligten Staaten.
e) Die internationale Arbeitsteilung verhindert die Entstehung passiver Handelsbilanzen.

67. Wo ist sowohl ein Vorteil als auch ein Nachteil der Arbeitsteilung richtig dargestellt?

a) Vorteil: Die Arbeitsproduktivität erhöht sich.
Nachteil: Es können gesundheitliche Schäden durch einseitige Belastung entstehen.
b) V.: Die Störanfälligkeit des gesamten Arbeitsablaufs verringert sich.
N.: Die Arbeitsproduktivität verringert sich.
c) V.: Die berufliche Mobilität der Arbeitnehmer erhöht sich.
N.: Die Einarbeitungszeit für neue Mitarbeiter erhöht sich.
d) V.: Die Arbeitslosigkeit nimmt ab, da mehr Arbeitnehmer benötigt werden.
N.: Der einzelne Arbeitnehmer verliert den Überblick über den gesamten Produktionsprozess.
e) V.: Der einzelne Arbeitnehmer gewinnt einen besseren Überblick über den gesamten Produktionsprozess.
N.: Die Arbeitslosigkeit nimmt zu, da weniger Arbeitnehmer benötigt werden.

68. Welche Aussage zur Arbeitszerlegung trifft zu?

a) Die Arbeitszerlegung ermöglicht eine zweckmäßige Gestaltung der einzelnen Arbeitsvorgänge und den Einsatz von Spezialmaschinen.
b) Teilen sich zwei Arbeitnehmer einen Arbeitsplatz, so spricht man von Arbeitszerlegung.
c) Die Arbeitszerlegung hat den Vorteil, dass der einzelne Arbeiter den Gesamtzusammenhang der betrieblichen Leistungserstellung besser versteht.
d) Eine weitgehende Arbeitszerlegung erhöht zwar die Motivation der Arbeiter, vermindert aber gleichzeitig die Arbeitsproduktivität.
e) Der Ersatz der menschlichen Arbeitskraft durch Maschinen ist die Grundvoraussetzung für die Arbeitszerlegung.

69. Welcher Sachverhalt kennzeichnet eine überbetriebliche Arbeitsteilung?

a) Ein Unternehmen teilt intern einen Arbeitsvorgang in aufeinanderfolgende Teilverrichtungen auf.
b) Ein Unternehmen teilt einen bisher manuell verrichteten Arbeitsvorgang verschiedenen Maschinen zu.
c) Ein Unternehmen spezialisiert sich darauf Rohstoffe zu gewinnen, diese zu verarbeiten und die fertigen Produkte selbst an die Endverbraucher zu bringen.
d) Ein Unternehmen spezialisiert sich auf einen Abschnitt aus dem Produktionsprozess eines Gutes und beliefert weiterverarbeitende Betriebe.
e) Ein Unternehmen teilt einen Arbeitsplatz zwei Belegschaftsmitgliedern zu.

70. Welche betriebliche Funktion ist nur für einen Industriebetrieb typisch?

a) Beschaffung von Gütern
b) Lagerung von Gütern
c) Fertigung von Gütern
d) Absatz von Gütern
e) Finanzierung von Gütern

71. Die Bavaria Fahrradwerke GmbH konkurriert auf dem europäischen Markt mit Herstellern aus verschiedenen Ländern um Marktanteile. Welche Situation stellt ein Beispiel für eine internationale Arbeitsteilung dar?

a) Die Bavaria Fahrradwerke GmbH vergibt einen Auftrag an ein Unternehmen in Tschechien, da diese den Auftrag auf Grund der niedrigeren Lohnkosten günstiger ausführen kann.
b) Die Bavaria Fahrradwerke GmbH verkauft Produkte in ganz Deutschland, während ihr Zulieferer seine Rohstoffe nur in Süddeutschland einkauft.
c) Die Bavaria Fahrradwerke GmbH überlässt Aufträge nach Norddeutschland der Bike-Stone GmbH aus Hamburg.
d) Auf der Homepage der Bavaria Fahrradwerke GmbH kann der Kunde zwischen den Sprachen Englisch und Deutsch wählen.
e) Die Bavaria Fahrradwerke GmbH beantragt beim Europäischen Patentamt ein Patent für ein entwickeltes Ventilsystem.

72. Welche Funktion haben Handelsbetriebe im Rahmen des volkswirtschaftlichen Leistungsprozesses zu erfüllen?

a) Produktion von Verbrauchs- und Gebrauchsgütern
b) Anlage von Geld und Vermögen
c) Sortimentsbildung und Raumüberbrückung
d) Abwicklung des Zahlungs- und Kreditverkehrs
e) Erschließung neuer Rohstoffe
f) Förderung neuer Techniken (High Tech)

73. Ordnen Sie zu.

Betriebliche Tätigkeit

a) Planmäßiger Einsatz von Arbeit, Betriebsmitteln und Werkstoffen zur Erstellung betrieblicher Leistungen
b) Tätigkeiten, die der Verwertung von Betriebsleistungen dienen
c) Maßnahmen, die der Bereitstellung von Geld und Sachkapital für die betriebliche Leistungserstellung dienen
d) Gesamtheit aller planerischen, kontrollierenden und organisatorischen Maßnahmen
e) Tätigkeiten, die der Bereitstellung von Sachgütern, Rechten und Dienstleistungen für Betriebszwecke dienen
f) Maßnahmen zur Anpassung der Beschäftigung an die Auftragslage
g) Maßnahmen zum Ausgleich zwischen Produktions- und Absatzmenge

Betriebliche Funktion

[ ] Produktion
[ ] Finanzierung
[ ] Beschaffung

74. Welche Tätigkeit gehört zum Wirtschaftsbereich Weiterverarbeitung (sekundärer Wirtschaftsbereich)?

a) Ein Versicherungsvertreter vermittelt einen Vertrag für eine Lebensversicherung.
b) Ein junger Mann wird zur Bundeswehr eingezogen und leistet seinen Wehrdienst ab.
c) Ein Bergmann fährt Untertage und baut Steinkohle ab.
d) Eine Hausfrau stellt für ihre Familie eine Mahlzeit her.
e) Ein Arbeiter lackiert Autos im Automobilwerk.
f) Die Mitglieder eines Sportvereins bauen nach Feierabend ein Vereinshaus.

75. Welche betriebliche Tätigkeit gehört zur Beschaffung von Produktionsgütern?

a) Einstellung von Arbeitnehmern
b) Reparatur einer Produktionsanlage
c) Verbrauch von Produktionsgütern in der Fertigung
d) Ermittlung des günstigsten Lieferers
e) Versand von Angeboten

76. In welchem Fall ist der Großhandel hinsichtlich seiner Stellung in der Gesamtwirtschaft richtig eingeordnet?

a) Großhandel - Einzelhandel - Verbraucher - Hersteller
b) Großhandel - Einzelhandel - Hersteller - Verbraucher
c) Hersteller - Großhandel - Verbraucher - Einzelhandel
d) Hersteller - Großhandel - Einzelhandel - Verbraucher
e) Hersteller - Verbraucher - Großhandel - Einzelhandel

77. Welches Unternehmen zählt zum Dienstleistungsbereich?

a) Tiefbauunternehmen
b) Ölraffinerien
c) Computerhersteller
d) Stahl- und Walzwerk
e) Spedition

78. Welche Funktion haben Handelsbetriebe im Rahmen des volkswirtschaftlichen Leistungsprozesses zu erfüllen?

a) Produktion von Verbrauchs- und Gebrauchsgütern
b) Anlage von Geld und Vermögen
c) Abwicklung des Zahlungs- und Kreditverkehrs
d) Markterschließung und Raumüberbrückung
e) Erschließung neuer Rohstoffe

79. Welches Unternehmen gehört zum Dienstleistungsbereich?

a) Automobilwerke
b) Schiffswerften
c) Verkehrsbetriebe
d) Bergwerke
e) Arzneimittelfabriken
f) Bauunternehmen

80. Welche Aussage über Bedürfnisse ist richtig?

a) Die Summe aller Bedürfnisse entspricht der volkswirtschaftlichen Nachfrage.
b) Die Kulturbedürfnisse sind bei allen Menschen gleich.
c) Die Summe aller Existenzbedürfnisse eines Menschen wird als sein Bedarf bezeichnet.
d) Die Bedürfnisbefriedigung eines Menschen ist nur mit materiellen Gütern möglich.
e) Die Lebensqualität eines Menschen hängt von den Möglichkeiten der Befriedigung seiner Bedürfnisse ab.

81. Ordnen Sie zu.

Beispiele

a) Die Tätigkeit des Geschäftsführers
b) Die Tätigkeit eines Facharbeiters in der Produktionsabteilung
c) Einführung eines neuen Fertigungsverfahrens
d) Verwendung eines Roboters in der Produktion
e) Lagerbestände fertiggestellter Pkw's
f) Spende eines Pkw's an das Rote Kreuz
g) Schmiermittel für die Fertigungsmaschinen

Betriebswirtschaftliche Produktionsfaktoren einer Automobilfabrik

[ ] Betriebsmittel
[ ] Werkstoffe
[ ] Ausführende Arbeit

82. Welche Aussage zu Komplementärgütern ist richtig?

a) Sie werden gemeinsam produziert.
b) Sie haben gleiche Preise.
c) Sie sind austauschbar.
d) Sie entstehen zwangsläufig bei der Produktion anderer Güter.
e) Sie ergänzen sich in der Nutzung.

83. Ordnen Sie zu.

Typische Funktionen

a) Abwicklung des Zahlungsverkehrs
b) Sortimentsbildung
c) Handel mit Wertpapieren
d) Fertigung
e) Devisenhandel
f) Risikoübernahme

Betriebe

[ ] Handelsbetrieb
[ ] Versicherungsbetrieb
[ ] Industriebetrieb

84. In welcher Zeile treffen alle genannten Güterarten auf einen Pkw zu?

a) Komplementärgut, wirtschaftliches Gut, immaterielles Gut
b) Substitutionsgut, materielles Gut, Verbrauchsgut
c) Produktionsgut, Konsumgut, Verbrauchsgut
d) Produktionsgut, freies Gut, Gebrauchsgut
e) Produktionsgut, Konsumgut, Gebrauchsgut

85. Ihr Außendienstmitarbeiter erfüllt Aufgaben im Rahmen des betriebswirtschaftlichen Produktionsfaktors „Dispositive Arbeit“. Welche seiner Tätigkeiten gehört <u>nicht</u> zur dispositiven sondern zur ausführenden Arbeit?

a) Er ermittelt den Planumsatz für die kommende Periode.
b) Er plant die Vorgabe des von jedem Außendienstmitarbeiters zu erreichenden Mindestumsatzes.
c) Er organisiert den Einsatz der Außendienstmitarbeiter.
d) Er legt die Fahrtrouten für die Kundendienstbesuche seiner Mitarbeiter fest.
e) Er analysiert die Gründe für das Nichterreichen des geplanten Umsatzes.

86. Im Sortiment einer Textilunternehmung befinden sich sowohl Papiertaschentücher als auch Stofftaschentücher. Welche Zuordnung zu den Güterarten ist richtig?

	Papiertaschentücher	Stofftaschentücher
a)	Gebrauchsgüter	Wirtschaftliche Güter
b)	Substitutionsgüter	Produktionsgüter
c)	Verbrauchsgüter	Gebrauchsgüter
d)	Konsumgüter	Verbrauchsgüter
e)	Komplementärgüter	Substitutionsgüter

ÜBUNGSAUFGABEN ZUR VORBEREITUNG AUF ZWISCHEN- UND ABSCHLUSSPRÜFUNG

BEI DEN NACHSTEHENDEN AUFGABEN SIND DIE RICHTIGEN ERGEBNISSE ANZUKREUZEN BZW. ZUZUORDNEN.

1. Welches Recht steht im Gegensatz zum Nicht-Kaufmann nur dem Kaufmann nach HGB zu?

a) Erteilen einer Handlungsvollmacht
b) Erteilen von Prokura
c) Eingehen von Wechselverbindlichkeiten
d) Kauf von Grundstücken
e) Einstellen von Mitarbeitern

2. Welche der nachstehenden Aussagen trifft auf den gewerbetreibenden Nicht-Kaufmann zu?

a) Er muss sich ins Handelsregister eintragen.
b) Er kann Prokura erteilen.
c) Er kann eine Firma führen.
d) Er hat das Recht zur Gesellschaftsgründung.
e) Es genügen vereinfachte Aufzeichnungen.

3. Welche der nachstehenden Aussagen trifft auf einen Kaufmann nach HGB zu?

a) Ihm genügt die Mindestbuchführung.
b) Er kann keine eigene Firma führen.
c) Er ist zur ordnungsgemäßen Buchführung verpflichtet.
d) Er kann keine Gesellschaft gründen.
e) Von ihm wird keine Handelsregistereintragung verlangt.

4. Wer ist laut HGB Kaufmann?

a) Kaufmann ist, der vereinfachten Aufzeichnungspflicht unterliegt.
b) Kaufmann ist auch der, der keine Firma haben darf.
c) Kaufmann ist der Gewerbetreibende ohne kaufmännische Organisation, wenn er nicht im Handelsregister eingetragen ist.
d) Kaufmann ist jeder Gewerbetreibende mit kaufmännischer Organisation.
e) Kaufmann ist jeder Nicht-Kaufmann, wenn er ein Gewerbe betreibt.

5. Wie bezeichnet man einen Kaufmann auf Grund der Rechtsform der Kapitalgesellschaft?

a) Kannkaufmann
b) Nicht-Kaufmann
c) Formkaufmann
d) Istkaufmann
e) Kaufmann nach BGB

6. Um welchen Kaufmann handelt es sich bei einem Kleingewerbebetrieb, der sich freiwillig ins Handelsregister eintragen lässt?

a) Kannkaufmann
b) Nicht-Kaufmann
c) Formkaufmann
d) Kaufmann nach BGB
e) Kaufmann laut Gewerbebetrieb

7. Welche Aussage über den Kaufmann nach HGB bzw. den Nicht-Kaufmann ist richtig?

a) Der Kaufmann nach HGB kann keine Gesellschaft gründen, der Nicht-Kaufmann kann das.
b) Der Kaufmann nach HGB braucht nicht im Handelsregister eingetragen zu werden, wohl aber der Nicht-Kaufmann.
c) Der Kaufmann nach HGB kann eine Firma führen, der Nicht-Kaufmann nicht.
d) Der Kaufmann nach HGB hat Wahlrecht bei der Eintragung ins Handelsregister, der Nicht-Kaufmann muss sich eintragen lassen.
e) Der Nicht-Kaufmann als Kleingewerbetreibender hat immer einen in kaufmännischer Weise eingerichteten Geschäftsbetrieb, der Kaufmann nach HGB nicht.

8. Ein Einzelhändler betreibt ein Geschäft als Kleingewerbetreibender, ohne sich ins Handelsregister eintragen zu lassen. Welche Aussage ist richtig?

a) Er hat das Recht, sich mündlich zu verbürgen.
b) Er hat das Recht, Handlungsvollmacht zu erteilen.
c) Er hat das Recht, eine Firma zu führen.
d) Er hat das Recht, eine OHG zu gründen.
e) Er kann Prokura erteilten.

9. Ein Einzelhändler betreibt ein Geschäft als Kleingewerbetreibender und will sich ins Handelsregister eintragen lassen. Welche Aussage ist richtig?

a) Er kann eine OHG bzw. ein KG gründen, wenn er sich ins Handelsregister hat eintragen lassen.
b) Als Kleingewerbetreibender ist man nicht verpflichtet, sich ins Handelsregister eintragen zu lassen.
c) Durch die Eintragung ins Handelsregister wird er Formkaufmann.
d) Durch die Eintragung ins Handelsregister wird er Kaufmann laut Rechtsform.
e) Er ist in jedem Fall Kaufmann nach HGB, auch wenn er sich nicht ins Handelsregister eintragen lässt.

10. Welche Aussage trifft auf Kleingewerbetreibende zu, die nicht als „Kaufmann nach HGB" gelten?

a) Sie betreiben ein Grundhandelsgewerbe.
b) Auf sie treffen alle Bestimmungen des HGB zu.
c) Sie müssen eine Firma haben, unter der sie z. B. verklagt werden können.
d) Sie können eine mündliche Bürgschaft rechtswirksam übernehmen.
e) Sie können Prokura erteilen.

11. Welche Aussage zur Rechtswirksamkeit abgegebener Willenserklärungen ist richtig?

a) Ein Sechsjähriger kann mit Einwilligung seines gesetzlichen Vertreters einen Kaufvertrag wirksam abschließen.
b) Ein Sechsjähriger kann nicht als Bote die zum Abschluss eines Kaufvertrages fehlende Willenserklärung seines gesetzlichen Vertreters überbringen.
c) Ein Elfjähriger kann ohne Einwilligung des gesetzlichen Vertreters einen Ratenkauf tätigen, wenn er die Zahlungen aus seinem Taschengeld bestreiten will.
d) Ein von einem Elfjährigen ohne Einwilligung des gesetzlichen Vertreters geschlossener Vertrag ist rechtswirksam, wenn der Elfjährige lediglich einen rechtlichen Vorteil aus dem Vertrag zieht.
e) Ein von einem Elfjährigen ohne Einwilligung des gesetzlichen Vertreters geschlossener Vertrag ist auch dann nicht rechtswirksam, wenn der gesetzliche Vertreter ihn nachträglich genehmigt.

12. Welche Bedeutung haben rot unterstrichene Eintragungen im Handelsregister?

a) Sie dürfen nicht veröffentlicht werden.
b) Sie gelten als gelöscht.
c) Sie sind wichtiger als andere Eintragungen.
d) Sie sind nur mit Einwilligung des Amtsgerichts einzusehen.
e) Sie gelten wie andere Eintragungen auch.

13. Welche Einteilung des Handelsregisters ist richtig?

a) Abteilung A: Einzelunternehmen
Abteilung B: Personen- u. Kapitalgesellschaften
b) Abteilung A: Einzelunternehmen, Personengesellschaften
Abteilung B: Kapitalgesellschaften, Genossenschaften
c) Abteilung A: Einzelunternehmen, Personengesellschaften
Abteilung B: Kapitalgesellschaften
Abteilung C: Genossenschaften
d) Abteilung A: Einzelunternehmen, Personengesellschaften
Abteilung B: Kapitalgesellschaften
e) Abteilung A: Einzelunternehmen, Personengesellschaften, Kapitalgesellschaften
Abteilung B: Genossenschaften
Abteilung C: Vereine
f) Abteilung A: Einzelunternehmen
Abteilung B: Personengesellschaften
Abteilung C: Kapitalgesellschaften

14. Welche Aussage über das Handelsregister trifft zu?

a) Das Handelsregister ist das Verzeichnis von Kaufleuten eines Amtsgerichtsbezirkes.
b) Im Handelsregister kann das haftende Eigenkapital der Gesellschafter einer Personengesellschaft eingesehen werden.
c) Im Handelsregister sind alle Gewerbebetriebe eingetragen.
d) Aus der Abteilung A können Gesellschaften mit beschränkter Haftung, aus der Abteilung B Einzelkaufleute entnommen werden.
e) In das Handelsregister werden alle Sachverhalte eingetragen, die der Antragsteller schriftlich einreicht.

15. Nach dem Tod seines Onkels erhält Herr Franz Karl Meier als Alleinerbe ein Lebensmittelgeschäft, die Firma Fritz Müller, Lebensmittel. Er will das Geschäft durch eine große Frischobstabteilung ergänzen. Welche Firma darf er nach dem HGB nicht führen?

a) Karl Meier, e.K
b) Lebensmittel Meier, e.Kfm.
c) Franz Meier,e.K., Lebensmittel
d) Fritz Müller, Lebensmittel
e) Fritz Müller,e.K., Lebensmittel und Frischobst
f) Karl Meier,e. Kfm. Lebensmittel und Frischobst

16. Was wird im HGB als Firma bezeichnet?

a) Ein kaufmännischer Betrieb
b) Eine Unternehmung
c) Der Arbeitgeber
d) Ein Fachgeschäft
e) Der Geschäftsname eines Kaufmanns nach HGB, unter dem er seine Geschäfte betreibt
f) Der bürgerliche Name eines gewerbetreibenden Nicht-Kaufmannes, unter dem er sein Handelsgewerbe betreibt

17. Hans Ludwig Schneider möchte eine Feinkost-Einzelhandelsunternehmung gründen. Unter welcher Bezeichnung wird die Firma im Handelsregister eingetragen?

a) Ludwig Schneider e. K.
b) H. Schneider
c) H.L. Schneider
d) Feinkost-Schneider
e) L. Schneider, Einzelhandel

18. Eine Einzelhandelsunternehmung firmiert: Enders GmbH & Co., KG. Um welche Unternehmensform handelt es sich?

a) Um eine GmbH
b) Um eine KG
c) Um eine Einzelunternehmung
d) Um eine stille Gesellschaft
e) Um eine eingetragene Genossenschaft

19. Eine Unternehmung wird unter dem Namen „Schuhmann Software KG" gegründet. Welche Aussage ist richtig?

a) Es handelt sich um eine Personengesellschaft.
b) Es handelt sich um eine Kapitalgesellschaft.
c) Es handelt sich um eine juristische Person.
d) Kalb & Schuhmann sind Kommanditisten.
e) Kalb & Schuhmann sind Aktionäre.

20. Eine neu gegründete Unternehmung firmiert unter „Dusel Software KG". Um welche Unternehmensform handelt es sich dabei?

a) Einzelunternehmung
b) Genossenschaft
c) Aktiengesellschaft
d) GmbH
e) Kommanditgesellschaft

21. Eine Unternehmung firmiert: „Hans Krause und Max Schulze, OHG, Einzelhandel, Im Grase 6, 84032 Landshut." Was ist diesem Text zu entnehmen?

a) Es kann sich nur um eine Einzelunternehmung handeln.
b) Es kann sich nur um eine KG handeln.
c) Es handelt sich um eine Kapitalgesellschaft.
d) Es handelt sich um eine nicht erlaubte Firmenbezeichnung.
e) Es handelt sich um eine Personengesellschaft, bei der Hans Krause und Max Schulze Vollhafter sind.

22. Franz Amsel und Otto Drossel gründen in Nürnberg eine Möbel-Einrichtungshaus in der Rechtsform einer KG. Nur Otto Drossel ist Vollhafter. Welche Firmenbezeichnung entspricht den gesetzlichen Bestimmungen?

a) Einrichtungshaus Amsel & Drossel
b) Otto Drossel, KG
c) AmDro-Einrichtungen
d) Nürnberger Möbel-Einrichtungshaus
e) Franz Amsel und Otto Drossel

23. Welche Eintragung ins Handelsregister ist rechtserklärend (deklaratorisch)?

a) Die beschränkte Haftung des Kommanditisten
b) Die Rechtsform der Kapitalgesellschaft
c) Die Eintragung eines Bauunternehmens
d) Die Eintragung eines land- und forstwirtschaftlichen Betriebes
e) Die Eintragung eines Handelsgewerbes

24. Welche Aussage über das Handelsregister ist richtig?

a) Das Handelsregister wird bei der zuständigen Industrie- und Handelskammer geführt.
b) Das Handelsregister ist gegliedert in Abteilung A für Personengesellschaften, Abteilung B für Kapitalgesellschaften und Abteilung C für Genossenschaften.
c) Eine Eintragung in das Handelsregister erfolgt auf Anmeldung, die vom Amtsgericht beglaubigt sein muss.
d) Die deklaratorische Wirkung der Handelsregistereintragung besagt, dass eine Tatsache erst durch die Eintragung rechtswirksam wird.
e) In das Handelsregister werden u. a. Insolvenzen von Handelsgesellschaften eingetragen.

25. Klaus Neumann hat die Buchhandlung „Friedrich Müller e.K." erworben. Er möchte das Geschäft unter der bisherigen Firma fortführen. Welche Aussage zu diesem Sachverhalt entspricht der gesetzlichen Regelung?

a) Bei Fortführung des Geschäftes unter der alten Firma entfällt für Herrn Neumann jegliche Haftung für Schulden aus der Zeit vor der Geschäftsübernahme.
b) Herr Neumann kann das Geschäft nur mit Einwilligung des bisherigen Inhabers unter der alten Firma fortführen.
c) Herr Neumann kann das Geschäft unter der alten Firma fortführen.
d) Eine Fortführung des Geschäftes unter der alten Firma ist nur dann möglich, wenn die zuständige Industrie- und Handelskammer zustimmt.
e) Eine Fortführung des Geschäftes unter der alten Firma ist generell nicht zulässig.

26. Welche Tatsache über eine Gesellschaft mit beschränkter Haftung (GmbH) ist nicht im Handelsregister eingetragen?

a) Ort der Niederlassung: Kassel
b) Gegenstand des Unternehmens: Veranstaltung und Vermittlung von Reisen
c) Stammkapital: 50.000 €
d) Geschäftsführer: Robert Marschall
e) Einzelprokura: Gustav Schulze
f) Handlungsbevollmächtigte: Hans Gerlach und Emil Schulze

27. Welche Aussage über das Handelsregister ist richtig?

a) Das Handelsregister ist ein Verzeichnis aller Unternehmen eines Amtsgerichtsbezirks.
b) Durch die Eintragung in das Handelsregister wird ein Kaufmann zum Prokuristen.
c) Auch ohne Nachweis eines berechtigten Interesses kann jeder das Handelsregister einsehen.
d) Eine Artvollmacht wird erst durch die Eintragung in das Handelsregister rechtsgültig.
e) Alle zeichnungsberechtigten Personen eines Unternehmens sind im Handelsregister eingetragen.

28. Prüfen Sie, in welchem Fall alle Merkmale für die GmbH zutreffen?

a) Vorstand – Mindeststammkapital 25.000 € - ein- oder mehrere Gründer – keine persönliche Haftung
b) Geschäftsführer – Mindeststammkapital 50.000 € - mindestens 5 Gründer – keine persönliche Haftung
c) Vorstand - Mindeststammkapital 50.000 € - mindestens 5 Gründer – persönliche Haftung
d) Geschäftsführer - Mindeststammkapital 25.000 € - ein- oder mehrere Gründer – keine persönliche Haftung
e) Geschäftsführer – kein Mindeststammkapital – mindestens 7 Gründer – persönliche Haftung
f) Vorstand - kein Mindeststammkapital – mindestens 7 Gründer – persönliche Haftung

29. Welche Unternehmensform wird in der Abteilung B des Handelsregisters geführt?

a) Einzelunternehmung
b) eG
c) GmbH
d) KG
e) OHG

30. Was wird <u>nicht</u> in das Handelsregister eingetragen?

a) Der Widerruf einer Prokura
b) Die Firma einer OHG
c) Der Ausschluss eines Gesellschafters einer OHG von der Vertretung der Gesellschaft
d) Die Vereinbarung der Gesamtvertretung durch die Gesellschafter einer OHG.
e) Die Einlagen der Gesellschafter einer OHG

31. Die Gesellschafter einer OHG schließen einen Gesellschaftsvertrag. Einer der Gesellschafter soll im Falle eines Insolvenzverfahrens nicht mit seinem Privatvermögen haften. Welche Wirkung hat die vertragliche Vereinbarung?

a) Der Gesellschafter haftet gegenüber den Gläubigern weiterhin unbeschränkt.
b) Der Gesellschafter haftet nur dann nicht, wenn die vertragliche Regelung im Handelsregister eingetragen wurde.
c) Der Gesellschafter haftet nur mit seiner Geschäftseinlage.
d) Der Gesellschafter haftet nur, wenn das Geschäfts- und Privatvermögen der anderen Gesellschafter nicht ausreicht.
e) Der Gesellschafter haftet im Innen- und Außenverhältnis mit seinem Geschäfts- und Privatvermögen.

32. Welche Aussage trifft auf die Kommanditgesellschaft zu?

a) Zur Gründung sind mindestens drei Personen erforderlich.
b) Das vorgeschriebene Mindestkapital beträgt 50.000 €.
c) Die Firma muss den Namen eines Vollhafters und Teilhafters enthalten.
d) Die Haftung der Gesellschafter beschränkt sich auf die geleistete Einlage.
e) Der Komplementär haftet wie der Gesellschafter der OHG.

33. Zur Erweiterung der Kapitalbasis gründet der Einzelunternehmer König, zusammen mit Herrn Bauer als Kommanditist, eine KG. Welche Aussage entspricht der gesetzlichen Regelung?

a) Herr Bauer haftet für die Verbindlichkeiten der KG bis zur Höhe seiner Kapitalanlage.
b) Herr Bauer erhält als neuer Gesellschafter Geschäftsführungs- und Vertretungsbefugnis.
c) Herr Bauer erhält für seine Kapitaleinlage eine feste Verzinsung, weitere Ansprüche bestehen nicht.
d) Beide Gesellschafter haften für die Verbindlichkeiten der Kommanditgesellschaft mit ihrem Gesamtvermögen.
e) Das Unternehmen soll unter der Firma König & Bauer KG in das Handelsregister eingetragen werden.

34. Welches Merkmal kennzeichnet die Gesellschaft mit beschränkter Haftung?

a) Zur Gründung sind mindestens zwei Gesellschafter erforderlich.
b) Die Leitung wird durch den Aufsichtsrat ausgeübt, der für fünf Jahre gewählt wird.
c) Die Mindeststammeinlage je Gesellschafter beträgt 20.000 €.
d) Die Haftung der Gesellschafter beschränkt sich auf die vereinbarte Einlage.
e) Die Gesellschaft ist eine Personengesellschaft.

35. Bei welcher Unternehmensform besteht für alle Gesellschafter folgende gesetzliche Gewinnverteilung: „4 % vom Kapitalanteil, Rest nach Köpfen“?

a) Bei der Offenen Handelsgesellschaft
b) Bei der Kommanditgesellschaft
c) Bei der Gesellschaft mit beschränkter Haftung
d) Bei der Aktiengesellschaft
e) Bei der Genossenschaft

36. Welche Aussage zur Aktiengesellschaft trifft zu?

a) Sie hat eine eigene Rechtspersönlichkeit.
b) Die Haftung erstreckt sich auch auf das Privatvermögen der Anteilseigner.
c) Die Anteilseigner besitzen Vertretungsmacht für die Gesellschaft.
d) Die Anteilseigner besitzen das Recht der Geschäftsführung.
e) Die Steuerpflicht der Aktiengesellschaft wird durch die Einkommensteuerpflicht der Anteilseigner ersetzt.

37. Wann beginnt die Rechtsfähigkeit einer GmbH?

a) Mit dem Abschluss des Gesellschaftervertrages
b) Mit der Eintragung in das Handelsregister
c) Mit der Eintragung in das Grundbuch
d) Mit der notariellen Beurkundung der Gründung
e) Mit der Aufnahme der Geschäfte

38. Welche Aussage trifft auf die Kommanditgesellschaft zu?

a) Zur Gründung sind mindestens 5 Personen erforderlich.
b) Die Gesellschaft ist eine Juristische Person des privaten Rechts.
c) Ein Mindesthaftungskapital ist gesetzlich vorgeschrieben.
d) Die Geschäftsführung wird auch von den Kommanditisten wahrgenommen.
e) Mindestens ein Gesellschafter haftet beschränkt.

39. Wie ist die Haftung beim Ausscheiden eines Gesellschafters aus einer Offenen Handelsgesellschaft gesetzlich geregelt?

a) Der ausscheidende Gesellschafter haftet nach seinem Austritt unbefristet für die bestehenden Verbindlichkeiten der Gesellschaft.
b) Der ausscheidende Gesellschafter haftet noch 5 Jahre lang für die bis zu seinem Austritt begründeten Verbindlichkeiten der Gesellschaft.
c) Die Haftung erlischt grundsätzlich beim Austritt des Gesellschafters.
d) Der ausscheidende Gesellschafter haftet für die bis zu seinem Austritt begründeten Verbindlichkeiten nur bis zur Höhe seiner Kapitaleinlage.
e) Das zuständige Amtsgericht entscheidet über die Haftungshöhe nach Prüfung der Schuldenlage.

40. Welche Aussage über die Gewinnverteilung ist richtig?

a) Nach dem Aktiengesetz erhalten die Mitarbeiter einer AG gemäß ihrer Betriebszugehörigkeit Dividende.
b) Nach dem Aktiengesetz erhalten die Aktionäre entsprechend dem Kurswert ihrer Aktien Dividende.
c) Die Gesellschafter einer OHG können eine vom HGB abweichende Regelung über die Gewinnverteilung treffen.
d) Die Gesellschafter einer OHG erhalten nach dem HGB 4 % auf das eingesetzte Kapital, der Rest des Gewinns wird im angemessenen Verhältnis verteilt.
e) Die Gesellschafter einer KG erhalten nach dem HGB 4 % auf das eingesetzte Kapital, der Rest des Gewinns wird nach Köpfen verteilt.

41. Welche vier Merkmale kennzeichnen eine Genossenschaft?

a) Keine Mindestzahl von Gründern - Stammeinlage - Stammkapital - Gesellschafterversammlung
b) Mindestens 2 Gründer - Beteiligung durch Kapitalanteile - nur vollhaftende Gesellschafter - Recht auf Privatentnahmen
c) Mindestens 2 Gründer (Vollhafter und Teilhafter) - Beteiligung durch Kapitalanteile - Kontrollrecht - Verlustbeteiligung
d) Mindestens 5 Gründer - Beteiligung durch Aktien - festes Grundkapital - Hauptversammlung
e) Mindestens 3 Gründer - Beteiligung durch Geschäftsanteile - kein festes Kapital - Generalversammlung

42. Welches Merkmal kennzeichnet die Aktiengesellschaft?

a) Die Aktiengesellschaften haben keine eigene Rechtspersönlichkeit.
b) Geschäftsführungsbefugnis und Vertretungsmacht stehen allen Aktionären zu.
c) Die Haftung beschränkt sich auf das Gesellschaftsvermögen.
d) Die Aktionäre haften auch mit ihrem Privatvermögen.
e) Die Aktiengesellschaften sind von der Körperschaftsteuer befreit.

43. Wie heißt das beschließende Organ einer GmbH?

a) Gesellschafterversammlung
b) Aufsichtsrat
c) Generalversammlung
d) Mitgliederversammlung
e) Hauptversammlung
f) Vertreterversammlung

44. Eine Gesellschaft erstrebt für ihre Mitglieder Vorteile durch Großeinkauf. Ihre Organe sind der Vorstand, der Aufsichtsrat und die Generalversammlung. Welche Rechtsform liegt vor?

a) GmbH
b) OHG
c) eG
d) AG
e) KG

45. Ordnen Sie zu.

Aussagen

a) Das Kapital wird von Vollhaftern und Teilhaftern aufgebracht.
b) Jeder Gesellschafter ist nach dem Gesetz zur Geschäftsführung und Vertretung berechtigt.
c) An der Gründung müssen sich mindestens 5 Personen mit einem Mindestkapital von 25 000 € beteiligen.
d) Kommanditisten sind nach HGB zur Vertretung der Gesellschaft berechtigt.
e) Alle Gesellschafter leisten ihre Einlage, in deren Höhe sie haften; die Gesellschaft wird durch Geschäftsführer geleitet und vertreten.
f) Das Stammkapital muss mindestens 20 000 € betragen; die Mindesteinzahlung beträgt 25 % der Stammeinlage.
g) Die Gesellschafter können einen oder mehrere Geschäftsführer bestellen; ein Geschäftsführer muss nach dem Gesetz Gesellschafter sein.
h) Laut HGB bekommt jeder Gesellschafter eine 5%ige Verzinsung seiner Einlage.

Unternehmensformen

[ ] OHG
[ ] GmbH
[ ] KG

46. Ordnen Sie zu.

Unternehmungsformen

a) Einzelunternehmung
b) OHG
c) KG
d) GmbH
e) AG
f) eG

Merkmale

[ ] Laut Gesetz müssen mindestens 3 Gründer einen Gesellschaftsvertrag (Statut) aufstellen.

[ ] Es ist eine Personengesellschaft mit mindestens einem Voll- und einem Teilhafter.

[ ] Die Organe sind Vorstand, Aufsichtsrat und Hauptversammlung.

47. Warum entscheidet sich ein Unternehmen, die Rechtsform einer GmbH & Co. KG zu führen?

a) Zweck der Rechtsform ist es, die günstigere Besteuerung der Personengesellschaft mit der Haftungsbeschränkung der Kapitalgesellschaft zu kombinieren.

b) Der Kommanditist kann seine Haftung beschränken und trotzdem Führungsfunktionen in der GmbH & Co. KG übernehmen.

c) Es ist einfacher Fremdkapital zu beschaffen, da die GmbH in der GmbH & Co. KG mit ihrem gesamten Gesellschaftsvermögen haftet.

d) Mit dieser Rechtsform können die steuerlichen Nachteile sowohl der Personen- als auch der Kapitalgesellschaften ausgeschlossen werden.

e) Diese Rechtform unterliegt nicht den Bestimmungen des Betriebsverfassungsgesetz.

48. Welche Aussage trifft auf die GmbH zu?

a) Der Gesellschafter einer GmbH kann nicht zugleich auch Geschäftsführer der GmbH sein.

b) Die GmbH wird in das Handelsregister, Abteilung A, eingetragen.

c) Eine GmbH muss bei über 50 ständig beschäftigten Mitarbeitern einen Aufsichtsrat bilden.

d) Das Mindesthaftungskapital einer GmbH bezeichnet man als Stammkapital.

e) Eine GmbH kann nur durch 5 Personen mit einem Mindestkapital von 25 000 € gegründet werden.

49. Bei welcher Gesellschaft ist der gesetzliche Vertreter richtig genannt?

a) AG: Die Hauptversammlung

b) AG: Der Aufsichtsrat

c) AG: Der Prokurist

d) KG: Der Teilhafter

e) GmbH: Der Geschäftsführer

50. Bei welcher Rechtsform einer Unternehmung gibt es Vollhafter und Teilhafter?

a) Gesellschaft mit beschränkter Haftung

b) Aktiengesellschaft

c) Offene Handelsgesellschaft

d) Kommanditgesellschaft

e) Genossenschaft

51. Welcher Gesellschafter haftet unbeschränkt, solidarisch und unmittelbar?

a) OHG-Gesellschafter

b) Mitglied einer Genossenschaft

c) Kommanditist der Kommanditgesellschaft

d) GmbH-Gesellschafter

e) Aktionär

52. Ordnen Sie zu.

Organe

a) Vorstand

b) Aufsichtsrat

c) Wirtschaftsausschuss

d) Hauptversammlung

e) Betriebsrat

f) Jugendvertretung

Tätigkeiten und Aufgaben in einer AG

[ ] Beschließt über Kapitalerhöhung

[ ] Überwacht die Geschäftsführung und prüft den Jahresabschluss und den Geschäftsbericht

[ ] Vertritt die Mitarbeiter gegenüber der Unternehmensleitung und nimmt Mitbestimmungsrechte wahr.

53. Ab welchem Zeitpunkt ist eine Maschinenbau-AG rechtsfähig?

a) Gründungsbeschluss der Gesellschafter

b) Annahme der Satzung durch die Gesellschafter

c) Schluss der Kapitalzeichnungsfrist

d) Aufnahme der Geschäfte durch den Vorstand

e) Eintragung im zuständigen Handelsregister

54. Ein Gesellschafter scheidet aus einer OHG aus. Welche Aussage ist richtig?

a) Mit dem Zeitpunkt des Ausscheidens erlöschen alle Rechte und Pflichten des Gesellschafters.
b) Der ausscheidende Gesellschafter haftet für die zum Austrittszeitpunkt begründeten Verbindlichkeiten nur noch 2 Jahre lang.
c) Der ausscheidende Gesellschafter nimmt für 2 weitere Jahre an der Gewinnverteilung teil.
d) Der ausscheidende Gesellschafter haftet nur für Verbindlichkeiten, die 5 Jahre vor seinem Ausscheiden entstanden sind, weiter.
e) Der ausscheidende Gesellschafter haftet für die bis zu seinem Austritt begründeten Verbindlichkeiten nur noch 5 Jahre lang.

55. Ordnen Sie zu.

Merkmale einzelner Unternehmensformen

a) Alle Gesellschafter sind nach gesetzlicher Regelung zur Geschäftsführung berechtigt und verpflichtet.
b) Mindestens ein Gesellschafter haftet unbeschränkt, unmittelbar und solidarisch.
c) Zur Gründung reicht ein Gründer.
d) Die Organe sind: Generalversammlung, Aufsichtsrat, Vorstand.
e) Komplementär ist eine GmbH.
f) Am Abschluss des Gesellschaftsvertrages müssen sich mindestens 8 Personen beteiligen.

Zugehörige Gesellschaften

[ ] Aktiengesellschaft
[ ] OHG
[ ] Eingetr. Genossenschaft
[ ] GmbH & Co. KG
[ ] KG

56. Ordnen Sie zu.

Gesetzliche Vorschriften

a) Jeder Gesellschafter hat die Pflicht, die Geschäfte der Gesellschaft zu führen und Dienste persönlich zu leisten.
b) Den Gläubigern gegenüber haftet mindestens ein Gesellschafter unbeschränkt.
c) Jeder Gesellschafter hat Anspruch auf 4 % seines Kapitalanteils. Der Rest wird nach Köpfen verteilt.
d) Das Mindestkapital beträgt 25.000 € und wird als Stammkapital bezeichnet.
e) Die Geschäftsführungsbefugnis und Vertretungsmacht werden unmittelbar von der Hauptversammlung übertragen.
f) Das Mindestkapital ist 50.000 € und wird in der Bilanz als gezeichnetes Kapital ausgewiesen.

Rechtsformen

[ ] GmbH
[ ] Kommanditgesellschaft

57. Wer hat nach dem HGB in einer Kommanditgesellschaft die Geschäftsführung und Vertretung, wenn im Gesellschaftsvertrag keine andere Vereinbarung getroffen wurde?

a) Der Aufsichtsrat
b) Die Kommanditisten und Komplementäre gemeinsam
c) Die Komplementäre
d) Die Kommanditisten
e) Alle Gesellschafter gemeinsam

58. Welche vier Begriffe kennzeichnen die Aktiengesellschaft?

a) Personengesellschaft - Kaufmann - Aufsichtsrat - Stammkapital
b) Personengesellschaft - Kaufmann - Aufsichtsrat - Grundkapital
c) Kapitalgesellschaft - Kaufmann - Aufsichtsrat - Stammkapital
d) Kapitalgesellschaft - Kaufmann - Aufsichtsrat - Grundkapital
e) Kapitalgesellschaft - Kaufmann - Geschäftsführer - Grundkapital
f) Kapitalgesellschaft - Kaufmann - Vorstand - Stammkapital

59. Müller, Schmidt und Schulze wollen gemeinsam ein Unternehmen gründen. Müller kann 100.000 €, Schmidt 50.000 € und Schulze 90.000 € aufbringen. Sie wollen nur mit ihrer Einlage haften. Welche Rechtsform kann gewählt werden?

a) OHG
b) KG
c) GmbH
d) AG
e) eG

60. Welche Rechtsform eines Unternehmens wird in die Abteilung A des Handelsregisters eingetragen?

a) eG
b) GmbH
c) GmbH & Co. KG
d) AG
e) KgaA

61. Ordnen Sie zu.

Rechtsformen der Unternehmung

a) Einzelunternehmung
b) Offene Handelsgesellschaft
c) Kommanditgesellschaft
d) Stille Gesellschaft
e) Aktiengesellschaft
f) GmbH
g) Eingetragene Genossenschaft

Gesetzliche Gewinnverteilung

[ ] Vom ausgeschütteten Gewinn erhält jeder Berechtigte anteilmäßige Dividende.

[ ] Vom Gewinn erhält jeder Berechtigte 4 % der Kapitaleinlage, der Rest wird im angemessenen Verhältnis verteilt.

[ ] Vom Gewinn erhält jeder Berechtigte 4 % der Kapitaleinlage, der Rest wird nach Köpfen verteilt.

62. Wer hat nach dem Gesetz in einer GmbH die Stellung eines gesetzlichen Vertreters?

a) Der Geschäftsführer
b) Alle Gesellschafter
c) Der Vorstand
d) Der Aufsichtsrat
e) Die Gesellschafterversammlung

63. Wer ist der Vollhafter bei der Firma „Ganzer & Körner GmbH & Co. KG"?

a) Ganzer, da er der erste der genannten Gesellschafter ist
b) Ganzer, da Körner nur Teilhafter ist
c) Ganzer & Körner, da beide zu gleichen Teilen haften
d) Die „Ganzer & Körner GmbH"
e) Bei einer GmbH & Co. KG gibt es keinen Vollhafter.

64. Welche Aussage zu den Unternehmensformen ist richtig?

a) Zu den Personengesellschaften zählen OHG und KG.
b) Zu den Personengesellschaften zählen OHG und GmbH.
c) Bei den Personengesellschaften haften die Gesellschafter nur mit dem eingezahlten Kapital.
d) Zu den Kapitalgesellschaften zählen OHG und GmbH.
e) Bei den Kapitalgesellschaften haften die Gesellschafter mit dem eingezahlten Kapital und mit dem Privatvermögen.

65. Um welche Gesellschaftsform handelt es sich bei folgendem Eintrag (gekürzt) ins Handelsregister? Gesellschafter: Emil Weiß, 66113 Saarbrücken, Edenstraße. 3, Haftung unbeschränkt; Helmut Blau, 60487 Frankfurt, Am Weingarten 19, Einlage und Haftungssumme 50.000 €.

a) Aktiengesellschaft
b) Gesellschaft mit beschränkter Haftung
c) Offene Handelsgesellschaft
d) Kommanditgesellschaft
e) Genossenschaft

66. Entscheiden Sie, was bei der Gründung der Bavaria Fahrradwerke GmbH ein Kriterium für die Wahl der Rechtsform gewesen sein kann?

a) Zur Gründung genügte eine Person, wobei diese das gesetzlich vorgeschriebene Mindestkapital als Bar-/Sacheinlage einbringen musste.
b) Im Gegensatz zu den Vorständen einer AG darf ein Gesellschafter kein Geschäftsführergehalt beziehen, das in der Finanzbuchhaltung als Aufwand erfasst wird.
c) Für die Verbindlichkeiten der GmbH haftet den Gläubigern das von den Gesellschaftern eingebrachte oder vertragsmäßig noch einzubringende Kapital sowie das Privatvermögen der Gesellschafter.
d) Die Gesellschafter sind gleichzeitig Kaufleute.
e) Der Mindestnennbetrag des Stammkapital beträgt laut Gesetz 100.000,00 €.

67. Ein Achtzehnjähriger widerruft einen Ratenkaufvertrag innerhalb von zwei Wochen. Welches Gesetz regelt dieses Widerrufsrecht?

a) BGB (Widerrufs- und Rückgaberecht bei Verbraucherverträgen)
b) Einkommensteuergesetz
c) Gesetz gegen Wettbewerbsbeschränkungen (GWB)
d) Handelsgesetzbuch (HGB)
e) Verbraucherschutzgesetz

68. Welchen Zeitraum schreibt das BGB als gesetzliche Gewährleistungsfrist für Warenlieferungen vor?

a) 12 Monat
b) 24 Monate
c) 3 Monate
d) 2 Monate
e) 6 Wochen

69. Beim Verbrauchsgüterkauf gelten nach BGB besondere Vorschriften, die den Verbraucher schützen sollen. Welche Aussage zu der Verjährung von Ansprüchen aufgrund von Sachmängeln ist zutreffend?

a) Die Verjährungsfrist für Sachmängel kann auch beim Verbrauchsgüterkauf vertraglich unter die Frist von 2 Jahren festgelegt werden.
b) Bei Ansprüchen aus Sachmängeln hat der Verkäufer grundsätzlich während der Gewährleistungsfrist die Beweislast, dass die Kaufsache bei Übergabe frei von Mängeln war.
c) Bei Ansprüchen aus Sachmängeln hat der Verkäufer die Beweislast nur während der ersten sechs Monate.
d) Die Beweislast liegt immer beim Käufer.
e) Bei Auftreten von Sachmängeln während des ersten Jahres nach Übergabe der Ware liegt die Beweislast beim Verkäufer, während des zweiten Jahres liegt diese beim Käufer.

70. Im BGB sind die Garantieerklärungen geregelt. Danach richtet sich der Umfang der Garantie aus der Garantieerklärung, die einfach und verständlich abgefasst werden muss. Welcher Hinweis bzw. welche Angabe ist nicht Inhalt einer Garantieerklärung?

a) Hinweis auf gesetzliche Rechte des Verbrauchers
b) Hinweis, dass gesetzliche Rechte durch die Garantie nicht eingeschränkt werden
c) Hinweis, dass gesetzliche Rechte durch die Garantie eingeschränkt werden
d) Inhalt der Garantie
e) Angaben, die für die Geltendmachung der Garantie erforderlich sind, z. B. Dauer, räumlicher Geltungsbereich, Name und Anschrift des Garantiegebers

71. Welches sind die Organe einer Gesellschaft mit beschränkter Haftung?

a) Vorstand, Aufsichtsrat
b) Geschäftsführer, Anteilseigner, Kommanditisten
c) Hauptversammlung, Geschäftsführer
d) Aufsichtsrat, Komplementäre, Generalversammlung
e) Gesellschafterversammlung, Geschäftsführer, gegebenenfalls Aufsichtsrat

72. Worin unterscheidet sich in der Haftung die KG von der OHG?

a) Die KG hat nur Vollhafter.
b) Die KG hat Voll- und Teilhafter.
c) Die KG hat nur Teilhafter.
d) Die KG haftet mit 50.000 €
e) Die KG haftet mit 100.000 €.

73. Ordnen Sie zu.

Geschäftsführungsbefugnisse

a) Die Gesellschafter übernehmen die Geschäftsführung.
b) Der Unternehmer übernimmt die Geschäftsführung.
c) Der Aufsichtsrat übernimmt die Geschäftsführung.
d) Der Vorstand übernimmt die Geschäftsführung.
e) Die Komplementäre übernehmen die Geschäftsführung.
f) Der Prokurist übernimmt die Geschäftsführung.
g) Der Geschäftsführer übernimmt die Geschäftsführung.

Unternehmensformen

[ ] KG
[ ] Einzelunternehmung
[ ] AG
[ ] OHG
[ ] GmbH

74. Welches Recht ist unter anderem mit einer Aktie verbunden?

a) Das Recht auf laufende Überwachung der Geschäftstätigkeit des Vorstands einer AG
b) Das Stimmrecht bei der Bestellung der Mitglieder des Vorstands einer AG
c) Das Stimmrecht bei der Wahl des Vorsitzenden des Aufsichtsrats einer AG
d) Das Stimmrecht bei der Abberufung der Mitglieder des Vorstands einer AG
e) Das Stimmrecht bei der Entlastung der Mitglieder des Vorstands und des Aufsichtsrats einer AG

75. Sie wollen ein Unternehmen gründen, bei dem Sie ohne weitere vertragliche Vereinbarungen allein die Geschäfte führen können. Zur besseren Kapitalbeschaffung möchten Sie Teilhaber mit ins Unternehmen aufnehmen. Welche Unternehmensform wählen Sie?

a) Die AG (Aktiengesellschaft)
b) Die GmbH (Gesellschaft mit beschränkter Haftung)
c) Die OHG (offene Handelsgesellschaft)
d) Die KG (Kommanditgesellschaft)
e) Die eG (Genossenschaft)

<u>Zu den nächsten fünf Aufgaben siehe nachstehende Situation.</u>

Erwin und Renate Müller wollen ein Serviceunternehmen für Computer eröffnen. Sie haben 50.000 € Eigenkapital zur Verfügung und sind Eigentümer eines Einfamilienhauses. Ihr Bekannter, Herr Huber, verfügt über ein Eigenkapital von 200.000 € und erwägt, sich an dem Unternehmen finanziell zu beteiligen.

76. Welche Gesellschaftsform würden Herr und Frau Müller wählen, wenn sie ausschließen wollen, dass sie auch mit ihrem Einfamilienhaus haften?

a) Einzelunternehmung
b) Offene Handelsgesellschaft
c) Kommanditgesellschaft
d) Gesellschaft mit beschränkter Haftung
e) Personengesellschaft

77. Herr und Frau Müller entschließen sich letztlich, eine KG zu gründen und Herrn Huber als Kommanditisten zu beteiligen. Zuvor soll jedoch noch die Frage der Gewinnverteilung geklärt werden. Sie ist die gesetzliche Regelung?

a) Jeder Gesellschafter erhält vier Prozent auf seinen Kapitalanteil, der Rest des Jahresgewinnes wird nach Köpfen verteilt.
b) Jeder Gesellschafter erhält vier Prozent auf seinen Kapitalanteil, der Rest des Jahresgewinnes wird in angemessenem Verhältnis verteilt.
c) Die Hälfte des Jahresgewinns wird nach Höhe des Kapitalanteils der Gesellschafter, der Rest des Jahresgewinns nach Köpfen verteilt.
d) Der Anteil des Gewinns richtet sich nur nach der Höhe des Kapitalanteils der Gesellschafter.
e) Der Jahresgewinn wird unter den Gesellschaftern nach Köpfen verteilt.

78. Das Ehepaar Müller und Herr Huber schließen einen Gesellschaftervertrag zur Gründung der KG ab und wollen ihre Firma in das Handelsregister eintragen lassen. Bei welcher Stelle wird das Handelsregister geführt?

a) Beim Amtsgericht
b) Beim Landgericht
c) Beim Finanzamt
d) Bei der IHK
e) Bei der Gemeindeverwaltung
f) Beim Gewerbeaufsichtsamt

79. Unter welchem Namen darf die KG <u>nicht</u> eingetragen werden?

a) Müller Softy KG
b) Müller KG
c) Erwin Müller KG
d) Müller & Huber
e) Erwin Müller, Renate Müller KG

80. Welches Recht bzw. welche Pflicht hat Herr Huber als Kommanditist?

a) Das Recht zur Geschäftsführung
b) Die Pflicht zur Geschäftsführung
c) Das Recht auf Prüfung des Jahresabschlusses
d) Die Pflicht zur Prüfung des Jahresabschlusses
e) Das Recht, weitere Gesellschafter aufzunehmen

81. In jedem Betrieb ist die Frage der Unterschriftserteilung geregelt. Welche Aussage ist richtig?

a) Die Unterschriftenregelung wird zwischen Betriebsrat und Unternehmensleitung vereinbart.
b) Die Unterschriftenregelung hängt überwiegend von den Anweisungen der Unternehmensleitung ab; nur die Unterzeichnung des Prokuristen ist gesetzlich geregelt.
c) Die Unterschriftenregelung ist in jedem Fall zwingend durch den Gesetzgeber vorgeschrieben.
d) Die Unterschriftenregelung muss in das Handelsregister eingetragen werden.
e) Jeder Arbeitnehmer hat das Recht, die von ihm verfassten Geschäftsbriefe selbst zu unterzeichnen.

82. Was ist einem Prokuristen im Rahmen seiner Geschäftstätigkeit gestattet?

a) Eidesstattliche Erklärungen für den Unternehmer abgeben
b) Bilanzen unterschreiben
c) Grundstücke verkaufen
d) Grundstücke kaufen
e) Steuererklärungen unterschreiben

83. Am 15.05. wurde die Prokura des P mündlich widerrufen. Sie war im Innenverhältnis auf Rechtsgeschäfte bis 10.000 € beschränkt. Am 30.05. wird die Prokura im Handelsregister gelöscht, die Löschung anschließend veröffentlicht. P schließt für das Unternehmen am 20.05. einen Vertrag über 40.000 €. Der Vertragspartner war über den Widerruf nicht informiert. Welche Aussage über diesen Vertrag ist zutreffend?

a) Er verpflichtet das Unternehmen nicht, weil die Prokura am 15.05. erloschen ist.
b) Er verpflichtet das Unternehmen, weil der Widerruf der Prokura notariell beglaubigt werden muss.
c) Er verpflichtet das Unternehmen nur bis zu einem Betrag von 10.000 €, weil die Prokura im Innenverhältnis auf 10.000 € begrenzt war.
d) Er verpflichtet das Unternehmen in Höhe von 40.000 €, weil der Widerruf beim Vertragsabschluss noch nicht im Handelsregister eingetragen und veröffentlicht war.
e) Er verpflichtet das Unternehmen nicht, weil die Beschränkung der Prokura im Innen- und Außenverhältnis gilt.

84. Ein kaufmännischer Angestellter in einem Großhandelsbetrieb besitzt allgemeine Handlungsvollmacht im Sinne des HGB. Welche Rechtshandlung darf er für sein Unternehmen vornehmen, ohne dafür eine besondere Befugnis erhalten zu haben?

a) Darlehen aufnehmen
b) Mitarbeiter einstellen
c) Bilanz unterschreiben
d) Grundstücke verkaufen
e) Wechselverbindlichkeiten eingehen
f) Prozesse führen

85. Welches Rechtsgeschäft darf ein Prokurist ohne besondere Vollmacht vornehmen?

a) Antrag auf Insolvenzverfahren stellen
b) Handelsregistereintragung anmelden
c) Darlehen aufnehmen
d) Bilanz unterschreiben
e) Grundstück veräußern

86. In welchem Fall liegt eine Artvollmacht vor?

a) Eine Mitarbeiterin erhält Inkassovollmacht.
b) Ein Auszubildender wird beauftragt, für seinen Ausbildungsbetrieb bei einer Bank einen Rechnungsbetrag einzubezahlen.
c) Ein Angestellter hat Vollmacht für den Abschluss aller Rechtsgeschäfte, die der Betrieb eines bestimmten Handelsgewerbes mit sich bringt.
d) Ein Mitarbeiter erhält eine Vollmacht, die in das Handelsregister einzutragen ist.
e) Ein Kaufmann beauftragt einen Rechtsanwalt mit der Führung eines Prozesses.

87. Was darf ein Prokurist ohne besondere Vollmacht vornehmen?

a) Bilanzen unterschreiben
b) Grundstücke verkaufen
c) Grundstücke kaufen
d) Steuererklärungen unterschreiben
e) Eidesstattliche Erklärungen für den Unternehmer abgeben.

88. Welches Rechtsgeschäft ist einem Prokuristen nur mit einer zusätzlichen, besonderen Vollmacht erlaubt?

a) Kauf von Wertpapieren
b) Eingehen von Wechselverbindlichkeiten
c) Belastung eines Grundstückes
d) Unterzeichnen der Bilanz
e) Kauf eines Geschäftshauses

89. Welche Rechtshandlung kann nach HGB ein Handlungsbevollmächtigter ohne besondere Vollmacht vornehmen?

a) Er kann Betriebsgrundstücke verkaufen.
b) Er kann Betriebsgrundstücke belasten.
c) Er kann Wechselverbindlichkeiten eingehen.
d) Er kann Darlehen aufnehmen.
e) Er kann Forderungen einziehen.
f) Er kann Prozesse führen.

90. Welche Rechtshandlung ist einem Prokuristen ohne besondere Vollmacht nach dem Gesetz erlaubt?

a) Unterzeichnung von Inventar und Bilanz
b) Einstellen und Entlassen von Mitarbeitern
c) Belastung von Grundstücken
d) Änderung der Firma
e) Beantragung des Insolvenzverfahrens

91. Welche Aussage trifft nach dem HGB auf die Handlungsvollmacht zu?

a) Ein Handlungsbevollmächtigter darf Grundstücke ohne besondere Vollmachten veräußern und belasten.
b) Die Erteilung einer Handlungsvollmacht muss notariell beglaubigt werden.
c) Ein Handlungsbevollmächtigter kann für den Geschäftsinhaber alle Rechtsgeschäfte vornehmen mit Ausnahme der Bilanzunterzeichnung und der Betriebsveräußerung.
d) Die Handlungsvollmacht kann mündlich, schriftlich oder stillschweigend durch Duldung bestimmter Handlungen erteilt werden.
e) Der Name eines Handlungsbevollmächtigten muss im Handelsregister eingetragen sein.

92. Welches Rechtsgeschäft darf nach dem HGB ein Handlungsbevollmächtigter ohne besondere Befugnisse vornehmen?

a) Büromaschinen einkaufen
b) Wechsel unterschreiben
c) Darlehen aufnehmen
d) Grundstücke kaufen und verkaufen
e) Prozesse führen

93. Welche Aussage über die Prokura ist richtig?

a) Eine Beschränkung der Prokura ist Dritten gegenüber wirksam.
b) Prokura berechtigt nicht zum Kauf von Grundstücken.
c) Ein Handwerker kann grundsätzlich nur Einzelprokura erteilen.
d) Nur der Kaufmann kann Prokura erteilen.
e) Ein Gewerbetreibender Nicht-Kaufmann kann Prokura erteilen.

94. Welche Vollmacht liegt vor, wenn ein Brief folgende Unterschriften tragen muss: „Buchhandlung Braun & Co., ppa. Lenz; ppa Günther“?

a) Handlungsvollmacht
b) Einzelprokura
c) Filialprokura
d) Gesamtprokura
e) Artvollmacht

95. Dem Einkaufssachbearbeiter wird Artvollmacht erteilt. Welches Recht ist damit verbunden?

a) Das Recht, Grundstücke für das Unternehmen zu kaufen
b) Das Recht, Gebäude für das Unternehmen zu verkaufen
c) Das Recht, für das Unternehmen Bestellungen zu unterschreiben
d) Das Recht, Darlehen für das Unternehmen aufzunehmen
e) Das Recht, Wechselverbindlichkeiten für das Unternehmen einzugehen
f) Das Recht, für das Unternehmen Prozesse zu führen

Zu den nächsten zwei Aufgaben siehe nachstehende Situation.

Die E. Marten OHG, Kfz-Zubehör, beschäftigt zur Zeit 65 Mitarbeiter. Im Handelsregister ist für Herrn Hielscher Einzelprokura eingetragen. Frau Fiedler wurde die allgemeine Handlungsvollmacht erteilt; über den normalen Umfang hinausgehende Befugnisse wurden ihr nicht erteilt. Während des Urlaubs der beiden Gesellschafter wurden folgende Handlungen vorgenommen:
(1) Akzeptierung eines Wechsels über 12.000,00 €
(2) Betriebsbedingte Kündigung des Lagerverwalters
(3) Unterzeichnung der Bilanz
(4) Aufnahme eines Darlehens
(5) Erteilung der allgemeinen Handlungsvollmacht an den Mitarbeiter Schmidt

96. Welche Handlung durfte Herr Hielscher nicht vornehmen? Tragen Sie die entsprechende Ziffer in das Kästchen ein! ☐

97. Welche Handlung durfte Frau Fiedler vornehmen? Tragen Sie die entsprechende Ziffer in das Kästchen ein! ☐

<u>**Zu den nächsten zwei Aufgaben siehe nachstehende Situation.**</u>

Eine Erbschaft versetzt Heinz Dusel in die Lage, sich einen lang gehegten Wunsch zu erfüllen. Er kauft die alt eingesessene, sehr renommierte Weinhandlung „Tom Winzer" als Alleininhaber und setzt seinen Schwager Peter Wachter als Prokurist ein. Dusel vereinbart dabei mit Wachter, dass dieser als Prokurist keine Grundstücke erwerben darf. Die Firma bleibt als solche bestehen.

98. Heinz Dusel liegt daran, dass der Inhaberwechsel und die Prokuraerteilung nach außen hin zunächst möglichst wenig bekannt werden. Welche Vorgehensweise des Heinz Dusel entspricht den gesetzlichen Bestimmungen?

a) Er unterlässt beim zuständigen Amtsgericht jeglichen Antrag auf Änderung der Eintragung(en) im Handelsregister und unterschreibt die Geschäftspost vom Zeitpunkt der Übernahme mit „Heinz Dusel".

b) Er stellt beim zuständigen Amtsgericht den Antrag auf Änderung bezüglich des Eigentümerwechsels, nicht aber auf Eintragung der Prokuraerteilung.

c) Er stellt beim zuständigen Amtsgericht den Antrag auf Änderung bezüglich des Eigentümerwechsels sowie auf Eintragung der Prokuraerteilung und unterschreibt die Geschäftspost zum Zeitpunkt der Übernahme an mit „Heinz Dusel".

d) Er stellt beim zuständigen Amtsgericht den Antrag auf Änderung bezüglich des Eigentümerwechsels sowie auf Eintragung der Prokuraerteilung und weist seinen Prokuristen an, die Geschäftspost mit „Heinz Dusel" zu unterschreiben, da er selbst häufig auf Geschäftsreise ist.

e) Er unterlässt beim zuständigen Amtsgericht jeglichen Antrag auf Änderung der Eintragungen im Handelsregister und weist seinen Prokuristen an, die Geschäftspost mit „Heinz Dusel" zu unterschreiben, da er selbst häufig auf Geschäftsreise ist.

99. Heinz Dusel befindet sich auf einer längeren Geschäftsreise. Während seiner Abwesenheit wird Peter Wachter ein Nachbargrundstück angeboten, welches Dusel für die Erweiterung der Weinhandlung bisher vergeblich erwerben wollte. Da der Grundstücksverkäufer auf schnellen Abschluss drängt, der Kaufpreis äußerst günstig ist und der Gundstückskauf im Unternehmerinteresse liegt, schließt Peter Wachter für das Unternehmen den Grundstücksvertrag ab. Ist die Weinhandlung an diesen Kaufvertrag gebunden?

a) Ja, da die Berechtigung zum Grundstückserwerb ein Bestandteil der Prokura darstellt und eine diesbezügliche Einschränkung im Innenverhältnis Dritten gegenüber unwirksam ist.

b) Ja, da ein Prokurist im Unternehmensinteresse handelte und das Unternehmen aus dem Grundstückskauf nur Vorteile zieht.

c) Ja, da ein Prokurist während der Abwesenheit des Unternehmers diesen für alle Rechtshandlungen im unternehmerischen Bereich vertreten darf.

d) Nein, da Grundstückskäufe und Grundstücksverkäufe zu den Tätigkeiten gehören, die vom Unternehmer im Rahmen des Unternehmens nicht delegiert werden dürfen.

e) Nein, da der Prokurist die vereinbarte Einschränkung nicht beachtet hat und somit den Kaufvertrag nicht abschließen durfte.

<u>**Zu den nächsten zwei Aufgaben siehe nachstehende Situation.**</u>

Josef Kranz, Andreas Fiedler und Volker Müller aus Chemnitz vereinbaren als alleinige Gesellschafter die Gründung einer Baustoffgroßhandlung. Jeder Gesellschafter leistet eine Kapitaleinlage in Höhe von 80.000 €. Kranz übernimmt den Einkauf, Fiedler den Verkauf und Müller ist für die kaufmännische Verwaltung zuständig. Alle haften unbeschränkt – auch mit ihren Privatvermögen. Im Gesellschaftsvertrag wird vereinbart, dass für die Geschäftsführungs- und Vertretungsbefugnisse die gesetzlichen Regelungen gelten.

100. Stellen Sie fest, welche Firmierung den Vorstellungen der Gesellschafter und den handelsrechtlichen Vorschriften entspricht!

a) Kranz & Fiedler KG

b) Kranz, Fiedler & Müller OHG

c) Baustoffgroßhandel Kranz

d) Kranz, Fiedler & Müller GmbH

e) Kranz & Co.

101. Die gegründete Baustoffhandlung verkaufte Ende Oktober verschiedene Waren an die Tischlerei Göbel GmbH in Dresden. Es wurde vereinbart, dass die Zahlung des Kaufpreises bei Lieferung fällig wird. Am 2. November um 9:00 Uhr erhielt die Tischlerei die Waren und die Rechnung. Da sie am 16. November noch nicht gezahlt hat, will der Gesellschafter Müller Zinsen fordern. Prüfen Sie, ob und in welcher Höhe nach der gesetzlichen Regelung Zinsen verlangt werden können?

a) Zinsen können grundsätzlich nur verlangt werden, wenn sie vereinbart wurden.
b) Da keine Vereinbarung über Verzugszinsen getroffen wurde, kann Müller ab dem 3. November Verzugszinsen in beliebiger Höhe verlangen.
c) Da am 2. November die Zahlung aufgrund der Lieferung fällig war und an diesem Tag auch die Rechnung zuging, kann Volker Müller ab dem 3. Dezember Verzugszinsen von insgesamt 9 % über dem Basiszinssatz verlangen.
d) Zinsen können nicht verlangt werden, da die Voraussetzungen für den Zahlungsverzug nicht erfüllt sind. Grundsätzlich muss die Tischlerei erst gemahnt und eine 30-tägige Nachfrist gesetzt werden.
e) Der Gesellschafter Müller kann frühestens ab dem 3. Januar Verzugszinsen von insgesamt 5 % über dem Basiszinssatz verlangen.

102. Welche Aussage zur Rechtsordnung in der Bundesrepublik Deutschland ist richtig?

a) Gesetze und Rechtsverordnungen müssen in Einklang mit dem Grundgesetz stehen.
b) Rechtsverordnungen werden durch die Legislative erlassen.
c) Satzungen sind Verordnungen der Exekutive.
d) Gesetze, Rechtsverordnungen und Satzungen haben in der Rechtsordnung den gleichen Rang.
e) Körperschaften ersetzen die Gesetze durch entsprechende Satzungen.

103. Welche Aussage über eine Rechtsverordnung ist richtig?

a) Sie kann von allen juristischen Personen erlassen werden.
b) Sie wird aufgrund eines Gesetzes erlassen.
c) Sie kann ohne gesetzliche Ermächtigung vom Bundesverfassungsgericht erlassen werden.
d) Sie behält nach Aufheben des zugrunde liegenden Gesetzes ihre Gültigkeit, wenn sie im Rang über diesem Gesetz steht.
e) Sie beinhalten die Gesamtheit aller Rechtsnormen eines Bundeslandes.

104. Rechtsobjekte lassen sich entsprechend der Abbildung unterteilen. Was gehört zu den unbeweglichen Sachen?

a) Ein Patent für ein Herstellungsverfahren
b) Ware, die unter Eigentumsvorbehalt geliefert wurde
c) Ein Betriebsgebäude
d) Der Gehaltsanspruch eines Mitarbeiters
e) Wertpapiere, die im Depot einer Bank aufbewahrt werden

Einteilung von Sachen und Rechten

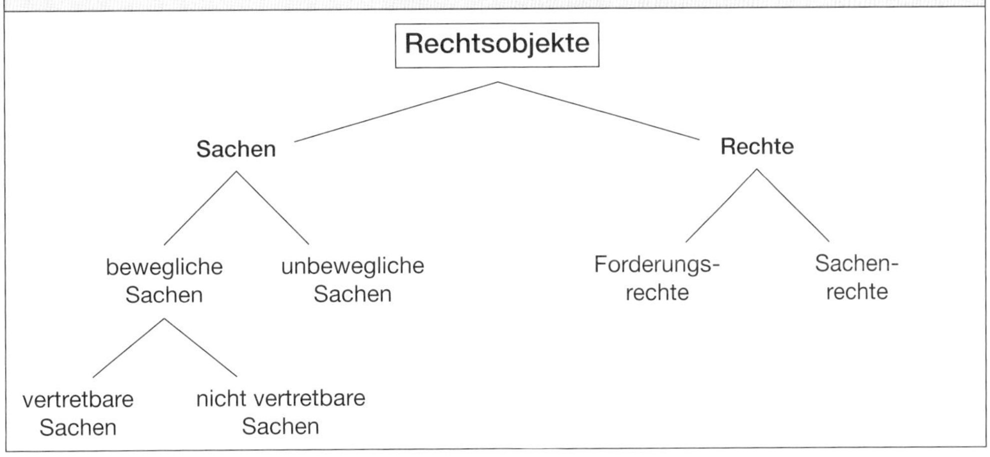

105. Welche Aussage über den Inhalt von Gesetzen ist richtig?

a) Der Inhalt wird ausschließlich vom Bundestag festgelegt.
b) Der Inhalt muss sich nach bestehenden Verordnungen richten.
c) Der Inhalt muss sich nach bestehenden Gewohnheitsrechten richten.
d) Der Inhalt muss mit dem Grundgesetz in Einklang stehen.
e) Der Inhalt kann durch den Bundespräsidenten jederzeit abgeändert werden.

106. Welcher Fall ist dem Öffentlichen Recht zuzuordnen?

a) Eine Gemeinde verkauft einem Bauunternehmer Sand aus der gemeindeeigenen Sandgrube.
b) Ein Bauunternehmer zahlt für seinen Buchhalter eine vermögenswirksame Leistung.
c) Eine Gemeinde stellt einem Bauherrn einen Abwassergebührenbescheid zu.
d) Ein Bauunternehmer eröffnet bei einer Bank ein Kontokorrentkonto.
e) Ein Bauunternehmer stellt für erbrachte Leistungen einem Bauherrn eine Rechnung aus.

107. Welches Rechtsgebiet enthält öffentlich-rechtliche und privatrechtliche Regelungen?

a) Handelsrecht
b) Verwaltungsrecht
c) Arbeitsrecht
d) Strafrecht
e) Verfassungsrecht

108. Welche Aussage über das öffentliche Recht ist richtig?

a) Es regelt die Rechtsverhältnisse zwischen allen Rechtspersonen nach dem Grundsatz der Gleichordnung.
b) Es regelt die Rechtsverhältnisse zwischen Arbeitnehmern des öffentlichen Dienstes.
c) Es regelt die Rechtsverhältnisse zwischen Privatpersonen und dem Staat als Hoheitsträger nach dem Grundsatz der Über-/Unterordnung.
d) Es kann durch private Vereinbarungen jederzeit abgeändert werden.
e) Es enthält als Rechtsgebiete das Strafrecht und das Handelsrecht.

109. Welche Aussage zu Gesetzen, Rechtsverordnungen und Satzungen ist richtig?

a) Satzungen stehen im Rang über den Gesetzen.
b) Alle Gesetze bedürfen, um rechtsgültig zu sein, der Zustimmung der Bundesregierung.
c) Rechtsverordnungen werden durch die Exekutive auf Grund einer ausdrücklichen gesetzlichen Ermächtigung erlassen.
d) Eine Rechtsverordnung ist die Gesamtheit aller in einem Staat geltenden Gesetze.
e) Das Grundgesetz verpflichtet den Bundestag, Rechtsverordnungen zu erlassen.

110. Welche Organisation zählt zu den juristischen Personen des privaten Rechts?

a) Die Industrie- und Handelskammer
b) Die Bundesagentur für Arbeit
c) Die Deutsche Rentenversicherung
d) Die Gesellschaft mit beschränkter Haftung
e) Die Kommanditgesellschaft
f) Die Berufsgenossenschaft

111. Welche Aufgabe hat das öffentliche Recht?

a) Es regelt die Rechts- und Geschäftsfähigkeit natürlicher Personen.
b) Es regelt die Schuldverhältnisse, die sich aus Verträgen ergeben.
c) Es regelt die Rechtsbeziehungen zwischen Privatleuten und Unternehmen.
d) Es regelt die Rechtsbeziehungen zwischen dem einzelnen und dem Staat.
e) Es regelt die Rechtsbeziehungen aller juristischen Personen untereinander.

112. Welche Aussage über das Privatrecht ist richtig?

a) Das Privatrecht regelt die Rechtsverhältnisse zwischen Privatpersonen und dem Staat als Hoheitsträger.
b) Für das Privatrecht gilt das Prinzip der Gleichordnung der Beteiligten.
c) Das Privatrecht umfasst ausschließlich geschriebenes Recht.
d) Das Privatrecht regelt die Beziehungen des einzelnen zu den Körperschaften des öffentlichen Rechts nach den Grundsätzen der Über- und Unterordnung.
e) Ein Teil des Privatrechts ist das Strafrecht.

113. Welche Aussage über eine Rechtsverordnung ist richtig?

a) Sie ist die Gesamtheit aller in einem Staat geltenden Gesetze.
b) Sie ist die gerichtliche Aufhebung des Urteils eines untergeordneten Gerichts.
c) Sie ist das Recht eines Bundesgerichts, bestehende Gesetze im Bedarfsfall zu ändern.
d) Sie kann jederzeit ohne gesetzliche Ermächtigung durch die Exekutive erlassen werden.
e) Sie darf erlassen werden, wenn das zugrunde liegende Gesetz eine entsprechende Ermächtigung vorsieht.

114. Eine Gemeinde hat durch eine Bauunternehmung ein Schulgebäude errichten lassen. Nach der Fertigstellung zeigen sich Baumängel. Die Gemeinde will finanzielle Ansprüche gegen die Bauunternehmung durchsetzen. Auf welches Rechtsgebiet stützt sich die Geltendmachung dieser Ansprüche?

a) Verfassungsrecht
b) Verwaltungsrecht
c) Strafrecht
d) Öffentliches Recht
e) Privatrecht

115. Von wem werden Rechtsverordnungen erlassen?

a) Vom Bundestag
b) Von Verwaltungsgerichten
c) Von der Bundesregierung
d) Vom Bundesverfassungsgericht
e) Vom Bundesrat
f) Vom Bundespräsidenten

116. Ordnen Sie zu.

Regelungen

a) Koalitionsfreiheit
b) Vom Jahresgewinn einer OHG erhält jeder Gesellschafter 5 % seines Kapitalanteils. Der Rest wird nach Köpfen verteilt.
c) Die Beschäftigung Jugendlicher unter 15 Jahren ist verboten.
d) Der Kaufvertrag soll schriftlich abgefasst werden.
e) Festlegung der Dauer der Berufsausbildung
f) Für den Kaufvertrag gelten die Allgemeinen Geschäftsbedingungen.
g) Die Aktiengesellschaft wird gerichtlich und außergerichtlich durch zwei Vorstandsmitglieder vertreten.

Rechtsquellen

[ ] Grundgesetz
[ ] Satzung
[ ] Verordnung

117. Wer ist eine juristische Person des privaten Rechts?

a) Die Volkswagen AG
b) Die Stadt Saarbrücken
c) Die Deutsche Bundesbank
d) Der Norddeutsche Rundfunk
e) Die Industrie- und Handelskammer Stuttgart

118. Welche Aussage trifft für eine juristische Person zu?

a) Ihr können durch Gerichtsbeschluss die bürgerlichen Ehrenrechte aberkannt werden.
b) Sie kann vor Gericht klagen und verklagt werden.
c) Sie wird vom Finanzamt zur Einkommensteuer veranlagt.
d) Sie besitzt entweder die beschränkte oder die volle Geschäftsfähigkeit.
e) Sie hat nach dem Grundgesetz das aktive und passive Wahlrecht.

119. Welches Rechtsgeschäft kann eine 17-jährige ohne Zustimmung ihres gesetzlichen Vertreters rechtswirksam vornehmen?

a) Ratenkauf einer Stereoanlage
b) Abschluss eines Mietvertrages
c) Abschluss eines Berufsausbildungsvertrages
d) Annahme eines Fahrrades als Geschenk
e) Aufnahme eines Darlehens

120. Der Auszubildende Klaus ist 17 Jahre alt. Er möchte ein Fernsehgerät für 1.000 € kaufen. In welchem Fall wird der Kaufvertrag sofort rechtswirksam?

a) Er schließt den Kaufvertrag schriftlich ab.
b) Er bezahlt den Kaufpreis sofort bar.
c) Er vereinbart mit dem Verkäufer eine monatliche Abzahlung von 100 €.
d) Er unterschreibt den Kaufvertrag und leistet eine Anzahlung.
e) Er weist vor Abschluss des Kaufvertrages die Einwilligung seiner Eltern nach.

121. Ein 17-jähriger Auszubildender kauft ohne Einwilligung seines gesetzlichen Vertreters einen Personal-Computer zum Preis von 1.200,00 € gegen Rechnung. Das Geld will er von dem Sparbuch, das seine verstorbene Tante für ihn angelegt hat, abheben. Welche Aussage ist richtig?

a) Der Vertrag ist wirksam, weil der Auszubildende die Zahlung von seinen Ersparnissen leisten kann.
b) Der Vertrag ist schwebend unwirksam, da dem Auszubildenden das Geld nicht zur freien Verfügung überlassen wurde.
c) Der Vertrag ist wirksam, weil er dem Auszubildenden lediglich einen rechtlichen Vorteil bringt.
d) Der Vertrag ist unwirksam, weil Rechtsgeschäfte beschränkt Geschäftsfähiger anfechtbar sind.
e) Der Vertrag ist nichtig, weil alle Rechtsgeschäfte beschränkt Geschäftsfähiger der Zustimmung des gesetzlichen Vertreters bedürfen.

122. Welche Aussage zu den Möglichkeiten und Grenzen der rechtlichen Handlungsfähigkeit ist richtig?

a) Die Willenserklärung eines Geschäftsunfähigen ist anfechtbar.
b) Ein beschränkt Geschäftsfähiger kann ohne Einwilligung des gesetzlichen Vertreters nur einseitige Rechtsgeschäfte vornehmen.
c) Natürliche Personen werden mit Vollendung des 16. Lebensjahres voll geschäftsfähig.
d) Volljährigen Personen kann die volle Geschäftsfähigkeit durch Entmündigung abgesprochen werden, z. B. bei Geisteskrankheit.
e) Geschäftsunfähige Personen können z. B. im Rahmen der Taschengeldparagraphen, bestimmte Geschäfte rechtswirksam abschließen.

123. Welche Aussage über die Rechtswirksamkeit der Willenserklärungen eines 15-Jährigen ist richtig?

a) Er kann ohne Zustimmung des gesetzlichen Vertreters einen Ratenkauf abschließen.
b) Er kann ohne Zustimmung des gesetzlichen Vertreters ein Ausbildungsverhältnis eingehen.
c) Er kann gegen den Willen des gesetzlichen Vertreters die ihm geschenkte Stereoanlage veräußern, weil sie sein Eigentum ist.
d) Er kann gegen den Willen des gesetzlichen Vertreters einen Taschenrechner kaufen, wenn er den Kaufpreis mit seinem Taschengeld bar bezahlt.
e) Er kann gegen den Willen des gesetzlichen Vertreters eine Urlaubsreise buchen, wenn er sie zur Hälfte mit geschenktem Geld finanziert.

124. Welche Aussage zur Rechtsfähigkeit ist richtig?

a) Die Rechtsfähigkeit einer natürlichen Person beginnt mit der Volljährigkeit.
b) Die Rechtsfähigkeit einer natürlichen Person kann durch Gerichtsurteil eingeschränkt werden.
c) Die Rechtsfähigkeit einer natürlichen Person endet mit der Entmündigung.
d) Die Rechtsfähigkeit einer juristischen Person beginnt mit ihrer Geschäftsfähigkeit.
e) Die Rechtsfähigkeit einer Kapitalgesellschaft endet mit der Löschung im Register.

125. Welche Aussage über eine juristische Person trifft nicht zu?

a) Sie kann beschränkt geschäftsfähig sein.
b) Sie kann Eigentum erwerben.
c) Sie kann verklagt werden.
d) Sie kann Insolvenz beantragen.
e) Sie kann Klage erheben.

126. Wann endet die Rechtsfähigkeit einer natürlichen Person?

a) Mit der Aberkennung der bürgerlichen Ehrenrechte
b) Mit einer vom Gericht verfügten Betreuung
c) Mit der Einweisung in eine Justizvollzugsanstalt
d) Mit dem Verlassen der Bundesrepublik Deutschland
e) Mit dem Eintritt des Todes

127. Wer bzw. was ist eine juristische Person des privaten Rechts?

a) Amtsgericht
b) Richter
c) Rechtsanwalt
d) KG
e) AG

128. Welche Personen sind nach dem BGB beschränkt geschäftsfähig?

a) Personen bis zum vollendeten 7. Lebensjahr
b) Personen, die das 18. Lebensjahr vollendet haben
c) Personen, die dauernd geisteskrank sind
d) Personen, die wegen Geisteskrankheit entmündigt sind
e) Personen, die zwar das 7. Lebensjahr, aber noch nicht das 18. Lebensjahr vollendet haben

129. Was ist unter „Geschäftsfähigkeit“ zu verstehen?

a) Träger von Rechten und Pflichten zu sein
b) Für einen durch eine unerlaubte Handlung zugefügten Schaden einzustehen
c) Vor Gericht zu klagen oder verklagt zu werden
d) Zulässige Rechtsgeschäfte selbständig und rechtswirksam vorzunehmen
e) Ein Handelsgeschäft zu betreiben

130. Welcher Lebensabschnitt umfasst die gesamte Zeit, in der man grundsätzlich beschränkt geschäftsfähig ist?

a) Bis 7 Jahre
b) Bis 14 Jahre
c) 7 bis 14 Jahre
d) 7 bis 18 Jahre
e) 14 bis 18 Jahre

131. Welcher Personenkreis ist geschäftsunfähig?

a) Personen zwischen dem 7. und dem 18. Lebensjahr
b) Personen im 8. Lebensjahr
c) Personen, die wegen Verschwendungs- oder Trunksucht betreut werden
d) Personen, die wegen Geistesschwäche betreut werden
e) Personen, die dauernd geisteskrank sind

132. Welche Aussage über die Gegenstände des Rechtsverkehrs ist richtig?

a) Immobilien sind vertretbare Sachen, Mobilien (bewegliche Sachen) sind nicht vertretbare Sachen.
b) Eigentum ist das Recht an Immobilien, Besitz das Recht an beweglichen Sachen.
c) Forderungen zählen zu den vertretbaren Sachen, Patente und Lizenzen zu den nicht vertretbaren Sachen.
d) Das Besitzrecht an vertretbaren Sachen ist übertragbar, das Eigentumsrecht an nicht vertretbaren Sachen ist nicht übertragbar.
e) Bei den Rechten an Sachen unterscheidet man zwischen Eigentum und Besitz.

133. Was ist nach dem BGB eine vertretbare Sache?

a) Das Manuskript eines Autors
b) Ein Ölgemälde
c) Eine 100-€-Banknote
d) Ein bebautes Grundstück
e) Ein Patent

134. Welches Rechtsgeschäft ist weder anfechtbar noch nichtig?

a) Bei einem Versandhaus wird eine vergoldete Uhr bestellt. Versehentlich wird zum gleichen Preis eine goldene Uhr geliefert und vom Besteller angenommen.
b) Ein Gebrauchtwagenhändler verkauft wissentlich einen als unfallfrei bezeichneten Unfallwagen.
c) Ein Bankkunde kauft 20 X-Aktien in der Erwartung, dass der Kurs steigt. Der Kurs fällt jedoch.
d) Ein Hauseigentümer verkauft sein Haus. Der Kaufvertrag wird von einem Makler beurkundet.
e) Ein kaufmännischer Angestellter erhält eine wertvolle Briefmarkensammlung geschenkt. Zur Umgehung der Schenkungssteuer wird ein Kaufvertrag abgeschlossen.

135. In welchem Fall ist das Rechtsgeschäft anfechtbar?

a) Ein 17-Jähriger verfasst ein handschriftliches Testament gegen den Willen der Eltern.
b) Ein Autokäufer unterschreibt einen Kaufvertrag, in dem irrtümlich ein Kaufpreis von 32.000 € anstatt 23.000 € angegeben ist.
c) Ein Wertpapierkäufer kauft Aktien in irrtümlicher Erwartung eines steigenden Kurses.
d) Ein Schüler kauft sich eine Stereoanlage im Wert von 1.200 €. Die Genehmigung der Eltern steht noch aus.
e) Ein Wohnungsmietvertrag mit einer Laufzeit von drei Jahren wird mündlich abgeschlossen.

136. Der Zimmereibetrieb A erstellt gegen Bezahlung für B auf dessen Grundstück ein Blockhaus; die erforderlichen Baumstämme stellt B zur Verfügung. B überlässt das fertige Blockhaus der Familie C für 14 Tage gegen Bezahlung als Unterkunft für einen Urlaubsaufenthalt. Die Familie C stellt einen Raum dieses Blockhauses dem befreundeten D für einen Tag kostenlos zur Verfügung. Welche Aufzählung enthält die abgeschlossenen Verträge in der richtigen Reihenfolge?

a) Arbeitsvertrag - Mietvertrag - Leihvertrag
b) Werkvertrag - Pachtvertrag – Mietvertrag
c) Werkvertrag - Mietvertrag - Leihvertrag
d) Dienstvertrag - Pachtvertrag - Mietvertrag
e) Werkvertrag - Mietvertrag - Schenkungsvertrag

137. Ordnen Sie zu.

Rechtshandlungen

a) Ein Kunde bestellt auf Grund eines unverbindlichen Angebotes und erhält eine Auftragsbestätigung.
b) Ein Kunde bestellt einen Artikel auf Grund einer Zeitungsanzeige.
c) Ein Händler verkauft einem 17-Jährigen eine Stereoanlage. Die Genehmigung der Eltern steht noch aus.
d) Ein Kunde hat in einem Kaufvertrag die Bestellnummer 081 mit der Stückzahl 123 verwechselt.
e) Ein Fünfjähriger kauft sich ein Spielzeug.
f) Ein Kunde sendet eine vom Angebot abweichende Bestellung.

Rechtliche Auswirkungen

[ ] Vertrag ist anfechtbar.
[ ] Vertrag ist nichtig.
[ ] Vertrag ist rechtswirksam.

138. Eine Brauerei erwirbt gegen monatliches Entgelt die Nutzung an einem Waldgrundstück, um Quellwasser zu erhalten. Um welche Vertragsart handelt es sich hierbei?

a) Um einen Kaufvertrag
b) Um einen Mietvertrag
c) Um einen Leasingvertrag
d) Um einen Pachtvertrag
e) Um einen Leihvertrag

139. In welchem Fall liegt ein einseitiges Rechtsgeschäft vor?

a) Kauf
b) Testament
c) Schenkung
d) Bürgschaft
e) Miete
f) Pacht

140. Welches Rechtsgeschäft ist anfechtbar?

a) Ein 17-jähriger Schüler hebt als Bevollmächtigter seines Vaters 1.000 € von dessen Konto ab.
b) Ein wegen Verschwendungssucht betreuter 45-jähriger Mann kauft 30 CDs.
c) Eine 15-jährige Schülerin kauft von ihrem Taschengeld einen DVD-Player im Werte von 235 €.
d) Eine 20-jährige Auszubildende will 5 XY-Aktien kaufen, setzt aber in den Auftragsvordruck 50 Stück ein.
e) Ein 17-jähriger Schüler schließt einen Berufsausbildungsvertrag ab.

141. Ordnen Sie zu.

Vertragssituationen

a) Ein Student unterschreibt bei einem Zeitschriftenwerber eine Bestellung für eine Zeitschrift, ohne die Bezugsbedingungen zu lesen. Er meint, er könne die Zeitschrift jederzeit abbestellen. Später stellt er fest, dass er die Zeitschrift mindestens für ein Jahr abnehmen muss.
b) Ein Lieferer bietet eine Ware schriftlich für 15 € statt für 51 € (Schreibfehler) an. Der Kunde bestellt 10 Stück zu 15 €. Daraufhin bemerkt die Sachbearbeiterin den Fehler und ruft bei dem Kunden an.
c) Der Eigentümer eines Wochenendhauses verkauft das Haus an einen Interessenten für 30.000 €. Der Vertrag wird von beiden schriftlich abgeschlossen und unterschrieben. Der Käufer zahlt 20.000 € an, den Rest verweigert er wegen nachträglich festgestellter Baumängel.
d) Ein Autohändler veranlasst einen Kunden, einen Kaufvertrag für ein neues Auto zu unterschreiben. Andernfalls will er die Versicherung informieren, dass der Kunde für die Reparatur des Unfallschadens eine überhöhte Rechnung eingereicht hat.
e) Ein Gemüsehändler bestellt bei seinem Großhändler zum Wochenende wesentlich mehr Obst und Gemüse als sonst, weil er mit erheblich größerer Nachfrage rechnet. Er irrt sich. Einen großen Teil der verderblichen Waren hat er bis Samstagnachmittag noch nicht verkauft.
f) Ein Gebrauchtwagenhändler verkauft ein Auto als unfallfrei, obwohl er wusste, dass der vorherige Halter einen Unfall hatte.
g) Ein Rechtsanwalt kauft bei seiner Bank Gold, weil er annimmt, dass der Goldpreis in nächster Zeit erheblich steigen wird. Er hofft, dadurch ein gutes Geschäft zu machen. Leider hat er sich geirrt; der Goldpreis geht sogar zurück.

Gründe der Anfechtbarkeit

[ ] Irrtum in der Erklärung

[ ] Arglistige Täuschung

[ ] Widerrechtliche Drohung

142. Welche Aussage über die Vertragsfreiheit ist richtig?

a) Jeder abgeschlossene Vertrag ist wirksam.

b) Der Grundsatz der Vertragsfreiheit ist nur für Vollgeschäftsfähige anwendbar.

c) Verträge können im Rahmen der Rechtsordnung nach dem freien Willen der Vertragspartner gestaltet werden.

d) Jeder Vertrag kann formfrei abgeschlossen werden.

e) Alle Menschen können rechtswirksam Verträge abschließen.

143. Ordnen Sie zu.

Vertragsarten

a) Kaufvertrag

b) Arbeitsvertrag

c) Mietvertrag

d) Pachtvertrag

e) Leihvertrag

f) Darlehensvertrag

g) Werkvertrag

Beispiele für Verträge

[ ] Eine Brauerei übergibt einem Gastwirt einen schönen Holztisch mit Stühlen. Der Gastwirt verpflichtet sich, den vereinbarten Preis in 12 Monatsraten zu bezahlen.

[ ] Ein Gastwirt beauftragt einen Schreiner, eine Theke anzufertigen und als festen Bestandteil in sein Gasthaus einzubauen. Er verpflichtet sich, den vereinbarten Preis zu zahlen.

[ ] Ein Arbeitnehmer überlässt einem Kollegen zinslos 2.000 €. Der Kollege verpflichtet sich, den Betrag nach zwei Wochen zurückzuzahlen.

[ ] Eine Brauerei überlässt einem Gastwirt eine eingerichtete Gaststätte. Der Gastwirt verpflichtet sich, dafür monatliche 1.500 € zu bezahlen.

144. Nach einem Kfz-Unfall beauftragt Herr Schulz eine Reparaturwerkstatt, den Kotflügel seines Pkw auszubeulen. Welchen Vertrag schließt Herr Schulz in diesem Falle ab?

a) Kaufvertrag

b) Dienstvertrag

c) Arbeitsvertrag

d) Werkvertrag

e) Reparaturvertrag

145. Welche Aussage über Rechtsgeschäfte ist richtig?

a) Die Kündigung eines Arbeitsvertrages ist eine einseitige empfangsbedürftige Willenserklärung.

b) Die Eigentumsübertragung beweglicher Sachen ist ein einseitiges Rechtsgeschäft.

c) Die Errichtung eines Testaments ist eine einseitige, empfangsbedürftige Willenserklärung.

d) Die Eigentumsübertragung von Grundstücken ist ein einseitiges Rechtsgeschäft.

e) Die Schenkung ist ein einseitiges Rechtsgeschäft.

146. Ordnen Sie zu.

Sachverhalte

a) Ein Unternehmer schließt einen Leasingvertrag über eine EDV-Anlage ab.

b) Die Nutzung leerer Wohnungen wird vereinbart.

c) Ein Ehepaar nutzt einen Kirschgarten gegen Zahlung einer jährlichen Summe; die Kirschen darf das Ehepaar behalten.

d) Eine Bank beauftragt eine Druckerei 10.000 Überweisungsformulare zu drucken.

e) Eine Hausfrau leiht sich von der Nachbarin 4 Eier aus, da sie wegen unangesagtem Besuch einen Kuchen backen möchte.

f) Ein Angestellter verpflichtet sich zur Arbeitsleistung in einem Unternehmen.

g) Eine Behörde bestellt bei einem Autohaus einen Satz neuer Reifen für seinen Dienstwagen.

Vertragsarten

[ ] Pachtvertrag

[ ] Dienstvertrag

[ ] Werkvertrag

147. Welche Aussage über den rechtswirksamen Abschluss von Verträgen ist richtig?

a) Kaufverträge können nur schriftlich abgeschlossen werden.
b) Kaufverträge über Grundstücke bedürfen der notariellen Beurkundung.
c) Darlehensverträge sind nur gültig, wenn sie schriftlich abgeschlossen werden.
d) Jeder telefonisch vereinbarte Kauf muss schriftlich bestätigt werden.
e) Beim einseitigen Handelskauf muss der Kaufvertrag schriftlich abgeschlossen werden.

148. Ein Kunde beauftragt ein Juweliergeschäft, aus einem mitgebrachten Goldbarren eine Brosche anzufertigen. Welcher Vertrag wird abgeschlossen?

a) Kaufvertrag
b) Werkvertrag
c) Schenkungsvertrag
d) Dienstvertrag
e) Arbeitsvertrag

149. Ordnen Sie zu.

Vertragsinhalte

a) A übereignet B eine Sache ohne Gegenleistung.
b) A übereignet B eine Sache gegen Entgelt.
c) A überlässt B eine Geldsumme gegen spätere Rückzahlung.
d) A überlässt B eine eingerichtete Gaststätte für eine bestimmte Zeit gegen Entgelt, wobei der erwirtschaftete Gewinn B zufließt.
e) A verpflichtet sich, gegen Entgelt für B einen Gegenstand herzustellen und einzubauen.
f) A überlässt B unentgeltlich für eine bestimmte Zeit eine Sache zum Gebrauch.
g) A verpflichtet sich, gegen Entgelt den Haushalt von B zu führen.

Vertragsarten

[ ] Werkvertrag
[ ] Pachtvertrag
[ ] Schenkungsvertrag

150. Die Bavaria Fahrradwerke GmbH beauftragt die „DV-Logistik KG“ eine Softwareprogramm zur Lagerhaltung zu erstellen. Welche Vertragsart wurde geschlossen?

a) Werkvertrag
b) Leasingvertrag
c) Kaufvertrag
d) Dienstvertrag
e) Mietvertrag

151. Welches Rechtsgeschäft ist anfechtbar?

a) Ein Münzsammler kauft eine Münze in der irrtümlichen Erwartung, dass die Preise steigen.
b) Ein 16-jähriger Schüler kauft einen Roller, obwohl die Zustimmung des gesetzlichen Vertreters verweigert wird.
c) Ein Nichtkaufmann verbürgt sich mündlich für einen Geschäftsfreund.
d) Beim Kauf eines Gebrauchtwagens wird trotz Nachfrage vom Verkäufer absichtlich verschwiegen, dass es sich um einen Unfallwagen handelt.
e) In einem Mietvertrag mit einem Studenten ist ein Mietpreis vereinbart, der die ortsübliche Miete um das Dreifache übersteigt.

152. Welches Rechtsgeschäft ist anfechtbar?

a) Der Grundstückskaufvertrag wurde nicht von einem Notar beurkundet.
b) Der Kaufvertrag wurde nur zum Schein geschlossen.
c) Der Käufer hat sich bei Abschluss eines Kaufvertrages bezüglich der bestellten Menge verschrieben.
d) Die Willenserklärung des einen Vertragspartners wurde im Zustand der vorübergehenden Störung der Geistestätigkeit abgegeben.
e) Der Käufer war geschäftsunfähig.

153. Herr Krause will bei einem Winzer 50 Flaschen Wein bestellen. Durch einen Tippfehler lautet die Bestellung über 500 Flaschen. Die 500 Flaschen werden geliefert. Wie ist die Rechtslage?

a) Der Vertrag ist nicht zustande gekommen.
Z b) Herr Krause kann den Vertrag anfechten.
c) Es liegt ein Mangel vor, den Herr Krause entsprechend den Vorschriften über die Mängelrüge beanstanden kann.
d) Herr Krause muss die 500 Flaschen in jedem Fall abnehmen.
e) Es liegt ein Formfehler vor, der zum Rücktritt vom Vertrag berechtigt.

154. Welche Aussage über anfechtbare Rechtsgeschäfte bzw. Willenserklärungen ist richtig?

a) Die Willenserklärung eines Geschäftsfähigen ist anfechtbar.
Z b) Anfechtbare Rechtsgeschäfte sind bis zur Anfechtung zunächst gültig.
c) Willenserklärungen, die zum Schein abgegeben werden, sind anfechtbar.
d) Rechtsgeschäfte, die gegen ein gesetzliches Verbot verstoßen, sind anfechtbar.
e) Anfechtbare Rechtsgeschäfte sind von vornherein nichtig.

155. In welchem Fall handelt es sich um ein einseitiges Rechtsgeschäft?

a) Kauf
Z b) Miete
c) Leihe
d) Kündigung
e) Bestellung eines Pfandrechts

156. In welchem Fall kann eine Willenserklärung angefochten werden?

a) Die Willenserklärung wurde nicht in der vom Gesetz vorgeschriebenen Form abgegeben.
Z b) Die Willenserklärung verstößt gegen die guten Sitten.
c) Die Willenserklärung verstößt gegen ein Gesetz.
d) Die Willenserklärung wurde im Zustand einer vorübergehenden Störung der Geistestätigkeit abgegeben.
e) Die Willenserklärung wurde durch widerrechtliche Drohung erzwungen.

157. Welches Rechtsgeschäft ist von Anfang an nichtig?

a) Bei einem Angebot wird als Preis statt 50 € je Stück durch Verschreiben 5 € je Stück angegeben.
Z b) Ein Käufer wird widerrechtlich durch Drohung zur Unterzeichnung eines Kaufvertrages gezwungen.
c) Ein Käufer schließt einen Kaufvertrag ab, wird dabei aber arglistig getäuscht.
d) Ein 17jähriger Auszubildender schließt einen Ratenkauf über 5.000 € ab. Die Eltern versagen die Genehmigung.
e) Durch falsche Übermittlung (Telefax) werden einem kleinen Industriebetrieb für den Eigenbedarf statt 10 Elektromotoren 100 Elektromotoren geliefert.

158. In welchem Fall ist ein Vertrag anfechtbar?

a) Ein Vertrag wird nur mündlich abgeschlossen.
Z b) Ein Vertragspartner ist geschäftsunfähig.
c) Ein Vertrag wird nur zum Schein abgeschlossen.
d) Es fehlt bei einem Haus- und Grundstückskauf die notarielle Beurkundung.
e) In einem Angebot wird der Preis irrtümlich mit 138,20 € je Stück statt 183,20 € je Stück genannt.

159. Die Maschinenbau AG in Nürnberg schließt mit der Transport GmbH in Fürth als Frachtführer einen Vertrag zum Transport von Fertigteilen von Frankfurt nach Nürnberg ab. Welche Vertragsart liegt vor?

a) Ein Kaufvertrag
Z b) Ein Werkvertrag
c) Ein Frachtvertrag
d) Ein Arbeitsvertrag
e) Ein Gesellschaftsvertrag

160. Herr M. erhält am Samstagabend überraschend Besuch. Wegen fehlender Getränke bittet er seinen Nachbarn um fünf Flaschen Orangensaft gegen das Versprechen, ihm am nächsten Tag fünf Flaschen derselben Marke zurückzugeben. Welchen Vertrag schließt Herr M. in diesem Fall ab?

a) Kaufvertrag
b) Mietvertrag
c) Pachtvertrag
d) Sachdarlehensvertrag
e) Schenkungsvertrag

161. Welche Aussage zur Rechtsfähigkeit ist richtig?

a) Die Rechtsfähigkeit einer Genossenschaft endet mit der Löschung im Genossenschaftsregister.
b) Die Rechtsfähigkeit einer juristischen Person beginnt mit ihrer Geschäftstätigkeit.
c) Die Rechtsfähigkeit einer natürlichen Person endet mit der angeordneten Betreuung.
d) Die Rechtsfähigkeit einer natürlichen Person kann durch Gerichtsurteil eingeschränkt werden.
e) Die Rechtsfähigkeit einer natürlichen Person beginnt mit der Volljährigkeit.

162. In welchem Fall handelt es sich um einen Werkvertrag?

a) Eine Auskunftei erteilt einer Versicherungsgesellschaft die gewünschten Auskünfte.
b) Ein Reisebüro veranstaltet eine dreitägige Busreise nach Paris für einen privaten Kegelverein.
c) Eine Studentin gibt der 18-jährigen Gymnasiastin Nachhilfeunterricht in Mathematik.
d) Ein Spediteur besorgt die Versendung von Zeitungspapierrollen für eine Papierfabrik.
e) Ein Frachtführer befördert Autoteile für ein Automobilwerk.
f) Eine Autowerkstatt beschafft einen Austauschmotor und baut ihn in den Pkw des Kunden ein.

163. Welche Aussage über Tarifverträge ist richtig?

a) Tarifverträge können zwischen einzelnen Arbeitgebern und Betriebsräten geschlossen werden.
b) Während der Laufzeit von Tarifverträgen sind Arbeitskämpfe erlaubt, wenn sie vier Wochen vorher angekündigt worden sind.
c) Tarifverträge können zwischen der Geschäftsleitung und den Arbeitnehmern eines Betriebes geschlossen werden.
d) Tarifverträge sind rechtlich als Empfehlung an die Tarifparteien zu verstehen.
e) Tarifverträge kommen durch freie Vereinbarungen der Tarifpartner zustande.

164. Welches Gericht ist Berufungsinstanz bei Streitigkeiten aus dem Beschäftigungsverhältnis?

a) Arbeitsgericht
b) Bundesverfassungsgericht
c) Bundesarbeitsgericht
d) Bundesgerichtshof
e) Landesarbeitsgericht

165. Bringen Sie folgende Schritte in die richtige Reihenfolge.

[ ] Fristgemäße Kündigung des Gehaltstarifvertrages
[ ] Urabstimmung über einen Arbeitskampf mit nachfolgendem Streik und Aussperrung
[ ] Aufnahme der Tarifverhandlungen durch die Tarifpartner
[ ] Neue Verhandlungen während des Streiks
[ ] Erklärung des Scheiterns der Tarifverhandlungen durch eine Partei
[ ] Urabstimmung über das Ergebnis der neuen Tarifrunde

166. Was regelt der Mantel- oder Rahmentarifvertrag u. a.?

a) Mindest- und Höchstlohnsätze
b) Vergütung für Auszubildende
c) Den Betrag für den Ecklohn
d) Beginn und Ende der täglichen betrieblichen Arbeitszeit
e) Überstundenzuschläge und Wochenarbeitszeit

167. Was bezeichnet man als Individualarbeitsrecht?

a) Das im Verhältnis zwischen einzelnen Arbeitgebern und einzelnen Arbeitnehmern geltende Recht
b) Das im Verhältnis zwischen einzelnen Arbeitgebern und dem Betriebsrat geltende Recht
c) Das im Verhältnis zwischen einzelnen Arbeitgebern und einzelnen Gewerkschaften geltende Recht
d) Das im Verhältnis zwischen einzelnen Tarifvertragsparteien geltende Recht
e) Das im Verhältnis zwischen Betriebsrat und den im Betrieb vertretenen Gewerkschaften geltende Recht

168. In welchem Streitfall ist das Arbeitsgericht zuständig?

a) Der Anspruch eines Arbeitslosen auf Arbeitslosengeld wird vom Finanzamt abgelehnt.
b) Arbeitgeber und Betriebsrat können sich über die betriebliche Pausenregelung nicht einigen.
c) Ein kaufmännischer Angestellter ist nach einem Arbeitsunfall mit dem festgesetzten Erwerbsminderungssatz von 40 % nicht einverstanden.
d) Ein Auszubildender ist der Ansicht, dass bei der Abnahme der Abschlussprüfung Verfahrensfehler begangen wurden, er möchte deshalb Widerspruch einlegen.
e) Ein Angestellter ist mit der Höhe des von der AOK gewährten Kurkostenzuschusses nicht einverstanden.

169. Was versteht man unter „Betriebsvereinbarung"?

a) Die zwischen der Betriebsleitung und dem Betriebsrat ausgehandelte Betriebsvereinbarung regelt die Rechte und Pflichten der Tarifvertragsparteien und enthält Rechtsnormen, die den Inhalt, den Abschluss und die Beendigung von Arbeitsverhältnissen ordnen.
b) Die Betriebsvereinbarung ist ein Vertrag zwischen dem Arbeitgeberverband und dem Betriebsrat über die betriebliche Anpassung der durch Tarifvertrag geregelten Arbeitsbedingungen.
c) Die Betriebsvereinbarung ist ihrem Inhalt und Sinn nach ein Vertrag, in dem Arbeitgeber und Betriebsrat die betriebliche Ordnung und die Rechtsverhältnisse des Arbeitgebers zu den Arbeitnehmern ihres Betriebes gestalten.
d) Die Betriebsvereinbarung ist ein Vertrag zwischen der Gewerkschaft und dem Arbeitgeberverband über die Arbeitsbedingungen in allen gleichartigen Betrieben.
e) Eine Betriebsvereinbarung regelt nur Fragen der Arbeitsordnung, die üblicherweise in einem Tarifvertrag enthalten sind. Sie gilt nur für Tarifangestellte.

170. Die Bavaria Fahrradwerke GmbH schließt mit dem Betriebsrat eine neue Betriebsvereinbarung ab, die mehrere Änderungen mit sich bringt. Prüfen Sie, welche Vereinbarung nicht Bestandteil dieser Betriebsvereinbarung sein kann?

a) Rauchverbot in der Kantine
b) Betriebliche Altersversorgung
c) Einführung der flexiblen Altersteilzeit
d) Urlaubsregelungen
e) Aufhebung des Kündigungsschutzes für langjährige Mitarbeiter

171. Welche Aussage über Manteltarifverträge ist richtig?

a) Die in Manteltarifverträgen vereinbarten Bedingungen können vom Arbeitgeber bei Vorliegen wichtiger Gründe vorübergehend aufgehoben werden.
b) Manteltarifverträge regeln z. B. die Arbeitszeit, Schichtzuschläge, Überstundenzuschläge.
c) Manteltarifverträge werden zwischen Betriebsräten und einzelnen Arbeitgebern abgeschlossen.
d) Die Gewerkschaften können einen Manteltarifvertrag für allgemeinverbindlich erklären.
e) Der Bundesminister des Innern kann einen Manteltarifvertrag für allgemeinverbindlich erklären.

172. Was ist im Lohn- und Gehaltstarif geregelt?

a) Die Anzahl der Urlaubstage
b) Die Pausenzeiten
c) Die Lohnfortzahlung im Krankheitsfall
d) Die Vergütung für Auszubildende
e) Die tägliche Arbeitszeit

173. Welcher Sachverhalt beschreibt einen Verstoß gegen die Tarifautonomie?

a) Die Tarifpartner vereinbaren nach Vorschlag eines politischen Schlichters einen neuen Tarifvertrag.
b) Die Gewerkschaft ruft nach dem Scheitern der Tarifverhandlungen zur Urabstimmung auf.
c) Der Wirtschaftsminister appelliert an die Tarifparteien, bei den Tarifverhandlungen die gesamtwirtschaftliche Lage zu beachten.
d) Der Arbeitsminister setzt nach wochenlangen Arbeitskämpfen eine Anhebung der Löhne um 4 % fest.
e) Der Arbeitgeberverband erklärt die Tarifverhandlungen für gescheitert.

174. In welchem Fall liegt eine Betriebsvereinbarung vor?

a) Die Tarifpartner vereinbaren für ihre Mitglieder eine Lohnerhöhung.
b) Die Volkswagen-Aktiengesellschaft vereinbart mit der IG Metall die Herabsetzung der Wochenarbeitszeit.
c) Die Raillion Deutschland AG vereinbart mit einem Stahlwerk die Lieferung von Eisenbahnschienen.
d) Die Automobilwerke VW und TOYOTA vereinbaren die gemeinsame Produktion eines Kleintransporters.
e) Arbeitgeber und Betriebsrat einigen sich über die Einführung der Gleitzeit und legen die Absprache schriftlich nieder.

175. In welcher Zeile ist die Zuständigkeit der Arbeitsgerichte richtig dargestellt?

Arbeitsgerichte sind zuständig bei Streitigkeiten zwischen:

	Arbeitgeber und Arbeitnehmer (Einzelarbeitsvertrag)	Arbeitgeber und Betriebsrat (Betriebsvereinbarung)	Gewerkschaft und Arbeitgeberverbände (Tarifvertrag)
a)	nein	nein	nein
b)	nein	nein	ja
c)	nein	ja	ja
d)	ja	ja	ja
e)	ja	ja	nein
f)	ja	nein	nein

176. Welche Aussage trifft auf Aussperrung zu?

a) Aussperrung bedeutet die Betriebsbesetzung durch Streikende, die der Betriebsleitung den Zutritt verwehren.
b) Aussperrung bedeutet eine außerordentliche Kündigung der gewerkschaftlich organisierten Arbeitnehmer.
c) Aussperrung ist die gemeinsame und planmäßige Arbeitsniederlegung aller Arbeitnehmer.
d) Aussperrung bedeutet die vorübergehende Aufhebung der Arbeitsverhältnisse in den betroffenen Betrieben.
e) Aussperrung bedeutet die ordentliche Kündigung von Arbeitnehmern für den Zeitraum eines Arbeitskampfes.

177. Welche Aussage kennzeichnet die „gleitende Arbeitszeit“?

a) Der Arbeitnehmer kann seine tägliche Arbeitszeit nach freiem Ermessen gestalten.
b) Der Arbeitnehmer kann Beginn und Ende seiner Arbeitszeit variabel gestalten, er muss jedoch zur sogenannten Kernarbeitszeit anwesend sein.
c) Der Arbeitgeber setzt die tägliche Arbeitszeit entsprechend den jeweiligen betrieblichen Gegebenheiten fest.
d) Arbeitnehmer, die sich einen Arbeitsplatz teilen, können den Zeitpunkt ihrer gegenseitigen „Ablösung“ selbständig festlegen.
e) Konjunkturell bedingte Kurzarbeit wird bei besserer Auftragslage durch die Leistung von Überstunden ausgeglichen.

178. Welche Aussage über die Schlichtung in einem Tarifkonflikt trifft zu?

a) Der Schlichter unterbreitet einen Kompromissvorschlag, den die Tarifpartner annehmen müssen.
b) Der Vorschlag des Schlichters wird rechtswirksam, wenn ihm die Mehrheit der Arbeitnehmer zustimmt.
c) Das Schlichtungsverfahren setzt erst dann ein, wenn der durch Streik und Aussperrung verursachte volkswirtschaftliche Schaden nicht mehr vertretbar ist.
d) Das Schlichtungsverfahren kann erst dann eingeleitet werden, wenn sich mindestens 75 % der gewerkschaftlich organisierten Arbeitnehmer dafür aussprechen.
e) Der Vorschlag des Schlichters führt nur zum Ende der Tarifauseinandersetzung, wenn er von beiden Tarifpartnern angenommen wird.

179. Welche Aussage über eine Betriebsvereinbarung ist richtig?

a) Sie wird durch die mündliche Einigung rechtswirksam.
b) Sie kann zwischen der Unternehmensleitung und der Jugendvertretung abgeschlossen werden.
c) Sie wird zwischen einer Gewerkschaft und der Unternehmensleitung abgeschlossen.
d) Sie ist von Betriebsrat und Arbeitgeber gemeinsam zu beschließen und schriftlich niederzulegen.
e) Sie muss jedem Arbeitnehmer in Form eines Rundschreibens zugesandt werden.

180. Ordnen Sie zu.

Erklärungen von Arbeitsrechtsbegriffen

a) Kommt durch Vereinbarung zwischen Arbeitgeberverband und Gewerkschaften zustande
b) Kommt durch Verordnung eines Ministers auf Grund eines bestehenden Gesetzes zustande
c) Kommt durch Erklärung des Bundesministers für Arbeit auf Antrag einer Tarifpartei zustande
d) Gilt für Arbeitnehmer eines Betriebes und wird zwischen Betriebsrat und Arbeitgeber abgeschlossen
e) Kommt durch Antrag des Arbeitgebers und Annahme des Arbeitnehmers zustande
f) Kommt auf Antrag von Arbeitgeber und Betriebsrat zustande und ersetzt die Einigung zwischen Arbeitgeber und Betriebsrat durch einen Spruch
g) Wird im Streitfall von einer Einigungsstelle erlassen.

Vereinbarungen

[ ] Einzelarbeitsvertrag
[ ] Betriebsvereinbarung
[ ] Tarifvertrag

181. Welche Aussage über Manteltarifverträge ist richtig?

a) Manteltarifverträge bedürfen der Zustimmung des Staates.
b) Der Bundesminister des Innern kann nur einen Manteltarifvertrag für allgemeinverbindlich erklären.
c) Die Gewerkschaften können einen Manteltarifvertrag für allgemeinverbindlich erklären.
d) Manteltarifverträge legen die Löhne und die Gehälter der Arbeiter und Angestellten sowie die Ausbildungsvergütung fest.
e) Manteltarifverträge regeln bestimmte Arbeitsbedingungen, z. B. Bestimmungen über Arbeitszeit, Mehrarbeit, Sonn- und Feiertagsarbeit, Urlaubsdauer, meist für einen längeren Zeitraum.

182. Was versteht man unter Friedenspflicht im Tarifrecht?

a) Bei Beginn der Tarifverhandlungen dürfen die Arbeitnehmer zur Untermauerung ihrer Forderungen den Streik ausrufen.
b) Die Tarifparteien können nach dem Gesetz erst zwei Monate nach dem Scheitern der Verhandlungen Kampfmaßnahmen ergreifen.
c) Während der Laufzeit des Tarifvertrages dürfen keine Kampfmaßnahmen gegen die bestehenden Vereinbarungen durchgeführt werden.
d) Bei Tarifverhandlungen versuchen die Tarifpartner unter Vorsitz eines Regierungsmitgliedes zu einem Kompromiss zu kommen.
e) Beim Scheitern von Tarifverhandlungen bemüht sich ein Schlichter um das Zustandekommen eines Tarifvertrages.

183. Welche Aussage über die Gewerkschaften ist richtig?

a) Die Gewerkschaften sollen Auseinandersetzungen zwischen Arbeitgebern und Arbeitnehmern verhindern.

b) Die Gewerkschaften beschließen mit den Arbeitgeberverbänden, um wieviel Prozent die Preise im kommenden Jahr höchstens steigen dürfen.

c) Bei Arbeitsstreitigkeiten zwischen Arbeitgebern und Arbeitnehmern dürfen die Gewerkschaften nur in bestimmten Ausnahmefällen Rechtsschutz und Rechtshilfe gewähren.

d) Die Gewerkschaften treten bei Tarifverhandlungen dafür ein, dass die Arbeitnehmer mit ihren Einkommen am Wirtschaftswachstum beteiligt werden.

e) Die Gewerkschaften haben die Aufgabe, die Betriebsratswahlen ordnungsgemäß durchzuführen.

184. Welche Aussage zur Tarifautonomie ist richtig?

a) Die Tarifautonomie beruht auf keiner gesetzlichen Grundlage. Sie wird von Fall zu Fall zwischen Gewerkschaften und Arbeitgeberverbänden neu vereinbart.

b) Tarifautonomie bedeutet, dass Arbeitsverträge zwischen dem Arbeitnehmer und dem Arbeitgeber abgeschlossen werden.

c) Tarifautonomie bedeutet, dass alle arbeitsrechtlichen Fragen mit Tarifverträgen geregelt werden.

d) Das Streikrecht ist Bestandteil der Tarifautonomie.

e) Wenn sich Arbeitgeberverbände und Gewerkschaften auf keinen neuen Tarifvertrag einigen können, kommt es automatisch zu Streik und Aussperrung.

185. Welche Aussage über Tarifverträge ist richtig?

a) Die Tarifverträge sind rechtlich nicht bindend, sondern sind als Empfehlung an die Mitglieder der Tarifparteien zu verstehen.

b) Für allgemeinverbindlich erklärte Tarifverträge gelten für alle unter ihren Geltungsbereich fallende Arbeitsverhältnisse ohne Rücksicht auf Verbands- bzw. Gewerkschaftszugehörigkeit.

c) Während der Laufzeit von Tarifverträgen sind Streiks und Aussperrungen nur dann erlaubt, wenn sie 4 Wochen vorher angekündigt wurden.

d) Die Bestimmungen eines Tarifvertrags gelten gleichzeitig als Mindest- und Höchstbedingungen; sie können weder unter- noch überschritten werden.

e) Was in den Tarifverträgen vereinbart wird, ist erst dann für die Tarifparteien als rechtsverbindlich anzusehen, wenn der Bundesarbeitsminister seine Zustimmung erteilt hat.

186. Aus welchem Gesetz ist die Tarifautonomie abzuleiten?

a) Bürgerliches Gesetzbuch

b) Handelsgesetzbuch

c) Grundgesetz

d) Mitbestimmungsgesetz

e) Betriebsverfassungsgesetz

187. Welche Aussage über gewerkschaftliche Aufgaben und Forderungen in der Bundesrepublik Deutschland ist richtig?

a) Das Grundgesetz räumt den Gewerkschaften lediglich ein Recht für den Abschluss von Lohntarifverträgen ein.

b) Um die Arbeitslosigkeit in der Bundesrepublik Deutschland zu verringern, fordern die Gewerkschaften u. a. eine Verkürzung der wöchentlichen Arbeitszeit.

c) Gewerkschaftsvertreter dürfen zu Betriebsversammlungen nicht eingeladen werden.

d) Die Gewerkschaften setzen sich nicht für eine Humanisierung der Arbeitsbedingungen ein.

e) Die Gewerkschaften dürfen ihren Mitgliedern in arbeitsgerichtlichen Rechtsstreitigkeiten keinen Rechtsschutz gewähren.

188. Wer kann einen Tarifvertrag für allgemeinverbindlich erklären?

a) Der Bundesminister für Arbeit und Soziales

b) Der Bundesminister für Wirtschaft und Technologie

c) Die Arbeitgeberverbände

d) Die Gewerkschaften

e) Die Tarifpartner auf Antrag des Bundesministers für Arbeit und Sozialordnung

189. Für welche Rechtsstreitigkeit sind die Arbeitsgerichte zuständig?

a) Für die Entscheidung über die Gewerbeuntersagung wegen Unzuverlässigkeit des Gewerbetreibenden
b) Für die Entscheidung über die Tariffähigkeit einer Vereinigung
c) Für die Entscheidung über die Eignung einer Ausbildungsstätte für die Berufsausbildung
d) Für die Entscheidung über die persönliche und fachliche Eignung des Ausbildenden
e) Für die Entscheidung über die vorzeitige Zulassung zur Abschlussprüfung

190. Welche Maßnahme verstößt gegen die Tarifautonomie?

a) Der Arbeits- und Sozialminister bietet sich als Schlichter an.
b) Der Bundeskanzler ermahnt die Tarifvertragsparteien zur Mäßigung.
c) Die Bundesregierung beschließt, dass die Lohnerhöhung in der gewerblichen Wirtschaft 5 % nicht übersteigen darf.
d) Der Bundeswirtschaftsminister gibt eine Steigerungsrate von 3 % Realeinkommen für das laufende Wirtschaftsjahr an.
e) Der Innenminister nimmt den Lohnvorschlag der Gewerkschaften für die im öffentlichen Dienst Beschäftigten nicht an.

191. Welches Gesetz bestimmt im wesentlichen den Inhalt des Berufsausbildungsvertrages?

a) Handelsgesetzbuch
b) Betriebsverfassungsgesetz
c) Jugendarbeitsschutzgesetz
d) Berufsausbildungsförderungsgesetz
e) Berufsbildungsgesetz

192. Ein Angestellter will seinen Arbeitgeber verklagen, weil sein Gehalt unter Hinweis auf seine Tätigkeit nicht den Bestimmungen des Tarifvertrages entspricht. Welches Gericht ist zuständig?

a) Das Amtsgericht
b) Das Sozialgericht
c) Das Finanzgericht
d) Das Arbeitsgericht
e) Das Verwaltungsgericht
f) Das Landgericht

193. Im Ausbildungsvertrag ist die Dauer des Urlaubs genau festgelegt. Welches Gesetz schreibt diese Eintragung vor?

a) Berufsbildungsgesetz
b) Jugendarbeitsschutzgesetz
c) Bundesurlaubsgesetz
d) Jugendschutzgesetz
e) Arbeitsplatzschutzgesetz
f) Betriebsverfassungsgesetz

194. Im Berufsausbildungsvertrag für einen volljährigen Auszubildenden müssen Sie den Urlaubsanspruch eintragen. Welche der geltenden Bestimmungen legen Sie zugrunde?

a) Das Bundesurlaubsgesetz, da dieses für alle Arbeitnehmer zuständig ist.
b) Den Tarifvertrag, wenn er für den Auszubildenden eine bessere Regelung enthält als die gesetzlichen Mindestansprüche.
c) Das Jugendarbeitsschutzgesetz, da dieses für alle Auszubildenden zutrifft.
d) Die Vorschriften der zuständigen IHK, da sie die Inhalte der Ausbildungsverträge regelt.
e) Das Berufsbildungsgesetz, da in diesem der Urlaubsanspruch der Auszubildenden geregelt ist.

195. Welche Aussage über die Dauer der Probezeit für den Auszubildenden ist richtig?

a) Sie beträgt 4 Monate.
b) Sie beträgt höchstens 14 Tage.
c) Sie beträgt mindestens 3 Monate und höchstens 4 Monate.
d) Sie beträgt mindestens 2 Monate und höchstens 3 Monate.
e) Sie beträgt mindestens 1 Monat und höchstens 4 Monate.

196. Welche Regelung ist Inhalt einer Betriebsordnung?

a) Gleitzeit
b) Stundenlohn
c) Lohnfortzahlung im Krankheitsfall
d) Rechte und Pflichten des Auszubildenden
e) Gestaltung des Arbeitsplatzes
f) Wahl der Jugend- und Auszubildendenvertretung

197. Auf Grund einer Betriebsvereinbarung werden die Sicherheitsvorkehrungen zur Verhütung von Betriebsunfällen verbessert. Wer beschließt Betriebsvereinbarungen?

a) Betriebsrat
b) Arbeitgeber und Betriebsrat
Z c) Arbeitgeber und Gewerkschaft
d) Arbeitgeber und Unfallversicherung
e) Mehrere Unternehmen mit der Unfallversicherung
f) Arbeitgeber mit allen Arbeitnehmern

198. Welches Gesetz regelt die Beendigung des Ausbildungsverhältnisses durch Kündigung?

a) Bundesausbildungsförderungsgesetz
Z b) Bürgerliches Gesetzbuch
c) Berufsbildungsgesetz
d) Handelsgesetzbuch
e) Kündigungsschutzgesetz

199. Welche Angabe muss der Berufsausbildungsvertrag enthalten?

a) Beginn und Dauer der täglichen Mittagspause
Z b) Höhe der Vergütung
c) Form der Kündigung während der Probezeit
d) Zeitraum des Betriebsurlaubs
e) Möglichkeiten der Wiederholung von Abschlussprüfungen
f) Auflösung des Arbeitsverhältnisses nach der Ausbildungszeit

200. Sie wurden während Ihrer Ausbildung zur Industriekauffrau/zum Industriekaufmann schon öfter als Urlaubsvertretung im Vertrieb eingesetzt. Kurz vor Ihrer Abschlussprüfung sollen Sie wieder dazu verpflichtet werden. Sie lehnen dies jedoch ab, da Sie sonst den Bereich Controlling, der für Sie im Ausbildungsplan vorgesehen ist, nicht mehr kennen lernen könnten. Wie ist die Rechtslage?

a) Laut Jugendarbeitsschutzgesetz können Sie die Urlaubsvertretung ablehnen.
Z b) Laut Ausbildungsverordnung liegt es im freien Ermessen des Betriebes, sich an den Ausbildungsplan zu halten.
c) Der Ausbildungsvertrag verpflichtet den Auszubildenden, alle übertragenen Arbeiten auszuführen. Sie können deshalb die Urlaubsvertretung nicht ablehnen.
d) Da Sie die erforderlichen Kenntnisse über das Controlling auch im Berufsschulunterricht erlangen, können Sie die Urlaubsvertretung nicht ablehnen.
e) Da es zum Erreichen des Ausbildungsziels erforderlich ist, auch Kenntnisse im Controlling zu erlangen, können Sie die Urlaubsvertretung ablehen.

201. Wie muss sich ein Auszubildender verhalten, wenn er aus Krankheitsgründen im Betrieb fehlt?

a) Er muss den Betrieb sofort benachrichtigen und bei Wiedererscheinen ein Attest mitbringen.
Z b) Er muss den Betrieb spätestens nach 3 Tagen benachrichtigen.
c) Er muss sich innerhalb von 48 Stunden entschuldigen.
d) Er muss innerhalb von 48 Stunden eine Bescheinigung von seinen Eltern vorlegen.
e) Er muss den Betrieb sofort benachrichtigen und bei mehr als zwei Krankheitstagen ein ärztliches Attest einreichen.

202. In welchem Fall ist eine Änderung der tariflich festgelegten Arbeitsbedingungen zulässig?

a) Wenn ihr der Betriebsrat zustimmt
b) Wenn ihr die Berufsgenossenschaft zustimmt
c) Wenn sie zugunsten der Arbeitnehmer erfolgt
d) Wenn sie vom Arbeitgeber begründet wird
e) Wenn sie von der Bundesagentur für Arbeit genehmigt wird

<u>Zu den nächsten zwei Aufgaben siehe nachstehende Situation.</u>

Sie sind Personalsachbearbeiter/in in der Firma Hofer OHG, Elektrogroßhandel, in Fürth. Im Rahmen Ihrer Tätigkeit sind Sie für die Personalbeschaffung, -verwaltung und Gehaltsabrechnung verantwortlich.

203. Sie planen, für Ihre Verkaufsabteilung Herrn Huber einzustellen. Dieser Einstellung wird vom Betriebsrat widersprochen. Es soll gerichtlich geklärt werden, ob Herr Huber dennoch eingestellt werden kann. Welches Gericht ist hierfür zuständig?

a) Das Sozialgericht
b) Das Amtsgericht
c) Das Verwaltungsgericht
d) Das Arbeitsgericht
e) Das Finanzgericht

204. Es wurde gerichtlich entschieden, dass Herr Huber eingestellt werden kann. Welche Regelung dürfen Sie nach den gesetzlichen Bestimmungen <u>nicht</u> in den Einzelarbeitsvertrag aufnehmen?

a) Es wird eine Probezeit von sechs Monaten vereinbart.
b) Es wird für Herrn Huber eine längere Kündigungsfrist vereinbart als für den Arbeitgeber.
c) Es wird festgelegt, dass die im Rahmen einer Betriebsvereinbarung festgelegten Regelungen auch für den Einzelarbeitsvertrag Geltung finden.
d) Es werden 35 Arbeitstage Urlaub vereinbart, obwohl im Tarifvertrag nur 28 Arbeitstage festgelegt sind.
e) Es wird auf die geltende Arbeitszeitregelung hingewiesen.

205. Welches Gericht ist für einen Angestellten zuständig, der sich gegen eine sozial ungerechtfertigte Kündigung wehren will?

a) Verwaltungsgericht
b) Landgericht
c) Amtsgericht
d) Sozialgericht
e) Arbeitsgericht

206. Welcher Personenkreis genießt einen besonderen gesetzlichen Kündigungsschutz?

a) Leitende Angestellte
b) Mitglieder des Betriebsrates
c) Sicherheitsbeauftragte für die Unfallverhütung
d) Betriebliche Ausbilder
e) Auszubildende in der Probezeit

207. Für welche Personengruppe ist gesetzlich ein besonderer Kündigungsschutz vorgeschrieben?

a) Für alle weiblichen Arbeitnehmer
b) Für alle kaufmännischen Angestellten, die zum Wehrdienst einberufen sind
c) Für alle kaufmännischen Angestellten während der Probezeit
d) Für alle Gewerkschaftsmitglieder
e) Für alle Handlungsbevollmächtigten
f) Für alle leitenden Angestellten

208. Welche Personengruppe genießt einen besonderen gesetzlichen Kündigungsschutz?

a) Prokuristen
b) Auszubildende während der Probezeit
c) Handlungsbevollmächtigte
d) Werdende Mütter
e) Leitende Angestellte
f) Jugendliche

209. Ordnen Sie zu.

Bestimmungen

a) Der Ausbildende hat dafür zu sorgen, dass der Auszubildende charakterlich gefördert sowie sittlich und körperlich nicht gefährdet wird.
b) Will ein Arbeitnehmer geltend machen, dass seine Kündigung sozial ungerechtfertigt ist, so muss er innerhalb von 3 Wochen nach Zugang der Kündigung Klage beim Arbeitsgericht erheben.
c) In Unternehmen, die in der Rechtsform der Aktiengesellschaft betrieben werden und in der Regel mehr als 2000 Arbeitnehmer beschäftigen, haben die Arbeitnehmer ein Mitbestimmungsrecht nach Maßgabe dieses Gesetzes.
d) Jugendliche dürfen grundsätzlich nicht mehr als 40 Stunden wöchentlich beschäftigt werden.
e) Eine ohne Anhörung des Betriebsrates ausgesprochene Kündigung ist unwirksam.
f) Der Arbeitgeber darf das Arbeitsverhältnis der Mutter während des Mutterschaftsurlaubs und bis zum Ablauf von zwei Monaten nach Beendigung des Mutterschaftsurlaubs nicht kündigen.
g) Kinder und Jugendliche unter 16 Jahren dürfen in der Öffentlichkeit nicht rauchen.

Gesetze

[ ] Betriebsverfassungsgesetz
[ ] Jugendarbeitsschutzgesetz
[ ] Kündigungsschutzgesetz

210. Ordnen Sie zu.

Gesetzliche Regelung

a) Arbeitgeber und Betriebsrat arbeiten vertrauensvoll zum Wohle der Arbeitnehmer und des Betriebes zusammen.
b) Kindern und Jugendlichen unter 16 Jahren ist der Tabakgenuss in der Öffentlichkeit nicht gestattet.
c) In Gesellschaften, die mehr als 2.000 Arbeitnehmer beschäftigen, setzt sich der Aufsichtsrat je zur Hälfte aus Vertretern der Anteilseigner und der Arbeitnehmer zusammen.
d) Die Kündigung gegenüber einer Frau während der Schwangerschaft und bis zum Ablauf von 4 Monaten nach der Entbindung ist unzulässig.
e) Die Kündigung des Arbeitsverhältnisses ist gegenüber einem Arbeitnehmer unwirksam, wenn sie sozial ungerechtfertigt ist.
f) Jugendlichen müssen im voraus feststehende Ruhepausen von angemessener Dauer gewährt werden.
g) Nach der Probezeit kann das Ausbildungsverhältnis vom Ausbildenden nur aus einem wichtigen Grund gekündigt werden.

Gesetze

[ ] Betriebsverfassungsgesetz
[ ] Kündigungsschutzgesetz
[ ] Jugendarbeitsschutzgesetz

211. Eine schwangere Bankangestellte will bis wenige Tage vor der Entbindung arbeiten. Ist das gemäß Mutterschutzgesetz zulässig?

a) Ja, wenn dringende betriebliche Erfordernisse vorliegen
b) Ja, wenn die Schwangere auf Erziehungsgeld verzichtet
c) Ja, sie darf auf ihren ausdrücklichen Wunsch bis zur Entbindung weiterbeschäftigt werden.
d) Nein, es gilt laut Mutterschutzgesetz absolutes Arbeitsverbot sechs Wochen vor der Entbindung.
e) Nein, es gelten in jedem Fall die Schutzfristen acht Wochen vor und sechs Wochen nach der Entbindung.

212. Welche Arbeitnehmer fallen unter besonderen Kündigungsschutz?

a) Alle Auszubildenden nach Ablauf der Probezeit
b) Alle Auszubildenden während der Probezeit
c) Alle Arbeitnehmer ab dem 35. Lebensalter
d) Alle Arbeitnehmer ab dem 25. Lebensjahr
e) Alle Jugendlichen zwischen 16 und 18 Jahren

213. Welche Aussage zum Mutterschutzgesetz ist richtig?

a) Auf Wunsch können Wöchnerinnen sofort nach der Entbindung ihrer früheren Tätigkeit im Betrieb wieder nachgehen.
b) Bis 6 Wochen vor der Entbindung darf eine werdende Mutter mit schweren körperlichen Arbeiten beschäftigt werden.
c) In den letzten 6 Wochen vor der Entbindung dürfen werdende Mütter nicht beschäftigt werden, es sei denn, dass sie sich zur Arbeitsleistung ausdrücklich bereit erklären.
d) Eine werdende Mutter darf auf eigenen Wunsch Akkordarbeit verrichten.
e) Während der gesamten Zeit der Schwangerschaft darf eine werdende Mutter nicht länger als 4 Stunden am Tag eine stehende Tätigkeit ausüben.

214. Wann ist eine fristlose Kündigung gerechtfertigt?

a) Bei lang anhaltender Krankheit des Arbeitnehmers
b) Bei anhaltendem Auftragsmangel der Firma
c) Wenn der Arbeitnehmer die vertragsmäßig vereinbarte Arbeit beharrlich verweigert
d) Bei Rationalisierungsmaßnahmen des Betriebes
e) Wenn der Arbeitnehmer keine Überstunden machen will

215. In der Personalabteilung der Bavaria Fahrradwerke GmbH wird der Berufsausbildungsvertrag mit Mathias Merthan, geboren am 5. Mai 1998, vorbereitet. Am 1. September 2016 soll die Ausbildung zum Industriekaufmann beginnen. Der Vertrag soll im Oktober 2015 unterschrieben werden. Wer muss den Vertrag im Oktober 2015 unterschreiben, damit er rechtsgültig abgeschlossen werden kann (drei Antworten)?

a) Mathias Merthan
b) Eltern von Mathias Merthan
c) Bavaria Fahrradwerke GmbH als Ausbilder
d) Bavaria Fahrradwerke GmbH als Ausbildender
e) Industrie- und Handelskammer München
f) Jugendamt München
g) Arbeitsamt München

216. Ordnen Sie zu.

Gesetzesinhalte

a) Arbeitgeber und Betriebsrat haben über strittige Fragen mit dem ernsten Willen zur Einigung zu verhandeln.
b) Auf individuelle Ausbildungsförderung besteht für eine der Neigung, Eignung und Leistung entsprechende Ausbildung ein Rechtsanspruch.
c) Werdende Mütter dürfen nicht mit schweren körperlichen Arbeiten beschäftigt werden.
d) Das Recht, zur Wahrung und Förderung der Arbeits- und Wirtschaftsbedingungen Vereinigungen zu bilden, ist für alle Berufe gewährleistet.
e) Die Probezeit muss mindestens einen Monat und darf höchstens vier Monate betragen.
f) Jugendliche dürfen in Ausnahmefällen auch über 8 Stunden täglich beschäftigt werden, aber nicht mehr als 40 Stunden pro Woche.

Gesetze

[ ] Betriebsverfassungsgesetz
[ ] Berufsbildungsgesetz
[ ] Jugendarbeitsschutzgesetz

217. Ordnen Sie zu.

Regelungen

a) Gesetzliche Kündigungsfristen der Angestellten und Arbeiter
b) Ruhepausen bei Jugendlichen
c) Wahl der Jugend- und Auszubildendenvertretung
d) Beginn und Beendigung der Berufsausbildung
e) Auszahlungstermin für die Ausbildungsvergütung

Gesetze

[ ] Jugendarbeitsschutzgesetz
[ ] Betriebsverfassungsgesetz
[ ] Berufsbildungsgesetz

218. Welches Gesetz zählt zu den Rechtsgrundlagen der Arbeitsschutzvorschriften?

a) Mutterschutzgesetz
b) Jugendschutzgesetz
c) Arbeitsordnung
d) Betriebsverfassungsgesetz
e) Lohnfortzahlungsgesetz

219. In welchem Gesetz sind die Kündigungsbestimmungen für Auszubildende enthalten?

a) Betriebsverfassungsgesetz
b) Jugendarbeitsschutzgesetz
c) Berufsbildungsgesetz
d) Bürgerliches Gesetzbuch
e) Arbeitsförderungsgesetz
f) Arbeitsplatzschutzgesetz

220. Welche Aussage entspricht den Bestimmungen des Jugendarbeitsschutzgesetzes?

a) Zwischen dem Feierabend und dem Arbeitsbeginn am nächsten Tag muss eine ununterbrochene Ruhepause von mindestens 15 Stunden liegen.
b) Jugendliche dürfen nicht länger als 8 Stunden ununterbrochen ohne Ruhepause beschäftigt werden.
c) Das Jugendarbeitsschutzgesetz soll alle jungen Menschen unter 25 Jahren vor einer Gefährdung ihrer Gesundheit oder einer Störung ihrer Entwicklung bewahren.
d) Jugendliche dürfen grundsätzlich nicht mit Akkordarbeiten beschäftigt werden oder andere tempoabhängigen Arbeiten ausführen, mit denen ein höheres Entgelt erzielt werden kann.
e) Jugendliche müssen für die Abschlussprüfung 2 Arbeitstage vor der Prüfung freigestellt werden.

221. Ordnen Sie zu.

Leistungen

a) Kurzarbeitergeld
b) Verletztenrente
c) Arbeitslosengeld
d) Altersruhegeld
e) Schlechtwettergeld
f) Krankengeld
g) Arbeitslosenhilfe

Sozialversicherungsträger

[ ] Deutsche Rentenversicherung DRV
[ ] Berufsgenossenschaft
[ ] Krankenkasse

222. Ordnen Sie zu.

Aussagen

a) Die Beiträge zu dieser Versicherung sind in allen Fällen allein vom Arbeitgeber aufzubringen.
b) Angestellte sind in dieser Versicherung nur dann pflichtversichert, wenn ihr regelmäßiger Jahresarbeitsverdienst eine bestimmte Grenze nicht überschreitet.
c) Die Versicherungsjahre setzen sich aus Beitragszeiten, Ersatz- u. Ausfallzeiten und der Zurechnungszeit zusammen.
d) Träger dieser Versicherung ist die Deutsche Rentenversicherung DRV.
e) Träger dieser Versicherung ist die Bundesagentur für Arbeit.
f) Der Träger dieser Versicherung zahlt Altersruhegeld.

Zweige der Sozialversicherung

[ ] Krankenversicherung
[ ] Unfallversicherung
[ ] Arbeitslosenversicherung

223. Ordnen Sie zu.

Leistungsfälle

a) Ein Angestellter verursacht auf dem Heimweg von der Arbeit einen Autounfall mit Sachschaden an seinem Pkw.
b) Ein Buchhalter verunglückt auf einer Urlaubsreise und muss mit einem Sonderflug nach Hause geflogen werden.
c) Ein arbeitsloser Lohnbuchhalter wird umgeschult.
d) Eine Stenotypistin wird am Blinddarm operiert.
e) Ein Handlungsreisender verunglückt mit seinem Pkw auf einer Fahrt zu Kunden und wird erwerbsunfähig.
f) Ein Arbeiter erhält Altersrente.
g) Eine Arbeitnehmerin erhält Mutterschaftsgeld.

Sozialversicherungsträger

[ ] Deutsche Rentenversicherung DRV
[ ] Berufsgenossenschaft
[ ] Bundesagentur für Arbeit

224. Welche Leistung erbringt die Rentenversicherung?

a) Krankengeld
b) Verletztenrente
c) Sterbegeld
d) Erwerbsunfähigkeitsrente
e) Mutterschaftsgeld
f) Kurzarbeitergeld

225. In welcher Aussage ist die gegenwärtige Rentenanpassung richtig beschrieben?

a) Die Renten steigen in bestimmten Zeitabständen automatisch um den gleichen Prozentsatz wie die Nettolöhne.
b) Die Renten steigen in bestimmten Zeitabständen automatisch um den gleichen Prozentsatz wie die Bruttolöhne.
c) Die Renten werden in bestimmten Zeitabständen durch ein Bundesgesetz dem Lebenshaltungskostenindex angepasst.
d) Die Renten werden in bestimmten Zeitabständen durch ein Bundesgesetz der Entwicklung der Bruttolöhne entsprechend erhöht.
e) Die Renten werden in bestimmten Zeitabständen durch ein Bundesgesetz der Entwicklung der Nettolöhne angepasst.

226. Was versteht man unter Rentendynamik?

a) Die Anpassung der Renten an die Einnahmen der Rentenversicherungsträger
b) Die jährliche Erhöhung der Renten in Abhängigkeit vom jeweiligen Lebensalter der Rentner
c) Die Anpassung der Renten an die Einkommensentwicklung der Beamten
d) Die Anpassung der Renten an die Einkommensentwicklung der Arbeiter und Angestellten
e) Die Anpassung der Renten an die Entwicklung der Inflationsrate

227. Ordnen Sie zu.

Leistungen	**Leistungsträger**
a) Erwerbsunfähigkeitsrente	[ ] Ersatzkasse
b) Arbeitslosenhilfe	[ ] Berufsgenossenschaft
c) Verletztenrente	[ ] Deutsche Rentenversicherung DRV
d) Familienhilfe	[ ] Bundesagentur für Arbeit
e) Sozialhilfe	
f) Schmerzensgeld	

228. Die Bevölkerungsentwicklung in der Bundesrepublik Deutschland lässt auf Grund des Geburtenrückganges eine Abnahme der Zahl der Erwerbstätigen bei gleichzeitiger Zunahme der Rentenempfänger erwarten. Welche Aussage über die Auswirkungen auf die gesetzliche Rentenversicherung ist richtig?

a) Eine entsprechende Erhöhung der Rentenversicherungsbeiträge und/oder der staatlichen Zuschüsse ist notwendig, wenn das derzeitige Versorgungsniveau aufrecht erhalten werden soll.
b) Die Rentenversicherung wird auch durch die Beiträge der Arbeitgeber finanziert. Deshalb ist keine Anhebung der Rentenversicherungsbeiträge notwendig.
c) Die Erwerbstätigen finanzieren ihre künftigen Renten jeweils durch die eigenen Beiträge. Die Entwicklung der Bevölkerungsstruktur hat daher keinen Einfluss auf die Rentenversicherung.
d) Die Abnahme der Zahl der Erwerbstätigen hat nach einem bestimmten Zeitraum eine entsprechende Abnahme der Rentenempfänger zur Folge. Deshalb wird die Rentenversicherung von dieser Entwicklung nicht berührt.
e) Die Rentendynamisierung sichert eine Anpassung der Renten an das jeweilige Lohnniveau. Das künftige Versorgungsniveau ist daher nur von der Entwicklung des Lohnniveaus, nicht von der Entwicklung der Bevölkerungsstruktur, abhängig.

229. Welche Leistung gewährt die gesetzliche Krankenversicherung?

a) Schmerzensgeld
b) Umschulungsbeihilfe
c) Unfallrente
d) Hinterbliebenenrente
e) Altersruhegeld
f) Vorsorgeuntersuchung

230. Welche Leistung erbringt die Bundesagentur für Arbeit?

a) Mutterschaftshilfe
b) Berufshilfe nach einem Arbeitsunfall
c) Kurzarbeitergeld
d) Sozialhilfe
e) Rente wegen Erwerbsunfähigkeit

231. Ein zur Zeit arbeitsunfähiger Arbeitnehmer erhält sein Krankengeld nicht von der Krankenkasse, sondern von der Berufsgenossenschaft. Welche Aussage ist richtig?

a) Der Arbeitnehmer war arbeitslos, als er krank wurde.
b) Der Arbeitnehmer ist während seiner Krankheit 65 Jahre alt geworden (Ruhestand).
c) Es handelt sich um einen Angestellten, der mit seinem Verdienst über der Versicherungspflichtgrenze liegt und daher nicht krankenversicherungspflichtig ist.
d) Der Arbeitnehmer wurde durch einen Freizeitunfall erwerbsunfähig.
e) Der Arbeitnehmer ist wegen einer Berufskrankheit oder eines Arbeitsunfalls vorübergehend arbeitsunfähig.

232. Was versteht man in der gesetzlichen Rentenversicherung unter Beitragsbemessungsgrenze?

a) Den Prozentsatz für die Beitragsbemessung, der nicht überschritten werden darf
z b) Den Betrag, mit dem die Versicherungspflicht endet
c) Den jeweils geltenden Prozentsatz für die Beitragsberechnung
d) Das Alter, von dem ab keine Beiträge mehr zu entrichten sind
e) Den Betrag, von dem höchstens der Versicherungsbeitrag berechnet wird

233. Ordnen Sie zu.

Versicherungsträger

a) Deutsche Rentenversicherung Bund
b) Deutsche Rentenversicherung Regional
c) Bundesagentur für Arbeit
d) Private Krankenkassen
e) Pflicht- und Ersatzkassen
f) Berufsgenossenschaften

Sozialversicherungszweige

[ ] Gesetzliche Krankenversicherung
[ ] Arbeitslosenversicherung
[ ] Gesetzliche Unfallversicherung

234. Welche Aussage über die gesetzliche Krankenversicherung ist richtig?

a) Jeder Angestellte ist unabhängig von der Höhe seines Bruttogehaltes bei der gesetzlichen Krankenversicherung versicherungspflichtig.
b) Für die gesetzliche Krankenversicherung gibt es als einheitlichen Versicherungsträger die Allgemeinen Ortskrankenkassen, denen die Ersatz- und Betriebskrankenkassen unterstellt sind.
z c) Kaufmännische Angestellte erhalten im Krankheitsfall vier Wochen ihr Gehalt weiter; danach beziehen sie Krankengeld.
d) Jedes versicherungspflichtige Belegschaftsmitglied kann sich statt bei einer Pflicht- bzw. Ersatzkasse auch bei einer Privat-Krankenkasse versichern.
e) Der Arbeitgeber muss grundsätzlich die versicherungspflichtigen Belegschaftsmitglieder zur Krankenversicherung anmelden.
f) Das Krankengeld ist für jeden Arbeitnehmer gleich hoch und unabhängig vom Verdienst.

235. Welche Aussage zur gesetzlichen Rentenversicherung ist richtig?

a) Die Höhe der Leistungen wird durch den Versicherungsvertrag vereinbart.
b) Der freiwillige Beitritt ist nicht möglich.
c) Der Beitrag richtet sich nach dem Bruttoarbeitsverdienst.
d) Der Träger ist eine juristische Person des privaten Rechts.
e) Der Beitrag wird allein vom Arbeitgeber getragen.

236. Ein Arbeitnehmer der Industrie AG stürzt beim Transport eines Stahlträgers auf dem Weg vom Lager zur Fertigungsabteilung. Dabei verletzt er sich so schwer, dass er mehrere Monate arbeitsunfähig ist. Wer trägt die Kosten der Heilbehandlung und Rehabilitation?

a) Die Krankenkasse und der Arbeitgeber je zur Hälfte
b) Die Betriebshaftpflichtversicherung
c) Die zuständige Berufsgenossenschaft
z d) Das Gewerbeaufsichtsamt
e) Der Arbeitnehmer selbst
f) Der Arbeitnehmer und der Arbeitgeber je zur Hälfte

Wirtschafts- und Sozialkunde

237. Nach welchen Kriterien werden die Beiträge zur gesetzlichen Unfallversicherung berechnet?

a) Nach dem Umsatz und dem Wirtschaftszweig des Unternehmens
b) Nach der Anzahl der Betriebsangehörigen und der Unfallhäufigkeit
c) Nach der Anzahl der Betriebsangehörigen und der Größe des Unternehmens
d) Nach dem Bruttoverdienst der Betriebsangehörigen bzw. der Beitragsbemessungsgrenze in der Sozialversicherung
e) Nach der Jahreslohnsumme, dem Stundenanteil und den Gefahrenklassen des Unternehmens

238. Welche Aussage über Unfallverhütungsvorschriften ist richtig?

a) Sie werden von den Berufsgenossenschaften erlassen und sind Bestandteil der Arbeitsverträge.
b) Sie sind jedem neuen Mitarbeiter bei Arbeitsantritt vom Arbeitgeber auszuhändigen.
c) Sie werden von den Gewerbeaufsichtsämtern in Zusammenarbeit mit den Sicherheitsbeauftragten der betreffenden Unternehmen erstellt.
d) Sie sind vom Arbeitgeber an geeigneter Stelle im Betrieb auszulegen oder auszuhändigen.
e) Sie werden allen Mitarbeitern einmal im Jahr vom Arbeitgeber ausgehändigt.

239. Die Sicherheit der Mitarbeiter und der Arbeitsschutz am Arbeitsplatz sind oberstes Gebot im Unternehmen. In allen Bereichen der Frankfurter Bremsen AG sind deshalb Sicherheitsbeauftragte eingesetzt. Wer benennt diese Sicherheitsbeauftragten?

a) Die zuständige Berufsgenossenschaft
b) Der Betriebsrat der Frankfurter Bremsen AG
c) Der Betriebsarzt der Frankfurter Bremsen AG
d) Der Vorstand der Frankfurter Bremsen AG
e) Der Aufsichtsrat der Frankfurter Bremsen AG

240. Welche Leistung wird von der Berufsgenossenschaft erbracht?

a) Mutterschaftshilfe
b) Sozialhilfe
c) Rente wegen Berufskrankheit
d) Krankenhaustagegeld
e) Altersruhegeld

241. Ordnen Sie zu.

Leistungen der gesetzlichen Sozialversicherung

a) Kurzarbeitergeld
b) Übernahme der Krankheitskosten bei Freizeitunfall
c) Altersruhegeld
d) Vorsorgeuntersuchung von Kindern für Angestellte
e) Aufwendungen zur Unfallverhütung
f) Mutterschaftshilfe

Versicherungsträger

[ ] Berufsgenossenschaft
[ ] Deutsche Rentenversicherung DRV
[ ] Bundesagentur für Arbeit

242. Eine 18-jährige Auszubildende wird durch einen Freizeitunfall erwerbsunfähig. Welche Aussage ist richtig?

a) Sie erhält eine Rente der gesetzlichen Rentenversicherung.
b) Sie erhält Arbeitslosengeld.
c) Sie erhält eine Leistung der gesetzlichen Unfallversicherung.
d) Sie erhält Arbeitslosenhilfe.
e) Sie erhält keine Leistung der gesetzlichen Rentenversicherung, weil sie die Wartezeit nicht erfüllt hat.

243. Sie sollen die im Vorjahr aufgewendeten Personalzusatzkosten/Lohnnebenkosten nach gesetzlich vorgeschriebenen, tariflich vereinbarten und freiwilligen betrieblichen Leistungen gegliedert auflisten. Bestimmen Sie die drei gesetzlich vorgeschriebenen Kosten.

a) Arbeitgeberanteil zur gesetzlichen Arbeitslosenversicherung
b) Freistellung anlässlich der eigenen Hochzeit
c) Zuschuss zur Berufskleidung
d) Gebühren für die Abschlussprüfung der Auszubildenden
e) Essenszuschuss
f) Beitrag zur Berufsgenossenschaft
g) Urlaubsgeld

244. Der für die Fahrradwerke GmbH zuständige Arbeitgeberverband und die zuständige Gewerkschaft verhandeln über einen neuen Entgelttarifvertrag. Der derzeitige Entgelttarifvertrag läuft zum 31. März dieses Jahres aus. Im Februar d. J. kommen die Verhandlungen ins Stocken und einige Gewerkschaftsmitglieder fordern, in den Streik zu treten. Kann der Betriebsrat der Fahrradwerke GmbH daraufhin rechtswirksam zu einem Streik aufrufen?

a) Ja, da die Friedenspflicht abgelaufen ist
b) Ja, da es sich in diesem Fall um einen betriebsinternen Warnstreik handelt
c) Nein, denn der Betriebsrat muss erst eine Urabstimmung unter der gesamten Belegschaft durchführen
Z d) Nein, denn Streiks dürfen nur von der zuständigen Gewerkschaft ausgerufen werden.
e) Nein, denn der Betriebsrat muss erst eine Urabstimmung unter den gewerkschaftlich organisierten Mitarbeitern durchführen.

245. Ordnen Sie zu.

Leistungen
a) Zuschüsse für den Lebensunterhalt Studierender
b) Untersuchungen zur Früherkennung von Krankheiten
c) Kindergeld
d) Altenhilfe
e) Berufsberatung und Arbeitsvermittlung
f) Wohngeld

Rechtliche Grundlagen
[ ] Bundesausbildungsförderungsgesetz
[ ] Arbeitsförderungsgesetz
[ ] Mitgliedschaft in einer gesetzlichen Krankenversicherung

246. Eine Angestellte wird auf dem Wege zu ihrem Arbeitsplatz, den sie mit ihrem Wagen zurücklegt, durch eigene Unachtsamkeit schwer verletzt. Welche Aussage ist richtig?

a) Dieser Wegeunfall ist durch die gesetzliche Unfallversicherung nicht abgedeckt.
b) Es liegt ein Wegeunfall vor. Das Unternehmen muss den Unfall der Berufsgenossenschaft melden.
c) Ein meldepflichtiger Wegeunfall läge nur vor, wenn die Angestellte eine Fahrt auf Grund einer dienstlichen Anweisung unternommen hätte.
d) Die Angestellte genießt nicht den Schutz der Unfallversicherung, da sie den Unfall selbst verschuldet hat.
e) Unfälle im eigenen Auto sind im Gegensatz zu Unfällen mit öffentlichen Verkehrsmitteln nicht als Wegeunfälle meldepflichtig.

247. Welche Leistung erbringt die Deutsche Rentenversicherung DRV?

a) Betriebsrente
b) Krankengeld
c) Erwerbsunfähigkeitsrente
d) Kurzarbeitergeld
e) Umschulung aus Arbeitsmarktgründen

248. Welche Stelle gewährt Berufsausbildungsbeihilfen für eine berufliche Ausbildung in Betrieben?

a) Das Amt für Ausbildungsförderung
b) Die Berufsgenossenschaft
Z c) Das Arbeitsamt
d) Das Gewerbeaufsichtsamt
e) Die Industrie- und Handelskammer

249. Welche Aussage über die Leistungen der Arbeitslosenversicherung ist richtig?

a) Die Höhe der Leistung richtet sich nach dem jeweiligen Tarifvertrag, eine übertarifliche Bezahlung bleibt unberücksichtigt.
b) Arbeitslosengeld wird für eine begrenzte Zeit gewährt.
c) Wer dreimal eine zumutbare Arbeit ablehnt, erhält nur noch 50 % der Arbeitslosenhilfe.
d) Während des Leistungsbezuges besteht kein Kranken- und Unfallversicherungsschutz.
e) Das Arbeitsamt ist vor einer Zahlung verpflichtet, eine ärztliche Untersuchung des Antragstellers zur Prüfung der Anspruchsvoraussetzung durchzuführen.

Wirtschafts- und Sozialkunde

250. Wer beschließt die Höhe des Beitragssatzes in der gesetzlichen Krankenversicherung?

a) Der Bundesminister für Jugend, Familie und Gesundheit
b) Die Vertreterversammlung der Krankenkasse
c) Der Bundestag mit Zustimmung des Bundesrates
d) Das Bundesaufsichtsamt für das Versicherungswesen
e) Die Bundesregierung

251. Wer zahlt die Beiträge zur gesetzlichen Unfallversicherung?

a) Der Arbeitnehmer
b) Der Arbeitgeber und der Arbeitnehmer je zur Hälfte
c) Der Arbeitgeber
d) Die Krankenkasse
e) Die entsprechende Kammer oder Innung
f) Die Berufsgenossenschaft

252. Wonach richtet sich die Höhe des Beitrags zur gesetzlichen Krankenversicherung bei pflichtversicherten Arbeitnehmern?

a) Nach der Anzahl der Familienangehörigen
b) Nach dem Bruttogehalt
c) Nach der Krankheitshäufigkeit und dem Verdienst
d) Nach der Höhe der gewünschten Leistungen
e) Nach dem Alter

253. Für welchen Zeitraum wird die Jugend- und Auszubildendenvertretung im Regelfall gewählt?

a) 1 Jahr
b) 2 Jahre
c) 3 Jahre
d) 4 Jahre
e) 5 Jahre

254. Ordnen Sie zu.

Streitfälle

a) Streitigkeiten zwischen Arbeitgeber und Betriebsrat wegen Einführung der gleitenden Arbeitszeit
b) Streitigkeiten aus dem Verkauf eines alten Dienstfahrzeuges an einen Mitarbeiter
c) Streitigkeiten wegen eines Anspruchs auf Arbeitslosengeld
d) Streitigkeiten aus einem Einkommensteuerbescheid
e) Streitigkeiten aus einer Kaufmannsgehilfenprüfung wegen eines Verfahrensfehlers
f) Streitigkeiten aus der Kündigung einer Sozialwohnung

Gerichte

[ ] Finanzgericht
[ ] Verwaltungsgericht
[ ] Sozialgericht

255. Auf dem direkten Nachhauseweg vom Betrieb stürzt ein Mitarbeiter und bricht sich einen Arm. Welches Gericht wäre bei eventuellen späteren Rechtsstreitigkeiten mit der betrieblichen Versicherung zuständig?

a) Amtsgericht
b) Landgericht
c) Arbeitsgericht
d) Verwaltungsgericht
e) Sozialgericht

256. Die 40 jugendlichen Arbeitnehmer der Norddeutschen Hypothekenbank wollen eine Jugend- und Auszubildendenvertretung wählen. Ein Kandidat ist der 23-jährige Günther Kohl. Kann er für 2 Jahre zum Jugend- und Auszubildendenvertreter gewählt werden?

a) Ja, wenn er das Amt vorher schon innehatte, da deshalb das Lebensalter keine Rolle spielt
b) Ja, wenn er das Vertrauen der Jugendlichen genießt und gleichzeitig in den Betriebsrat gewählt wird
c) Ja, denn er hat das 25. Lebensjahr noch nicht vollendet
d) Nein, denn er ist bereits volljährig
e) Nein, denn er würde während seiner Amtszeit das 25. Lebensjahr überschreiten

257. Welche Aussage zur Wahl und Zusammensetzung des Aufsichtsrates ist nach dem Mitbestimmungsgesetz von 1976 richtig?

a) Der Aufsichtsrat besteht aus 11 Mitgliedern.
b) Die Aufsichtsratsmitglieder der Arbeitnehmer werden von den im Betrieb vertretenen Gewerkschaften ernannt.
c) Wahlberechtigt für die Wahl zum Aufsichtsrat sind alle Arbeitnehmer des Unternehmens, die das 16. Lebensjahr vollendet haben.
d) Der Aufsichtsrat einer Aktiengesellschaft muss zu einem Drittel aus Vertretern der Arbeitnehmer bestehen.
e) Unter den Vertretern der Arbeitnehmer im Aufsichtsrat müssen auch Vertreter der Gewerkschaften sein.

258. Ordnen Sie zu.

Vorschriften aus dem Arbeitsrecht

a) Eine Kündigung ohne Anhörung des Betriebsrates ist unwirksam.
b) Die regelmäßige wöchentliche Arbeitszeit beträgt in der Metallindustrie 35 Std.
c) Eine Kündigung ist rechtsunwirksam, wenn sie sozial ungerechtfertigt ist.
d) Das Arbeitsverhältnis eines Angestellten kann unter Einhaltung einer Kündigungsfrist von sechs Wochen zum Schluss eines Kalendervierteljahres gekündigt werden.
e) Ein Auszubildender kann nach der Probezeit aus wichtigem Grund kündigen.
f) Eine Mutter genießt Kündigungsschutz bis zum Ablauf von zwei Monaten nach Beendigung des Mutterschaftsurlaubs.
g) Die Regelarbeitszeit für Jugendliche beträgt 40 Stunden pro Woche.

Rechtsgrundlagen

[ ] Kündigungsschutzgesetz
[ ] Tarifvertrag
[ ] Betriebsverfassungsgesetz

259. Welche Maßnahme des Arbeitgebers fällt unter das Mitbestimmungsrecht des Betriebsrates in personellen Angelegenheiten?

a) Einführung von Beurteilungsgrundsätzen
b) Aufstellen einer Betriebs- und Hausordnung
c) Festlegen von Zeit, Ort und Art der Auszahlung des Arbeitsentgelts
d) Zusammenschluss von Betrieben
e) Vorübergehende Kurzarbeit

260. Ordnen Sie zu.

Gesetze

a) Betriebsverfassungsgesetz
b) Tarifvertragsgesetz
c) Mitbestimmungsgesetz
d) Jugendarbeitsschutzgesetz
e) Schwerbehindertengesetz
f) Kündigungsschutzgesetz
g) Berufsbildungsgesetz

Bestimmungen

[ ] Arbeitgeber und Betriebsrat arbeiten unter Beachtung der geltenden Tarifverträge vertrauensvoll zusammen.
[ ] Die Probezeit muss mindestens einen Monat und darf höchstens vier Monate betragen.
[ ] Bei Stimmengleichheit hat der Aufsichtsrat bei einer erneuten Abstimmung zwei Stimmen.

261. In welchen Fällen entscheidet die gemäß Betriebsverfassungsgesetz einzurichtende Einigungsstelle auf Antrag einer Seite?

a) Bei Meinungsverschiedenheiten zwischen Arbeitgeber und Arbeitnehmern
b) Bei Meinungsverschiedenheiten zwischen Arbeitgeber und Betriebsrat
c) Bei Arbeitskampfmaßnahmen zwischen Arbeitgeber und Betriebsrat
d) Bei Meinungsverschiedenheiten zwischen Arbeitgeber und dem im Betrieb vertretenen Gewerkschaften
e) Bei betrieblichen Konflikten zwischen Betriebsrat und Jugendvertretung

262. Welche Aussage über die Jugendvertretung ist richtig?

a) Mitglieder des Betriebsrates können nicht zu Jugendvertretern gewählt werden.
b) Das passive Wahlrecht für die Jugendvertretung endet mit Vollendung des 18. Lebensjahres.
c) Das Mindestalter für das aktive Wahlrecht beträgt 16 Jahre.
d) Die regelmäßige Amtszeit der Jugendvertretung beträgt 3 Jahre.
e) Die Jugendvertretung hat in allen Betriebsratssitzungen volles Stimmrecht.

263. Welche Aussage über die Mitbestimmung im Aufsichtsrat trifft nach dem Mitbestimmungsgesetz von 1976 zu?

a) Der Aufsichtsratsvorsitzende hat bei der zweiten Abstimmung, wenn auch sie Stimmengleichheit ergibt, doppeltes Stimmrecht.
b) Im Aufsichtsrat sind ein Drittel Arbeitnehmer und zwei Drittel Anteilseigner vertreten.
c) Im Aufsichtsrat sind ein Drittel Anteilseigner und zwei Drittel Arbeitnehmer vertreten.
d) In Gesellschaften mit weniger als 2 000 Arbeitnehmern ist der Aufsichtsrat paritätisch besetzt.
e) Im Aufsichtsrat sind die Anteilseigner mit einer Person mehr als die Arbeitnehmer vertreten.

264. In welchem Fall übt der Betriebsrat sein Mitbestimmungsrecht in sozialen Angelegenheiten gemäß Betriebsverfassungsgesetz aus?

a) Der Betriebsrat verhandelt mit der Unternehmung über Rationalisierungsmaßnahmen.
b) Der Betriebsrat nimmt Stellung zu einer vom Arbeitgeber ausgesprochenen Kündigung eines Arbeitnehmers, die er für sozial ungerechtfertigt hält.
c) Der Betriebsrat vereinbart mit dem Arbeitgeber, dass im Betrieb zu besetzende Stellen im Betrieb auszuschreiben sind.
d) Arbeitgeber und Betriebsrat vereinbaren, dass Beginn und Ende der täglichen Arbeitszeit um eine halbe Stunde vorverlegt werden.

265. Der Betriebsrat verlangt vom Arbeitgeber über die wirtschaftliche und finanzielle Lage des Unternehmens informiert zu werden. Welches betriebliche Organ besteht aus der gleichen Anzahl von Arbeitnehmer- und Arbeitgebervertretern?

a) Die Einigungsstelle eines Betriebes
b) Der Betriebsrat eines Betriebes mit mehr als 2 000 Beschäftigten
c) Der Aufsichtsrat einer Aktiengesellschaft mit 800 Beschäftigten
d) Die Betriebsversammlung eines Betriebes mit 50 Beschäftigten
e) Der Vorstand eines Montanbetriebes mit mehr als 1 000 Beschäftigten

266. In welchem Fall hat der Betriebsrat nur ein Unterrichtungs- und Beratungsrecht, aber kein Mitbestimmungsrecht?

a) Bei Festlegung der Grundsätze über das betriebliche Vorschlagswesen
b) Bei Einführung und Anwendung von technischen Einrichtungen, die dazu bestimmt sind, das Verhalten oder die Leistung der Arbeitnehmer zu überwachen
c) Bei Fragen der Ordnung des Betriebs und des Verhaltens der Arbeitnehmer im Betrieb
d) Bei Planung des Personalbedarfs für die Erweiterung der Produktion
e) Bei Aufstellung von Entlohnungsgrundsätzen und der Einführung und Anwendung von neuen Entlohnungsformen.
f) Bei Festlegung von Beginn und Ende der täglichen Arbeitszeit einschließlich Pausen

267. Einem Arbeitnehmer wurde ohne Anhörung des Betriebsrates gekündigt. Wie ist nach dem Betriebsverfassungsgesetz die Rechtslage?

a) Die Kündigung ist wirksam, weil weder eine Anhörung noch eine Zustimmung des Betriebsrates vorgeschrieben ist.
b) Die Kündigung ist wirksam, weil eine Anhörung des Betriebsrates nicht vorgeschrieben ist.
c) Die Kündigung wird durch nachträgliche Anhörung des Betriebsrates wirksam.
d) Die Kündigung ist wirksam, weil jede Kündigung der Zustimmung des Betriebsrates bedarf.
e) Die Kündigung ist unwirksam, weil eine Anhörung des Betriebsrates zwingend vorgeschrieben ist.

268. Welche Regelung sieht das Betriebsverfassungsgesetz vor?

a) Der Arbeitnehmer hat das Recht, in die über ihn geführten Personalakten Einsicht zu nehmen.
b) Die Beschäftigung Jugendlicher unter 15 Jahren ist verboten.
c) Der Aufsichtsrat eines Unternehmens mit in der Regel mehr als 10 000 Arbeitnehmern setzt sich zusammen aus je sechs Aufsichtsratsmitgliedern der Anteilseigner und der Arbeitnehmer.
d) Während der Probezeit kann das Berufsausbildungsverhältnis jederzeit ohne Einhaltung einer Kündigungsfrist gekündigt werden.
e) Die regelmäßige werktägliche Arbeitszeit darf die Dauer von acht Stunden nicht überschreiten.

269. Welche Aussage über die Jugendvertretung trifft nach dem Betriebsverfassungsgesetz zu?

a) Die Jugendvertretung vertritt nur die gewerkschaftlich organisierten Jugendlichen im Betrieb.
Z b) Bei der Wahl zur Jugendvertretung sind alle Arbeitnehmer wahlberechtigt, die das 24. Lebensjahr noch nicht vollendet haben.
c) Die Jugendvertretung hat die Aufgabe, Maßnahmen, die den jugendlichen Arbeitnehmern dienen, beim Betriebsrat zu beantragen.
d) Die Jugendvertretung kann nur dann einen Vertreter zu Betriebsratssitzungen entsenden, wenn Angelegenheiten behandelt werden, die besonders jugendliche Arbeitnehmer betreffen.
e) Die Jugendvertretung vertritt selbständig die Interessen der jugendlichen Arbeitnehmer durch Verhandlungen mit der Geschäftsleitung.

270. Ab wie viel Arbeitnehmern ist nach dem Betriebsverfassungsgesetz eine Jugendvertretung zu wählen?

a) Der Betrieb beschäftigt ständig mindestens 3 Arbeitnehmer unter 18 Jahren.
b) Der Betrieb beschäftigt in der Regel mindestens 5 Arbeitnehmer über 18 Jahren.
c) Der Betrieb beschäftigt ständig mindestens 20 Arbeitnehmer unter 18 Jahren.
Z d) Der Betrieb beschäftigt ständig mindestens 3 Auszubildende unter 18 Jahren.
e) Der Betrieb beschäftigt in der Regel 5 Arbeitnehmer unter 18 Jahre oder Auszubildende, die das 25. Lebensjahr noch nicht vollendet haben.

271. Welche Aussage zur vorgeschriebenen regelmäßigen Betriebsversammlung ist richtig?

a) Die Betriebsversammlung ist öffentlich.
b) Die Betriebsversammlung besteht aus den Arbeitnehmern des Betriebes und den zur gesetzlichen Vertretung des Betriebsrates berufenen Personen.
c) Der Arbeitgeber ist zu den Betriebsversammlungen einzuladen und ist berechtigt, in den Versammlungen zu sprechen.
d) Die Zeit der Teilnahme an Betriebsversammlungen einschließlich der zusätzlichen Wegezeiten ist den Arbeitnehmern nicht zu vergüten.
e) An den Betriebsversammlungen können Beauftragte der im Betrieb vertretenen Gewerkschaften nicht teilnehmen.

272. Was ist das Ergebnis der Einigung zwischen Unternehmer und Betriebsrat über den Ausgleich oder die Milderung der wirtschaftlichen Nachteile, die den Arbeitnehmern infolge einer geplanten Betriebsänderung entstehen?

a) Tarifvertrag
b) Sozialplan
c) Sozialgericht
d) Sozialeinrichtung
e) Schlichtung

273. Welches Unternehmen unterliegt dem Mitbestimmungsgesetz von 1976?

a) Eine Aktiengesellschaft mit 4800 Beschäftigten
b) Eine Aktiengesellschaft mit einem Jahresumsatz von 600 Mio. € und 1300 Beschäftigten
c) Eine Genossenschaft mit 600 Beschäftigten
d) Eine Offene Handelsgesellschaft mit 2300 Beschäftigten
e) Eine GmbH mit 1700 Beschäftigten

274. Ordnen Sie zu.

Mitbestimmungsmöglichkeiten in Organen von Unternehmen

a) Der Aufsichtsrat besteht jeweils aus der gleichen Anzahl von Vertretern der Anteilseigner und Arbeitnehmer mit 4 Beschäftigten
b) Der Aufsichtsrat besteht aus fünf Vertretern der Anteilseigner, fünf Vertretern der Arbeitnehmer sowie dem sogenannten „neutralen Mann“.
c) Der Aufsichtsrat besteht nur aus Vertretern der Anteilseigner.
d) Der Aufsichtsrat besteht zu einem Drittel aus Vertretern der Arbeitnehmer.
e) Es bestehen keine Mitbestimmungsmöglichkeiten.
f) Die Arbeitnehmervertreter müssen Gewerkschaftsmitglieder sein.

Geltungsbereiche

[ ] Personengesellschaften mit 4 Beschäftigten

[ ] Kapitalgesellschaften mit in der Regel mehr als 2000 beschäftigten Arbeitnehmern

[ ] Kapitalgesellschaften mit in der Regel 500 bis 2000 Beschäftigten.

275. Der Arbeitgeber will Beginn und Ende der täglichen Arbeitszeit sowie die Pausen neu regeln. Welche Aussage ist richtig?

a) Der Betriebsrat hat ein Mitbestimmungsrecht.
b) Der Betriebsrat hat nur ein Informationsrecht.
c) Der Betriebsrat hat nur ein Anhörungsrecht.
d) Der Betriebsrat hat nur ein Beratungsrecht.
e) Der Betriebsrat hat das alleinige Entscheidungsrecht.

276. Ein Unternehmer will neue Kontrollgeräte einführen, um die Arbeitsleistung der Mitarbeiter zu überwachen. Welches Recht hat in diesem Fall der Betriebsrat?

a) Er hat nur ein Informationsrecht.
b) Er hat nur ein Beratungsrecht.
c) Er hat ein Mitbestimmungsrecht.
d) Er hat nur ein Anhörungsrecht.
e) Er hat nur ein Kontrollrecht.

277. Das Betriebsverfassungsgesetz regelt die Wirksamkeit betrieblicher Maßnahmen. Welche Maßnahme wird erst nach Zustimmung durch den Betriebsrat wirksam?

a) Die Einstellung von leitenden Angestellten
b) Die Renovierung des Verkaufsbüros
c) Die Festlegung der Betriebsferien
d) Die Erhöhung des Eigenkapitals des Unternehmens
e) Die Zahlung eines zusätzlichen Altersruhegeldes

278. Wann endet in der Regel das Berufsausbildungsverhältnis?

a) Es endet mit Bestehen der Abschlussprüfung.
b) Es endet mit Ablauf der vertraglichen Ausbildungszeit.
c) Es endet durch Kündigung des Arbeitgebers.
d) Es endet durch Kündigung des Auszubildenden.
e) Es endet entsprechend der zwischen Arbeitgeber und Auszubildenden getroffenen Vereinbarung.

279. Welche Regelung enthält das Berufsbildungsgesetz?

a) Die einheitliche Regelung der beruflichen Ausbildung
b) Die einheitliche Regelung für die Ausbildung in der Berufsschule
c) Die einheitliche Regelung des Arbeits- und Gewerberechts
d) Die einheitliche Regelung für die Ausbildung des Kaufmanns
e) Die einheitliche Regelung der beruflichen Ausbildung im Betrieb

280. Unter welcher Voraussetzung kann ein Auszubildender das Ausbildungsverhältnis nach Ablauf der Probezeit kündigen?

a) Formlos, mit 2 Wochen Kündigungsfrist, unter Angabe der Gründe
b) Eine Kündigung ist nach Ablauf der Probezeit nur noch fristlos und formlos möglich, wenn ein wichtiger Grund vorliegt.
c) Schriftlich, mit 4 Wochen Kündigungsfrist, unter Angabe, dass der Ausbildungsberuf gewechselt wird
d) Schriftlich, mit 6 Wochen Kündigungsfrist zum Quartalsende
e) Formlos, jederzeit ohne Einhaltung einer Frist

281. Welche Aussage zur Beendigung eines Dienstverhältnisses ist richtig?

a) Die Kündigung kann immer nur zum Ende eines Kalenderjahres erfolgen.
b) Eine Entlassung ist grundsätzlich jederzeit ohne Einhaltung einer Frist möglich.
c) Eine fristlose Kündigung ist nur während des Ausbildungsverhältnisses möglich.
d) Bei Kündigung durch den Arbeitgeber muss im Zeugnis der Kündigungsgrund genannt werden.
e) Betriebsratsmitglieder sind unkündbar, es sei denn, es liegt ein wichtiger Grund vor, der zur fristlosen Kündigung berechtigt.

282. Welche Aufgabe hat das Jugendarbeitsschutzgesetz?

a) Es beinhaltet die Rechte der Jugendvertretung.
b) Es soll Jugendliche vor fristloser Kündigung schützen.
c) Es regelt die Berufsausbildung für Jugendliche.
d) Es soll den beschränkt Geschäftsfähigen beim Vertragsabschluss schützen.
e) Es soll Jugendliche vor gesundheitlichen Schäden bewahren.
f) Es hat nur für Auszubildende Gültigkeit und beinhaltet die Rechte der Jugendlichen.

<u>**Situation zu den nächsten zwei Aufgaben**</u>
Sie betreuen den neuen Auszubildenden Hans Gruber, 17 Jahre alt, der zum Industriekaufmann ausgebildet wird. Dienstbeginn ist um 8:00 Uhr.

283. Bei der Festlegung der Pausenzeiten für Herrn Gruber müssen Sie gesetzliche Vorschriften beachten. In welchem Gesetz können Sie nachschlagen?

a) Berufsbildungsgesetz
b) Jugendschutzgesetz
c) Betriebsverfassungsgesetz
d) Jugendarbeitsschutzgesetz
e) Bürgerliches Gesetzbuch

284. Um wie viel Uhr spätestens müssen Sie laut Gesetzestext die erste Pause für den Auszubildenden einplanen? Tragen Sie die Lösung in das Kästchen ein.

§ 11 Ruhepausen, Aufenthaltsräume

(1) Jugendlichen müssen im voraus feststehende Ruhepausen von angemessener Dauer gewährt werden. Die Ruhepausen müssen mindestens betragen
1. 30 Minuten bei einer Arbeitszeit von mehr als viereinhalb bis zu sechs Stunden,
2. 60 Minuten bei einer Arbeitszeit von mehr als sechs Stunden.
Als Ruhepause gilt nur eine Arbeitsunterbrechung von mindestens 15 Minuten. (2) Die Ruhepausen müssen in angemessener zeitlicher Lage gewährt werden, frühestens eine Stunde nach Beginn und spätestens eine Stunde vor Ende der Arbeitszeit. Länger als viereinhalb Stunden hintereinander dürfen Jugendliche nicht ohne Ruhepause beschäftigt werden.

285. In einer Bank-AG, in der ein Betriebsrat besteht, sind u. a. zwei Mitarbeiter unter 16 Jahren, zwei Auszubildende, die das 18. Lebensjahr gerade vollendet haben, und drei 24-jährige Auszubildende beschäftigt. Es soll eine Jugend- und Auszubildendenvertretung gewählt werden. Welche Aussage ist richtig?

a) Die drei 24-jährigen Auszubildenden sind zwar wählbar, aber nicht wahlberechtigt zur Jugend- und Auszubildendenvertretung.
b) Wenn in diesem Betrieb keine weiteren Jugendlichen und Auszubildenden, aber noch andere Arbeitnehmer zwischen 18 und 25 Jahren beschäftigt werden, so sind insgesamt sieben Personen wählbar.
c) Bei den Wahlen zur Jugend- und Auszubildendenvertretung sind - anders als bei der Betriebsratswahl - aktives und passives Wahlrecht vom Gesetzgeber in gleicher Weise geregelt.
d) In diesem Betrieb kann eine Jugend- und Auszubildendenvertretung gewählt werden, weil mindestens fünf Wahlberechtigte beschäftigt werden.
e) In diesem Betrieb sind vier Personen wahlberechtigt und sieben Personen wählbar zur Jugend- und Auszubildendenvertretung, soweit sich diese nicht bereits an der Betriebswahl beteiligt haben.

286. Wer kann die Jugend- und Auszubildendenvertretung wählen?

a) Nur Arbeitnehmer unter 18 Jahren
b) Alle Arbeitnehmer des Betriebes
c) Alle Auszubildenden
d) Nur gewerkschaftlich organisierte Jugendliche und Auszubildende
e) Alle Arbeitnehmer unter 18 Jahren und alle Auszubildenden unter 25 Jahren

287. Ein Sachbearbeiter eines Kreditinstitutes erhält dort Einblick in die Vermögensverhältnisse seines Nachbarn. Dabei stellt er fest, dass dieser hoch verschuldet ist. Am Abend erzählt er dies seinem Bekanntenkreis weiter. Der Nachbar erfährt davon und beschwert sich beim Kreditinstitut. Eine Woche nach der Beschwerde kündigt das Kreditinstitut nach Anhörung des Betriebsrates das Angestelltenverhältnis schriftlich und fristlos. Welche Aussage ist richtig?

a) Die Kündigung ist unwirksam, weil die Zustimmung des Betriebsrates nicht vorliegt.
b) Die Kündigung ist unwirksam, weil sie nicht fristgerecht erfolgte.
c) Die Kündigung ist wirksam, weil gegen die Schweigepflicht verstoßen wurde und alle rechtlichen Voraussetzungen beachtet wurden.
d) Die Kündigung ist wirksam, weil ein Angestelltenverhältnis jederzeit fristlos gekündigt werden kann.
e) Die Kündigung ist unwirksam, weil die Verletzung der Schweigepflicht lediglich eine zivilrechtliche Angelegenheit ist und sich nicht auf das Arbeitsverhältnis auswirken kann.

288. Ein Arbeitnehmer ist auf dem Weg zur Arbeit mit seinem Pkw verunglückt. Er hat den Unfall verursacht, weil er die Vorfahrt nicht beachtet hat. Welche Institution trägt die Kosten für die Lohnersatzleistung nach Ablauf der Lohnfortzahlung?

a) Die Krankenkasse
b) Das Arbeitsamt
c) Der Arbeitgeberverband
d) Die Berufsgenossenschaft
e) Die Rentenversicherung

289. Ein Unternehmen ist nicht Mitglied des Arbeitgeberverbandes. Welche Aussage zur Gültigkeit tarifvertraglicher Vereinbarungen ist richtig?

a) Der Tarifvertrag gilt für die Arbeitnehmer des Unternehmens unabhängig von dessen Mitgliedschaft im Arbeitgeberverband.
b) Der Tarifvertrag gilt für die Arbeitnehmer, wenn der Betriebsrat den Tarifvertrag für das Unternehmen als verbindlich erklärt hat.
c) Der Tarifvertrag gilt für alle Mitarbeiter des Unternehmens, die Mitglied der Gewerkschaft sind.
d) Der Tarifvertrag gilt für alle Arbeitnehmer des Unternehmens, wenn er für allgemeinverbindlich erklärt wurde.
e) Der Tarifvertrag gilt für alle Arbeitnehmer, wenn der Arbeitgeber für die Mehrheit der Arbeitnehmer die tariflichen Vereinbarungen einzelvertraglich gewährt.

290. Kritiker des Mitbestimmungsgesetzes von 1976 sagen, es handelte es sich um eine „Scheinparität" in den nach diesem Gesetz gebildeten Aufsichtsräten. Durch welche Aussage wird diese Kritik begründet?

a) Es handelt sich hierbei um eine Drittelparität.
b) Die leitenden Angestellten sind im Aufsichtsrat nicht vertreten.
c) Der Aufsichtsrat besteht meistens aus 21 Personen, so dass die Anteilseignerseite immer die Mehrheit hat.
d) Die neutrale Person kann jede Abstimmung entscheiden, obwohl Arbeitgeber- und Arbeitnehmervertreter mit gleicher Zahl vertreten sind.
e) Bei Stimmengleichheit im Aufsichtsrat entscheidet die Stimme des Vorsitzenden, den in der Regel die Anteilseignerseite stellt.

<u>Zu den nächsten zwei Aufgaben siehe nachstehende Situation.</u>

Die 17-jährige Erna Müller bewirbt sich mit Einverständnis ihrer Eltern um einen Ausbildungsplatz bei einem Einzelhandelsunternehmen. Nach einem Vorstellungsgespräch wird ihr von der Leiterin der Personalabteilung, Frau Jung, der vor zwei Wochen Prokura erteilt wurde, zugesichert, sie könne die Stelle in 2 Monaten zu den gesetzlich und tarifvertraglich geregelten Bedingungen antreten. Frau Müller und deren Eltern sind damit einverstanden.

291. Ist ein gültiger Ausbildungsvertrag zustande gekommen?

a) Nein, weil die Eltern beim Vorstellungsgespräch nicht anwesend waren
b) Nein, weil der Berufsausbildungsvertrag erst nach einer Rücktrittsfrist von 8 Tagen gültig wird
c) Nein, weil die Leiterin der Personalabteilung keinen Ausbildungsvertrag abschließen kann
d) Ja, aber der wesentliche Inhalt des Vertrages muss spätestens vor Beginn der Ausbildung schriftlich niedergelegt werden
e) Ja, aber erst, wenn die IHK dem Vertrag zugestimmt hat

292. Frau Müller tritt das Ausbildungsverhältnis an. Am Montag, Dienstag, Mittwoch und Freitag arbeitet sie von 9.00 Uhr 18.00 Uhr, am Donnerstag von 11.00 Uhr bis 20.00 Uhr mit Pausen von insgesamt 1 Stunde an jedem Arbeitstag. Ist das zulässig?

a) Nein, da jugendliche Mitarbeiter nach 18.00 Uhr grundsätzlich nicht mehr beschäftigt werden dürfen
b) Ja, wenn die Eltern zustimmen
c) Ja, weil dadurch die tägliche Arbeitszeit 8 Stunden und die wöchentliche Arbeitszeit 40 Stunden nicht überschritten wird
d) Ja, da für sie das Jugendarbeitsschutzgesetz nicht mehr gilt
e) Ja, wenn ihr die Arbeitszeit nach 18 Uhr als Überstunden vergütet wird

<u>Zu den nächsten drei Aufgaben siehe nachstehende Situation.</u>

Nach Abschluss ihrer Ausbildung beginnt Frau Erna Müller am 01.08. bei einem neuen Arbeitgeber als Angestellte. Bei der Feier ihres 19. Geburtstages wird sie von Arbeitskollegen gebeten, bei den Betriebsratswahlen am 02.05. nächsten Jahres zu kandidieren.

293. Ist Frau Erna Müller bei den Betriebsratswahlen wählbar (passives Wahlrecht)?

a) Ja, weil sie bereits volljährig ist und bis zur Wahl dem Betrieb mehr als 6 Monate angehört
b) Ja, weil alle Arbeitnehmer wählbar sind
c) Nur wenn sie von einer Gewerkschaft vorgeschlagen wird
d) Nur wenn sie sich verpflichtet, während der Betriebsratsamtszeit nicht zu kündigen
e) Nein, weil sie dem Betrieb während der letzten 4jährigen Betriebsratsperiode nicht angehört hat

294. Welche Wirkung hat eine Wahl zum Betriebsrat für Erna Müller?

a) Ihr kann nicht gekündigt werden.
b) Ihr könnte nur aus einem wichtigen Grund gekündigt werden
c) Sie hätte einen gesetzlichen Anspruch auf sechs zusätzliche Urlaubstage.
d) Sie würde automatisch von ihrer bisherigen Tätigkeit hauptamtlich freigestellt.
e) Sie würde für ihre Betriebsratstätigkeit eine tarifvertraglich geregelte Gehaltszulage erhalten.

295. Die Betriebsleitung der Firma, in der Frau Erna Müller jetzt arbeitet, plant in nächster Zeit mehrere Maßnahmen. Welche Maßnahme betrifft eine soziale Angelegenheit bei der nach § 87 BetrVG der Betriebsrat Mitbestimmungsrecht hat?

a) Durchführung von Rationalisierungsmaßnahmen
b) Änderung der Pausenregelung
c) Eröffnung eines Zweigwerkes
d) Verlegung eines Betriebsteiles
e) Einführung eines neuen Fertigungsverfahrens

296. Die Mitarbeiterin Frau Schmitt, seit 16 Jahren im Betrieb, hat sich für die neu eingerichtete Stelle in der Dispositionsabteilung beworben. Um ihre Chancen einschätzen zu können, möchte sie Einsicht in ihre Personalakte nehmen. Wie stellt sich die Rechtslage dar?

a) Frau Schmitt kann die Einsicht in ihre Personalakte verweigert werden, da Arbeitnehmer hierauf grundsätzlich keinen Anspruch haben.
b) Frau Schmitt muss ihre Bitte über den Betriebsrat vortragen. Die Einsicht in die Personalakte darf sie nur im Beisein eines Vertreters des Betriebsrates vornehmen.
c) Frau Schmitt hat keinen Anspruch auf Einsicht in ihre Personalakte, da dieses Recht nur dem Betriebsrat zusteht.
d) Frau Schmitt muss ein begründetes Interesse für ihren Wunsch nach Einsicht in ihre Personalakte nachweisen, das im vorliegenden Fall gegeben ist.
e) Frau Schmitt hat das Recht auf Einsicht in ihre Personalakte.

297. Maßvolle Tarifabschlüsse werden von Arbeitgeberseite als Voraussetzung für die Schaffung neuer Arbeitsplätze gefordert. Ein Vertreter der Bundesregierung merkt hierzu an, dass der Staat nicht die Möglichkeit einer direkten Einwirkung auf die Tarifpartner hat. Auf welches Grundprinzip unserer sozialen Marktwirtschaft kann er sich dabei berufen?

a) Tarifautonomie
b) Investitionsfreiheit
c) Privateigentum an Produktionsmitteln
d) Gewerbefreiheit
e) Förderung des Wettbewerbs

298. Sie wirken bei einer Informationsveranstaltung für die jugendlichen Arbeitnehmer und die Auszubildenden zum Thema Tarifvertragsrecht mit. In diesem Zusammenhang sollen Sie kontrollieren, ob der in Einzelschritten beispielhaft aufgezeigte zeitliche Ablauf beim Zustandekommen eines neuen Gehaltstarifvertrages richtig dargestellt ist. Tragen Sie den Buchstaben des Lösungsvorschlags des Einzelschrittes, der falsch eingeordnet ist, in das Kästchen ein!

a) 1. Schritt: Fristgemäße Kündigung des Tarifvertrags
b) 2. Schritt: Aufnahme der Verhandlungen durch die Tarifpartner
c) 3. Schritt: Erklärung des Scheiterns der Tarifverhandlungen durch die zuständige Gewerkschaft
d) 4. Schritt: Von Arbeitgeberseite erfolgen Aussperrungen der Arbeitnehmer
e) 5. Schritt: Die zuständige Gewerkschaft führt eine Urabstimmung durch.
f) 6. Schritt: Mehr als 75 % der abstimmungsberechtigten Gewerkschaftsmitglieder stimmen für einen Streik; dieser wird beschlossen und durchgeführt.
g) 7. Schritt: Es finden neue Tarifverhandlungen statt, die zu einer Einigung führen.
h) 8. Schritt: Die Gewerkschaftsmitglieder stimmen in einer Urabstimmung über den Einigungsvorschlag ab,

ÜBUNGSAUFGABEN ZUR VORBEREITUNG AUF DIE ABSCHLUSSPRÜFUNG

BEI DEN NACHSTEHENDEN AUFGABEN SIND DIE RICHTIGEN ERGEBNISSE ANZUKREUZEN BZW. ZUZUORDNEN.

1. **Was bedeutet nach Artikel 14 des Grundgesetzes die Sozialbindung des Eigentums?**
   a) Die Eigentumsrechte des Staates an seinen Betrieben werden gewährleistet.
   b) Das Eigentum verpflichtet. Sein Gebrauch soll zugleich dem Wohle der Allgemeinheit dienen.
   c) Die Überführung von Grund und Boden in Gemeineigentum ist als eine Möglichkeit zur Gestaltung der Wirtschaftsordnung verfassungsmäßig verankert.
   d) Die sozialen Einrichtungen dürfen ihr Eigentum nur veräußern, wenn dies einem gemeinnützigen Ziel dient.
   e) Der Eigentümer kann im öffentlichen Interesse ohne Entschädigung enteignet werden.

2. **In welchem Fall wird Eigentum rechtswirksam übertragen?**
   a) Erwerb einer gestohlenen Maschine
   b) Verpfändung einer Briefmarkensammlung
   c) Notariell beglaubigter Immobilienkauf mit Auflassung
   d) Von einem Gerichtsvollzieher beurkundeter Immobilienkauf mit Auflassung
   e) Notariell beurkundeter Immobilienkauf mit Auflassung und Eintragung ins Grundbuch

3. **Welche Aussage über die Gegenstände des Rechtsverkehrs ist richtig?**
   a) Immobilien sind vertretbare Sachen, Mobilien (bewegliche Sachen) sind nicht vertretbare Sachen.
   b) Eigentum ist das Recht an Immobilien, Besitz das Recht an beweglichen Sachen.
   c) Forderungen zählen zu den vertretbaren Sachen, Patente und Lizenzen zu den nicht vertretbaren Sachen.
   d) Das Besitzrecht an vertretbaren Sachen ist übertragbar, das Eigentumsrecht an nicht vertretbaren Sachen ist nicht übertragbar.
   e) Bei den Rechten an Sachen unterscheidet man zwischen Eigentum und Besitz.

4. **Welche Aussage über Besitz bzw. Eigentum ist richtig?**
   a) Eigentum ist die tatsächliche Gewalt über eine Sache, Besitz die rechtliche Gewalt über eine Sache.
   b) Der Eigentumsvorbehalt ist eine Vereinbarung, durch die der Erwerber zunächst nur die rechtliche Gewalt über eine Sache erhält.
   c) Der gutgläubige Käufer erwirbt in der Regel das Eigentumsrecht an gestohlener Ware.
   d) Die Eigentumsübertragung an beweglichen Sachen erfolgt in der Regel durch Einigung und Übergabe.
   e) Bei der Eigentumsübertragung an unbeweglichen Sachen sind in der Regel keine Formvorschriften zu beachten.

5. **Besitzer und Eigentümer eines Grundstücks sind zwei unterschiedliche Personen. Welche Aussage ist richtig?**
   a) Der Besitzer darf das Grundstück verkaufen.
   b) Der Besitzer hat die rechtliche Herrschaft über das Grundstück.
   c) Der Besitzer darf das Grundstück verpfänden.
   d) Der Eigentümer darf das Grundstück durch Aufnahme von Hypotheken belasten.
   e) Der Eigentümer hat die tatsächliche Herrschaft über das Grundstück.

6. **Welcher Vertrag verpflichtet zur Übertragung des Eigentums und des Besitzes an der Sache?**
   a) Der Pfandvertrag
   b) Der Mietvertrag
   c) Der Leihvertrag
   d) Der Kaufvertrag
   e) Der Pachtvertrag

7. **Was besagt der Grundsatz der Vertragsfreiheit?**
   a) Alle Menschen können rechtswirksam Verträge schließen.
   b) Nur Vollgeschäftsfähige können Verträge schließen.
   c) Vertragsinhalte können beliebig ausgestaltet werden, soweit nicht gesetzliche Vorschriften entgegenstehen.
   d) Alle Verträge müssen in Schriftform abgeschlossen werden.
   e) Nur Kaufleute dürfen Verträge schließen.
   f) Jedem Vertragspartner ist es freigestellt, einen geschlossenen Vertrag jederzeit zu widerrufen.

8. Welche Maßnahme gilt in der sozialen Marktwirtschaft als nicht marktkonform?

a) Durch Aufhebung von Sonderabschreibungen drosselt der Staat die Investitionsbereitschaft in der Wirtschaft.

b) Durch Senkung der Importzölle erreicht der Staat ein erhöhtes Angebot ausländischer Ware auf dem Inlandsmarkt.

c) Durch Vergabe von Aufträgen an die Bauwirtschaft verbessert der Staat die Beschäftigungslage auf diesem Wirtschaftssektor.

d) Durch Festlegung der Verbrauchsmengen an Heizöl je Haushalt sichert der Staat eine langfristige Nutzung dieser Energiequelle.

e) Durch Senkung der Einkommensteuer erhöht der Staat die Nachfrage nach Konsumgütern.

9. Welche Aussage zu staatlich festgelegten Höchstpreisen bzw. staatlich garantierten Mindestpreisen ist richtig?

a) Staatliche Mindestpreise dienen dem Schutz der Verbraucher.

b) Staatliche Höchstpreise liegen häufig über dem Marktpreis.

c) Staatliche Mindestpreise führen zu einer Angebotslücke.

d) Staatliche Höchstpreise dienen dem Schutz der Produzenten.

e) Staatliche Mindestpreise führen zu einem Angebotsüberhang.

10. Welche Aussage trifft auf das Modell der freien Marktwirtschaft zu?

a) Die Produktionsmittel sind Kollektiveigentum.

b) Art und Menge der zu produzierenden Güter werden von einer Planungsbehörde festgesetzt.

c) Der Konsum der Haushalte wird durch staatliche Bedarfspläne ermittelt.

d) Der Staat hat eine Lenkungsfunktion im Rahmen der Wirtschaftsordnung.

e) Beruf und Arbeitsplatz können frei gewählt werden.

11. Welche Aussage kennzeichnet entweder den Idealtyp der freien Marktwirtschaft oder den Realtyp der sozialen Marktwirtschaft?

a) In der freien Marktwirtschaft ist immer der Markt die oberste Lenkungsinstanz.

b) In der freien Marktwirtschaft tritt der Staat als alleinige Lenkungsinstanz auf.

c) In der sozialen Marktwirtschaft befinden sich alle Produktionsmittel in privater Hand.

d) In der sozialen Marktwirtschaft ist die vollkommene Konkurrenz realisiert.

e) In der sozialen Marktwirtschaft ist die Tarifautonomie durch den Staat eingeschränkt.

12. Welches Merkmal kennzeichnet den Idealtyp der freien Marktwirtschaft?

a) Leistung von Subventionen

b) Beschäftigungspolitik des Staates

c) Wirtschaftliches Handeln auf staatliche Anweisung

d) Verbot wirtschaftlicher Konzentration

e) Privateigentum an den Produktionsmitteln

13. Was kennzeichnet das Modell der freien Marktwirtschaft?

a) Planvorgaben für alle Betriebe

b) Kollektiveigentum an den Produktionsmitteln

c) Zentral gelenkter Verbrauch

d) Direkte staatliche Investitionslenkung

e) Erwerbswirtschaftliches Prinzip

f) Erhebung von Einfuhrzöllen

14. Welches Merkmal kennzeichnet das Modell der freien Marktwirtschaft?

a) Staatliche Investitionslenkung

b) Eingeschränkter Wettbewerb

c) Kollektive Bedarfsdeckung

d) Angebot und Nachfrage regeln den Preis.

e) Gemeineigentum an Produktionsmitteln

15. Was gehört zu den Kennzeichen einer freien Marktwirtschaft?
a) Kollektivplanung
b) Anspruch auf einen Arbeitsplatz
c) Freie Austauschbarkeit der Währungen
d) Kollektiveigentum an Produktionsmitteln
e) Zentral gelenkter Verbrauch

16. Welcher Wirtschaftsordnung ist folgende Zielsetzung zuzuordnen: „Sicherung eines möglichst freien Wettbewerbs auf dem Markt bei staatlichem Ausgleich sozialer Ungerechtigkeiten"?
a) Soziale Marktwirtschaft
b) Freie Marktwirtschaft
c) Planwirtschaft
d) Zentralverwaltungswirtschaft
e) Soziale Planwirtschaft
f) Vetternwirtschaft

17. Was widerspricht den Grundsätzen der sozialen Marktwirtschaft?
a) Privateigentum an den Produktionsmitteln
b) Staatliche Lenkung aller Investitionen
c) Staatliche Prämien für Sparleistungen
d) Entscheidungsfreiheit aller Konsumenten
e) Freier Außenhandel

18. Wodurch werden die Preise in einer freien Marktwirtschaft nach oben begrenzt?
a) Durch sehr hohe Steuern für hohe Unternehmergewinne
b) Durch den Wettbewerb der Anbieter
c) Durch eine staatliche Preisaufsichtsbehörde
d) Durch die Festlegung von Richtpreisen der Produzenten
e) Durch die „Konzertierte Aktion"

19. Welches Beispiel kennzeichnet das Modell der freien Marktwirtschaft?
a) Bestimmte Arzneimittel müssen selbst bezahlt werden.
b) Alle Märkte sind offen.
c) Höchstpreise werden nur in Ausnahmefällen festgelegt.
d) Mindestlöhne schützen die Arbeitnehmer.
e) Für Sozialwohnungen gibt es staatliche Zuschüsse.

20. Welche Wirtschaftsordnung wird in dem folgenden Text angesprochen? „Eines der markantesten Merkmale dieser Wirtschaftsordnung ist die wechselseitige Abhängigkeit von Produktion und Konsumtion. Die Verwirklichung dieser Ordnung ist u. a. freie Konsumwahl, die gleichzeitig Kampf um den Konsumenten bedeutet. Diese Zielsetzung erfordert die Ausschaltung der übrigen Marktteilnehmer, wenn nötig auch durch ruinöse Konkurrenz."
a) Die soziale Marktwirtschaft der Bundesrepublik Deutschland
b) Die Planwirtschaft
c) Die Zentralverwaltungswirtschaft
d) Die freie Marktwirtschaft
e) Die sozialistische Planwirtschaft

21. Welcher Grundsatz ist mit dem Modell der freien Marktwirtschaft nicht vereinbar?
a) Angebot und Nachfrage regeln den Preis.
b) Selbständigkeit und Unabhängigkeit der Tarifpartner
c) Staatlich verordneter Preis- und Lohnstopp
d) Unbeschränkter Wettbewerb
e) Privateigentum an Produktionsmitteln

22. Welche Aussage trifft auf die Wirtschaftsordnung der Bundesrepublik Deutschland zu?

a) Die Preise werden grundsätzlich staatlich festgesetzt.
b) Auf allen Märkten herrscht vollständige Konkurrenz.
c) Tarifverträge bedürfen der Zustimmung des Bundesarbeitsministers.
d) Private Vermögensbildung wird staatlich gefördert.
e) Die Investitionen werden zentral gelenkt.

23. Welche Aussage trifft auf die Wirtschaftsordnung der Bundesrepublik Deutschland zu?

a) Die Preise werden durch vollständige Konkurrenz bestimmt.
b) Der Staat greift nicht in das Wirtschaftsleben ein.
c) Die Unternehmen haben Investitionsfreiheit.
d) Alle Preise müssen vom Bundeskartellamt genehmigt werden.
e) Die Stahlindustrie befindet sich in Gemeineigentum.

24. In welchem Gesetz ist die freie Berufswahl verankert?

a) Im Handelsgesetzbuch
b) Im Bürgerlichen Gesetzbuch
c) Im Grundgesetz
d) Im Tarifvertragsgesetz
e) In der Gewerbeordnung
f) Im Betriebsverfassungsgesetz

25. Kreuzen Sie den Buchstaben an, bei dem alle 3 Merkmale auf die reine Marktwirtschaft zutreffen.

a) Dezentrale Planung und Lenkung - Privateigentum - Staatl. Preisfestsetzung
b) Dezentrale Planung und Lenkung - Staatseigentum - Marktpreisbildung
c) Zentrale Planung und Lenkung - Privateigentum - Marktpreisbildung
d) Dezentrale Planung und Lenkung - Privateigentum - Marktpreisbildung
e) Zentrale Planung und Lenkung - Staatseigentum - Preisfestsetzung

26. Zu welcher Wirtschafts- und Gesellschaftsordnung gehören die folgenden Ziele?

- Gewährleistung der Außenhandelsfreiheit und freien Austauschbarkeit der Währungen
- Sicherung der Währungsstabilität durch eine unabhängige Notenbank
- Staatliche Korrektur der ursprünglichen Einkommens- und Vermögensverteilung
- Förderung der Chancen zur beruflichen Selbständigkeit

a) Tauschwirtschaft
b) Planwirtschaft
c) Zentralverwaltungswirtschaft
d) Soziale Marktwirtschaft
e) Freie Marktwirtschaft

27. Welche Maßnahme widerspricht den Regeln einer sozialen Marktwirtschaft?

a) Die steuerlichen Abschreibungsmöglichkeiten für private Bauherrn werden erhöht.
b) Den Beziehern niedriger Einkommen wird Wohngeld gezahlt.
c) In der Rezession wird die Konjunktur durch zusätzliche Staatsaufträge angekurbelt.
d) Der Umtausch von € in ausländische Währungen wird begrenzt.
e) Das Kindergeld wird erhöht.

28. Welche Aussage widerspricht den Grundsätzen der sozialen Marktwirtschaft?

a) Grundsätzlich besteht Gewerbefreiheit.
b) Grundsätzlich besteht freie Berufswahl, Freizügigkeit und die Möglichkeit, den Arbeitsplatz zu wechseln.
c) Es besteht eine Vertragsfreiheit, die durch Gesetz zum Schutz des jeweiligen schwächeren Marktteilnehmers eingeschränkt wird.
d) Es besteht eine aktive staatliche Wettbewerbspolitik zur Erhaltung eines funktionsfähigen Wettbewerbs.
e) Zur gerechteren Einkommensverteilung werden vom Staat alle Löhne und Gehälter festgelegt.
f) Zur gerechten Einkommensverteilung werden vom Staat höhere Einkommen prozentual höher besteuert.

29. Welche Aussage zur Wirtschaftsordnung trifft zu?

a) Das Modell der freien Marktwirtschaft vereint die positiven Bestandteile der Sozialen Marktwirtschaft und der Zentralverwaltungswirtschaft.

b) In der Sozialen Marktwirtschaft stellt der Staat durch zentrale Planung und Lenkung das Planerfüllungsprinzip sicher.

c) Bei der freien Marktwirtschaft ist der Markt das alleinige Lenkungsinstrument, bei der Sozialen Marktwirtschaft greift der Staat lenkend ein.

d) In der Bundesrepublik Deutschland ist der Idealtyp der freien Marktwirtschaft realisiert.

e) In der ehemaligen DDR war der Idealtyp der Zentralverwaltungswirtschaft realisiert.

30. Welche Aussage über das Marktgeschehen in der Bundesrepublik Deutschland ist richtig?

a) Ein Preisvergleich durch die Verbraucher ist ratsam, da die Preise durch Angebot und Nachfrage bestimmt werden.

b) Ein Unternehmen muss seine Preise um 7 % erhöhen, wenn die Löhne um 7 % steigen, da sich die Lohnkosten direkt auf den kalkulierten Verkaufspreis auswirken.

c) Das Bundeskartellamt überwacht, dass gleiche Artikel in Art und Menge zu den festgelegten Richtpreisen verkauft werden.

d) Die Verbraucher können durch ihr Verhalten die Preise nicht beeinflussen.

e) Die Preise werden durch vollständige Konkurrenz bestimmt.

31. Welche Aufzählung enthält ausschließlich idealtypische Merkmale einer freien Marktwirtschaft?

a) Privateigentum an Produktionsmitteln, individuelle Arbeitsplatzwahl, marktwirtschaftliche Preisbildung, staatliche Subventionen

b) Freier Warenaustausch, dezentrale Planung, Tarifautonomie der Sozialpartner, Importrestriktionen

c) Uneingeschränkte Konkurrenz, staatliche Preisfestsetzungen, Vermögenskonzentration, leistungsorientierte Entlohnung

d) Privateigentum an Produktionsmitteln, Preisbildung durch Angebot und Nachfrage, Gewerbefreiheit, Konsumfreiheit

e) Staatliche Bedarfsplanung, Devisenkontingentierung, freier Außenhandel, Niederlassungsfreiheit

32. Ein Unternehmer prüft verschiedene Möglichkeiten zur Erhöhung der Flexibilität und Verbesserung der Wettbewerbsfähigkeit. Welche Maßnahme lässt sich im Rahmen unserer sozialen Marktwirtschaft <u>nicht</u> realisieren?

a) Stillegung einiger Produktionszweige

b) Bessere Auslastung der Maschinen durch flexiblere Arbeitszeitregelungen

c) Abbau übertariflicher Leistungen

d) Einführung von Schichtarbeit

e) Generelle Umwandlung aller unbefristeten in befristete Arbeitsverhältnisse ohne Beteiligung des Betriebsrates

33. Die Bavaria Fahrradwerke GmbH möchte ihren Absatz im nächsten Quartal auf dem Auslandsmarkt um 12,5 % steigern. Welche Maßnahme ist für dieses kurzfristige Ziel am besten geeignet?

a) Senkung des Verkaufspreises

b) Verstärkte Forschungs- und Entwicklungsarbeit

c) Übernahme von Auszubildenden nach Beendigung ihrer Ausbildung im Verkauf

d) Rationalisierung des Arbeitsprozesses in der Fertigung

e) Einstellung neuer Designer

f) Verstärkte Werbung

ÜBUNGSAUFGABEN ZUR VORBEREITUNG AUF DIE ABSCHLUSSPRÜFUNG

BEI DEN NACHSTEHENDEN AUFGABEN SIND DIE RICHTIGEN ERGEBNISSE ANZUKREUZEN BZW. ZUZUORDNEN.

1. Ordnen Sie zu.

Tätigkeiten der Wirtschaftssubjekte

a) Einkommen sparen, Steuern erheben
b) Einkommen für Konsum verwenden, Sachgüter und Dienstleistungen für den Markt produzieren
c) Einkommen zum Konsum und/oder Sparen verwenden
d) Einkommen sparen, Sachgüter und Dienstleistungen für den Markt produzieren
e) Sachgüter und Dienstleistungen für den Markt produzieren, Gewinn erzielen
f) Steuern erheben, Einkommen zum privaten Konsum verwenden
g) Steuern erheben, Einkommen umverteilen

Sektoren des Wirtschaftskreislaufs

[ ] Unternehmen
[ ] Private Haushalte
[ ] Staat

2. In welchem Fall sind die Bestandteile der Verwendungsrechnung des Inlandsproduktes durchgehend richtig dargestellt?

a) Einkommen des Staates und sonstige Empfänger, Investitionen
b) Produzierendes Gewerbe, Dienstleistungen, Handel und Verkehr
c) Privater Verbrauch, Investitionen, Staatsverbrauch, Außenbeitrag
d) Einkommen aus Unternehmertätigkeit und Vermögen, Investitionen, privater Verbrauch
e) Staatsverbrauch, Einkommen aus unselbständiger Arbeit, Einkommen aus Unternehmertätigkeit

3. Welche Aussage zum realen Bruttoinlandsprodukt ist richtig?

a) Es entspricht in jedem Rechnungsjahr der Gesamtheit aller von einer Volkswirtschaft erbrachten Leistungen, ausgedrückt in den jeweiligen Preisen.
b) Es entspricht der Gemeinsamkeit aller Sozialleistungen einschließlich der Bruttoeinkommen in einem Rechnungsjahr.
c) Die einzelnen Positionen sind in den Preisen eines bestimmten Jahres, des sog. Basisjahres, ausgedrückt.
d) Es entspricht dem realen Volkseinkommen in einem Rechnungsjahr.
e) Es entspricht dem Nettonationalprodukt abzüglich Abschreibungen in einem Rechnungsjahr.

4. Welche volkswirtschaftliche Größe ist an der Stelle des Fragezeichens einzusetzen?

Nettonationaleinkommen
?
+ Subventionen
= Volkseinkommen
================================

a) - Subventionen
b) +direkte Steuern
c) +indirekte Steuern
d) - indirekte Steuern
e) - direkte Steuern
f) - Vorleistungen

5. Das Wirtschaftswachstum einer Volkswirtschaft beträgt gegenüber dem Vorjahr real und nominal 5 %. Welche Feststellung trifft zu?

a) Nur das Nettonationaleinkommen ist gestiegen.
b) Das Bruttonationaleinkommen ist unverändert geblieben.
c) Das Preisniveau ist gesunken.
d) Das Preisniveau ist gestiegen.
e) Das Preisniveau ist unverändert geblieben.

6. Durch welches Skizze wird der Wirtschaftskreislauf zwischen Unternehmen und Haushalten richtig dargestellt?

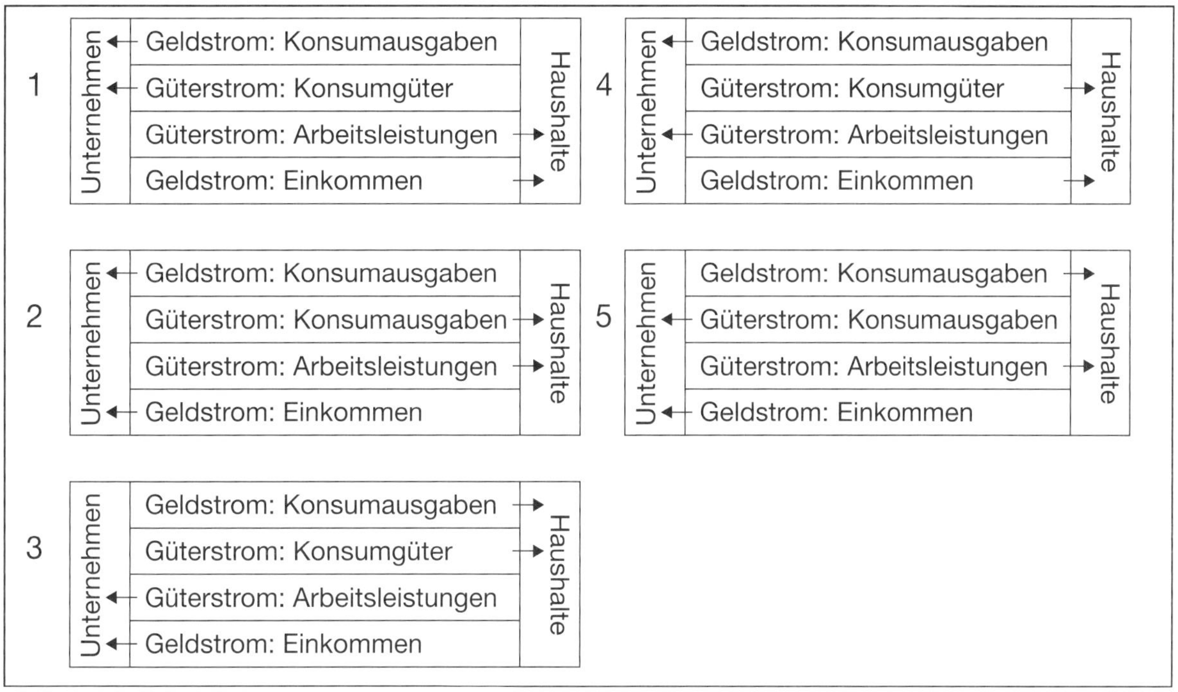

7. Welche Größe wird bei der Verwendungsrechnung des Inlandsproduktes berücksichtigt?

a) Die Abschreibungen
b) Die indirekten Steuern
c) Das Arbeitnehmereinkommen
d) Die Bruttoinvestitionen
e) Die Subventionen

8. Welche Aussage über den Wirtschaftskreislauf ist richtig?

a) Geld- und Güterströme fließen im Wirtschaftskreislauf in der gleichen Richtung.
b) Der Gewinn aus dem Verkauf von Erzeugnissen fließt den Unternehmen über den Warenkreislauf zu.
c) Der Staat beeinflusst weder den Waren- noch den Geldkreislauf.
d) Der Produktionsfaktor Arbeit ist Bestandteil des Wirtschaftskreislaufes.
e) Die Leistungen der Versicherungsunternehmen werden im Wirtschaftskreislauf nicht berücksichtigt.

9. Ergänzen Sie in dem untenstehenden Kreislaufschema den fehlenden Begriff auf der gestrichelten Linie und kreuzen Sie dessen Kennbuchstaben an!

a) Import
b) Private Ersparnisse
c) Subventionen
d) Einkommen
e) Private Investitionen
f) Außenbeitrag

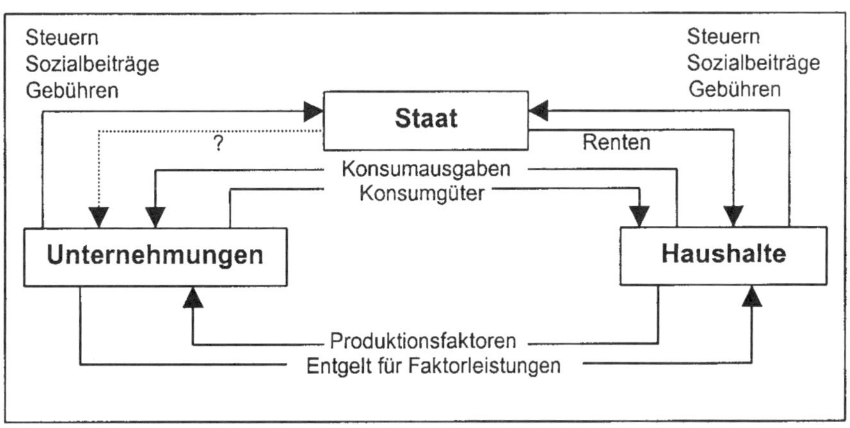

10. Welcher Posten muss an Stelle des Fragezeichens eingesetzt werden?

Volkseinkommen
- direkte Steuern
?
+ Transferzahlungen
= verfügbares Einkommen

a) + Subventionen
b) - Subventionen
c) + Abschreibungen
d) - Sozialabgaben
e) + indirekte Steuern
f) - indirekte Steuern

11. In einer Volkswirtschaft sparen die Konsumenten verstärkt und die Unternehmen erhöhen in gleichem Umfang ihre Neuinvestitionen. Welche Aussage über die Folgen ist richtig?

a) Die zusätzlichen Spargelder vermindern den Geldstrom, haben aber keinen Einfluss auf den Güterstrom.
b) Die zusätzlichen Spargelder erhöhen den Geldstrom, haben aber keinen Einfluss auf den Güterstrom.
c) Güter- und Geldstrom verlaufen in diesem Fall nicht mehr entgegengesetzt, sondern ausnahmsweise parallel.
d) Die verstärkte Sparneigung führt zu einem geringeren Geldstrom und letztlich zu einer Deflation.
e) Die schwächere Konsumgüternachfrage wird durch eine erhöhte Nachfrage nach Investitionsgütern ausgeglichen.

12. Wodurch unterscheidet sich das Bruttonationaleinkommen vom Bruttoinlandsprodukt?

a) Durch die Abschreibungen
b) Durch die indirekten Steuern
c) Nur durch das Einkommen von Inländern im Ausland
d) Nur durch das Einkommen von Ausländern im Inland
e) Abzüglich der Einkommen von Inländern im Ausland und zuzüglich der Einkommen von Ausländern im Inland

13. Durch welche Größe unterscheidet sich das Bruttonationaleinkommen vom Nettonationaleinkommen?

a) Durch die Umsatzsteuer
b) Durch die direkten Steuern
c) Durch die indirekten Steuern
d) Durch direkte und indirekte Steuern
e) Durch die Abschreibungen

14. Ergänzen Sie in dem Kreislaufschema den fehlenden Begriff auf der gestrichelten Linie und kreuzen Sie den richtigen Buchstaben an!

a) Ersparnisse
b) Subventionen
c) Konsumausgaben
d) Wareneinsatz
e) Investitionen

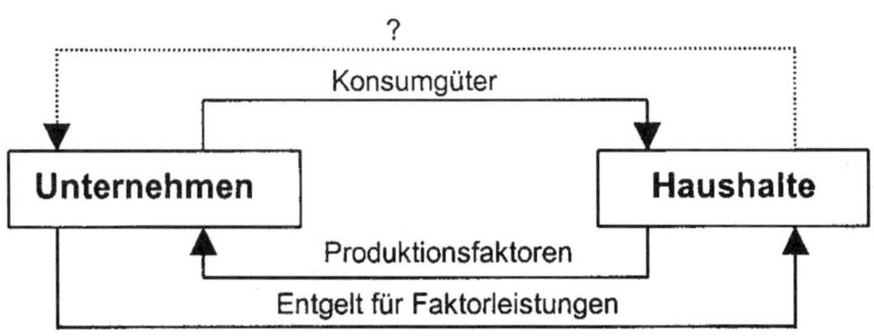

15. Welche Größe gibt Aufschluss über die Verwendung des Volkseinkommens?

a) Die Wertschöpfung aller Wirtschaftsbereiche
b) Das Einkommen aus selbständiger und unselbständiger Tätigkeit
c) Die Ausgaben für Konsum und Investitionsgüter
d) Die Kosten der eingesetzten Produktionsfaktoren
e) Die produzierten Güter und angebotenen Dienstleistungen

16. Was versteht man unter Bruttoinlandsprodukt?

a) Die Summe aller Einkünfte der staatlichen sozialen Einrichtungen in einem Jahr
b) Es umfasst die während eines Jahres im Inland von Inländern und Ausländern erwirtschafteten Wertschöpfungen.
c) Die in Geld ausgedrückte gesamtwirtschaftliche Leistung eines Staates für seine sozialen Einrichtungen in einem Jahr
d) Die Summe aller Einkommen aus unselbständiger Arbeit und Unternehmertätigkeit, die von der Volkswirtschaft eines Landes in einem Jahr geschaffen wurde
e) Der Teil der Produktion, der sozialen Zwecken dient

17. Ergänzen Sie in dem Kreislaufschema den fehlenden Begriff auf der gestrichelten Linie und kreuzen Sie den richtigen Buchstaben an!

a) Löhne und Gehälter
b) Warenumsatz
c) Arbeitsleistungen
d) Wareneinsatz
e) Investitionen

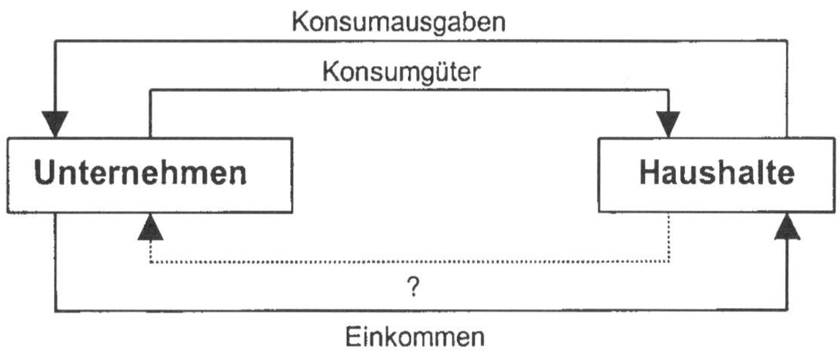

18. Welche Aussage über den Haushaltsplan der Bundesrepublik Deutschland ist richtig?

a) Einzige Finanzierungsquelle des Bundeshaushaltes sind die Steuern.
b) Die Umsatzsteuer ist auf der Einnahmenseite die größte Einzelsteuer.
c) Die Subventionen belasten den Haushaltsplan nicht.
d) Die Ausgaben für soziale Sicherung stellen den größten Anteil auf der Ausgabenseite.
e) Zum Ausgleich eines Einnahmedefizits kann die Bundesregierung Steuererhöhungen ohne Gesetzesgrundlage durchsetzen.

19. Welche Aussage zum realen Bruttoinlandsprodukt einer Volkswirtschaft ist richtig?

a) Die Veränderungen des Bruttoinlandsproduktes geben Aufschluss über das Wachstum einer Volkswirtschaft.
b) Das Bruttoinlandsprodukt umfasst in einer Volkswirtschaft auch die Hausfrauenarbeit.
c) Aus dem Bruttoinlandsprodukt kann man die Qualität und den Nutzen der erstellten Güter ersehen.
d) Aus dem Bruttoinlandsprodukt kann man die unterschiedliche Verteilung von Einkommen und Gütern ersehen.
e) Aus dem Bruttoinlandsprodukt sind soziale Verbesserungen, wie Erhöhung der Lebenserwartung, mehr Kindergartenplätze usw., zu ersehen.

20. Für das laufende Jahr ist bekannt, dass der Nettoverdienst gegenüber dem Vorjahr um 2,12, % gestiegen ist, wohingegen die Verbraucherpreise im laufenden Jahr um 1,8 % steigen werden. Berechnen Sie in Prozent den realen Zuwachs der Nettoverdienste der Arbeitnehmer im laufenden Jahr. Tragen Sie das Ergebnis in das Kästchen ein.

Wirtschafts- und Sozialkunde

Zu nächsten zwei Aufgaben siehe nachstehende Tabellen.

Jahr	Volkseinkommen in Mrd. €	Arbeitsstunden	Lohnsumme in Mrd. €	Lohnquote in Prozent
1	1.570	55 791	1.129,92	72,0
2	1.580	55 298	1.133,87	

Jahr	Abschreibungen in Mrd. €	Indirekte Steuer in Mrd. €	Subventionen in Mrd. €
2	60	180	80

21. Ermitteln Sie das Bruttonationaleinkommen für das Jahr 2 in Milliarden Euro. Tragen Sie das Ergebnis in das Kästchen ein.

22. Die Lohnquote ist der Anteil der Lohnsumme am Volkseinkommen. Berechnen Sie die Lohnquote für das Jahr 2 in Prozent. Tragen Sie das Ergebnis in das Kästchen ein.

23. Siehe das unten abgebildete Schema eines geschlossenen Wirtschaftskreislaufs. Ermitteln Sie mit Hilfe der angegebenen Zahlenwerte (in Mrd. EUR)
a) das verfügbare Einkommender privaten Haushalte.
b) den Sparbetrag der privaten Haushalte.
c) die Konsumausgaben der privaten Haushalte
d) das Volumen des Staatshaushalts.
e) die Steuerlast der Unternehmen.
Tragen Sie die Ergebnisse in das Kästchen ein.

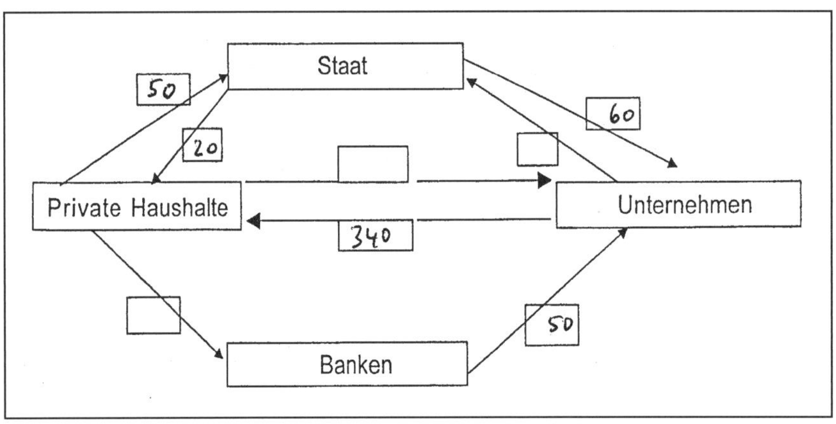

24. Die Lohnquote als Verteilungsmaßstab ist sehr umstritten. Erklären Sie, warum sie eine nur eingeschränkte Aussagekraft hat.

a) Die Arbeitnehmer beziehen nicht nur Löhne und Gehälter, sondern auch Zinsen und Mieten.
b) Die Entgelte der Beamten und Selbstständigen bleiben unberücksichtigt.
c) Die Arbeitnehmer werden zum Teil übertariflich bezahlt.
d) Die Arbeitnehmer beziehen Löhne und Gehälter auch für Ausfallzeiten (z. B. Urlaub).
e) Die Arbeitnehmerentgelte werden von den Arbeitnehmern bezahlt.

25. Wie nennt man den Anteil der Bruttoeinkommen aus unselbständiger Arbeit am Volkseinkommen?

a) Nettonationaleinkommen
b) Lohnquote
c) Bruttolohn- und Gehaltssumme
d) Bruttoinlandsprodukt
e) Reallohn

26. Die Handelsbilanz der Zahlungsbilanz kann aktiv, ausgeglichen oder passiv sein. In welchem Fall sind Ursache und Auswirkung auf die Handelsbilanz richtig dargestellt?

a) Einfuhrüberschüsse führen zwingend zu einer passiven Handelsbilanz.
b) Einfuhrüberschüsse führen zwingend zu einer aktiven Handelsbilanz.
c) Devisenabschlüsse führen zwingend zu einer aktiven Handelsbilanz.
d) Außenwirtschaftliches Gleichgewicht führt zwingend zu einer ausgeglichenen Handelsbilanz.
e) Ein negativer Außenbeitrag führt zwingend zu einer aktiven Handelsbilanz.

27. Welche Leistung wird bei der Berechnung des Bruttoinlandsproduktes erfasst?

a) Ein Maurer errichtet in Eigenleistung den Rohbau seines Hauses.
b) Die Freiwillige Feuerwehr fällt kostenlos einen kranken Baum.
c) Eine Angestellte verkauft privat ihrer Kollegin einen gebrauchten PKW.
d) Eine Hausfrau pflegt ein bettlägeriges Familienmitglied.
e) Ein Krankenpfleger leistet seinen Dienst in einem Krankenhaus.

28. Welcher Vorgang wird bei der Berechnung des Bruttoinlandsproduktes erfasst?

a) Kindererziehung durch die Eltern
b) Reparaturen am eigenen Haus durch die Eigentümer
c) Preisgeld eines deutschen Formel-I-Fahrers, der er beim Rennen in Japan erzielt
d) Gehalt eines brasilianischen Fußballspielers, das er von Bayern München erhält
e) Zubereiten eines 3-Gang-Menüs für ihre Familie durch eine berufstätige Frau

29. Berechnen Sie das Bruttoinlandsprodukt der Bundesrepublik Deutschland in Mrd. EUR aufgrund der Ihnen vorliegenden Werte der Verwendungsrechnung.

Private Konsumausgaben	**370 Mrd. EUR**
Staatliche Konsumausgaben	**130 Mrd. EUR**
Bruttoinvestitionen	**260 Mrd. EUR**
Export	**400 Mrd. EUR**
Import	**360 Mrd. EUR**

Tragen Sie das Ergebnis in das Kästchen ein!

30. Welcher Vorgang betrifft die Handelsbilanz?

a) Buchung einer Auslandsreise
b) Transportleistungen im Ausland
c) Export von Waren
d) Kapitalexport
e) Überweisungen ausländischer Arbeitnehmer

31. Nicht alle in Deutschland erbrachten Leistungen fließen in das Bruttoinlandsprodukt ein. Welche Leistung wird bei der Berechnung des Bruttoinlandsprodukts erfasst?

a) Ein Bekannter verschenkt sein Smartphone.
b) Die Mutter pflegt ihre Tochter, die an Grippe erkrankt ist.
c) Ein Angestellter der Bavaria Fahrradwerke GmbH stellt sich ehrenamtlich als Kassierer seines Schützenvereins zur Verfügung.
d) Ein Bekannter pflegt unentgeltlich den Garten seines Nachbarns während dieser in Urlaub ist.
e) Die Ausgaben, die Unternehmen für Forschung und Entwicklung tätigen.

ÜBUNGSAUFGABEN ZUR VORBEREITUNG AUF DIE ABSCHLUSSPRÜFUNG

BEI DEN NACHSTEHENDEN AUFGABEN SIND DIE RICHTIGEN ERGEBNISSE ANZUKREUZEN BZW. ZUZUORDNEN.

1. **Welche Folgen hat eine Lohn- und Gehaltserhöhung um eine Festbetrag (z. B. Löhne und Gehälter steigen in der Metallindustrie für alle gleichmäßig um 95 €)?**
   a) Die Lohn- und Gehaltserhöhungen sind für jeden Arbeitnehmer prozentual gleich.
   b) Die Lohn- und Gehaltserhöhungen bringen den Arbeitnehmern mit höherem Lohn und Gehalt größere Vorteile als den Arbeitnehmern mit niedrigerem Lohn und Gehalt.
   c) Die Lohn- und Gehaltserhöhungen bewirken, dass der Unterschied zwischen den Löhnen und Gehältern der einzelnen Arbeitnehmer absolut geringer wird.
   d) Die Lohn- und Gehaltserhöhungen bewirken, dass der Unterschied zwischen den Löhnen und Gehältern der einzelnen Arbeitnehmer absolut größer wird.
   e) Die Lohn- und Gehaltserhöhungen wirken sich bei Arbeitnehmern mit niedrigerem Lohn und Gehalt prozentual stärker aus als bei denen mit höherem Lohn und Gehalt.

2. **Welche Aussage über das Marktgeschehen in der Bundesrepublik Deutschland ist richtig?**
   a) Ein Preisvergleich durch die Verbraucher ist nicht notwendig, da die Preise durch Angebot und Nachfrage bestimmt werden.
   b) Gleichartige Artikel haben die gleichen Preise, weil das Bundeskartellamt die Preise überwacht.
   c) Der Unternehmer muss seine Preise um 6 % erhöhen, wenn die Löhne um 6 % steigen, da sich die Lohnkosten direkt auf den kalkulierten Verkaufspreis auswirken.
   d) Alle Kreditinstitute müssen für Spareinlagen mit gesetzlicher Kündigungsfrist den gleichen Zinssatz vergüten.
   e) Die Marktmacht eines Anbieters ist eine wesentliche Voraussetzung für die Durchsetzung von Preiserhöhungen.

3. **Welche Aussage über die Preisbildung in der Bundesrepublik Deutschland ist richtig?**
   a) Preiserhöhung von mehr als 10 % müssen vom Staat genehmigt werden.
   b) Die Verbraucher können in manchen Fällen durch ihr Verhalten die Preis beeinflussen.
   c) Alle Preise werden durch Absprachen zwischen den Unternehmern festgelegt.
   d) Alle Preise entstehen als Gleichgewichtspreise am vollkommenen Markt.
   e) Bei der betrieblichen Preiskalkulation wird der Marktpreis ermittelt.

4. **Ordnen Sie zu!**

Bildung des Marktpreises

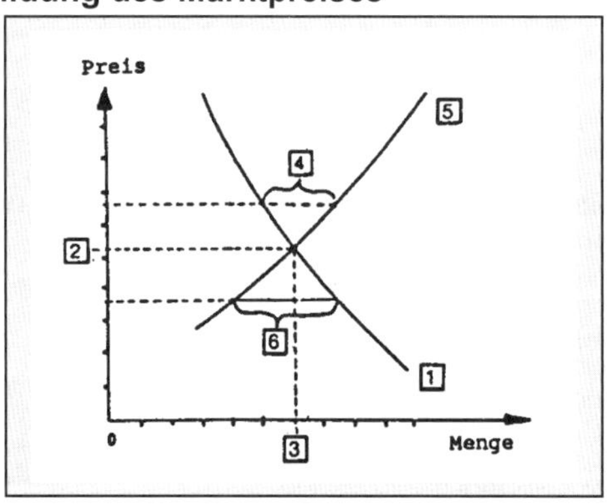

Bedeutung

[ ] Angebotskurve
[ ] Gleichgewichtsmenge
[ ] Nachfragekurve
[ ] Nachfrageüberhang
[ ] Gleichgewichtspreis
[ ] Angebotsüberhang

5. **Wie wirkt sich eine Verschiebung der Nachfragekurve nach rechts auf die dargestellte Marktsituation aus?**
   a) Die Gleichgewichtsmenge steigt, der Gleichgewichtspreis steigt.
   b) Die Gleichgewichtsmenge steigt, der Gleichgewichtspreis sinkt.
   c) Die Gleichgewichtsmenge sinkt, der Gleichgewichtspreis sinkt.
   d) Die Gleichgewichtsmenge bleibt gleich, der Gleichgewichtspreis sinkt.
   e) Die Gleichgewichtsmenge bleibt gleich, der Gleichgewichtspreis steigt.

6. In welcher Zeile ist die Beschreibung der Ausgleichsfunktion des Marktes korrekt angegeben?
a) Je höher der Preis ist, desto stärker zwingt er die Produzenten und Konsumenten zur Sparsamkeit.
b) Der Marktpreis ermöglicht allen Anbietern und Nachfragern die Erfüllung ihrer Verkaufs- und Kaufwünsche.
c) Anbieter- und Nachfragepläne werden über den Preis abgestimmt, bis der Markt geräumt ist bzw. der höchstmögliche Umsatz erzielt wird.
d) Preissenkungen zeigen an, dass das regelmäßige Angebot für die herrschende Nachfrage zu klein ist.
e) Jeder, der sich als Anbieter am Marktgeschehen beteiligt, erhält für seine Leistung einen Preis, der Einkommen darstellt.

7. Zur Sicherung des Einkommensniveaus in der Landwirtschaft haben die Staaten der EU für die meisten landwirtschaftlichen Erzeugnisse Mindestpreise festgesetzt. Welche Aussage über den staatlichen Mindestpreis trifft zu?
a) Beim staatlichen Mindestpreis stimmen Angebot und Nachfrage überein.
b) Beim staatlichen Mindestpreis ist das Angebot größer als die Nachfrage.
c) Beim staatlichen Mindestpreis werden die Anbieter benachteiligt.
d) Beim staatlichen Mindestpreis ist die Nachfrage größer als das Angebot.
e) Beim staatlichen Mindestpreis entsteht eine Angebotslücke.

8. Welches Ziel ist <u>nicht</u> im Gesetz zur Förderung der Stabilität und des Wachstums der Wirtschaft enthalten?
a) Hoher Beschäftigungsstand
b) Stabilität
c) Gerechte Einkommensverteilung
d) Außenwirtschaftliches Gleichgewicht
e) Stetiges und angemessenes Wirtschaftswachstum

9. Welcher <u>staatliche</u> Eingriff setzt den Preismechanismus außer Kraft?
a) Der Staat verbietet Preisabsprachen zur Sicherung eines funktionsfähigen Wettbewerbs.
b) Zur Steigerung der Investitionsbereitschaft ermöglicht der Staat den Unternehmen Sonderabschreibungen auf Anlagegüter.
c) Zur Einschränkung des Ölverbrauchs reglementiert der Staat den Kauf von Heizöl durch Bezugsscheine.
d) Durch Vergabe öffentlicher Aufträge erwartet der Staat eine Ankurbelung der Wirtschaft.
e) Durch höhere Besteuerung der Einkünfte beabsichtigt der Staat, einen inflationären Preisanstieg zu bekämpfen.

10. Was sind Steuern?
a) Steuern sind einmalige oder wiederkehrende Abgaben ohne Anspruch auf direkte Gegenleistung, die ein öffentlich-rechtliches Gemeinwesen von all denen erhebt, die den Tatbestand erfüllen, an den das Gesetz die Steuerpflicht knüpft.
b) Steuern sind zweckgebundene Abgaben, die von den Bürgern geleistet werden, um die Ausgaben des Staates zu decken.
c) Steuern sind Pflichtbeiträge, die ausschließlich von natürlichen Personen zu leisten sind, um die Ausgaben zu decken, die den juristischen Personen im Wege ihrer Aufgabenerfüllung entstanden sind.
d) Steuern sind Sach- und Geldleistungen, die unabhängig von einer speziellen Steuerpflicht von all denen erhoben werden, die in dem Bereich eines öffentlich-rechtlichen Gemeinwesens leben.
e) Steuern sind Geld- und Sachleistungen, die dazu berechtigen, von einem öffentlich-rechtlichen Gemeinwesen ohne Rücksicht auf kollektive Bedürfnisse eine spezielle Gegenleistung zu verlangen.

11. Welche Aussage zu den Steuern in der Bundesrepublik Deutschland ist richtig?
a) Steuern sind zweckgebundene Einnahmen des Staates.
b) Steuern sind die einzigen Einnahmen des Staates.
c) Alle Steuern können von der Bundesregierung zum Ausgleich von Einnahmedefiziten durch einen Kabinettsbeschluss erhöht werden.
d) Das gesamte Steueraufkommen wird prozentual auf den Bund, die Länder und Gemeinden verteilt.
e) Über die Verwendung des Steueraufkommens kann der Steuerpflichtige nicht direkt mitentscheiden.

12. Unser kaufmännischer Mitarbeiter, Herr Prinz, ist zum Jahreswechsel umgezogen und erwartet für das nächste Jahr Ausgaben in Höhe von ca. 2.500 € für Fahrten zwischen seiner Wohnung und der Arbeitsstätte. Kann er aus diesem Grund einen Lohnsteuerfreibetrag in Anspruch nehmen?

a) Nein, es ist grundsätzlich nicht möglich, dass man im Voraus diese Ausgaben als Freibetrag in Anspruch nehmen kann.
b) Ja, er muss sich wegen des Anspruchs an seine Gemeinde wenden.
c) Nein, er hat keinen Anspruch, da die Ausgaben erst nach Jahresende als außergewöhnliche Belastungen mittels Einkommensteuererklärung geltend gemacht werden können.
d) Ja, er kann diesen Anpruch als Sonderausgabenfreibetrag entsprechend der steuerlichen Regelungen beim Finanzamt geltend machen.
e) Ja, er kann den Anspruch eines Freibetrages wie Werbungskosten abziehbarer Aufwendungen entsprechend der steuerlichen Regelungen beim Finanzamt geltend machen.

13. Welche Zuordnung ist durchgehend richtig?

	Bundessteuern	Ländersteuern	Gemeinschaftssteuern
a)	Gewerbesteuer	Grundsteuer	Umsatzsteuer
b)	Kfz-Steuer	Gewerbesteuer	Körperschaftsteuer
c)	Energiesteuer	Biersteuer	Einkommensteuer
d)	Umsatzsteuer	Energiesteuer	Grundsteuer
e)	Einkommensteuer	Umsatzsteuer	Energiesteuer

14. Ordnen Sie zu.

Steuerarten/Abgaben

a) Branntweinsteuer
b) Erbschaftsteuer
c) Tabaksteuer
d) Energiesteuer
e) Grundsteuer
f) Körperschaftsteuer

Steuerempfänger

[ ] Bund und Länder gemeinsam

[ ] Ausschließlich Länder

[ ] Ausschließlich Gemeinden

15. Welche Aussage zur Umsatzsteuer ist richtig?

a) Sie ist eine direkte Steuer, weil der Steuerzahler zugleich der Steuerschuldner ist.
b) Sie ist eine Gemeinschaftssteuer, weil das Steueraufkommen an Bund und Länder fließt.
c) Sie ist eine Betriebssteuer, weil sie als Betriebsausgabe den Gewinn mindert.
d) Sie ist eine Verbrauchsteuer, weil steuerpflichtiger Tatbestand der Verbrauch ist.
e) Sie ist für die Unternehmen ein wesentlicher Kostenfaktor.

16. Welche Aussage zur Umsatzsteuer ist richtig?

a) Die Umsatzsteuer ist eine Bundessteuer, weil sie allein dem Bund zufließt.
b) Die Umsatzsteuer ist eine direkte Steuer, weil der Steuerzahler zugleich der Steuerträger ist.
c) Die Umsatzsteuer ist eine indirekte Steuer, weil Steuerzahler und Steuerträger verschiedene Personen sind.
d) Die Umsatzsteuer ist eine Gemeindesteuer, weil sie den Gemeinden zufließt.
e) Die Umsatzsteuer ist eine Betriebsteuer, weil sie als Betriebsausgabe den Gewinn mindert.

17. Welche Steuer ist eine Verbrauchsteuer?

a) Die Einkommensteuer
b) Die Grundsteuer
c) Die Tabaksteuer
d) Die Gewerbesteuer
e) Die Kraftfahrzeugsteuer

18. Bei welcher Steuer erhöht sich der Steuerbetrag für den Verbraucher automatisch mit jeder Preissteigerung?

a) Bei der Umsatzsteuer
b) Bei der Gewerbesteuer
c) Bei der Lohnsteuer
d) Bei der Einkommensteuer
e) Bei der Kirchensteuer

19. Welche Steuer fließt ausschließlich den Gemeinden zu?

a) Einkommensteuer
b) Umsatzsteuer
c) Energiesteuer
d) Hundesteuer
e) Kraftfahrzeugsteuer
f) Grunderwerbsteuer

20. Ordnen Sie zu.

Erklärungen

a) Mit dieser Steuer ist grundsätzlich jede Ware belastet, die im Inland verkauft wird.
b) Zu dieser Steuer werden Personen herangezogen, wenn sie z. B. Gewinne aus einem Geschäft oder Einnahmen aus freiberuflicher Tätigkeit haben.
c) Diese Steuer fällt nur bei juristischen Personen an.
d) Diese Steuer wird vom Arbeitsentgelt einbehalten und vom Arbeitgeber an das Finanzamt abgeführt.
e) Bemessungsgrundlage ist z. B. der Gewinn einer AG.
f) Bei dieser Steuer handelt es sich um eine zweckgebundene Einnahme des Staates.

Steuerarten

[ ] Umsatzsteuer
[ ] Einkommensteuer
[ ] Lohnsteuer

21. Sie haben eine vermögenswirksame Geldleistung in Höhe von 13,00 EUR von der Bavaria Fahrradwerke GmbH erhalten. Die gesamte vermögenswirksame Sparleistung beträgt 40,00 €. Wie wirkt sich die vermögenswirksame Leistung auf Ihre Gehaltsabrechnung aus?

a) Die vermögenswirksame Geldleistung der Bavaria Fahrradwerke GmbH ist sowohl steuer- als auch sozialversicherungspflichtig.
b) Die vermögenswirksame Geldleistung der Bavaria Fahrradwerke GmbH ist steuer- aber nicht sozialversicherungspflichtig.
c) Die vermögenswirksame Geldleistung der Bavaria Fahrradwerke GmbH vermindert das Bruttogehalt.
d) Die vermögenswirksame Geldleistung der Bavaria Fahrradwerke GmbH und auch Ihre eigene Sparleistung sind steuer- und sozialversicherungspflichtig.
e) Die gesamte vermögenswirksame Anlage ist von Ihnen der gewählten Vermögensanlage selbst zu überwiesen.

22. Welche Aussage über direkte bzw. indirekte Steuern ist richtig?

a) Direkte Steuern haben das Einkommen, den Ertrag oder das Vermögen zur Bemessungsgrundlage und werden direkt von den Steuerträgern an das Finanzamt gezahlt.
b) Direkte Steuern haben das Einkommen, den Ertrag oder das Vermögen zur Bemessungsgrundlage und werden über die Preise der belasteten Güter gezahlt.
c) Direkte Steuern haben die Einkommensverwendung (Konsum) zur Bemessungsgrundlage und werden über Preise der belasteten Güter gezahlt.
d) Indirekte Steuern haben das Einkommen, den Ertrag oder das Vermögen zur Bemessungsgrundlage und werden von den Steuerträgern unmittelbar an das Finanzamt gezahlt.
e) Indirekte Steuern haben die Einkommensverwendung (Konsum) zur Bemessungsgrundlage, werden aber von den Steuerträgern direkt an das Finanzamt gezahlt.

23. Welche Aussage über Steuern ist richtig?

a) Besitzsteuern unterteilen sich in Personen- und Verkehrssteuern.
b) Alle Steuern werden direkt von den Finanzämtern eingezogen.
c) Bei den indirekten Steuern wird die Leistungsfähigkeit der einzelnen Steuerzahler berücksichtigt.
d) Bei den direkten Steuern wird die Leistungsfähigkeit der einzelnen Steuerzahler nicht berücksichtigt.
e) Grundsätzlich wird jeder Endverbraucher von Waren oder Dienstleistungen, unabhängig von seiner Leistungsfähigkeit, mit dem gleichen Mehrwertsteuersatz belastet.

24. Welche Aussage zur Grundsteuer ist richtig?

a) Die Grundsteuer ist die Steuer, die das gewerbesteuerpflichtige Unternehmen entrichten muss.
b) Die Grundsteuer ist beim Erwerb eines Grundstücks zu entrichten.
c) Die Grundsteuer ist vom Eigentümer eines Grundstücks zu entrichten.
d) Die Grundsteuer ist vom Grundstücksmakler für sein Einkommen zu entrichten.
e) Die Grundsteuer ist von den Gemeinden an das Bundesland abzuführen.

25. Ordnen Sie zu.

Steuerarten	**Steuereinteilungen nach dem Empfänger**
a) Tabaksteuer	
b) Grundsteuer	[ ] Bund und Ländern
c) Kaffeesteuer	
d) Energiesteuer	[ ] Länder
e) Körperschaftsteuer	
f) Erbschaftsteuer	[ ] Gemeinden
g) Branntweinsteuer	

26. Die Bavaria Fahrradwerke GmbH leistet mit den von ihr zu tragenden Steuern einen Beitrag zum gesamtwirtschaftlichen Steueraufkommen. Welche Steuerart ist von der Bavaria Fahrradwerke GmbH zu tragen?

a) Gewerbeertragsteuer
b) Umsatzsteuer
c) Lohnsteuer
d) Einkommensteuer
e) Einfuhrumsatzsteuer

27. Durch welche Maßnahmen zur Nachfragesteigerung kann der Staat die Schaffung neuer Arbeitsplätze begünstigen?

a) Erhöhung der Umsatzsteuer
b) Senkung der Einkommensteuer
c) Abbau von Subventionen
d) Abbau der Staatsausgaben
e) Bildung einer Konjunkturausgleichsrücklage

28. Welche Steuer ist richtig zugeordnet?

Steuerempfänger				Steuergegenstand		
Unterteilung nach Steuerarten	Bundes-steuer	Landes-steuer	Gemeinde-steuer	Besitz-steuer	Verkehrs-steuer	Verbrauch-steuer
a) Energiesteuer			X			X
b) Kfz-Steuer	X				X	
c) Gewerbesteuer	X				X	
d) Grundsteuer		X		X		
e) Einkommensteuer			X	X		

29. Welcher Sachverhalt begründet eine Besitzsteuer?

a) Zahlung einer Versicherungsprämie
b) Verkauf von Erzeugnissen
c) Kauf einer Schachtel Zigaretten
d) Gewinn einer GmbH
e) Erwerb eines Kraftfahrzeuges

30. Bei sonst unveränderten Einflussfaktoren führen nominale Einkommenssteigerungen aus unselbständiger Arbeit in der Bundesrepublik Deutschland zu einer überproportionalen Steigerung des Lohnsteueraufkommens. Welche Begründung für diese Steigerung ist richtig?

a) Die nominalen Einkommenssteigerungen führen zur Eingruppierung in eine andere Steuerklasse.
b) Durch die Lohn- und Gehaltserhöhungen wird eine große Zahl von Arbeitnehmern stärker von der Steuerprogression erfasst.
c) Bei höheren Einkommen entfällt der Arbeitnehmerfreibetrag.
d) Bei Doppelverdienern mit einem Gesamtjahreseinkommen über 60.000 € ist das Ehegattensplitting nicht erlaubt.
e) Übertreffen die realen Einkommenssteigerungen die nominalen, so sind diese Besteuerungsgrundlage.

31. In welchem Fall spricht man von struktureller Arbeitslosigkeit?

a) Arbeitnehmer wurden wegen der schlechten Auftragslage entlasssen.
b) Arbeitnehmer fanden nach einer Betriebsauflösung nicht gleich einen Arbeitsplatz wieder.
c) Die Arbeitslosigkeit entstand durch eine allgemeine Konjunkturabschwächung.
d) Arbeitnehmer in der Textilindustrie wurden arbeitslos, da wegen des ständig zunehmenden Importdrucks Absatzschwierigkeiten entstanden.
e) Arbeitnehmer meldeten sich nicht arbeitslos, obwohl sie aus dem Erwerbsprozess ausgeschieden waren.

32. Wodurch können die Bestände an Devisen in der Volkswirtschaft der Bundesrepublik Deutschland zunehmen, wenn alle anderen Einflussfaktoren unverändert bleiben?

a) Der Staat vergibt an inländische Betriebe große Aufträge.
b) Ausländische Arbeitnehmerinnen und Arbeitnehmer überweisen Geldbeträge in ihre Länder.
c) Der Bund fördert die Einfuhr von lebensnotwendigen Gütern durch entsprechende Prämien.
d) Der Anstieg des US-Dollarkurses führt zu einer starken Belebung des Exportes.
e) Die Bundesregierung bürgt für einen Milliardenkredit an ein russisches Unternehmen.

33. Welche Aussage zum Wirtschaftswachstum ist richtig?

a) Zwischen dem nominalen und realen Bruttoinlandsprodukt besteht hinsichtlich der Aussagekraft über das Wirtschaftswachstum kein Unterschied.
b) Die Erschließung und Verarbeitung der in einem Lande vorhandenen Rohstoffe hat Einfluss auf das Wirtschaftswachstum.
c) Technischer Fortschritt und Produktionsstruktur eines Landes haben keinen Einfluss auf das Wirtschaftswachstum.
d) Die Bevölkerung hat keinen Einfluss auf das Wirtschaftswachstum.
e) Die Realisierung eines angemessenen Wirtschaftswachstums bewirkt automatisch Preisniveaustabilität und Vollbeschäftigung.

34. In welchem Fall liegt ein wirtschaftspolitischer Zielkonflikt vor?

a) Bei steigender Beschäftigung erhöht sich das Preisniveau.
b) Bei steigender Beschäftigung erhöht sich das Wirtschaftswachstum.
c) Bei sinkenden Gehältern sinkt das Preisniveau.
d) Bei rückläufiger Arbeitslosigkeit bleiben die Gehälter stabil.
e) Bei stabilen Preisen steigt die Kaufkraft des Geldes.
f) Die Produktivität erhöht sich im Ausmaß der besseren Kapazitätsauslastung.

35. Eine Inflation wirkt sich unter anderem auf die Preise, die Geldmenge und die Kaufkraft aus. In welcher Zeile sind alle Auswirkungen richtig dargestellt?

	Preise	Geldmenge	Kaufkraft
a)	bleiben unverändert	bleibt unverändert	sinkt
b)	sinken	sinkt	steigt
c)	steigen	steigt	sinkt
d)	steigen	steigt	steigt
e)	sinken	steigt	sinkt
f)	steigen	sinkt	sinkt

36. Ordnen Sie zu.

Wirtschaftliche Maßgrößen

a) Leistungsbilanz
b) Das reale Bruttoinlandsprodukt
c) Die Zahl der offenen Stellen
d) Die Kaufkraft des Geldes
e) Die Lohnquote
f) Die Arbeitslosigkeit

Globalziele des Stabilitätsgesetzes

[ ] Preisniveau
[ ] Außenwirtschaftliches Gleichgewicht
[ ] Stetiges und angemessenes Wirtschaftswachstum

37. Welche Aussage über das Wirtschaftswachstum trifft zu?

a) Das Wirtschaftswachstum lässt sich an der Steigerung des Reallohns messen.
b) Steigende Importüberschüsse fördern in gleichem Maße das Wirtschaftswachstum.
c) Das Wirtschaftswachstum lässt sich an der Veränderung des realen Volkseinkommens messen.
d) Bei der Berechnung des realen Wirtschaftswachstums wird das nominelle Inlandsprodukt um die Lohnquote bereinigt.
e) Nettoinvestitionen bremsen das Wirtschaftswachstum.

38. Welche Aussage zu einer deflatorischen Entwicklung ist richtig?

a) Es ist ein Stillstand der ökonomischen Aktivitäten bei steigenden Preisen zu beobachten.
b) Es sind anhaltendes Sinken des Preisniveaus und zunehmende Arbeitslosigkeit zu beobachten.
c) Es ist ein langsamer, aber anhaltendes Steigen der Preise zu beobachten.
d) Es ist eine Zunahme der ökonomischen Aktivitäten in der Volkswirtschaft zu beobachten.
e) Die nachfragewirksame Geldmenge wächst stärker als das Güterangebot.

39. Wie müssten sich die folgenden Konjunkturindikatoren in einer Abschwungphase theoretisch entwickelt haben?

a - Auftragsbestand

b - Kapazitätsauslastung

c - Preis- und Zinsniveau

d - Kreditnachfrage

e - Arbeitslosenquote

a) a bis e höher als vorher
b) a bis e niedriger als vorher
c) a bis d höher als vorher, e niedriger als vorher
d) a bis d niedriger als vorher, e höher als vorher
e) a und b niedriger als vorher, c bis e höher als vorher

40. Wodurch kann eine Inflation entstehen?

a) Durch das Sinken der Nachfrage nach Investitionsgütern bei gleichbleibendem Angebot
b) Durch Rückgang der Konsumgüternachfrage bei gleichbleibendem Angebot
c) Durch Lohnerhöhungen, die unter der Produktionssteigerung liegen
d) Durch Erhöhung der Leitzinsen
e) Durch starke Erhöhung der Staatsausgaben

41. Die Bundesregierung will durch ihre Ausgaben- und Einnahmenpolitik eine inflationäre Entwicklung bekämpfen, die durch eine Übernachfrage entstanden ist. In welcher Zeile zielen alle Maßnahmen in die gewünschte Richtung?

	Einkommensteuersätze	Konjunkturausgleichsrücklage	Investitionsaufträge
a)	senken	erhöhen	erhöhen
b)	erhöhen	verringern	verringern
c)	erhöhen	erhöhen	erhöhen
d)	senken	verringern	verringern
e)	erhöhen	erhöhen	verringern
f)	erhöhen	verringern	erhöhen

42. In der Graphik sind die Phasen des Konjunkturverlaufes dargestellt. Welche Aussage trifft auf die grau hinterlegte Phase zu?

a) Die Produktionskapazitäten werden durch die wachsende Nachfrage nach Investitions- und Konsumgütern zunehmend ausgelastet.
b) Die Produktionskapazitäten sind voll ausgelastet und zum Teil überlastet. Auf den Konsumgütermärkten herrscht ein starker Nachfrageüberhang.
c) Die Einkommen der privaten Haushalte gehen zurück. Die Konsumgüternachfrage sinkt.
d) Die Gewinne schrumpfen. Die Preissteigerungsrate nimmt ab. Die Arbeitslosenquote steigt stark an.
e) Die Produktionskapazitäten sind zunehmend unausgelastet. Die Banken haben hohe Liquiditätsreserven.
f) Die Nachfrage der Unternehmer nach Investitionsgütern sinkt stark. Die Zukunftserwartungen der Unternehmer sind pessimistisch.

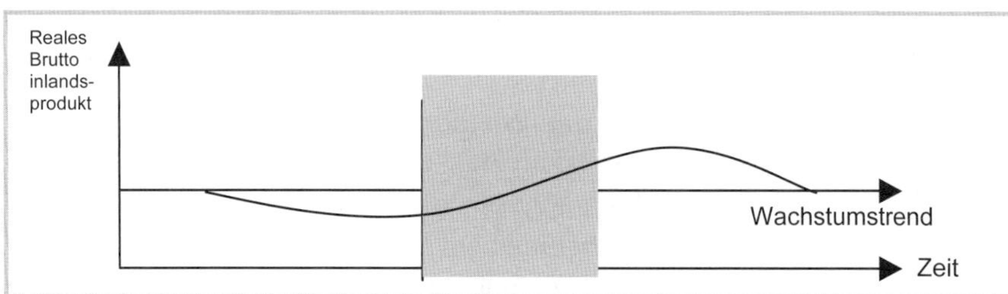

43. Eine Inflation steht im Widerspruch zu der wirtschaftspolitischen Zielsetzung eines stabilen Preisniveaus. Wodurch kann eine Inflation entstehen?

a) Durch den Verkauf von Wertpapieren durch die Deutsche Bundesbank im Auftrag des Systems der Europäischen Zentralbanken (ESZB).
b) Durch Lohnerhöhungen, die unter dem Produktivitätszuwachs liegen.
c) Durch das Sinken der Nachfrage nach Investitionsgütern bei gleichbleibendem Angebot.
d) Durch Rückgang der Konsumgüternachfrage bei gleichbleibendem Angebot.
e) Durch starke Erhöhung der staatlichen Nachfrage bei gleichbleibendem Angebot.

44. Welches Instrument der antizyklischen Fiskalpolitik ist in der Rezession richtig angewendet?

a) Erhöhung der Einkommen-, Körperschafts- und Gewerbesteuervorauszahlungen
b) Einschränkung der Abschreibungsmöglichkeiten
c) Erhöhung der Bautätigkeit durch staatliche Aufträge und entsprechende Bauförderungsmaßnahmen
d) Ausgabensperre für alle öffentlichen Investitionen
e) Erhebung eines Konjunkturzuschlages

45. Wie wirkt eine inflationäre Entwicklung?

a) Die Geldvermögen, z. B. Sparguthaben, gewinnen Kaufkraft.
b) Bei gleichbleibenden Nominallöhnen sinken die Reallöhne.
c) Die Geldmenge sinkt bei gleichzeitig rückläufiger Umlaufsgeschwindigkeit des Geldes.
d) Der Nominalwert des Geldes sinkt.
e) Das Geldvolumen steigt ebenso stark wie die Produktion an Gütern und Dienstleistungen.

46. Welche Aussage zum Wirtschaftswachstum ist richtig?

a) Zwischen dem nominalen und realen Bruttosozialprodukt besteht hinsichtlich der Aussagekraft über das Wirtschaftswachstum kein Unterschied.
b) Die Erschließung und Verarbeitung der in einem Lande vorhandenen Rohstoffe hat keinen Einfluss auf das Wirtschaftswachstum.
c) Technischer Fortschritt und Produktionsstruktur eines Landes haben wesentlichen Einfluss auf das Wirtschaftswachstum.
d) Die Bevölkerungsstruktur hat keinen Einfluss auf das Wirtschaftswachstum.
e) Die Realisierung eines angemessenen Wirtschaftswachstums bewirkt automatisch Preisniveaustabilität und Vollbeschäftigung.

47. Welche Wirkung hat in der Regel die Aufwertung einer Währung, z. B. des Euro?

a) Die ausländische Währungen, z. B. der US-$, -wird teurer.
b) Der Import, z. B. aus dem außereuropäischen Ausland, wird gedrosselt.
c) Ausländische, z.B: amerikanische Erzeugnisse, werden in Europa teurer.
d) Der Urlaub im außereuropäischen Ausland wird billiger.
e) Der Export aus Europa wird angekurbelt.

48. Welche Aussage beschreibt eine mögliche Ursache inflationärer Entwicklung?

a) Die Nachfrage nach Gütern und Leistungen steigt im gleichen Verhältnis wie das reale gesamtwirtschaftliche Angebot.
b) Zufließende Devisen werden in die Landeswährung umgetauscht und als zusätzliche Nachfrage bei gleichbleibendem Angebot in den Wirtschaftskreislauf gebracht.
c) Durch Erhöhung der Produktivität steigen die Angebote an Gütern und Leistungen stärker als die Einkommen.
d) Wegen sinkender Bevölkerungszahlen verringert sich das Nettovolkseinkommen. Durch Anwendung neuer Produktionstechniken bleibt das Angebot an Gütern und Leistungen gleich.
e) Das reale gesamtwirtschaftliche Angebot an Gütern und Leistungen wächst schneller als die nominale Nachfrage nach diesen Gütern und Leistungen.

49. Ordnen Sie zu.

Wirtschaftliche Kennzahlen
a) Lebenshaltungskostenindex
b) Reales Volkseinkommen
c) Arbeitslosenquote
d) Lohnquote
e) Rentabilität
f) Wirtschaftlichkeit
g) Nachfrageelastizität

Volkswirtschaftliche Begriffe
[ ] Einkommensverteilung
[ ] Kaufkraft des Geldes
[ ] Wirtschaftswachstum

50. Welche Aussage über die Kaufkraft des Geldes ist richtig?
a) Die Kaufkraft ist gleichbedeutend mit dem Eigenwert des Geldes.
b) Mit Hilfe der Kaufkraft werden Güter verschiedener Art messbar.
c) Die Kaufkraft wird durch die Gütermenge festgelegt, die man mit einer Geldeinheit erwerben kann.
d) Steigende Güternachfrage bei gleichbleibendem Angebot erhöht die Kaufkraft.
e) Die Kaufkraft ist unabhängig von der Geldmenge.

51. Welche Zielkombination kennzeichnet die vier Hauptziele der staatlichen Wirtschaftspolitik nach dem Stabilitätsgesetz?
a) Erhaltung der Kaufkraft des Geldes, hoher Beschäftigungstand, außenwirtschaftliches Gleichgewicht, Nullwachstum.
b) Größtmögliches Wirtschaftswachstum, absolut gleiche Besteuerung der Wirtschafssubjekte, hohe Devisenbestände der Europäischen Zentralbank, Stabilität des Preisniveaus
c) Gerechte Einkommensverteilung, hoher Beschäftigungsstand, stetiges und angemessenes Wirtschaftswachstum, Stabilität des Preisniveaus
d) Stabilität des Preisniveaus, keine Verschuldung der öffentlichen Haushalte, außenwirtschaftliches Gleichgewicht, Vollbeschäftigung.
e) Stabilität des Preisniveaus, hoher Beschäftigungsstand, außenwirtschaftliches Gleichgewicht, stetiges und angemessenes Wirtschaftswachstum

52. An welchem Indikator lässt sich die Konjunkturentwicklung am frühesten erkennen?
a) Zahlungsbilanz
b) Importpreisentwicklung
c) Steueraufkommen
d) Sparaufkommen
e) Auftragseingänge
f) Produktionsmenge

53. Welche Aussage zur Inflation ist richtig?
a) Bei einer Inflation steigt die Kaufkraft des € ständig.
b) Die Erhöhung der Mineralölpreise hat in Industrieländern keinen Einfluss auf die inflationäre Entwicklung.
c) Bei einer Inflation ist in einer Volkswirtschaft zu wenig Geld im Umlauf.
d) Eine Erhöhung des Bargeldumlaufs wirkt inflationshemmend.
e) Wenn Anbieter die Marktmacht haben, Preiserhöhungen durchzusetzen, verstärkt dies eine inflationäre Entwicklung.
f) Eine Senkung des Leitzinses wirkt dem Preisanstieg entgegen.

54. Welcher Vorgang trägt zur Stabilisierung des Preisniveaus bei einer inflationären Entwicklung bei?
a) Lohnerhöhung um 10 % bei Steigerung des Sozialproduktes um 5 %.
b) Verkürzung der wöchentlichen Arbeitszeit bei vollem Lohnausgleich
c) Verstärkung des Exportes
d) Verstärkung der Spartätigkeit
e) Erhöhung der Staatsausgaben

55. Welche Aussage zum Nominal- bzw. Realeinkommen ist (volkswirtschaftlich betrachtet) richtig?

a) Preiserhöhungen führen bei unverändertem Nominaleinkommen zur Erhöhung des Realeinkommens.
b) Das Realeinkommen verändert sich nicht, wenn Preise und Nominaleinkommen in gleichem Maße steigen.
c) Bei unverändertem Nominaleinkommen bedeuten sinkende Preise ein gleichzeitiges Absinken des Realeinkommens.
d) Bei der Ermittlung des Realeinkommens werden Preisänderungen grundsätzlich nicht berücksichtigt.
e) Nominaleinkommen drückt die Kaufkraft des Geldbetrages aus, den der Arbeitnehmer für seine Arbeitsleistung erhält.

56. Was versteht man unter der Lohnquote?

a) Den Anteil der Löhne an den gesamten Personalkosten der deutschen Unternehmen
b) Den Anteil der Lohnstückkosten am gesamten Verwaltungsaufwand der deutschen Unternehmen
c) Das Verhältnis der Arbeiterlöhne zu den Angestelltengehältern
d) Den Anteil des Volkseinkommens, der nicht verbraucht wird
e) Den Anteil der Einkommen aus nichtselbständiger Arbeit am Volkseinkommen

57. In welchem Fall liegt eine antizyklische fiskalische Maßnahme vor?

a) In der Rezession werden Rücklagen für den Aufschwung gebildet.
b) In der Rezession werden zur Schonung des Inlandmarktes Staatsaufträge möglichst in das Ausland vergeben.
c) In der Hochkonjunktur wird eine gleichmäßige Auslastung aller Betriebe durch zusätzliche Staatsaufträge angestrebt.
d) In der Hochkonjunktur werden bisher vom Staat zugestandene Steuervergünstigungen rückgängig gemacht.
e) In der Hochkonjunktur werden zusätzliche Staatsaufträge vergeben.

58. Was ist unter der Kaufkraft des Geldes zu verstehen?

a) Der Nominalwert des Geldes
b) Der Durchschnitt der Güterpreise einer Volkswirtschaft
c) Der Anteil der Löhne und Gehälter am Volkseinkommen
d) Die Menge an Gütern und Dienstleistungen, die mit einer Geldeinheit gekauft werden kann
e) Das Nettoeinkommen abzüglich aller regelmäßig wiederkehrenden Ausgaben

59. Die Geldmenge ist im Euro-Währungsraum um 8 % gestiegen. Um wie viel Prozent ist in diesem Zeitraum die Kaufkraft gesunken, wenn alle anderen Einflussgrößen gleich geblieben sind?

60. Wodurch kann eine Inflation entstehen?

a) Durch Erhöhung der Konsumgüternachfrage bei gleichbleibendem Angebot
b) Durch das Sinken der Nachfrage nach Investitionsgütern bei gleichbleibendem Angebot
c) Durch Lohnerhöhungen, die unter der Produktionssteigerung liegen
d) Durch Erhöhung des Solidaritätszuschlages
e) Durch die Bildung einer Konjunkturausgleichsrücklage

61. Was ist unter dem Begriff Sparquote zu verstehen?

a) Der Anteil des Volkseinkommens, der nicht verbraucht wird
b) Die prozentuale Wachstumsrate der Ersparnisbildung gegenüber dem Vorjahr
c) Die Teile des Einkommens, die nach dem Vermögensbildungsgesetz angelegt sind
d) Der Teil des öffentlichen Haushalts, der durch Kürzungen und Streichungen eingespart werden soll
e) Die jährliche private Ersparnisbildung auf Sparkonten der Kreditinstitute

Wirtschafts- und Sozialkunde

62. Welche Aussage über die Auswirkung einer Inflation ist richtig?

a) Die Lohn- und Gehaltsempfänger müssen einen Kaufkraftverlust hinnehmen, wenn die Inflationsrate über der tariflichen Erhöhung der Gehälter liegt.

b) Die Besitzer von Sparguthaben werden nicht benachteiligt, da sich die Verzinsung automatisch der Preissteigerungsrate anpasst.

c) Wenn gesamtwirtschaftlich das Angebot die Nachfrage nach Gütern und Dienstleistungen übersteigt, so steigt das Preisniveau.

d) Eine Verminderung der Angebotsmenge bewirkt einen Rückgang der Preissteigerungsrate.

e) Kreditnehmer werden durch eine Inflation benachteiligt, denn mit wachsender Geldentwertung müssen sie, unter Berücksichtigung der Kaufkraft, mehr tilgen.

63. In welchem Fall liegt ein reales wirtschaftliches Wachstum vor?

a) Die nominelle Zunahme des Volkseinkommens ist niedriger als der Kaufkraftverlust des Geldes.

b) Das Volkseinkommen verringert sich gegenüber dem Vorjahr.

c) Das Volkseinkommen bleibt bei unveränderter Kaufkraft gleich hoch.

d) Das Volkseinkommen steigt stärker als die Preissteigerungsrate.

e) Die nominelle Zunahme des Volkseinkommens wird durch Kaufkraftschwund aufgezehrt.

64. Im Wirtschaftsteil einer Zeitung steht: „Die Verbraucherpreise werden im Jahr 20.. voraussichtlich um 5 % steigen.“ Welche Aussage ist richtig?

a) Die Entwicklung der Verbraucherpreise beeinflusst die Entwicklung des Reallohnes.

b) Aus dieser Zahl lässt sich unmittelbar eine Angabe über die Entwicklung des Nominallohnes gewinnen.

c) Aus dieser Zahl kann man unmittelbar die durchschnittliche Erhöhung des Reallohnes ableiten.

d) Dieser Preisanstieg wurde ausschließlich durch die Lohn- und Gehaltserhöhungen des letzten Jahres bewirkt.

e) Wenn die Löhne und Gehälter gleichbleiben, steigt die Kaufkraft um 5 %.

f) Wenn die Löhne und Gehälter um 6 % steigen, fällt die Kaufkraft um 1 %.

65. Welches Ziel der Wirtschaftspolitik gehört nach dem Gesetz zur Förderung der Stabilität und des Wachstums zum „Magischen Viereck“?

a) Gerechte Einkommensverteilung

b) Außenwirtschaftliches Gleichgewicht

c) Ausgeglichene Handelsbilanz

d) Gleichbleibende Geldmenge

e) Umweltschutz

66. In der Bundesrepublik ist das Recht auf Teilzeitarbeit gesetzlich geregelt, damit mehr Menschen Arbeitsplätze angeboten werden können. Welches Ziel der staatlichen Wirtschaftspolitik wird nach dem Stabilitätsgesetz damit angestrebt?

a) Gerechte Einkommens- und Vermögensverteilung

b) Hoher Beschäftigungsstand

c) Stabilität des Preisniveaus

d) Außenwirtschaftliches Gleichgewicht

e) Stetiges und angemessenes Wirtschaftswachstum

67. Bundesregierung und Länderregierungen haben die Aufgabe, Landschaft, Wirtschaft und Bevölkerung so einander zuzuordnen, dass neue Gebiete entstehen, in denen die Menschen ausreichend Arbeit finden. Dabei ist auch der Umweltschutz zu berücksichtigen. Welches Ressort der Politik ist hauptsächlich zuständig für die Umsetzung dieser Vorgabe?

a) Die Sozialpolitik, z. B. durch die Einführung vom Arbeitnehmer allein zu tragenden Krankenversicherung.

b) Die Fiskalpolitik, z. B. durch geringere Kreditaufnahme des Staates

c) Die Innenpolitik, z. B. durch Modernisierung des Polizeifunks

d) Die Raumordungspolitik, z. B. durch Verbesserung des Gewässerschutzes

e) Die Außenwirtschaftspolitik, z. B. durch Abbau von Schutzzöllen

68. Welche Größe gibt Auskunft über die Aufteilung des Volkseinkommens in Einkommen aus unselbständiger Tätigkeit und in Einkommen aus Unternehmertätigkeit und Vermögen?

a) Die Sparquote
b) Der Beschäftigungsgrad
c) Die Arbeitsproduktivität
d) Die Lohnquote
e) Die Kaufkraft
f) Das nominale Wirtschaftswachstum

69. In welcher Situation lässt sich eine verstärkte Kreditaufnahme der öffentlichen Haushalte konjunkturpolitisch rechtfertigen?

a) Rezession
b) Nachfrageinflation
c) Vollbeschäftigung
d) Überbeschäftigung
e) Hochkonjunktur

70. Welches Merkmal kennzeichnet den Beginn eines konjunkturellen Aufschwunges?

a) Sinkende Gewinnerwartung
b) Rasch steigende Lagerbestände wegen sinkender Nachfrage
c) Steigende Nachfrage nach Investitionsgütern
d) Anstieg der Arbeitslosenquote
e) Sinkende Preise und Löhne

71. Was trägt vor allem dazu bei, die Stabilität des Preisniveaus zu sichern?

a) Eine ständig aktive Zahlungsbilanz
b) Ein ausgewogenes Verhältnis von Papier- und Münzgeld
c) Ein ausgewogenes Verhältnis von Güter- und Geldmenge
d) Die Abhängigkeit der Organe der Europäischen Zentralbank von den Weisungen des Europäischen Parlaments
e) Hohe Haushaltsdefizite

72. Welche im Stabilitätsgesetz vorgesehene Maßnahme wirkt nachfrageerhöhend?

a) Heraufsetzung der Einkommensteuer um höchstens 10 % für längstens 1 Jahr
b) Aussetzung der Sonderabschreibungen
c) Beschränkung der Möglichkeiten der Kreditaufnahme durch die öffentliche Hand
d) Beschleunigung der Planung und Vergabe von Investitionsvorhaben des Staates
e) Bildung einer Konjunkturausgleichsrücklage

73. Was ist im „Gesetz zur Förderung der Stabilität und des Wachstums der Wirtschaft" festgelegt?

a) Dass Bund, Länder und Sozialpartner versuchen, ein stetiges und angemessenes Wirtschaftswachstum zu erreichen, auch wenn zwischenzeitlich ein Preisanstieg und Exportrückgang in Kauf genommen werden muss
b) Dass Bund und Länder ihre finanz- und wirtschaftspolitischen Maßnahmen so treffen, dass sie im Rahmen der marktwirtschaftlichen Ordnung gleichzeitig zur Stabilität des Preisniveaus, zu einem hohen Beschäftigungsgrad und außenwirtschaftlichem Gleichgewicht bei stetigem und angemessenem Wirtschaftswachstum beitragen
c) Dass die Sozialpartner versuchen, unter Wahrung der Tarifautonomie ein hohes Wirtschaftswachstum bei gleichzeitiger Vollbeschäftigung, ausgeglichener Handelsbilanz und nur mäßig steigenden Preisen zu erreichen
d) Dass die volkswirtschaftliche Gesamtplanung darauf ausgerichtet ist, Vollbeschäftigung, Steuergerechtigkeit, Preisniveaustabilität, Wirtschaftswachstum und ausgeglichene Handelsbilanz unter Wahrung der Tarifautonomie zu erreichen
e) Dass die von der Bundesregierung jeweils am Jahresanfang den Gebietskörperschaften und Unternehmensverbänden zur Verfügung gestellten Lohnleitlinien auf keinen Fall überschritten werden

74. Bei welcher wirtschaftspolitischen Maßnahme sind ihre Auswirkungen auf den Konjunkturverlauf richtig beschrieben?

a) Durch die Bildung einer Konjunkturausgleichsrücklage schränkt der Staat die Nachfrage der öffentlichen Haushalte ein. Dies stellt einen wesentlichen Beitrag zur Senkung der Arbeitslosigkeit und zur Anregung des Wirtschaftswachstums dar.

b) Durch eine Verschuldung des Bundes in Milliardenhöhe zur Finanzierung öffentlicher Investitionen kann es gelingen, die Arbeitslosenquote zu senken. Gleichzeitig besteht jedoch die Gefahr, dass sich durch die steigende Nachfrage das Preisniveau erhöht.

c) Eine Erhöhung der Mehrwertsteuer stellt eine zusätzliche Besteuerung der Unternehmensgewinne dar. Dadurch geht die Investitionsneigung der Unternehmer weiter zurück, was zu einer Verringerung des realen Wirtschaftswachstums führt.

d) Die Erhöhung der Abschreibungssätze bedingt Steuermehreinnahmen. Diese können konjunkturwirksam zur Energieeinsparung verwendet werden.

e) Die Entlastung der privaten Haushalte bei der Lohn- und Einkommensteuer vermindert den privaten Verbrauch und wirkt sich so konjunkturhemmend aus.

75. Welche beiden Ziele werden neben außenwirtschaftlichem Gleichgewicht und Stabilität des Preisniveaus im „Gesetz zur Förderung der Stabilität des Wachstums der Wirtschaft“ (Stabilitätsgesetz) genannt?

a) Importdrosselung und Vollbeschäftigung

b) Vollbeschäftigung und hohe Produktivität

c) Einkommensgarantie für jedermann und gerechte Einkommensverteilung

d) Hoher Beschäftigungsgrad und stetiges, angemessenes Wirtschaftswachstum

e) Angemessenes Wirtschaftswachstum und Steuergerechtigkeit

f) Investitions- und Sparförderung sowie Exporterweiterung

76. Ordnen Sie zu.

Auswirkungen der verschiedenen Konjunkturphasen auf

	Zinssätze	Gewinne	Produktionsausstoß	Arbeitslosenzahl
a)	tief	tief	gering	hoch
b)	steigend	steigend	steigend	sinkend
c)	hoch	hoch	hoch	niedrig
d)	sinkend	sinkend	sinkend	steigend
e)	hoch	steigend	steigend	steigend
f)	sinkend	steigend	sinkend	steigend

Idealtypische Konjunkturphasen

[ ] Aufschwung/Erholung

[ ] Hochkonjunktur/Boom

[ ] Abschwung/Rezession

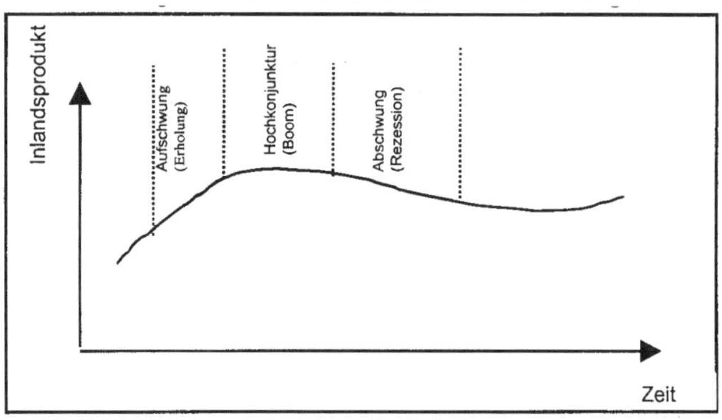

77. Was bedeutet die Aussage: „Das durchschnittliche Realeinkommen der Arbeitnehmer in der Bundesrepublik Deutschland ist im letzten Jahr um 1 % gefallen“?

a) Der durchschnittliche Kaufkraftverlust entsprach der durchschnittlichen Lohnerhöhung.

b) Der Kaufkraftverlust war durchschnittlich 1 % geringer als die Lohnerhöhung.

c) Der Kaufkraftverlust war durchschnittlich 1 % höher als die Lohnerhöhung.

d) Der Lohnanstieg war durchschnittlich 1 % höher als der Preisverfall.

e) Die Preise sind durchschnittlich 1 % weniger gestiegen als der Lohn.

78. Wie müssten Bund, Länder und Gemeinden ihre finanzpolitischen Instrumente nach dem Stabilitätsgesetz handhaben, um einer sich abzeichnenden Konjunkturüberhitzung entgegenzuwirken?

	Steuersätze	Abschreibungssätze	öffentliche Aufträge
a)	Erhöhen	verringern	verringern
b)	Erhöhen	verringern	erhöhen
c)	Verringern	verringern	erhöhen
d)	Verringern	erhöhen	verringern
e)	Erhöhen	erhöhen	verringern

79. Welche Aussage zur Inflation ist richtig?

a) Der Eigentümer von Geldvermögen ist gegenüber dem Eigentümer von Sachwerten in einer Inflation benachteiligt.
b) In der Inflation steigt der Wert des Geldes.
c) Die Inflation bewirkt eine gleichmäßige Verteilung der Vermögen.
d) In der Inflation sinken die Preise.
e) Inflation ist in jeder Höhe wirtschaftspolitisch unbedenklich.

80. Wie kann man die Stabilität einer Währung feststellen (messen)?

a) Die Arbeitsproduktivität ist ein geeigneter Maßstab, um die Stabilität einer Währung festzustellen.
b) Die Veränderungen des nominalen Bruttosozialproduktes geben Aufschluss über die Stabilität einer Währung.
c) Die durchschnittliche Entwicklung der Kosten für die Lebenshaltung geben Aufschluss über die Stabilität einer Währung.
d) Der Überschuss der Handelsbilanz ist ein geeigneter Maßstab, um die Stabilität einer Währung festzustellen.
e) Die Höhe des Geldumlaufs zeigt die Kaufkraft und damit die Stabilität einer Währung an.
f) Die Zahl der Arbeitslosen gibt unmittelbaren Aufschluss über die Stabilität einer Währung.

81. Welches Merkmal zeigt das nebenstehende Schaubild?

a) Hochkonjunktur
b) Inflation
c) Deflation
d) Stagflation
e) Boom

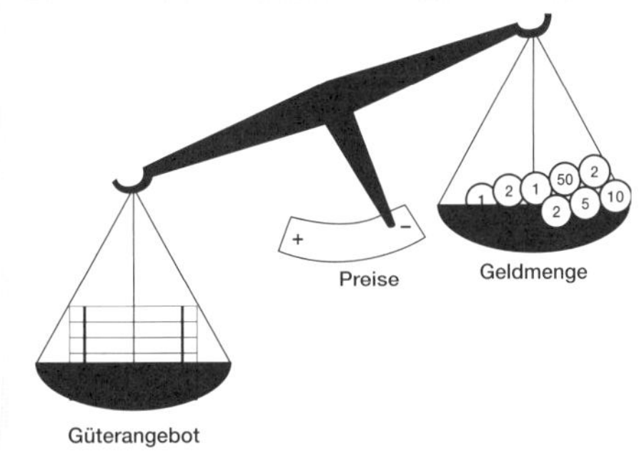

82. Welche Maßnahme ist geeignet, einer Zunahme der Arbeitslosigkeit entgegenzuwirken?

a) Der Staat mindert die Abschreibungsmöglichkeiten der Betriebe.
b) Der Staat verkürzt die allgemeine Schulzeit.
c) Der Staat erhöht das Rentenalter.
d) Der Staat erhöht das Volumen der öffentlichen Investitionen.
e) Die Tarifvertragsparteien schließen einen Manteltarifvertrag, welcher eine Erhöhung der wöchentlichen Arbeitszeit vorsieht.

83. In mehreren öffentlichen Versorgungsbetrieben wurde eine Haushaltssperre verordnet. Dies hat zur Folge, dass der Umsatz an Strom- und Gasverbrauchszählern der Zulieferbetriebe deutlich zurückgegangen ist. Um die Entlassung von Arbeitskräften zu vermeiden, wurden die folgenden Vorschläge unterbreitet. Welcher Vorschlag zur Überbrückung des damit verbundenen Beschäftigungsproblems ist <u>nicht</u> sinnvoll?

a) Die Arbeitszeit wird vorübergehend reduziert.
b) Arbeitszeitkonten werden angelegt.
c) Mitarbeiter werden befristet freigestellt.
d) Mitarbeiter werden vorübergehend in eine Tochtergesellschaft versetzt.
e) Weihnachtsgeld der Mitarbeiter wird reduziert.

Wirtschafts- und Sozialkunde

84. Welche Maßnahme führt in der Regel zu einer Erhöhung der Nachfrage der privaten Haushalte nach wirtschaftlichen Gütern?

a) Erhöhung der Mehrwertsteuer
b) Erhöhung des Leitzinses
c) Erhöhung der Preise
d) Senkung der Sozialleistungen
e) Senkung der Einkommensteuer

85. Ein Unternehmen beabsichtigt die horizontale Diversifikation in den Konsumgüterbereich. Durch welche Pressemeldung wird diese Alternative positiv beeinflusst?

a) Der EZB-Rat erhöht den Leitzins.
b) Der Geschäftsklimaindex ist gesunken.
c) Der EURO hat im Vergleich zum US-Dollar an wert verloren.
d) Investitionsgüternachfrage sinkt.
e) Die Bundesregierung beschließt, den Arbeitslosenversicherungsbeitrag um 0,5 % zu senken.

86. Ordnen Sie zu.

Begriffserläuterungen

a) Beeinflussung der gesamtwirtschaftlichen Nachfrage mit finanzpolitischen Mitteln und geldpolitischen Instrumenten mit dem Ziel, ein gesamtwirtschaftliches Gleichgewicht zu erreichen.
b) Gleichzeitiges aufeinander abgestimmtes Verhalten der Gebietskörperschaften, Gewerkschaften und Unternehmerverbände zur Erreichung der gesamtpolitischen Ziele
c) Wert aller Güter und Dienstleistungen, die in einer Volkswirtschaft in einem Jahr konsumiert, investiert oder exportiert (vermindert um die Importe) werden
d) Langfristige Anlage von Kapital zur Erhaltung, Verbesserung und Vermehrung der Produktionsmittel
e) Prozess anhaltender Geldwertverschlechterung infolge von Preissteigerungen
f) Gesamtnachfrage nach Gütern und Dienstleistungen kann mit dem Gesamtangebot nicht Schritt halten, weil zu wenig Geld im Umlauf ist.

Grundbegriffe

[ ] Investitionen
[ ] Inflation
[ ] Konjunkturpolitik

87. Die Politik der Europäischen Zentralbank nimmt Einfluss auf Finanzierungsentscheidungen der Unternehmen. Für welchen Bereich ist sie in erster Linie zuständig?

a) Einkommenspolitik
b) Verteilungspolitik
c) Rechtspolitik
d) Außenhandelspolitik
e) Geldpolitik

88. Welcher Fall schildert kein rein quantitatives, sondern ein qualitatives Wachstum?

a) Das Bruttoinlandsprodukt ist im Vergleich zum Vorjahr real um 2 % gestiegen.
b) Das Bruttoinlandsprodukt ist im Vergleich zum Vorjahr nominal um 2 % gestiegen.
c) Das Bruttoinlandsprodukt ist im Vergleich zum Vorjahr nominal um 2 % gestiegen, real jedoch gleich geblieben.
d) Der Anteil der Schwarzarbeit am Bruttoinlandsprodukt konnte im Vergleich zum Vorjahr halbiert werden.
e) Die Investitionen von privaten Haushalten und Betrieben in bessere Schadstoffreinigungsanlagen stiegen im Vergleich zum Vorjahr um 10 %; dadurch gelang es, die Schadstoffemissionen um 20 % zu reduzieren.

89. Welche staatliche Maßnahme soll Unterbeschäftigung abbauen?

a) Generelle Erhöhung der Einkommensteuersätze
b) Einnahmestillegung
c) Einschränkung der steuerlichen Abschreibungsmöglichkeiten
d) Bildung von Haushaltsüberschüssen
e) Gewährung von Investitionszulagen

90. Bund, Länder und Gemeinden wollen einer Konjunkturüberhitzung entgegenwirken. Hinter welchem Buchstaben ist die entsprechende Handhabung der finanzpolitischen Instrumente durchgehend richtig dargestellt?

	Steuersätze	Abschreibungs-Sätze	Konjunkturaus-gleichsrücklage	Volumen öffentlicher Investitionen
a)	erhöhen	senken	erhöhen	erhöhen
b)	erhöhen	senken	senken	senken
c)	erhöhen	senken	erhöhen	senken
d)	senken	senken	erhöhen	senken
e)	senken	erhöhen	erhöhen	senken
f)	erhöhen	erhöhen	erhöhen	senken

91. Die Bundesregierung versucht, mit konjunkturpolitischen Maßnahmen bestimmte Ziele zu erreichen.

Ziele:

1. Preisstabilisierung bei einer inflationären Entwicklung
2. Überwindung einer Rezession
3. Konjunkturdämpfung
4. Geringere Arbeitslosigkeit

Maßnahmen:

1. Abbau der Sparförderung
2. Gewährung von Steuervergünstigungen und Subventionen
3. Gewährung von Sonderabschreibungen
4. Besteuerung der Investitionen

Welches Ziel kann mit welcher Maßnahme erreicht werden?

a) Ziel 1 durch Maßnahme 1
b) Ziel 2 durch Maßnahme 2
c) Ziel 3 durch Maßnahme 3
d) Ziel 4 durch Maßnahme 4

92. Ordnen Sie zu.

Maßnahmen des Staates

a) Erhöhung der Einkommensteuer
b) Abbau der Abschreibungsvergünstigungen
c) Streichung oder Kürzung von Subventionen an Verbraucher
d) Zollabbau zur Erleichterung der Einfuhr ausländischer Waren
e) Streichung oder Kürzung von Subventionen an Produzenten
f) Gewährung von Subventionen an Verbraucher, z. B. Kinder- u. Wohngeld

Auswirkungen dieser Maßnahmen

[ ] Erhöhung der Nachfrage nach Gütern und Dienstleistungen
[ ] Erhöhung des Angebots von Gütern und Dienstleistungen
[ ] Verringerung des Angebots von Gütern und Dienstleistungen

93. Bringen Sie die möglichen Verhaltensweisen als Kettenreaktion im Wirtschaftsprozess in eine logische Reihenfolge.

[ ] Das Ausland fragt mehr inländische Produktionsgüter nach.
[ ] Die Beschäftigung in der Exportgüterindustrie steigt.
[ ] Die Preise der inländischen Konsumgüter steigen.
[ ] Das Einkommen der inländischen Haushalte steigt.
[ ] Die inländische Nachfrage nach Konsumgütern erhöht sich.
[ ] Zur Preisniveaustabilisierung erhöht die Europäische Zentralbank die Leitzinsen.

94. Welches Merkmal kennzeichnet den Übergang in die Rezession?

a) Sinkenden Arbeitslosigkeit
b) Sinkende Investitionsneigung
c) Steigende Nachfrage nach Konsumgütern
d) Steigende Auslastung der Produktionsanlagen
e) Steigende Zinssätze

95. Die Bundesregierung strebt ein Staatsdefizit von plus/minus 0 Prozent an. Welche Situation liegt dann vor?

a) Die Pro-Kopf-Verschuldung der Bundesbürger nimmt in diesem Jahr nicht zu.
b) Die Bundesregierung muss im Rahmen ihres Haushalts nicht mehr Kreditzinsen aufbringen als im Vorjahr.
c) Das Inlandsprodukt muss nicht zur Finanzierung von Staatsausgaben herangezogen werden.
d) Zur Finanzierung der Staatsausgaben genügt das Bruttoinlandsprodukt.
e) Die aus dem Staatshaushalt an die Privathaushalte und Unternehmen fließende Mittel enthalten keine Gelder aus Neuverschuldung.

96. Welche Maßnahme der Bundesregierung ist geeignet, zur Überwindung einer Rezession beizutragen?

a) Erhöhung der Lohn- und Einkommensteuer
b) Einführung einer Investitionsabgabe
c) Einschränkung von steuerlichen Abschreibungsmöglichkeiten
d) Bildung einer Konjunkturausgleichsrücklage
e) Mehrausgaben des Bundes aus Rücklagen und durch Aufnahme von Krediten

97. Der Kurs des US-Dollars verändert sich in Europa von 1,10 auf 1,05 Euro. Welche Aussage ist richtig?

a) Dadurch verteuert sich der US-Dollar.
b) Dadurch verteuern sich europäische Importe aus den USA.
c) Für amerikanische Urlauber verbilligt sich der Aufenthalt z. B. in der Bundesrepublik Deutschland.
d) Für z. B. deutsche Urlauber verteuert sich der Aufenthalt in den USA.
e) Dadurch verteuern sich europäische Exporte nach den USA.

98. Die abgebildete Grafik stellt das Zustandekommen des Wechselkurses (Wg = Gleichgewichtspreis) zwischen kanadischem Dollar (CAD) und EUR dar. Welche Interpretation trifft zu?

a) Je höher der Kurs, umso höher ist die Nachfrage nach EUR.
b) Je niedriger der Kurs, umso niedriger ist die Nachfrage nach EUR.
c) Je höher der Kurs, umso höher ist das Angebot an EUR.
d) Je niedriger der Kurs, umso höher ist das Angebot an EUR.
e) Jeder Nachfrage nach EUR entspricht ein gleich hohes Angebot an EUR.

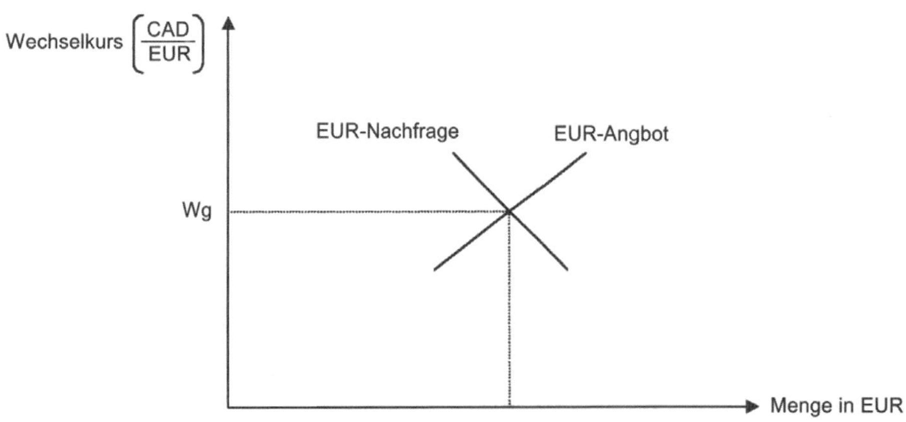

99. Die Bavaria Fahrradwerke GmbH exportiert zunehmend in die USA und bezieht einen Großteil ihrer Vorprodukte aus Osteuropa. Welche Maßnahme hemmt den internationalen Handel?

a) Subventionierung des Exports
b) Senkung der Einfuhrzölle
c) Aufhebung von Einfuhrverboten
d) Ausfuhrbürgschaften durch die Bundesregierung
e) Einführung von Schutzzöllen

100. US-amerikanische Konkurrenz Ihres Ausbildungsbetriebes exportiert zunehmend nach Deutschland. Gleichzeitig ist der Kurs des EUR gegenüber dem US-Dollar gestiegen. Welche Auswirkung hat diese Entwicklung auf Ihren Ausbildungsbetrieb?

a) Er wird wettbewerbsfähiger durch die Entwicklung des Außenwertes des EUR.
b) Diese Entwicklung hat keinen Einfluss auf die Wettbewerbsfähigkeit.
c) Die steigenden Importe haben durch die Entwicklung des Außenwertes des EUR keinen Einfluss auf die Preisgestaltung Ihrer Ausbildungsfirma.
d) Die Exporte der US-Amerikaner haben keinen Einfluss auf den Außenwert des EUR und damit auf die Wettbewerbsfähigkeit.
e) Die Entwicklung des Außenwerts des EUR erschwert die Wettbewerbsfähigkeit.

101. Welcher Sachverhalt betrifft die staatliche Umverteilungspolitik?

a) Die Aktionäre einer AG mit Staatsbeteiligung erhalten eine Dividende.
b) Die Gesellschafter einer OHG erhalten eine 5-prozentige Verzinsung ihrer Kapitaleinlage.
c) Die Geschäftsführer einer GmbH erhalten eine Tantieme.
d) Die Wohnungsbaugesellschaften erhalten einen staatlichen Baukostenzuschuss zur Erstellung von Sozialwohnungen.
e) Die Arbeitnehmer im öffentlichen Dienst erhalten ein 13. Monatsgehalt.

102. Welche Wirkung hat eine Euro-Aufwertung in Bezug auf außereuropäische Länder?

	Z. B. deutsche Exporte werden	Reisen z. B. Deutscher werden
a)	erschwert	teurer
b)	erschwert	billiger
c)	erschwert	weder teurer noch billiger
d)	begünstigt	teurer
e)	begünstigt	billiger

103. Die Bundesregierung will durch Mittel der Außenwirtschaftspolitik Überschüsse der Devisenbilanz abbauen helfen. In welcher Zeile zielen alle Maßnahmen in die gewünschte Richtung?

	Importzölle	Exportsubventionen	Einfuhrkontingente
a)	senken	senken	erhöhen
b)	erhöhen	senken	senken
c)	senken	erhöhen	erhöhen
d)	senken	senken	senken
e)	erhöhen	erhöhen	erhöhen
f)	erhöhen	senken	erhöhen

104. Welche wirtschaftlichen Vorgänge erfasst die Dienstleistungsbilanz?

a) Förderungen aus Warenexportgeschäften
b) Überweisungen von ausländischen Arbeitnehmern aus der Bundesrepublik Deutschland in die Heimatländer
c) Erwerb deutscher Aktien von Ausländern
d) Ausgaben deutscher Urlauber im Ausland
e) Beitragszahlungen der Bundesrepublik Deutschland an die UNO

105. Die Bundesregierung will die Verlagerung der Arbeitsplätze ins Ausland verhindern. Welche Maßnahme dient dieser Zielsetzung und kann im Rahmen der sozialen Marktwirtschaft ergriffen werden?

a) Die Bundesregierung verbietet alle Übernahmen von inländischen durch ausländische Unternehmen.
b) Die Bundesregierung legt Höchstpreise für die im Inland erzeugten Preise fest.
c) Die Bundesregierung verschärft die Umweltschutzgesetze für die industrielle Produktion
d) Die Bundesregierung senkt die Steuerbelastung und die Lohnnebenkosten für die Unternehmen.
e) Die Bundesregierung verbietet die Gründung von Zweigwerken inländischer Unternehmen im Ausland.

106. Ordnen Sie zu.

Definitionen

a) Abgaben, die als Entgelt für eine spezielle Gegenleistung einer Behörde oder öffentlichen Anstalt erhoben werden
b) Öffentliche Zwangsabgaben, die ein Gemeinwesen ohne Gewährung einer speziellen Gegenleistung erhebt
c) Abgaben, die bei der Einfuhr oder Ausfuhr bestimmter Waren erhoben werden
d) Staatlich festgelegte Importquoten zur direkten Beschränkung der Einfuhr
e) Festlegung der Exportpreise unter Herstellungskosten mit dem Ziel, Marktanteile im Ausland zu erringen
f) Gesetzlich oder vertraglich festgelegte wiederkehrende oder einmalige Leistungen zur Erzielung von Einkünften öffentlich-rechtlicher Körperschaften
g) Zweckgebundene, vom Staat gewährte Vergünstigungen an Unternehmer (z. B. Steuervorteile) zur Förderung des Exports bzw. Erschwerung des Imports

Preispolitische Mittel zur Beeinflussung der Außenwirtschaft

[ ] Zölle
[ ] Subventionen
[ ] Dumping

107. Ein deutscher Unternehmer kauft Schweizer Franken bei seiner Hausbank und reist zu Geschäftsverhandlungen nach Zürich. Welche Teilbilanzen der Zahlungsbilanz werden durch seine Ausgaben für Unterkunft und Verpflegung berührt?

a) Kapitalbilanz und Handelsbilanz
b) Übertragungsbilanz und Dienstleistungsbilanz
c) Handelsbilanz und Devisenbilanz
d) Dienstleistungsbilanz und Devisenbilanz
e) Handelsbilanz und Dienstleistungsbilanz

108. Wie würde sich eine Aufwertung des Euro im Vergleich zum außereuropäischen Ausland z. B. in der Bundesrepublik Deutschland auswirken?

a) Die Importe werden teurer, die Einfuhren gebremst.
b) Die Importe werden billiger, die Einfuhren gefördert
c) Die Exporte werden billiger, die Ausfuhren gefördert.
d) Die Preise für Währungen der Nicht-Euroländer steigen, dadurch werden Auslandsreisen z. B. nach Übersee, teurer.
e) Die Preise für Währungen der Nicht-Euroländer steigen, die Arbeitsplätze im Inland werden sicherer.

109. Welche Aussage bezieht sich auf freie Wechselkurse?

a) Der Kurs einer Währung bildet sich innerhalb festgelegter Bandbreiten.
b) Der Kurs einer Währung wird durch die jeweilige Interventionspolitik der betreffenden Notenbank des Landes bestimmt.
c) Der Kurs der Währung bestimmter Länder bildet sich innerhalb gewisser Bandbreiten und auf Grund der Interventionen von Notenbanken der Länder.
d) Der Kurs einer Währung bildet sich allein auf Grund von Angebot und Nachfrage auf den Devisenmärkten.
e) Der Kurs einer Währung wird durch währungspolitische Maßnahmen der Regierung des betreffenden Landes festgelegt.

110. Bei welchem Buchstaben sind die Folgen einer Euro-Aufwertung, die sich für Importe und Reisen z. B. Deutscher ins außereuropäische Ausland ergeben, richtig dargestellt?

	Importe	Reisen Deutscher ins Ausland
a)	werden erleichtert	werden teurer
b)	werden erleichtert	werden billiger
c)	werden erschwert	werden teurer
d)	werden erschwert	werden billiger
e)	werden erschwert	keine Auswirkung

111. Was trägt zur Erhöhung eines „Zahlungsbilanzüberschusses“ der Bundesrepublik Deutschland bei?

a) Reisen von Deutschen ins Ausland
b) Zunahme des Imports
c) Überweisungen, die ausländische Arbeitskräfte in ihr Heimatland vornehmen
d) Zahlung von Beiträgen der Bundesrepublik Deutschland an internationale Organisationen
e) Zunahme der Warentransporte durch deutsche Transportunternehmen für im Ausland ansässige Unternehmen
f) Inanspruchnahme ausländischer Patente und Lizenzen durch deutsche Unternehmer

112. Welcher Vorgang wird in der Dienstleistungsbilanz erfasst?

a) Zahlungen an internationale Organisationen
b) Warenausfuhr
c) Kreditaufnahme im Ausland
d) Ausgaben deutscher Ferienreisender im Ausland
c) Kauf von Wortpapieren im Ausland

113. Welche Aussage über Zölle ist richtig?

a) Einfuhrzölle werden erhoben, um die inländischen Produzenten zu schützen.
b) Einfuhrzölle werden erhoben, um den Import zu fördern.
c) Einfuhrzölle werden erhoben, um die Inlandspreise herabzudrücken.
d) Ausfuhrzölle werden erhoben, um den Export anzuregen.
e) Ausfuhrzölle werden erhoben, um die inländischen Waren im Ausland zu verbilligen.

114. Welche Aussage zum Außenwert der Währung eines Landes ist richtig?

a) Der Außenwert der Währung sinkt durch eine Aufwertung.
b) Der Außenwert der Währung verändert sich nicht, wenn diese Währung „floatet“.
c) Der sinkende Außenwert einer Währung kann sich günstig auf den Export dieses Landes auswirken.
d) Der Außenwert der Währung ist langfristig unabhängig von der wirtschaftlichen Lage des Landes.
e) Der Außenwert der Währung steigt durch die Aufwertung einer anderen Währung.
f) Der Außenwert der Währung ist langfristig unabhängig vom Umfang der Währungsreserven des Landes.

115. Welche Aussage über die Handelsbilanz ist richtig?

a) Die Handelsbilanz erfasst die Warenlieferungen an das Ausland und die Warenbezüge aus dem Ausland.
b) Die Handelsbilanz erfasst u. a. die Überweisungen ausländischer Arbeitnehmer in ihre Heimatländer.
c) Bei einer aktiven Handelsbilanz überwiegt der Import.
d) Die Handelsbilanz erfasst die Veränderungen der Devisenbestände der Deutschen Bundesbank.
e) Die Handelsbilanz erfasst u. a. die Ausgaben der deutschen Urlauber im Ausland.

116. Welche inländische Maßnahme lässt einen Rückgang der Nachfrage aus dem währungspolitischen Ausland erwarten?

a) Senkung der Exportzölle
b) Exportsubventionen
c) Importkontingente
d) Abwertung der Inlandswährung
e) Aufwertung der Inlandswährung

117. In welchem Fall liegt Dumping vor?

a) Die Regierung eines Landes senkt auf Grund von Preissteigerungen für importierte wichtige Rohstoffe die Steuern, die sie bisher auf die Endprodukte erhoben hat, die aus diesen Rohstoffen gewonnen wurden.

b) Die Regierung eines Landes beteiligt sich an ausländischen Firmen, die Rohstoffvorkommen ausbeuten, um so die Rohstoffversorgung ihres Landes zu sichern.

c) Die Regierung eines Landes gewährt inländischen Firmen zinsgünstige Kredite, sofern sie im Ausland Filialen errichten.

d) Die Regierung eines Landes belastet durch eine spezielle Steuer einen Wirtschaftszweig ihres Landes, so dass dessen Waren im Ausland zu Preisen verkauft werden müssen, die über den regulären Inlandspreisen liegen.

e) Die Regierung eines Landes ermöglicht es einem Wirtschaftszweig ihres Landes durch Zuschusszahlungen, Waren im Ausland zu Preisen anzubieten, die unter den Herstellungskosten liegen.

118. Worin liegt eine besonders wichtige Voraussetzung für das Wirtschaftswachstum einer Volkswirtschaft?

a) Senkung der Kapitalproduktivität

b) Steigerung der Arbeitsproduktivität

c) Verhinderung eines geordneten Wettbewerbs

d) Staatliche Förderung von schrumpfenden Industriezweigen

e) Möglichst hoher Einsatz an Arbeitskräften in der Landwirtschaft

119. Ordnen Sie zu.

Maßnahmen

a) Erhöhung der Einkommensteuer

b) Abbau der Abschreibungsvergünstigungen

c) Gewährung von Subventionen an Verbraucher, z. B. Kinder- und Wohngeld

d) Zollabbau zur Erleichterung der Einfuhr ausländischer Waren.

e) Streichung oder Kürzung von Subventionen an Produzenten

f) Streichung oder Kürzung von Subventionen an Verbraucher

Auswirkungen dieser Maßnahmen

[ ] Erhöhung der Nachfrage nach Gütern

[ ] Erhöhung des Angebots von Gütern

120. Welche Maßnahme kann zur Dämpfung einer Inflation ergriffen werden?

a) Erhöhte staatliche Investitionen

b) Senkung von Steuern

c) Exportförderung

d) Erhöhung der staatlichen Kreditaufnahme

e) Subventionen für den Wohnungsbau

f) Staatliche Sparmaßnahmen

121. Die Wirtschaftslage des EURO-Währungsraumes ist durch Stagnation gekennzeichnet. Die EZB senkt deshalb den Hauptrefinanzierungssatz. Die Bundesregierung will durch Mittel der Einnahmen- und Ausgabenpolitik die konjunkturpolitischen Maßnahmen der EZB unterstützen. In welcher Zeile stimmen alle Maßnahmen?

	Abschreibungsmöglichkeiten	Staatsausgaben	Einkommensteuersätze
a)	verbessern	erhöhen	erhöhen
b)	erschweren	verringern	senken
c)	verbessern	verringern	senken
d)	verbessern	erhöhen	senken
e)	verbessern	verringern	erhöhen

122. Welches Ziel wird <u>nicht</u> ausdrücklich im Stabilitätsgesetz genannt?

a) Preisniveaustabilität

b) Gerechte Einkommens- und Vermögensverteilung

c) Hoher Beschäftigungsstand

d) Außenwirtschaftliches Gleichgewicht

e) Stetiges und angemessenes Wirtschaftswachstum

123. Welche Aussagen zur Einnahmen- und Ausgabenpolitik des Staates ist richtig?

Aussage A: Zur Ankurbelung der Konjunktur sollten die Abschreibungsmöglichkeiten erhöht und gleichzeitig die Steuern gesenkt werden.

Aussage B: Zur Drosselung der Konjunktur sollten Haushaltsrücklagen gebildet und gleichzeitig die Kreditaufnahmen erhöht werden.

Aussage C: Zur Ankurbelung der Konjunktur sollte die Staatsverschuldung eingeschränkt und gleichzeitig die Steuern gesenkt werden.

a) Nur die Aussage A ist richtig.
b) Nur die Aussage B ist richtig.
c) Nur die Aussage C ist richtig.
d) Die Aussagen A und B sind richtig.
e) Die Aussagen B und C sind richtig.

124. Welche Aussage über den Lebenshaltungskostenindex ist richtig?

a) Er gibt an, um welchen Prozentsatz sich der Preis jeder Ware des Warenkorbes innerhalb eines Zeitraumes verändert hat.
b) Er misst die Veränderungen des Außenwertes einer Währung.
c) Er gibt jeweils die Obergrenze für Tariflohnänderungen an.
d) Preiserhöhungen aufgrund von Qualitätsverbesserungen schränken die Aussagefähigkeit des Indexes ein.
e) Steigt dieser Index von 120 auf 132, dann ist das Preisniveau um 32 % gestiegen.

125. Ein Großhändler importiert Blumen. Welche Teilbilanz der Zahlungsbilanz erfasst die Wareneinfuhr?

a) Dienstleistungsbilanz
b) Übertragungsbilanz
c) Kapitalbilanz
d) Devisenbilanz
e) Handelsbilanz

126. In welcher Zeile sind die Aussagen zum Wirtschaftswachstum richtig beurteilt?

Aussage A: Qualitatives Wirtschaftswachstum bedeutet gleichmäßige Verteilung der Wachstumsrate auf die Bevölkerung.

Aussage B: Quantitatives Wirtschaftswachstum kann Wohlstandsverluste bedeuten, weil damit Umweltbelastung, Klimaveränderung und Verschwendung knapper Rohstoffe verbunden sind.

Aussage C: Stress und Belastungen am Arbeitsplatz werden bei der Berechnung des quantitativen Wirtschaftswachstums nicht berücksichtigt.

a) Nur die Aussage A ist richtig.
b) Nur die Aussage A und B sind richtig.
c) Nur die Aussagen A und C sind richtig.
d) Nur die Aussagen B und C sind richtig.
e) Die Aussagen A und B und C sind richtig.

127. Welches wirtschaftspolitische Ziel wird unmittelbar an den jährlichen Veränderungen des realen Bruttoinlandsproduktes gemessen?

a) Preisniveaustabilität
b) Hoher Beschäftigungsgrad
c) Außenwirtschaftliches Gleichgewicht
d) Stetiges und angemessenes Wirtschaftswachstum
e) Gerechte Einkommens- und Vermögensverteilung
f) Verbesserung der Umweltbedingungen

128. Das Bruttoinlandsprodukt der Bundesrepublik Deutschland betrug im Betrachtungszeitraum 2.030 Mrd. €. Aus der Verwendungsrechnung liegen folgende Daten vor:

Private Konsumausgaben	**1.140 Mrd. €**
Bruttoinvestitionen	**400 Mrd. €**
Außenbeitrag (Export ./. Import)	**100 Mrd. €**

Wie viel Mrd. € betragen die Konsumausgaben des Staates? Tragen Sie das Ergebnis in das Kästchen ein.

Wirtschafts- und Sozialkunde

129. Die Bundesregierung will eine Aufschwungphase durch Steuervergünstigungen verstärken. Welcher Sachverhalt wirkt dieser Maßnahme entgegen?

a) Die Haushalte sparen das zusätzliche Einkommen.
b) Die Zinssätze für Kredite sinken.
c) Der Staat erhöht die Investitionen.
d) Die Unternehmen erhöhen ihre Investitionen.
e) Die Haushalte konsumieren mehr Güter.

130. Die Europäische Zentralbank will konjunkturbedingten Preissteigerungen durch Kreditverteuerung und Geldmengenbeschränkung entgegenwirken. Welche Marktreaktionen könnte diese Bemühung zunichte machen?

a) Rückgang der Inlandsinvestitionen
b) Rückgang der Abzahlungsgeschäfte
c) Verringerung der Auslandsgeschäfte
d) Zufluss von Geldkapital aus dem außereuropäischen Ausland
e) Zunahme der Importe

131. In welchem Fall handelt es sich um Transferzahlungen?

a) Der Staat leistet aus sozialen Gründen Unterstützungszahlungen an wirtschaftlich schwache Haushalte.
b) Der Staat zahlt zuviel erhaltene Lohnsteuer zurück.
c) Der Staat zahlt Zinsen für Bundesanleihen.
d) Der Staat zahlt seinen Bediensteten Löhne und Gehälter.
e) Der Staat kauft zur Erfüllung seiner Aufgaben Güter und Dienstleistungen zu Marktpreisen ein.

132. In welcher Zeile sind die folgenden Aussagen über die Konjunkturphasen richtig beurteilt?

(1) In der Hochkonjunktur ist das gesamtwirtschaftliche Angebot größer als die gesamtwirtschaftliche Nachfrage.
(2) In der Rezession ist die gesamtwirtschaftliche Nachfrage kleiner als das gesamtwirtschaftliche Angebot.
(3) In der Hochkonjunktur ist mit hohen Inflationsraten zu rechnen.

a) Nur die Aussagen (1) und (2) sind richtig.
b) Nur die Aussagen (2) und (3) sind richtig.
c) Nur die Aussagen (1) und (3) sind richtig.
d) Nur die Aussage (1) ist richtig.
e) Alle Aussagen sind falsch.
f) Alle Aussagen sind richtig.

133. Welcher Geldstrom fließt im Wirtschaftskreislauf vom Sektor Staat zum Sektor Unternehmen?

a) Löhne und Gehälter
b) Direkte Steuern
c) Indirekte Steuern
d) Direkte Subventionen
e) Umsatzerlöse

Der Staat im Wirtschaftskreislauf

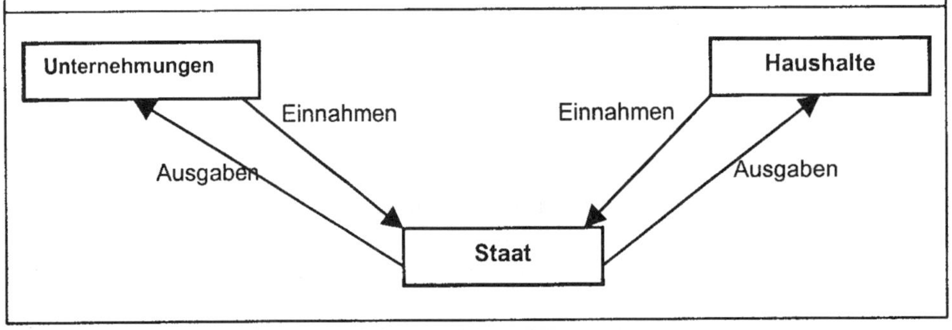

134. Welche Maßnahme ist geeignet, die Konjunktur zu dämpfen?
a) Senkung der Leitzinsen
b) Senkung der Mindestreservesätze durch die EZB
c) Förderung des Wohnungsbaus durch öffentliche Mittel
d) Gewährung von Investitionszulagen durch den Staat
e) Einschränkung öffentlicher Investitionen

135. Sowohl Inflation als auch Deflation stellen mögliche gesamtwirtschaftliche Ungleichgewichte dar. Welcher Vorgang kann bei sonst unveränderten Einflussgrößen eine deflationäre Wirkung auslösen.
a) Die Tarifpartner vereinbaren Lohnsteigerungen über dem Produktivitätszuwachs.
b) Die Preise sinken, gleichzeitig geht die Nachfrage der privaten Haushalte zurück.
c) Die privaten Einkommen steigen und lösen einen Nachfrageüberhang aus.
d) Die Regierung erhöht ihre Ausgaben durch zusätzliche Staatsverschuldung.
e) Die Bundesbank senkt die Kreditleitzinsen und löst eine Steigerung der Investitionen aus.

136. Welcher Indikator gilt als Frühindikator für den Konjunkturverlauf?
a) Beschäftigung
b) Bruttoinlandsprodukt
c) Lohnstückkosten
d) Auftragseingänge
e) Preisniveau

137. Zu den Ausführungen eines Wirtschaftsexperten, der die derzeitige Konjunktursituation erläutert, gehört das abgebildete Schaubild. Prüfen Sie, welche Bezeichnung falsch eingetragen ist.

Lösung eintragen ☐

Phasen der Konjunktur

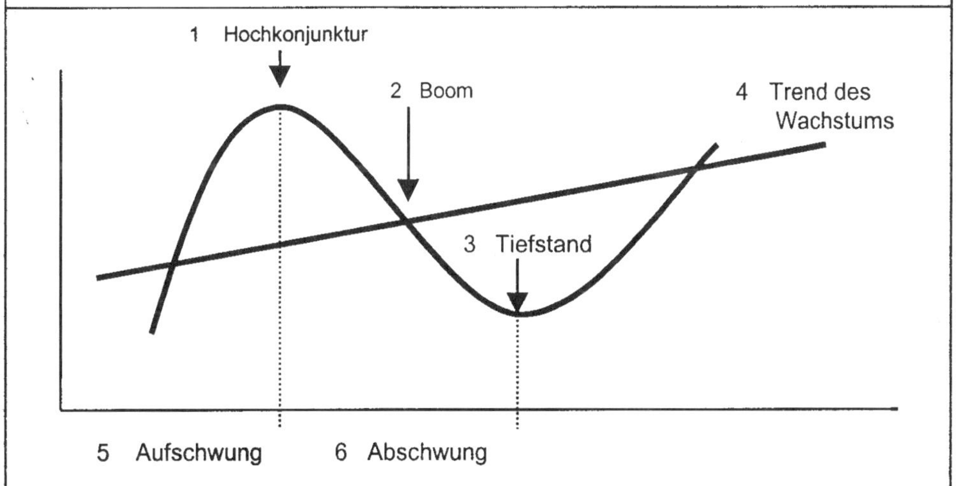

138. Als problematisch wird unter dem Schlagwort „Zielkonflikte“ herausgestellt, dass der Bekämpfung der Arbeitslosigkeit andere anzustrebenden Ziele nicht außer acht gelassen werden dürfen. Prüfen Sie, welche Behauptung falsch ist.

a) Maßnahmen zur Erhöhung der Nachfrage können zwar zur Schaffung neuer Arbeitsplätze beitragen, sie wirken jedoch auch inflationsfördernd.

b) Maßvolle Tarifabschlüsse können zwar zur Schaffung neuer Arbeitsplätze beitragen, sie dienen jedoch nicht unbedingt dem Ziel einer gerechten Einkommensverteilung.

c) Maßnahmen zur Erhöhung der Nachfrage führen regelmäßig zum Abbau von Arbeitsplätzen, sie gefährden gleichzeitig das Wirtschaftswachstum.

d) Maßnahmen zur Verbesserung der Umweltbedingungen können zwar zur Schaffung neuer Arbeitsplätze im Bereich neuer Umwelttechnologien beitragen. Andererseits können jedoch strenge Umweltauflagen Betriebsverlagerungen in Länder mit weniger strengen Umweltauflagen führen.

e) Hohe Exportüberschüsse können zwar zur Konjunkturbelebung und damit zu einer Arbeitsplatzbeschaffung beitragen, sie dienen jedoch nicht unbedingt dem Ziel eines außenwirtschaftlichen Gleichgewichts.

139. Im Wirtschaftsteil der Regionalpresse ist zu lesen: „Die Europäische Zentralbank hat den Hauptrefinanzierungssatz (Leitzins der EZB) gesenkt. Banken passen ihre Zinskonditionen dem Beschluss der EZB an.“ Was bedeutet dies für die Bavaria Fahrradwerke GmbH, die ihren Kontokorrentkredit bei ihrer Hausbank in regelmäßigen Abständen bis zum Kreditlimit in Anspruch nimmt?

a) Die Zinssenkung bleibt für die Fahrradwerke GmbH ohne Auswirkung, da die Zinssenkung nur die Refinanzierung der Hausbank verbilligt.

b) Die Zinssenkung der Zentralbank führt zu einer Einschränkung der Geldmenge und bringt damit die Gefahr einer Preissteigerung mit sich.

c) Die Senkung des Hauptrefinanzierungssatzes verbilligt die Kreditfinanzierung der Fahrradwerke GmbH im kurzfristigen Bereich.

d) Die Zinssenkung wirkt auf dem europäischen Markt konjunkturdämpfend und senkt die gesamtwirtschaftliche Nachfrage.

e) Die Zinssenkung der EZB dient der Inflationsbekämpfung und erhöht damit die Absatzchancen der Fahrradwerke GmbH.

140. Zur Dämpfung des Preisanstiegs erhöht die Europäische Zentralbank die Mindestreservesätze. Welche Auswirkung trifft nicht zu, wenn alle übrigen Einflussfaktoren unverändert bleiben?

a) Die Nachfrage nach Gütern und Leistungen sinkt.

b) Die Liquidität der Banken steigt.

c) Das Kreditangebot verringert sich.

d) Die Investitionen nehmen ab.

e) Die Beschäftigung geht zurück.

141. Woran können Sie erkennen, in welchem Umfang das wirtschaftspolitische Ziel „außenwirtschaftliches Gleichgewicht“ erreicht ist?

a) An der Menge der importierten Güter im Verhältnis zum Bruttoinlandsprodukt

b) An der Menge der exportierten Güter im Verhältnis zum Bruttoinlandsprodukt

c) An der Differenz zwischen den Erwerbs- und Vermögenseinkommen von Inländern und ausländischen Arbeitskräften

d) An der Leistungsbilanz

e) An dem Verhältnis zwischen Kapitalimport und Währungsreserven

142. Ordnen Sie zu.

Volkswirtschaftliche Begriffe

a) Sparquote

b) Nettosozialprodukt zu Faktorkosten

c) Zahlungsbilanz

d) Lohnquote

e) Bruttolohn- und Gehaltssumme

f) Nettosozialprodukt zu Marktpreisen

g) Ersparnis

Aussagen

[ ] Aufzeichnung aller wirtschaftlichen Leistungen zwischen Inland und Ausland in einem bestimmten Zeitraum

[ ] Prozentualer Anteil der Bruttoeinkommen aus unselbständiger Arbeit am Volkseinkommen

[ ] Differenz aus Bruttosozialprodukt und volkswirtschaftlichen Abschreibungen einer Rechnungsperiode

143. Bei der Absatzprognose für das neue Geschäftsjahr berücksichtigen Sie die zu erwartende Konjunkturentwicklung. Werten Sie folgende Daten eines Wirtschaftsforschungsinstitutes aus!

Indikatoren	1. Quartal	2. Quartal	3. Quartal
Auftragseingang in %	110	112	117
Produktion in %	108	110	115
Arbeitslose (Anzahl in Tausend)	4.097	4.057	4.000
Offene Stelle (Anzahl in Tausend)	481	495	498

Auf welche Konjunkturlage weisen die Indikatoren hin?

a) Auf einen sinkenden Trend
b) Auf eine Depression
c) Auf eine Rezession
d) Auf eine Expansion
e) Auf eine Abschwung

144. Sie nehmen als Auszubildender in diesem Jahr unter anderem die folgenden Handlungen vor. In welchem Fall haben Sie dadurch einen unmittelbaren Beitrag zur Belebung der Konjunktur geleistet?

a) Sie haben die Abschlussprüfung bestanden.
b) Sie haben einem anderen Auszubildenden Nachhilfe in Rechnungswesen gegeben.
c) Sie haben die Abschlussprüfung mit einem besonders guten Notendurchschnitt bestanden.
d) Sie kaufen sich von dem Geld, das Sie von Ihren Eltern für die gut bestandene Abschlussprüfung erhalten haben, einen PC.
e) Sie sparen sich von dem Gehalt als Industriekaufmann monatlich 250 €, um sich in einigen Jahren eine größere Anschaffung leisten zu können.

145. In welcher Zeile sind die folgenden Aussagen über Umwelt bzw. Umweltschutz richtig beurteilt?

(1) Belastungen der Umwelt, knapp werdende Rohstoffvorräte und vorübergehende Engpässe in der Energieversorgung müssen das Umdenken der „Wegwerf-Gesellschaft" zu einem allgemeinen Umweltbewusstsein bewirken.

(2) Umweltschutz steht im Gegensatz zum qualitativen Wachstum. Die Kosten sind von der Allgemeinheit zu tragen. Durch Umweltschutz können grundsätzlich keine neuen Arbeitsplätze geschaffen werden.

(3) Umweltschutzmaßnahmen (z. B. Abfallvermeidung durch neue Technologien oder Abfallverwertung = Recycling) schaffen neue Wirtschaftszweige, neue Arbeitsplätze und bessere Lebensqualität.

a) Nur Aussage (1) ist richtig.
b) Die Aussagen (1) und (2) sind richtig.
c) Die Aussagen (1) und (3) sind richtig.
d) Die Aussagen (2) und (3) sind richtig.
e) Alle Aussagen sind richtig.

Zu den nächsten drei Aufgaben siehe nachstehende Situation.

Die Abbildung zeigt einen typischen Konjunkturverlauf. Gehen Sie davon aus, dass sich die Konjunkturentwicklung der Bundesrepublik Deutschland derzeit im Punkt P befindet.

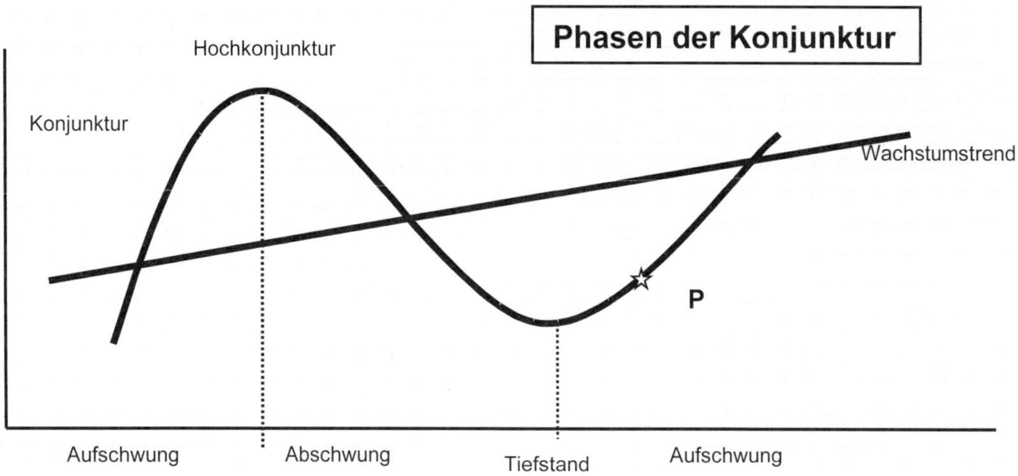

146. Die Bundesregierung will die Aufschwungphase durch Steuervergünstigungen verstärken. Welcher Sachverhalt wirkt dieser Maßnahme entgegen?

a) Die Haushalte konsumieren mehr Güter.
b) Die Unternehmen erhöhen ihre Investitionen.
c) Der Staat erhöht seine Investitionen.
d) Die Zinssätze für Kredite sinken.
e) Die Haushalte sparen das zusätzliche Einkommen.

147. Die Bundesregierung will feststellen, ob die ergriffenen Maßnahmen zu einer Zunahme des Wachstums geführt haben. Woran wird das Wirtschaftswachstum der Bundesrepublik Deutschland gemessen?

a) Steigerung der Geldmenge
b) Steigerung des Sozialproduktes
c) Steigerung des Auftragseingangs in der gesamten Wirtschaft
d) Steigerung der Zahl der Betriebe einer Volkswirtschaft
e) Steigerung der Zahl der Beschäftigten einer Volkswirtschaft

148. Im Vergleich zum Vorjahr wird ein Wirtschaftswachstum festgestellt, das sowohl nominal als auch real 3 % beträgt. Worauf ist dies zurückzuführen?

a) Das Preisniveau ist unverändert geblieben.
b) Die Geldmenge ist unverändert geblieben.
c) Die Konsum- und Investitionsausgaben waren gleich groß.
d) Die Zahlungsbilanz war ausgeglichen.
e) Die Inflationsrate wurde durch Lohnerhöhungen ausgeglichen.

Situation zu den nächsten zwei Aufgaben.

Die Bavaria Fahrradwerke GmbH hat bei ihren Investitionsentscheidungen auch die zu erwartende konjunkturelle Entwicklung und fiskalpolitische Maßnahmen der Bundesregierung zu berücksichtigen. Dazu sollen Sie nachstehende Daten auswerten:

		Jahr 1		Jahr 2
	Indikatoren	3. Quartal	4. Quartal	1. Quartal
1	Geschäftsklima-Index	97,5	100,5	103
2	Produktion (Basisjahr = 100 %)	100,5	101	103,2
3	Auftragseingänge (Basisjahr = 100 %)	102	103,5	105
4	Löhne (Basisjahr = 100 %)	102	103	104,8
5	Aktienindex Dax	7910	8120	8180

149. Auf welche Konjunkturlage deuten die Indikatoren für das erste Quartal im Jahr 2 hin?

a) Aufschwung
b) Boom
c) Reduzierung des Produktionspotenzials
d) Abschwung
e) Stagnation

150. Welcher Indikator ist ein typischer Spätindikator der konjunkturellen Entwicklung?

a) Die Auftragseingänge
b) Die Industrieproduktion
c) Das Steueraufkommen
d) Der Geschäftsklima-Index
e) Der Außenbeitrag

151. Welche Feststellung über die Geldpolitik der Europäische Zentralbank trifft zu?

a) Die Europäische Zentralbank verkauft Wertpapiere an die Geschäftsbanken, wenn sie die Geldmenge erhöhen will.
b) Die Europäische Zentralbank kann durch die Senkung des Leitzinses die Geldmenge verknappen.
c) 1999 haben sich 14 Länder zu einer gemeinsamen Währungsunion zusammengeschlossen.
d) Die nationalen Zentralbanken unterstützen die Europäische Zentralbank bei der Umsetzung der Geldpolitik.
e) Die Geschäftsbanken müssen Mindestreserven bei der Europäischen Zentralbank halten. Diese werden allerdings nicht verzinst.

152. In Abhängigkeit von der wirtschaftlichen Situation im EURO-Währungsraum setzt die EZB zur Zielerreichung geldpolitische Instrumente ein. Prüfen Sie, in welchem Fall dem Instrumentarium die zu erwartende Geldmengenveränderung zugeordnet ist!

a) Die EZB verkauft Wertpapiere an die Geschäftsbanken, damit steigt die Geldmenge.
b) Die EZB kauft Wertpapiere von den Geschäftsbanken, damit sinkt die Geldmenge.
c) Die EZB senkt die Mindestreservesätze, damit sinkt die Geldmenge.
d) Die EZB erhöht die Mindestreservesätze, damit steigt die Geldmenge.
e) Die EZB senkt den Hauptrefinanzierungssatz, damit steigt die Geldmenge.

153. Zur Ankurbelung der Wirtschaft will die EZB ihre geldpolitischen Instrumente einsetzen. Welche Maßnahme ist geeignet, um die volkswirtschaftliche Nachfrage zu verstärken?

a) Die EZB erhöht den Zinssatz für die Kreditinstitute im Rahmen ihrer Hauptrefinanzierungsgeschäfte.
b) Die EZB teilt den Kreditinstituten eine geringere Geldmenge im Rahmen ihrer längerfristigen Refinanzierung zu.
c) Die EZB erhöht den Zinssatz für die Kreditinstitute im Rahmen der Spitzenrefinanzierungsfazilitäten.
d) Die EZB erhöht den Zinssatz für die Kreditinstitute im Rahmen der Einlagenfazilitäten.
e) Die EZB senkt die Quote der Mindestreserve, die die Kreditinstitute hinterlegen müssen.

154. Die wirtschaftlichen Verflechtungen nehmen weltweit zu. Stellen Sie fest, welche Auswirkung diese Globalisierung hat?

a) Durch die Einführung des EURO gelten in den EURO-Teilnehmerländern überall die gleichen Preise.
b) Bei steigenden Lohnkosten im Inland wird die Produktion ins Ausland verlagert. Dies kann im Inland zu höherer Arbeitslosigkeit führen.
c) Wenn ein Industrieprodukt mit „Made in Germany“ ausgezeichnet ist, bedeutet ist, dass alle Einzelteile in Deutschland hergestellt wurden.
d) Der Abstand beim Pro-Kopf-Einkommen zwischen den reichsten und den ärmsten Ländern der Welt hat sich in den letzten Jahren erheblich verringert.
e) Die Verlagerung der Produktion in Länder der Dritten Welt führt zu einer Verschlechterung der Infrastruktur in diesen Ländern.

155. Wie wirkt sich die zunehmende Globalisierung auf Sie aus?

a) Sie können frei wählen, in welchem Land Sie leben und arbeiten möchten.
b) Ihr Berufsabschluss wird weltweit anerkannt.
c) Die Geldanlage in anderen EU-Ländern ist steuerfrei.
d) Bei einem Urlaub im Ausland haben Sie Anspruch darauf, mit EUR zahlen zu können.
e) Von Ihnen werden Fremdsprachenkenntnisse, berufliche Flexibilität und eine hohe Mobilität erwartet.

156. Mit Abschluss des Vertrages über die Gründung der Europäischen Wirtschaftsgemeinschaft vom 25. März 1957 wurde die Errichtung eines gemeinsamen Marktes und die schrittweise Annäherung der Wirtschaftspolitik der Mitgliedsstaaten angestrebt. Unter welchem Namen ist dieser Vertrag bekannt?

a) Römische Verträge
b) Schengener Abkommen
c) Maastrichter Vertrag
d) Grundlagenvertrag
e) Doppelbesteuerungsabkommen

157. Für das kommende Haushaltsjahr legt die Bundesregierung einen neuen Haushaltsplan vor, der eine geplante Neuverschuldung von 3 % des Bruttoinlandsproduktes vorsieht. Gegen welche Rechtsgrundlage wird damit im kommenden Jahr aller Voraussicht nach <u>nicht</u> verstoßen?

a) Abgabenordung
b) Schengener Abkommen
c) Stabilitätsgesetz von 1967
d) Vertrag von Maastricht
e) Römische Verträge

158. Der Devisenbestand bei Kreditinstituten hat sich gegenüber dem Vorjahr deutlich erhöht. Welche Ursache kann diese Entwicklung haben, wenn alle anderen Einflussfaktoren gleichgeblieben sind?

a) Eine Aufwertung des US-Dollars gegenüber dem EUR hat zu einer starken Belebung des Exports deutscher Unternehmen geführt.
b) Ausländische Arbeitnehmerinnen und Arbeitnehmer haben Geldbeträge in ihre Heimatländer überwiesen.
c) Der Staat hat große Aufträge an Betriebe im Inland vergeben.
d) Der Bund hat die Einfuhr lebensnotwendiger Güter durch entsprechende Prämien gefördert.
e) Die Bundesregierung hat die Bürgschaft für einen Milliardenkredit an japanisches Unternehmen übernommen.

159. Mit welcher Maßnahme kann der Europäische Zentralbankrat das Wachstum der Geldmenge im Euroraum bremsen?

a) Senkung der Mindestreservesätze
b) Kauf von Wertpapieren am Kapitalmarkt
c) Anhebung des Hauptrefinanzierungssatzes
d) Reduzierung der Möglichkeit der Einlagenfazilität
e) Beibehaltung der Spitzenrefinanzierungsfazilität

160. Eine Analyse der Europäischen Zentralbank lässt auf eine deutliche Konjunkturbelebung schließen. In welcher Situation ist die Erhöhung der Mindestreservesätze durch die EZB am sinnvollsten?

a) Die Lohnabschlüsse sind moderat und die Binnennachfrage bleibt schwach.
b) Der private Konsum bleibt schwach, auf dem Arbeitsmarkt zeigt sich keine Entspannung.
c) Das Staatsdefizit ist erneut gestiegen, die Investitionen der Industrie stagnieren.
d) Die Verbraucherpreise sind stark gestiegen, die Lohnabschlüsse liegen über dem durchschnittlichen Produktivitätszuwachs, die Wirtschaft ist ausreichend mit Liquidität versorgt.
e) Die Rohölpreise steigen, die Weltkonjunktur schwächt sich ab.

Die nächsten drei Aufgaben beziehen sich auf nachstehende Situation.

Der EZB-Rat hat beschlossen, den Mindestbietungssatz für die Hauptrefinanzierungsgeschäfte des Eurosystems um 0,25 % anzuheben.

161. Was kann der Grund für die Leitzinsanhebung gewesen sein?

a) Obwohl die Investitionsbereitschaft leicht zugenommen hat, stagniert die Arbeitslosigkeit auf hohem Niveau.
b) Durch eine Bankenkrise in den USA wird sich im kommenden Jahr das Wachstum der Weltwirtschaft leicht abschwächen.
c) Die starke Expansion der Geldmenge führt zu einer steigenden Inflationsrate.
d) Die Lohnentwicklung im Eurogebiet verlief moderat, Tarifabsprachen erfolgten über längere Zeiträume als bisher üblich.
e) Die Regierungen der Mitgliedsländer der Europäischen Währungsunion erwarten von der EZB zur Belebung der Konjunktur eine Unterstützung ihrer wirtschaftspolitischen Maßnahmen.

162. Welche Auswirkungen sind bei einer konjunkturdämpfenden Geldpolitik der EZB zu erwarten?

a) Die gesamtwirtschaftliche Nachfrage wird sich durch diese Maßnahme nicht verändern.
b) Es wird zu einer erhöhten Investitionsbereitschaft der Unternehmungen kommen.
c) Durch einen größeren Kreditspielraum der Kreditinstitute wird sich der private Konsum beleben.
d) Die Finanzierungsbedingungen werden sich für private Haushalte verschlechtern, weil mit einem Anstieg der Kreditzinsen zu rechnen ist.
e) Durch die steigenden Kapitalmarktzinsen wird sich die Nachfrage nach Aktien erhöhen.

163. Für welches Land gilt dieser Beschluss nicht?

a) Malta
b) Irland
c) Österreich
d) Norwegen
e) Italien
f) Deutschland

164. Die EZB hat eine Leitzinssenkung beschlossen. Bringen die folgenden Auswirkungen dieser Leitzinssenkung in eine logische Reihenfolge.

[ ] Der Leitzins wird gesenkt.
[ ] Die Geschäftsbanken senken die Zinsen für Kredite.
[ ] Die Nachfrage von Unternehmen nach Bankkrediten steigt.
[ ] Der Preisauftrieb wird beschleunigt.
[ ] Investitionen und Konsum nehmen zu.
[ ] Die Refinanzierung der Kreditinstitute verbilligt sich.

165. Zur Erfüllung ihrer Aufgaben setzt die EZB verschiedene Instrumente ein. Welche Beschreibung entspricht dem Instrument der „Einlagenfazilität"?

a) Die EZB verkauft Wertpapiere an die Geschäftsbanken.
b) Die EZB kauft und verkauft Devisen an der Börse.
c) Die Geschäftsbanken können ihr Konto bei der EZB überziehen.
d) Die Geschäftsbanken könne ihre Liquiditätsüberschüsse für einen Tag bei der nationalen Zentralbank zu einem festen Zinssatz anlegen.
e) Die Geschäftsbanken müssen einen bestimmten Prozentsatz ihrer Verbindlichkeiten als Guthaben bei der nationalen Zentralbank zurücklegen.

166. Im Vertrag über die Europäische Währungsunion wurden Konvergenzkriterien für die an der Wirtschafts- und Währungsunion teilnehmenden Staaten festgelegt. Welches Kriterium entspricht den vertraglichen Vereinbarungen?

a) Die Einhaltung des außenwirtschaftlichen Gleichgewichts
b) Eine Arbeitslosenquote von maximal 2 %
c) Ein angemessenes Wirtschaftswachstum
d) Ein angemessener Lohnzuwachs
e) Eine Staatsverschuldung in Höhe von 60 % des Bruttoinlandsprodukts

167. Die geldpolitischen Maßnahmen der EZB unterliegen Ausweichfunktionen und Störfaktoren. Welcher Aspekt stellt einen Störfaktor für eine restriktive Geldpolitik dar?

a) Die Geschäftsbanken reagieren auf eine Erhöhung des Mindestresvervesatzes mit einer Reduzierung ihrer Kreditvergabe.
b) Die Geschäftsbanken erhöhen ihre Einlagen bei der EZB, weil die EZB den Zinssatz für die Einlagenfazilität erhöht hat.
c) Die Unternehmen fragen wegen steigendem Zinsniveaus weniger Kredite bei den Geschäftsbanken nach.
d) Die Geschäftsbanken geben die Zinserhöhung der EZB nicht an ihre Kunden weiter.
e) Auf die Senkung des Zuteilungsvolumens von Offenmarktgeschäften reagieren die Geschäftsbanken mit einer Senkung ihrer Gebote.

ÜBUNGSAUFGABEN ZUR VORBEREITUNG AUF DIE ABSCHLUSSPRÜFUNG

BEI DEN NACHSTEHENDEN AUFGABEN SIND DIE RICHTIGEN ERGEBNISSE ANZUKREUZEN BZW. ZUZUORDNEN.

1. **Welchem Zweck dienen die Bestimmungen des BGB zu den Allgemeinen Geschäftsbedingungen?**
   a) Die Bestimmungen dienen vor allem dem Schutz der Endverbraucher.
   b) Die Bestimmungen sollen Geschäftsvorgänge unter Vollkaufleuten erleichtern.
   c) Die Bestimmungen gelten nur beim Kaufvertrag.
   d) Die Bestimmungen dienen dem Schutz der Anbieter.
   e) Die Bestimmungen dienen der individuellen Vertragsgestaltung zwischen Verkäufer und Käufer.

2. **Welche Aussage zu den Allgemeinen Geschäftsbedingungen (AGB) ist richtig?**
   a) Die AGB betreffen nur individuell ausgehandelte Verträge.
   b) Die AGB gelten nur für mündlich geschlossene Verträge.
   c) Die AGB sind vorformulierte Vertragsbedingungen.
   d) Die AGB gelten nur für Kaufverträge.
   e) Die AGB haben Vorrang vor individuellen Vertragsabreden.

3. **Welche Aussage zu den Allgemeinen Geschäftsbedingungen (AGB) ist richtig?**
   a) Die AGB haben Vorrang vor schriftlich fixierten individuellen Vertragsabreden.
   b) AGB finden nur bei Verträgen zwischen Kaufleuten Anwendung.
   c) Zweifel bei der Auslegung der AGB gehen nach Vertragsabschluss zu Lasten des Kunden.
   d) Liegen AGB vor, dann steht oder fällt der gesamte Vertragsabschluss mit ihrer Anerkennung durch den Kunden.
   e) Bestimmungen in den AGB sind unwirksam, wenn sie den Kunden, entgegen den Geboten von Treu und Glauben, unangemessen benachteiligen.

4. **Welche Bestimmung zu den Allgemeinen Geschäftsbedingungen entspricht <u>nicht</u> den gesetzlichen Vorschriften?**
   a) Rechnungen sind sofort netto Kasse zu bezahlen.
   b) Bei fälligen Rechnungsbeträgen erheben wir 9 % Verzugszinsen über dem Basiszinssatz (zweiseitiger Handelskauf).
   c) Sollten wir bei der Lieferung neuer Produkte in Lieferungsverzug geraten, so hat der Käufer kein Recht auf Nacherfüllung oder Rücktritt.
   d) Grundsätzlich trägt der Käufer die Versandkosten.
   e) Gerichtsstand ist der Niederlassungsort des Verkäufers.

5. **Welche Aussage über die gesetzliche Regelung zu den Allgemeinen Geschäftsbedingungen ist richtig?**
   a) Das Gesetz gilt für alle Verträge.
   b) Individuelle Vertragsabsprachen sind ungültig.
   c) Verstößt eine Vertragsklausel gegen das Gesetz, so ist der gesamte Vertrag ungültig.
   d) Verstößt eine Vertragsklausel gegen das Gesetz, so ist nur diese Klausel ungültig.
   e) Allgemeine Geschäftsbedingungen dürfen auf keinen Fall handschriftlich verfasst werden.

6. **Die Bavaria Fahrradwerke GmbH hat in ihren AGB die Gewährleistungspflicht, auch für Verbrauchsgüterkäufe auf ein Jahr begrenzt. Welche Aussage ist richtig?**
   a) Die Begrenzung auf ein Jahr ist nicht zulässig, da die gesetzlichen Vorgaben nicht unterschritten werden dürfen.
   b) Auf Grund der Vertragsfreiheit kann die Begrenzung vorgenommen werden.
   c) Die Begrenzung kann nur mit Zustimmung der Kunden erfolgen.
   d) Die Begrenzung ist nicht möglich, da für Verbrauchsgüterkäufe die AGB nicht geändert werden dürfen.
   e) Die Begrenzung ist möglich, da es sich um einen zweiseitigen Handelskauf handelt.

7. In welchem Fall herrscht Wettbewerb?

a) 12 Bauunternehmer einer Stadt beschließen, dass abwechselnd immer einer von ihnen bei städtischen Ausschreibungen den Auftrag bekommen soll.

b) Ein Einzelhändler senkt die Preise einiger Waren, weil das Konkurrenzunternehmen mit mehreren Sonderangeboten wirbt.

c) Die Hersteller von Transformatoren sprechen miteinander und legen dabei fest, dass jeder einen bestimmten Absatzbezirk erhält, in dem die anderen nicht als Konkurrenten auftreten.

d) Die ölproduzierenden Länder beschließen, gemeinsam den Preis für Rohöl um 10 % zu erhöhen.

e) Der empfohlene Richtpreis für den Markenartikel „Star Reiniger“ wird von keinem Einzelhändler unterboten.

8. Welche Aussage trifft auf den Konzern zu?

a) Der Vertrieb der Erzeugnisse geschieht über eine gemeinsame Verkaufsstelle mit eigener Rechtsform.

b) Durch vertraglich vereinbarte Rabattgewährung wird der Wettbewerb innerhalb einer Wirtschaftsbranche eingeschränkt.

c) Rechtlich und wirtschaftlich voneinander unabhängige Unternehmen vereinbaren eine langfristige Zusammenarbeit im Bereich des Kundendienstes.

d) Rechtlich selbständige Betriebe werden zu wirtschaftlichen Zwecken unter einheitlicher Leitung verbunden.

e) Der Verband einer Versicherungssparte empfiehlt seinen Mitgliedern einheitliche Versicherungsbedingungen.

9. Welche Aussage bezieht sich auf ein Kartell?

a) Dieser Unternehmenszusammenschluss führt zu einer rechtlichen und finanziellen Verschmelzung der Unternehmungen.

b) Diesen Unternehmenszusammenschluss erkennt man daran, dass mehrere rechtlich selbständige Betriebe eine einheitliche Leitung haben.

c) Dieser Unternehmenszusammenschluss erfolgt durch eine gegenseitige Kapitalbeteiligung.

d) Dieser Unternehmenszusammenschluss entsteht durch einen Vertrag, der zum Ziel hat, die Marktmacht der Vertragspartner zu vergrößern.

e) Dieser Unternehmenszusammenschluss kommt durch ein Gesetz zustande.

10. Welche Aussage über die rechtliche und wirtschaftliche Selbständigkeit von Unternehmen, die sich zu einem Kartell zusammenschließen, ist richtig?

Rechtliche Selbständigkeit	Wirtschaftliche Selbständigkeit
a) bleibt erhalten	wird teilweise aufgegeben
b) bleibt erhalten	wird vollständig aufgegeben
c) wird aufgegeben	bleibt vollständig erhalten
d) wird aufgegeben	wird teilweise aufgegeben
e) wird aufgegeben	wird vollständig aufgegeben

11. Welche der folgenden Aussagen beschreibt ein Syndikat?

a) Anpassung der Produktionskapazität an den Bedarf bei Rückgang der Nachfrage

b) Vereinbarung über genau festgelegte regionale Marktaufteilung

c) Vertrag über gemeinsame Beschaffungs- oder Vertriebseinrichtungen

d) Absprachen über die Regelung des Wettbewerbs auf ausländischen Märkten

e) Beschluss über die Verknappung des Angebots durch Vereinbarung von Produktionsmengen

f) Verträge zwischen Unternehmen über die Anwendung einheitlicher Geschäftsbedingungen

12. Ordnen Sie zu.

Aussage zu Unternehmungszusammenschlüssen	**Unternehmungs-zusammenschlüsse**
a) Beteiligungsgesellschaft, deren Aufgabe in der Verwaltung von Kapitalanteilen verschiedener Unternehmen besteht	[ ] Trust
b) Rechtliche und wirtschaftliche Verschmelzung von Unternehmen	[ ] Kartell
c) Zusammenschluss von Unternehmen, der deren rechtliche und wirtschaftliche Selbständigkeit zugunsten einer gemeinsamen Leitung aufhebt	[ ] Fusion
d) Zusammenschluss rechtlich selbständig bleibender Unternehmen unter einheitlicher wirtschaftlicher Leitung	[ ] Konzern
e) Vertraglicher Zusammenschluss rechtlich selbständiger Unternehmen zur Regelung bestimmter Wettbewerbselemente	[ ] Holding-Gesellschaft

13. Welche Absprache wird vom Kartellamt nicht genehmigt?

a) Drei Brauereien verpflichten sich, nur noch Biersorten mit jeweils gleichem Alkoholgehalt herzustellen.
b) Drei Wohnungsbauunternehmen verpflichten sich, nur noch Fenster in genormten Größen zu verwenden.
c) Drei Reiseveranstalter verpflichten sich zur Gewährung eines gleichen Rabattsatzes für Gruppenreisen ab 50 Personen.
d) Drei Kreditinstitute verpflichten sich zur Einführung einheitlicher Vordrucke für Kreditanträge.
e) Drei Sachversicherer verpflichten sich, dass jeder nur in der ihm vertraglich zugewiesenen Region Versicherungsverträge abschließen darf.

14. Um welche Art von Unternehmenszusammenschluss handelt es sich, wenn Unternehmen ihre wirtschaftliche Selbständigkeit völlig aufgeben, rechtlich aber selbständig bleiben?

a) Fusion
b) BGB-Gesellschaft
c) Kartell
d) Trust
e) Konzern

15. Mehrere Küchengeräteproduzenten beschließen, ihr Angebot zu straffen. Sie wollen nur noch bestimmte Größen ihrer Produkte herstellen. Die Initiative wird vom Bundeskartellamt genehmigt. Um welche Art von Zusammenschluss handelt es sich?

a) Fusion
b) Kartell
c) Trust
d) Konzern
e) Holding

16. Welche Vereinbarung ist nach dem Gesetz gegen Wettbewerbsbeschränkung (Kartellgesetz) in jedem Fall verboten?

a) Alle Hersteller einer bestimmten Branche vereinbaren einheitliche Geschäftsbedingungen.
b) Wegen Nachfragerückganges vereinbaren alle Stahlerzeuger eines Landes, die Produktion einheitlich zu senken. Jedem Unternehmen wird eine bestimmte Produktionsmenge zugeteilt.
c) Exporteure von Werkzeugmaschinen vereinbaren, ihre Produkte in Übersee von einem gemeinsamen Büro verkaufen zu lassen.
d) Getränkedosenhersteller vereinbaren, Automatendosen in einheitlichen Größen herzustellen.
e) Kalksandsteinhersteller in einer Region vereinbaren für ihr Produkt einen einheitlichen Verkaufspreis.

17. Ordnen Sie zu.

Aussagen zu Unternehmenszusammenschlüssen	**Zusammenschlüsse**
a) Zum Bau einer Autobahn treffen sechs Tiefbauunternehmen Preisabsprachen.	[ ] Grundsätzlich verbotenes Kartell
b) Zum Bau einer Autobahn schließen sich sechs Tiefbauunternehmen zu einer bürgerlich-rechtlichen Gesellschaft zusammen.	[ ] Konzern
c) Eine Bank erwirbt 80 % des Aktienkapitals eines Kaufhauses. Beide Gesellschaften bleiben rechtlich selbständig, stehen aber unter einheitlicher Leitung.	
d) Durch den scharfen Preisdruck in der Papierbranche schließen sich zwei kleinere Gesellschaften zu einer neuen zusammen. Die alten Gesellschaften erlöschen.	
e) 50 Banken schließen sich zu einem Konsortium zusammen, um Aktien beim Publikum unterzubringen.	

18. Welche Aussage trifft für den Konzern zu?

a) Ein Konzern ist eine Konzentrationsform, bei der nur gleichgeartete Unternehmen einen Zusammenschluss zum Zwecke der Kostensenkung anstreben.
b) Unter einem Konzern versteht man einen Zusammenschluss von Unternehmen, bei dem die einzelnen Unternehmen ihre rechtliche Selbständigkeit behalten, ihre wirtschaftlich-finanzielle aber verlieren.
c) Von einem Konzern spricht man dann, wenn mehrere Unternehmen gleichartiger Produktionsstufen vereinbaren, durch gemeinsame Marktstrategie den Wettbewerb/Markt zu beeinflussen.
d) Konzerne haben grundsätzlich keinen Einfluss auf den Wettbewerb.
e) Wenn mindestens 2 Unternehmen ihre rechtliche wie auch wirtschaftlich-finanzielle Selbständigkeit verlieren und in einem neu zu gründenden Großunternehmen aufgehen, spricht man von einem Konzern.

19. In welchem Fall kann die Kartellbehörde das Instrument der Fusionskontrolle einsetzen?

a) Bei Kartellabsprachen zwischen Unternehmungen
b) Wenn marktbeherrschende Unternehmen ihre Marktmacht zum Nachteil der Nachfrager missbrauchen
c) Wenn ein Monopolbetrieb Abnehmer diskriminiert
d) Wenn Unternehmenszusammenschlüsse ab einer bestimmten Größenordnung durchgeführt werden
e) Wenn ein großer Hersteller eine 10 %ige Beteiligung an einem anderen Unternehmen erwirbt

20. Welche Aussage zu den gesetzlichen Regelungen der Abzahlungsgeschäfte ist richtig?

a) Für Klagen aus Abzahlungsgeschäften ist grundsätzlich das Gericht am Wohnsitz des Käufers zuständig.
b) Abzahlungskäufe zwischen Kaufleuten sollen geregelt werden.
c) Die Menge der Kreditkäufe soll verringert werden.
d) Den Geschäftsbanken wird die Gewährung von Ratenkrediten untersagt.
e) Im Gesetz wird ein Höchstzins festgelegt, der die Verbraucher vor Wucher schützen soll.

21. Durch welche Maßnahme wird der Wettbewerb erhalten und gestärkt?

a) Durch die Bildung von Monopolen
b) Durch die Bildung von Kartellen
c) Durch Absprachen der Anbieter über Angebotsmengen und Preise
d) Durch Fusionskontrollen
e) Durch mangelnde Marktübersicht der Nachfrager

22. Was dient unmittelbar dem Verbraucherschutz?

a) Die Festlegung von Mindestpreisen für landwirtschaftliche Erzeugnisse
b) Die staatliche Förderung wirtschaftlicher Konzentrationen
c) Die Verpflichtung, alle zum Verkauf ausgestellten Waren mit Preisschildern zu versehen
d) Die Erhebung von Einfuhrzöllen für ausländische Waren
e) Die Subventionierung ertragsschwacher Betriebe

23. In welchem Fall liegt ein Verstoß gegen die Preisauszeichnungspflicht vor?

a) Ein Einzelhandelsgeschäft versieht in Sonderverkäufen auf seine Waren im Schaufenster mit den herabgesetzten Preisen.
b) Ein Großhandelsbetrieb verfügt über einen Verkaufsraum für Wiederverkäufer. An den ausgestellten Waren befinden sich keine Preise.
c) Ein Handwerksbetrieb hängt seine Stundenverrechnungssätze inklusive Umsatzsteuer in seinen Geschäftsräumen aus.
d) Der Filialleiter einer Bank gibt nur auf Anfrage die Zinssätze für Sparguthaben und Ratenkredite bekannt.
e) Ein Antiquitätengeschäft stellt in seinem Schaufenster einen wertvollen Barockschrank aus. Eine Preisangabe fehlt.

24. Welche Maßnahme widerspricht dem Gesetz gegen den unlauteren Wettbewerb (UWG)?

a) Ein Unternehmen verdoppelt infolge Absatzschwierigkeiten die Werbeausgaben.
b) Ein Unternehmen vergrößert das Warensortiment aus Wettbewerbsgründen.
c) Ein Unternehmen betreibt vergleichende Werbung, wobei der angegebene Sachverhalt objektiv nicht nachprüfbar ist.
d) Ein Unternehmen will wegen Aufgabe einer Warengattung einen Ausverkauf durchführen.
e) Ein Unternehmen wirbt bei der Einführung eines neuen Produktes mit einem Sonderrabatt von 30 %.

25. Welche Aufgabe hat der Verbraucherschutz?

a) Bedürfnisse zu wecken
b) Anbietern Preise zu diktieren
c) Markt transparenter zu gestalten
d) Einheitspreise durchzusetzen
e) Geschäftslokale auf Unfallsicherheit zu überprüfen

26. Ordnen Sie zu.

Den Wettbewerb beeinflussende Maßnahmen

a) Fernsehgerätehersteller verpflichten sich vertraglich zur Normung ihrer Bildröhren.
b) Webwarenhersteller vereinbaren die Gewährung eines Preisnachlasses von 2 % bis zu einem Zahlungsziel von vier Wochen.
c) Mineralölkonzerne erhöhen einheitlich die Benzinpreise.
d) Zementhersteller eines Landes vereinbaren untereinander die Zuteilung von bestimmten Absatzgebieten.
e) Rechtlich und wirtschaftlich selbständige Unternehmen vereinbaren den Verkauf ihrer Erzeugnisse über eine gemeinsame Verkaufsorganisation.
f) Unternehmen A, das bereits einen Marktanteil von 20 % besitzt, beabsichtigt, die Aktienmehrheit eines Konkurrenzunternehmens B zu erwerben.

Wettbewerbsrechtliche Vorschriften

[ ] Kartellrechtliche Genehmigung

[ ] Fusionskontrolle

27. Die Vertreter der größten Unternehmen der Zementbranche in der Bundesrepublik treffen sich zu einem Gedankenaustausch über die zukünftige Marktentwicklung. Dabei erachten alle Gesprächspartner eine Preisanhebung um 10 % für dringend erforderlich. Ohne eine vertragliche Vereinbarung zu unterschreiben werden nach und nach von allen Unternehmen im vorgesehenen Umfang die Preise angehoben. Welche Aussage ist richtig?

a) Die vorgesehene Preiserhöhung ist zulässig, wenn alle beteiligten Unternehmen zuvor das Bundeskartellamt über ihre Absicht unterrichten.

b) Die vorgesehene Preisanhebung ist nach dem Kartellgesetz zulässig, wenn dadurch bei allen Unternehmen kostendeckende Preise erzielt werden.

c) Preisabsprachen der Unternehmervertreter sind ohne Einschränkung erlaubt, weil das Wirtschaftsgeschehen in unserem Land auf einer marktwirtschaftlichen Grundordnung beruht.

d) Die beabsichtigte Preisanhebung stellt ein zwischen den Unternehmen abgestimmtes Verhalten dar und ist nach dem Kartellgesetz verboten.

e) Die gemeinsame Preisanhebung der Unternehmen muss vom Bundeskartellamt erlaubt werden, wenn die entstehende Wettbewerbsbeschränkung dem Nutzen der Gesamtwirtschaft dient.

28. In jüngster Vergangenheit haben einige große Hersteller von Elektronik-Chips fusioniert, sodass nur wenige Chiphersteller weltweit Steuerungs-Chips an Elektronikgeräteproduzenten anbieten. Welche der angeführten Marktformen trifft zu?

a) Angebots-Monopol

b) Nachfrage-Oligopol

c) Polypol

d) Angebots-Oligopol

e) Nachfrage-Monopol

<u>Situation zu den nächsten drei Aufgaben.</u>

Die Stadt Chemnitz will den Neubau des Verwaltungsgebäudes ein zentrumsnahes Grundstück von der Imo Kraus GmbH erwerben. Zwischen dem Unternehmen und der Stadt wird ein notariell beurkundeter Kaufvertrag geschlossen.

29. Stellen Sie fest, welchem Rechtsgebiet der Abschluss dieses Kaufvertrages zuzuordnen ist?

a) Verfassungsrecht

b) Verwaltungsrecht

c) Steuerrecht

d) Bürgerliches Recht

e) Handelsrecht

30. Prüfen Sie, wie sich die Rechtsstellung der beiden Vertragspartner bei diesem Vertragsabschluss darstellt!

a) Die Rechtsstellung der Vertragspartner durch eine Über- bzw. Überordnung gekennzeichnet; die Stadt kann ihren Willen notfalls mit Zwang gegenüber der Imo Kraus GmbH durchsetzen.

b) Die Stadt Chemnitz und die Imo Kraus GmbH stehen sich als Vertragspartner gleichberechtigt gegenüber; keiner kann gegen den Willen des anderen seinen eigenen Willen durchsetzen.

c) Die Stadt Chemnitz handelt hoheitlich; das heißt, in öffentlich-rechtlicher Form; deshalb ist nur eine Willenserklärung erforderlich, damit der Kaufvertrag zustande kommt.

d) Das Handeln der Stadt Chemnitz ist am Gemeinwohl orientiert; deshalb besteht zwischen der Stadt und der Imo Kraus GmbH ein Über- bzw. Unterordnungsverhältnis.

e) Die Stadt Chemnitz handelt fiskalisch, d. h. in privatrechtlicher Form; deshalb kann sie Ihren Willen notfalls mit Zwang gegenüber der Imo Kraus GmbH durchsetzen.

31. Stellen Sie fest, in welchem Zusammenhang die Stadt Chemnitz Eigentümerin des Grundstücks wird!

a) Mit der Bezahlung des vereinbarten Kaufpreises

b) Mit Abschluss des Kaufvertrages

c) Mit Auflassung und Eintragung in das Grundbuch

d) Mit der Einigung der Vertragspartner über den Eigentumsübergang und der Bezahlung des Kaufpreises

e) Mit der notariellen Beurkundung des Kaufvertrages

LÖSUNGEN

Lösungen

LÖSUNGSHINWEISE

ungebundene (offene) Aufgaben

Lösungen

Situation 1

1. Aufgabe
Formulierung von mittel- und langfristigen Unternehmenszielen und Geschäftsgrundsätzen als Grundlage für eine positive Unternehmenskultur

2. Aufgabe
Es soll ein Zusammenhalt durch übergreifendes „Wir-Gefühl" geschaffen werden, das die gemeinsame Verantwortung für den Betriebserfolg erkennen lässt. Dies steigert die Motivation der Mitarbeiter durch verstärkte Identifikation mit dem Unternehmen. Durch das Unternehmensleitbild erfolgt eine eindeutige Abgrenzung von Mitbewerbern auf dem Markt. Gleichzeitig sollen auch Mitarbeiter, Kunden, Lieferanten und Geschäftspartner Orientierungsmöglichkeiten erhalten, an denen sich das Unernehmen messen lassen kann. Daraus erwächst die Unternehmensidentität (Corporate Identity).

3. Aufgabe
z. B.
- Mein Einsatz bestimmt unseren Erfolg.
- Mein positives Auftreten wirkt sich auch positiv auf das Betriebsklima aus.
- Mein persönliches Engagement gewinnt Kunden.
- Meine Teamfähigkeit beeinflusst den Teamerfolg.

4. Aufgabe

Ökologische Ziele	Ökonomische Ziele	Soziale Ziele
Einhaltung der Umweltschutzgesetze	Marktanteil	gerechte Entlohnung
Schonung von natürlichen Ressourcen	Umsatzsteigerung	Arbeitsplatzsicherheit
Verwendung energiesparender Anlagen	Wirtschaftlichkeit	Gewinnbeteiligung
umweltfreundliche Entsorgung von Abfällen	Gewinnerzielung	Aufstiegschancen
-	Kapazitätsauslastung	menschengerechte Arbeitsbedingungen
	Zahlungsfähigkeit	
	Rücklagenbildung	

5. Aufgabe
Im Rahmen des Total Quality Management unterziehen sich Unternehmen freiwillig einer Umweltbetriebsprüfung. Wird diese EU-Umwelt-Audit-Verordnung Nr. 1836/93 erfüllt (z. B. Vermeidung, Verwerten und Entsorgung von Abfallprodukten, Einsatz alternativer Energiequellen, Einsatz energiesparender Maschinen und Fahrzeuge usw.), erhalten diese Unternehmen ein Zertifikat und verschaffen sich dadurch Wettbewerbsvorteile auf dem Weltmarkt.

6. Aufgabe
Zielhierarchie
Es lassen sich Ober- und Unterziele, Formal- und Sachziele, Haupt- und Nebenziele unterscheiden. Dabei sind untergeordnete Ziele immer gleichzeitig Mittel zur Erreichung der nächst höheren Ziele. Dem Formalziel „Kosten reduzieren" dient als Sachziel „Mitarbeiter abbauen".

Zielharmonie
Wenn sich Ziele gegenseitig unterstützen, besteht zwischen ihnen eine Zielharmonie, z. B. Liquidität erhöhen durch kürzeres Zahlungsziel.

Zielkonflikt
Wenn sich Ziele gegenseitig ausschließen, besteht zwischen ihnen ein Zielkonflikt, z. B. das Ziel „billiger einkaufen" steht in Widerspruch zu dem Ziel „Qualität steigern".

Situation 2

1. Aufgabe
Kernprozesse haben eine direkte Schnittstelle zum Kunden (Beschaffung, Produktion und Absatz). Sie erbringen eine Wertschöpfung für den Kunden; d. h. ihnen steht ein Kaufwert gegenüber.
Serviceprozesse haben keine direkte Schnittstelle zum Kunden. Sie übernehmen eine Unterstützungsfunktion für andere Prozesse, z. B. Personalbereitstellung, Forschung und Entwicklung, Fakturierung usw.

2. Aufgabe
Sollen die Güter- und Geldströme reibungslos fließen, ist die Unternehmung auf Informationen angewiesen. Alle übrigen Prozesse werden über Informationsprozesse gesteuert. Informationen über Bestände steuern Lager- und Beschaffungsprozesse, Informationen über Roh-, Hilfs- und Betriebsstoffe sowie Bauteile und Stücklisten steuern Produktionsprozesse usw. Die Datenverarbeitung erlaubt eine Vernetzung der Informationswege im Betrieb, dadurch können einzelne Mitarbeiter betriebliche Abläufe ganzheitlich überblicken, auswerten und steuern.

3. Aufgabe
Vertrieb, Einkauf oder Lager, Leitung
Vertrieb, Verwaltung (Buchhaltung)
Vertrieb, Einkauf, Leitung

4. Aufgabe
EPK beschreiben Prozesse als zusammenhängende Aktivitäten und Ablaufreihenfolgen. Die wichtigsten Elemente sind Ereignisse und Prozesse. Ereignisse lösen Prozesse aus und sind das Ergebnis von Prozessen. Ereignisse werden mit verschiedenen Operatoren verknüpft.

5. Aufgabe

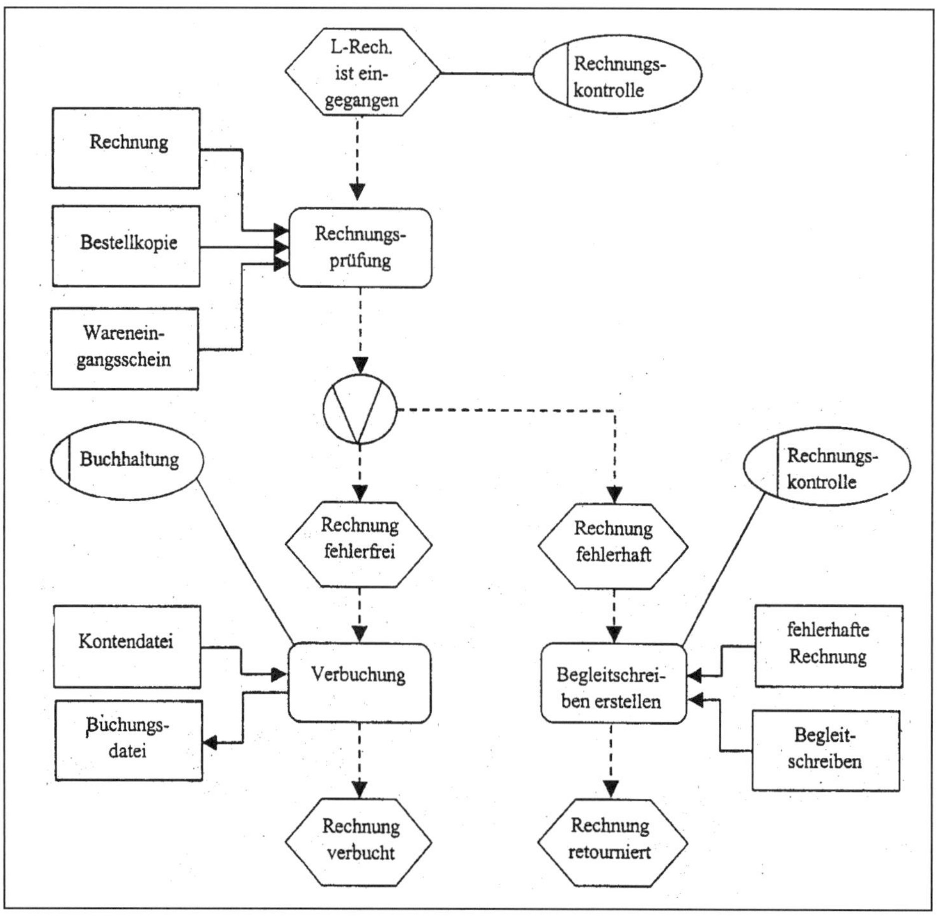

6. Aufgabe
Die Festlegung von Stellen und Abteilungen und deren Zuordnung zueinander sowie die Gliederung von Aufgaben in Aufgabenbereiche ist Aufgabe der Aufbauorganisation.
Die Ablauforganisation stellt das betriebliche Geschehen dar. Sie regelt den zeitlichen Ablauf der zur Erreichung eines bestimmten Ergebnisses auszuführenden Arbeiten.

7. Aufgabe

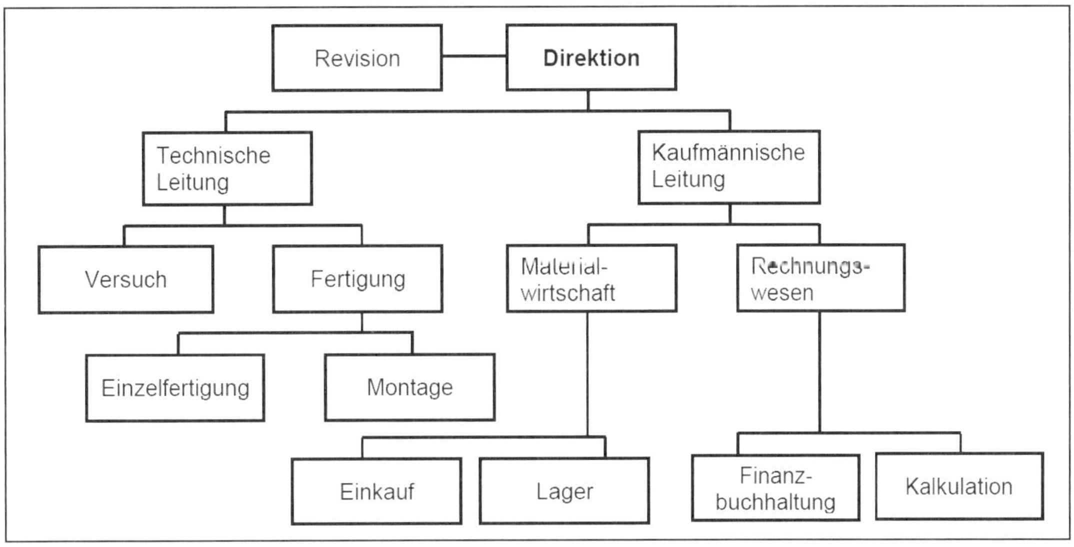

8. Aufgabe
Einkauf

9. Aufgabe
a) Revision
b) Stabstellen sind einer Instanz (z. B. Direktion) zugeordnet. Sie sollen die Instanz durch informierende, planende, beratende Tätigkeit entlasten. Sie haben kein Weisungsrecht.

Lösungen

Situation 3

1. Aufgabe

7,4 Std. x 60 Min. = 444 Min.
444 Min. : 6 = **74** Einheiten

2. Aufgabe
Sie fragen in der Vertriebsplanung nach dem geplanten Absatz.

3. Aufgabe
Die Kapazität würde sich erhöhen (aber nicht verdoppeln).

4. Aufgabe
Gruppenfertigung, weil die in der Insel tätigen Mitarbeiter ein Arbeitsgruppe bilden.
Die Gruppenfertigung soll die Nachteile der Fließfertigung ausgleichen. Mit der Eigenverantwortlichkeit der Gruppe steigt die Arbeitsmotivation, die Produktqualität und die Bereitschaft zur Lösung von Fertigungsproblemen. Der Arbeitsplatzwechsel innerhalb der Gruppe verringert die Arbeitsmonotonie.

5. Aufgabe
0,35x + 5.000 = 0,20x + 80.000
0,15x = 75.000
x = **500.000 Stück**

6. Aufgabe
Es führt zu einer Verringerung der Fertigungstiefe.

7. Aufgabe
die Einzelteilezeichnung

Situation 4

1. Aufgabe
Sie beantragt die Erteilung eines Patents beim Deutschen Patent- und Markenamt in München und erhält den Schutz nach Prüfung des Verfahrens für maximal 20 Jahre.

2. Aufgabe
- Alleiniges Nutzungsrecht
- Lizenzvergabe
- Wettbewerbsvorteil
- Vorteile bei der Preispolitik

3. Aufgabe

angenommen:
vorher: für 100 Stück = 10 Fertigungsstunden
nachher: für 100 Stück = 8 Fertigungsstunden (da 20 % reduziert)

8 Std. = 100 %
10 Std. = x %
x = 125 %

also 25 % Steigerung

4. Aufgabe
Den Betrieben der Bundesrepublik Deutschland entsteht ein rechenbarer Umweltschaden (ca. 3,0 Mrd. €/Jahr) durch Lärm in Form von Produktivitätsverlust.

5. Aufgabe

$$\frac{18 \times 6.200}{74.400} = \mathbf{1{,}5\ \%}$$

6. Aufgabe

6.200 x 18 =	111.600,00 €	Umsatz
abzüglich	74.400,00 €	Kosten
=	37.200,00 €	Gewinn

$$\frac{37.200 \times 100}{300.000} = \mathbf{12{,}4\ \%}$$

Lösungen

Situation 5

1. Aufgabe
Das **Produktfeld** legt langfristig den Bereich (Branche) fest, in dem ein Betrieb produzieren will (z. B. Fahrräder, Sanitärbereich, Elektroindustrie usw.).
Die **Programmtiefe** zeigt die Anzahl der innerbetrieblichen Produktionsstufen zur Herstellung der Erzeugnisse.
Die **Programmbreite** legt die Zahl der verschiedenen Erzeugnisarten fest, die ein Industriebetrieb ohne wesentlich Umstellung der Produktionsanlagen herstellt.
Dei **Fertigungsmenge** richtet sich entweder nach den vorliegenden Kundenbestellungen (Auftragsfertigung) oder durch Marktforschung ermittelte Absatzmenge (Lagerfertigung).

2. Aufgabe

1.500.000 : 5 =	300.000,00
+ Marketingkosten	300.000,00
=	600.000,00

	560,00
	- 270,00
db	= 290,00

600.000 : 290 = **2.069 St** (gerundet)

3. Aufgabe
Die Ausrichtung der Produktion in einem Mehrproduktunternehmen auf die rentabelste Erzeugnisgruppe

4. Aufgabe

Typ	Nettoverkaufspreis	variable Stückkosten	absoluter Deckungsbeitrag
Mountainbike	560,00	270,00	290,00
Stadtrad	463,00	254,00	209,00
Rennrad	758,00	312,00	446,00

5. Aufgabe
Rangfolge: Rennrad, Mountainbike, Stadtrad

6. Aufgabe
a) -Typung ist die Vereinheitlichung von zusammengesetzten Endprodukten.
- Normung bezieht sich auf die Vereinheitlichung von Einzelteilen (Festlegung von Größen, Abmessungen, Formen und Rezepturen).

b) Verbesserung der Produktivität, der Wirtschaftlichkeit und der Rentabilität

7. Aufgabe
- leichtere Beschaffung von Ersatzteilen
- kleineres Lager
- einfachere Reparaturen durch Austausch von Normteilen
- preisgünstigere Ersatzteile

8. Aufgabe
Dazu gehören alle Maßnahmen zur Schaffung und Erhaltung der Produktqualität. Das Hauptziel besteht darin, mögliche Fehlerquellen rechtzeitig zu erkennen, damit sie gar nicht wirksam werden können. Zur Qualitätssicherung gehören die Qualitätsplanung und die Qualitätsteuerung.

9. Aufgabe
Die Zertifizierung umfasst: Design, Entwicklung, Konstruktion, Produktion, Montage, Kundendienst und Prüfung des Endproduktes.
Von einem Prüfungsinstitut (z. B. TÜV. Dekra-AG) werden in allen Geschäftsbereichen des Unternehmens Abläufe und Plausibilität sowie die erforderliche Dokumentation überprüft und das Zertifikat erteilt.

Situation 6

1. Aufgabe
Diversifikation (= Aufnahme von Produktarten in das bestehende Programm, die für das Unternehmen grundsätzlich neu sind)

2. Aufgabe
- Einzelfertigung
- Sorten-, Partie- und Chargenfertigung
- Serienfertigung
- Massenfertigung

3. Aufgabc
Bei der Werkstättenfertigung sind Betriebsmittel mit gleichartigen Funktionen räumlich in sogenannten Werkstätten zusammengefasst (z. B. Dreherei, Stanzerei, Fräserei usw.).
Die Fließfertigung ist eine zeitlich gebundene Fertigung. Die einzelnen Arbeitsverrichtungen sind zeitlich aufeinander abgestimmt, sie erfolgen nach vorgegebenem Takt. Die Werkstücke werden automatisch zum nächsten Arbeitsplatz befördert.

4. Aufgabe
Massenfertigung

5. Aufgabe
Die Fertigungssteuerung befasst sich unmittelbar mit der Durchführung, Lenkung und Überwachung des Fertigungsprozesses. Zu dieser organisatorischen Aufgabe gehört die Bereitstellung der Betriebsmittel, Werkstoffe und Arbeitskräfte, die Bereitstellung sämtlicher Fertigungsunterlagen und Arbeitsbegleitpapiere sowie die Fertigungskontrolle.

6. Aufgabe
Es ist ein Logistikkonzept um Lagerbestände zu vermeiden. Die Produkte werden bedarfssynchron gefertigt. Die Lieferabrufe werden direkt von der Produktion an den Lieferanten weitergegeben. Die Materialien werden in der Reihenfolge der Produktion angeliefert und gehen ohne Qualitätskontrolle und Lagerhaltung in die Fertigung.

7. Aufgabe
- kurze Lieferzeiten
- schnellerer Kapitalumschlag
- bessere Kapazitätsauslastung
- flexiblere Fertigungsplanung
- höhere Produktivität

8. Aufgabe

CAM	Computer Aided Manufacturing (rechnergesteuerte Fertigung)
CAD	Computer Aided Design (rechnerunterstützte Konstruktion)
CAP	Computer Aided Planning (rechnerintegrierte Arbeitsplanung)
CAE	Computer Aided Engineering (Produktentwicklung und Projektierung von Anlagen)
CAQ	Computer Aided Quality (Qualitätssicherung und –kontrolle)

Situation 7

1. Aufgabe

Einen arbeitsorientierten Standort

2. Aufgabe

Standortfaktor	Gewichtungs-faktor	Bukarest		Temesvar		Resita	
		Punkte	Gewichtete Punkte	Punkte	Gewichtete Punkte	Punkte	Gewichtete Punkte
Verkehrslage	5	18	90	24	120	22	110
Billige Arbeitskräfte	12	40	480	50	600	45	540
Grundstückspreise	3	8	24	10	30	10	30
Steuern	2	5	10	7	14	7	14
Summe			604		**764**		694

Temesvar

3. Aufgabe
Der Absatz eines bisherigen eigenen Produktes (z. B. hochwertiges Mountainbike) wird durch ein neues eigenes Produkt (z. B. billiges Mountainbike) vermindert.

4. Aufgabe
Es wird möglichst nicht auf Lager gefertigt, sondern nur aufgrund konkreter Kundenbestellungen. Es werden in der Regel nur solche Produkte gefertigt, die am Markt Absatz finden.

5. Aufgabe
Es können nur kleinere Serien gefertigt werden, was hohe Umrüstkosten erfordert.
Dadurch können erhöhte Leerzeiten entstehen. Für die erweiterte Modellpalette ist ein größeres Materiallager erforderlich.

Situation 8

1. Aufgabe
Die Kapazität stellt das Leistungsvermögen in einem bestimmten Zeitraum dar und wird in betrieblichen Leistungen gemessen.
Die Beschäftigung stellt die tatsächlich genutzte Kapazität dar.
Der Beschäftigungsgrad ist das Verhältnis der tatsächlichen Erzeugung zur möglichen Erzeugung.

2. Aufgabe

2 600 St = 100 %
2 000 St = x %
x = **76,92** %

3. Aufgabe

maximale Kapazität: oberstes Leistungsvermögen, nur kurzfristig realisierbar
optimale Kapazität: die Ausbringungsmenge, die aus wirtschaftlicher Sicht optimal ist (wirtschaftliche Kapazität)
minimale Kapazität: die Ausbringungsmenge, die aus wirtschaftlichen Gründen nicht unterschritten werden darf

4. Aufgabe

Anzahl der Lose	Losgröße (Stück)	Rüstkosten (€)	Lager- und Zinskosten (€)	Gesamtkosten (€)
5	400	1.050,00	520,00	1.570,00
4	500	840,00	650,00	**1 490 00**
3	667	630,00	867,10	1 497,10
2	1.000	420,00	1.300,00	1 720,00
1	2.000	210,00	2.600,00	2.810,00

5. Aufgabe

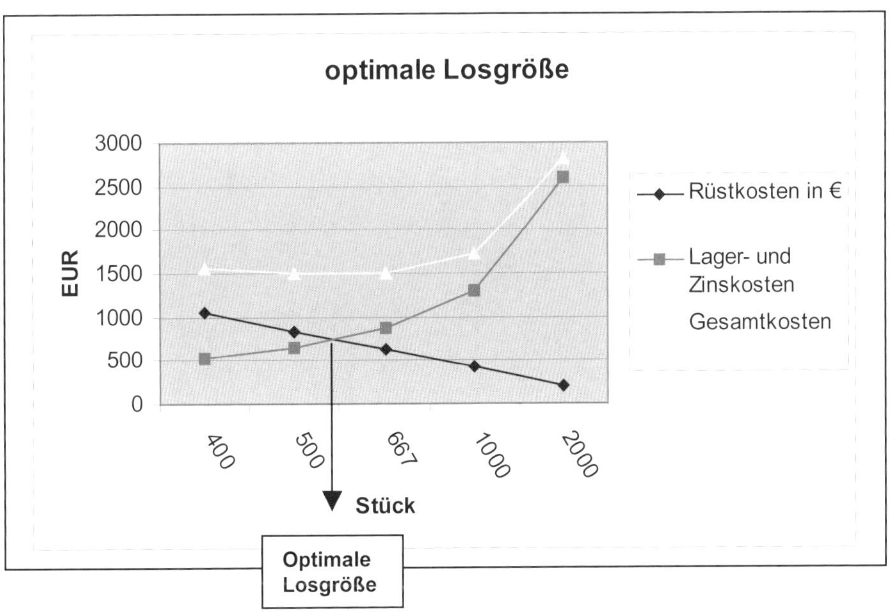

6. Aufgabe
Die Rüstkosten pro Stück sinken, die Lagerkosten pro Stück bleiben konstant.

7. Aufgabe

Die auflagefixen Kosten umfassen die Einrichtung der Maschine, die Bereitstellung der Belege und Werkzeugen usw. Diese Kosten sind in ihrer Höhe von der Größe der Serie unabhängig.
Die auflagenvariablen Kosten nehmen mit wachsender Auflagengröße zu, z. B. Kosten für die Lagerhaltung, Kosten für die Kapitalbindung.
Die Produktionsmenge, bei der die Summe aus Rüst- und Lagerkosten in einem bestimmten Zeitraum ein Minimum erreichen, ergibt die optimale Losgröße.

8. Aufgabe

$$43\,x + 150.000 = 160\,x$$
$$117\,x = 150.000$$
$$x = \mathbf{1\,282{,}05\ St}$$

Situation 9

1. Aufgabe

Wachstumsphase

2. Aufgabe

a) 90.000 + 62 x = 110.000 + 38 x
24 x = 20.000
x = **833,33 Maschinenstunden**

b) ergonomischere Handhabung
geringerer Platzbedarf
höhere Produktqualität
Bedienungsfreundlichkeit
niedrigere Immissionswerte (z. B. leiser, geringere Abgaswerte usw.)
steuerliche Gründe

3. Aufgabe

Primärbedarf (600 + 1500 Nabenschaltungen)	**2.100**	**St Nabenschaltungen SG 14**
Sekundärbedarf	1.050	kg Aluminiumblech
+ 8 % Zusatzbedarf	84	kg Aluminiumblech
Bruttobedarf	1.134	kg Aluminiumblech
- Verfügbarer Lagerbestand (Lagerbestand 300 kg – eiserner Bestand 150 kg)	150	kg Aluminiumblech
+ offene Bestellungen (da für andere Aufträge reserviert)	500	kg Aluminiumblech
Nettobedarf	**1.484**	**kg Aluminiumblech**

4. Aufgabe

U2 20 Std. + S2 12 Std. + S3 8 Std. + S1 16 Std. + U1 8 Std. + Montage 24 Std. = **88 Std.**

5. Aufgabe

Maschinenbelegungsplan für Mai

Tag	Mo	Di	Mi	Do	Fr	Sa	So	M0	Di	Mi	Do	Fr	Sa	So	Mo
Datum	01.	02.	03.	04.	05.	06.	07.	08.	09	10.	11.	12.	13.	14.	15.
Stunden	V 4 N 4	V 4 N 4	V 4 N 4	V 4 N 4	V 4 N 4			V 4 N 4	V 4 N 4	V 4 N 4	V 4 N 4	V 4 N 4			V 4 N 4
U1	O O	O O	O O					O O	O O	O O	O O	O O			O O
U2	O O	O O	O O	O O	O					O O	O O	O			
S1					O O			O O	O O	O O	O O	O O			
S2	O	O	O O		O O			O O	O O	O O	O				
S3	O	O O	 O	O O	O O			O	O O	O O	O O	O O			
Montage	O O	O O	O O	O O	O O			O O	O O	O O	O O	O O			O O

Tag	Di	Mi	Do	Fr	Sa	So	Mo	Di	Mi	Do	Fr	Sa	So	Mo	Di	Mi
Datum	16.	17.	18.	19.	20.	21.	22.	23.	24.	25.	26.	27.	28.	29.	30.	31.
Stunden	V 4 N 4	V 4 N 4	V 4 N 4	V 4 N 4			V 4 N 4	V 4 N 4	V 4 N 4	V 4 N 4	V 4 N 4			V 4 N 4	V 4 N 4	V 4 N 4
U1	O O	O O														
U2																
S1																
S2																
S3																
Montage	O O	O O														

O = belegt, V = Vormittag, N = Nachmittag
Samstage, Sonntage und Feiertage sind arbeitsfreie Tage

Dienstag, 23. Mai, abends

6. Aufgabe
Donnerstag, 25. Mai, wenn der Kunde die Ware abends noch annehmen kann, sonst am Freitag, 26. Mai, morgens.

7. Aufgabe
Da es sich um eine Spezialmaschine handelt, ist eine kurzfristige Auswärtsvergabe des Arbeitsschrittes nicht möglich. An die geplante Nutzung der Maschine S2 folgt das Wochenende, deshalb könnte man die 8 Stunden über Samstagsarbeit hereinholen.

Situation 10

1. Aufgabe

8.800 St x 12,50	=	110.000,00 €	variable Kosten
		130.000,00 €	fixe Kosten
		240.000,00 €	Gesamtkosten

8.800 St x 30,00 =	264.000,00 €	Umsatzerlös
	- 240.000,00 €	Gesamtkosten
	24.000,00 €	

24.000,00 : 8.800 = **2,73 €**

2. Aufgabe
130.000 + 12,5x = 30x
= **7.428,57 St**

3. Aufgabe
Ja, weil der Deckungsbeitrag positiv ist und der Gewinn sich um 750,00 € erhöht (125 x 6).

4. Aufgabe
Nach A 5 ist der Nachfolger A 7.
Nach A 3 muss A 6 „Plombierschrauben kennzeichnen" als Nachfolger eingezeichnet werden.

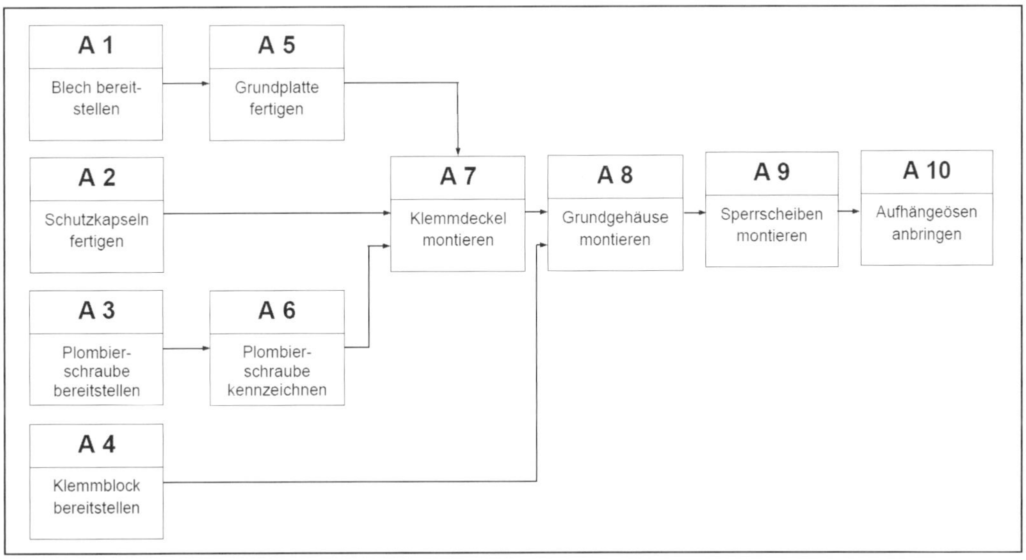

5. Aufgabe

Frühester Endzeitpunkt A 1	30 Min
+ A 5	50 Min
	80 Min
Spätester Endzeitpunkt A 3	35 Min
+ A 6	55 Min
	90 Min

6. Aufgabe
8 : 5 = **1,6**

7. Aufgabe
Fehlerhafte Erzeugnisse, die nicht nachbearbeitet werden können oder bei denen sich eine Nachbearbeitung nicht lohnt.
Beispiele für Fehlerkosten:
- das Produkt ist in der Regel nicht mehr verkäuflich
- der Werkstoff ist unbrauchbar
- Maschinennutzung und Arbeitseinsatz sind verloren
- die Beseitigung des Ausschusses

8. Aufgabe
a)
- Vermehrte Prüfung der Zulieferteile und vermehrte Prüfungen während der Produktion
- Schulung der Mitarbeiter
- Qualitätsprämien einführen
- Zeitvorgaben prüfen und anpassen
- Wartung der Maschinen verbessern
- Endkontrolle der Produkte

b)
Fehlervermeidungskosten

9. Aufgabe
Prüfkosten sind alle Kosten, die durch Prüfungsmaßnahmen am Produkt bzw. während des Produktionsprozesses entstehen, z. B. Wareneingangsprüfung, Prozessprüfung, Endprüfung.

10. Aufgabe
100%-Prüfung:
- Einsparung von Folgekosten
- Verbesserung des Firmenimages
- Sicherheit der Produkte
- Kurzfristige Rückmeldung an die Fertigung bei Fehlerentdeckung

Stichprobenprüfung:
- Weniger Prüfpersonal erforderlich
- Geringerer Zeitaufwand
- Kostengünstiger

11. Aufgabe
Die Investition lohnt sich dann, wenn die entdeckten Fehlerkosten höher sind als die 15.000,00 € der Mehrinvestition. Zu beachten sind auch mögliche Umsatzverluste und ein Imageschaden, zu denen eine hohe Fehlerquote führen kann.

12. Aufgabe
Die Gesamtkosten sind bei 3 % Fehlerquote am niedrigsten (2.800,00 €).

13. Aufgabe
Total Quality Management (TQM) ist ein Managementkonzept, welches
alle Mitarbeiterinnen und Mitarbeiter einbezieht.
Sie stellt die Qualität in den Mittelpunkt, um die Zufriedenheit der Kunden und dadurch langfristigen Geschäftserfolg sowie Nutzen für die Arbeitnehmer (z. B. sicher Arbeitsplätze) und die Gesellschaft (z. B. Steuer) zu erreichen.

Situation 11

1. Aufgabe
Vorteile:
- Konzentration auf Kernkomponenten
- Nutzung von Spezialiserungsvorteilen
- Verringerung des Produktiosrisikos
- Erleichterung der Kapazitätsanpassung, indem das Beschäftigungsrisiko auf die Zulieferer abgewälzt werden kann
- Verkürzung der Durchlaufzeit des Auftrags

Nachteile:
- Verlust an Know-how
- Erhöhung des Risikos bei langen Transportwegen
- Erhöhung der Abhängigkeit vom Zulieferer
- Beschränkung der Möglichkeit der eigenen Qualitätssicherung

2. Aufgabe
Das SCM stellt eine möglichst optimale Gestaltung der Wertschöpfungskette vom Lieferer bis zum Endkunden dar.

3. Aufgabe

Listeneinkaufspreis	24,00 €
./. 15 % Rabatt	3,60 €
Zieleinkaufspreis	20,40 €
./. 3 % Skonto	0,61 €
Bareinkaufspreis	19,79 €
+ Fracht	3,21 €
Bezugspreis	**23,00 €**

Auf den ersten Blick liegen die Kosten der Eigenfertigung unter denen des Fremdbezugs. Allerdings müssen in den Kostenvergleich auch noch die Fixkosten einbezogen werden.

4. Aufgabe
x * 23,00 €/Stück = 13,00 €/Stück + 30.000,00 €
x * 10,00 €/Stück = 30.000,00 €
x = 3 000 Stück

5. Aufgabe

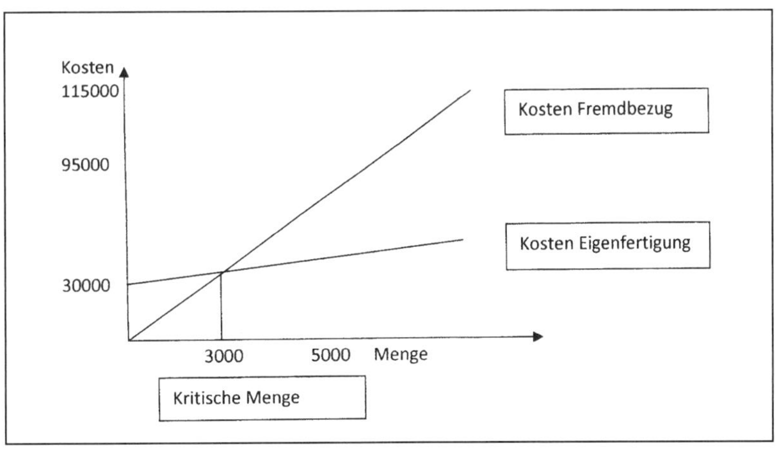

Bei einer Stückzahl bis 2 999 lohnt sich die Eigenfertigung nicht, da der Fixkostenanteil pro Stück zu hoch ist. Je mehr Stück produziert werden, umso mehr verteilen sich die Fixkosten auf die Stück (Fixkostendegression), sodass in unserem Fall ab einer jährlich gefertigten Menge von 3 001 Stück die Eigenfertigung günstiger wäre.
Bei einer Fertigungsmenge von 3 000 Stück pro Jahr wären die Kosten der Eigenfertigung bzw. des Fremdbezugs gleich hoch. Dieser Wert stellt die sogenannte „kritische Menge“ dar.

6. Aufgabe
- Internes Verbesserungsvorschlagswesen ausbauen
- Regelmäßige Schulungen der Mitarbeiter zum Thema Produktqualität
- Einführung eines Qualitätsmanagementssystems (QM-System)
- Einführung eines Qualitätsbonussystems für die Mitarbeiter

7. Aufgabe
- Ständige Präsens durch Werbung
- Gute Qualität zu günstigen Preisen
- Ökologische und umweltfreundliche Fertigung
- Spendenaktionen und Sponsoring

Situation 12

1. Aufgabe
80 + 95 + 60 + 20 = 255 x 3 = 765
3,0 + 2,1 + 2,7 + 1,1 = 8,9 x 300 = 2.670
765 + 2.670 = 3 535
3 435 : 100 = **34,35 Stunden**

2. Aufgabe
34,35 : 300 = 0,1145 x 60 = **6,87 Minuten**

3. Aufgabe
Die Terminplanung erfolgt vom Endtermin zum Starttermin. Die Vorgänge werden dabei mit ihren spätest möglichen Endterminen eingesetzt.
- Vorteil: Vermeidung von Liegezeiten, daher geringere Kapitalbindung und niedrige Zinskosten
- Nachteil: hoher Termindruck, daher höhere Störanfälligkeit

4. Aufgabe
Verteilzeiten sind unregelmäßig auftretende, nicht messbare Zeiten, die durch einen prozentualen Zuschlag auf die Grundzeit berücksichtigt werden. Zur sachlichen Verteilzeit zählen unregelmäßig anfallende Reparatur- und Wartezeiten, zur persönlichen Verteilzeit zählt das Warten auf verspätete Mitarbeiter oder der Gang zur Toilette.

5. Aufgabe
Kurzfristige Erweiterung der Kapazität durch
Leiharbeiter
Schichtarbeit
Überstunden
Sonderschicht am Samstag
Mitarbeiter aus anderen Bereichen einsetzen

6. Aufgabe
- Zwischen- und Endkontrolle, damit Fehler rechtzeitig erkannt und behoben werden können
- Einführung eines QM-Systems, um Qualität zu erzeugen und die Abläufe klar zu dokumentieren
- Regelmäßige Schulungen durchführen, um das Qualitätsbewusstsein zu stärken
- Einführung eines Prämiensystems für die Mitarbeiter

7. Aufgabe
- Konstruktionsfehler
- Materialfehler
- Fabrikationsfehler
- Instruktionsfehler (fehlerhafte Betriebsanleitung)

Situation 13

1. Aufgabe
- Bedarf feststellen
- Bezugsquellen ermitteln
- Anfragen versenden
- Eingehende Angebote vergleichen
- Günstigste(n) Lieferer ermitteln
- Erteilen der Bestellung(en)
- Liefertermin(e) überwachen
- Rechnung(en) vergleichen

2. Aufgabe
- über Fachzeitschriften, Kataloge, Prospekte
- über die IHK
- über die Gelben Seiten
- bei Messen und Ausstellungen
- über Branchenverzeichnisse, Adressbücher
- ABC der Deutschen Wirtschaft
- Internet
- u. a.

3. Aufgabe
Eingabe, z. B. „Gelsättel" und „Hersteller"

4. Aufgabe
a) bestimmte Anfrage
b) Anfragen sind rechtlich unverbindlich

5. Aufgabe

Lieferer	Listenpreis	Rabatt	Skonto	Lieferbedingungen	Zahlungsbedingungen	Lieferzeit
A						
B						
C						
D						

6. Aufgabe
- Qualität
- Garantieleistungen
- Kundendienst
- Zuverlässigkeit
- Kulanz
- Leumund

7. Aufgabe
Damit ist vorgegeben, dass die Lieferung zwar ohne schuldhafte Verzögerung erfolgen soll, aber dennoch zeitlich unbestimmt und somit im Verzögerungsfall erst eine Mahnung mit konkreter Fristsetzung erforderlich ist.

8. Aufgabe
Lieferer 3

9. Aufgabe

In 50 Tagen → 3 %
In 360 Tagen → x % → Näherungslösung

$$x = \frac{3 * 360}{50} = 21,6\ \%$$

$$p = \frac{z * 100 * 360}{K * t}$$

$$p = \frac{3 * 100 * 360}{97 * 50} = 22,27\ \%$$ → exakte Lösung

10. Aufgabe

Listenpreis	10,00
./. Liefererrabatt	--
= Zieleinkaufspreis	10,00
./. Liefererskonto 3 %	0,30
= Bareinkaufspreis	9,70
+ Bezugskosten	0,20
= Bezugspreis	9,90
+ Handlungskosten 16 2/3 %	1,65
= Selbstkostenpreis	11,55
+ Gewinnzuschlag 5 %	0,58
= Barverkaufspreis	12,13
+ Kundenskonto 2 %	0,25
= Listenverkaufspreis (netto)	12,38
+ Mehrwertsteuer 19 %	2,35
= Listenverkaufspreis (brutto)	14,73

→ i.H

11. Aufgabe

= Selbstkostenpreis	11,55
+ Gewinnzuschlag **1,65 %**	**0,19**
= Barverkaufspreis	11,74
+ Kundenskonto 2 %	0,24
= Listenverkaufspreis (netto)	11,98
+ Mehrwertsteuer 19 %	2,28
= Listenverkaufspreis (brutto)	14,26

12. Aufgabe
- Vergabe von Artikelnummern (in PC eingeben)
- Ev. Lagerplatz erteilen
- Mindest- bzw. Meldebestand festlegen
- Produkte katalogisieren (Produktkatalog)
- In Ordersatz aufnehmen (eingeben)
- Entsprechende Werbemaßnahmen durchführen

13. Aufgabe
Ware zumindest vorübergehend auf Kommissionsbasis in Sortiment aufnehmen

14. Aufgabe

Nicht-rechtzeitig-Lieferung/ Lieferungsverzug

Auf Erfüllung des Vertrages bestehen
Rücktritt vom Vertrag ohne Nachfrist und ohne Rücksicht auf Verschulden des Lieferers
Schadensersatz wegen Nichterfüllung, falls der Lieferer den Lieferungsverzug verschuldet hat
Rücktritt und Schadensersatz zusammen

15. Aufgabe

a) Deckungsbeitrag = der Erlös eines Produktes, der seine variablen Kosten übersteigt und somit zur Deckung der fixen Kosten beiträgt

Deckungsbeitrag pro Stück = Verkaufspreis pro Stück – variable Kosten pro Stück

b) 11,98 * 90 % = 10,78
9,90 + 0,65 = 10,55
10,78 – 10,55 = 0,23
=========

c) Wareneinsatz (9,90) + variable Kosten (0,65) wären zumindest gedeckt
d) um Kunden, die dieses Produkt kaufen, nicht zu verlieren;
Kunden, die dieses Produkt kaufen, decken sich ev. auch mit weiteren Produkten bei uns ein
e) keine Deckung der Fixkosten;
Lagerplatzbelegung ohne Deckungsbeitrag;
Kostenverursacher;
Ruinöser Wettbewerb

Lösungen

Situation 14

1. Aufgabe

AB + 12 Monatsendbestände / 13

$$\frac{6.500.000 + 75.942.000}{13} = 6.341.692 \text{ (gerundet)}$$

2. Aufgabe

$$\frac{\text{Wareneinsatz}}{\text{durchschnittl. Lagerbestand}}$$

$$\frac{20.105.000}{6.341.692} = 3 \text{ x (gerundet)}$$

3. Aufgabe

$$\frac{360}{\text{Umschlagshäufigkeit}}$$

$$\frac{360}{3} = 120 \text{ Tage}$$

4. Aufgabe

$$\frac{\text{Marktzins * durchschnittliche Lagerdauer}}{360}$$

$$\frac{8 * 120}{360} = 2\ 2/3\ \%$$

5. Aufgabe
- Erhöhung des Wareneinsatzes, z. B. durch Werbung
- Verminderung des durchschnittlichen Lagerbestandes, z. B. durch ständige Lagerkontrollen oder Verkürzung der Liefererzeiten seitens unserer Lieferanten
- Vereinbarungen mit Lieferanten, z. B. Kauf auf Abruf

6. Aufgabe
- Versicherungen
- Löhne und Gehälter des Lagerpersonals
- Heizung, Kühlung
- Instandhaltung
- Strom für Beleuchtung
- Miete (auch kalkulatorisch)
- Zinsen (kalkulatorisch)
- Abschreibungen

7. Aufgabe
- Senkung des Mindestbestandes
- Kürzere Lieferzeiten seitens der Lieferanten

8. Aufgabe
- optimale Ausnutzung des vorhandenen Lagerraums
- optimale Ausnutzung der vorhandenen Lagerfläche
- Kostensenkung durch Wegeoptimierung
- Modernisierung durch Einsatz neuester Lagertechniken (Lagerkontrollsystem)
- Bestandssicherung durch möglichst einfache, aber effiziente Lagerkontrollen
- Qualitätsverluste durch Lagerung vermeiden (Lagerüberwachung)

9. Aufgabe und 10. Aufgabe

Zentrale Lagerung	Dezentrale Lagerung
= Lagerung des gesamten Warenvorrats an einem Ort - niedrige Raumkosten durch bessere Ausnutzung von Lagerräumen und Lagereinrichtungen - niedrige Lagerverwaltungskosten (Personalkosten) - bessere Übersicht über gesamten Lagerbestand - leichtere Kontrolle des gesamten Lagerbestandes - unkomplizierterer Bestellaufwand, deshalb auch geringerer Lagerbestand (geringere Kapitalbindung)	= Lagerung des Warenvorrats an verschiedenen Orten - u.U. schnellere Belieferung der Kunden möglich, da Lager in Kundennähe - kürzere Transportwege und damit günstigere Transportkosten - durch Auslagerung auf mehrere Lager jeweils kleinere Lagerbestände - daher leichtere Kontrollmöglichkeiten - Verringerung des Lagerrisikos durch bessere Übersicht
Festplatzsystem	**Freiplatzsystem**
= fester Lagerplatz für jede Warenart (Stammplatz) Dieser Stammplatz ist für die entsprechende Warenart unabhängig von der jeweils aktuellen Menge reserviert. Vorteil: einfaches und schnelles Auffinden des Lagergutes, auch ohne Lagerkontrollsystem	= Unterbringung der zu lagernden Waren an Lagerplätzen, die gerade frei sind; also keine festen Lagerplätze. Dies führt zu ständig sich ändernden Lagerplänen. Vorteil: kann platzsparender sein, da freie Plätze sofort ausgenutzt werden können. Schnelles Auffinden des Lagergutes setzt Lagerkontrollsystem voraus.

Situation 15

1. Aufgabe
Zahlen des verfügbaren Bestandes

2. Aufgabe
Verfügbarer Bestand nimmt ab
Reservierter Bestand nimmt zu

3. Aufgabe
Bei Erreichen des Meldebestandes

4. Aufgabe
a)
- Bestellen von Saisonartikeln
- Günstige Einkaufspreise
- Steigendes Nachfrageverhalten
- Ausnutzung von Mengenrabatten
- Marktneuheiten bei entsprechender Nachfrage

b)
- knappe Lagerkapazität
- steigende Einkaufspreise
- Absatzstockungen
- allgemein schlechte Marktlage

5. Aufgabe
- Meldebestand soll erhöht werden
- Vergleich der Absatzzahlen der letzten Monate im Vorjahr mit denen des laufenden Jahres

6. Aufgabe

Bruttobedarf	800 Stück
+ Zusatzbedarf 3 %	24 Stück
- Lagerbestand	650 Stück
+ Reservierungen	530 Stück
+ Sicherheitsbestand	200 Stück
= Nettobedarf	904 Stück

7. Aufgabe
- Eingabefehler am PC
- Diebstahl
- Buchung am PC, aber noch keine Einlagerung
- Einlagerung aber noch keine Buchung
- Lagerentnahme ohne Beleg
- Zuviel oder zu wenig Lagerentnahmen

Situation 16

1. Aufgabe

Inventur = körperliche und buchmäßige Bestandsaufnahme aller Vermögens- und Schuldenteile nach Art, Menge und Wert; wird durchgeführt zu Beginn eines Handelsgewerbes und zu jedem Schluss eines Geschäftsjahres

Bei der permanenten Inventur werden die anfallenden Inventurarbeiten über das ganze Jahr verteilt. Dies geschieht i.d.R. durch Bestandsfortschreibung (z. B. per EDV) aller Bestände nach Art und Menge anhand von Lagerbüchern bzw. Lagerdateien.

Es ist mindestens ein mal im Jahr mit einer körperlichen Bestandsaufnahme zu überprüfen, ob Buchbestand und Istbestand übereinstimmen.

2. Aufgabe

Am 11.09. wurde der Mindestbestand unterschritten.

Gründe: zu späte Bestellung; Lieferungsverzögerungen, Streik; außergewöhnlich hohe Nachfrage

3. Aufgabe

MB = (durchschnittlicher Tagesumsatz x durchschnittliche Lieferzeit) + Mindestbestand

Durchschnittlicher Tagesumsatz = 460 : 20 = 23

MB = (23 x 3) + 15 = **84**

4. Aufgabe

Durchschnittlicher Lagerbestand = (AB + 20 Tagesendbestände) / 21
= (120 + 980) / 21 =
= 1.100 / 21 =52,38 = **53** Stück

5. Aufgabe

z. B. der hohe Anfangsbestand (120 Stück); saisonale Einflüsse; Absatzschwankungen; Konkurrenzeinflüsse

6. Aufgabe

Lieferer mit kürzerer Lieferzeit suchen; durchschnittlichen Verkauf steigern, z. B. durch gezielte Werbemaßnahmen (Aktionen); häufiger, dafür aber geringere Mengen einkaufen

7. Aufgabe

Je geringer der Lagerbestand – desto geringer die Kapitalbindung

Je höher der Lagerbestand – desto höher die Kapitalbindung (= totes Kapital)

Situation 17

1. Aufgabe

- Identitätsprüfung
- Anschrift, Absender, Lieferzeitpunkt
- Vergleich Lieferschein mit Bestelldatei
- Wareneingangskontrolle
- Stückzahl, Verpackungsart, Verpackungszustand,
- Bestätigung des Warenempfangs auf Warenbegleitpapieren
- Auspacken und Vergleich von Menge, Art und Qualität mit Lieferschein
- Erfassen der Wareneingangsdaten mit Hilfe des Lagercontrollings
- Erstellen des Wareneingangsscheins (Durchschläge an Lager, Rechnungsprüfung, Einkauf)
- Eingehende Prüfung und Einlagerung

2. Aufgabe

Unverzüglich = ohne schuldhaftes Verzögern (wie es unter normalen Umständen zeitlich möglich ist)

3. Aufgabe

Sachmängel:

- Quantitätsmängel
- Artmängel
- Qualitätsmängel (vereinbarte Beschaffenheit fehlt; Beschaffenheit dient nicht dem Zweck; gewöhnliche Verwendung ist nicht möglich; Sache entspricht nicht dem Werbeversprechen bzw. der Kennzeichnung; fehlerhafte Montage; fehlerhafte Montageanleitung)

4. Aufgabe

10 statt 20 = offener Mangel -> sofort zu rügen
Farbunechtheit = versteckter Mangel -> rügen sofort nach Entdeckung des Mangels, spätestens innerhalb 24 Monaten

5. Aufgabe

Vorrangig: Recht auf Mangelbeseitigung bzw. Nachlieferung einer mangelfreien Sache;
Bei Fehlschlag nach einer gesetzten Frist: Recht auf Minderung bzw. Rücktritt und Schadenersatz

6. Aufgabe

Ist nichts anderes vereinbart, ist nach Rücktritt vom Kaufvertrag der Ort, an dem sich die Kaufsache vertragsgemäß befindet, der Erfüllungsort.

Situation 18

1. Aufgabe
Die ABC-Analyse ist ein Hilfsmittel, um den geführten Artikel ihren Anteil am wert- und mengenmäßigen Verkauf zuzuordnen. Dabei werden die Produkte in 3 Gruppen eingeteilt: in eine A-, B- und C-Gruppe. Die Produkte der A-Gruppe sind dabei wertmäßig hoch und mengenmäßig tief einzustufen. Sie haben einen hohen Anteil am gesamten Unternehmenserfolg. Die Produkte der C-Gruppe sind wertmäßig tief und mengenmäßig hoch einzustufen. Sie tragen am wenigsten zum Gesamterfolg bei. Die Produkte der B-Gruppe liegen irgendwo dazwischen.

2. Aufgabe
Es soll vor allem herausgefunden werden, bei welchen Artikeln die Beschaffung besonders sorgfältig durchzuführen ist.

3. Aufgabe

Artikel-Nr.	Absatzmenge	Absatz in %	Preis/Stück €	Umsatz in €	Umsatz in %	Klassifizierung	
91101	580	8,4	85	49.300	11,7	3	B
91202	2000	29,1	3	6.000	1,4	6	C
91301	400	5,8	450	180.000	42,5	1	A
91401	1800	26,2	6	10.800	2,6	5	C
91501	600	8,7	250	150.000	35,4	2	A
91601	1500	21,8	18	27.000	6,4	4	B
	6880	100		423.100	100		

4. Aufgabe

	Artikel-Nr.	Wertanteil pro Gruppe in %	Mengenanteil pro Gruppe in %
A-Produkte	91301	77,9	14,5
	91501		
B-Produkte	91101	18,1	30,2
	91601		
C-Produkte	91401	4	55,3
	91201		

5. Aufgabe

Die A-Güter machen mit einem relativ geringen Mengenanteil (14,5 %) fast 4/5 des Gesamtumsatzes aus.
Die C-Güter mit über der Hälfte des Mengenanteils machen dagegen nur 1/25 des Gesamtumsatzes aus.
Die B-Güter haben einen Mengenanteil von 30,2 %, also fast 1/3 der Gesamtmenge, kommen aber nicht einmal auf 1/5 des Gesamtumsatzes.

6. Aufgabe

A-Güter	C-Güter
- äußerst konsequente Bedarfsplanung - sorgfältige Wahl der Lieferer - Auswahl nur zuverlässiger Lieferer - Sorgfältige Bestandsüberwachung (permanente Inventur) - Auf Skontierung bei der Rechnungsbegleichung achten - Lagerkosten minimieren	- Bedarfsschätzungen sind ausreichend - Überwachungsarbeiten bei Lagerbeständen und Dispositionen so gering wie möglich halten (Stichproben) - Bedarfsplanung am Verbrauch orientieren - Hohe Bestellmengen (spart bestellfixe Kosten) - Hohe Mindestbestände - Stichprobeninventur

7. Aufgabe
- kann Sortiment abrunden
- leistet Deckungsbeitrag
- mit 2000 Stück werden ev. viele Kunden erreicht
- Kunden, die diesen Artikel bestellen, kaufen vielleicht auch andere Produkte
- Bekanntheitsgrad der Bavaria Fahrradwerke GmbH kann gefördert werden
- geringe Lagerkosten aufgrund einfacher Lagerung und geringe Kapitalbindung

8. Aufgabe
- keine Abhängigkeit von einem Lieferanten
- stärkere Verhandlungsposition
- höhere Markttransparenz

-

Situation 19

1. Aufgabe
Sie nehmen die Lieferung in Empfang und lassen sich die Beschädigung der Verpackung vom Fahrer bestätigen.

2. Aufgabe
Weil wir in der Lage sind, den Mangel selbst zu beheben, können wir uns mit dem Lieferer auf einen angemessenen Preisnachlass verständigen.

3. Aufgabe

$$\frac{1.000 + 150}{2} = \mathbf{575}$$

4. Aufgabe

150 + (50 x 10) = **650**

5. Aufgabe

Meldebestand = Eiserner Bestand + (Tagesverbrauch x Lieferzeit)

= 150 + (50 x 10)
= 650

1000 – 650 = 350
350 : 50 = **7 Tage**

6. Aufgabe
- Wurde die Kapitalbindung berücksichtigt?
- Wurde die Lagerkapazität berücksichtigt?
- Wurde der Mindestbestand in der Vergangenheit häufig angegriffen?
- Stimmt der durchschnittliche Tagesbedarf?
- Wie ist die Zuverlässigkeit des Lieferers?

Situation 20

1. Aufgabe

80.000 – 5000 = 75.000
240 x 5000 = 1.200.000
1.200.000 : 75.000 = **16 Lieferungen**

2. Aufgabe

$$\frac{1{,}8 \times 360}{12} = \mathbf{54\ Tage}$$

3. Aufgabe

240.000 = 100 %
15.000 = x %

x = **6,25 %**

4. Aufgabe

5.580 €

5. Aufgabe

Das Betriebsergebnis würde sich um 15.000,00 € mindern.

Situation 21

1. Aufgabe

Da keine vertraglichen Vereinbarungen bezüglich des Erfüllungsortes für die Lieferung bestehen, findet bei Rechtsstreitigkeiten über die Lieferung das Gerichtsverfahren in Landshut statt.

2. Aufgabe

Warenwert	40.000,00 €
./. 2 % Skonto	800,00 €
	39.200,00 €
+ Verpackung	1.000,00 €
	40.200,00 €
+ 19 % Umsatzsteuer	7.638,00 €
	47.838,00 €
	===========

3. Aufgabe

Die Halogen-Strahler sind ordnungsgemäß aufzubewahren. Es kann vom Lieferer Ersatzlieferung und/oder Nachbesserung gefordert werden. Die Entscheidung darüber liegt letztlich beim Lieferer. Sollte der Käufer Nachbesserung wünschen, kann der Verkäufer (Lieferer) diese ablehnen, wenn sie mit unverhältnismäßig hohen Kosten verbunden ist.
In der Beispielaufgabe wird der Käufer die Ersatzlieferung einwandfreier Halogen-Stahler fordern.

4. Aufgabe

1.120 ./. 600 = 520 = Restbestand für Dienstag, 14.März
Bei einem Verbrauch von 600 Stück in 10 Stunden ergibt sich ein Minutenverbrauch von 1 Stück.
Die Strahler können erst 70 Minuten (50 Minuten Stichprobenkontrolle + 20 Minuten Transport) nach Eintreffen in die Fertigung gegeben werden.

⇨ 520 ./. 70 = 450 Stück
⇨ 450 : 60 Minuten = 7,5 Std.
⇨ 8:00 Uhr + 7,5 Std. = 15.30 Uhr
=======

5. Aufgabe

Der Buchbestand ist Ende März niedriger als der Istbestand.

6. Aufgabe

75 % = 18.000 Stück
90 % = x
x = 21.600 Stück

21.600 Stück x 1,25 =		27.000 variable Kosten
	+	74.500 Fixkosten
	=	101.500 Gesamtkosten
21.600 x 5,60	=	120.960 Umsatzerlösen
		19.460 Gewinn
		===========

7. Aufgabe

a) Rahmenverträge gelten für einen definierten Zeitraum und nicht für einen Zeitpunkt.
Die Lieferung erfolgt in festzulegenden Teilmengen.
Die Lieferzeitpunkte müssen nicht fest vereinbart sein, die Teilmengen werden abgerufen.

b) Große Produktionsmengen sichern die Kapazitätsauslastung.
Große Produktionsmengen sichern Arbeitsplätze.
Die gesamte Auftragsmenge kann in Teilmengen produziert werden.
Dadurch können Lager- und Rüstkosten (optimale Losgröße) minimiert werden.

Situation 22

1. Aufgabe
31. Juli 20... Es gilt eine Frist von 4 Wochen einzuhalten.

2. Aufgabe
Im Unterschied zum einfachen Zeugnis, das nur Angaben über Art und Dauer der Beschäftigung beinhaltet, enthält ein qualifiziertes Zeugnis zusätzlich Angaben über Verhalten und Leistung.

3. Aufgabe
Der Arbeitgeber muss dem Arbeitnehmer bei Beendigung des Arbeitsverhältnisses folgende Arbeitspapiere aushändigen:
- Lohnsteuerbescheinigung
- Versicherungsnachweisheft
- Urlaubsbescheinigung (darin wird der im laufenden Kalenderjahr gewährte oder abgegoltene Urlaub bescheinigt)
- Zeugnis

4. Aufgabe
Der Betriebsrat kann eine interne Stellenausschreibung verlangen. Deshalb ist er vor der externen Stellenausschreibung zu benachrichtigen.

5. Aufgabe
Nein, Frau Hübner hat keinen Anspruch, da sie einer Sperrzeit wegen Arbeitsaufgabe unterliegt.

6. Aufgabe
Unter Führungsstil versteht man die Art und Weise, in der die Vorgesetzten die Menschenführung und Führungsaufgaben ausüben.
autoritär
Der Vorgesetzte trifft Entscheidungen ohne Mitwirkung der Untergebenen, von denen er völlige Unterordnung verlangt.
Vorteile: schnelle Entscheidungen
eindeutig abgegrenzte Aufgaben- und Verantwortungsbereiche
kooperativ
Die Mitarbeiter werden an Entscheidungen beteiligt, besonders durch Informations-, Beratungs- und Mitspracherecht sowie durch Aufgabendelegation.
Vorteile: Entlastung des Vorgesetzten
Entfaltung persönlicher Fähigkeiten
höhere Arbeitszufriedenheit
besseres Betriebsklima
geringere Fehl- und Fluktuationsquote

7. Aufgabe
Das sozialversicherungspflichtige Bruttoentgelt

8. Aufgabe
a) Unfallanzeige
b) Original an die zuständige Berufsgenossenschaft, Kopie zur Personalakte

9. Aufgabe
Die zuständige Berufsgenossenschaft der Unternehmung

10. Aufgabe
Die Fluktuation ist in den letzten drei Monaten niedriger als in den Vormonaten.

11. Aufgabe
Krankenkasse

Situation 23

1. Aufgabe
Beim *Zeitlohn* richtet sich die Höhe des Arbeitsentgeltes nach der Zeit der Anwesenheit am Arbeitsplatz. Bei der Festsetzung des Zeitlohns wird eine bestimmte Leistung vorausgesetzt. Die Zeiteinheit ist beim Arbeiter die Stunde, beim Angestellten der Monat (Gehalt).
Vorteile: einfache Berechnung; Vermeidung eines fehleranfälligen Arbeitstempos; sinkende Lohnstückkosten bei Mehrleistung
Nachteile: geringerer Leistungsanreiz; Risiko für Minderleistung trägt der Arbeitgeber; notwendige Arbeitskontrollen und steigende Lohnstückkosten bei Minderleistung.

Der *Leistungslohn (Akkordlohn)* steht zur Arbeitsleistung in unmittelbarer Beziehung. Das mengenmäßige Ergebnis der Arbeit ist Grundlage der Entlohnung, nicht die Anwesenheit im Betrieb.

Stückgeldakkord
Für eine bestimmte Arbeitsleistung wird ein bestimmter Geldbetrag festgesetzt, der mit der geleisteten Stückzahl je Zeiteinheit multipliziert wird.

Stücklohnsatz = Grundlohn (Akkordrichtsatz) / Normalleistung je Stunde

Geldakkord = Menge x Stücklohnsatz

Stückzeitakkord
Für eine bestimmte Arbeitsleistung wird eine feste Zeit vorgegeben.
Stückzeitakkord mit Normalstunde

Zeitakkord = Menge x Minutenfaktor x Zeitakkordsatz (Vorgabezeit)

Minutenfaktor = Grundlohn (Akkordrichtsatz) / 60 Minuten

Vorgabezeit = 60 / Normalleistung je Stunde

Stückzeitakkord mit Dezimalstunde

1 Dezimalstunde = 100 Dezimalminuten

Zeitakkord = Menge x Dezimalminutenfaktor x Dezimalvorgabezeit

1 Dezimalstunde = 1

Zeitakkord = Menge x Dezimalvorgabezeit (Dezimalstunde) x Grundlohn

Dezimalvorgabezeit = 1 / Normalleistung je Stunde

Vorteile
Leistungsanreiz durch Mehrverdienst
geringes betriebliches Risiko für Minderleistungen
einfachere Verrechnung in der Kostenrechnung

Nachteile
Gefahr der Überbeanspruchung von Mensch und Maschine
Risiko von Qualitätsminderung und Ausschuss
umfangreiche Vorarbeiten zur Ermittlung von Vorgabezeiten und Stücklohnsätzen

2. Aufgabe

$$\frac{14.04}{60} = \mathbf{0,234}$$

3. Aufgabe
der Personal(beschaffungs)bedarf

4. Aufgabe
der Reservebedarf

5. Aufgabe
- Altersstruktur
- Fluktuationsrate
- voraussichtliche Entwicklung der Unternehmung

6. Aufgabe
Es soll mit Zustimmung des Betriebsrates Mehrarbeit angesetzt werden.

7. Aufgabe
der Minutenfaktor

8. Aufgabe
Lohnschein

9. Aufgabe
Arbeitsplatzbeschreibung
Sie ordnet dem Arbeitnehmer ganz bestimmte Aufgaben zu und dient damit auch der Festlegung des Arbeitsentgelts und der Leistungskontrolle des Arbeitnehmers.

10. Aufgabe
Es berücksichtigt Anforderungsgruppen mit verschiedenen Anforderungsmerkmalen und dient zur Arbeitsplatzbewertung und Ermittlung einer Leistungszulage.

Situation 24

1. Aufgabe

11 x 45 = 495
495 x 0,19 = **94,05** €

2. Aufgabe
Die Lohnkosten je Stück bleiben gleich.

3. Aufgabe

10 St = 100 %
11 St = x %
x = 110 %
Sein Stundenverdienst liegt an diesem Tag über dem Akkordrichtsatz

4. Aufgabe
- Abhängig von persönlicher Leistungsfähigkeit
- Abhängig von der Erfahrung der Mitarbeiter
- Abhängig von der Motivation der Mitarbeiter

5. Aufgabe

7,5 x 2.200 = 16.500
+ 10 % = 1.650
+ 7 % = 1.155
+ 110
= **19.415** Minuten

6. Aufgabe
Rüstzeit ist die Sollzeit für die Vorbereitung des Arbeitsplatzes und Abrüsten der Betriebsmittel.
Beispiel: notwendiges Material aus dem Lager abrufen, Zeichnung und Fertigungsauftrag lesen, den Bohrer auswählen, einspannen und die Bohrmaschine einschalten.
Nachdem der Fertigungsauftrag durchgeführt wurde, muss die Bohrmaschine ausgeschaltet, der Bohrer entnommen und im Handlager verstaut werden.

7. Aufgabe
2.040 €

8. Aufgabe
Sozialversicherungsnachweis, Urlaubsbescheinigung, Krankenkasse, Bankverbindung, Anlageform für vermögenswirksame Leistungen

9. Aufgabe
Herr Rabauer hat laut Arbeitsvertrag einen jährlichen Urlaubsanspruch von 30 Tagen, also noch 10 Tage für September bis Dezember.

10. Aufgabe
Trotz der Aufklärungsaktion hat die Anzahl der Unfälle durch Prellungen und Quetschungen den Tiefstand vor Durchführung der Aktion noch nicht erreicht.

Situation 25

1. Aufgabe

19,00 x 156 = **2.964,00 €**

Bruttolohn	1.900,00	
Urlaubsgeld anteilig	50,00	
Weihnachtsgeld anteilig	110,83	
VL-Arbeitgeber	20,00	
Gesamtbrutto	2.080,83	
AG-Anteil SV/ 19,325 %	402,12	(KV = 7,3%; RV = 9,30 ; AV = 1,2%; PV = 1,525 %)
Lohnnebenkosten vom Bruttolohn	532,00	
Lohnkosten/Monat	3.014,95	

2. Aufgabe

3.015,99 : 166 = **18,16** €

3. Aufgabe

Diese Form der Personalbeschaffung eignet sich vor allem dann, wenn Arbeitnehmer kurzfristig eingesetzt werden sollen (Saisongeschäft, Urlaubsvertretung, Krankheit).

Gründe:- keine Einstellungskosten
- geringer Verwaltungsaufwand im Personalbereich
- Vermeidung von arbeitsrechtlichen Konflikten
- vorhandene Rechtssicherheit

4. Aufgabe

Lohnnebenkosten sind Aufwendungen des Arbeitgebers für Mitarbeiter, die zusätzlich zum Lohn geleistet werden:

- freiwilliger Sozialaufwand (Werkwohnung, Essenszuschuss usw.)
- gesetzlicher, tariflicher und vertraglicher Sozialaufwand (tariflich vereinbarter Arbeitgeberbeitrag zur vermögenswirksamen Leistung)

5. Aufgabe

Spätestens am drittletzten Banktag des laufenden Monats

6. Aufgabe

interne Personalbeschaffung:

Das benötigte Personal stammt aus dem eigenen Betrieb.

- Bewerber ist mit Betrieb vertraut
- keine Kosten für die Neueinstellung (z. B. Annonce usw.)
- fachliche und persönliche Eignung ist bekannt
- positive Wirkung auf das Betriebsklima

externe Personalbeschaffung

Das benötigte Personal stammt vom Arbeitsmarkt.

- Gewinnung besonders qualifizierten Personals
- stärkerer Wettbewerb für eigene Mitarbeiter
- keine „Betriebsblindheit“ externer Bewerber
- Neubedarf auf Grund von Unternehmenserweiterung
- Einführung von Teilzeitarbeit

7. Aufgabe

Schmid	10,90 -€	+ 16 %	12,64
Summer	11,90 €	+ 16 %	13,80
Biberger	9,50 €	+ 16 %	11,02
			37,46

Minutenfaktor 37,46 : 60 = 0,62433
Vorgabezeit 60 : 5 = 12
Wochenverdienst 5 Tg x 45 x 12 x 0,62433 = **1.685,69 €**

8. Aufgabe

1.685,69 € : 5 Tg = 337,14 €/Tg
337,14 € : 7 Std = 48,16 €
Akkordverdienst : Normalverdienst = Akkordschlüssel
48,16 € : 37,46 = 1,285638
12,64 x 1,285638 x 7 = **113,75 €**

9. Aufgabe
Der Prämienlohn ist eine Kombination aus Zeit- und Leistungslohn.
Neben dem Grundlohn zahlt der Betrieb eine Sondervergütung für eine Mehrleistung oder eine spezifische Leistung. Prämienlohn wird gezahlt bei

- Unterschreiten der Vorgabezeit,
- Unterschreiten der zulässigen Ausschussquote,
- sparsamen Gebrauch von Material,
- sparsamen Gebrauch von Energie,
- Einhaltung von Terminen.

Situation 26

1. Aufgabe
Personalbeschaffung, Personaleinsatz, Personalentlassung, Personalverwaltung, Lohn- und Gehaltsabrechnung, Arbeitsschutz und Unfallverhütung

2. Aufgabe
Teilzeitbeschäftigung, Altersteilzeit, keine Wiederbesetzung frei gewordener Stellen, Überstunden abbauen

3. Aufgabe
Auftragszunahmen, neue Niederlassungen, Arbeitszeitverkürzung

4. Aufgabe
a) Einweisung an neuen Anlagen, Verbesserung von Abläufen am Arbeitsplatz
b) Sprach- und Informatikkurse

5. Aufgabe
Die Geschäftsleitung

6. Aufgabe
a) Es wird nicht nur an den bisher dafür vorgesehenen Tagen (z. B. Montag bis Freitag) gearbeitet. Die Arbeitszeit wird variabel gestaltet, z. B. auch an Wochenenden, zu unterschiedliche Anfangszeiten usw. Die Flexibilisierung kann sich auf das Volumen der Arbeitszeit oder auf die Verteilung eines bestimmten Arbeitszeitvolumens beziehen.
b) Stellen im Betrieb werden dann besetzt, wenn es nötig ist. Die Kapazitätsauslastung kann leichter der Auftragslage angepasst werden.

7. Aufgabe
Das Gesamtvolumen der persönlichen Arbeitszeit bleibt in der Regel unverändert, die Arbeitszeit wird auf andere Tage verteilt. Durch die Einführung von Arbeitszeitkontingenten kann der Mitarbeiter seine „freie Zeit“ z. T. selbst beeinflussen.

8. Aufgabe
Er hat ein Recht auf Mitbestimmung.

9. Aufgabe
- erforderliche Fachkenntnisse
- Geschicklichkeit
- Anstrengung
- Verantwortung
- Umgebungseinflüsse

Situation 27

1. Aufgabe
Nettopersonalbedarf = Summe der Abgänge – Summe der Zugänge
Nettopersonalbedarf = 18 – 11 = **7**

2. Aufgabe
- Erreichen der Altersgrenze eines Mitarbeiters
- Kündigung eines Mitarbeiters
- Kündigung durch Arbeitgeber
- Elternzeit
- Bundeswehr/Ersatzdienst eines Mitarbeiters
- Tod eines Mitarbeiters
- Arbeitsplatzwechsel eines Mitarbeiters (Teilzeit, Höherqualifizierung)

3. Aufgabe
- Fort- und Weiterbildung des Mitarbeiters
- Übernahme von Auszubildenden
- Verlängerung befristeter Arbeitsverhältnisse
- evtl. Aufhebung von Teilzeitarbeitsplätzen

Vorteile: Motivation der Mitarbeiter; freie Stelle kann schneller besetzt werden;
Mitarbeiter kennt Betrieb; Arbeitgeber kennt Mitarbeiter

Nachteile: Risiko der Betriebsblindheit; Problem Neubedarf wird nicht gelöst;
begrenzte Auswahlmöglichkeit; evtl. Neid bei Kollegen-/innen

4. Aufgabe
- aussortieren ungeeigneter Bewerber
- ungeeigneten Bewerbern absagen
- Vorauswahl auf Grund der Bewerbungsunterlagen
- Nachforderung fehlender Bewerbungsunterlagen
- Einladung zum Einstellungstest
- Einstellungstest durchführen
- Einstellungstest auswerten
- Geeignete Bewerber zum Vorstellungsgespräch einladen
- Vorstellungsgespräch durchführen
- Geeigneten Bewerber auswählen

5. Aufgabe
Können: Ausbildung; Erfahrung; Handfertigkeit; Denkfähigkeit
Belastung: körperliche Belastung; stehende Tätigkeit; gebückte Haltung; Zeitdruck
Verantwortung: selbstständiges Arbeiten; Eigeninitiative; für Ergebnis der eigenen Arbeit
Arbeitsbedingungen: Verletzungsgefahr; Öl; Fett

6. Aufgabe
Bei Kundendiensttätigkeiten kommt es auf Genauigkeit, Sorgfalt und Qualität an. Leistungslohn könnte sich negativ auf die Arbeitsqualität auswirken. Der Kunde erwartet von Kundendienstleitungen fachmännisch ausgeführte Ergebnisse. Eine exakte Leistungsbewertung als Voraussetzung für Leistungslohn ist bei dieser Tätigkeit nicht möglich.
Gründe: Erforderlich ist kreativer Arbeitseinsatz.
In der Regel erfolgt keine Wiederholung der Tätigkeiten.
Der Arbeitnehmer kann seinen Arbeitseinsatz nicht alleine beeinflussen.

7. Aufgabe
- Durchführung von Kundendienstarbeiten auch außerhalb der Arbeitszeit
- Reduzierung des Ersatzteilverbrauchs
- Einhaltung von Sicherheitsvorschriften
- Vermeidung von Leerzeiten.

8. Aufgabe
Änderungskündigung

Situation 28

1. Aufgabe
- regionale Fachzeitschrift; wird von Einzelhändlern der Region gelesen, geringer Streuverlust, Kosten relativ gering
- Werbebrief; sehr persönlich, gezielt einsetzbar, wirkungsvoll, wenn auch u.U. arbeitsintensiv
- soziale Medien; interaktiv, kostengünstig, hohe Erreichbarkeit möglicher Kunden, schnelles Agieren möglich

2. Aufgabe
- Anzeigen in Zeitschriften und Zeitungen
- Werbesendungen in Radio und TV
- Kataloge, Prospekte, Plakate
- Postwurfsendungen
- Flugblätter, Broschüren
- u. a.

3. Aufgabe
Streukreis→ Festlegung der Zielgruppe
Streuzeit→Festlegung des Werbezeitraums und der Häufigkeit der Werbemaßnahmen (produktabhängig)
Streuweg→Festlegung der Werbemittel und Werbeträger
Streugebiet→Festlegung des geografischen Schwerpunktes der Werbung

4. Aufgabe
- Werbewirksamkeit
- Werbewahrheit
- Werbeklarheit, Originalität
- Werbewirtschaftlichkeit
- Kontinuität

5. Aufgabe
- Verkäuferschulungen
- Kundenberatung
- regelmäßige Informationsschriften an Kunden
- Ausbau des Kundendienstes
- kostenlose Proben
- großzügige Kulanzregelungen
- Produktvorführungen
- u. a.

6. Aufgabe
- Firmenzeitschrift
- Spenden für soziale Zwecke
- Betriebsbesichtigungen
- Tag der offenen Tür
- Sportsponsoring
- u. a.

7. Aufgabe
1.640 x 132,00 = 216.480,00
216.480,00 – 136.000,00 = **80.480,00 €**

8. Aufgabe
Es besteht die Schwierigkeit, die Wirksamkeit der Werbekampagne von denen anderer Absatzbemühungen abzugrenzen.
Das Ergebnis dieser Berechnung setzt voraus, dass andere Absatzmaßnahmen (Preise, Liefer- und Zahlungsbedingungen usw.) gleich bleiben.

9. Aufgabe
Für den neuen Motor besteht die Möglichkeit, ein „Gebrauchsmuster" im Gebrauchsmusterregister des Produkt- und Markenamtes in München zu beantragen. Die Schutzdauer beträgt 3 Jahre mit einer Verlängerungsmöglichkeit auf maximal 10 Jahre.
Für das Design besteht die Möglichkeit ein „eingetragenes Design" im Designregister des Patentamtes in München zu beantragen. Die Geltungsdauer beträgt maximal 25 Jahre, muss aber alle 5 Jahre verlängert werden.

Situation 29

1. Aufgabe
a) durch Antrag und Annahme
   Antrag: Bestellung am 26. Februar; Annahme: Lieferung am 1. März
b) Gattungskauf: Es handelt sich dabei um vertretbare Sachen, z. B. Schonbezüge
   Stückkauf: Es handelt sich dabei um nicht vertretbare Sachen, z. B. Fahrzeug X mit der Fahrgestell-Nr. 6790ZH90K78 oder Ölgemälde (Original)
c) Es handelt sich um vorformulierte Vertragsbedingungen der ATU, die Gültigkeit haben, sofern keine Regelungen des BGB dagegen stehen.

2. Aufgabe
Lieferantenstammblatt enthält 20 % Rabatt; auf Rechnung wurden nur 10 % abgezogen.

3. Aufgabe

Listeneinkaufspreis	24,90 €	
abzüglich 20 % Rabatt	4,98 €	
= Zieleinkaufspreis	19,92 €	
abzüglich 3 % Skonto	0,598 €	
= Bareinkaufspreis	19,322 €	
zuzüglich 66 2/3 % Kalkulationszuschlag	12,881 €	
Verkaufspreis	32,203 €	= 32,20 €

4. Aufgabe
HSp = (VP – BP) x 100 / VP
= (32,203 – 19,322) x 100 / 32,203 = 40 %

oder

angenommener Bezugspreis	100
+ KaZu	66 2/3
= VP	166 2/3

HSP = (166 2/3 – 100) x 100 / 166 2/3
= 66 2/3 x 100 : 166 2/3
= 40 %

5. Aufgabe
05. April

6. Aufgabe
Sie kann auf Zahlung des Kaufpreises bestehen und Verzugszinsen verlangen. Außerdem stehen ihr eine Pauschale von 40,00 € zu (BGB § 288, Absatz 5).

7. Aufgabe
Mit Ablauf des 31.12. drei Jahre später – es handelt sich hier um eine 3-jährige Verjährungsfrist. Sie beginnt mit dem Schluss des Jahres, in dem der Anspruch entstanden ist.

8. Aufgabe
- Zustellung eines Mahnbescheids bei der zentralen Anlaufstelle für Mahnbescheide beantragen
- Erhebung der Klage, z. B. auf Leistung oder auf Erlass eines Vollstreckungsurteils

Situation 30

1. Aufgabe

a) Handlungsreisender ist Angestellter des Unternehmens und somit weisungsgebunden.
Er schließt Geschäfte ab bzw. vermittelt diese im Namen des Unternehmens, für das er arbeitet.
Handelsvertreter ist selbständiger Gewerbetreibender.
Er schließt Geschäfte ab bzw. vermittelt diese im Namen eines anderen Unternehmens.

b) Vorteile direkter Absatz: unmittelbarer Kontakt zum Kunden; Unabhängigkeit; Hersteller kann alle absatzpolitischen Maßnahmen selbst festlegen;

c) Vorteile indirekter Absatz: Verteilernetz größer gespannt; weniger Lagerhaltung; weniger Kosten für Werbung, Beratung, Kundendienst

2. Aufgabe

- Vermittlung und Abschluss von Geschäften
- Kundenbetreuung, Entgegennahme von Mängelrügen (ev. auch Zahlungen)
- Kundengespräche
- Marktbeobachtung
- Neue Kunden gewinnen

3. Aufgabe

a) Handlungsreisender: - fest angestellter Mitarbeiter, der sich mit seiner ganzen Arbeitskraft um das eigene Unternehmen bemüht; ist an die Weisungen des Arbeitgebers gebunden; kann auch anderweitig im Betrieb eingesetzt werden; verfügt über hohe Firmen- und Produktkenntnisse

b) Handelsvertreter: kein festes Gehalt; keine Aufwendungen für Sozialleistungen; Unternehmen kann von guten Marktkenntnissen profitieren

4. Aufgabe

Kosten Handlungsreisender:

Bruttogehalt	2.500 €
Fahrzeugkosten	500 €
Spesen	600 €
Summe	3.600 €

$K_R = 3.600 + 0{,}02x$
$K_H = 0.06x$

$3.600 + 0{,}02x = 0{,}06x$
$x = 90.000$
======

oder

Provision Handelsvertreter	6 %
- Provision Reisender	2 %
=	4 %

Diese 4 % vom Umsatz entsprechen 3.600 €
100 % sind dann 3.600/4 x 100 = 90.000 €

5. Aufgabe

Die Komplementäre Eugen Schulz und Franz Becker haften unbeschränkt, unmittelbar und solidarisch als Gesamtschuldner. Die Kommanditisten Johanna Schulz, Hans Rost und Laura Collet haften nur bis zur Höhe ihrer Einlage.

6. Aufgabe

Informationen über Bonität, Image, Zuverlässigkeit und Marktstellung bei Hausbank, IHK, Auskunfteien, Geschäftspartner usw.

7. Aufgabe

Wenn Horst Meier oder Gabi Weiß unterzeichnen

8. Aufgabe

Anzahlung, Vorauszahlung, Eigentumsvorbehalt, Bankbürgschaft, Nachnahme usw.

9. Aufgabe

Amtsgericht Nürnberg

10. Aufgabe

8,12 %

Situation 31

1. Aufgabe
Marktforschung = systematische Beschaffung von Informationen über den Markt und deren Aufarbeitung (mit Hilfe wissenschaftlicher Methoden)

2. Aufgabe
- Marktanalyse = einmalige Untersuchung des Marktes zu einem bestimmten Zeitpunkt
- Marktbeobachtung = laufende Untersuchung des Marktes über einen Zeitablauf
- Marktprognose = Vorausschätzung künftiger Marktentwicklungen

3. Aufgabe
z. B. Überblick über Marktverhältnisse innerhalb der eigenen Branche; Infos über Trends, Kundenverhalten; Kundenstruktur (Zusammensetzung); Infos über Konkurrenz (z. B. Anzahl der Mitbewerber, Produkte der Mitbewerber, Nachfrage nach Mitbewerberprodukten); Infos über erfolgversprechende Werbeträger; Infos über Kundenpotential (z. B. Einkommen) u. a.

4. Aufgabe
Sekundärerhebung = Beschaffung bereits vorhandener Daten (betriebsinterne Quellen ->Absatz- und Umsatzstatistiken; betriebsexterne Quellen -> Zeitungsberichte von Verbänden, IHK)
Primärerhebung = Beschaffung bisher noch nicht erhobener Daten durch z. B. Befragung, Beobachtung, Tests

5. Aufgabe
5,7 %

6. Aufgabe
- professioneller
- sehr zeitaufwendig
- sehr teuer
- mangelnde Ausbildung des eigenen Personals

7. Aufgabe
- Sortimentsdiversifikation = Sortiment wird durch zusätzliche Produkte erweitert (z. B. Aufnahme von Motorradbekleidung)
- Sortimentsdifferenzierung = bereits im Sortiment geführte Artikel werden noch in anderer Ausführung angeboten (z. B. Schonbezüge in neueren Stoffen und Farben)
- Sortimentsbereinigung = Herausnahme bestimmter Artikel aus dem Sortiment (z. B. Deckungsbeitrag ist negativ; bessere Produkte wurden bereits aufgenommen)

8. Aufgabe
Fahrradwerke GmbH wird Besitzer – Lieferer bleibt Eigentümer; Lieferer muss nicht verkaufte Ware zurücknehmen; Fahrradwerke GmbH erhält Verkaufsprovision
Vorteile: kein Absatzrisiko; erweitertes Sortiment; Zahlung erst nach Verkauf

9. Aufgabe
Lösung a)
a) = Angebotskurve; b) = Nachfragekurve; c) = Gleichgewichtspreis
Lösung b) **30.000 Stück**

10. Aufgabe
Nein, ein Panel ist immer nur sinnvoll bei Gütern, die wiederholt gekauft werden.
Nein, es ist kostenaufwendig und mit Schwierigkeiten bei der Rekrutierung von Panelteilnehmern zu rechnen
Nein, bei Fahrrädern handelt es sich um ein langlebiges Gut und damit vom Endverbraucher schwer zu beurteilen.

11. Aufgabe
- Marketing muss sich auf die richtigen Zielgruppen richten.
- Produkte und Leistungen müssen sich an den Bedürfnissen der Zielgruppen orientieren.
- Für bestimmte Produkte ist es sinnvoll, auf eine bestimmte Zielgruppe zu verzichten, um sich intensiver anderen Kundengruppen zu widmen.
- Durch Verzicht auf Differenzierung entstehen höhere Marketingkosten.
- Je besser man seine Zielgruppe kennt, um so genauer kann man seine Angebote danach ausrichten.

Situation 32

1. Aufgabe
durch Fakturierung in Euro

2. Aufgabe
durch Errichtung von regionalen (dezentralen) Verkaufsbüros

3. Aufgabe
Der Handelsvertreter ist ein Gewerbetreibender, der ständig damit beauftragt ist, für unser Unternehmen Kontakte zu Kunden herzustellen und Geschäfte zu vermitteln oder abzuschließen.

4. Aufgabe
Kauf auf Abruf

5. Aufgabe
400 x 1,5 % = 6
4.800 : 6 = 800 (also ab der **801. Anlage**)

6. Aufgabe
Wenn die vereinbarten Dokumente der Hausbank der Messgerätefabrik übergeben werden.

7. Aufgabe
180,00 € x 125.000 = 22.500.000 Umsatz (also bei einem Preis von **180,00 €)**

8. Aufgabe
Preiselastizität = Prozentuale Mengenänderung/Prozentuale Preisänderung
= 22,22 / 4,76
= **4,67**
Die Nachfrage reagiert elastisch (negativ) auf die Preiserhöhung. Die Nachfrage ist preisempfindlich.
Der prozentuale Mengenrückgang ist größer als der prozentuale Preisanstieg.

9. Aufgabe

	210 x 90.000 = 18.900.000,00 €	Umsatz
abzüglich	155 x 90.000 = 13.950.000,00 €	variable Kosten
abzüglich	89.000,00 €	fixe Kosten
ergibt	4.861.000,00 €	Gewinn

also bei einem Preis von **210,00 €**

10. Aufgabe
Der Auftrag sollte abgelehnt werden, weil der bisherige Gewinn durch die Annahme sinken würde.

11. Aufgabe
Wenn in US-$ fakturiert wird, tritt bei Kursanstieg des Dollars ein zusätzlicher Währungsgewinn ein.

Situation 33

1. Aufgabe

20,0 Mio. = 100 %	21,1 Mio. = 100 %	22,2 Mio. = 100 %
21,1 Mio. = 105,5 %	22,2 Mio. = 105,21	23,3 Mio. = 104,95 %
= 5,5 % Steigerung	= 5,21 % Steigerung	= 4,95 % Steigerung

also in 02.

2. Aufgabe
22,2 Mio. = 100 %
2,2 Mio. = 9,9 %

also in 03.

3. Aufgabe
222 Mio. = 100 %
23,3 Mio. = 10,5 %

also in 04.

4. Aufgabe
Die Übernahme der Transportkosten ohne Transportversicherung bis zum Zielhafen New York tragen die Bavaria Fahrradwerke GmbH. Den Rest hat der Kunde zu tragen.

5. Aufgabe
- Produktion der Rahmen
- Qualitätssicherung
- Endmontage
- Speditionsvertrag
- Versanddokumente erstellen
- Fahrräder verpacken
- Fahrräder versenden
- Versandmeldung an Kunden
- Rechnung erstellen

6. Aufgabe
450 € ./. 15 % = 382,50 € x 500 Stück = 191.250 € x 1,2953 = 247.726,12 USD

7. Aufgabe
247.726,12 USD : 1,2851 = 192.767,97 €. Es tritt also ein Währungsgewinn von 1.517,97 € ein.

8. Aufgabe
räumliche Preisdifferenzierung

Situation 34

1. Aufgabe
- Erstellung einer Analyse zur aktuellen Situation mit Hilfe von Datenerhebungen, Mitteln der Marktforschung und anschließender Auswertung mit dem Ziel, ein geeignetes Bild der Ist-Situation zu erstellen
- Erstellen von Prognosen zu der künftigen Entwicklung (Szenarien entwerfen)
- Festlegen und formulieren und von Marketingzielen (Erstellen der Soll-Stituation)
- Geeignete Marktstrategien festlegen
- Erforderliche absatzpolitische Maßnahmen planen sowie die in Frage kommenden Marketinginstrumente koordinieren (sinnvolles Marketing-Mix erstellen)
- Erfolgskontrolle, d. h. Überprüfung bzw. Kontrolle der Zielerreichung (= Absatzcontrolling)

2. Aufgabe
- Allgemeines Wirtschaftswachstum (Veränderungen des realen Bruttoinlandsproduktes)
- Verfügbares Einkommen und deren Einflussfaktoren wie steuerliche Belastungen und andere Abgaben, Tarifabschlüsse usw.)
- Konsumgüternachfrage (Verbrauchertrends)
- Kaufkraft (Preissteigerungsrate, Entwicklung der Verbraucherpreise, Lebenshaltungskostenindex)
- Entwicklung des Arbeitsmarktes (Arbeitslosigkeit, Arbeitslosenquote, Zahl der Erwerbstätigen)
- Entwicklung des Kapitalmarkts (Zinsentwicklung, Dax-Entwicklung)
- Absatzchancen im Ausland (Entwicklung der Weltwirtschaft, EURO-Kurs-Entwicklung)

3. Aufgabe
Die Portfolioanalyse unterteilt die Produkte in Anlehnung an den Produktlebenszyklus in Nachwuchsprodukte (question stars), Starprodukte (stars), Cash-Produkte (cash cows) und Problemprodukte (poor dogs) und stellt sie in einer Matrix dar. Die Bezeichnungen kennzeichnen die jeweilige Wettbewerbssituation und das jährliche Marktwachstum der Produkte. Jede Unternehmung muss dafür Sorge tragen, zu jedem Zeitpunkt über ausreichend Nachwuchsprodukte, Stars und Milchkühe (Produktgruppen-Mix) zu verfügen. Nur so kann sie die armen Hunde finanzieren, zu denen die meisten Produkte einmal werden.

4. Aufgabe
Wie ist die eigene Kostensituation (Kostenorientierung)?
Wie ist die Konkurrenzsituation (Konkurrenzorientierung)?
Wie ist die Kundensituation (Kundenorientierung)?
Wie ist die Gewinnsituation (Gewinnorientierung)?

5. Aufgabe
- Auftragseingang
- Umsatzwachstumsrate
- Gewinnentwicklung
- Marktanteil
- Kundenzufriedenheit
- Bekanntheitsgrad
- Anteil der Neukunden am Gesamtkundenstamm
- Werberendite

6. Aufgabe
- Kundenerwartungen erfüllen und beeinflussen, z. B. durch Marktsegmentierung und exakte Zielgruppenbestimmungen
- Kommunikationsmöglichkeiten zwischen Kunden und Unternehmen ausbauen, Informationen über unsere Produkte steigern den Kundennutzen
- Zahlungsbezogener Service, z. B. Preisspielräume schaffen, ansprechbare Konditionen anbieten, Rabatte- und Bonussysteme einführen
- Beschwerdemanagement einführen, Reklamationsbearbeitung kundengerecht gestalten
- Stammkunden über Neuerung informieren
- Regelmäßige Betreuung von Stammkunden durch Verkaufsmitarbeiter

7. Aufgabe

Qualität bestimmt im Wesentlichen die Wettbewerbs- und Konkurrenzfähigkeit. Nur der Kunde, der sich auf die Funktionsfähigkeit des Produktes (Stabilität, Sicherheit im Bremssystem, problemlose Gangschaltung, einwandfreie Beleuchtungsanlage) verlassen kann, ist ein zufriedener Kunde.

Verminderte Qualität bringt mehr Reklamationen mit sich. Die Kosten für Ersatzlieferungen und Nachbesserungen steigen. Der Kunde wird unzufrieden.

Gute Qualität gilt auch in konjunkturell schlechten Zeiten als positives Aushängeschild. Kunden bleibt der gute Ruf in Erinnerung.

8. Aufgabe

a) Ansprache der Zielgruppen, die intensiv das Internet nutzen; Absatzsteigerung; Erschließung neuer Absatzmärkte, die über den Handel nicht zu erreichen sind; günstigere Verkaufspreise durch Wegfall der Handelsspanne; zielgruppenspezifische Marketingprogramme; 24 stündige Erreichbarkeit am Tag
b) Kein persönlicher Kundenkontakt; Call-Center erforderlich; eventuell hohe Rücksendungsquote; laufende Pflegekosten des Internetauftritts; Gefahr eines starken Preiswettbewerbs durch hohe Preistransparenz
c) Käufer
d) Grundsätzlich beginnt das Widerrufsrechts
   - bei Waren: mit Eingang beim Empfänger
   - bei wiederkehrenden Lieferungen: mit Eingang der ersten Lieferung beim Empfänger
   - bei Dienstleistungen: mit Vertragsabschluss
e) Grundsätzlich 14 Tage; die Widerrufsfrist verlängert sich allerdings um 12 Monate, wenn nicht vorschriftsmäßig über das Widerspruchsrecht informiert wurde. Es erlischt aber in jedem Fall spätestens 12 Monate und 14 Tage nach dem Fristbeginn.
f) Erst nachdem der Widerruf erklärt ist, kann man die Ware zurückschicken. Eine kommentarlose Rücksendung der Ware gilt nicht als Widerruf des Vertrags.
g) Die Ware muss innerhalb von 14 Tagen auf Gefahr des Verkäufers zurückgeschickt werden. Der Verkäufer muss dann den Kaufpreis zurückerstatten.

Situation 35

1. Aufgabe
Bei Kennziffer 3

2. Aufgabe
Bei Kennziffer 6

3. Aufgabe
- verstärkte Werbung der Fahrradwerke,
- stärkeres Gesundheits- und Umweltbewusstsein der Kunden,
- gestiegenes Nettoeinkommen,
- Prestigedenken

4. Aufgabe

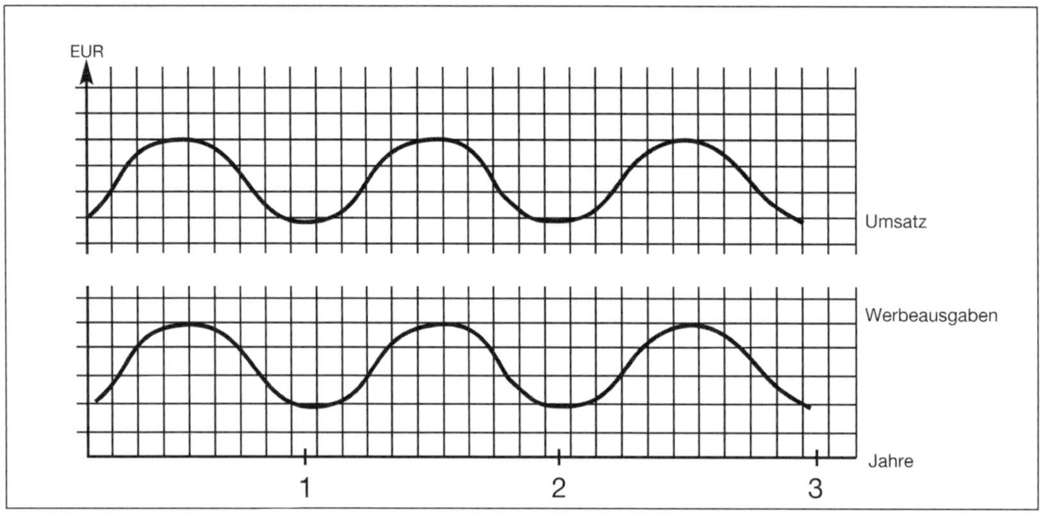

5. Aufgabe

2.500 x 1.200 = 3.000.000
3000.000 = 100 %
180.000 = x %
x = 6 %

6. Aufgabe
Da es sich um neue Trends handelt, sollte überwiegend die Primärforschung angewandt werden. Sie beschafft die Informationen durch eigens durchgeführte Untersuchungen. Die Primärforschung setzt grundsätzlich die Befragung, die Beobachtung, das Experiment und das Panel ein. Bei allen Methoden wird nur ein repräsentativer Querschnitt der entsprechenden Zielgruppe untersucht.

7. Aufgabe
a) Aus Kostengründen sollte die Zeitschrift Bike and Fun gewählt werden.

(7500 : 80 x 0,9 = 104,17)
(19000 : 160 x 0,8 = 148,44)
(12000 : 170 x 0,6 = 117,65)

b) Es werden mehr Leser erreicht. Eine teurere Zeitschrift hat ein besseres Image. Es wird in einer Zeitschrift geworben, in der auch Mitbewerber werben.

Situation 36

1. Aufgabe
Stadtrad: Wachstumsphase/Reifephase
Rennrad: Rückgangsphase/Degenerationsphase

2. Aufgabe
Das Marktwachstum im Segment „Mountainbike" stagniert bzw. nimmt leicht ab. Das Unternehmen kann aus diesem Segment noch zufriedenstellende Umsätze abschöpfen, sollte sich aber auf Grund des leicht abnehmenden Absatzes auf ein zukünftiges Schrumpfen in diesem Bereich einstellen.

3. Aufgabe
Y-Achse: Marktwachstum/Marktattrakivität
X-Achse: Marktanteile/Wettbewerbsstärke

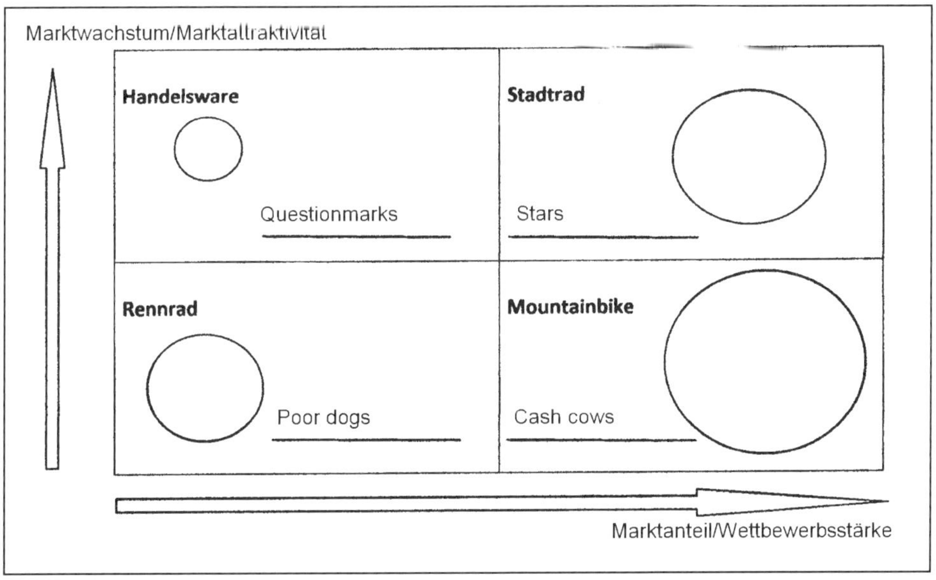

4. Aufgabe
Die Marktwachstums-Marktanteil-Portfolio-Matrix ist zunächst als langfristiges Instrument des Marketings zu sehen. Jedoch können mithilfe eines solchen Portfolios auch kurzfristige Entscheidungen darüber getroffen werden, welche Produkte im Unternehmen in welchem Umfang durch Bereitstellung finanzieller Mittel gefördert werden sollen. Darüber hinaus erhält man Hinweise für produktpolitische Entscheidungen visualisiert, wo die Produkte im Markt stehen.

5. Aufgabe
Strategie: So lange positiver Deckungsbeitrag erwirtschaftet wird, halten. Es sollen nur die unbedingt notwendigen Investitionen getätigt werden. Die Elimination der Rennräder soll geprüft werden.

6. Aufgabe
Beim Benchmarketing werden z. B. Geschäftsprozesse im eigenen Unternehmen mit denen von Spitzenunternehmen derselben Branche verglichen. Dadurch sollen Verbesserungsmöglichkeiten für die Gestaltung von Geschäftsprozessen erkundet werden, um die eigene Effizienz zu verbessern. Dabei kann man Schwächen des eigenen Unternehmens erkennen und gezielte Maßnahmen dagegen ergreifen.

7. Aufgabe
- Produkte auswählen, die verglichen und anlalysiert werden sollen
- Kriterien der Vergleichswerte festlegen
- Vergleichsunternehmen auswählen
- Datengewinnung über Sekundär- und Primärforschung
- Ergebnisanalyse mit Darstellung der Stärken und Schwächen
- Festlegung von Maßnahmen, um die Leistungslücke zu schließen

Situation 37

1. Aufgabe
Corporate Design
Optische Umsätzung durch einheitliche visuelle Gestaltungelemente wie Farbe, Zeichen Schrift auf dem Produkt, dem Gebäude der Verpackung usw. Die Give-aways (Kugelschreiber, Schlüsselanhänger usw.) tragen das Logo der Bavaria Fahrradwerke GmbH. Die Mitarbeiter tragen Krawatten, Schals, T-Shirts in Farben der Bavaria Fahrradwerke GmbH. Der Messestand ist in den Farben der Bavaria Fahrradwerke GmbH gestaltet

Corporate Communication
Die eingesetzten Kommunikationsinstrumente werden abgestimmt und ergeben dadurch eine einheitliche Außenwirkung. Der Slogan, mit dem die Bavaria Fahrradwerke GmbH wirbt, findet sich an den Wänden und Theken des Messestandes wieder. Die Mitarbeiter verweisen auf die Bedeutung von Nachhaltigkeit als Leitmotiv der Bavaria Fahrradwerke GmbH

Corporate Behaviour
- Einheitliche Verhaltensweisen der Mitarbeiter eines Unternehmens
- Die Messekataloge sind einheitlich aufgebaut
- Die Mitarbeiter verhalten sich freundlich gegenüber jedem Gast
- Die Mitarbeiter begrüßen am Messestand nach einem einheitlichen Muster
- Die Mitarbeiter verwenden vorher besprochene Argumente

2. Aufgabe
2.320,00 € + 180,00 € = 2500,00 €
Verkaufspreis – fixe Stückkosten – Stückgewinn = variable Stückkosten
2.500,00 € - 1.230,00 € - 180,00 € = **1.090,00 €**
oder

$$\frac{232.000,00 - 123.000}{100}$$

3. Aufgabe
Das Konnossement ist ein wichtiges Dokument im Überseeverkehr, in dem die Übernahme der Ware durch den Reeder bestätigt wird und in dem er sich verpflichtet, die Ware an den rechtmäßigen Inhaber des Papiers auszuhändigen. Das Konnossement ist ein Warenwertpapier, durch Übergabe des indossierten Dokuments wird das Eigentum an der Ware erworben.
Der internationale Frachtbrief findet Anwendung im internationalen Eisenbahn- und Straßengüterverkehr sowie beim Lufttransport. Er beweist das Bestehen eines Frachtvertrages. Frachtbriefdoppel: Sperrpapier

4. Aufgabe
Incoterms legen klar und verbindlich die Aufteilung von Transportkosten, -risiko und Sorgfaltspflichten zwischen Exporteur und Importeur fest.

5. Aufgabe
Importeure bevorzugen die CIF-Klausel aus Gründen der Arbeitsvereinfachung: (Exporteur schließt Seefrachtvertrag und Versicherung ab) und der Verringerung des Kalkulationsrisikos (Preisbasis Bestimmungshafen)

6. Aufgabe
Das Risiko geht im Verschiffungshafen mit dem Überschreiten der Ware über die Reling auf den Käufer über. Die Frachtkosten hat der Verkäufer bis zum Bestimmungshafen Bremen zu tragen.

7. Aufgabe
1 Kaufvertrag zwischen Importeur und Exporteur
2 Importeur stellt an seine Bank Akkreditivantrag
3 Akkreditiveröffnung durch „Importbank“ und Mitteilung an „Exportbank“ in Tokyo
4 Bank des Exporteurs avisiert dem Exporteur das Akkreditiv
5 Versand der Ware durch den Exporteur
6 Exporteur erhält von seiner Bank in Tokyo Geld gegen Übergabe der Dokumente
7 Übergabe der Dokumente von der Bank in Tokyo an die Bank in Stuttgart und gegenseitige Verrechnung.
8 Übergabe der Dokumente durch die Bank in Stuttgart an den Importeur und
9 Belastung des Importeurs. Abholung der Ware mittels Konnossement

8. Aufgabe
Die Kosten für die Absicherung trägt der Importeur. Sofern die Akkreditivbedingungen erfüllt werden, ist die Zahlung gesichert. Für die Bavaria Fahrradwerke GmbH besteht lediglich noch das Währungsrisiko und das Bonitätsrisiko der Akkreditivbank.

Situation 38

1. Aufgabe
eine Erweiterungsinvestition

2. Aufgabe
aus dem Finanzplan

3. Aufgabe
a) Außen- und Eigenfinanzierung
b) Mitspracherecht des Gesellschafters und damit Einengung der Entscheidungsfreiheit Gewinnbeteiligung usw.

4. Aufgabe
- durch Unterbewertung des Vermögens (z. B. überhöhte, aber steuerlich zulässige Aschreibung, nicht realisierte Gewinne)
- durch Überbewertung der Schulden (z. B. steuerlich zulässige Rückstellungen)

5. Aufgabe

500.000 : 8 = 62.500
\+ 90.000
= 152.500

$\frac{500.000}{152.500}$ = **3,28** Jahre

6. Aufgabe

18
\+ 3
\+ 12
\+ 30
= 63
./. 30
= **33 Tage**

7. Aufgabe

	143.624,70
abzüglich	140.000,00
=	3.624,70

144 Tg = 3.624,70 €
360 Tg = x €
x = 9.061,75 €

140.000,00 € = 100 %
9.061,75 € = x %
x = **6,47 %**

8. Aufgabe
Außenfinanzierung durch Fremdkapital

9. Aufgabe
Langfristig im Unternehmen gebundenes Vermögen (Anlagevermögen und eiserner Bestand) sollen langfristig gedeckt sein (Eigenkapital und langfristiges Fremdkapital).

Situation 39

1. Aufgabe

Angebot 1

300.000 : 4 = 75.000

75.000
\+ 35.000
= 110.000

300.000 : 110.000 = **2,73** Jahre

Angebot 2

500.000 : 4 = 125.000

125.000
\+ 55.000
= 180.000

500.000 : 180.000 = 2,77 Jahre

2. Aufgabe

	Eigenkapital	Fremdkapital
Rechtsverhältnis	Eigentümer	Gläubiger
Fristigkeit	unbefristet	befristet
Verzinsung	nein	Ja
Sicherheiten	nicht erforderlich	erforderlich

3. Aufgabe
a)
Annuitätendarlehen:
Schuldner zahlt jährlich gleichbleibende Beträge (Annuitäten). Davon entfällt ein ständig steigender Anteil auf die Tilgung und ein ständig sinkender Teil auf die Zinsen für die Restschuld.

Abzahlungsdarlehen:
Das Abzahlungsdarlehen sieht eine jährlich gleichbleibende Tilgung vor. Da die Zinsen für die verbleibende Restschuld sinken, verringern sich die jährlichen Zahlungen. Die Rückzahlung dauert, bei sonst gleichen Bedingungen, im Vergleich zur Annuitätentilgung länger.

b)

Jahr	Tilgung	Zinsen	Liquiditätsbelastung Darlehen	Liquiditätsbelastung Leasing	Differenz
1	66.576	24.000	90.576	108.000	- 17.424
2	71.902	18.674	90.576	108.000	- 17.424
3	77.654	12.922	90.576	108.000	- 17.424
4	83.866	6.710	90.576	75.000	+ 15.000
	299.998	62.306	362.304	399.000	**- 37.272**

c) Aus Liquiditätsgründen ist die Kreditfinanzierung günstiger.

4. Aufgabe
keine hohen Anschaffungskosten
keine Überalterung der Anlagen (sie können zu einem frühen Zeitpunkt der Nutzungsphase ausgetauscht werden)

5. Aufgabe

	Darlehen	Kontokorrentkredit
Zinssatz	niedriger	höher
Fristigkeit	mittel bis langfristig	kurzfristig
Auszahlung	gesamtes Darlehen	Bereitstellung einer Kreditlinie
Bereitstellung	gesamtes Darlehen	Inanspruchnahme nach Bedarf

6. Aufgabe
Der Gläubiger wird Eigentümer (bedingtes Eigentum), der Schuldner bleibt Besitzer der beweglichen Sache. Diese Vereinbarung ersetzt die Übergabe (Besitzkonstitut). Der Gläubiger kann nur bei Verletzung der Rückzahlungspflicht von seinem Herrschaftsrecht Gebrauch machen. Wird der Kredit ordnungsgemäß zurückgezahlt, geht das Eigentum automatisch wieder auf den Kreditnehmer über.

7. Aufgabe
Die Fahrradwerke GmbH ist nicht Eigentümer der Anlagen.

8. Aufgabe
Für den Kreditgeber besteht die Gefahr, dass die ihm übereigneten Gegenstände bereits übereignet sind oder dass ein Eigentumsvorbehalt darauf lastet.
Der Kreditnehmer kann mit den übereigneten Gegenständen weiterarbeiten und hat trotzdem die Möglichkeit der Kreditsicherung. Die Übereignung ist nach außen nicht erkennbar.

Situation 40

1. Aufgabe
Außenfinanzierung und Fremdfinanzierung

2. Aufgabe
Sicherungsübereignung

3. Aufgabe
Fälligkeitsdarlehen – Rückzahlung der Darlehenssumme in voller Höhe am Fälligkeitsdatum

4. Aufgabe
120.000 - 3.600 (3 % Skonto) + 2.400 + 3.500 = 122.300 + 23.237,00 (19 %) = **145.537,00 €**
============

5. Aufgabe
08.04.20..

6. Aufgabe
10 Monate

7. Aufgabe

$$\frac{80.000 \times 8 \times 269}{360 \times 1}$$

= 4.782,22 €
===========

8. Aufgabe

3 x 360 / 20 = 54 %

LÖSUNGEN

gebundene (geschlossene) Aufgaben

KSK 1 Werteströme u. Werte ...		KSK 2 Wertschöpfungsprozesse analysieren und beurteilen							
								152	74.000
1	a	**1**	d-f-a	**51**	e-f-d	**101**	d	**153**	21 (Ü)
2	b-g-f	**2**	b	**52**	c	**102**	a	**154**	144.000
3	b-c-d-h	**3**	a-f-d	**53**	f	**103**	c	**155**	12
4	b-d-f	**4**	c	**54**	b	**104**	8,3	**156**	800
5	b-c-h	**5**	f	**55**	b	**105**	9.000 Gew.	**157**	11
6	d-e-g	**6**	a	**56**	d	**106**	17,5	**158**	60.000 (Mi)
7	c-d-b-g	**7**	d	**57**	b	**107**	c	**159**	0,70
8	b	**8**	d	**58**	e	**108**	8.000 Verl.	**160**	68
9	c	**9**	e	**59**	e	**109**	2.500	**161**	800
10	b	**10**	b	**60**	c	**110**	60.000	**162**	84
11	c-d	**11**	c	**61**	b	**111**	54 [2]	**163**	2.000
12	c	**12**	d	**62**	b	**112**	35,5	**164**	3
13	b	**13**	e	**63**	c	**113**	20.200 (1)	**165**	12.410
14	b	**14**	c	**64**	d	**114**	13.100 (1)	**166**	25
15	b	**15**	a	**65**	b	**115**	14,5	**167**	5
16	c	**16**	d	**66**	a	**116**	96,2	**168**	100.000
17	a	**17**	c	**67**	c	**117**	95	**169**	12,5
18	f-e	**18**	e	**68**	b-a-f	**118**	194.350	**170**	7,52
19	e	**19**	f	**69**	d	**119**	43.000	**171**	23,8
20	e	**20**	b-f-c	**70**	b	**120**	41.000	**172**	12,5
21	b	**21**	c	**71**	f	**121**	1.300	**173**	15
22	a	**22**	d-f-b	**72**	a	**122**	5	**174**	c
23	d	**23**	f-b-c	**73**	c	**123**	1.400	**175**	3,25
24	e	**24**	e-b-c	**74**	d	**124**	600	**176**	2.350
25	e	**25**	d-f-b	**75**	f	**125**	3.000	**177**	350
26	c	**26**	e	**76**	e	**126**	d	**178**	54
27	a	**27**	3-2-6	**77**	a	**127**	301	**179**	ca. 17 %
28	b	**28**	d	**78**	b	**128**	50	**180**	12.240
29	b	**29**	e	**79**	b	**129**	50	**181**	111,27
30	c	**30**	d	**80**	f-c-a	**130**	6%	**182**	25
31	a-b-d-e	**31**	e	**81**	f	**131**	19.870	**183**	40
32	d	**32**	b	**82**	c	**132**	61,91	**184**	375
33	31.12.2024	**33**	d	**83**	a	**133**	50,8	**185**	62,5
34	d	**34**	c-e-b	**84**	b	**134**	8.000	**186**	20.000
		35	d-f-c	**85**	c	**135**	374	**187**	12,5
		36	e	**86**	a	**136**	85	**188**	1.080,00
		37	e-a-c-g	**87**	d	**137**	7.000	**189**	14.200
		38	c	**88**	c	**138**	221.800	**190**	2
		39	a	**89**	d	**139**	2.750 (U)	**191**	500
		40	c	**90**	b	**140**	c	**192**	2.700
		41	b	**91**	d	**141**	a	**193**	10,66
		42	e	**92**	b	**142**	40.000	**194**	86.676
		43	d	**93**	d	**143**	3.000	**195**	378.714,28
		44	6-4-1-5-3-2	**94**	f	**144**	680	**196**	c
		45	d	**95**	e-a-c	**145**	20,5	**197**	c
		46	c	**96**	c	**146**	180.000	**198**	a
		47	d	**97**	6-4-1-5-3-2	**147**	125%	**199**	a
		48	b	**98**	a	**148**	178,57	**200**	0,8
		49	a-b-d	**99**	e	**149**	162	**201**	b
		50	1-5-3-6-2-4	**100**	b	**150**	4.400 (U)	**202**	b-d
						151	180.000	**203**	168.000
								204	a
								205	e

Lösungen

KSK 3 Jahresabschluss analysieren und bewerten					
1	c	**55**	c		
2	d	**56**	c	**106**	b
3	d	**57**	a	**107**	35,05%
4	e-f-c	**58**	a	**108**	46.559,33
5	f	**59**	c	**109**	5 an 1
6	2-3-4-1-5	**60**	46000/10000	**110**	3 an 2
7	e	**61**	b-d-f	**111**	1.980
8	b-e	**62**	A: a)	**112**	6 an 8
9	c		B: 49.050	**113**	5,4 an 2
10	b	**63**	A: 1.005,75	**114**	c
11	b		B: 1.054,22	**115**	d
12	a	**64**	32,5	**116**	1.600
13	c	**65**	918.000	**117**	50
14	e	**66**	3 an 2	**118**	4.070
15	c-d-g	**67**	7 an 3	**119**	4.080
16	b	**68**	6 an 3	**120**	400
17	c	**69**	7 an 5	**121**	d
18	e	**70**	8 an 2		
19	d	**71**	1,2,5 an 3		
20	b	**72**	7 an 4		
21	d	**73**	2 an 7		
22	d	**74**	3 an 7		
23	b	**75**	b		
24	d	**76**	3 an 8		
25	c	**77**	4.200		
26	d	**78**	1 an 2,6		
27	a	**79**	5,6 an 1		
28	a	**80**	6 an 1		
29	b	**81**	5,7 an 2		
30	c	**82**	6,5 an 3		
31	b-f-d	**83**	4 an 6,5		
32	a	**84**	a		
33	c-a-b-e	**85**	2,4,6 an 1		
34	a	**86**	7,4 an 1		
35	a	**87**	6,5 an 3		
36	c-d-e	**88**	1 an 3		
37	4-1-3-2-5	**89**	5 an 3		
38	8,33%	**90**	4 an 1		
39	c	**91**	3 an 6		
40	b	**92**	3 an 1		
41	d	**93**	40		
42	d	**94**	10		
43	a	**95**	5,3		
44	d	**96**	d		
45	a	**97**	12.800		
46	4	**98**	2.029		
47	d-f-b	**99**	40%		
48	e	**100**	a		
49	c	**101**	d		
50	a	**102**	1 an 3		
51	I-O-I-O-O-I-O	**103**	3 an 4		
52	186,25%	**104**	1.500.000		
53	105,88%	**105**	e		
54	4.100				

KSK 4 Belegbuchungen			
1	1,6 an 7	**51**	2 an 5
2	1,2,6 an 7	**52**	3,6 an 4
3	1,3,6 an 7	**53**	1 an 4,6
4	3,4 an 5	**54**	3,7 an 4
5	8 an 1,3,5	**55**	6 an 2
6	8 an 1,3,5,9	**56**	3,6 an 4
7	6 an 2,4,5	**57**	4,6 an 7
8	4 an 3,1	**58**	2,3 an 5
9	6 an 1,4	**59**	5 an 2,4
10	2 an 6	**60**	3,5 an 6
11	2 an 5,6	**61**	2,4 an 5
12	4,6,8 an 2	**62**	6 an 5,2,4
13	1 an 5,6	**63**	104,33
14	2 an 5,6	**64**	7 an 1,5
15	1 an 4	**65**	1,4 an 5
16	6,7 an 3	**66**	4,7,8 an 5
17	2 an 5,6,7	**67**	6 an 4,5
18	1,3 an 5	**68**	1 an 3
19	2 an 5,8	**69**	1,3 an 4
20	6 an 1	**70**	1,3 an 4
21	1,3 an 4	**71**	3,6 an 4
22	1,2 an 4	**72**	1,3 an 5
23	1,4 an 5	**73**	1,4 an 6
24	1,3 an 4	**74**	3,6 an 4
25	1 an 4,6	**75**	1,4 an 5
26	5 an 1	**76**	1 an 4
27	6 an 1	**77**	a
28	1,3 an 4	**78**	3 an 6,7,8
29	1 an 4	**79**	54 bzw. 55,7
30	1 an 3	**80**	3,6 an 4
31	6 an 1,2,5	**81**	6 an 5
32	4,6,7 an 2	**82**	3 an 2
33	2 an 4	**83**	2,7 an 3
34	5 an 1,2,3,4	**84**	2 an 5,6
35	6 an 4	**85**	4,7 an 5
36	5 an 1,2,3,4	**86**	1,3 an 4
37	5 an 1,2,3,4	**87**	3,6 an 4
38	4 an 1	**88**	2,6 an 3
39	6 an 3	**89**	5,6 an 2
40	5 an 1	**90**	3 an 6,7,8
41	2,7 an 4		
42	3 an 7		
43	4 an 1		
44	1,3,4 an 2		
45	3,7 an 4		
46	3,7 an 4		
47	5 an 1		
48	2,7 an 1		
49	2,5 an 3		
50	2 an 5,6		

KSK 5 Kaufmännisches Rechnen	
1	6.018
2	372600
3	8
4	2
5	32
6	32
7	24
8	6
9	720
10	e
11	1.224
12	1.280
13	30.000
14	66.240
15	390
16	16.360
17	a) 70.000
	b) 40.000
	c) 49.000
18	89.250
19	2.400
20	11,11
21	15
22	300
23	4.500
24	520.000
25	29,60

KSK 6 Grundlagen des PC-Einsatzes			
1	b	**51**	a
2	c	**52**	c
3	e	**53**	a
4	b	**54**	d
5	a	**55**	c
6	a	**56**	e
7	a	**57**	b
8	f	**58**	a
9	d	**59**	a
10	f	**60**	c
11	c	**61**	d
12	b	**62**	c
13	e	**63**	e
14	e	**64**	a
15	a	**65**	e
16	d	**66**	d
17	f-d-b	**67**	b
18	b	**68**	b
19	b	**69**	e
20	e	**70**	e
21	e	**71**	a
22	c	**72**	a
23	c	**73**	d
24	b		
25	c		
26	e		
27	a		
28	c		
29	e		
30	c		
31	c		
32	b		
33	b		
34	1-7-2-5-3-6-8-4		
35	c		
36	d		
37	d		
38	a		
39	a		
40	4-1-5-3-2		
41	5-2-1-4-3		
42	a		
43	e		
44	b		
45	a		
46	a		
47	c		
48	c		
49	a		
50	e		

BGP 1 Geschäftsprozesse		BGP 2 Leistungserstellungsprozesse planen, steuern und kontrollieren							
1	d	**1**	a	**51**	e	**101**	e	**151**	3
2	a	**2**	b	**52**	d	**102**	f-a-d	**152**	30
3	e	**3**	b	**53**	a	**103**	e	**153**	850
4	c	**4**	c	**54**	a	**104**	b	**154**	28.000
5	c	**5**	c	**55**	a	**105**	c	**155**	52.800
6	e-a-g-b	**6**	e	**56**	b	**106**	c	**156**	300
7	f-b-a	**7**	b	**57**	a	**107**	c	**157**	1.050
8	c	**8**	e	**58**	6-3-2-5-4-1	**108**	c-f	**158**	1,5
9	b	**9**	b	**59**	e	**109**	b	**159**	7.500
10	e	**10**	a	**60**	c	**110**	d	**160**	6.000
11	d	**11**	a	**61**	6-2-4-1-5-3	**111**	d	**161**	2
12	a	**12**	b	**62**	b	**112**	d	**162**	1.200
13	d	**13**	d	**63**	f	**113**	c	**163**	12.250
14	a	**14**	a	**64**	c	**114**	e	**164**	4.800
15	c	**15**	e	**65**	2-4-1-5-6-3	**115**	c	**165**	2.050
16	d-b-c	**16**	d	**66**	d	**116**	a	**166**	1,50
17	c	**17**	e	**67**	1-5-7-2-4-6-3	**117**	1-5-7-2-4-6-3	**167**	18.750
18	b	**18**	a	**68**	d	**118**	c	**168**	80
19	a	**19**	b	**69**	d	**119**	e	**169**	5
20	a	**20**	c	**70**	f-c-d	**120**	g-d-c	**170**	15
21	e	**21**	a	**71**	e	**121**	e	**171**	1,025
22	c-e	**22**	d	**72**	c	**122**	d	**172**	12
23	e	**23**	d	**73**	c	**123**	5-2-6-3-4-1	**173**	48,60
		24	a	**74**	d	**124**	d	**174**	90
		25	b	**75**	b	**125**	d-c	**175**	220.000
		26	c	**76**	c	**126**	e	**176**	17,5
		27	d	**77**	e-c-a	**127**	d	**177**	12.635
		28	c	**78**	c	**128**	c	**178**	836
		29	e	**79**	d	**129**	d		
		30	b	**80**	d	**130**	b		
		31	2-3-5-1-6-4	**81**	b	**131**	e		
		32	b	**82**	d	**132**	c		
		33	c	**83**	a	**133**	e		
		34	b	**84**	d	**134**	d		
		35	b	**85**	b	**135**	c		
		36	1-2-4-5-3	**86**	d	**136**	1 an 3		
		37	d	**87**	a	**137**	1 an 5		
		38	a	**88**	e	**138**	7 an 5,3		
		39	b	**89**	d	**139**	3 an 4		
		40	c	**90**	c	**140**	1 an 5,3		
		41	a	**91**	d	**141**	3 an 5,4		
		42	d	**92**	b	**142**	2,25		
		43	f-a-c	**93**	d	**143**	5		
		44	c	**94**	e	**144**	8,5		
		45	a	**95**	b	**145**	6,25		
		46	b	**96**	a	**146**	a) 0,9 b) 2		
		47	e	**97**	c	**147**	1,2		
		48	a	**98**	a	**148**	a) 0,25 b) 1,25		
		49	e	**99**	c	**149**	91		
		50	d	**100**	c	**150**	7		

BGP 3
Beschaffungsprozesse planen, steuern und kontrollieren

1	c	**51**	4-1-6-3-5-2	**101**	c	**151**	d	**201**	d
2	d	**52**	b	**102**	e	**152**	b	**202**	e
3	b-c-f	**53**	7-2-4-1-6-5-3	**103**	e	**153**	d	**203**	2-4-6-5-3-1
4	5-2-1-4-6-3	**54**	c	**104**	d	**154**	d	**204**	e
5	d-c-b	**55**	c	**105**	e	**155**	b	**205**	c
6	c	**56**	e	**106**	b	**156**	d	**206**	c
7	d	**57**	b	**107**	b	**157**	d-e	**207**	e
8	b	**58**	d	**108**	e	**158**	b-d	**208**	b
9	c	**59**	a	**109**	c	**159**	c	**209**	a
10	e	**60**	e	**110**	d	**160**	e	**210**	5-3-7-2-4-1-6
11	f	**61**	c	**111**	c	**161**	c	**211**	b-c-f
12	3-1-4-7-2-6-5	**62**	b-f-c	**112**	c	**162**	a-f	**212**	c
13	e	**63**	a	**113**	d	**163**	a	**213**	d
14	d	**64**	d	**114**	a	**164**	e	**214**	2-5-4-1-3-6
15	c	**65**	7-2-5-4-1-6-3	**115**	a	**165**	a-e	**215**	b
16	c	**66**	c	**116**	b	**166**	c	**216**	e
17	a	**67**	c	**117**	b	**167**	a	**217**	a
18	e	**68**	a	**118**	c	**168**	d	**218**	e
19	b	**69**	b	**119**	b	**169**	b	**219**	a
20	c	**70**	c	**120**	a	**170**	b	**220**	b
21	b	**71**	e	**121**	b	**171**	d	**221**	c
22	b	**72**	d	**122**	c	**172**	e	**222**	c
23	d	**73**	b	**123**	a	**173**	e	**223**	d
24	b	**74**	e	**124**	e	**174**	e	**224**	b
25	e	**75**	d	**125**	e	**175**	d	**225**	e
26	b	**76**	d	**126**	b	**176**	c	**226**	c
27	e	**77**	b	**127**	c	**177**	d	**227**	b
28	c	**78**	f-e	**128**	d	**178**	5-1-4-6-2-3	**228**	c
29	d	**79**	d	**129**	c	**179**	c-a-f	**229**	b
30	b	**80**	e	**130**	d	**180**	d	**230**	b
31	a	**81**	d	**131**	475,79	**181**	e	**231**	a
32	e	**82**	b	**132**	a	**182**	b	**232**	b
33	c	**83**	d	**133**	e	**183**	b	**233**	e
34	a	**84**	b	**134**	e	**184**	a	**234**	e
35	d	**85**	d	**135**	a	**185**	a-f-e	**235**	e
36	d	**86**	b	**136**	d	**186**	b	**236**	e
37	b	**87**	a	**137**	c	**187**	d	**237**	a
38	e	**88**	a	**138**	b	**188**	a	**238**	g-c-f
39	d	**89**	c	**139**	d	**189**	a	**239**	b
40	e	**90**	c	**140**	c	**190**	d	**240**	c
41	16.11.	**91**	a	**141**	a	**191**	e	**241**	c
42	i	**92**	b	**142**	a	**192**	2-6-3-1-4-5	**242**	f-a-d
43	a	**93**	a	**143**	e	**193**	e	**243**	d
44	a	**94**	a	**144**	a	**194**	b	**244**	a
45	e	**95**	a	**145**	d	**195**	a	**245**	e
46	d	**96**	e	**146**	e-c-h-g	**196**	e	**246**	d-c-f
47	a	**97**	c	**147**	a	**197**	d	**247**	2-3-5-1-4-6
48	2-5-7-6-1-4-3	**98**	b-d-a	**148**	a	**198**	e-a-d	**248**	c
49	e	**99**	d	**149**	e	**199**	e	**249**	c
50	b	**100**	c	**150**	b-e-d	**200**	a	**250**	b

BGP 3 Beschaffungsprozesse planen, steuern und kontrollieren					
251	c	**301**	g-a-f-e	**351**	350
252	a	**302**	a	**352**	650
253	d	**303**	e	**353**	15.700
254	d	**304**	b	**354**	2.131,45
255	d	**305**	c	**355**	4.000
256	e	**306**	b	**356**	9
257	e	**307**	e	**357**	1,2
258	b-a-c-a-c-c	**308**	e	**358**	115
259	c	**309**	a	**359**	15.900
260	b	**310**	b	**360**	17.500
261	c	**311**	c	**361**	80.000
262	b	**312**	a	**362**	20
263	b	**313**	c	**363**	1.440.000
264	5-3-1-6-2-4	**314**	e	**364**	200
265	e	**315**	c	**365**	400
266	d	**316**	d	**366**	1,0
267	b	**317**	e	**367**	6.300
268	e-c-g	**318**	3,4 an 5	**368**	12,5
269	c	**319**	1 an 2	**369**	4
270	b	**320**	7 an 3,6	**370**	12
271	b	**321**	1 an 7	**371**	45
272	b	**322**	5 an 1	**372**	21.182,72
273	d	**323**	1 an 5		
274	d	**324**	15		
275	c	**325**	36.400		
276	b	**326**	40		
277	b	**327**	14		
278	a	**328**	4		
279	d	**329**	250		
280	b	**330**	144		
281	c	**331**	2.232		
282	c	**332**	144.256		
283	e	**333**	16.260,85		
284	c	**334**	127,50		
285	d	**335**	4.498,20		
286	e	**336**	22.000		
287	b	**337**	32,60		
288	a	**338**	917		
289	a	**339**	9.680		
290	e	**340**	515		
291	e	**341**	12.000		
292	a	**342**	37,44		
293	a	**343**	41,40		
294	c	**344**	4.000		
295	a	**345**	1.029,83		
296	a	**346**	500		
297	c	**347**	484,80		
298	a	**348**	1.470		
299	a	**349**	450(+1)		
300	d	**350**	218,50		

BGP 4 Personalwirtschaftliche ...	
1	91
2	957,6
3	125
4	110
5	110
6	120
7	347
8	2.245,82
9	505,26
10	11,35
11	120
12	2.065
13	11,50
14	20,8
15	479,87
16	800.000 (+1)
17	22.500
18	1.791,12
19	120
20	4,80
21	93,60
22	1.637,93
23	2.106,25
24	23
25	a) 810 b) 4.764
26	155,00
27	10.07.
28	26.06.
29	2.200
30	6 an 2,3,4
31	6 an 3
32	3 an 2
33	4 an 2
34	6 an 3
35	4,1 an 2
36	31.12.2029

BGP 5 Absatzprozesse planen...		BGP 6 Investitions- und Finanzierungsprozesse...			
1	91,89	**1**	b	**51**	200
2	360	**2**	a	**52**	30. Jun
3	60	**3**	d	**53**	15. Feb
4	9.000	**4**	c	**54**	300
5	8.310,96	**5**	a-e-c	**55**	10.000 Ü
6	218,50	**6**	f-b-e		
7	68,03	**7**	c		
8	200	**8**	d		
9	10	**9**	a		
10	6.300	**10**	b		
11	5,26	**11**	a		
12	518,86	**12**	e		
13	64,69	**13**	f		
14	930,23	**14**	b-f-d		
15	24.000	**15**	a		
16	582,98	**16**	c		
17	5.000 bzw. 5001	**17**	a		
18	15	**18**	d		
19	515	**19**	b-f-a		
20	25,98	**20**	c		
21	CIF	**21**	b		
22	1.600	**22**	b		
23	3	**23**	e		
24	5,26	**24**	c		
25	7	**25**	d		
26	9,1	**26**	e		
27	54 bzw. 55,7	**27**	d		
28	b	**28**	a		
29	1.999,00	**29**	d		
30	76,00	**30**	a-b-e		
31	1.000	**31**	c		
32	5,25	**32**	a		
33	69,75	**33**	e		
34	2.520,42	**34**	b		
35	9	**35**	a		
		36	a		
		37	d		
		38	d		
		39	b		
		40	e		
		41	a		
		42	e		
		43	17.950,94		
		44	6,5		
		45	7		
		46	90.000		
		47	8.000		
		48	104.000		
		49	42.000		
		50	7,9		

Lösungen

WISO 1 Grundlagen der allgem. WL				**WISO 2 Rechtliche Rahmenbedingungen**							
1	a	**51**	d	**1**	b	**52**	d-b-e	**103**	b	**154**	b
2	c	**52**	d	**2**	e	**53**	e	**104**	c	**155**	d
3	d	**53**	c	**3**	c	**54**	e	**105**	d	**156**	e
4	f	**54**	d	**4**	d	**55**	c-a-d-e-b	**106**	c	**157**	d
5	c	**55**	c-a-e	**5**	c	**56**	d-b	**107**	c	**158**	e
6	b-a-d	**56**	b	**6**	a	**57**	c	**108**	c	**159**	c
7	e	**57**	c	**7**	c	**58**	d	**109**	c	**160**	d
8	b-e	**58**	b	**8**	b	**59**	c	**110**	d	**161**	a
9	b	**59**	e-c-f-a	**9**	b	**60**	c	**111**	d	**162**	f
10	a	**60**	d	**10**	a	**61**	e-c-b	**112**	b	**163**	e
11	a	**61**	d	**11**	d	**62**	a	**113**	e	**164**	e
12	d	**62**	d	**12**	b	**63**	d	**114**	e	**165**	1-4-2-5-3-6
13	a	**63**	a	**13**	d	**64**	a	**115**	c	**166**	e
14	a	**64**	d	**14**	a	**65**	d	**116**	a-g-e	**167**	a
15	03.12.	**65**	b	**15**	d	**66**	a	**117**	a	**168**	b
16	b	**66**	b	**16**	e	**67**	a	**118**	b	**169**	c
17	c	**67**	a	**17**	a	**68**	b	**119**	d	**170**	e
18	d	**68**	a	**18**	b	**69**	c	**120**	e	**171**	b
19	c	**69**	d	**19**	a	**70**	c	**121**	b	**172**	d
20	b	**70**	c	**20**	e	**71**	e	**122**	d	**173**	d
21	d	**71**	a	**21**	e	**72**	b	**123**	d	**174**	e
22	c	**72**	c	**22**	b	**73**	e-b-d-a-g	**124**	e	**175**	d
23	e	**73**	a-c-e	**23**	e	**74**	e	**125**	a	**176**	d
24	d	**74**	e	**24**	e	**75**	d	**126**	e	**177**	b
25	3-2-4-1	**75**	d	**25**	b	**76**	d	**127**	e	**178**	e
26	a	**76**	d	**26**	f	**77**	b	**128**	e	**179**	d
27	c	**77**	e	**27**	c	**78**	a	**129**	d	**180**	e-d-a
28	a	**78**	d	**28**	d	**79**	d	**130**	d	**181**	e
29	e	**79**	c	**29**	c	**80**	c	**131**	e	**182**	c
30	e	**80**	e	**30**	e	**81**	b	**132**	e	**183**	d
31	d	**81**	d-g-b	**31**	a	**82**	d	**133**	c	**184**	d
32	d	**82**	e	**32**	e	**83**	d	**134**	c	**185**	b
33	b	**83**	b-f-d	**33**	a	**84**	b	**135**	b	**186**	c
34	b	**84**	e	**34**	d	**85**	c	**136**	c	**187**	b
35	e	**85**	d	**35**	a	**86**	a	**137**	d-e-a	**188**	a
36	d	**86**	c	**36**	a	**87**	c	**138**	d	**189**	b
37	d-b			**37**	b	**88**	c	**139**	b	**190**	c
38	d			**38**	e	**89**	e	**140**	d	**191**	e
39	e			**39**	b	**90**	b	**141**	b-f-d	**192**	d
40	c			**40**	c	**91**	d	**142**	c	**193**	a
41	5-3-2-4-1			**41**	e	**92**	a	**143**	a-g-f-d	**194**	b
42	a			**42**	c	**93**	d	**144**	d	**195**	e
43	c			**43**	a	**94**	d	**145**	a	**196**	a
44	c-f-a			**44**	c	**95**	c	**146**	c-f-d	**197**	b
45	d			**45**	b-e-a	**96**	3	**147**	b	**198**	c
46	e			**46**	f-c-e	**97**	2	**148**	b	**199**	b
47	c			**47**	c	**98**	c	**149**	e-d-a	**200**	e
48	a			**48**	d	**99**	a	**150**	a	**201**	e
49	f-b-c			**49**	e	**100**	b	**151**	d	**202**	c
50	d			**50**	d	**101**	c	**152**	c	**203**	d
				51	a	**102**	a	**153**	b	**204**	b

WISO 2 Rechtl. Rahmenbedingungen				WISO 3 Wirtschaftsordnung		WISO 4 Volksw. Gesamtrechnung	
205	e	**257**	e	**1**	b	**1**	e-c-g
206	b	**258**	c-b-a	**2**	e	**2**	c
207	b	**259**	a	**3**	e	**3**	c
208	d	**260**	a-g-c	**4**	d	**4**	d
209	e-d-b	**261**	b	**5**	d	**5**	e
210	a-e-f	**262**	a	**6**	d	**6**	4
211	c	**263**	a	**7**	c	**7**	d
212	a	**264**	d	**8**	d	**8**	d
213	c	**265**	a	**9**	e	**9**	c
214	c	**266**	d	**10**	e	**10**	d
215	a-b-d	**267**	e	**11**	a	**11**	e
216	a-e-f	**268**	a	**12**	e	**12**	e
217	b-c-d	**269**	c	**13**	e	**13**	e
218	a	**270**	e	**14**	d	**14**	c
219	c	**271**	c	**15**	c	**15**	c
220	d	**272**	b	**16**	a	**16**	b
221	d-b-f	**273**	a	**17**	b	**17**	c
222	b-a-e	**274**	e-a-d	**18**	b	**18**	d
223	f-e-c	**275**	a	**19**	b	**19**	a
224	d	**276**	c	**20**	d	**20**	0,32
225	e	**277**	c	**21**	c	**21**	1.740
226	d	**278**	a	**22**	d	**22**	71,8
227	d-c-a-b	**279**	a	**23**	c	**23**	a) 310
228	a	**280**	c	**24**	c		b) 50
229	f	**281**	e	**25**	d		c) 260
230	c	**282**	e	**26**	d		d) 80
231	e	**283**	d	**27**	d		e) 30
232	e	**284**	12:30 Uhr	**28**	e	**24**	a
233	e-c-f	**285**	d	**29**	c	**25**	b
234	e	**286**	e	**30**	a	**26**	a
235	c	**287**	c	**31**	d	**27**	e
236	c	**288**	d	**32**	e	**28**	d
237	e	**289**	d	**33**	a	**29**	800 Mrd.
238	d	**290**	e			**30**	c
239	d	**291**	d			**31**	e
240	c	**292**	c				
241	e-c-a	**293**	a				
242	e	**294**	b				
243	a-d-f	**295**	b				
244	d	**296**	e				
245	a-e-b	**297**	a				
246	b	**298**	d				
247	c						
248	c						
249	b						
250	e						
251	c						
252	b						
253	b						
254	d-e-c						
255	e						
256	c						

WISO 5 Grundzüge der Wirtschaftspolitik								WISO 6 Wettbew.- u. Strukturpolitik	
1	e	**55**	b	**108**	b				
2	e	**56**	e	**109**	d	**160**	d	**1**	a
3	b	**57**	d	**110**	b	**161**	c	**2**	c
4	5-3-1-6-2-4	**58**	d	**111**	e	**162**	d	**3**	e
5	a	**59**	7,40%	**112**	d	**163**	d	**4**	c
6	c	**60**	a	**113**	a	**164**	1-3-4-6-5-2	**5**	d
7	b	**61**	a	**114**	c	**165**	d	**6**	a
8	c	**62**	a	**115**	a	**166**	e	**7**	b
9	c	**63**	d	**116**	e	**167**	d	**8**	d
10	a	**64**	a	**117**	e			**9**	d
11	e	**65**	b	**118**	b			**10**	a
12	e	**66**	b	**119**	c-d			**11**	c
13	c	**67**	d	**120**	f			**12**	c-e-b-d-a
14	f-b-e	**68**	d	**121**	d			**13**	e
15	b	**69**	a	**122**	b			**14**	e
16	c	**70**	c	**123**	a			**15**	b
17	c	**71**	c	**124**	d			**16**	e
18	a	**72**	d	**125**	e			**17**	a-c
19	d	**73**	b	**126**	d			**18**	b
20	a-b-d	**74**	b	**127**	d			**19**	d
21	a	**75**	d	**128**	390 Mrd.			**20**	a
22	a	**76**	b-c-d	**129**	a			**21**	d
23	e	**77**	c	**130**	d			**22**	c
24	c	**78**	a	**131**	a			**23**	d
25	e-f-b	**79**	a	**132**	b			**24**	c
26	a	**80**	c	**133**	d			**25**	c
27	b	**81**	c	**134**	e			**26**	e-f
28	b	**82**	d	**135**	b			**27**	d
29	d	**83**	e	**136**	d			**28**	d
30	b	**84**	e	**137**	2			**29**	d
31	d	**85**	e	**138**	c			**30**	b
32	d	**86**	d-e-a	**139**	c			**31**	c
33	b	**87**	e	**140**	b				
34	a	**88**	e	**141**	d				
35	c	**89**	e	**142**	c-d-f				
36	d-a-b	**90**	c	**143**	d				
37	c	**91**	b	**144**	d				
38	b	**92**	f-d-e	**145**	c				
39	d	**93**	1-2-5-3-4-6	**146**	e				
40	e	**94**	b	**147**	b				
41	e	**95**	e	**148**	a				
42	a	**96**	e	**149**	a				
43	e	**97**	e	**150**	c				
44	c	**98**	c	**151**	d				
45	b	**99**	e	**152**	e				
46	c	**100**	e	**153**	e				
47	d	**101**	d	**154**	b				
48	b	**102**	b	**155**	e				
49	d-a-b	**103**	a	**156**	a				
50	c	**104**	d	**157**	d				
51	e	**105**	d	**158**	a				
52	e	**106**	c-g-e	**159**	c				
53	e	**107**	d						
54	d								

ANHANG

THEMENBEREICHE FÜR DIE ZWISCHENPRÜFUNG LAUT AUSBILDUNGSORDNUNG

Prüfungsbereiche bzw. Funktionen

01 Beschaffung und Bevorratung

- Bedarfsermittlung und Disposition
- Bestelldurchführung
- Vorratshaltung und Beständeverwaltung

02 Produkte und Dienstleistungen

03 Kosten- und Leistungsrechnung

Im Zusammenhang mit diesen drei Prüfungsbereichen können weitere Kenntnisse und Fertigkeiten in den folgenden Bereichen bzw. Funktionen gefragt werden:

04 Der Ausbildungsbetrieb

- Stellung, Rechtsform und Struktur des Ausbildungsbetriebes
- Berufsbild
- Sicherheit und Gesundheitsschutz bei der Arbeit
- Umweltschutz

05 Geschäftsprozesse und Märkte

- Märkte, Kunden, Produkte und Dienstleistungen
- Geschäftsprozesse und organisatorische Strukturen

06 Information, Kommunikation, Arbeitsorganisation

- Informationsbeschaffung und –verarbeitung
- Informations- und Kommunikationssysteme
- Planung und Organisation
- Teamarbeit, Kommunikation und Präsentation

07 Integrative Unternehmensprozesse

- Logistik
- Qualität und Innovation
- Controlling

08 Personal

- Rahmenbedingungen